DAS NEUE BUNTE BUCH

Geschichten, Märchen und Sagen

Reprint
von
Dr. Erwin Czerwenka
und
Martin G. Kouba
nach einer Sammlung
von Josef Domany

www.kinderbuchverlag.at

Impressum:

Die Deutsche Bibliothek - CIP-Einheitsaufnahme

Märchensammlung „Das neue bunte Buch". - Wien; Stuttgart; Zürich: G-und-G, Kinder-Jugendbuch-Verl., 2002

ISBN 3-7074-0150-2

2. Neuauflage

© 2004 by G&G Buchvertriebsgesellschaft mbH, Wien

Herausgeber: Dr. Erwin Czerwenka
Satz: Edith Kouba
Lektorat: Ursula Czerwenka
Grafik: Martin G. Kouba
Illustrationsretuschen und Restaurationsarbeiten: Dr. Erwin Czerwenka / Martin G. Kouba
Druck und Bindung: BBG, Wöllersdorf

Titelbild: Rosl Warzilek

Die Bilder stammen von: Lucia Adelsberger
　　　　　　　　　　　　　Teja Aicher
　　　　　　　　　　　　　Lisbeth Hölzl
　　　　　　　　　　　　　Felicitas Kuhn
　　　　　　　　　　　　　Monika Skidelsky
　　　　　　　　　　　　　Rosl Warzilek

In der neuen Rechtschreibung.

Aus Umweltschutzgründen wurde dieses Buch auf chlorfrei gebleichtem Papier gedruckt. Alle Rechte, auch die des auszugsweisen Nachdrucks, der fotomechanischen Wiedergabe und der Übertragung in Bildstreifen sowie der Einspeicherung und Verarbeitung in elektronischen Systemen, vorbehalten.

Bist du es, da zu Omis Füßen? Mündchen und Ohren weit aufgesperrt, um nur ja kein Wort aus dem großen Buch zu überhören? Oder sitzt du mit Mutti in der Adventzeit im warmen Stübchen, hörst ein wunderschönes Wintermärchen und vergisst darüber für ein Weilchen deine Weihnachtssehnsucht? Bist du eines von den Kleinen, die sich um die Kindergartentante scharen und nicht genug bekommen von all den vielen Märchen und Bildern, die in dem großen Buch auf sie warten?

Vielleicht bist du schon größer, ein tüchtiges Schulkind, ein „wilder Indianer"? Oh, was gibt es da für spannende Erzählungen, Sagen und Geschichten in diesem Buch, die nur darauf warten zu dir zu kommen und dir Freude machen zu dürfen!

Dies Buch will dein stiller Freund sein, der zu dir spricht, wenn du ihn rufst und ihn brauchst.

Das Märlein vom

Wieso ausgerechnet das Schwein dazu kommt als Glückstier zu gelten, war mir bisher unerklärlich. Nun ja, es schmeckt gebraten sehr gut. Wenn es ein Ferkel ist, ist es wie alle Kinder der Menschen- oder Tierwelt, lieb und drollig. Aber es soll Leute geben, denen ein knuspriger Gänsebraten oder ein Stück Kalbfleisch besser munden als Schweinefleisch.

Weshalb spricht man da nie von einer Glücksgans, einem Glückskalb oder irgendeinem anderen leckeren Gericht, sagen wir, einer Glückspalatschinke? Erst kürzlich erzählte mir der alte Hannes, wie eigentlich das Schwein zu der Ehre kam, als glückbringendes Tier angesehen zu werden: In früheren Zeiten, so erzählte er, gab es irgendwo einen großen Wald. An seinem Ende stand ein nettes, wohl gebautes Herrenschloss. Darin wohnte ein reicher Graf mit seiner Familie und dem Gesinde. Er hatte einen einzigen Sohn, den er sehr liebte, wenn er ihn auch streng, ja manchmal hart anpackte Der Junge war seinem Vater sehr ähnlich. Er war ein mutiges Kind, und die Mutter zitterte oft um sein Leben, wenn er auf seinem schwarzen Pferdchen wilde Ritte machte und kühn über Hecken und Zäune setzte.

Sein Vater aber ermunterte ihn eher in seinem Tun, und oft sprach er: „Ein Mann ohne Mut ist wie ein Schwert ohne Klinge!" So führte der junge Heribert ein freies, ungebundenes Leben.

Nun war gerade kalter Winter. In diesem Jahr lag der Schnee weniger hoch, dafür aber herrschte schon längere Zeit grimmiger Frost. Es war am Silvestertag. Am Abend sollten Gäste aufs Schloss kommen, mit denen die Grafenfamilie den Beginn des neuen Jahres feiern wollte. So ist es erklärlich, dass ein eifriges Rumoren und Treiben im Schloss war, damit Küche und Keller etwas bieten konnten und der getäfelte Festsaal auch gehörig geschmückt war.

Heribert war das alles sehr gleichgültig. Er beschloss, allein in den Wald zu gehen. Sein Pferd ließ er im Stall, denn er wollte gern unbemerkt fortkommen. Es ging das Gerücht um, dass sich ein alter, grimmiger Wolf herumtreibe, der auch schon einige Schafe gerissen hätte. Diesem Untier wollte der Knabe zu Leibe rücken. Er nahm seinen Bogen und eine gute Hand voll Pfeile mit und stapfte wohlgemut den Schlossberg hinunter, in der besten Hoffnung, mit einem dicken Wolfspelz wieder heimzukehren. Kein Mensch bemerkte sein Fortgehen.

So durchstreifte er kreuz und quer den Wald. Ab und zu sah er Spuren im Schnee, die wohl von dem großen Wolf herrühren mochten, doch von dem Tier selbst sah er nicht die kleinste Schwanzspitze. „Natürlich", dachte Heribert, „Raubtiere kommen erst mit der Dunkelheit zum Vorschein, ich will warten, bis es Abend wird!" Die Dämmerung kam schnell genug. Da wurde es dem Buben doch ein klein wenig unheimlich. Die Zweige der Bäume rauschten so laut im kalten Wind. Heribert fühlte nun auch, wie müde er wurde. Zu allem Unglück war es eine dunkle, wolkenverhangene Winternacht, so dass kein Stern ihm die Himmelsrichtung zeigen konnte. Heribert musste erkennen, dass er sich verlaufen hatte. Zuerst dachte er daran, auf einen Baum zu klettern, um dort die Nacht zu verbringen. Doch da würden ihm bald die Finger klamm werden, so dass er nicht mehr fähig wäre, sich dort oben zu halten. So sehr er sich tagsüber gewünscht hatte, dem Wolf zu begegnen, so schrecklich war es ihm nun, in der Ferne das schaurige Geheul des gesuchten Tieres zu hören. Alle Geschichten, die er über Meister Isegrimm gehört hatte, fielen ihm nun wieder ein. Er hoffte nur, dass man ihn inzwischen doch im Schloss vermissen würde und ihn mit Fackeln suchen würde. Doch der Wald dehnte sich schier endlos, wie könnten ihn wohl sein Vater oder die Knechte finden? Er wagte ja nicht einmal laut zu rufen, um das wilde Tier nicht heranzulocken. Es schien ihm auch schon, als käme das Wolfsgeheul näher und näher. Doch wie er so lauschte und in die Finsternis starrte, war es ihm, als mische sich nun auch ein anderes Geräusch in das unheimliche Heulen des Wolfes. Zuerst konnte er es noch nicht erkennen, was es war. Aber je angestrengter er lauschte, desto deutlicher hörte er, dass das wohl das Quieken eines Schweines sein müsse. Dabei hörte er brechende, knackende Zweige und nun auch eine helle menschliche Stimme, die rief. Was konnte das nur sein? Ja, nun sah er den Schein eines Lichtes geradewegs auf sich zukommen. Es war wohl eine Fackel, die rasch größer und heller leuchtete. „Hierher, hierher!" rief Heribert so laut er konnte. Es raschelte im Dickicht, und ein rundes, rosiges Borstentier kam geradewegs auf ihn zugerannt. Der Junge stellte sich ihm in den Weg und hielt das Tier mit aller Kraft fest. Nun teilten sich abermals die Büsche, und ein Mädchen mit einer Kienfackel in Händen stürzte herbei.

Das blonde, lange Haar hing ihr zerzaust um die roten Wangen. Sie sah mit einem Blick, dass ihr Schwein nun gefangen war. „Gott sei Dank, du hast es!" rief sie und sank ermattet neben dem Tier nieder,

Glücksschweinchen

indem sie es mit fliegenden Händen streichelte. „Mein armes Rosinchen, bist du so gelaufen!" sprach sie zu dem schwer atmenden Tier. Heribert war ganz verwundert über die Gesellschaft, die er so unvermutet bekommen hatte. „Wo kommt ihr nur her?" fragte er. „Ach", antwortete das Mädel, „kennst du mich nicht? Ich bin doch Käthchen. Wir wohnen am anderen Ende des Waldes. Mein Vater ist der Waldarbeiter Wenzel. Ich kenne dich wohl, Heribert, und sah dich schon oft im Walde. Denk dir, heute sollte mein liebes Rosinchen geschlachtet werden. Vater hatte schon das Messer geschärft. Mir tat es ja so Leid, das arme Rosinchen, denn weißt du, ich habe es doch täglich gefüttert. Als nun Vater mit dem blanken Messer kam, riss das tapfere Rosinchen einfach aus und stürzte laut quiekend in den Wald hinein. Wir liefen ihm alle nach und riefen und lockten, doch es war ja stockdunkle Nacht. Vater rief: „Die ist verloren, die frisst bestimmt der Wolf!" Ich aber holte mir einen Kienspan und zündete ihn am Herd an. Der Wolf sollte Rosinchen nicht fressen, der schon gar nicht! So lief ich ihm nach. Durch dick und dünn ging die Jagd. Nun bin ich aber froh, dass du es gefangen hast! Aber horch, der Wolf kommt!" Tatsächlich war das Heulen des Tieres verstummt, doch man hörte brechende Zweige und schleichende Schritte, der Unhold konnte nicht weit sein. „Feuer!" rief Heribert. Rasch brach er einige dürre Zweige vom nächsten Baum und hielt den nur noch spärlich glimmenden Span daran. Im Nu flammte helles Feuer auf. Käthchen hatte schnell begriffen, worum es ging. Rosinchen lag ermattet am Boden, so konnte sich das Kind daran machen, die unteren verdorrten Äste der Bäume abzubrechen. In aller Eile schleppte sie so viel Holz herbei, wie sie nur konnte. Das Feuer loderte bald hell. Heribert war auch nicht müßig, es galt ja das Leben! Mit großer Kraft brach er einige dürre Bäumchen ab. Jetzt hatten sie eine Zeit lang Holzvorrat. „Wir müssen darauf achten, dass er uns nicht in den Rücken fällt!" rief der Knabe. So stellten sich die Kinder Rücken an Rücken in den Schnee. Zwischen ihnen lag Rosinchen, das sich ganz behaglich zu fühlen schien. Der helle Feuerschein rief nun auch den Grafen mit seinen Knechten herbei. Von der anderen Seite näherte sich Käthchens Vater, der laut nach dem Kinde rief. Der Wolf sah nun doch ein, dass er ein verlorenes Spiel hatte. Dieser Lärm in seinem Revier war ihm höchst ungemütlich. So trollte er sich heimlich und leise.

Die beiden Väter trafen sich und fanden das Dreiblatt im rot verglosenden Feuerschein. Heribert stand aufrecht neben seiner neuen Freundin. Die Kinder hielten sich fest an der Hand. Der Junge erklärte, er wolle Käthchen gern zum Spielkameraden auf dem Schloss haben. Der Graf sah ein, dass er nur dem Mädchen verdankte, sein Kind lebendig und frisch vor sich zu sehen. Er machte dem Waldarbeiter den Vorschlag, Käthchen mit aufs Schloss zu nehmen und stets gut für die Kleine zu sorgen. Der Vater blickte unschlüssig bald auf Käthchen, bald auf Rosinchen und bald auf den vornehmen Herrn. Schließlich äußerte er, dass er wohl noch genügend Kinder zu Hause habe und dass er wohl seine Tochter auf das Schloss ziehen lasse, unter dem Vorbehalt, dass sein Kind jederzeit wieder heimkehren dürfe, wenn es Verlangen danach hätte. Käthchen aber, die den Grafensohn schon immer heimlich bewundert hatte, willigte gern in den Vorschlag ein. Doch bat sie sich aus, dass Rosinchen auf dem Schloss das Gnadenbrot gewährt würde. So wurde der Fall zu aller Zufriedenheit gelöst. Der Graf kaufte dem alten Wenzel die Sau um 100 Goldtaler ab, dann schieden Vater und Tochter. Wenzel schritt munter singend mit einer neuen Fackel in der einen und dem Goldsäckchen in der anderen Hand seinem Häuschen zu. Käthchen zog aber auf das Grafenschloss. Es heißt, dass sie für ihr Leben dort blieb; Heribert und das Mädel wurden die besten Spiel- und Lernkameraden und schließlich treue Gefährten für alle Zeit.

So ist es kein Wunder, wenn die Leute sagten, das Schwein habe ihnen allen in der Silvesternacht Glück in reichem Maße gebracht: Gesundheit, Reichtum, Wohlergehen und Liebe, alles Dinge, die man sich zum Jahreswechsel zu wünschen pflegt. In dieser Gegend sprach man nur noch vom „Glücksschwein", wenn man Rosinchen nannte. Und man schenkte sich kleine Schweinchen, wenn man sich zu Neujahr Gutes wünschte. Hatte einmal einer besonderes Glück, hieß es rundweg: „Der hat aber wieder mal ein Schwein!" Allmählich verbreitete sich der Ausspruch sowie der Brauch des Schweinchenschenkens immer mehr. Die ursprüngliche Geschichte geriet dagegen mehr und mehr in Vergessenheit. Deshalb war es doch gut, dass sie mir der alte Hannes einmal erzählt hat. Das meint ihr doch auch?

Anni Gwehenberger

Li-Lei-Lings

Im fernen Chinalande lebten einst die drei Brüder Wang-Yi-Tsu, Tschüan und Shen-Fu. Die beiden Ersteren waren faule Gesellen und lagen stets auf ihres Vaters Tasche, während der jüngste von ihnen, Shen-Fu, ihm fleißig half.

Eines Tages geschah es nun, dass der Vater starb. Die faulen Brüder aber gingen aus dem Hause fort. Nur Shen-Fu blieb und führte seines Vaters Laden weiter. Bunte Lampions, Sonnenschirmchen, geschnitzte Figürchen und sonst noch allerlei hatte Shen-Fu feilzubieten und war glücklich und zufrieden dabei.

Da ließ eines Tages der Kaiser des Landes einen Aufruf ergehen, dass seine Tochter Li-Lei-Ling sich vermählen werde. Jenem aber würden Reichtum und Ehren zuteil, der es zustande brächte, ein wundersam schimmerndes Hochzeitskleid zu verfertigen, wie es kein zweites gäbe im ganzen Chinalande.

Viele hatten sich schon in des Kaisers Palast gemeldet und sich in der Kunst versucht, ein zartes, schimmerndes Gewebe zu verfertigen, aber keinem war es bisher gelungen.

Von dem Aufruf des Kaisers hatten auch Wang-Yi-Tsu und Tschüan gehört. Sie taten Kulidienste, denn sonst wären sie auf der Straße verhungert. Nun aber würfelten sie darum, wer zuerst sich beim Kaiser melden solle. Und Tschüan war es, den das Los traf. Woher aber sollte er den feinen Faden nehmen und wie ihn verweben, wenn er ihn hätte? Aber der Reichtum und die Ehren, die der Kaiser versprochen hatte, lockten auch ihn.

Noch wagte er es nicht, vor den Kaiser hinzutreten, saß vielmehr abends sinnend am Seerosenweiher und starrte auf die sich im dunklen Wasser spiegelnde Mondscheibe. Mitternacht war es, da öffnete eine von den rosa schimmernden Blüten ihren Kelch. Ein Elfchen entstieg ihm, streckte die zarten Ärmchen gen Himmel und sang mit leiser Stimme:

„Mond, du lieber, guter Mond,
der am Himmel oben thront,
schenk von deinem Silberschein
mir die Strahlen zart und fein!
Web daraus ein Kleidchen mir
für die Nacht zur holden Zier."

Kaum hatte das Elfchen zu Ende gesungen, strahlte der Mond noch heller als vordem, und es trug ein silbernes Kleidchen, so wunderbar anzusehen, dass Tschüan vor Staunen der Mund offen stehen blieb. Dann aber überlegte er nicht lange, setzte seinen Fuß in das Wasser und streckte die Hand nach dem Elfchen aus, noch ehe es vermochte, die Flügel zu heben. „Du bist mir ein guter Fang!", meinte Tschüan, und als das Elfchen ihn bat, es wieder freizulassen, erwiderte er: „Du sollst frei werden, aber nur dann, wenn du dein Liedchen an den Mond noch einmal singst und mir ein Kleid herbeischaffst, so silbrig schimmernd wie das deine, für Prinzessin Li-Lei-Ling." Verängstigt versprach das Elfchen, ihm zu helfen, und dann sang es:

„Mond, du lieber, guter Mond,
der am Himmel oben thront,
schaff mit deinem Silberschein
mir ein Kleid so zart und fein!
Für Prinzessin Li-Lei-Ling
ich mein Liedchen an dich sing`."

Kaum war das Lied beendet, schimmerte es auf im dichten Schilf. Da lag ein Kleid, silbern wie die Mondscheibe, ein gar zartes Gewebe, und Tschüan hob es auf. Das Elfchen aber gedachte er nicht freizulassen, vielmehr sagte er: „Ei, du kleines Wundervöglein, das Kleid habe ich jetzt, was kümmert mich mein Versprechen! Als ein hübsches Angebinde will ich dich der Prinzessin bringen, dort sollst du in einem goldenen Käfig ihr zur Freude singen."

Dann machte er sich auf, zum Schlosse des Kaisers. Unwillig schüttelte der Wächter des Palastes den Kopf, als Tschüan zu so später Stunde um Einlass heischte. Als dieser ihm aber das silberne Kleid vorwies, öffnete er das Tor, und Tschüan ward zum Kaiser geführt. Li-Lei-Ling, die Prinzessin, wurde herbeigeholt, und als sie das prächtige Kleid gewahrte, jubelte sie: „Oh, wie schön, wie wunderschön!", und streifte das schimmernde Gewebe über den zarten Leib. Dem Seerosenelfchen aber öffnete sie weit das Fenster und ließ es frei.

Schon kündigte ein heller Goldstreifen am Horizont, dass der Tag erwache. Aber als die Sonne aufgestiegen war, verschwand das silberne Mondkleid Li-Lei-Lings, und nicht ein Fädchen blieb davon mehr übrig. Der Kaiser aber ließ Tschüan in den finsteren Turm sperren, in den weder Sonnenstrahl noch Mondlicht drangen. Daheim wartete vergeblich Wang-Yi-Tsu. Und als der Bruder nach drei Tagen noch nicht heimgekehrt war, machte er sich auf den Weg. Gemächlich wanderte Wang-Yi-Tsu über Land. Kam er an den Reisfeldern vorbei und sah die Bauern darin arbeiten und sich plagen, dann spottete er ihrer: „Ei, seht doch Wang-Yi-Tsu, bald wird er ein reicher Mann sein und euch bei der Arbeit zusehen!" Aber die Fleißigen achteten seiner nicht und taten schweigend ihre Pflicht.

Da kam Wang-Yi-Tsu an einer Hütte vorbei und sah etwas sehr Seltsames. Ein Weiblein saß am Fenster, drehte eine Spindel und sagte ein Sprüchlein vor sich her:

„Dreh dich, dreh dich, Spindel fein,
Goldfädchen schenkt der Sonnenschein."

Und es waren wirklich goldene Sonnenstrahlen, was sie da auf ihrer Spindel aufwickelte.

Ohne anzuklopfen, betrat Wang-Yi-Tsu die Stube. „Ich bin ein Gesandter des Kaisers!" sprach er. Da kicherte das Weiblein: „Nun, so siehst du mir gerade nicht aus. Aber was wünschest du?"

„Ich habe einen Auftrag für dich", fuhr Wang-Yi-Tsu fort. „Wie ich sehe, hast du wunderbares Garn auf deiner Spindel, da verstehst du es sicherlich auch, Gewebe davon zu verfertigen." - „Ei, freilich!" meinte das Weiblein. - „Nun, des Kaisers Tochter will Hochzeit halten und benötigt ein prächtiges Kleid", sagte Wang-Yi-Tsu, „und du sollst es

HOCHZEITSKLEID

mir verfertigen." – „Gut", sagte das Weiblein, „aber wehe dir, wenn du mich belogen hast!" Hurtig drehte es die Spindel, und als es genug Fäden hatte, webte es davon einen gar prächtigen Stoff und verfertigte daraus ein wunderbares Kleid, hell strahlend wie die Sonne. Wang-Yi-Tsu aber versprach dem Weiblein reichen Lohn und ging davon. So schnell seine Füße ihn trugen, eilte er in des Kaisers Palast, ward der Prinzessin vorgestellt, und als Li-Lei-Ling das goldene Kleid angezogen hatte, rief sie entzückt aus: „Noch morgen soll die Hochzeit sein!" Aber schon zeigten sich am Himmel die ersten Abendschatten, langsam kroch die Nacht ins Land, und als es dunkelte, war auch Li-Lei-Lings Sonnenkleid verschwunden. Wang-Yi-Tsu aber folgte seinem Bruder in den Turm.

Shen-Fu, der jüngste der drei Brüder, stand noch immer in seinem Laden, verkaufte und handelte und war mit sich und der Welt zufrieden. Si-Li-Shi, sein Weib aber, hütete daheim das Haus, kochte Reis und umsorgte die Kinder. Hatte sie aber ein wenig Zeit, so kannte sie nichts Schöneres, als draußen im Garten zu lustwandeln, zwischen Maulbeerbäumen und Chrysanthemen.

So schritt sie eines Abends wieder durch den bunten Garten und blieb unter einem Maulbeerbaum stehen. Sinnend betrachtete sie den Baum, griff mit der Hand nach seinen Zweigen. Aber was war das? Mitten unter den grünen Blättern lag eingebettet eine kleine, weiße Kugel. Kaum hatte Si-Li-Shi die Kugel berührt, schlüpfte aus ihr ein Schmetterling hervor, hob seine Flügel und entschwand in den blauen Abendhimmel hinein. Si-Li-Shi aber nahm die kleine, weiße Kugel mit ins Haus und besah sie genau beim Scheine der Laterne. Ein seltsamer, unendlich feiner Faden war es, der sich von der Kugel wie von einer Spindel abwickeln ließ.

Als Shen-Fu nach Hause kam, zeigte Si-Li-Shi ihm das seltsame, glänzende Gespinst. Shen-Fu aber, der auch von des Kaisers Aufruf gehört hatte, sprach: „Ein wenig mehr von diesem Faden, liebes Weib, und wir könnten das Hochzeitskleid für Prinzessin Li-Lei-Ling fertigen!" Aber sosehr sie auch danach suchten, nirgends mehr fanden sich im Garten die kleinen weißen Kugeln. So wanderten Shen-Fu und Si-Li-Shi hinab an den großen Fluss, wo Tsan, der alte Weise, in einer Schilfhütte hauste. Als die beiden ihn um Rat gefragt hatten, sprach er: „Ich kann euch wohl helfen, doch eines müsst ihr haben: Geduld." Dann ging er hinaus in den Garten und brachte den beiden einen Schmetterling. „Nehmt ihn mit nach Hause", sprach Tsan, „und setzt ihn in einen Maulbeerbaum. Dort wird der Schmetterling seine Eier in den Blättern ablegen. Dann aber wartet geduldig." Shen-Fu und Si-Li-Shi dankten dem Alten und taten, wie ihnen geheißen.

Und siehe da, nach drei Monden lagen überall in den Maulbeerbäumen die zarten, kugeligen Gespinste. Si-Li-Shi aber wand den Faden auf eine Spindel und webte davon ein Kleid, glänzend wie Mondeslicht und Sonnenschein. Shen-Fu aber ging damit in des Kaisers Palast, denn bis zu diesem Tage war es noch keinem gelungen, für die Prinzessin Li-Lei-Ling ein Kleid zu verfertigen.

Abermals holte man die Prinzessin aus ihren Gemächern, und als sie des Kleides ansichtig wurde, kannte ihre Freude keine Grenzen. „Noch heute soll die Hochzeit stattfinden", sprach sie, „und dein Lohn, Shen-Fu, soll nicht gering sein! Erst aber hole dein Weib herbei, auf dass ihr mit uns feiert in fröhlicher Runde!"

Shen-Fu holte Si-Li-Shi, und da war es nun ein vergnügtes Feiern und Tafeln in des Kaisers Palast. Als das Fest zu Ende war, sprach der Kaiser: „Ach, was sind deine beiden Brüder für Dummköpfe! Mit eitlem Blendwerk wollten sie den Lohn sich erschwindeln. Nun schmachten sie noch immer im dunklen Turm. Nun aber deine Belohnung, Shen-Fu!" Und er ließ eine große Truhe mit Schätzen herbeibringen. „Dies alles hier ist dein!" sprach der Kaiser. Shen-Fu aber erwiderte: „Nicht nach Gold und Schätzen steht mein Sinn. Doch einen Wunsch habe ich, hoher Kaiser, lasst meine Brüder frei! Da ließ der Kaiser Wang-Yi-Tsu und Tschüan aus dem Turm holen und war ob des edelmütigen Herzens von Shen-Fu so gerührt, dass er sprach: „Nimm dennoch die Truhe mit den Schätzen, Shen-Fu! Eine Bedingung aber muss ich daran knüpfen. Kaufe dir Grund und Boden für deinen Reichtum und pflanze darauf Maulbeerbäume, so viel du vermagst! Züchte darin die seltsamen Schmetterlinge und ihr weißes Gespinst, denn nicht nur die Prinzessin soll seidne Kleider tragen, sondern das ganze Volk!"

Und so geschah es auch. Shen-Fu aber nahm seine Brüder zu sich, die ihm fürderhin in Fleiß und Arbeitsfreude nicht nachstanden. Sie wurden wohlhabend und angesehen im ganzen Lande, denn bald trugen alle Menschen in China seidene Kleider.

Romana Mikulaschek

Mathildes Reichtum

Mathilde, die junge Magd, war unzufrieden mit ihrem Schicksal. „Wäre ich doch schön wie keine Zweite", seufzte sie immerzu, „oder reich oder berühmt oder gleich alle drei Dinge auf einmal!"

„Sei froh, Thilde, dass du gesund bist!" sagte ihr darauf jedes Mal die Bäuerin.

Einmal antwortete ihr Thilde ganz keck, dass sie dies als etwas Selbstverständliches ansehe, darum müsse man kein Wesen machen. Da kam sie aber schön an! Die Bäuerin schalt sie, ehrlich entrüstet über solche Rede, und der reiche Gutsherr, der gerade zu Besuch weilte und der Tag und Nacht vom Rheuma geplagt wurde, fuhr sie erbost an, sie möge sich nicht versündigen. Sie solle vielmehr Gott danken, dass sie zwei gesunde Arme und Beine habe sowie einen hellen Kopf, dass sie imstande sei, rührig ihrem Tagewerk nachzugehen.

„Wenn's mir helfen würde, täte ich der Gesundheit einen Tempel bauen und ihr alle Tage Räucheropfer darbringen!", sagte er sogar. „Möch'st nicht mit mir tauschen, wenn's dich jahrein, jahraus sticht und zwickt!", fügte er bedeutungsvoll hinzu.

Wird schon nicht so arg sein, dachte Thilde insgeheim verdrossen und war weder zu überzeugen noch zu bekehren.

Es war eines Abends.

Thilde ging, nachdem sie ihre Tagesarbeit vollbracht und zu Abend gegessen hatte, sogleich in ihre Kammer.

Milde wehte die Sommerluft durchs offene Fenster.

Thilde war müde. Sie legte das Sträußchen Erika, das die kleine Wetti vom Bauern nebenan für sie gepflückt hatte, auf das Tischchen und setzte sich auf den etwas wackeligen Stuhl, um sich der Schuhe zu entledigen. Die Füße taten ihr weh.

Etwas schläfrig fiel ihr Blick in das kleine Standspiegelchen, als sie begann, ihr Haar zu bürsten. Mit einem Male überkam sie es wieder, sie seufzte: „Ach, wäre ich doch schön wie keine Zweite oder reich oder berühmt oder gleich alle drei Dinge auf einmal! Gerne gäbe ich dafür meinen hellen Kopf oder dieses oder jenes von meiner so viel gepriesenen Gesundheit her!"

„Wirklich? Hihihihihi......", ertönte es da unvermittelt hinter ihr.

Thilde drehte sich um und gewahrte eine kleine, gebückte Frauensperson mit rundem Vollmondgesicht.

„Ich kenne deine Unzufriedenheit", fuhr diese fort, „und will dir helfen, da ich allem Vernünftigen in dieser Welt abhold bin. Speziell, wenn es gilt der „Gesundheit" ein Schnippchen zu schlagen, bin ich sofort dabei."

„Wer bist du?"

„Hihihi, das darf ich nicht verraten, denn sobald ich erkannt werde, verliere ich alle Macht über die Menschen, die mich gerufen haben."

„Ich hätte dich gerufen? Keine Spur!"

„O ja, hihi, du wirst schon draufkommen. Hihi…"

„Was lachst du fortwährend? Gerade geistreich siehst du nicht drein."

„Das ist mein Vorrecht, hihi! Aber nun zur Sache: Du wünschest dir Schönheit, Reichtum und Ruhm auf Kosten deiner Gesundheit! Sieh hier dieses Kräutlein! Wenn ich damit deine Stirn einreibe, wachst du morgen als schönste Frau der Welt auf, hast aber deinen hellen Kopf dafür hergegeben. Ich lasse dir das Kräutlein da. Noch zweimal kannst du es verwenden, um deine Gesundheit nach Belieben einzutauschen. Doch musst du dazu einen, mit einem Leiden behafteten, reichen oder berühmten Menschen finden, der sich zu diesem Tausch bereit erklärt. Es genügt, wenn du in seiner Gegenwart das Kräutlein anfasst und den Wunsch ausspricht." „Was ist das für ein Kräutlein?"

„Irgendeines! Mir sind alle dienlich, gegen mich ist keines gewachsen."

„Also, dann tu schon, wie du vorhin sagtest!" Thilde brannte voll Ungeduld.

Die Person rieb kräftig ihre Stirn ein.

„So", sagte sie, als sie fertig war. „Jetzt gehe zu Bett und nenne mich nie beim Namen, denn ich muss namenlos bleiben! Hihi…hi…hi…"

Thilde tat nach ihrer Weisung und wurde andern Morgens wach, als der Hahn das dritte mal krähte.

Rasch war sie aus dem Bett und bei dem Spiegelchen.

Ah …! Sie konnte sich kaum satt sehen an der Schönheit des Antlitzes, das ihr daraus entgegenblickte.

Sie ging in Hof und Stall.

„Ah …!", machten erstaunt der Bauer und die Bäuerin.

„Ah …!", machten alle Dorfbewohner, als sie ihrer ansichtig wurden.

Thilde lächelte geschmeichelt und gesellte sich abends zu den Burschen und Mädchen des Dorfes.

Wie üblich flogen witzige Worte hin und her und man schäkerte in der gewohnten Art.

8

Thilde hatte früher immer in der geistreichsten Weise geantwortet, jetzt stand sie nur da und lächelte und drehte und wendete sich und wusste nichts Gescheites zu reden.

Bald hieß es: Thilde ist zwar die Schönste weit und breit, aber ... und man tippte gegen die Stirn. Keiner der Burschen mochte sich mehr so recht mit ihr abgeben und Rudi, der ihr aufrichtig zugetan war, ging traurig umher.

„Ach, was tut's", sagte Thilde. „Ich brauche schöne Kleider und will nun rasch reich werden!" Schnurstracks lief sie zum Gutsherrn und sagte ihm, dass sie bereit sei, ihre Gesundheit gegen all seinen Reichtum einzutauschen. Hocherfreut und ohne im Geringsten zu zögern, willigte dieser ein. Thilde erfasste das Kräutlein, sprach den Wunsch aus und im nächsten Moment stach und zwickte es sie im ganzen Körper.

Es wird schon auszuhalten sein, dachte sie und bezog sogleich den wunderschönen Gutshof. Eine Unzahl Knechte und Mägde waren ihr jetzt untertan, um Haus und Hof und die weiten Ländereien in Ordnung zu halten.

„So, und jetzt will ich noch berühmt werden!", sprach Thilde. Sie zog ihre schönsten Gewänder an und ließ den berühmten Mann aus der Stadt kommen, der eines Fußleidens wegen mit einem Stock gehen musste.

„Mit tausend Freuden willige ich in den Tausch!", jubelte der berühmte Mann, als er vernahm, was Thilde von ihm verlangte.

Thilde hatte nun, was sie wollte: Sie war die Schönste auf der Welt, sie war reich, sie war berühmt. Aber glücklich war sie nicht.

Tagein, tagaus plagten sie Schmerzen, von denen sie für noch so viel Geld kein Arzt zu befreien vermochte. Laufen konnte sie nicht, und es half gar nichts, dass sie sich immerfort vorsagte: „Du bist schön wie keine Zweite, bist reich und kannst dir kaufen, was dein Herz begehrt, bist berühmt und wirst von aller Welt bewundert."

Die Schönheit wurde etwas Alltägliches, ebenso der Reichtum, und der Ruhm verpflichtete sie, ständig Autogramme zu schreiben, was viel Arbeit machte, bald fad wurde und schließlich lästig. Thilde spürte, dass ihr etwas fehlte.

Als sie eines Morgens am Fenster ihres behaglichen Zimmers stand und in den Hof blickte, sah sie, wie eine ihrer Mägde in der Einfahrt kniete und den Boden schrubbte.

Wie eifrig und flink sie diese Arbeit betrieb, wie mühelos, wie gelenkig! Beneidenswert! Gedankenvoll trat Thilde vom Fenster zurück. Plötzlich durchzuckte es sie. Jetzt wusste sie mit einem Male, was ihr fehlte: die Gesundheit! Die schöne, belebende, alles durchdringende, alles erfrischende Gesundheit!

Die Gesundheit, die einen jubeln und tanzen macht, lachen und frohlocken, die einem das Gefühl gibt, als könnte man die Welt aus ihren Angeln heben ...

Ach! Mathilde bedeckte, von jäher Erkenntnis überwältigt, die Augen mit den Händen.

„Was für eine Dummheit von mir, diesen köstlichen Schatz zu vertauschen! Nicht Schönheit, nicht Reichtum, nicht Ruhm vermögen ihn zu ersetzen!", sagte sie laut vor sich hin.

„Holla, was nennst du mich?", ertönte es da ärgerlich aus der Zimmerecke.

Wiederum war es die Person mit dem runden Vollmondgesicht, das so wenig geistreich dreinblickte.

„Ich hätte dich ...?", staunte Thilde. Dann schlug sie sich gegen die Stirn: „Ah, jetzt weiß ich, wer du bist: Die Dummheit! Die Dummheit, die meinen Verstand trübte und von der ich mich beschwatzen ließ!"

„Hihi, ja, die bin ich!"

„Mach sofort gut, wozu du mich verleitet hast, ich bereue aufrichtig."

„Hihi, du bereust? Ein Wort, das ich ungern höre. Aber du stellst dir die Sache leicht vor, wie alle Menschen, die im Handumdrehen das Gegenteil von mir herbeisehnen! Ich kann aus Eigenem gar nichts ändern. Weder der einstmals so reiche Gutsherr, noch der früher so berühmte Mann werden mich rufen, um den Tausch rückgängig zu machen. Sie erfreuen sich beide der herrlichen Gesundheit, die du so gering geachtet hast!"

Mit dumpfem Kopf erwachte Mathilde aus dem Nickerchen. Sie war eingeschlafen und hatte mit der Stirn in der Armbeuge auf der Tischplatte geruht.

Lächelnd streckte sie sich.

Ahhh ... nie, nie mehr wollte sie Klage führen, dass sie arm sei! Sie war nicht arm, sie war reich, unsagbar reich! Besaß sie doch den größten Schatz auf Erden: die Gesundheit! Sie wollte ihn hüten, wie ein Kleinod.

Und für alle Leidenden wollte sie von nun an Verständnis haben, zu ihnen stets gut und hilfsbereit sein. Das versprach sie sich hoch und heilig!

Mathilde stand auf, ging zum Waschtisch, füllte ein Glas mit Wasser und gab das Sträußchen Erika hinein.

Margarita Rehak

DIE SECHS LÖFFEL

Im letzten windschiefen Gehöft, hoch oben am Fuße des Berges, sitzt die Mutter inmitten ihrer vier Kinder in einer winzigen Kammer, die den Kleinen als Schlafraum dient. Sie hat die Hände gefaltet und spricht ihnen das Abendgebet vor. Nach dem „Gelobt sei Jesus Christus, Amen!" beugt sie sich über alle viere und küsst sie auf die Stirne. Dann geht sie schweigend hinaus und macht sich in der rauchgeschwärzten Küche zu schaffen. Es ist fünf Uhr nachmittags, und die Dunkelheit liegt wie ein rabenschwarzer Mantel über dem Land. Der Mutter tut das Herz weh, dass sie die Kinder schon so früh zu Bett schicken muss, aber in dem kleinen Keuschlerhaus ist die Not ein ständiger Gast. Und deshalb müssen die zwei Buben und zwei Mädchen schon so zeitig schlafen gehen, denn bei ihnen ist Jause und Nachtmahl nur eine bescheidene Mahlzeit. Ein Besenmacher ist nicht das beste Gewerbe, und die Leute kaufen nur das Allernotwendigste; sie sparen, wo es nur geht. Da heißt es mit den wenigen Schillingen fast geizig haushalten.

Die Mutter ist nur wenige Minuten in der Küche. Dann geht sie zur Haustür und kehrt davor den Schnee weg. Sie blickt immer wieder sorgenvoll auf die Landstraße, die wie ein weißes Band in die undurchdringliche Finsternis führt. Der Vater ist heute noch nicht zu Hause, daher geht die Mutter immer öfter, immer besorgter nachschauen, ob nicht schon sein Wägelchen mit dem Esel zu sehen ist. Seit dem frühen Morgen ist der Besenmacher unterwegs, um seine Ware zu verkaufen. Seit der gleichen Zeit schneit es schon. Einen viertel Meter hoch liegt bereits der Schnee. Die Mutter hat Angst um ihren grauhaarigen Langohr, den braven „Bambo". Wird er noch das Wägelchen bei diesem Wetter nach Hause bringen können? Wenn ihm etwas passieren würde, so wäre das das größte Unglück für die Familie! Einen anderen zu kaufen, wären sie absolut nicht in der Lage.

Während die Mutter noch solche Gedanken spinnt, taucht ein dunkler Fleck auf dem weißen Band auf, Stimmen werden allmählich vernehmbar, und langsam rollt das kleine Gefährt heran. Ebenso langsam löst sich die Angst der Mutter und macht der Neugierde Platz. Der Vater geht vorne neben Bambo auf der Straße und - neben ihm geht noch jemand. Wer ist das? Woher kommen außerdem die vielen hellen Stimmen, die noch zu hören sind? Das hört sich ja an, wie eine munter plaudernde Kinderschar.

Inzwischen ist das Wägelchen beim Haus angelangt, und die Mutter sieht eine Frau an der Seite des Vaters. Während sie den Esel ausspannen geht, wie sie es gewohnt ist, wenn der Besenmacher heimkommt, geht der Vater um den kleinen Wagen und hebt rückwärts unter der Plache - ein Kind heraus. Dann noch eines und noch eines ... Die Mutter schaut mit gespannter Neugierde zu, sie hält den ungeduldigen Bambo am Zaum, der schon in seinen Stall kommen möchte, und zählt: „Drei, vier, fünf, sechs ..." Sechs Kinder strampeln lustig im Schnee und scharen sich um die fremde Frau, die ratlos und wie Hilfe suchend auf den Besenmacher blickt. Der aber zögert keinen Augenblick und sagt mit warmer Stimme: „Geht nur ins Haus hinein mit dem kleinen Volk, liebe Frau, und setzt Euch auf die Ofenbank! Sobald wir den Esel und den Wagen versorgt haben, kommen wir auch."

Der Besenmacher geht mit seiner Frau zum Stall, und der Esel bekommt in der Ecke sein Heu. Dann wird das kleine Wägelchen in die Hauseinfahrt geschoben, und jetzt erst bemerkt der Besenmacher den fragenden Blick seines Weibes. Es fällt ihm schwer, ihr zu sagen, dass er sieben Gäste, sieben „Esser" mitgebracht hat, wo er selbst nicht wusste, wie er jedes Stückchen Brot einteilen sollte. Er ist wirklich verlegen und weiß sich vorerst nicht anders zu helfen, als das Gesicht der Mutter in seine Hände zu nehmen und - wie Entschuldigung erheischend - herzhaft zu küssen. „Sei nicht böse, Resi", stößt es dann aus ihm heraus, „aber die sieben hab ich im Schnee aufgelesen. Die Kinder konnten nicht mehr weiter ... Und die Mutter weinte herzzerbrechend. Das Einzige, was ich aus ihr herausbekommen konnte, war, dass sie vom Schicksal arg verfolgt wurden und alles verloren hatten. Aber da jedes Menschen Schicksal Gottes Wille ist, wolle auch sie es geduldig tragen, schluchzte sie und bat mich händeringend, nicht weiter danach zu fragen ...

So nahm ich sie halt mit. Man kann doch nicht sieben Leutln verhungern und im Schnee umkommen lassen, nicht wahr? Da schnallen wir lieber unsere Gürtel enger!"

Die Besenmacherfrau seufzt lang und schwer: „Wär ja gar nichts dabei, wenn wir es nur hätten!

Wenn wir alles soviel hätten wie den unnützen Schnee ..." Doch innerlich hat sie sich schon entschlossen, die sieben vorläufig zu behalten. Glücklich gehen alle beide in die Küche, wo sie die fremde Frau freundlich begrüßt. „Seid herzlich willkommen! Ihr könnt bei uns bleiben, nur mit dem Sattwerden wird es halt einen Haken haben!" Dann tritt sie an den Herd und kocht schnell eine Mehlsuppe. Die sieben ausgefrorenen Menschen wollen vor dem Schlafengehen noch etwas Warmes in den Magen bekommen. Wie sie die Schüssel mit der Suppe auf den Tisch stellt, fällt ihr erst ein, dass sie gar nicht so viel Löffel hat. Als das die Mutter der sechs Kinder merkt, zieht sie ein Paket mit sechs Löffeln, das Einzige, was sie mitnehmen konnte, aus ihrer Tasche. Nachher werden die Frau und die sechs Kinder in alle nur erdenklichen Winkel im Hause, in schnell errichtete Strohlager, verteilt. Und dann träumen sie alle glücklich einem neuen Morgen entgegen ...

In den nächsten Tagen ging der Besenmacher zu seinen Nachbarn fragen, ob sie nicht ein oder zwei Kinder nehmen wollten. Er könne das auf die Dauer nicht erschwingen. Jedoch davon wollte niemand etwas hören, er fand überall nur

taube Ohren. So blieb ihm nichts anderes übrig, als seine Gäste den ganzen Winter zu behalten.

Im Frühling wollte dann die Mutter mit den Kindern wieder weiter.

Und mit lauter Sorgen und manchem Hungertag ging der Winter vorüber. Eines Tages verabschiedete sich die Mutter mit den Kindern und ließ der Besenmacherin zum Dank die sechs Löffel zurück. „Ich werde sie ohnehin nicht mehr brauchen, und Ihr könnt sie vielleicht wieder verwenden, wenn solche Bettler wie wir noch einmal kommen sollten. Und wenn es einmal gar nichts mehr im Hause zu essen gibt, dann probiert sie einmal mit dem unnützen Schnee aus. Vielleicht sind sie doch zu etwas ..."

Die Besenmacherin konnte sich diese seltsamen Worte nicht erklären und dachte, dass der Verstand der armen Frau durch das viele Unglück gelitten hatte. Sie wollte die Löffel nicht nehmen, aber die Frau war mit den sechs Kindern urplötzlich verschwunden. So legte sie halt die Löffel achtlos in einen Schrank.

Drei Jahre waren seit diesem Vorfall vergangen. Von den sieben hatte der Besenmacher trotz eifriger Nachfrage auf seinen Geschäftsfahrten nichts mehr erfahren. Der Winter war wieder gekommen; ein strenger und früher Winter. Schon im Oktober lag der Schnee einen Meter hoch. Als es wenig später einmal vier Tage und Nächte schneite, lag der Schnee zwei Meter hoch, und das kleine Besenmacherhaus war von der übrigen Welt total abgeschnitten. Eines Tages gab es kein Mehl mehr im Haus, keine Kartoffel und kein Stückchen Brot. Die Kinder schrien vor Hunger, und die Eltern wussten keinen Rat mehr. Als die Mutter alle Schränke und Läden nach etwas Essbarem durchstöberte, stieß sie auf die sechs Löffel. Aber wie sahen diese alten, halb verrosteten Löffel jetzt auf einmal aus? Sie glänzten wie pures Silber und - in jedem Löffel war eine Krone eingraviert. Unter der Krone aber stand in jedem Löffel ein anderes Wort: Milch im ersten, Grieß im zweiten und dann Zucker, Mehl, Salz und Schmalz. Was sollte das alles bedeuten? Da fielen ihr wieder die seltsamen Worte ein: „Wenn nichts mehr im Hause zu essen ist - dann versucht es einmal mit dem unnützen Schnee!"

„Mutti!", rief der kleine Peperl plötzlich, der einen solchen Löffel voll Schnee gekostet hatte, „Mutti, das ist ja Zucker!" Und der Rudi jubelte: „Milch hab ich auf dem Löffel!" Der Vater bemerkte, feinstes Weizenmehl war der Schnee auf seinem Löffel geworden. Die Gretl hatte den Löffel erwischt, auf dem Grieß stand. Als die Mutter mit einem Löffel in den Schnee fuhr und kostete, hatte sie bestes Schweineschmalz darauf. Und das jüngste Töchterl, die Mitzi, hatte den Salzlöffel erwischt. Nun kannten Freude und Jubel keine Grenzen mehr. Aber auch die Arbeit nahm an diesem Tag kein Ende.

Die ganze Familie schaufelte mit den Löffeln den „unnützen Schnee", der auf diesen Zauberdingen zu Milch, Grieß, Zucker, Mehl, Salz und Schmalz wurde, und die Familie des Besenmachers innerhalb eines Winters zu reichen Leuten machte. Nun war der Winter nicht mehr verhasst und gefürchtet, jetzt wurde er immer freudig und sehnsüchtig erwartet, dank des kostbaren Geschenkes der „Schneekönigin". Niemand anderer war die Frau mit den sechs Kindern! Sie hatte in dieser Verwandlung die Menschen besucht, um die Guten, Edlen und Hilfsbereiten unter ihnen fürstlich zu belohnen.

Franz Hudetz

DIE EDELS

Ibrahim, der Sohn des Melonenverkäufers, war ein sehr gescheiter Junge.

Als er mehrmals die Gelegenheit hatte, Intelligenz und Geschick zu beweisen und dafür Lob erntete, stieg ihm die Sache zu Kopf. Völlig aus war's, als man ihn obendrein guter Eigenschaften zieh.

Seine jüngere Schwester, Parisade, ein kleines Schmeichelkätzchen, tat ein Übriges, um den nun schon recht eingebildeten Jungen noch überheblicher zu machen.

„Ach, du kannst alles, weißt alles, verstehst alles ...", seufzte sie und himmelte den älteren Bruder an.

„Sehr richtig", antwortete der eitel gewordene Ibrahim. „Ich kann alles, weiß alles, versteh alles und habe außerdem nur gute Eigenschaften und keine einzige schlechte!"

So oft sprach er den Satz aus, bis ihn sogar sein Papagei Sitta, der rückwärts im Hof auf einer Stange saß, herunterschnarren konnte. Ibrahim berichtete ihn immer wieder: „Nicht du kannst alles besser, ich ...!"

„Ich hehehe ...", machte der Vogel und trat von einem Bein auf das andere. Er war eben ein Papagei, der ohne Verstand alles nachplapperte.

Die Menschen im Dorf runzelten bald über Ibrahims anmaßende Äußerung die Stirn und es tat ihnen nun Leid, den Jungen jemals gelobt zu haben.

Als einmal der Vater krank war, fuhr Ibrahim jeden Morgen allein das Wägelchen mit den Melonen zur Stadt.

Das frühe Aufstehen verdross ihn beileibe nicht. Er pfiff ein munteres Lied, wenn er neben dem Mauleselchen einherschritt und sagte ab und zu so laut vor sich hin, dass sich die Leute, die gleich ihm unterwegs waren, umdrehten: „Ich kann alles, ich weiß alles, ich versteh' alles, ich habe überhaupt nur gute Eigenschaften und keine einzige schlechte."

Einmal, als er das wiederum so vor sich hinsagte, hielt ihn der Wanderhändler, der am Straßenrand stand, an, und sagte: „Hör einmal, Bürschchen, mir geht dein überhebliches Sprüchlein auf die Nerven und ich möchte dich auf die Probe stellen!"

Ibrahim hatte den alten Mann mit dem eisgrauen Bart nie vorher gesehen. Er hielt das Mauleselchen an und antwortete keck:

„Mit Vergnügen, was gilt's?"

Der Alte machte eine wegwerfende Bewegung:

„Du hast dabei nichts zu verlieren. Aber, wenn du dich auf die Probe stellen lässt - ganz gleich, ob du sie bestehst oder nicht - dann sollst du ...", der Händler kramte in seinem Umhängekasten, „... diese Kette aus rubinroten Granaten erhalten. Sie ist von ganz besonderer Art und wertvoll, doch muss man sich ihrer würdig erweisen."

„Oh, ist die herrlich!", begeisterte sich Ibrahim an den schön geschliffenen Edelsteinen, die in der Morgensonne glitzerten. Er dachte dabei an seine Schwester Parisade, die er mit der Kette erfreuen würde. „Sag schnell, was muss ich tun?"

„Zuerst einmal: Du kannst alles. Hol aus dem tiefen See das Goldgeschmeide, welches der Gemahlin des Sultans bei einer Bootsfahrt hineinfiel. Noch keinem gelang es.

Zweitens: Du weißt alles. Sage mir, wie viele Tropfen Wasser der See enthält und drittens: Du verstehst alles, daher berichte mir, was die Fische, die darin leben, einander erzählen. In sieben Tagen bin ich wieder hier, dann kannst du dir, ob so oder so die Kette holen."

Ibrahim strich zum Zeichen des Aufbruches sein Mauleselchen mit der Gerte und zog gedankenvoll davon. Als die Woche um war, stand der Wanderhändler wieder auf demselben Platz.

„Nun, was kannst du mir berichten?", fragte er Ibrahim, dessen Fuhrwerk knarrend zum Stehen gekommen war.

Der Junge zuckte bedauernd die Achseln:

„Leider ...! Ich konnte das Goldgeschmeide nicht zu Tage fördern. Auch weiß ich nicht, wie viele Tropfen Wasser der See enthält und schon gar nicht verstand ich, was die Fische einander erzählten. Die drei Aufgaben waren zu schwer."

„Oho, die erste lag immerhin im Bereich der Möglichkeit und du hast trotzdem versagt, also kannst du schon einmal nicht alles. Und für einen, der alles weiß und alles versteht, sind doch die beiden weiteren Aufgaben eine Kleinigkeit, wie?" Ibrahim senkte beschämt den Blick.

„Nun sei es wie immer, die Kette gehört dir. Aber", der Alte hob bedeutsam den

EINKETTE

Finger, „du darfst dein Leben lang nicht mehr den albernen Ausspruch tun, dass du alles kannst, weißt und verstehst, sonst heftet sich das Unheil an deine Fersen. Außerdem musst du die Kette eine Woche lang am eigenen Hals tragen, ehe du sie verschenkst."

Freudestrahlend nahm Ibrahim die geheimnisvoll glitzernde Kette in Empfang, legte sie um den Hals und verbarg sie unter dem hoch geschlossenen Hemd, denn Schmuck und Blumen geziemen den Frauen.

Pfeifend zog er davon und wollte soeben anheben: „Ich kann alles ...", als er sich rasch besann und verstummte.

Ach, der zweite Teil seines Sprüchleins war ihm aber nicht verboten, deshalb setzte er sogleich in singendem Ton fort: „Ich habe nur gute Eigenschaften und keine einzige schlechte, tralala, tralala ..."

Als Ibrahim abends heimkam, zeigte er die Kette seiner staunenden Schwester und erklärte ihr, diese würde nach Ablauf einer Woche ihr Eigentum sein.

Jubelnd klatschte Parisade in die Hände und rief: „Du bist mein gescheiter Bruder, du kannst alles, du weißt alles ..."

„Still", unterbrach sie Ibrahim, „diesen Satz mag ich nicht mehr hören, und darf ihn schon gar nicht sprechen. Aber - was ist denn das?"

Er hatte eine merkwürdige Entdeckung gemacht:

Mitten unter den schimmernden Granaten drehte sich eine runde, steinharte Erbse an der Schnur. Ibrahim zählte: Tatsächlich! Fünfunddreißig Granaten waren es gewesen, jetzt waren's nur noch vierunddreißig und eine Erbse.

Sonderbar, was ging hier vor?

Am Abend des folgenden Tages hatten sich drei weitere Edelsteine in Erbsen verwandelt, am übernächsten Tag wieder einige und als die Woche um war, hing Ibrahim eine Kette grüner, klappernder Erbsen um den Hals.

Parisade, die sich um die Freude betrogen sah, ein schönes Geschenk zu erhalten, brach in Tränen aus.

„Weine nicht, Schwesterlein! Sicherlich werde ich den Alten heute wieder treffen, damit ich ihn fragen kann, was es für eine Bewandtnis mit dieser absonderlichen Kette hat", tröstete Ibrahim Parisade.

Der eisgraue Alte war da.

„Halt!", zog Ibrahim das Mauleselchen am Zügel. „Ach, Väterchen, sieh, was aus den prachtvollen rubinroten Granaten geworden ist", klagte Ibrahim und hielt dem Wanderhändler voll Kummer die armselige Erbsenkette hin.

„Hmhm ... also auch die zweite Probe hast du nicht bestanden ...", wiegte der alte Mann den Kopf.

„Jeder Granat war eine gute Eigenschaft. Du hast keine einzige von ihnen angewendet, vielmehr jedes Mal eine schlechte an ihre Stelle gesetzt. Daher - bist du berechtigt, von dir zu behaupten, du hättest nur gute Eigenschaften und keine einzige schlechte?"

„Nein, ehrwürdiger Mann. Ich sehe schon, es ist keinem Menschen gegeben alles zu können, zu wissen und zu verstehen, es hat aber auch kein Menschenkind nur gute Eigenschaften und keine schlechten. Auch ich nicht."

„So ist es, mein Sohn. Kein einziger Mensch ist ein Alleskönner und Alleswisser, es ist aber auch kein einziger unfehlbar. Ein jeder soll sich vor Selbstüberschätzung hüten, das hat meist nur Ungemach zur Folge."

Ibrahim senkte bescheiden den Kopf. Dann sprach er leise: „Ja, aber was soll ich nun tun, damit aus den armseligen Erbsen wieder die kostbaren rubinroten Granaten werden?"

„Gute Eigenschaften an den Tag legen", sagte der Alte gütig lächelnd. „Geh mit Allah!" Ibrahim ging und befolgte den Rat des Alten. Er übte sich nach Kräften in den guten Eigenschaften als da sind:

Liebe, Treue, Mut, Kameradschaft, Friedfertigkeit, Gehorsam, Pflichterfüllung, Wahrhaftigkeit, Opferbereitschaft, Mitgefühl und viele, viele andere mehr, man kann sie gar nicht alle nennen. Und jede einzelne ist ein Edelstein.

Aber es war nicht leicht, nein, es war nicht leicht alle Edelsteine wieder zusammenzubekommen, denn es gehörte viel Selbstüberwindung, Selbsterziehung und Beharrlichkeit dazu.

Eines Tages jedoch konnte Ibrahim seiner Schwester die vollständige, herrlich blitzende Kette aus rubinroten Granaten um den Hals legen.

Parisade besah sich im Spiegel und lächelte beglückt. Dann seufzte sie: „Ach, jetzt wäre eine goldene Schließe daran wunderschön!"

„Nun, das schaff ich nicht mehr allein", lachte Ibrahim. „Da musst du mir schon helfen, Schwesterchen! Dazu gehören zwei Dinge."

„Welche denn?"

„Fleiß und Arbeit."

„Nun, daran soll's bei mir nicht fehlen", rief Parisade fröhlich.

Sitta, der Papageivogel, übersiedelte eine Zeit lang zu Freunden und als er wiederum zurückkam, hatte er den albernen Satz – Allah sei Dank! – vergessen.

Margarita Rehak

Der genarrte

Vor undenklichen Zeiten lebten in einem Tal drei Riesen. Sie hießen Hün, Reck und Tit und waren überaus friedliebend.

Vor allem hielten sie viel auf gute Sitte und Anstand und halfen den Bauern, welche das Tal bewohnten, mit ihren ungeheuren Kräften, wo sie nur konnten. Diese Hilfe trug viel zum Wohlstand der ganzen Gegend bei und brachte es mit sich, dass weit und breit zufriedene Leute wohnten. Eigentlich hatten die Bewohner des Tales mit ihnen ein stillschweigendes Übereinkommen getroffen. Die Riesen liehen ihre Kraft her, die Bauern jedoch - ihre Köpfe. Denn wären sie den Riesen nicht mit Rat beigestanden, dann hätten diese wahrscheinlich zu Weihnachten den Mais gesät und im Jänner die Kühe auf die Alm getrieben.

An einem wunderschönen Herbsttag wurde das friedliche Tal plötzlich aus seiner beschaulichen Ruhe gerissen.

Auf dem Kamm des hohen Gebirges stand ein fremder Riese, ein wilder, struppiger Kerl mit überlangen, zottigen Haaren. Sein Körper sah aus, als wäre er von oben bis unten mit Baummoos bewachsen. Er war mit einem zerfetzten und abgeschabten Bärenfell bekleidet, das um die Hüften ein riesiges Hanfseil zusammenhielt.

So stand er oben auf der Spitze der steilen Wand und schaute hinab ins Tal. Es schien ihm so gut zu gefallen, dass er gleich mehrere große Felsblöcke den Hang hinunterpoltern ließ.

Als die Bewohner das Donnern der großen Steine vernahmen, flüchteten sie sich eiligst in ihre Häuser.

Der Riese aber grölte und johlte und begann, die am Fuße der Wand liegenden Blöcke auf einen Haufen zu werfen. Dann schichtete er sie so übereinander, dass eine Art Höhle entstand.

Von diesem Tag an war der Friede aus dem Tal gewichen.

Hün, Reck und Tit zogen sich in ihre Burg zurück und ließen sich wochenlang nicht im Dorfe sehen. Die Bauern aber hatten unter dem Übermut des fremden Riesen sehr zu leiden. Er zerstampfte mit seinen ungeheuren Füßen ihre Saaten, zerstreute durch Steinwürfe die Viehherden und riss sogar die herrlichsten Obstbäume samt den Wurzeln aus dem Boden, um sich aus dem Holz Keulen zu schneiden.

Das ärgerte Hün, den ältesten der drei, der vom Fenster der Felsenburg aus dem Unfug zusah. Er berief seine jüngeren Brüder zu sich und sprach mit bedächtiger Stimme: „Brüder, ich glaube, es ist ein fremder Riese im Tal!"

„Ja", antworteten die beiden anderen wie aus einem Munde, „wir glauben auch, dass ein fremder Riese im Tal ist!"

„Dieser Kerl", fuhr Hün fort, „scheint ein ungebildeter Flegel zu sein! Wir werfen ihn am besten hinaus!" Wieder nickten die beiden, dann meinte der Jüngste: „Wie werden wir das anfangen?"

Eine Zeit war es still im Raum, dann schlug Hüns Faust krachend auf die Tischplatte.

„Ich hab's!", rief er aus. „Wir wollen mit ihm raufen!"

Als dies die beiden anderen vernahmen, schrien sie gleichfalls: „Ja, Hün, wir wollen mit ihm raufen!"

„Aber wer fängt an?", fragte der erste wieder und blickte angestrengt zur Zimmerdecke. Abermals langes Stillschweigen, dann fuhr sich Hün mit der Hand über die Stirn und sprach: „Ich, der älteste von uns, werde anfangen!"

„Ja", sagten erleichtert die zwei jüngeren Brüder. „Du wirst anfangen!" Und Hün fing wirklich an.

Er trat vor das Tor der Burg, hob einen Stein, den zehn Männer nicht weggebracht hätten, und schleuderte ihn mit solcher Wucht, dass er genau vor dem Eingang der Höhle niederfiel, in der der fremde Riese sein Mittagsschläfchen hielt. Gleich darauf hörte man ein wildes Brüllen, und wutschnaubend trat der andere aus seinem Versteck hervor. Ehe Hün sich's versah, hatte jener den gleichen Stein aufgehoben und mit solcher Sicherheit zurückgeworfen, dass er ihn mitten auf der Brust traf. Heulend trat Hün den Rückzug nach dem Schloss an und warf hinter sich krachend die gewaltige Eichentür zu.

Nun war Reck an der Reihe. Als er vor das Burgtor trat, sah er gerade den anderen mit gewaltigen Schritten auf sich zukommen. Da sein Gegner außerdem eine mächtige Keule in der Faust hielt, blieb Reck keine andere Wahl, als den erstbesten Tannenbaum auszureißen, um sich zu wehren.

Wenig später tobte auf der Felsplatte ein fürchterlicher Kampf. Die beiden Gegner schlugen brüllend aufeinander ein, dass das Holz nach allen Seiten splitterte. Schließlich war Recks Baumstamm zerschmettert und er konnte sich nicht mehr wehren. Darauf flüchtete auch Reck ins heimatliche Schloss.

Jetzt war die Reihe am Jüngsten. Tit war zwar ebenso kräftig wie seine Brüder, doch kaum öffnete er das große, breite Burgtor, erhielt er eine solche Riesenohrfeige, dass ihm der Schädel brummte wie eine Bassgeige. Rasch zog er den Kopf zurück, warf die Tür zu, schob den gewaltigen Riegel vor und rannte, was seine Beine hergaben, zu seinen Brüdern, denen er heulend sein Leid klagte.

Als sich die Aufregung im Schloss der drei Riesen gelegt hatte, saßen sie wieder alle um den großen Tisch.

„Er ist zu stark", begann nach langem Schweigen Hün das Gespräch. Die beiden anderen nickten nur.

„Wenn es dunkel geworden ist, gehe ich hinunter ins Dorf und rede mit den Menschen!", fuhr der älteste bedächtig fort.

„Ja, tu das!", bekräftigten die anderen seinen Entschluss, und dabei blieb es.

Doch Hün machte den Weg umsonst. Selbst die allerpfiffigsten Bauern waren ratlos und sahen keine Möglichkeit, den unliebsamen Eindringling loszuwerden. So musste Hün

Riese

unverrichteter Dinge wieder zu seinen Brüdern ins Schloss gehen. Dort wurde er schon mit Ungeduld erwartet. Der fremde Riese kümmerte sich kaum mehr um die Menschen, sondern sein ganzes Sinnen und Trachten war danach gerichtet, seinen drei Gegnern eins auszuwischen. Diese lebten nun in einem richtigen Belagerungszustand und wagten sich kaum mehr aus ihrem Bau.

So kam der Winter und mit ihm Eis und Schnee. Das Dorf und seine Umgebung versanken in der weißen Pracht, der Riese aber trieb weiter sein Unwesen. Der Dorfälteste berief eine große Versammlung ein, um die mehr als ungünstige Lage zu besprechen.

„Wenn es nicht anders wird", sagte er, „müssen wir eine Belohnung von 5000 Dukaten ausschreiben. Vielleicht findet sich dann jemand, der uns den Riesen vom Halse schafft!"

Einer sah den anderen an. Das Geld war zwar nicht zu verachten, aber trotzdem wollte keiner mit dem Riesen in Berührung kommen. Als sich niemand meldete, sprach der Bürgermeister mit bittender Stimme: „Wenn sich für 5000 Dukaten niemand findet, so erhöhe ich das Angebot auf 10.000 Dukaten!"

Da öffnete sich die Tür des Raumes und herein schlüpfte ein junger Bursche. Es war Felix, der tüchtigste und unerschrockenste Jäger der ganzen Gegend. Er und die Tochter des Bürgermeisters sahen sich mehr als gerne, aber dieser wollte von einer Heirat mit dem armen Felix gar nichts wissen.

Der schmucke Bursche sagte lachend: „Geld will ich keines, aber wenn Ihr mir Elisabeth zur Frau gebt, verspreche ich Euch, in drei Tagen das Übel zu vertreiben."

Der Bürgermeister antwortete ihm: „Wenn es dir tatsächlich gelingen sollte, dem Riesen das Laufen beizubringen, sollst du meine Elisabeth haben und das Geld dazu!"

„Ihr habt es gehört", wandte sich der Jäger an die Anwesenden. „In drei Tagen bin ich wieder hier, um Elisabeth heimzuholen!"

„Was hat er nur vor?", rieten die Zurückgebliebenen, als sich die Tür hinter Felix geschlossen hatte. Sie kannten ihn zwar als einen mutigen und klugen Menschen, aber was nützte alle Schlauheit, wenn es gegen einen so starken Riesen ging?

Zwei Tage vergingen. Am Abend des zweiten Tages wurde das Wetter so schlecht, dass es selbst der Riese für geraten hielt, sich tief in seine Höhle zu verkriechen. Kurz vor Mitternacht sah man vier verhüllte Gestalten durch den Hochwald schleichen. Es waren Felix und drei seiner besten Freunde. Als sie die Felsenplatte erreicht hatten, begannen sie aus dem Schnee riesige Kugeln zu wälzen und auf einen Berg zusammenzurollen. Ihre Arbeit dauerte mehrere Stunden, und erst kurz vor Sonnenaufgang war ihr Werk vollendet.

Die Dämmerung breitete sich noch über die Hänge, als der Riese erwachte. Er reckte und streckte sich, erhob sich von seinem Lager und blickte zur Höhle hinaus. Mit einem Mal wurde sein Blick starr. Wenige Schritte vor seiner Behausung stand jemand, der ihn um mehrere Köpfe überragte. Es war eine furchtbare Gestalt, und ihre Augen glühten wie Feuer. Aus ihrem breiten Mund erscholl ein Gebrüll, wie es der Riese noch nie vernommen hatte.

Das war dem Riesen zu viel. Gegen diesen Gegner wagte er nicht zu kämpfen. Vor Angst fing er an zu laufen. Er rannte über Berge und durch Täler, immer weiter fort, und kehrte nie mehr in diese Gegend zurück.

Am Abend des gleichen Tages stand Felix vor dem Bürgermeister. Die Flucht des Riesen hatte sich inzwischen herumgesprochen, und alle waren auf den Bericht des Jägers neugierig.

„Es war ganz einfach", sagte dieser. „Wir bauten aus Schnee einen riesigen Schneemann und stellten in seine Augenlöcher ausgehöhlte Kürbisse, die brennende Kerzen enthielten. Dann verkrochen wir uns im Rücken dieser Figur. Als der Riese aus seinem Schlaf erwachte, fingen wir alle vier so zu brüllen an, dass wir uns selbst fast mehr fürchteten als der Riese. Der aber rannte Hals über Kopf davon!"

Die Erzählung von Felix erregte überall Gelächter. Noch mehr aber freuten sich die Leute, als der Bürgermeister sein Versprechen einlöste, das er vor allen Leuten gegeben hatte.

Elisabeth und Felix wurden ein glückliches Paar, und als sie Hochzeit hielten, waren auch die drei Brüder, Hün, Reck und Tit, dabei. Sie bauten den beiden aus Dankbarkeit dort, wo der fremde Riese gehaust hatte, ein wunderschönes Haus und gaben ihm den Namen „Riesenhof". Das Haus ist inzwischen verfallen, auch Hün und seine Brüder leben nicht mehr, trotzdem lachen heute noch die Leute in dieser Gegend über Felix und den genarrten Riesen.

Walter K. Wavruska

DER REGENBRINGER

Vor vielen Jahren lebte ein Stamm am Rande des Urwaldes. Sie waren zufrieden und froh, denn das Land gab ihnen alles, was sie zum Leben brauchten. Die Männer gingen auf die Jagd, und die Frauen säten und ernteten das Getreide.

Die Regenzeit setzte regelmäßig ein. Die mächtigen Wassergüsse, die dann vom Himmel rauschten, verjüngten die Erde.

Danach begann das Blühen, Duften und Ernten. Einmal nun blieb die Regenzeit aus. Täglich sahen die Menschen zum weiß strahlenden Himmel empor, ob sich nicht der kleinste Schatten einer Wolke zeigen wolle. Die Weisen und Ältesten meinten tröstend: „Die Regenzeit wird sich um einige Tage verschoben haben." Doch die Sonne schickte unermüdlich ihre sengenden Strahlen zur Erde. Das Laub raschelte längst verwelkt und dürr an den Bäumen. Keine Blume wollte mehr duften und blühen. Der Boden barst vor Hitze auseinander. Die Menschen waren traurig und verzagt. Die lustigen Affenherden hatten sich tief, tief in den Urwald zurückgezogen. Nachts hörte man den König der Tiere fürchterlich brüllen. Dann lagen die Menschen schlaflos auf ihren geflochtenen Matten. Lange würde es nicht mehr dauern, dann war der letzte Wasserrest in ihrem Dorftümpel verbraucht, dann mussten sie alle zusammen elendiglich verschmachten.

Ja, der große, lebensspendende Regengott schlief. So laut sie auch ihre großen Trommeln schlugen, dass ihr dumpfes Dröhnen weit zu hören war, der Regengott wollte nicht aufwachen. In jenem Dörfchen lebte auch ein Knabe, Kulambo mit Namen. Er wurde von seinen Kameraden öfters geneckt und verspottet, weil er nicht so groß und stark wie sie war. Doch er hatte trotzdem viel Mut, und er liebte die Tiere. Eines Nachts lag Kulambo und grübelte, wie er dieses furchtbare Unheil, das sie alle bedrohte, abwenden könne. Und er beschloss, in den Urwald zu gehen, um die Tiere um Rat zu fragen. Seine Eltern und Geschwister waren vor Erschöpfung in einen bleiernen Schlaf gefallen. Leise stand Kulambo auf und schlich sich geräuschlos aus der kleinen Hütte. Der Mond strahlte taghell. Plötzlich hörte er ein mächtiges Krachen und Rauschen, das immer näher auf ihn zukam. Kulambo stand still und lauschte angestrengt. Welches Tier würde nun aus dem Dickicht brechen? Das konnte doch nur ein Elefant sein! Richtig, schon sah er, wie rechts und links die alten Bäume zur Seite sanken. Ein riesengroßer, alter, schneeweißer Elefant stand vor dem verwunderten Knaben. „Was willst du hier mitten in der Nacht in unserem Wald, du kleiner Mensch?" fragte der Elefant. „Ich möchte so gern den Regengott aufwecken, ich glaube, er hat uns ganz vergessen. Du bist gewiss schon sehr alt, kannst du mir nicht sagen, was ich tun soll?" - „Du scheinst mir ein tapferer Junge zu sein", sagte der Elefant und wiegte nachdenklich seinen großen Kopf. „Wohl bin ich alt und habe viel erlebt, doch dass der Regengott uns je vergessen hätte, daran kann ich mich nicht erinnern. Steig auf meinen Rücken, wir wollen zu Mira, der alten Riesenschlange, gehen, vielleicht ist sie noch klüger, als ich es bin!" Der mächtige Elefant neigte sich zur Erde, und Kulambo kletterte behände auf seinen Rücken. Nun ging die Reise flink und gefahrlos weiter. Bald kamen sie zu Mira. Die Python lag zusammengerollt da. „Mira, wach auf!", rief der Elefant. „Hier ist Kulambo und will dich um Rat fragen!" - „Wer ruft mich, wer wagt es, meinen Schlummer zu stören?", zischte die Schlange und hob ihren flachen Kopf. „Ich bin es, Wumbo, dein Freund", und nun erzählte die kluge Elefant von Kulambos Vorhaben. Die Schlange reckte sich, ihr Leib schwoll mächtig an und schillerte gelb und silbergrau. „Ssss", zischte die Schlange, „geht zu Kräcka, dem alten Krokodil! Das ist noch älter als ich, vielleicht kann es einen guten Rat geben." Mira bewegte ihren schillernden Leib hin und her und schlief weiter. „Nun, so wollen wir zu Kräcka gehen, der Weg ist weit. Halte dich an meinen Ohren fest!" Der Knabe legte sich weit nach vorn, und krampfhaft umklammerten seine kleinen braunen Fäuste Wumbos Ohren.

Nun waren sie am Ende des Urwaldes angelangt. Vor ihnen lag ein breites, steiniges, gänzlich ausgetrocknetes Flussbett. Ganz fern sah es aus, als spiegelte sich der bleiche Mond in einem schmalen Wasserstreifen. Nun hob Wumbo seinen Rüssel und stieß einen schmetternden Trompetenton aus. „Wer stört die Stille der Nacht und Kräckas Schlummer?" fragte da eine knarrende Stimme. Kulambo strengte sich vergeblich an, das Krokodil zu entdecken. Endlich sah er Kräcka. Sie glich einem alten, borkigen

VON ANNI GWEHENBERGER

Baumstamm. Furchtbar hässlich war Kräcka und Furcht erregend. Das gierige Maul hatte es weit geöffnet. Die kleinen roten Äuglein glänzten böse und tückisch. „Beruhige dich, Kräcka! Wir wollen dich nur um einen Rat fragen, denn du bist sehr weise." Nun wurde auch Kräcka von Kulambos Plänen unterrichtet. „Den Regengott willst du aufwecken, du elender Knirps?", knarrte Kräcka zurück und blickte Kulambo mit ihren fürchterlichen Augen an. Der Knabe saß ganz steif vor Grauen und nickte stumm. „Das kannst du nicht, das kann nur Hillimbi", fuhr das uralte Krokodil träge fort. „Wer ist Hillimbi, und wo kann ich ihn finden?" flüsterte Kulambo erregt. „Hillimbi ist der Goldvogel und wohnt auf dem höchsten Baum des Urwaldes", antwortete das Krokodil, und platsch, lag es in der schmalen Wasserrinne. Augenscheinlich war es nicht mehr zu sprechen.

„Ach, Wumbo, wie können wir den höchsten Baum des Urwaldes finden?" Der Elefant wiegte bedächtig sein Haupt. „Wir müssen zur Geierwand gehen. Die Geier fliegen über die Bäume des Urwaldes, sie werden wissen, welcher Baum der höchste ist." Wumbo trabte unverdrossen weiter. Kulambo war so müde, dass er einnickte und erst wieder aufwachte, als sie vor der riesenhohen, düsteren Geierwand standen. Hunderte und Aberhunderte von Geiern hockten auf den Felsen und schliefen. Wieder weckte Wumbo das Heer der Geier mit seinem Trompetenton. Die riesengroßen Vögel mit den nackten Hälsen machten ein großes Geschrei und schwangen aufgeregt mit ihren mächtigen Flügeln. „Wer wagt es, uns zu wecken?", riefen sie mit ihren schrillen Stimmen. Und wieder erzählte Wumbo, was Kulambo tun wollte. „Uns geht es gut!", riefen die Geier. „Wir brauchen keinen Regen! Viele Tiere sterben, wir haben genug Nahrung!", kreischten die Tiere durcheinander. Schließlich erklärte sich einer der Geier bereit, Kulambo auf seinen Rücken zu nehmen und mit ihm zum höchsten Baum des Urwaldes zu fliegen. Kulambo verabschiedete sich dankbar von Wumbo. „Viel Glück, Kulambo, ich weiß, du wirst uns den Regen bringen, denn du hast ein gutes Herz!" Doch da war der Junge schon hoch in den Lüften. Höher, immer höher flogen sie. Nun lag der

Urwald unter ihnen mit seinen vielen Tausenden riesenhohen Bäumen. Der Geier flog unbeirrbar seinen Weg. Nun sah Kulambo einen Baum, der turmhoch das große Baummeer überragte. Der Riesenvogel hatte das Büblein auf den höchsten Gipfel abgesetzt. Kulambo wollte es beinahe angst und schwindlig werden, da rief er laut: „Hillimbi, Hillimbi, wo bist du?" - „Wer ruft mich, wer ruft mich?", zwitscherte ein helles Silberstimmchen. „Kulambo, ein kleiner Junge!", erwiderte der Knabe frohgemut. Da saß das winzige, goldene Vögelchen auch schon auf Kulambos großer Zehe, und der Kleine erzählte in Eile von der großen, großen Hitze, dem Durst und all der Not, die alle Lebewesen litten. „Ach", zwitscherte das Vöglein, „ich schlief so gut und träumte von duftenden Lianen und Orchideen, von schillernden Faltern und lustigen Vogelliedern!" - „Nun sind all die herrlichen Blumen verwelkt", sagte Kulambo traurig. „Bald werden sie wieder blühn, kleiner Kulambo!", rief das Vöglein tröstlich, und dann flog es mit frohem Gesang hoch, hoch hinauf, bis es nicht mehr zu sehen und zu hören war.

Der Geier hatte geduldig gewartet, nun durfte Kulambo wieder auf seinen Rücken steigen. Der Vogel trug ihn in Windeseile zum Rande des Urwaldes, wo Kulambos Heimat war. Der Himmel hatte sich unheimlich verdüstert. Ein Brausen und Dröhnen von herannahenden Winden erfüllte die Luft. Kulambo eilte, so schnell er konnte, der väterlichen Hütte zu. Kaum hatte er die Türe hinter sich geschlossen, da stürzten auch schon Wassermassen auf die verdurstende Erde.

„Ich habe den Regengott geweckt, nein, Hillimbi, das Goldvögelein, hat ihn geweckt!", rief glückstrahlend der kleine Kulambo. „Was hast du getan? Wer hat den Regengott geweckt?", fragten Eltern und Geschwister. Da erzählte der Junge alle seine nächtlichen Erlebnisse, und die anderen hörten ihm andächtig zu. „Von heute an sollst du Hillimbdro, der Regenbringer, heißen!", verkündete der Vater am Schluss von Kulambos Erzählung. Und so geschah es auch. Kulambo erhielt den ehrenden Beinamen „Hillimbdro", das heißt „Regenbringer". Er lebte viele, viele Jahre glücklich und hoch geehrt.

Anni Gwehenberger

GOLDENE HÄNDE

Vor langer, langer Zeit lebte in den Steppen ein greiser Viehhalter. Er hatte eine wunderschöne Tochter. Wenn sie in die Steppe hinausging, verblassten die Sterne am Himmel und die Bäche verstummten, weil ihre Augen schöner waren als die Sterne und ihre wohl tönende Stimme klangvoller war als das Rauschen der Bäche. Das Mädchen hieß Meftuk. Der Vater liebte und behütete seine Meftuk und erfüllte ihr jeden Wunsch.

„Wen möchtest du heiraten, meine Tochter?", fragte er eines Tages. „Vater, ich werde nur den Menschen heiraten, der der reichste und gleichzeitig der ärmste auf der Welt ist", sagte Meftuk. Der Alte dachte nach und schüttelte sein Haupt.

„Da hast du mir eine hinterlistige Aufgabe gestellt. Wo soll ich dir einen solchen Bräutigam suchen?" - „Du brauchst nicht zu suchen", antwortete das Mädchen. „Du brauchst nur einen Aufruf zu erlassen, und dann kommen die Freier von selbst."

Da gab der Vater bekannt, dass er seine Tochter, die schöne Meftuk, demjenigen zur Frau gäbe, der der reichste und gleichzeitig der ärmste Mensch auf der Welt sei.

Und er bestimmte den Tag, an dem alle Freier erscheinen sollten. Der Tag brach an. Schon seit dem frühen Morgen drängten sich die Freundinnen um die Braut, kleideten und schmückten sie. Die eine flocht ihre schwarzen Zöpfe und band Perlen hinein, die zweite legte ihr Brokatgewand zurecht, und die dritte suchte Ringe aus, die Meftuks schmale Finger zieren sollten. Und alle Freundinnen schwatzten über die Freier, die sich auf dem Hof versammelten.

„Einer hat Kamele mitgebracht", erzählte eine, „und alle sind mit wertvollen Stoffballen beladen."

„Ein anderer hat tausend Krieger mit wundervollen Waffen hierhergeführt", sagte eine andere. „Einige tragen Kästchen mit Diamanten, Perlen und Smaragden", ging es von einem Mund zum anderen. „Ihre Reichtümer sind sicher nicht mit Geld aufzuwiegen."

„Bist du fertig, meine Tochter?", fragte der Alte, als er auf ihrer Schwelle erschien. „Die Freier haben sich versammelt und erwarten dich."

„Ja, Vater, ich bin fertig", antwortete das Mädchen und trat, vor Schönheit und Schmuck strahlend wie die Sonne, zu den Freiern hinaus. Alle verneigten sich tief vor der schönen Meftuk und ihrem Vater.

„Meine Tochter möchte den zum Manne nehmen, der der ärmste und gleichzeitig der reichste Mensch auf der Welt ist. Erzählt uns von euch!", sagte der reiche Viehhalter und nahm mit seiner Tochter auf einer Bank Platz.

Da traten einige reich gekleidete Männer hervor. Hinter ihnen führten Diener mit Waren beladene Kamele heran und trugen kostbare Gewebe und Geschirr.

„Wir lieben dich, schönes Mädchen, und wollen um dich freien!", sprachen sie und verneigten sich noch einmal. „Wähle den von uns, nach dem dein Herz steht."

„Seid ihr alle sehr reich?", fragte Meftuk.

„Ja, schönes Mädchen, wir sind reich."

„Und weshalb glaubt ihr, dass ihr gleichzeitig die ärmsten Männer auf der Welt seid?"

„Weil wir den köstlichsten Schatz auf dieser Erde nicht besitzen - deine Hand und dein Herz", antworteten sie. Meftuk begann zu lachen.

„Nein, das ist es nicht, was ich suche. Ich nehme keinen von euch zum Mann!"

Nun traten einige ruhmreiche Krieger hervor, und hinter ihnen drängte sich ihr Heer. „Wir sind nicht so reich, Meftuk", sagten sie, „aber mit Hilfe unserer Soldaten können wir die reichsten Menschen auf der Welt werden, wenn wir ausziehen, um fremde Länder zu erobern."

„Und was könnt ihr selbst tun, ohne eure Soldaten?", fragte Meftuk.

„Ohne unsere Soldaten können wir nichts", antworteten die Krieger.

„Das bedeutet, dass ihr nicht als Freier taugt", sagte das Mädchen.

Und nun traten die Freier vor sie hin, die Kästchen mit Kostbarkeiten in ihren Händen hielten. „Schau her, Meftuk", sagten sie, „in diesen Kästchen befinden sich unzählbare Schätze. Aber wir geben sie dir und werden damit die Letzten und Ärmsten der Welt."

„Das bedeutet, dass ihr reich wart und dann arm seid, aber keinesfalls beides gleichzeitig", sagte Meftuk. „Nein, ich brauche eure Kostbarkeiten nicht! Auch ihr seid nicht die Freier, die ich erwartet habe." Da trat ein schöner Jüngling in dem groben Kleid eines Armen hervor. Er verneigte sich tief vor der schönen Meftuk.

„Wie denn, auch du willst meiner Tochter deine Hand anbieten?", fragte ihn der Vater höhnisch. „Dass du arm bist, sehen wir. Aber wo ist denn dein Reichtum?"

„Meinen Reichtum trage ich immer bei mir", antwortete der Jüngling fröhlich und zog eine Nadel, einen Hammer und einen Kochlöffel aus der Tasche.

„Ich bin ein guter Schneider und kann ein Kleid nähen, das sehr viel besser ist als jenes, das du jetzt trägst. Ich bin ein guter Schmied und kann in einer Stunde alle Pferde deiner Herden beschlagen. Ich bin auch Koch und kann ein Mittagessen zubereiten, wie es noch kein Herrscher in der Welt gegessen hat. Ohne Kamele, ohne Waren und ohne Krieger kann ich so viel verdienen, dass ich reicher bin als jeder dieser Freier; denn mein Reichtum liegt in meinen Händen und in meiner Handfertigkeit."

„Das ist der richtige Freier!", rief Meftuk aus. „Er hat goldene Hände!" Und so nahm sie einen Handwerker zum Mann.

Baschkirisches Märchen

DER ALTE BAUM

Im Osten liegt das Land der aufgehenden Sonne. Wenn ihr roter Ball hinter dem schneeweißen Haupt des großen Kegelberges sichtbar wird, dann lacht der kleine Pi-Pa-Pon. Und seine Mandelaugen funkeln vor Lebensfreude.

„Pi!" ruft ihn die Mutter zärtlich.

„Ich komme ja schon!", kräht er, springt hurtig von seinem armseligen Lager in der Hüttenecke auf und stürzt sich heißhungrig über die dampfende Reisschüssel. Dann nimmt er den Buckelkorb mit den Töpfen und macht sich auf in die Stadt. Während die Mutter daheim mit ihren feinen Fingern schlanke Krüge und dickbauchige Töpfe formt, stapft Pi seinen täglichen Weg. Bald ertönt sein Stimmchen, das die Leute zum Kauf anlockt.

So geht es jahraus, jahrein, seit Vater Li-Pa-Pon heimging zum großen Gott.

Draußen, auf halbem Weg in die Stadt, steht ein uralter Kirschbaum. An ihm schlürfte bereits der Vater des kleinen Pi vorbei, ächzte wohl unter der Last seiner Töpfe oder lächelte, wenn er mit leerem Korb und vollem Geldbeutel heimwärts ging.

Und wenn das Fest der Kirschblüte gefeiert wird, steht der alte Kirschbaum in festlichem Glanz da. Die bunten Lampions baumeln lustig und verbreiten ein warmes Licht über die fröhlichen Menschen.

Heute hat es Pi besonders eilig. Er will schnell seine Töpfe loswerden. Die Freunde warten auf ihn.

„Schöne Krüglein habe ich da! Seht euch doch hier diese Töpfe an! Wo landauf, landab gibt es schönere? Diese Form, wie eine Blume! Und erst die Malerei! Feinstes Kirschrot mit Schneeweiß! Wer will etwas kaufen?!" Immer wieder gellt seine Bubenstimme durch das Gewühl der drängenden und stoßenden Menschen. Aber niemand achtet seiner. Keiner würdigt ihn eines Blickes. Gleichgültig hasten die Leute an ihm vorbei.

Die Sonne steigt höher und höher. Durst quält den Kleinen. Jedoch er wagt es nicht, seinen Platz zu verlassen, bevor die Ware nicht verkauft ist. Wie leicht könnte gerade in dem Augenblick jemand kommen, wo er weg ist.

Pi wartet vergeblich. Die Sonne geht müde hinter dem großen Kegelberg wieder schlafen, als sich der Bub missmutig auf den Heimweg macht. Alles verpatzt! Keinen Topf, keinen Krug verkauft und keine Minute mit den Freunden gespielt!

Als Pi am alten Kirschbaum kommt, setzt er sich verdrossen eine Weile darunter. In der linden Luft liegt der herbe Geruch des Frühlings und die Tausenden Blüten schimmern in der Dämmerung. Pi lehnt sich an den Stamm. Er blickt an ihm hinauf in die wundervolle Krone und seufzt:

„Du hast es gut, alter Kirschbaum! An dir geht keiner achtlos vorbei, dich bewundern sie alle, schmücken dich mit Lampions und erfreuen sich an deinen Kirschen. Aber ich ... Da - der ganze Korb ist voll ...!" Seine Augen füllen sich mit Tränen. Pi lässt den Kopf sinken. Aber täuscht er sich? Oder hört er es wirklich ganz leise aus dem Baum rauschen? Der Bub lauscht angestrengt. Tatsächlich - ein feines Raunen hebt an: „Mich bewunderst du, Pi? Mich alten Baum? Schau mich doch an! Mein Stamm wird schon rissig, und die Äste werden mir langsam zu schwer ..."

„Ich wollte dir gerne tragen helfen, wenn ich dafür so schöne Blüten bekäme!", entgegnete Pi. „Du sollst deinen Wunsch erfüllt haben!", raunte der Kirschbaum gütig.

„Wie kann das sein?", zweifelte Pi. „Meine Mutter wartet, sie wird sich sorgen, wenn ich nicht heimkomme ..."

„Ich gehe statt deiner, Pi! Du vertrittst mich indessen. Heute in einem Jahr, am selben Tag und zur gleichen Stunde werde ich dich fragen, ob du weiter der alte Baum sein willst. Einverstanden?"

Pi-Pa-Pon ist eine Weile unschlüssig. Er hat sich eigentlich vorhin wenig dabei gedacht, als er den Baum bewunderte. Aber schließlich nickte er. Warum eigentlich nicht? Mutter wird ja nichts merken, und ein Jahr lang so herrlich zu sein, das ist doch etwas!

Er sagt noch geschäftig: „Vergiss aber bitte nicht, nach jedem erfolgreichen Verkauf musst du dem großen Gott opfern! Sonst hast du kein Glück und wirst nicht ein Krüglein los!"

„Ich habe es bemerkt, Pi", flüstert es aus der Krone, „und ich will nicht so vergesslich sein wie du ..."

Beschämt gesteht der Bub: „Du hast Recht. Als ich das letzte Mal in der Stadt alles verkauft hatte, was in meinem Korb war, ging ich dann am Tempel vorbei, ohne zu opfern und ... "

„... ich musste mich beeilen, denn meine Freunde Ki-Ling und Hang-Sun warteten schon auf mich!" setzt der Kirschbaum fort.

„Wie du das weißt?" staunt Pi fassungslos.

„Seid ihr nicht schon oft in meinem Schatten gesessen, du und deine beiden Freunde? Und hast du dann nicht stets hier deine Pläne geschmiedet, Vorsätze gefasst - und wieder umgestoßen?" Pi nickt stumm. Wie gut ihn der alte Baum kennt! Er starrt in seine Zweige hinauf: „Wo sprichst du? Lass es mich sehen!", bettelt er. Die Augen brennen ihm bereits, so angestrengt blickt er in das blühende Gezweig. Und eine große Müdigkeit überfällt ihn. Pi sinkt zusammen. Der Kopf mit dem schwarzen Zopf fällt nach vorne. Dann umfängt ihn die stille Nacht ...

Als die ersten Sonnenstrahlen über die Berge gelaufen kommen, blinzeln sie verwundert: „Nanu? Das ist doch nicht unser guter alter Kirschbaum, der sich da so aufpustet?"

Nein, sie haben Recht. Wie der Zweige stolz in den Tag reckt! „Welch ein herrliches Gefühl!", durchrieselt es ihn. Bald kommen die ersten Leute unter ihm vorbei und blicken bewundernd an dem Baum empor. Einen alten Mann hört man sagen:

„Der Kirschbaum wird von Jahr zu Jahr schöner! Eine solche Blütenpracht wie heuer habe ich schon lange nicht an ihm gesehen."

Pi ist stolz. In ihm und um ihn herum schwirrt es und summt es. Die Bienen haben es eilig. Sie wispern einander mit ihren feinen Stimmchen zu: „Was ist denn bloß mit unserem Kirschbaum los? Der streckt uns die Blüten ja förmlich entgegen. Gestern ist er so müde und matt dagestanden, dass man ihm am liebsten unter die Äste gegriffen hätte, um ihn zu stützen, und heute steht er da wie ein Tempel - fest und unerschütterlich!"

Solange Pi solches Lob hört, ist er überglücklich. Das ist doch ein anderes Leben, als sich auf dem Markt mit den Krügen abzuplagen! Aber wo bleibt denn mein Vertreter? Es ist doch

höchste Zeit, in die Stadt zu gehen! Die Sonne steht bereits hoch am Himmel - ja richtig, dort komme ich schon. Komisch, wenn man sich selber sieht! So schlampig trage ich den Buckelkorb? Mein Gott, da purzelt ja die Hälfte heraus! Pi will seinem Doppelgänger zurufen, aber nur ein hilfloses Säuseln geht durch sein Gezweig, kein Wort. Der Bub schultert den Korb zurecht, nun hängt er wenigstens gerade auf dem Rücken. Dann wirft er einen achtlosen Blick auf den Baum und geht pfeifend weiter.

Pi kann sich nun fast täglich selber beobachten. Manchmal schüttelt er ärgerlich seine Äste, dass die Blüten erzittern und etliche auf den Boden fallen. Nein, so hätte er sich das nicht vorgestellt! Wie kann man dem kleinen Hang-Sun das Spielzeug wegnehmen, wenn man selber schon so groß ist? Und erst die wüste Rauferei mit Ki-Ling! Nur, weil dieser gesagt hatte, er könnte einen größeren Korb tragen ...

Aber auch mit seinem neuen Leben hat Pi zunehmenden Kummer. Das wundervolle Blütenkleid ist nach wenigen Tagen arg zerzaust. Und wenn vorher die Leute stehen geblieben sind und gerufen haben: „Ach, wie schön doch der Baum ist!", so laufen sie jetzt achtlos an ihm vorbei. Ein flüchtiger Blick der Erwachsenen streift ihn manchmal, dann hört er wohl die Bemerkung: „Na, allzu viel ist heuer auch nicht drauf auf ihm ..."

Der Sommer zieht ins Land. Nun trägt Pi schwer an seiner Last. Wie federleicht doch die Blüten gewesen sind gegenüber den roten Kirschen, die nun an seinen Ästen leuchten! Die Vögel haben es eilig. Sie tummeln sich in den Zweigen und picken an den süßen Früchten herum. Manchmal schüttelt sich Pi ärgerlich, wenn es die gefiederten Gäste gar zu arg treiben, dann stieben sie nach allen Windrichtungen davon.

Eines Tages kommt Pi-Pa-Pon mit den Freunden angesprungen. „Schau, die Kirschen sind schon reif!", ruft der kleine Hang-Sun jubelnd. Die drei Buben stürzen auf den Baum zu und reißen an den Ästen, dass gleich ganze Blattbüschel zu Boden taumeln.

„Au, ihr tut mir ja weh!", will Pi schreien, doch wer hört schon einen Baum? Jedenfalls springen die Buben weiterhin hoch und zerren die Äste, die sie erhaschen, herunter, um ihnen die Kirschen zu nehmen. Und Pi-Pa-Pon treibt es am ärgsten. Nun lacht er auch noch laut und ruft: „Na, ich wollte jetzt nicht der Baum sein, da ginge es mir schlecht!" Die zwei Freunde kichern: „Was für ein dummer Gedanke! Wer will schon ein Baum sein? Noch dazu ein so alter Kirschbaum wie der da!"

Pi hört, wie ihn sein Namensvetter auslacht und das erste Mal erfasst ihn Verzweiflung über seinen Wunsch, ein Baum zu sein. Bange fragt er sich: „Was dann, wenn das Jahr vergeht und ich kann nicht mehr Pi-Pa-Pon sein?"

Es dauert nur ganz kurze Zeit, und der Kirschbaum steht leer in der Sommerhitze. Die wenigen Kirschen hoch oben in den Zweigen, die keiner erreicht hat, verdorren, schrumpfen ein und grinsen Pi mit ihren faltigen Köpfen an:

„Na, Alter, jetzt ist es ja wohl bald vorbei mit der Schönheit?" Er will ihnen antworten, aber sie verstehen seine Sprache nicht, so bleibt er stumm. Wegwerfend meint eine schwarze vertrocknete Kirsche, die schon bis auf den Kern abgemagert ist:

„Lasst doch den aufgeblasenen Hohlkopf! Seit einiger Zeit fällt es mir schon auf, dass der Kerl vor Eitelkeit das Reden verlernt hat ..."

„Wäre ich doch wieder ich selbst!", wünscht sich Pi in diesem Augenblick. „Wie unrecht sie mir tun!" Er sehnt sich zurück in das Häuschen seiner Mutter und beneidet seinen Doppelgänger, der jetzt an seiner Stelle die Krüge zum Markt tragen darf.

Als der Herbst mit wilden Stürmen ins Land zieht und erbarmungslos in der Krone des Baumes wühlt, Äste abbricht und heulend um den Stamm fegt, packt Pi tiefe Reue. Vorbei ist die Blütenpracht, vorbei das leuchtende Rot der Früchte! Die Blätter sinken müde zu Boden oder wirbeln im Wind davon. Einsam und unbeachtet steht Pi an seinem Platz. Von allen gemieden, von allen verlassen. Dann schimmert eines Tages vom fernen Kegelberg wieder der weiße Kranz des Schnees. Kalte Schauer legen sich um den Baum und machen ihn matt. Pi zittert bis in die Wurzeln hinab. Er kann es nicht verstehen, das niemand seiner achtet. Auch nicht Pi-Pa-Pon, der ihn doch bei Mutter vertritt.

Eines Tages kommen Männer mit Beilen und einem Fuhrwerk. Hinter ihnen her springen Pi-Pa-Pon und seine beiden Freunde. Neugierig sehen sie zu, wie die Männer den Baum auszugraben beginnen. Bei jedem Beilhieb erzittert Pi. Traurig fühlt er sein Ende nahen: „So gerne wollte ich noch einmal meine Mutter sehen und mit ihr dem großen Gott opfern! Jetzt wäre mir der Weg in den Tempel nicht zu weit wie damals, als ich noch Pi-Pa-Pon gewesen bin!" Im gleichen Augenblick führt einer der Männer einen gewaltigen Streich gegen den Stamm, der Pi zusammenreißt, so dass er zu Boden kracht. Im Fallen sieht er seinen Namensvetter, der schreiend vor dem stürzenden Baum davonlaufen will. „Du wolltest mich nach einem Jahr fragen, ob ich wieder Pi-Pa-Pon werden oder der Kirschbaum bleiben will - nun ist es zu spät. Opfere für mich beim großen Gott!", denkt Pi und neigt sich im Fallen zur Seite, um den Buben nicht zu verletzen. Der tritt nun an den gefällten Baum und streicht ihm über die rissige Rinde. Dabei flüstert er: „Mein lieber, alter Kirschbaum!" Da plötzlich spürt Pi durch die Berührung eine wundersame Kraft in sich strömen, während sein Ebenbild verschwimmt und in sich zusammensackt. Pi will etwas sagen, doch die flüsternde Stimme des Baumes, die ihn damals gelockt hatte, lässt ihn aufhorchen: „Pi, du hast mein Leben gelebt. Nun kehre wieder zurück in das deine! Du hast es verdient. Eile - deine Mutter wartet mit den Krügen ...!"

Die Stimme bricht ab. Pi greift nach seinem Zopf. Wirklich, da ist er. „Ich bin Pi, ich bin Pa, ich bin Pi-Pa-Pon!", schreit der Bub schmetternd hinaus in den Tag, dass die Männer verwundert innehalten und auf die Stirn zeigen: „Das ist dir erst seit heute bekannt?", spottet einer von ihnen gutmütig, während der zweite unwirsch sagt: „Scher dich davon, wir haben keine Zeit! Der Baum muss in die Stadt ..."

„In die Stadt?", forscht der Bub mitleidig.

„Ja, in der Stadt wird ein Tempel des großen Gottes gebaut, da brauchen wir diesen starken Baum!"

„Ein Tempel ..." Pi sagt es ganz leise, dann dreht er sich um und jagt heimwärts. Dort umschließt er stürmisch seine Mutter und drückt sich fest an sie, dabei stammelt er immerfort: „Dass ich dich wieder habe, liebe Mutter!"

Die zarte Frau lächelt: „Na, na! Du bist doch eben erst weggelaufen, Pi, und nun tust du, als hätten wir uns ein Jahr lang nicht gesehen! - Da, ich habe dir schon den Korb hergerichtet. Vielleicht hast du heute mehr Glück als gestern!"

„Als gestern?" Er starrt sie an, nickt leise mit dem Kopf und geht still mit dem Korb davon. Und sein erster Weg führt zum Tempel. Zum Tempel des großen Gottes.

Friedrich Bauer

DIE SCHALE DES ZORNS·U

Im fernen Lande Japan lebten einst die beiden Schwestern Kishi und Hitsu. Sie hausten zusammen in einer kleinen Hütte am Fuße eines mächtigen Berges und lebten recht und schlecht. Hitsu, das fleißige Mädchen sorgte für den Lebensunterhalt. Sie hockte vom frühen Morgen an bis zum späten Abend auf ihrem Sitzkissen und flocht Matten aus Bast, derweil ihre faule, eitle Schwester über den Seerosenteich, der vor ihrer Hütte schimmerte, gebeugt stand und ihr schönes Antlitz darin spiegelte. Dann und wann wand sich Kishi einen Kranz von Lotosblüten, krönte damit ihr nachtschwarzes Haar und tanzte vor ihrer Schwester Augen durch die Stube. „Sieh nur, wie schön ich bin!", rief sie aus. „Eines Tages wird gewiss ein Prinz um mich freien." Hitsu aber schwieg, schalt nicht die eitle Schwester, sondern fuhr fort, ihre Arbeit zu tun, obgleich sie tieftraurig war über Kishi.

„Ich gehe in die Stadt", verkündete Kishi eines Morgens, schmückte sich, zog ihren wunderbar bestickten Kimono an und ging fort. Um die Mittagsstunde, gerade als Hitsu ihre Arbeit aus der Hand gelegt hatte, pochte es an die Tür der Hütte. „Herein!" rief Hitsu, und eine alte Frau trat über die Schwelle. Gebeugt war ihr Rücken und die krummen Finger stützten sich mühsam auf einen Stock. Hitsu hieß die Alte Platz nehmen, bot ihr eine Tasse Tee an und fragte nach ihrem Begehr. „Ich bin arm, bettelarm", seufzte die Fremde, „und der Boden meiner Hütte, die in den Bergen steht, ist bitterkalt. Ach, wie glücklich wäre ich, hätte ich eine wärmende Bastmatte, um sie darüber zu breiten!" Und da Hitsu ein gutes Herz besaß und die Alte tief bemitleidete, beschloss sie, ihr den Wunsch zu erfüllen. Da jedoch sonst keine fertige Matte im Haus war, rollte sie den eigenen Bastteppich zusammen und sprach: „Ich will ihn Euch schenken, Mütterchen. Zeigt mir den Weg zu Eurer Hütte, und ich will Euch folgen!"

Da humpelte die Alte zur Tür hinaus, und Hitsu folgte ihr, die Bastmatte auf dem Rücken. Weit war der Weg, durch unwegsame Wälder und über steinige Pfade ging es aufwärts, immer höher empor. An einen Felsen angeschmiegt, stand eine Stroh gedeckte Hütte, und die Alte sprach: „Hier bin ich daheim. Hab tausend Dank für deine Hilfe! Nun aber komm noch in meine Hütte!" Sie führte Hitsu in ihre armselige Stube und stellte zwei seltsam geformte Schalen vor sie hin. In diesem Augenblick erbebte die Hütte, und die alte Frau hatte sich in ein wunderschönes Mädchen verwandelt. „Ich bin Eisei, die Fee der Barmherzigkeit", sprach sie, „und wollte dein Herz prüfen, Hitsu. Von diesen beiden Schalen aber magst du eine wählen und mit heimnehmen." Die eine Schale war aus lauterem Gold, mit glasklaren Diamanten darin, die zweite, hölzerne, aber enthielt kleine weiße Körner. Und Hitsu griff nach dieser; bescheiden wie sie war, verlangte sie nicht nach Gold und Diamanten. „Du hast gut gewählt", sprach die Fee, „denn diese Körner sind mehr wert als das flüchtige Gold und die verblendenden Edelsteine. Reiskörner sind dies, Hitsu, und niemals wird dich hungern in deinem Leben, was auch immer geschehen mag. Senke die Körner beim nächsten Mondenschein in die Erde und ein üppiges Feld wird alsbald sich vor dir breiten! Ein Feld mit tausend und abertausend Reispflanzen!" Hitsu dankte der guten Fee, verabschiedete sich und trat mit der wundersamen Schale in der Hand den Heimweg an.

Zu Hause, in der Hütte, wartete schon Kishi und schalt die Schwester, wo sie so lange bliebe. „Und die Matte, wo ist die Fußmatte?", rief Kishi zornig aus. Da erzählte ihr die Schwester von der armen Frau, der sie die Matte geschenkt und auch gleich heimgetragen hatte. Und Kishi nannte sie ein törichtes Mädchen. Von einer Schale mit den Reiskörnern aber erzählte Hitsu nichts. Säte vielmehr in der nächsten Vollmondnacht die weißen Körner auf einer Bergterrasse aus. Feld besaß Hitsu keines. Vater und Mutter hatten ihr jedoch ein Stück Boden am Berghang vermacht.

Und wirklich, nach geraumer Weile sprossten Pflanzen aus dem Erdreich und waren eines Tages mit Reiskörnern übervoll. Als Hitsu den ersten Sack Reis aus ihrer Ernte heimbrachte, staunte Kishi nicht wenig. Und die Schwester erzählte ihr nun die Geschichte von den beiden Schalen. „Du bist dümmer, als ich jemals dachte!", wandte Kishi ein, als sie von der zweiten, der goldenen, Schale erfuhr. „Nimmst statt der kostbaren Diamanten die nichtsnutzigen Reiskörner!" Traurig setzte sich Hitsu wieder an ihre Arbeit. Kishi aber fasste einen Plan. Sie ließ sich nochmals genau

DIE SCHALE DES GLÜCKS

erzählen, wo die Hütte der Alten stünde. Dann nahm sie vom Tisch die kostbare alte Teekanne, die schon die Eltern besessen hatten, und sprach: „Nun, Schwester, will ich mich auf den Weg machen und in Ordnung bringen, was du versäumt. Sicherlich wird die Alte Freude haben, wenn ich ihr als Gastgeschenk diese wertvolle Teekanne bringe!" Dann packte sie noch ein Päckchen Tee dazu und machte sich auf den Weg.

Als die Sonne anschickte, hinter den Bergen zu versinken, war Kishi am Ziel. Die Alte saß gerade auf ihrer Bastmatte und entzündete die Lampe, als Kishi über die Schwelle trat.

„Guten Abend", begrüßte sie die Alte, „seht, was ich Euch mitgebracht habe!" Und sie packte die Teekanne aus, hängte den Wasserkessel über das Feuer, und alsbald zog der köstliche Duft frisch gebrühten Tees durch den Raum. Erstaunt musterte das Mütterchen Kishi. „Wie freundlich von dir", sprach es, „daß du mir ein solch kostbares Geschenk mitgebracht hast!" Und als sie zusammen Tee getrunken hatten, erhob sich die alte Frau, ging zu dem Schrank und holte zwei Schalen aus seiner Tiefe: eine goldene, mit Diamanten darin, und eine hölzerne mit Reiskörnern. Hastig griff Kishi nach der goldenen Schale und hatte es plötzlich sehr eilig fortzukommen. Grußlos lief sie zur Tür hinaus, Angst im Herzen, die Alte könne sie noch einmal zurückrufen und ihr die kostbare Schale abnehmen. Aber nichts geschah.

Als der Vollmond silbern am Himmel stand, gelangte sie daheim an. Atemlos erzählte sie der Schwester von dem kostbaren Schatz, den sie heimgebracht hätte. Dann stellte sie die Schale auf den Tisch, um im Schein der Ampel die Diamanten aufblitzen zu lassen. Aber was war das? Als sie die Schale niedersetzte, war sie zu hartem, schwerem Stein geworden und die Diamanten zerrannen in glitzernde Wassertropfen, die die Schale bis zum Rande füllten. Zornig wollte Kishi die Schale fortschleudern, besann sich aber noch und sprach: „Nun gut, daß es ein böser Zauber ist mit der Alten, habe ich mir gleich gedacht. Nichts anderes ist sie, als eine böse Hexe, die die Menschen narrt." Hitsu aber entgegnete: „Sieh dir doch mein Reisfeld an! Üppig gedeihen die Pflanzen und Hunger ist uns fremd. Sei doch zufrieden, Kishi! Die Alte meint es nur gut mit uns." Kishi aber trug den Groll im Herzen Tag und Nacht und bald neidete sie ihrer Schwester das üppige Reisfeld. So nahm sie eines Morgens die steinerne Schale mit dem Wasser und stieg auf den Berg. Am Reisfeld der Schwester aber goß sie das Wasser aus und sprach dabei:

„Wassertröpfchen, hell und rein,
abertausend sollt ihr sein.
Strömt über dieses Feld mit Reis
solang ich euch zu strömen heiß!"

Und wirklich überflutete alsbald das Wasser Hitsus Reisfeld. Wasser soweit das Auge reichte, bis nur noch die Spitzen der Pflanzen zu sehen waren. Kishi aber wandte sich zum Gehen. Was aber war das? Sie vermochte ihre zierlichen Füße mit einem Male nicht mehr zu heben. Ihr Körper sank vornüber, und statt zwei Beinen hatte sie auf einmal vier, und ihre Haut wurde dick und grau. Und als sie in das spiegelnde Wasser schaute, blickte ihr statt des zierlichen, schönen Mädchens ein Wasserbüffel entgegen, in den Kishi sich verwandelt hatte. Gemächlich trottete der Büffel um das Feld, Hitsu aber wartete den ganzen Tag vergeblich auf die Schwester. Und als sich die Abendröte im Seerosenteich spiegelte, litt es sie nicht länger, und sie machte sich auf den Weg. Der Atem aber stockte ihr fast, als sie ihr überflutetes Reisfeld sah, und sie wähnte die ganze Ernte verdorben.

Wie aber staunte sie, als der Reis noch üppiger gedieh als je zuvor. Der Wasserbüffel aber, der an ihrem Feld stand, leistete ihr gute Dienste, pflügte das mächtige Reisfeld, wenn es vonnöten war und schien ein braves, geduldiges Tier.

„Wo aber war Kishi, die Schwester?", fragte sich Hitsu. Als sie nach langen Tagen noch immer nicht zurückgekehrt war, wanderte Hitsu zur Stadt und fragte nach ihr. Aber auf keinem der Märkte hatte man Kishi gesehen.

Als Hitsu heimkehrte, fand sie die Fee vom Berg auf ihres Hauses Schwelle. „Ich weiß, wo deine Schwester ist", sprach sie und erzählte der verwundert zuhörenden Hitsu von dem Neid der Schwester und deren Verwandlung in einen Wasserbüffel, der geduldig die Arbeit auf ihrem Reisfeld tat. Da bat Hitsu um Gnade für Kishi, und die Fee schritt mit ihr hinauf zum Reisfeld, um dem Wasserbüffel wieder die Gestalt Kishis zu geben. Kishi aber sank zu Füßen ihrer Schwester nieder, bat um Vergebung für alles, was sie Hitsu angetan hatte, und diese gewährte ihr von ganzem Herzen Verzeihung.

Einträchtig lebten nun die beiden Schwestern zusammen und Kishi wurde genauso fleißig wie ihre Schwester. Sie war von ihrer Eitelkeit geheilt und wartete auch nicht mehr auf einen Prinzen, sondern nahm eines Tages, wie Hitsu, einen braven Reisbauern zum Manne.

Romana Mikulaschek

Die Nebelfrau

„Kinder, geht in den Wald und holt ein Schüsselchen voll Heidelbeeren für Mutter! Nehmt aber nur ganz reife!", sagte der Vater zu Achim und Käthe. Die kletterten von der Bank und machten sich fröhlich auf den Weg. Nahe am Wald begegneten ihnen ein paar Kinder, die riefen ihnen entgegen: „Kehrt um! Die Heidelbeeren sind noch nicht reif!"

Unschlüssig blieben die Geschwister stehen. „Ihr habt aber doch Beeren?", antwortete Achim, indem er in einen Becher guckte.

„Ja, das war alles, was reif war", erwiderte der angesprochene Junge. „Ich war drei Stunden draußen, habe aber nur diesen halben Becher voll gefunden."

„Wir wollen es dennoch versuchen! Wenn wir nur ein Schüsselchen voll finden!", wandte sich Achim an das Schwesterchen, und dieses fügte hinzu: „Sie werden schon ein paar übersehen haben."

Leider mussten sie aber sehr bald feststellen, dass die Kinder saubere Arbeit geleistet hatten, denn nur grüne und rote Heidelbeeren saßen noch an den Stauden. Sie waren enttäuscht. Auf einmal sagte Käthe: „Lass uns tiefer in den Wald hineingehen, Achim, dort waren die anderen Kinder vielleicht nicht!"

„Im Schatten der Bäume werden die Beeren erst viel später reif", widersprach der Knabe. „Aber am Waldrand könnten wir entlanggehen, da scheint die Sonne hin. Irgendwo wachsen bestimmt noch Heidelbeerstauden." Sie gingen also am Rand des Waldes weiter. Wie weit sie gewandert waren, wussten sie nicht, aber endlich kamen sie an einen Platz, da wuchsen zwischen Birken und Erlen Heidelbeerstauden. Hie und da ein Beerlein war in der Sonne gereift. Glücklich lasen die Kinder sie in ihr Schüsselchen. Als dieses endlich voll war, war die Sonne schon verschwunden. Froh machten sie sich auf den Heimweg. Aber sie gerieten in die falsche Richtung. Es begann zu dämmern und noch immer sahen sie den Kirchturm ihres Dorfes nicht. Auf einmal legte sich Nebel um sie, dichter und dichter.

„Achim, wo sind wir?", rief Käthe voll Angst. „Ich fürchte mich."

„Wir sind bestimmt bald an der Straße", tröstete der Bruder. „Wenn nur der Nebel nicht wäre, dass man sehen könnte!" Er ging rascher. Aber Käthe klagte: „Ich bin müde. Lass uns ein wenig rasten!"

Sie setzten sich nieder. Auf einmal hob Achim den Kopf. „Käthe - horch! - Hörst du nichts?"

Sie lauschte. „Die Bäume rauschen."

„Das sind keine Bäume ... das ist ... Wasser", sprach er und sprang auf. „Daher der Nebel! Wir sind an den Fluss geraten, Käthe - wir müssen umkehren!"

„Umkehren?", schrie sie auf. „Den ganzen Weg zurückgehen? Das kann ich nicht!"

Sie sprach aus, was der Knabe nur zu denken wagte. Er schwieg. Ein Luftzug riss den Nebel auseinander. Da gewahrte er eine Frau, die am Ufer stand und anscheinend wusch. Sie hob und senkte ein großes weißes Tuch, drehte es ein paar Mal rundherum und begann es auszuwinden. Neben ihr auf dem Wasser lag ein großer Vogel. Ein Schwan, dachte Achim erstaunt.

Käthe fiel es auf, dass er nichts sagte, sie blickte zu ihm auf und schaute dann dorthin, wohin er seine weit offenen Augen gerichtet hielt. „Wer ist das?" flüsterte sie.

„Ich weiß es nicht", erwiderte er ebenso leise. „Wir wollen sie fragen, wo das Dorf liegt." Schon schritt er auf die Frau zu. Diese wandte ihm ein feines, blasses Gesicht zu, ihre Gestalt erschien ihm merkwürdig grau und durchsichtig.

„Das Dorf?" antwortete sie auf seine Frage. „Das liegt weit dort drüben. Wie kommt ihr hierher, Kinder? Hinter euch beginnt das große Moor."

„Wer bist du?" fragte Achim erschrocken. „Doch nicht ...", er verstummte. Die Frau lächelte. „Du meinst: die Moorhexe? Nein, die bin ich nicht. Ich bin die Nebelfrau. Du hast mir meine Frage noch nicht beantwortet: Wie kommt ihr hierher? Es ist schon spätabends."

„Wir haben Heidelbeeren gesucht, für unsere Mutter", mischte sich Käthe ein, und dann erzählten sie abwechselnd.

„So, eure Mutter ist krank, ein Brüderchen und ein Schwesterchen habt ihr bekommen, und Vater kann nicht verdienen, weil er Mutter pflegen muss? - Was meinst du, Cignoto", wandte sie sich an den Schwan, „sind wir heute an die Richtigen geraten?" Der Schwan bewegte ein paar Mal seinen Kopf auf und ab, als ob er nicken wollte. „Da werden wir wohl helfen müssen", redete die Frau weiter. Sie schlug das große weiße Linnen, das sie gewaschen hatte, auseinander. Da fuhr der Wind in das Tuch und blähte es hoch und rund auf, dass es aussah wie eine Wolke. Darauf setzte sich die Frau, während der Schwan ans Land stieg. Achim und Käthe setzten sich zwischen seine Flügel, wie die Nebelfrau sie anwies, und dann schwebten Schwan und Wolke in die Luft empor. Der Nebel wurde dünner, je weiter sie sich vom Fluss entfernten, endlich hatten sie eine klare Landschaft unter sich, in der die Kinder aufjubelnd ihren Kirchturm erkannten. Die Wolke mit der Nebelfrau blieb stehen, während der Schwan mit den Kindern aufs freie Feld niedersteuerte. Als Achim und Käthe abgestiegen waren, erhob er sich wieder in die Luft. Auf einmal schwebten um die Kinder feine, weiße Flaumfedern zu Boden.

„Oh", rief Käthe, „wir wollen sie sammeln, Achim, das gibt ein weiches Kissen für die Zwillinge." Käthe las sie in ihr Schürzchen, Achim in seine Mütze. Erst als kein Federchen mehr auf dem Boden lag, dachten sie wieder an den Schwan und die Nebelfrau. Doch die waren verschwunden. Achim lief auf die kleine Siedlung zu, dass Käthe kaum zu folgen vermochte. Sie jammerte: „Achim, geh langsamer, mein Pack ist so schwer!"

Er dachte, auch seine Mütze sei sonderbar schwer. „Wir haben es gleich", tröstete er, seinen Schritt verlangsamend.

Der Vater stand schon unter der Haustür. „Gott sei Dank!", rief er ihnen entgegen. „Habt ihr Beeren gefunden?"

„Ja, Vater, ein ganzes Schüsselchen voll", antwortete Achim, und Käthe fügte hinzu: „Und Federn haben wir auch."

„Federn?", fragte er erstaunt.

„Ja, Brüderchen und Schwesterchen brauchen doch ein Kissen. Ach, Vater, sie sind so schwer", jammerte Käthe.

„Federn? Und schwer?" Der Vater lachte auf.

„Hier!" Sie hielt ihm ihr pralles Schürzchen hin.

„Wirklich!" Er nahm das ganze Persönchen auf den Arm und trug es in die Stube. Unter der Lampe sahen sie dann allerdings, woher das Gewicht kam: Die Federn waren aus purem Gold. Nun kam natürlich eine Pflegerin ins Haus, bis die Mutter gesund war, und sonst konnte auch alles Nötige angeschafft werden: kräftiges Essen, Betten, warme Kleider für den Winter, ein Wagen, um die Zwillinge spazieren zu fahren, und was sonst noch fehlte - es war keine Not mehr.

Immer, wenn die weißen Wolken so vor dem Wind herflogen, guckten Achim und Käthe empor, und oft meinten sie, sie könnten die gute Nebelfrau auf dem fliegenden Schwan erkennen.

Olga Müller

DER BETTLERKALIF

In einer großen Stadt Arabiens herrschte einst ein alter Kalif, der wegen seiner großen Wohltätigkeit weit berühmt war.

Doch einige Vornehme neideten dem Kalifen seine Beliebtheit. Besonders Hassan, der Emir, haßte den Kalifen, wäre er doch selbst gern Kalif der Stadt geworden.

Noch größer aber als die Liebe des Kalifen zu den Armen war die zu Nursi, seinem kleinen Sohn und Thronerben. Doch eines Tages erkrankte Nursi an einem schleichenden Fieber. Im Volk flüsterte man, Nursi sei von Hassan vergiftet worden.

Der gütige Kalif war außer sich vor Schmerz. Alle Hakims, die besten Ärzte der Stadt, hatten ihre Kunst vergeblich versucht. „Oh, Allah", betete der Kalif, „laß nicht zu, daß mein Sohn dem Fieber erliegt. Er soll es sein, der dereinst als Kalif mein Werk fortsetzt."

Am selben Abend kam der Marabut Safin, der in der ganzen Stadt als Wundertäter und Heiliger verehrt wurde, von seiner Wanderung zurück.

„Laß mich die Nacht mit dem Knaben allein" sprach er. „Es steht sehr schlimm mit Nursi, aber vielleicht kann ich ihm helfen."

Als der Kalif am nächsten Morgen an das Krankenlager trat, kniete der Marabut noch im Gebet versunken, wie er ihn am Abend verlassen hatte. Die dunklen Augen seines Sohnes Nursi aber blickten wieder klar, Nursi war gerettet.

Der Kalif war überglücklich und wußte nicht, wie er den Marabut belohnen sollte. Dieser forderte seinen Lohn, und zwar begehrte er etwas, was den Kalifen mit tiefer Bestürzung erfüllte: „Überlaß mir deinen Sohn für zehn Jahre", sagte er, „ich will seine Erziehung übernehmen." Der Kalif konnte sich nicht dazu entschließen, aber der Marabut rief ernst: „Während ich betend am Krankenlager deines Sohnes saß, erlaubte mir Allah, der mächtige Gott, einen Blick in die Zukunft zu tun. Wenn du deinen Sohn liebst, dann verzichte jetzt auf ihn."

Der Kalif gab dem Marabut seine Zustimmung. Nursi zog nach seiner Genesung mit dem heiligen Mann in die Ferne. Der Kalif ließ sich an der Wand des Schlafgemaches ein großes Brett mit zehnmal dreihundertsechzig halb eingeschlagenen Silbernägeln befestigen. An jedem Abend während der Abwesenheit Nursis schlug er einen Nagel fest ein.

Für Nursi war plötzlich ein anderes Leben angebrochen. Arm wie der Marabut, mußte er mit ihm von Ort zu Ort ziehen. Oft hatten sie nichts zu essen, und der Durst quälte sie. Staubig waren die Kleider und die Füße wund, aber Nursis Körper wurde hart, widerstandsfähig und an Entbehrungen gewöhnt. Waren die beiden bei gastfreundlichen Menschen in einer Stadt oder in einer kleinen Wüstenoase angelangt, dann saß der Marabut mit seinem Schüler oft bis nach Mitternacht und weihte ihn in die Kunst der Mathematik, die Geheimnisse der Sternenkunde, der Medizin und Philosophie ein. Ständig aber legte der Marabut Nursi eine tiefe Frömmigkeit und den Sinn für die Wahrheit und Tugend in sein Herz.

So zog Nursi von Westen nach Süden, von Norden nach Süden durch viele Länder. Von den Beduinen lernte er reiten. Die Ägypter zeigten ihm, wie man geschickt das Krummschwert schwingt, und bei den Bewohnern der Insel Zypern wurde er ein Meister im Bogenschießen und Steinschleudern. Nursi hatte Zeit genug, sich solch kriegerischen Übungen zu unterziehen, denn der Marabut verließ ihn in regelmäßigen Abständen, um sich ganz allein in einer nahen Höhle zurückzuziehen, um fasten zu können.

Oft fragte Nursi den Marabut, ob er nicht auch fasten sollte, doch der erwiderte: „Nein, denn du sollst dereinst nicht Marabut werden sondern Kalif."

Oft dachte Nursi an seinen lieben Vater und an seine Heimatstadt. Dort hatten sich inzwischen die Verhältnisse sehr geändert. Der

sein SOHN

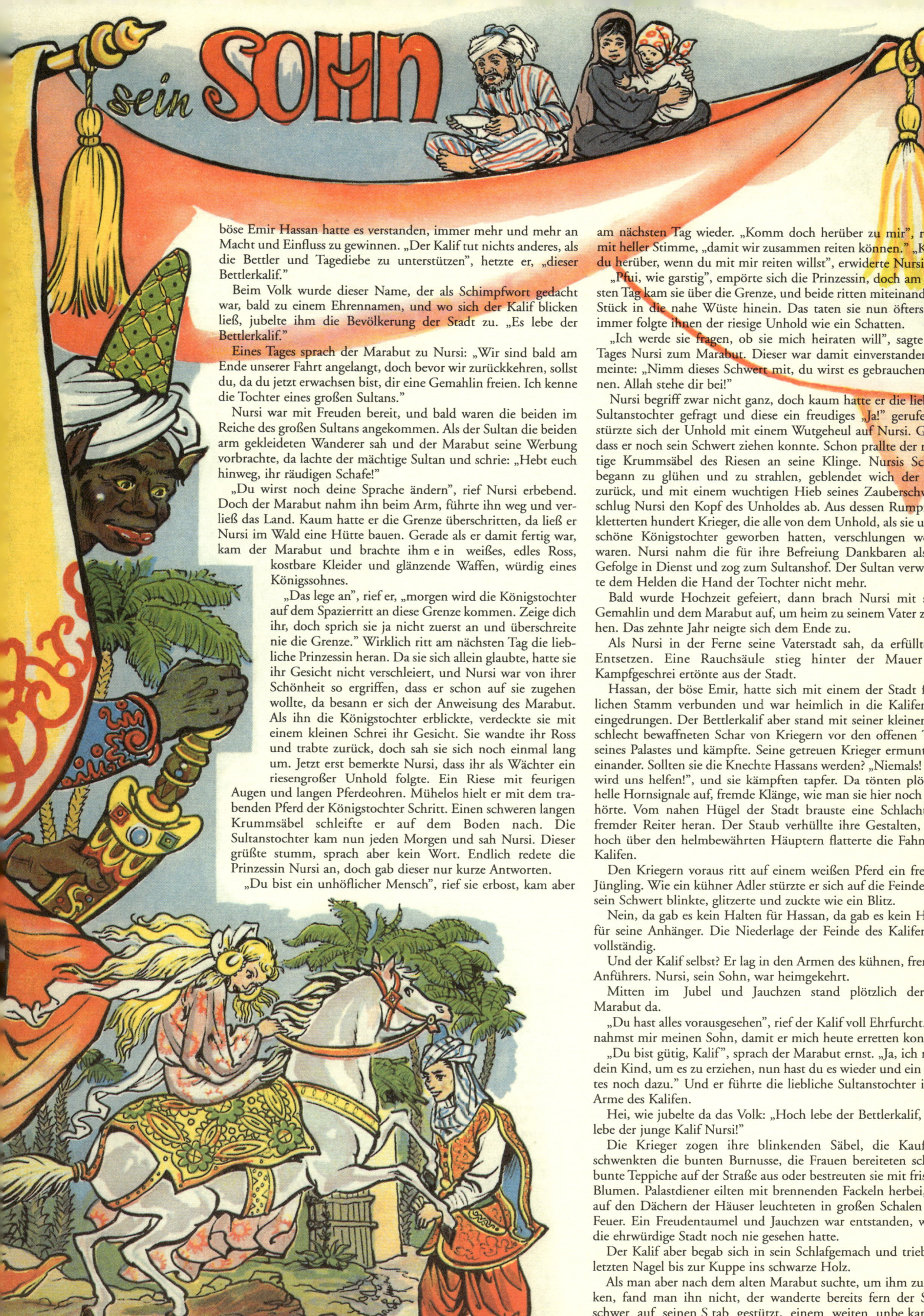

böse Emir Hassan hatte es verstanden, immer mehr und mehr an Macht und Einfluss zu gewinnen. „Der Kalif tut nichts anderes, als die Bettler und Tagediebe zu unterstützen", hetzte er, „dieser Bettlerkalif."

Beim Volk wurde dieser Name, der als Schimpfwort gedacht war, bald zu einem Ehrennamen, und wo sich der Kalif blicken ließ, jubelte ihm die Bevölkerung der Stadt zu. „Es lebe der Bettlerkalif."

Eines Tages sprach der Marabut zu Nursi: „Wir sind bald am Ende unserer Fahrt angelangt, doch bevor wir zurückkehren, sollst du, da du jetzt erwachsen bist, dir eine Gemahlin freien. Ich kenne die Tochter eines großen Sultans."

Nursi war mit Freuden bereit, und bald waren die beiden im Reiche des großen Sultans angekommen. Als der Sultan die beiden arm gekleideten Wanderer sah und der Marabut seine Werbung vorbrachte, da lachte der mächtige Sultan und schrie: „Hebt euch hinweg, ihr räudigen Schafe!"

„Du wirst noch deine Sprache ändern", rief Nursi erbebend. Doch der Marabut nahm ihn beim Arm, führte ihn weg und verließ das Land. Kaum hatte er die Grenze überschritten, da ließ er Nursi im Wald eine Hütte bauen. Gerade als er damit fertig war, kam der Marabut und brachte ihm ein weißes, edles Ross, kostbare Kleider und glänzende Waffen, würdig eines Königssohnes.

„Das lege an", rief er, „morgen wird die Königstochter auf dem Spazierritt an diese Grenze kommen. Zeige dich ihr, doch sprich sie ja nicht zuerst an und überschreite nie die Grenze." Wirklich ritt am nächsten Tag die liebliche Prinzessin heran. Da sie sich allein glaubte, hatte sie ihr Gesicht nicht verschleiert, und Nursi war von ihrer Schönheit so ergriffen, dass er schon auf sie zugehen wollte, da besann er sich der Anweisung des Marabut. Als ihn die Königstochter erblickte, verdeckte sie mit einem kleinen Schrei ihr Gesicht. Sie wandte ihr Ross und trabte zurück, doch sah sie sich noch einmal lang um. Jetzt erst bemerkte Nursi, dass ihr als Wächter ein riesengroßer Unhold folgte. Ein Riese mit feurigen Augen und langen Pferdeohren. Mühelos hielt er mit dem trabenden Pferd der Königstochter Schritt. Einen schweren langen Krummsäbel schleifte er auf dem Boden nach. Die Sultanstochter kam nun jeden Morgen und sah Nursi. Dieser grüßte stumm, sprach aber kein Wort. Endlich redete die Prinzessin Nursi an, doch gab dieser nur kurze Antworten.

„Du bist ein unhöflicher Mensch", rief sie erbost, kam aber am nächsten Tag wieder. „Komm doch herüber zu mir", rief sie mit heller Stimme, „damit wir zusammen reiten können." „Komm du herüber, wenn du mit mir reiten willst", erwiderte Nursi.

„Pfui, wie garstig", empörte sich die Prinzessin, doch am nächsten Tag kam sie über die Grenze, und beide ritten miteinander ein Stück in die nahe Wüste hinein. Das taten sie nun öfters, aber immer folgte ihnen der riesige Unhold wie ein Schatten.

„Ich werde sie fragen, ob sie mich heiraten will", sagte eines Tages Nursi zum Marabut. Dieser war damit einverstanden und meinte: „Nimm dieses Schwert mit, du wirst es gebrauchen können. Allah stehe dir bei!"

Nursi begriff zwar nicht ganz, doch kaum hatte er die liebliche Sultanstochter gefragt und diese ein freudiges „Ja!" gerufen, da stürzte sich der Unhold mit einem Wutgeheul auf Nursi. Gerade dass er noch sein Schwert ziehen konnte. Schon prallte der mächtige Krummsäbel des Riesen an seine Klinge. Nursis Schwert begann zu glühen und zu strahlen, geblendet wich der Riese zurück, und mit einem wuchtigen Hieb seines Zauberschwertes schlug Nursi den Kopf des Unholdes ab. Aus dessen Rumpf aber kletterten hundert Krieger, die alle von dem Unhold, als sie um die schöne Königstochter geworben hatten, verschlungen worden waren. Nursi nahm die für ihre Befreiung Dankbaren als sein Gefolge in Dienst und zog zum Sultanshof. Der Sultan verweigerte dem Helden die Hand der Tochter nicht mehr.

Bald wurde Hochzeit gefeiert, dann brach Nursi mit seiner Gemahlin und dem Marabut auf, um heim zu seinem Vater zu ziehen. Das zehnte Jahr neigte sich dem Ende zu.

Als Nursi in der Ferne seine Vaterstadt sah, da erfüllte ihn Entsetzen. Eine Rauchsäule stieg hinter der Mauer auf, Kampfgeschrei ertönte aus der Stadt.

Hassan, der böse Emir, hatte sich mit einem der Stadt feindlichen Stamm verbunden und war heimlich in die Kalifenstadt eingedrungen. Der Bettlerkalif aber stand mit seiner kleinen und schlecht bewaffneten Schar von Kriegern vor den offenen Toren seines Palastes und kämpfte. Seine getreuen Krieger ermunterten einander. Sollten sie die Knechte Hassans werden? „Niemals! Allah wird uns helfen!", und sie kämpften tapfer. Da tönten plötzlich helle Hornsignale auf, fremde Klänge, wie man sie hier noch nicht hörte. Vom nahen Hügel der Stadt brauste eine Schlachtreihe fremder Reiter heran. Der Staub verhüllte ihre Gestalten, doch hoch über den helmbewährten Häuptern flatterte die Fahne des Kalifen.

Den Kriegern voraus ritt auf einem weißen Pferd ein fremder Jüngling. Wie ein kühner Adler stürzte er sich auf die Feinde, und sein Schwert blinkte, glitzerte und zuckte wie ein Blitz.

Nein, da gab es kein Halten für Hassan, da gab es kein Halten für seine Anhänger. Die Niederlage der Feinde des Kalifen war vollständig.

Und der Kalif selbst? Er lag in den Armen des kühnen, fremden Anführers. Nursi, sein Sohn, war heimgekehrt.

Mitten im Jubel und Jauchzen stand plötzlich der alte Marabut da.

„Du hast alles vorausgesehen", rief der Kalif voll Ehrfurcht. „Du nahmst mir meinen Sohn, damit er mich heute erretten konnte."

„Du bist gütig, Kalif", sprach der Marabut ernst. „Ja, ich nahm dein Kind, um es zu erziehen, nun hast du es wieder und ein zweites noch dazu." Und er führte die liebliche Sultanstochter in die Arme des Kalifen.

Hei, wie jubelte da das Volk: „Hoch lebe der Bettlerkalif, hoch lebe der junge Kalif Nursi!"

Die Krieger zogen ihre blinkenden Säbel, die Kaufleute schwenkten die bunten Burnusse, die Frauen bereiteten schöne, bunte Teppiche auf der Straße aus oder bestreuten sie mit frischen Blumen. Palastdiener eilten mit brennenden Fackeln herbei, und auf den Dächern der Häuser leuchteten in großen Schalen helle Feuer. Ein Freudentaumel war entstanden, wie es die ehrwürdige Stadt noch nie gesehen hatte.

Der Kalif aber begab sich in sein Schlafgemach und trieb den letzten Nagel bis zur Kuppe ins schwarze Holz.

Als man aber nach dem alten Marabut suchte, um ihm zu danken, fand man ihn nicht, der wanderte bereits fern der Stadt, schwer auf seinen Stab gestützt, einem weiten unbekannten Ziel zu.

Annette Peter

DIE ÄHREN

Die Sommersonne brannte heiß auf das Kornfeld nieder und der Himmel war blau, so leuchtend blau, wie nichts auf der Welt sein konnte. Das Feld stand stumm und unbewegt, die goldenen Halme regten sich nicht. Kein Windhauch kühlte die brütende Hitze.

Aber ein Baum stand da am Rain, ein riesiger Nussbaum, und in seinem Schatten saßen zwei Kinder, der Heini und sein Schwesterchen, das Kathreinl. Sie schauten, benommen von der Hitze, die auch im Baumschatten noch arg genug war, über das weite Feld, und die Augen wollten ihnen zufallen.

Da flüsterte das Kathreinl: „Horch, Heini, hörst du nichts?" Der schüttelte den Kopf: „Nein, ich höre nichts!"

„Und siehst du auch nichts?" - „Nein, was soll ich sehen, als hier das Feld und dort, weit, weit weg, die Berge?"

„Aber horch doch und schau doch!" Das Kathreinl war nun hellwach, rüttelte den Bruder am Arm und zeigte mit der anderen Hand über das weite Feld.

„Schau, dort und dort und drüben und auch da, ganz nahe bei uns - siehst du noch immer nichts?"

Da riss nun auch Heini die Augen auf; denn was er sah, war zu sonderbar: Obwohl kein Lüftchen sich regte, bewegten sich nun bald da, bald dort die Halme, neigten sich an manchen Stellen in ganzen Büscheln tief hinunter, um gleich wieder aufzuschnellen, und bald wogten alle Ähren so lebhaft und wiegten sich hin und her, als ob ein heftiger Wind an ihnen risse. Die Kinder sprangen mit einem Ausruf des Erstaunens auf - etwas wie Furcht überkam sie ob dieses merkwürdigen Schauspiels.

Aber in dem gleichen Augenblick standen die Halme auch schon wieder starr und unbewegt; die Kinder sahen einander fragend an - da begann ein Wispern und Flüstern, ein Knistern und Säuseln so wunderfein, dass zuerst nur Kathreinls Ohren das alles vernahmen.

Aber der Klang wurde stärker, und bald war es, als ob Hunderte von winzigen Glöckchen über das Feld läuteten, und nun hörte es auch Heini.

„Komm!", sagte er und packte Kathreinls Hand. „Ich muss wissen, was das alles bedeutet!" Und schon zog er sie die kleine Böschung hinunter, bog die ersten Halme auseinander und wollte, zitternd vor Begierde das Geheimnis zu ergründen, ins Feld hineinstürmen.

Aber das Kathreinl klammerte sich an ihn und ließ ihn nicht weiter: „Heini, wir zertreten ja die Halme und die Ähren, wenn wir da hineingehen! Das ist doch alles Brot, das weißt du ja!" Heini zog den Fuß zurück, aber seine Wangen brannten, und auch dem Kathreinl klopfte das Herz, denn nun begann wieder das geheimnisvolle Wogen und Wallen der Halme; sie selbst aber standen wie festgehalten und konnten sich nicht vor-, noch rückwärts bewegen.

Schon wollte lähmende Angst sie packen - da öffnete sich zauberhaft zwischen den Halmen ein schmaler Pfad und ihre Füße schritten wie von selbst dahin, das Kathreinl hinter dem Bruder, der sich immer wieder sorglich umsah, ob das Schwesterchen ihm auch folge. „Kathreinl", sagte er plötzlich und blieb stehen, „ist´s dir auch so, als huschten da überall zwischen den Ähren kleine Gestalten herum?"

„Ja", nickte das Schwesterchen, „ich sehe sie ganz deutlich! Winzige Wichtlein sind´s - was sie da drinnen wohl tun?"

Die Kinder spähen vorsichtig in den Wald von Halmen hinein, aber sie konnten aus dem Treiben da drinnen nicht klug werden.

„Komm, lass uns weitergehen", meinte Heini, „hat sich uns so wunderbar ein Weg aufgetan, so wird sich das Weitere wohl auch finden!"

Sie wanderten weiter und hatten plötzlich gar keine Angst mehr, obwohl die Halme, die viel höher waren als sie, nun mächtig rauschten und über ihren Köpfen zusammenschlugen. Das feine Klingen schwoll nun zum Brausen an - da verbreitete sich der Pfad zu einem weiten Rund. Die Kinder blieben erstaunt stehen, und Kathreinl fasste nach der Hand des Bruders. Hunderte von spannenlangen Wichten wimmelten über den Platz, alle in gelben Gewändlein und ebenso gelben Zipfelmützen.

Nur einer - er saß in der Mitte des Platzes auf einem winzigen goldenen Thron - trug um die Mütze eine funkelnde Krone.

„Der Wichtelkönig!", flüsterte das Kathreinl, und Heini sagte ebenso leise: „Schau, jetzt winkt er mit den Händen! Die anderen laufen alle zu ihm. Er sagt etwas, aber man kann nichts verstehn, die Stimme ist zu fein! Und schau, was soll das jetzt?"

Unten lief das Gewimmel auseinander, links und rechts hinein ins Feld; aber eines der Wichtlein blieb zurück, rannte auf die Kinder zu, und ehe sie noch einen Gedanken fassen konnten, kletterte der Kleine blitzgeschwind an Heini empor, stellte sich auf seine Schulter und sprach ihm ins Ohr hinein: „Du darfst nicht böse sein, wenn ich dich mit meiner Kletterei erschreckt habe! Aber nur so kannst du meine Stimme verstehen! Der König möchte mit euch sprechen und euch sein Reich zeigen! Aber das ist nur möglich, wenn ihr so klein werdet, wie wir es sind. Wollt ihr das?"

„Ich möchte wohl", meinte Heini, „aber ob mein Schwesterchen es will?"

Wichtlein

„Frag doch!", forderte das Wichtlein, aber das Kathreinl mit seinen feinen Ohren hatte schon alles gehört.

„Freilich will ich!", sagte es tapfer, „aber nur wenn du uns dann wieder so groß machen kannst, wie wir jetzt sind!"

„Das kann ich euch versprechen! Hier", und nahm aus einem winzigen Säcklein zwei ebenfalls winzige Stückchen Brot, „hier, esst dies!"

Nun, es schmeckte wie gewöhnliches Brot - aber kaum hatten sie es gegessen, so fühlten sie, wie ihre Körper rasch kleiner und kleiner wurden; und plötzlich standen sie vor dem König und rings aus dem Ährenfeld kamen die Wichtlein wieder gelaufen. Die schienen ihnen nun gar nicht mehr klein, denn sie selbst waren ja auch nicht größer.

„Ich heiße euch willkommen!", sagte der König. „Ihr habt Glück, denn nur alle hundert Jahre einmal darf jemand aus der Welt der Menschen unser Reich betreten! Und dies auch nur dann, wenn er Ehrfurcht hat vor dem Brote, das seit Urbeginn der Zeiten die wichtigste Nahrung der Menschen ist. Du, Heini, hättest fast nicht zu uns hereindürfen! Gedankenlos wolltest du ins Feld laufen und hättest Tausende von Halmen zertreten ...!" Er hob mit strenger Miene warnend die rechte Hand.

„Das Kathreinl hat mich ja zurückgehalten", stammelte Heini, „und ich tu's auch nie, nie mehr wieder!"

Das strenge Gesicht des Königs wurde freundlicher: „Mein Oberhofmeister Pimplonius wird euch jetzt herumführen und euch mein Reich zeigen! Ihr dürft oben in eurer Menschenwelt alles erzählen, denn erst in hundert Jahren wird es wieder einem Erdenbewohner gegönnt sein die Ährenwichtlein zu erblicken. Lebt wohl!"

Die Kinder verneigten sich tief vor dem König, aber als sie sich wieder aufrichteten, war er verschwunden, mit ihm das freie Rund und der Thron, und sie standen mit dem Wichtlein, das ihnen vorhin die Botschaft gebracht hat, mitten im hohen Ährenwald.

„Kommt", sagte es, „nur eine Stunde lang dürft ihr bei uns bleiben, und schon ist ein Teil dieser Zeit vergangen!"

Und nun ging der Weg zwischen den Halmen dahin; mit den winzigen Füßchen, die sie jetzt hatten, konnten sie keinen einzigen Halm zertreten.

Bald wussten sie, was das Wogen und Neigen der Halme vorhin bedeutet hat. Hier bogen Wichtlein ganze Bündel nieder, prüften rasch mit den winzigen Händen die Ähren und brachen die Tauben heraus, dann ließen sie die Halme zurückschnellen. Dort beschäftigten sich andere damit, Halme aufzurichten, die auf dem Boden lagen. Sie plagten sich dabei sehr und keuchten vor Anstrengung.

„Diese hier", sprach Pimplonius, und hatte dabei ein recht ernstes Gesicht, „plagen sich am schwersten! Sie müssen die Halme aufrichten, die böse Kinder niedergetreten haben, weil sie ins Feld hineingelaufen sind!"

„Oh, lieber Pimplonius", bat das Kathreinl, „die Kinder haben's bestimmt nicht böse gemeint! Sie wollten sicher nur für die Mutter die schönen roten Mohnblumen und die blauen Kornblumen pflücken, damit sie sich über den bunten Strauß freue!"

„Na, ja", meinte Pimplonius schon weniger streng, „du magst recht haben! Aber trotzdem darf man auf keinen Fall ins Feld hineinlaufen und das Getreide niedertreten!"

„Es stehen ja auch am Rande genug Blumen, die man ganz leicht erreichen kann!", sagte Heini, und das Kathreinl fügte hinzu: „Wenn wir allen Kindern sagen, wie viel Brotkörnlein sie mit dem Hereinlaufen zertreten und wie sich die Wichtlein plagen müssen, die niedergedrückten Halme wieder aufzurichten, tun sie's bestimmt nicht mehr!"

Pimplonius schaute nun schon sehr freundlich drein und führte sie weiter auf winzigen Pfaden zwischen den Halmen hindurch; immer wieder sahen sie Wichtlein bei ihrer Arbeit, und nun wussten sie auch, was das merkwürdige Klingen, Knistern und Wispern vorhin bedeutet hatte: Das Rauschen der Halme, die tausend feinen Stimmlein der Wichtel, das Brummen der Käfer, die über dem goldenen Getreide schwirrten, alles das zusammen gab die geheimnisvolle Melodie des Ährenfeldes.

Hier unten auf dem Grunde war es wunderschön und die Kinder hätten noch lange so weiterwandern mögen. Aber da standen schon die Halme weniger dicht, grünes Gras schimmerte hindurch und Pimplonius blieb stehen: „Weiter darf ich nicht, hier ist unser Reich zu Ende, und auch die Zeit ist um! Lebt wohl und vergesst diese Stunde nicht!"

Ehe die Kinder es erfassen konnten, war er verschwunden; sie liefen erschreckt die letzten Schritte an den Rand des Feldes und fielen dort, plötzlich vom Schlaf übermannt, an der grasigen Böschung nieder.

Als sie erwachten, stand die Sonne schon tief; sie sprangen auf und waren nun nicht mehr zwergenklein, sondern Kinder wie zuvor, fassten einander an den Händen und liefen heim. Die Stunde im Ährenfeld aber vergaßen sie nie.

Hilde Heller

Die grünen Kugeln

König Drungaton stand am Fenster seines Palastes. Draußen schäumte das Meer. Die Wellen liefen geschäftig gegen den Strand. Da tauchte in der Ferne ein Schiffsmast auf.

„Endlich!", rief der König. Er wandte sich um und winkte seinem Diener.

„Was befiehlst du, mein König?", fragte dieser ergeben.

„Du weißt, ich erwarte meine Tochter zurück. Bereitet alles für ihren Empfang! Ich wünsche, dass ihre Augen vor Freude darüber strahlen!"

„Es wird alles nach deinem Befehl geschehen, hochedler Herr!"

Der Diener verbeugte sich und verschwand.

Bald herrschte ein lebhaftes Treiben im Schlosse. Knechte und Mägde scheuerten und putzten, dass die Böden blitzten. Die große Halle des Palastes duftete von den herrlichsten Blumen. Indes wurde das Schiff immer größer. Stolz blähten sich seine roten Segel im Wind und ließen es rasch dem Ufer nähern.

Helle Trompetenstöße erklangen und die Diener öffneten weit die Türen des Schlosses. Der König saß auf seinem Thron aus gelbem Marmor, um ihn standen die Höflinge. Alles schaute erwartungsvoll zu der riesigen Tür.

Da erschien der Kapitän des Schiffes. Ehrfurchtsvoll blieb er an der Schwelle stehen.

„Tritt näher!", befahl der Herrscher. „Wo ist meine Tochter? Warum sehe ich nicht sie zuerst?"

Der Mann warf sich auf die Knie. In seinem Gesicht spiegelte sich großer Schmerz, so dass der König misstrauisch fragte:

„Verbirgst du mir etwas? Sprich! Ich will die Wahrheit wissen!"

„O König, es ist ... ich bitte um Verzeihung! Aber deine Tochter, Prinzessin Drungata ..."

Der König sprang auf: „Was ist mit ihr, rede, sonst ...!" Seine Augen funkelten drohend, so dass sich der Hofstaat um ihn ängstlich duckte.

„Lass dir berichten, Herr! Wir kamen nach langer Fahrt an einer Insel vorbei. Prinzessin Drungata befahl mir, das Eiland anzulaufen. Ich warnte die Prinzessin, aber sie schenkte mir kein Gehör, sondern bestand auf ihrem hochedlen Wunsch. Ich gab ihr zehn Mann meiner Besatzung mit und flehte sie inständig an, bald zurückzukehren. Aber die Stunden verrannen, Prinzessin Drungata und die Matrosen blieben verschollen. Ich nahm nun alle Mann bis auf zwei und ruderte ebenfalls an Land. Kaum aber hatten wir den Strand betreten, da ertönte ein höhnisches Kichern um uns. Wir blickten umher, doch nichts war zu sehen. Nur eine ekelhafte Stimme erscholl: „Hihihi! Da suchen sie! Drungata ist nicht da, kommt nie mehr übers Meer, bleibt nun hier stets bei mir!" Während dieses geisterhaften Gekichers verfärbte sich der Himmel gelb, und es schien, als führe eine Gestalt auf das Schiff zu. Um dein stolzes Schiff zu retten, edler Herr, ließ ich schleunigst zurückrudern und segelte auf schnellstem Weg hierher." Der König schalt den Kapitän und schrie immer wieder um sein Kind. Zornig befahl er, den Sohn des Kapitäns zur Strafe für die Unachtsamkeit des Mannes in den Kerker zu werfen. Bald brachten Knechte den Jungen herbei und stießen ihn vor den Thron des Königs.

„Wie heißt du?", fuhr er den Knaben an.

„Drungaton, hochedler Herr!", antwortete dieser mit heller Stimme.

„Drungaton? Wie kannst du so heißen wie dein König?"

„Weil ich am gleichen Tag wie Prinzessin Drungata geboren bin, mein König", entgegnete unerschrocken der Knabe.

Die offene Art des Buben gefiel dem Herrscher. Im Stillen bereute er seinen Befehl, ihn in den Kerker werfen zu lassen. Er sann eine Weile, dann sprach er:

„Höre zu, Drungaton! Du trägst den Namen deines Königs, nun zeige, ob du auch seinen Mut hast: Du wirst auf der Insel ausgesetzt, die Prinzessin Drungata angelaufen hat. Wenn du meine Tochter zurückbringst, bist du frei! Kehrst du aber ohne sie heim, dann werfe ich dich in den Kerker!"

Vergeblich flehte der Kapitän um Gnade, der König blieb bei seinem Befehl. Schließlich bat der verzweifelte Vater:

„Lass ihn mir noch zwei Tage, o Herr!"

„Meinetwegen. Aber wehe, du bringst ihn nach dieser Zeit nicht zurück!"

Als der Kapitän mit Drungaton heimkam, umarmte er ihn und sprach: „Ich bin schuld an deinem Leid! Wie kann ich dir bloß helfen, dass du nicht auf diese unheimliche Insel musst?" Doch der Knabe war frohen Mutes. „Hab' keine Sorge um mich, Vater! Ich komme gewiss wieder. Und dann wird dich der König in Ehren aufnehmen."

Nach wenigen Stunden schon überkam den Kapitän eine große Müdigkeit. Er legte sich nieder und schlief ein. Drungaton kam an sein Bett und wollte ihn über die Insel ausfragen, aber der Vater gab keine Antwort. Und als der Knabe über die Hände des Schlafenden strich, erschrak er. Sie waren kalt und steif. Der Kapitän wachte nie mehr auf. Er segelte mit einem Wolkenschiff weit, weit fort in das Reich der Engel ...

Drungaton lief weinend durch das Haus. Nun hatte er keine Menschenseele mehr. Und am nächsten Tag sollte er auf der Insel ausgesetzt werden!

Ich will nicht so lange warten, sagte er zu sich. Er ging in die Kammer, öffnete die Truhe seines Vaters, um sich daraus ein Andenken mitzunehmen. Da fand er obenauf ein Säckchen. Er schüttelte es. Ein heller Klang ließ sich vernehmen. Neugierig öffnete er das Säckchen. Kleine Kügelchen leuchteten darin in hellem Grün. Enttäuscht warf er den Beutel zurück in die Truhe. Da kollerten ein paar Kugeln heraus und hüpften über den Truhendeckel munter auf den Boden. Drungaton bückte sich, um sie aufzulesen, und prallte zurück. An Stelle der Kugeln liefen daumengroße Wichtelmännchen herum. Sie steckte in putzigen Röckchen und trugen dazu enge, braune Höschen.

„Fürchte dich nicht! Wir wollen dir helfen, Drungaton!", wisperten sie und fuhren fort:

„Wenn du dieses Säckchen öffnest, dann kommen wir heraus und stehen dir zu Diensten. Sobald du es aber schließt, müssen wir verschwinden und als Kugeln darin schlafen."

In diesem Augenblick wurde die Tür aufgerissen und die Knechte des Königs kamen, um Drungaton auf das Schiff zu führen. Der Knabe konnte gerade noch das Beutelchen an sich reißen und in seiner Tasche verbergen. Im selben Augenblick waren auch die Männlein wie vom Erdboden verschwunden.

Das Schiff segelte viele Tage, bis es an der Küste der geheimnisvollen Insel hielt. Ein Boot brachte den Buben an Land.

„Wir bleiben draußen auf dem Meer liegen. Wenn du in drei Tagen nicht zurück bist, fahren wir ab!"

„Aber ich muss doch in den Kerker, wenn ich die Prinzessin nicht finde!", rief Drungaton. „Den hast du hier auch!", höhnten die Matrosen und ließen ihn allein.

Bald war das Boot mit den Männern auf das offene Meer hinausgefahren und der Knabe stand am Strand.

Er entsann sich seiner kleinen Helfer und schüttelte das Säckchen aus. Munter hüpften die Männlein um ihn herum. Da brachte eines einen schönen, weißen Stein daher. „Da, nimm!", ermunterte es Drungaton. „Merke dir das Sprüchlein: Nimm mich mit, Steinchen weiß, auf die Reis! - Sobald du das sagst und dann den Stein hinter dich wirfst, bist du auf dem Weg zur Prinzessin!"

Ungläubig staunte Drungaton, nahm aber doch den Stein und sagte das Sprüchlein her. Kaum hatte er es hinter sich geworfen, erfüllte ein Brausen die Luft und auf weiten Flügeln kam ein wunderschönes Pferd daher. Schnaubend blieb es vor dem Knaben stehen und scharrte ungeduldig im Sand.

„Los, hinauf, Drungaton!", ermunterten ihn die Männlein. Er griff nach dem Säckchen, sprang auf den Rücken des Pferdes und hui - wie ein Sturmwind ging es dahin. Auf einmal landeten sie vor einem riesigen Turm. Grau und hässlich stand er tief im Wald, und nur hoch oben, schon nahe dem Dache, konnte man ein winziges, vergittertes Fensterchen sehen. Verwundert blickte Drungaton um sich. Wo war denn bloß sein Pferd geblieben? Das gute Pferd! Es blieb spurlos verschwunden. Nun überfiel ihn doch ein wenig die Angst. So allein vor dem unheimlichen Turm! Er ging einmal rundherum, aber nirgends war ein Eingang zu sehen. Alles blieb still. Da fielen dem Knaben seine Männchen ein und er schüttelte den Beutel aus. Kaum sprangen die lieben Gesellen um ihn herum, fasste er wieder neuen Mut.

„Drungaton, du musst nun mit deinen Händen einen Stein aus dem Gemäuer des Turmes lösen, der nicht größer ist als dein Daumen! Aber sieh zu, dass du dabei nicht einschläfst, sonst bist du verloren!"

„Was soll ich mit dem Stein?"

„Frage nicht! Das können wir dir erst sagen, wenn du fertig bist mit deiner Arbeit!" Husch, verschwanden die Männchen im Beutel, und der Knabe machte sich an die Arbeit. Langsam wanderte er rund um den Turm. Soweit er reichte, suchte er alles ab, klopfte und probierte, aber kein Stein wollte sich lockern. Sie waren alle groß und schwer. Nicht einer hatte die Größe eines Daumens. Schließlich setzte er sich einen Augenblick hin, um zu rasten. Mehrmals sank ihm der Kopf vor Müdigkeit auf die Brust, dann schlief er ein.

Da erfüllte Donner die Luft und ein Blitz zuckte grell auf. Ein großer Stein fiel aus dem Turm und daraus sprangen hässliche, braune Kobolde. Sie packten den Knaben und zerrten ihn durch das Loch in den Turm. Dann stießen sie ihn gebunden in einen Raum, an dessen Stirnseite unzählige Krüge standen. Aus jedem Krug zuckte ein Flämmchen. Eines grell, ein anderes schwach, manche flackerten stark, viele brannten ganz ruhig. Trotz der vielen Flämmchen herrschte in dem Gemach bittere Kälte. Dadurch wurde Drungaton wach. Entsetzt sah er sich den braunen Gnomen gegenüber, die ihn kichernd umtanzten. Da öffnete sich eine Tür des Raumes und ein knöcherner Mann trat ein. Er trug einen gelben Schlafrock mit vielen Zauberzeichen darauf, und seinen Kopf verunstaltete eine spitze Mütze.

„Was suchst du in meinem Turm?", herrschte er den Buben an.

„Prinzessin Drungata!", antwortete dieser kühn.

„Die sollst du sehen!" donnerte der Zauberer und berührte mit seinem Zauberstab ein Krüglein, aus dem eine helle Flamme loderte. Im selben Augenblick stand an der gleichen Stelle Drungata und sah den Knaben aus ihren dunklen Augen flehentlich an.

„So geht es allen, die es wagen mein Reich zu betreten!", zischte der böse Mann. Er fuhr herrisch mit dem Stab durch die Luft, und wie vorher flammte das Krüglein auf, während die Prinzessin verschwunden war. Drungaton nahm seinen ganzen Mut zusammen und meinte keck: „Das könnte ich auch, was du da machst! Soll ich es dir zeigen?"

Der Zauberer lachte schallend. „Bindet ihn los!", gebot er den braunen Gnomen. Diese gehorchten schnell. Kaum hatte der Knabe seine Hände frei, griff er suchend in seine Tasche und öffnete darin sein Säcklein. Dann trat er an die Krüge heran und fuchtelte mit dem Arm herum, wie vorher der Zauberer. Der stand da und schüttelte sich vor Lachen. Dabei steckte der Zauberstab in der großen Tasche seines Schlafrockes und er klatschte mit den Händen vor Vergnügen über die Ungeschicklichkeit des Buben. Indes waren die Männlein aus dessen Hosentasche geklettert und zogen dem Zauberer unbemerkt den Stab aus dem Schlafrock. Drungaton blinzelte verstohlen nach ihnen und sagte, während er hinter dem Rücken des Zauberers den Stab von einem Männlein erhielt:

„O mächtiger Zauberer, du bist wirklich unerreicht!"

Geschmeichelt sprach der Böse: „Mescha-Hu ist unerreicht, er ist ..." Weiter kam er nicht. Im gleichen Moment hatte ihn Drungaton mit dem Stab berührt. Blitzartig schrumpfte der Zauberer zu einer kleinen Flamme zusammen, die hilflos am Boden zuckte. Hurtig fuhr Drungaton nun über die Krüge und siehe da: Prinzessin Drungata und die zehn Matrosen waren mit einem Schlag um ihn versammelt und umarmten ihren Retter stürmisch. Schnell verließen sie den Turm. Der Knabe berührte mit dem Zauberstab das hässliche Gemäuer. Da sank es in Schutt und Asche. Die Matrosen eilten zurück auf das Schiff. Drungata und Drungaton aber flogen auf dem Flügelpferd heim in den Königspalast. Der König weinte vor Freude und behielt Drungaton fortan als sein eigenes Kind.

Das Säckchen mit den grünen Kugeln behielt Drungaton zeitlebens bei sich. Mit ihnen erlebte er noch viele seltsame Abenteuer.

Friedrich Bauer

KÖNIG ABDULAH

In Damaskus stand der große Palast des König Abdullah. Vom Dache aus sah man in den Hof der Omajaden-Moschee, die einstens Kaiser Arcadius als christliche Basilika erbaut und die durch lange Zeit das Haupt des Johannes des Täufers aufbewahrt hatte. Man sah in die „Gerade Straße", die ihren Namen als „Langer Basar" und ihre Richtung weit hinein ins Reich des nun regierenden Königs nahm. Am westlichen Rande der Stadt tat sich die große Syrische Wüste, die sich zwischen Arabien und Mesopotamien ausdehnt, auf, seitwärts war die Stadt von Bergen umgeben, teils von den Vorbergen des Antilibanon, teils von den Rücken des Dschebel Aswat und Mania. Aus den Schluchten dieser Berge strömten den Ghutas, den Gartenhainen, die erquickenden Bäche zu; diese Stadt wäre das Paradies gewesen, ist sie doch auch gleichsam die Oase für die Wanderer der Wüste und die wichtigste Durchzugstation für die Pilger nach Mekka. So schön die Stadt und das ganze Land waren, die Menschen lebten unter der Regentschaft ihres Herrschers unwillig und unglücklich. Hatte doch dieser König ein Herz wie Stein. Ein Herz, das eigentlich keines war, denn dieser Herrscher erkundigte sich niemals nach den Sorgen und Nöten seiner Untertanen, deren es viele in den Bergen gab, die ein karges Leben fristeten. Unbarmherzig ließ er die Steuern einheben, ob nun die Familien täglich satt wurden oder nicht, er kümmerte sich nicht darum. Wenn er auf seinem edlen schwarzen Ross durch die Städte und Dörfer ritt, beugten die Menschen ihr Gesicht tief zur Erde, doch niemals vor Achtung. Sie alle fürchteten diesen Mann, es hatte den König niemand lieb. Eines

Nachts, als der Herrscher in seinem Bette lag und darüber nachsann, in welcher Form er noch mehr Gelder in seinem Reich eintreiben könnte, bekam er einen unangenehmen Gast. Es war das graue Fieber. Es hockte an seinem Lager und saß ab nun mit ihm zu Tisch, es schlich ihm nach durch den Palast und Garten, es sprang auf sein Pferd, wenn er ausritt, und begleitete ihn durch sein Land. Der König wurde bleich und krank, und die Todesangst schnürte ihm fast das Herz ab. Doch niemand hatte Mitleid! Er ließ die besten Ärzte des Landes rufen. Sie kamen widerwillig, denn sie fürchteten seinen Zorn. Niemandem gelang es, das böse Fieber zu vertreiben.

Einmal kam eine Pilgerschar durch Damaskus gezogen, die eine weite Wanderung hinter sich und noch vor sich hatte. Unter den Pilgern war ein sehr alter und frommer Mann, dem man auch nachsagte, dass er viele Kranke heilen konnte. Diesen Mann brachte man vor den König. Er sah den Herrscher lange an, dann schüttelte er den Kopf: „Hier gibt es keine Hilfe durch Arznei oder dergleichen. Nur eine einzige Träne, die jemand um euretwillen weint, ehrlich weint, kann das graue Fieber vertreiben."

Der König befahl, den Mann reich zu entlohnen, doch dieser lehnte ab: „Ich bin nur ein armer Pilger, der zum Heiligtum Gottes wandert. Ich bleibe weiter arm, um vor Gott bestehen zu können." Dem Herrscher war es einerlei, ob nun der Alte die Belohnung annahm oder nicht, er sprang plötzlich ganz lustig umher und rief nach dem ersten Würdenträger in seinem Reich. Ha, nur eine einzige Träne ... und er wird wieder gesund sein! Eine Träne zu erhalten, ist wohl nicht schwer. Der Würdenträger kam, und der König befahl, er möge weinen. Gehorsam zog dieser sein Taschentuch hervor, wischte damit die Augen ab, doch die Träne kam nicht. So rief nun der König einen nach dem andern, zum Schluss die Dienerschar. Diese weinte wohl, aber aus Furcht vor Strafe. Und so kam es, dass die Träne, die dem Herrscher die Erlösung gebracht hätte, ausblieb.

Die hohen Würdenträger ließen dem Volke verkünden, dass nur eine einzige Träne geweint, demjenigen, der dies kann, Gold und Ehren

...ND DIE TRÄNE

einbringen würde. Von nah und aus weiter Ferne kamen die Menschen, manche banden sogar in das Taschentuch eine Zwiebel, damit sie weinen können, aber niemand gelang es, eine echte Träne hervorzubringen. Der König sah nun die Aussichtslosigkeit einer Heilung ein, zumal sich das Fieber weiter ausdehnte und ihm arg zusetzte. Er sah aber auch, dass ihn niemand in seinem großen Reich liebte. Da wurde er sehr traurig.

Als der Mond seine volle große Scheibe am Himmel leuchtend zeigte, legte der Herrscher seinen Purpurmantel ab, zog die Kleider eines Bettlers an und schlich in der Nacht durch das große Stadttor von Damaskus. Der Morgen graute, und am Straßenrand stand ein Bettler, den niemand beachtete. Da kam ein Leichenzug. Eine Frau schritt hinter dem Sarg und weinte bitterlich um ihr einziges Kind. Der König ging demütig zu ihr und bat: „Schenk mir doch eine deiner Tränen!" Die Frau in ihrem Schmerz hörte nicht auf ihn und wankte weiter ... Lange, lange Zeit stand er nun auf der Straße, die das Ausfalltor ins Landesinnere bildete, in sein Land, und bettelte um eine Träne. Einige der Vorübergehenden hielten ihn für einen Verrückten, andere von Mitleid getrieben, warfen ihm einen Denar zu. Das Fieber hockte auf seinen Schultern und kicherte, beugte seinen Rücken, der Wind zerzauste sein Haar, der Regen setzte ein und durchnässte sein Gewand, Hunger und Durst meldeten sich immer stärker.

Da kam ein kleines Mädchen die Straße heraufgelaufen, hielt eine Puppe im Arm und beachtete den Bettler nicht. Die Straße war durch den Regen glatt, das kleine Mädchen fiel nieder und brach der Puppe ein Bein ab. Der König, der nun selbst so viele Schmerzen erlitten hatte, empfand mit dem weinenden Kind Mitleid, ging zu ihm, hob es auf und fragte ganz leise, während er der Kleinen die Tränen abtrocknete: „Hast du dir sehr weh getan?" - „Ach, meine schöne, schöne Puppe!", schluchzte das Kind erneut. Der Mann zog aus dem alten fadenscheinigen Mantel einen Faden und band das Bein der Puppe zurecht. Das kleine Mädchen lachte und auch der König. Da schrumpfte das Fieber zusammen, aber wich immer noch nicht. Die Kleine fragte nun ernsthaft, während sie mit der einen Hand die Puppe hielt und mit der anderen den König an seiner Manteltasche. „Wer bist du denn, du guter Mann?" - „Ach, Kind, ich bin kein guter Mann!", bekannte dieser. - „Aber Geschichten kannst du wohl erzählen?", fragte das Kind weiter. „Ja, aber nur eine einzige und die ist sehr traurig!" - „Erzähle, bitte, erzähle!", begehrte das Kind.

„Es war einmal ein böser König, der hatte niemanden, der ihn lieb hatte. Das spürte aber dieser böse Mann nicht. Erst als er sehr krank wurde und ihm niemand helfen wollte, wusste er, wie böse er regiert hatte. Er bereute dies sehr und hätte alles so gerne wieder gut gemacht, doch es war zu spät." Als er dies gesagt hatte, schrumpfte das Fieber ganz zusammen, blieb aber immer noch. Das kleine Mädchen rief: „Oh, der arme König! Dass ich ihm doch helfen könnte!" Und es weinte dabei eine einzige Träne, so blank und klar wie ein Diamant. Die Träne fiel zur Erde und lag leuchtend vor dem König. Da sprang das Fieber kreischend von des Mannes Schultern herab und wollte die Träne zertreten. Aber kaum hatte es diese berührt, fiel es in Dunst und Staub zusammen.

Von dieser Stunde an war der König gesund und regierte weise und gütig in seinem Lande. Das kleine Mädel wurde in einsamen Stunden sein Sonnenschein, und die Eltern des Kindes bedachte er mit großem Reichtum.

Maria Schuller

Der dicke Sultan

Vor vielen, vielen hundert Jahren, es können auch ein paar Jährchen mehr gewesen sein, lebte irgendwo in der Welt ein Sultan. Er war ein gütiger und reicher Herrscher über sein Land – und dick war er auch ein bisschen; denn jedes Mal, wenn der Hofschneidermeister bei ihm Maß nehmen musste, für die Weite eines neuen Kleides, sagte er:

„Auf Wiedersehen, erhabener Herrscher, ich muss jetzt um Euch herumlaufen. Hoffentlich schaffe ich es bis zum Abendbrot!" Sprach's, fasste das eine Ende des Maßbandes und machte sich auf den Weg.

Aber das nahm der Sultan nicht weiter tragisch, und so lebte er glücklich und zufrieden und glaubte, alle seine Untertanen hätten es ebenso, bis eines schönen Sonntags der Großwesir ihm einen alten Mann meldete, der ihm unbedingt ein Geschenk machen wolle.

„Oho", sprach da der Sultan, „schenken lasse ich mir immer gern etwas; bring ihn nur herein!" – Doch gleich darauf schüttelte er sich: „Brrr, wie siehst du denn aus, Fremder? Ungewaschen, mit geflickter Kutte, und die Haare wirr um den Kopf. Und du willst mir ein Geschenk machen?"

Der Fremde aber wackelte nur mit dem Kopf und sprach: „Erhabener Herr, erinnert Ihr Euch nicht mehr meines Sohnes, den Ihr vor einigen Wochen oben im Gebirge aus den Händen der Feinde (Räuber) befreien ließet? Ich hatte schon alle Hoffnung aufgegeben, ihn je wiederzusehen, dann halft ihr. Und nun bin ich gekommen, Euch zu danken."

„Hmmm", überlegte der Sultan, denn er konnte sich nicht mehr so recht an das Ereignis erinnern, und weil ihm das Überlegen so schwerfiel, beauftragte er damit – wie immer – seinen Großwesir.

„Es stimmt, o Herr, was der Fremde erzählt", meldete dieser nach einer kleinen Weile.

„Gut, also, was willst du mir nun schenken?", wandte sich der Sultan erneut an den Alten. „Erhabener Herr, ich bin kreuz und quer durch Euer Reich gewandert, und was ich da sah, war nicht immer gut."

„Wieso?" Das eben noch so freundliche Gesicht des Sultans verdüsterte sich.

„Zürnt nicht, erhabener Herr! Wohl seid Ihr selbst gütig und helft allen. Wisst Ihr aber auch, was draußen in Eurem Reich geschieht? Seht Ihr, dass den Armen, die Ihr eben beschenktet, gleich vor Eurem Palast alles wieder geraubt wird? Erfahrt Ihr auch, dass Eure Untertanen heimgesucht werden von Räubern, Dieben und Betrügern?"

„Ja – aber – was soll ich denn da tun? Ich kann meine Augen doch nicht überall haben?" Der Sultan zog ein ganz betrübtes Gesicht.

„Dem kann abgeholfen werden", antwortete der Alte. „Bestimmt nur einen Platz in Eurem Palastgarten, und ich werde Euch einen Turm bauen."

„Wie – was?", unterbrach ihn der Sultan halb lachend, halb schimpfend. „Einen Turm – einen Turm! Was hat ein Turm mit meinem Volk zu tun?"

„Wartet's nur ab, o Herr! Der Turm wird nämlich ein Geheimnis haben."

„Ein Geheimnis – hmm, das ist freilich etwas anderes." Der Sultan wurde unsicher und ließ wiederum seinen Großwesir überlegen. Und als dieser ihm riet, man könne es ja versuchen, entschied er:

„Also gut – baue meinetwegen den Turm. Mir soll es recht sein."

Und so geschah es. Noch am gleichen Tag machte sich der Alte ans Werk, schachtete den Boden aus, setzte Steine und baute munter drauflos. Ganz allein arbeitete er, doch wenn man ihm zusah, glaubte man, tausend unsichtbare Hände wären am Werk. Und so dauerte es auch gar nicht lange, bis der Turm fix und fertig dastand. Es war ein prachtvoller viereckiger Bau, ganz aus schneeweißem und

und sein Wunderturm

kohlpechrabenschwarzem Marmor, der nur so funkelte und blitzte. Voll Staunen schaute der Herrscher auf dieses Wunderwerk.

„Nun kommt, wir wollen hinaufsteigen!", sagte der Alte. „Um Himmels willen, nein, das geht doch nicht!" Erschrocken blickte der Sultan hinauf zur Turmspitze und auf seinen Großwesir. „Nein, das geht wirklich nicht", kam dieser ihm zu Hilfe und schielte dabei verstohlen nach dem dicken Bauch seines Herrschers.

Schließlich aber ließ sich der Sultan doch von dem Alten überreden und wagte den Aufstieg. Und siehe da, es ging alles gut, und bald „huhute" er vom Turm hinab zu seinem staunenden Volk.

„Nun hört", sagte der Alte alsdann, „jetzt kommt das Geheimnis, welches ich Euch versprach. Wie Ihr seht, ist dies ein viereckiger Turm. Zwei Seiten aus weißem, zwei Seiten aus schwarzem Marmor. Ab heute sollt Ihr nun jeden Tag hier heraufsteigen, um in Euer Land zu schauen, und alsbald werdet Ihr von den schwarzen Seiten all die Untaten erblicken, die gerade geschehen. Wollt Ihr jedoch gute Taten sehen, schaut getrost von den beiden weißen Seiten hinaus. Klatscht Ihr dann dreimal, werden unsichtbare Hände Euch im Nu an den Ort des Geschehens tragen, so dass Ihr das Böse sofort bestrafen und das Gute belohnen könnt." - Sprach's und war verschwunden.

„Hallo, he, Alter, wo bist du, warum versteckst du dich?" Suchend sah sich der Sultan um; vergebens, der Alte war und blieb verschwunden. „Na, so was!", murmelte er, dann packte ihn doch die Neugier. Gleich wollte er doch einmal von einer der weißen Seiten hinausschauen. Gesagt - getan!

Doch als der Sultan über die Brüstung schaute, sah er nichts; sosehr er sich auch anstrengte, nicht eine einzige gute Tat konnte er erblicken. Und auch auf der zweiten weißen Seite war es nicht anders. Nur ganz hinten links bemerkte er ein kleines Kind, das einem Bettler etwas zu essen gab, und ganz hinten rechts einige Dorfbewohner, die Geld sammelten, um einen in Räuberhand gefallenen Freund loszukaufen. Das war alles!

Wirklich alles? - Sollte der Alte doch die Wahrheit gesprochen haben? Ob er es wohl einmal von einer der schwarzen Seiten versuchte? Ratlos starrte der Sultan vor sich hin. Der Entschluss fiel ihm nicht leicht, denn diesmal konnte ihm kein Großwesir beim Überlegen helfen. Ach was, dachte er schließlich, so schlimm wird's schon nicht werden! Und schon lugte er vorsichtig mit einem Auge über die Brüstung. Doch entsetzt prallte er zurück, so erschreckte ihn das, was er sah.

Seine Untertanen waren keineswegs so glücklich, wie er geglaubt. Dort drüben wurde gerade einem Bauern das Vieh gestohlen; hier ein armer Tropf von reichen Händlern betrogen und dort ein anderer sogar unrechtmäßig vor Gericht gestellt. Hastig eilte der Sultan auf die zweite schwarze Seite, aber auch da war es nicht besser. Es wimmelte nur so von Untaten.

Doch nicht mehr lange! - „Potz Blitz!" - Zornig klatschte der Sultan dreimal in die Hände, und schon stand er mitten unter seinen entsetzten Untertanen. Schwer bestrafte er die Missetäter, Diebe und Betrüger, gab den Bestohlenen ihr Gut zurück und sprach den armen Tölpel vor Gericht frei. Aber er vergaß auch nicht, das kleine Kind und die Dorfbewohner für ihre guten Taten wahrhaft fürstlich zu belohnen.

Und so geschah es nun fortan. Jeden Tag stieg der Sultan hinauf auf den Turm und schaute nach allen Seiten hinaus in sein Reich. Zwar war er anfangs oft traurig, dass er noch immer nicht Herr über alles Böse geworden war, bald aber lachte er wieder und freute sich, weil die guten Taten nun langsam mehr und mehr wurden.

Tja, und manchmal denke ich - dass auch ich und jeder Mensch zwei solche helle und zwei dunkle Seiten hat und dass unser Gewissen der Turm ist, von dem aus wir das Gute und Böse recht gut sehen können.

Norbert Wenn

Klein Susanne lag schlafend in der Wiege. Die Eltern freuten sich des Kindes, Verwandte und Bekannte kamen, um es zu bewundern. Indessen hauste am anderen Ende der Welt im tiefen Wald die gute Fee Floriane. In früheren Zeiten war sie oftmals bei Menschenkindern zu Pate gestanden und hatte sie beschenkt. Als die Menschen aber ihre Gaben missachteten und üblen Gebrauch davon machten, zog sie sich missmutig und böse in ihren dunklen Wald zurück und beschloss, sich unter den Menschen nie mehr blicken zu lassen. Jetzt aber hatte ihr der alte Rabe Krieh-Krah von der Geburt des Menschenkindes Susanne erzählt, und als sie hörte, welch ein zartes, liebliches Kind Susanne war, vergaß sie ihren Groll und empfand den Wunsch sie zu sehen und ihr etwas Schönes zu schenken.

Die gute alte Fee Floriane war zwar nicht reich, sie besaß keinen Palast wie andere Feen, sondern wohnte in einer uralten hohlen Eiche; aber in der dunklen Nische standen unzählige Fläschchen Reih an Reih, darin waren lauter wundertätige Mixturen und Elixiere. Ohne lange zu wählen, griff sie nach einem der Fläschchen, darin war eine schneeweiße Milch. Daraus braute sie ein Stück schneeweiße Seife, legte sie in ein Schächtelchen, nahm dieses an sich, hob die rechte Hand, als winke sie jemandem, und flüsterte: „Sausewind, Brausewind, trage mich geschwind zu Klein Susanne."

Darauf erhob sie sich in die Lüfte und flog über die Wipfel, übers Meer und über die Berge hin bis vor das Haus, in dem Susanne wohnte. Dort nahm sie die Gestalt der guten alten Tante Gisela - einer entfernten Verwandten der Familie - an, und als sie das Zimmer betrat, freuten sich alle über den seltenen Besuch.

„Es ist ein liebliches Kind!", lobte sie, als sie Susanne betrachtet hatte. Dann reichte sie der Mutter des Kindes ihr Geschenk und sagte geheimnisvoll: „Es ist eine Wunderseife darin. Wasche dem Mädchen damit das Gesichtchen: einmal, zweimal, dreimal! Dann wird es niemals weinen, sondern immer nur lachen und vergnügt sein alle Tage." Darauf empfahl sich die gute Fee in Gestalt der Tante Gisela.

Die Mutter dachte, Tante Gisela habe einen Scherz gemacht und dies sei eine Seife wie andere Seifen auch. Eines Tages nun, als es sich gerade schickte, nahm sie die schneeweiße Seife aus dem Schächtelchen und wusch damit Susanne das Gesicht; am nächsten Tag wieder und am dritten Tag abermals.

Und nun - ja, nun meint ihr wohl, Susanne habe sogleich zu lachen angefangen, wie es die gute Fee vorausgesagt hatte? O nein, so war es leider nicht. Im Gegenteil: Susanne verzog plötzlich das Gesicht und weinte, sie weinte immerfort, bei Tag und bei Nacht. Susannes Eltern waren ganz unglücklich. Was sie auch versuchten, alles war vergebens, das Mädchen weinte und weinte.

Als die gute Fee Floriane im Wald davon erfuhr, rang sie verzweifelt die Hände: „O weh, was habe ich getan!", rief sie. „Da habe ich ja das falsche Fläschchen erwischt; das war die Tränenmilch! Was mache ich jetzt nur!" Aber selbst der alte weise Rabe Krieh-Krah, der sonst alles wusste, konnte ihr diesmal nicht raten. Da setzte sich die arme Fee Floriane vor das Feuer, starrte in die roten Flammen und dachte nach. So saß sie Tag und Nacht und sann und sann. - Ein Jahr war vergangen und noch eines; Susanne hatte laufen gelernt, war gesund und wohlgeraten, aber sie weinte noch immer: Bei Tag und bei Nacht, ob die Sonne schien oder ob es regnete, sie weinte, wenn sie hungrig war, und sie weinte, wenn sie essen sollte. Die Eltern schenkten ihr das schönste Spielzeug und alles, was sonst Kindern Freude macht, aber alles war vergebens. Susanne weinte immerfort, und es war nichts als Traurigkeit im Haus.

So verging ein Jahr und abermals eines. Susanne weinte noch immer, bei Tag und bei Nacht, bei Sonnenschein und bei Regen. Die Eltern hatten sogar berühmte Ärzte aus fremden Ländern kommen lassen und weise Männer um Rat gefragt, aber keiner konnte helfen, und alle schüttelten nur traurig den Kopf, nachdem sie Susanne gesehen hatten. Eines Tages nun saß Klein Susanne auf einem Bänkchen im Garten, und wiederum weinte sie, als wollte ihr schier das Herz brechen, obgleich die Sonne schien und ringsum alles voll bunter Blumen war. Da kam ein kleiner lustiger Hüterbub des Weges gesprungen. „Juhui", sang er, „wie ist das Leben schön!" Vor dem Gittertor aber blieb er stehen, guckte in den Garten hinein, und als er dort das weinende Mädchen sah, ließ er seine Schafe auf der Wiese weiden, schwang sich über den Zaun und setzte sich zutraulich vor Susanne auf die Erde.

„He, du!", sagte er. „Warum weinst du denn gar so bitterlich?"

Aber Susanne gab keine Antwort und weinte weiter.

„Bist du mir aber eine Traurige!", rief der kleine Junge, schupfte seinen Hut in die Höhe, fing ihn wieder auf und kratzte sich ratlos die Nase. Dann hob er die rechte Hand, als winke er jemandem, und da saß plötzlich auf seinem Zeigefinger ein riesengroßer bunter Schmetterling. „Der ist aber schön!", rief er entzückt. „Einen so schönen Schmetterling hast du bestimmt noch nie gesehen. Schau doch! Siehst du ihn?"

„N-nein", schluchzte Susanne.

Die weinende Susanne

"Nein? Ach freilich, wie kannst du ihn denn sehen, wenn du doch weinst. Vom Weinen wird man ja blind. Wisch dir deine Tränen fort, dann wirst du ihn gleich sehen." Er reichte Susanne ein kleines Tüchlein, damit trocknete sie ihre Tränen. Und wirklich, kaum hatte sie Augen und Nase blank geputzt, konnte sie den prächtigen Schmetterling sehen. "Ach, wie wunderschön!", rief sie erfreut. Auf einmal sah sie auch die vielen bunten Blumen ringsum, die sie vor lauter Weinen noch nie bemerkt hatte. Und da geschah etwas, was noch nie geschehen war: Susanne lächelte zum ersten Mal in ihrem Leben.

Da sprang der kleine Florian auf, tanzte vor Freude um die Bank herum und rief: "Juhui, sie hat gelacht! Juhu...", dann schwang er sich wieder über das Gittertor und lief zurück zu seinen Schafen. Aber kaum war der Knabe fortgelaufen und der schöne Schmetterling davongeflogen, verzog Susanne schon wieder das Gesicht und weinte. -

Am nächsten Tag zur gleichen Stunde kam der Schafhirte abermals dahergesprungen, sah dort wieder das weinende Mädchen sitzen und schwang sich - wie am Tag zuvor - über das Tor, um sich vor Susanne auf die Erde zu setzen.

"Guten Tag, Tränensuse!", rief er. "Warum weinst du denn schon wieder?"

Aber Susanne gab keine Antwort und weinte weiter.

"Warte!", rief Florian, lief davon, pflückte einen der wunderschönen goldgelben Äpfel, die da an den Bäumen hingen, und hielt ihn Susanne hin: "Den musst du kosten! So etwas Gutes hast du bestimmt noch nie gegessen."

Als Susanne von dem Apfel abgebissen hatte, fragte der Junge: "Na, wie schmeckt er?"

"Bitter", schluchzte das Mädchen.

"Bitter? Ach ja, natürlich, wie sollte er denn anders schmecken, da du doch weinst. Du vergällst ihn dir ja selbst mit deinen Tränen. Da, trockne deine Augen und koste nochmals!"

Susanne nahm das Tüchlein, das ihr der Junge reichte, wischte sich damit über Augen und Gesicht und biss nochmals von dem Apfel ab: Da strahlten ihre Augen plötzlich vor Vergnügen, so gut schmeckte ihr jetzt der Apfel. Sie aß ihn ganz auf, rief ein ums andere Mal: "Nein, so was Gutes!", zwickte Florian übermütig in die Nase und lachte dazu.

Da sprang der Bub auf, tanzte vor Freude um die Bank und rief: "Juhui, sie hat gelacht! Juhu...", schwang sich wieder über das Gittertor und war fort. Aber kaum war der Junge nicht mehr zu sehen, verzog Susanne das Gesicht und weinte wie zuvor. -

Am nächsten Tag, zur gleichen Stunde, war Florian wieder zur Stelle und setzte sich vor Susanne auf die Erde. "Ich wette, du hast Hunger, weil du schon wieder weinst", sagte er. Aber Susanne schüttelte nur den Kopf und weinte weiter.

"Ich habe dir etwas Feines mitgebracht." Mit diesen Worten langte Florian in die Tasche und wickelte dann einen frisch gebackenen Schmalzkrapfen aus dem Papier. "Den musst du kosten, ich wette, so etwas Süßes hast du noch nie gegessen!"

Als Susanne hineingebissen hatte, fragte er: "Na, wie schmeckt es?"

"Sal-zig", schluchzte Susanne.

"Salzig? Ei ja, wie kann es anders schmecken als salzig, wenn du doch weinst. Du versalzt es dir ja selbst mit deinen Tränen. Da, trockne deine Augen und dein Gesicht und koste nochmals!" Susanne nahm das Tüchlein, das Florian ihr reichte, und tat, wie ihr geheißen. Dann biss sie nochmals in den Krapfen - ja, da schmeckte er auf einmal süß. Als sie ihn ganz aufgegessen hatte, leckte sie sich noch die Lippen ab und lachte übers ganze Gesicht. Da nahm der Junge das Mädchen an den Händen, tanzte mit ihr im Kreis herum und sang: "Juhui, sie hat gelacht - juhu! Jetzt lacht sie schon zum dritten Mal und immerfort und immerfort!"

Da zog ihn das Mädchen übermütig an den Haaren und fragte:

"Kannst du mir denn sagen, warum ich auf einmal so vergnügt bin?"

"Ei ja, das kann ich dir wohl sagen", rief er. "Du bist deshalb so vergnügt, weil die Welt so schön ist."

"Und kannst du mir denn auch sagen, warum die Welt auf einmal so schön ist?" fragte sie weiter.

"Ei ja, das kann ich dir wohl sagen", rief er. "Die Welt ist darum so schön, weil du so vergnügt bist!" Darauf schwang er sich wieder über das Gittertor und lief mit seinen Schafen fort über die Wiesen und Felder, weiter und weiter, bis nichts mehr von ihm zu sehen war.

Susanne sah ihm nach, und jetzt - nein, jetzt weinte sie nicht mehr. Fortan freute sie sich an den schönen bunten Blumen, die in ihrem Garten wuchsen, denn ihre Augen waren ja nicht mehr blind von Tränen. Und die Früchte, die sie genoss, waren nicht mehr bitter, die Kuchen, die sie aß, waren nicht mehr salzig von ihren Tränen. Als Susannes Eltern merkten, was geschehen war, weinten nun sie anstatt Susanne, aber sie weinten vor lauter Glück. Gern hätten sie gewusst, wer dieses Wunder zuwege gebracht hatte, und das Mädchen erzählte ihnen von dem kleinen Schafhirten Florian.

Da ließen die Eltern die ganze Gegend nach dem Jungen absuchen und forschen in der Nachbarschaft nach ihm, denn sie wollten ihn dafür belohnen, dass er wieder Freude und Heiterkeit ins Haus gebracht hatte. Aber keiner wusste etwas von dem kleinen Florian und niemand hatte ihn je gesehen.

Und das konnte auch gar nicht anders sein; denn der Hüterjunge war ja niemand anderer gewesen als die gute Fee Floriane, die in der Gestalt des kleinen Schafhirten gekommen war, um ihr Versehen wieder gutzumachen.

Anna Maria Wimmer

Ogito aus dem Somalidorf

An der Nordküste Afrikas, von der Straße von Bab el Mandeb an bis zum Cap Guardafui, den Golf von Asien im Süden umschließend, und von hier ab an der Ostküste Afrikas südwärts bis zum halben Wege nach Madagaskar verlaufend, dehnt sich am Indischen Ozean vom Meer an über Berge, Wüsten, Oasen und Steppen das Somaliland.

Weithin liegen regellos zerstreut die einzelnen Gehöfte der Somali. In der braungrauen Farbe der Erde stehen die niedrigen, kreisrunden Häuser, die mit rohen Latten im Kreis in die Erde gerammt und durch aus Stroh gedrehte Stricke miteinander verbunden sind. Die Somali bestreichen dieses Gerippe mit einem Gemenge aus nasser Erde und gehacktem Stroh. Dann setzen sie ein Dach aus Ästen darauf und überdecken es mit Stroh, das oben eine Spitze bildet, der ein Ring aus Ton ein wenig Halt gibt. Um die Regenzeit zu überstehen, nehmen die Somali aus den Europäersiedlungen Glas und Lederflecken, Kistendeckel, Blechstreifen, Stoffreste, flach geschlagene Konservendosen, überdecken das Stroh und befestigen dieses Material durch aufgelegte Steine. Dies alles bleicht die Sonne, überdeckt grünlicher Pilz und feiner Staub.

Ein Loch in der Wand dient als Tür, zwischen zwei Steinen brennt Tag und Nacht ein kleines Feuer, das durch Blätter, Holzstücke oder Kamelmist notdürftig aufrechterhalten wird. Im Hofe steht ein hohler Baumstumpf, an dem eine Holzkeule lehnt: der Mörser für Getreide, Gewürz und Kaffee.

Den ganzen Tag sind die Gehöfte leer, meist nur von einem alten Weib oder einem Kinde bewacht. Die Somali gehen auf die Jagd und auf die Weide, die Frauen kümmern sich um Nahrung.

Auch das Gehöft der Familie Tetscho stand verlassen, und nur Ogito, der kleine Bub, lag unter einer Schirmakazie unweit des Hauses, um es zu bewachen. Ogito war unter den unzähligen Kindern des Somalidorfes der Liebling.

Nur einen großen Fehler hatte er: Er wollte reich sein! Reichtum! Dieses Wort hörte er immer wieder aus den Nachrichten, die von seinem älteren Bruder aus der Hafenstadt Djibouti kamen, in der dieser diente.

Diesen Morgen lagen schon die Sonnenstrahlen glühend heiß auf allem, die kristallklare Luft zitterte vor Hitze; kleine Fliegen tanzten in ihr. Manchmal stieg in der Ferne eine lichte, braune Säule auf; es atmete der Wind irgendwo über dem Wüstensand. Die Hunde lagen träge im kargen Schatten. Ogito sah noch ein paar Kamele vorbeitraben und ein paar Geier auf den verdorrten Sykomoren hocken, dann flimmerte es vor seinen Augen.

Jemand rief leise seinen Namen, einmal, zweimal! Ein kleiner Mann stand vor ihm, in der Hand einen Stab haltend.

„Ogito, du willst reich sein? Das ist nicht leicht, kleiner Freund! Komm mit mir, ich zeige dir in meinem Reich, wie man zu Reichtum kommt."

Nach diesen Worten berührte er den Knaben mit dem Stab. Ogito vertraute dem Männlein und überließ sich seiner Führung.

Es ging durch das verlassene Dorf hinaus, und es schien dem Buben endlos lang, als das kleine Männlein endlich bei einer Oase Halt machte. „Hier ist mein Reich!"

Ogito sah sich nun inmitten der schönsten und größten Dattel- und Feigenbäume, sah prächtige, blühende Kakteen, leuchtende Kürbisse, Blumen und Gewässer, die er nie gesehen und daher auch nicht kannte.

„Wähle nun, mein Kind, aber wähle klug und vorsichtig, um zu Reichtum zu kommen!"

Ogito sah sehnsüchtig auf diese Pracht, dann schritt er an der Seite des Zwerges in die Oase hinein. Die Wahl war schwer. Ogito bestand die Prüfung nicht, denn er wählte die stolzeste Blume, die leuchtend blau vor ihm stand. Er riss sie an sich. In diesem Augenblick gab es einen feuerroten Blitz am Himmel, dem der drohende Donner folgte. Der Bub stürzte zu Boden und wusste von sich und der Umwelt nichts.

Als er erwachte, befand er sich in einem großen Schloss. Er sah niemanden, voll Angst rief er, aber kein Mensch kam. Ogito ging von einem Zimmer ins andere, bestaunte die Pracht und die Schönheiten, mit denen ein Gemach immer mehr, immer reicher als das andere ausgestattet war. Alles flimmerte und glänzte. Perlen und Diamanten, größer als die grünen Feigen an den üppigsten Bäumen, Gold lag in Stangen umher, mit Silberplatten waren alle Wände und Fußböden getäfelt. Ogito wurde müde vom Sehen und Gehen und setzte sich nach Art der Somali in hockender Stellung auf den Boden. Er kannte weder Stuhl noch Bett noch sonstige Einrichtungsgegenstände, denn die Somali besitzen solche nicht; man isst und schläft hockend auf dem Boden.

Es wurde dem Knaben etwas bang..... Der Perlenvorhang bewegte sich, und ein kleines Männlein trat ein: „Ogito hat Hunger und Durst?" Ein zweites Männlein brachte in einem Glas Honigwein, Kamelmilch, ein süßes Zuckerrohr, ein anderes Fleisch, Datteln und Feigen auf Tellern.

Armer Ogito! Er wusste mit Gläsern und Tellern nichts anzufangen. Da sprach das erste Männlein, und seine Stimme glich der des Zauberers aus dem Somalidorf: „Ogito ist jetzt reich und muss vieles lernen!"

Er lernte nun zuerst richtig essen und trinken. Nun, da er satt war, wurde er fröhlich. Aber das erste Männlein mahnte: „Ogito wird jetzt mit mir gehen. Es wartet der Lehrer. Reich sein ist nicht alles! Wissen ist Macht!" Ogito musste nun lernen, lesen, schreiben, rechnen und außer seiner geliebten Somalisprache noch andere Sprachen.

Aus dem lustigen Buben wurde ein sehr ernster, dessen große Sehnsucht sein Dorf war. Er seufzte unter seinem Reichtum.

Eines Abends stand er unter einem Fenster. Die den ganzen Tag reglos gewesenen Akazien wiegten leise ihre zarten Dächer, und unter diesen schaukelten, wie von Feenhänden in die Zweige gehängt, die schönen, runden Nester der Webervögel. Dies erinnerte ihn wieder an sein Heimatdorf, und das Herz in der Knabenbrust tat sehr weh.

Der kleine Mann stand nun wieder vor ihm: „Ogito, wie gefällt dir dein Reichtum?"

Der Knabe bat: „Lass mich wieder in mein Dorf, dort bin ich glücklich!"

„Ogito, du hast die stolzeste Blume gewählt! Sie gab dir Reichtum! Du musst sie nun behalten! Aber du hast dabei die Blume der Zufriedenheit übersehen!"

Der Knabe bat und weinte: „Lass mich noch einmal wählen in deinem Reich!" Der kleine Mann war gütig und nahm Ogito bei der Hand ... Wieder war der Weg weit, diesmal war es der Weg zur Armut, den die beiden gingen, aber der Weg zur Zufriedenheit. Wieder stand Ogito in der Oase. Er wählte diesmal die kleinste, unscheinbarste Blume im zartesten Blau, die Blume der Zufriedenheit.

Wieder gab es einen Zickzackblitz, und als Ogito erwachte, fand er sich unter der Schirmakazie im Somalidorf liegend.

Es war die Dämmerung aufgestiegen, und die Gehöfte belebten sich. Schon standen die Frauen an den hölzernen Mörsern und stießen mit den Keulen Getreide, Kaffee oder Paprika. Andere gingen, große Krüge auf dem Kopfe tragend, um Wasser.

Auch seine Mutter sah er an der Zisterne stehen, wie sie an dem Strohstrick zog und den primitiven Toneimer heraushob. Die Herden der flinken Ziegen, der prächtigen Fettschwanzschafe mit ihren Hirten, die Jäger mit ihrer Beute, die vielen Kamele ... alles kam heim.

Der Knabe war froh und glücklich. „Niemals will ich mehr an Reichtum denken!", gelobte er sich.

Die letzten Tiere, die noch im Freien waren, wurden in die Gehöfte gebracht, eine Strohmatte oder ein paar Bretter über die Öffnung gesetzt und davor ein Stein gewälzt.

Am knisternden Feuer halten sie alle Mahlzeit, sie reden noch lange; auf Rohrflöten und Zithern, die aus ein paar Holzstäben und etlichen Schafdärmen gefertigt sind und als Resonanzboden eine halbe, mit Ziegenfell überspannte Kürbisschale tragen, steigen die alten Melodien der Somali auf.

Die Dämmerung ist dunkler geworden, heller strahlen die Feuer, lichter steigt der Rauch aus den Hütten, freundlicher leuchten die Sterne am Himmel.

Nun wird am knisternden Feuer Mahlzeit gehalten und noch lange geredet und gesungen, bis endlich das ganze Somalidorf in tiefem Schlafe liegt und nur mehr der Wächter nach den heulenden Hyänen sieht, während vom Himmel das Kreuz des Südens herabstrahlt ...

Dundregu

eit von hier, fern im Norden von Schweden - hinter dem hohen Berg „Dundret" - wohnte seit Tausenden von Jahren der uralte Trollkönig Dundregubbe; der Alte vom Berg Dundret. Alle wissen von ihm, die Menschen und Tiere, die Trolle, die Hexen und Zwerge, ob sie im Nordland hausen oder im fernen Hälsingeland oder im Värmland.

Einmal alle hundert Jahre kommt der Alte aus seinem Steingewölbe hervor. Es ist am Tag des Mittsommers. Schweren Schrittes schlurft er aus der dunklen Grotte. Sein Haupt ist zottig, sein Bart so lang, dass er ihn über den Arm legen muss, damit er nicht schleppt.

Bedächtig erklimmt er den hohen Berg und schaut hinab auf den schwarzblauen Wättersee. Mit seinen Händen rüttelt er den Bart und staubt ihn aus. Vögel, Fledermäuse, Insekten haben sich dort eingenistet. Und nun fliegen sie durch die klare Luft. Weiter steigt der Alte. Aufwärts! Die Mitternachtssonne leuchtet golden, und der Schein lässt die Felsen erglühen.

Nahe dem Gipfel züngeln Flammen gegen den Himmel. Ein riesiger Scheiterhaufen brennt. Die Trolle feiern Mittsommer. Von allen Seiten sind sie gekommen und warten auf den Alten vom Berg.

Langsam kommt er geschritten. Er besteigt seinen hohen Sitz und spricht:

„Dundria dreja, dunderfest
Dundertroll är dunderbäst
Dunderejus, dundria
Kluns, duns, troll, sjungs!"

Und alle sprechen die Zauberformel ihres Königs langsam mit. Sie reichen sich die Hände, stampfen mit den Füßen - Dundria dreja, dundria ... dundria dreja ...

Danach winkt Dundregubbe seinen Urenkel herbei und setzt ihm für einen Augenblick die Krone auf das Haupt, zum Zeichen, dass dieser sein Nachfolger werde.

Die Krone will Dundregubbe vererben, aber niemals das Schwert. Es ist sein höchster Besitz. Er hat es den Menschen geraubt; seither können sie nicht mehr in den Runen lesen und haben die Weisheit verloren.

Abwärts steigt der Uralte vom Berg, langsam abwärts. Seine listigen kleinen Augen streifen finster das Königsschloss, das sich zwischen den dunklen Tannen erhebt. Ein Mensch hat es gewagt, sein Reich inmitten der Trolle aufzuschlagen.

Dundregubbe stößt einen grunzenden Laut aus. Seine Luchsaugen haben auf der Waldwiese etwas Helles erspäht. Es ist das Königskind, Prinzessin Sigrun, das sich am Ballspiel erfreut. Heimlich hat es sich fortgeschlichen am frühen Morgen.

Man hält es kaum für möglich, wie leise der plumpe Troll zu gehen versteht. Kein Ast knickt unter seinen Füßen, kein Blatt raschelt. Verzückt lauscht er Sigruns Gesang:

„Fern tönt ein Lied
am Bergstromhang.
Da weint der Neck
zu der Harfe Klang."

Dundregubbe ist so gerührt, dass ihm die Tränen über die runzligen Wangen laufen. Die Tränen sind heute noch zu sehen. Als kleine wasserhelle Steine liegen sie an allen Quellen zu Füßen des Dundret.

Da war das Lied zu Ende. Der alte Troll tappte auf Sigrun zu, fasste sie um die Mitte und trug sie fort. Wie erstarrt ließ die Prinzessin alles mit sich geschehen. Sie erwachte erst wieder in der Höhle des Trolles und sah sich gefangen. Jeden Tag musste sie vor dem Alten das Lied singen. Jeden Tag musste sie vor dem Alten tanzen.

Groß war das Leid des Königs, als er sein Kind nicht wiedersah und Sigruns Tod annahm. Das ganze Volk trauerte um die schöne Prinzessin.

Von diesem Unglück hörte Sigurd, der Königssohn vom Nachbarland. Er wollte sich Gewissheit verschaffen, was der Prinzessin widerfahren sei.

BBE und SIGRUN

Tagelang ritt er durch dunkle Wälder, durch schweigende Täler, durch enge Schluchten. Vorbei ging es an unheimlichen Mooren, an reißenden Wassern. Nirgends lief eine verdächtige Spur. Da, plötzlich scheute das Pferd. Auf einem Baumstumpf saß ein Wesen, halb Mensch, halb Tier, zottig und hässlich, doch mit gutmütigem Gesicht. Zum ersten Mal erblickte Sigurd einen Troll. Schweigend maßen sie sich. Der Troll erhob sich schwerfällig, tappte vergnügt um das Pferd herum und rief: "Hast du einen schönen Mantel! Woher hast du ihn?"

Sigurd sah, dass der Troll harmlos war und auf keinen Schabernack sann. "Meine Mutter hat ihn gewebt, aus Seide und goldenem Brokat", antwortete er freundlich.

"Du musst sehr glücklich sein", seufzte der Troll. "Ich habe keine Mutter mehr, nur einen Urahn, den Dundregubbe. Kennst du ihn? Nein, du kennst ihn nicht. Sonst müsstest du wissen, dass er Schön Sigrun gefangen hält."

Sigurd stieß einen Schrei des Entzückens aus. Der Troll war ein Königreich wert! Er sprang vom Pferd und umarmte vor Freude den zottigen Gesellen. "Ruhe, hübsch mit der Ruhe", sagte er sich im Innern, "ich darf mich nicht verraten."

"Willst du den Mantel?", fragte er aus einem drängenden Gefühl heraus. Und er lockerte die goldene Spange vom Mantel.

Der Troll grinste vor Überraschung. "Ja, gib ihn mir!", rief er. "Ich lehre dir dafür den Zauberreim Dundregubbes." Sie wurden einig. Der Troll hing sich den schönen Mantel um und drehte sich wie ein Pfau. Dann hockte er sich nieder und sprach den Vers:

"Dundria dreja, dunderfest
Dundertroll är dunderbäst.
Dunderejus, dundria
Kluns, duns, troll, sjungs!"

Danach hopste er langsam fort und verschwand hinter den Bäumen.

Sigurd nahm sein Pferd am Zügel und schritt dem Berg Dundret zu. Dort musste der alte Troll hausen.

Als die Mondsichel silbern erglänzte, erreichte Sigurd den Berg. Er band sein Pferd an einen Baum und machte sich auf die Suche nach der Trollhöhle. Er sang immerzu die erste Strophe von einem Lied:

"Hoch über Tälern
lieg ich in Ruh
und hüte die Schafe
und hüte die Kuh."

Ein klagender Ton drang aus dem Wald. Eine Stimme antwortete mit der zweiten Strophe:

"Fern tönt ein Lied
am Bergstromhang.
Da weint der Neck
zu der Harfe Klang."

"Sigrun!", jauchzte der Königssohn. "Sigrun singt!" Und er eilte dem Klang nach.

Schon stand er vor einer Felsgrotte. Vorsichtig lugte er hinein. Drinnen saß Sigrun auf einem Stein und sang. Ihr zu Füßen lag der schlafende Troll.

Als sie den Jüngling erblickte, erstarb ihre Stimme vor Schrecken. Sie wies auf den Troll und flüsterte: "Fort, fort, du verlierst dein Leben!"

Der Troll regte sich und stieß einen schnaubenden Laut aus. Sigurd wollte sich auf ihn stürzen, da erblickte er das blitzende Schwert mit den Runen, und es fiel ihm der Zauberspruch ein. Er riss das Schwert an sich und sprach: "Dundria dreja, dunderfest ..."

In dem Augenblick erwachte Dundregubbe. Als er sein Schwert in den Händen des Menschen sah, brach ein Wutschrei aus seiner Kehle. Drohend schlurfte er auf den Gegner los. Aber er konnte ihm nichts anhaben. Das Schwert bannte ihn.

Dundregubbe sank zusammen. Er wurde klein, kleiner. Gebückt wich er zurück, mit den Händen die Augen schützend, denn er konnte das Blitzen des Schwertes nicht länger ertragen. Ächzend und knurrend verschwand er im Dickicht, und noch lange war sein Seufzen zu hören.

Noch einmal schwang Sigurd sein Zauberschwert über dem Haupt der Prinzessin und erlöste sie von der Fußfessel. Dann hob er sie auf sein Pferd und ritt mit ihr in die Heimat. Es war eine Freude allerorten, nicht zu sagen. Bald feierten sie glücklich Hochzeit.

Dundregubbe aber irrte lange, lange Zeit in den Wäldern umher und kehrte zur Winterszeit auf den Berg Dundret zurück. Sein Sinn war schwer, sein Herz umdüstert. Er besaß das Zauberschwert nicht mehr und hatte die Macht über das Menschengeschlecht verloren. Er hatte Schön Sigrun verloren, und das war beinahe noch der größere Schmerz. Auf seinem Sitz über der Höhle verharrte er Jahr um Jahr, schaute hinaus in die Ferne, rührte und regte sich nicht. Nur hin und wieder entfuhr ihm ein Seufzer, ein schwerer Seufzer, der die Waldbäume erbeben ließ. Und dann - dann versteinerte Dundregubbe.

Noch heute ist der Drundrestein auf dem Berg Dundret zu sehen, ein großer, grau bemooster Felsblock.

Liane Keller

Ein Pilz

In der Schwammerlstadt, in Pilzhausen, herrscht helle Aufregung. Ameisen, Schmetterlinge und Käfer haben schlechte Nachrichten gebracht: zehn Pilzdörfer am Moosgrund sind zerstört worden! Sorgenvoll fragt der alte Pilzkönig, ein Kaiserling: „Wie ist das geschehen?" Ein Schmetterling klappt die Flügel auf und zu; das heißt in seiner Sprache: „Menschen sind in den Wald gekommen und haben alle Pilze zerstört, die sie nicht kannten." Die Nacktschnecke telegraphiert aufgeregt mit den Fühlern: „Mein schönes Fliegenpilzhaus, das ich erst vor zwei Tagen bezogen habe, ist ohne Dach!" „Unsere Parasolvilla liegt zerbrochen im Moos!", klagt eine Käferfamilie. Der Heuschreck zirpt: „Ich war gerade in der Waldschenke beim Edelreizker und wollte mich an einem Schlücklein roter Milch erquicken, da stürzte das Haus über mir zusammen!"

Stumm hört der alte Kaiserling die Klagen. Jetzt wackelt er mit seinem Hute zum Zeichen, daß er sprechen wolle, und bestimmt: „Wir müssen vorerst allen unseren kleinen Freunden neue Wohnungen und Nahrung geben. Sie sollen bei uns Gäste sein!" „Warum zerstören die Menschen unsere schönen Pilze?", unterbrechen ihn ein paar Pfifferlinge. „Wissen sie denn nicht, daß wir vielen, kleinen Tieren zur Nahrung und als Wohnung dienen? Freuen sie sich denn nicht über unsere bunten Kappen im grünen Wald? Es ist am besten, wir bleiben hier und gehen nicht mehr in den Wald!"

Da nickt der König zustimmend mit dem Hute: „Ihr habt recht, Pfifferlinge! Auch ich habe daran gedacht, den Wald ohne Schwammerln zu lassen. Was meint ihr, wenn wir in die Wolfsschlucht zum Regenbogenfall ziehen würden? Dort findet uns niemand. Wir haben dort Moos und Feuchtigkeit, ein wenig Sonne, alles, was wir brauchen. Erst wenn die Menschen einsehen, was es bedeutet, wenn der Wald ohne Pilze ist und wenn ihr Ruf nach uns so recht vom Herzen kommt, erst dann wollen wir wieder in den Wald zurückgehen."

Alle Schwammerln und Tierlein sind mit diesem Vorschlag einverstanden und brechen gleich auf. In der Frühe kommen sie in der Schlucht an. Der Herrenpilz lehnt sich gleich an die Fichte an, der Parasol geht zum Strauch, der Fliegenpilz setzt sich mit seinen Kindern mitten hinein ins Farnkraut, die Pfifferlinge springen ins Moos, der echte Reizker zieht ein Laubbett vor, während der falsche sich zum Wasser setzt. Die Bärentatzen legen sich auf die Felsplatte, der Kapuziner winkt mit seinem braunen Käpplein von einer Baumwurzel her, der Hexenpilz und der Satansröhrling stehen breitspurig bei den Tannen. Der König steht knapp vor dem Wasserfall inmitten vieler anderer Schwammerln. Brausend stürzt das Wasser zu Boden und sprüht die diamantenen Tropfen auf die Pilze. Ein feineres Brausebad hätte man sich nicht wünschen können. Auch die Tiere beziehen ihre neuen Wohnungen. Hier wird durch niemanden ihre Ruhe gestört und langweilig ist es gar nicht. Insekten, Schmetterlinge und Schnecken lassen es sich wohl sein und ab und zu kommt ein Zwerglein und erzählt, wie leer doch der Wald jetzt s ohne Schwammerln sei.

Seit vielen Wochen suchen die Menschen und finden im Wald, trotz Regen und Sonnenschein, kein Schwammerl mehr. Erst sind sie verwundert, dann sagen sie: „Es ist wie verhext! Wohin die Schwammerln gekommen sind? Wie schade ist doch darum! Eigentlich sieht es jetzt im Walde gar nicht mehr schön aus." Die Kinder suchen nach Fliegenpilzen und jammern nach den roten

märchen

Kappen. Sie haben die Getupften immer gerne gehabt.

Der Sommer neigt sich, und es geht dem Herbst entgegen. Alle Schwammerlsucher müssen unverrichteter Dinge nach Hause gehen. So manch ein Weiblein jammert, weil es sich nichts verdient.

Da kommen eines Tages zwei Kinder durch den Wald. Sie suchen Schwammerln für ihre kranke Mutter. Während Sepperl sucht, schläft Leni ein. Doch seltsam, sie ist nicht mehr im Wald, sondern geht durch eine tiefe Schlucht, in der es braust und donnert. Doch, was ist da?! Schwammerln, Pilze stehen in Massen dort; Leni kommt zum Wasserfall und erschrickt fast vor einem großen, alten Kaiserling. Er hat ein richtiges Gesicht und beginnt sogar zu sprechen: „Du wunderst dich, uns hier so zahlreich versammelt zu sehen. Wir sind vor euch Menschen geflüchtet, weil ihr uns mutwillig zerstört habt! Ihr könnt uns zum Essen nehmen, aber zerstören dürft ihr uns nicht; viele Tiere brauchen uns als Wohnung und Futter. Doch du, liebes Kind, fülle dein Körbchen mit guten Champignons und koche dem Mütterchen eine kräftige Suppe. Doch dann verlasse unser Reich!" Leni hat bedrückt die Rede vernommen. Sie sagt: „Herr Kaiserling, ihr habt Recht; doch wir haben euch sehr vermisst und warten auf euch. Kommt doch, bitte, wieder in den Wald hinauf! Ich will nie mehr ein Schwammerl zerstören!"

„Nicht eher kommen wir, bis alle Menschen es wissen", brummt der König. „Dann muss es in der Zeitung stehen", ruft Leni. „Dann wird euch kein Leid mehr geschehen."

Die Schwammerln schauen auf ihren Herrscher. Eigentlich wollen sie doch gerne in den Wald ziehen, denn Vöglein und Blumen gibt es keine in der düsteren Waldschlucht. Der Kaiserling wackelt mit dem Hute. „Gut", sagt er, „wir wollen einen Versuch machen. In einer Woche sind wir oben im Wald, wenn du uns versprichst, dass uns kein Leid mehr geschehen wird!"

Leni verspricht es, füllt schnell ihr Körbchen mit den herrlichen, duftenden Champignons und – schlägt die Augen auf. Verwundert schaut sie um sich. Sie erinnert sich sehr genau, wie sie bei dem alten Kaiserling war. Da kommt Sepperl herbei und schaut verdutzt auf die edlen Pilze im Körbchen. Leni lächelt geheimnisvoll: „Komm", sagt sie, „auf dem Heimweg erzähle ich dir alles!" Und so ist es auch. Nach ein paar Tagen steht das Abenteuer von der Wolfsschlucht in der Zeitung und alle Menschen wissen nun, dass die Schwammerln nur deshalb weggezogen sind, weil sie sie zerstört haben. Jeder schwört sich, keinem mehr zu schaden.

Nach einer Woche wandern viele Leute in den Wald hinaus, die Schwammerln zu sehen, die wiedergekommen sind. Gelb, rot, weiß, braun schaut es aus Moos und Farn hervor und belebt das Grün. Die Menschen aber freuen sich an den essbaren und gesunden Pilzen und den vielen Farben und Formen der andern. Sorgsam schneiden sie den Herrenpilz dicht unten am Stamm ab, lösen die Pfifferlinge aus dem Moos und gehen achtsam mit den anderen Schwammerln um. Keine Klage kommt dem König mehr zu Ohren und die kleinen Schwammerln leben glücklich mit Pflanzen und Tieren.

Liane Keller

DAS GESCHENK DER

Im fernen Chinalande lebten einst die beiden Schwestern Sujin und Mi. Ihr Vater war ein einfacher Reisbauer und die Mutter verfertigte Strohhüte. Das Häuschen, in dem sie wohnten, stand an einem Fluss, und sie lebten glücklich und zufrieden. Mi wuchs zu einem wunderschönen Mädchen heran, Sujin aber blieb ein mageres und unscheinbares Geschöpf. Eines Tages geschah es, dass ein reicher Mann an der Hütte vorbeikam. Er hatte von der schönen Mi gehört. Da ihm das Mädchen wohl gefiel und auch Mi Gefallen an dem Freier fand, wurde die Hochzeit bald ausgerichtet. So hatte Mi das Haus verlassen, und Sujin war bei ihren Eltern zurückgeblieben. Traurig saß sie oft bei ihrer Arbeit, half der Mutter beim Flechten der Strohhüte und dachte an die Schwester, die so ferne weilte. Aber die Zeit ging dahin, und Mi schien Eltern und Schwester vergessen zu haben, denn immer seltener kam ein Bote, um Nachricht oder Geschenke von ihr zu bringen.

Eines Tages aber starben Vater und Mutter und Sujin blieb allein zurück. An einem strahlenden Morgen hielt ein Gefährt vor Sujins Hütte. „Ich bringe dir frohe Kunde", sprach der Bote, „deine Schwester Mi hat einem Knäblein das Leben geschenkt." Wie sehr freute sich Sujin, und als der Bote wieder abfuhr, weinte sie heiße Tränen. Tag und Nacht sann sie darüber nach, was sie der glücklicheren Schwester zum Geschenk machen könne. Aber Sujin war arm und konnte nichts Kostbares erwerben. Dies und das hatte sie in der Stadt gesehen, aber es waren zu teure Dinge, die für die Schwester recht sein mochten.

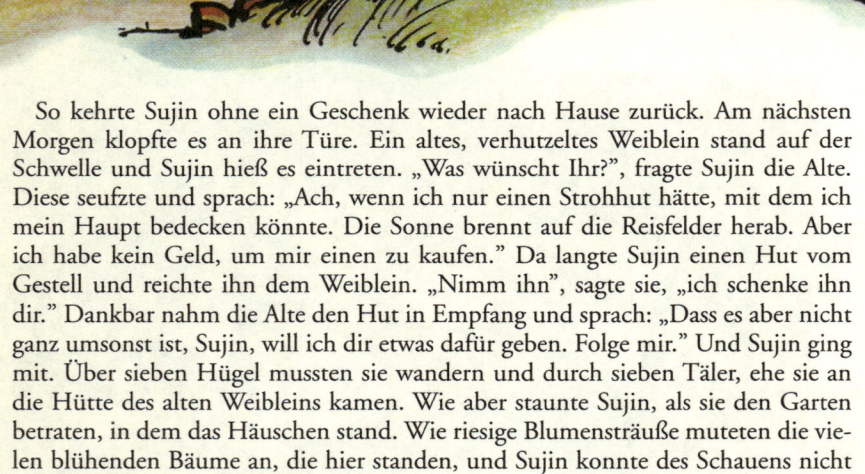

So kehrte Sujin ohne ein Geschenk wieder nach Hause zurück. Am nächsten Morgen klopfte es an ihre Türe. Ein altes, verhutzeltes Weiblein stand auf der Schwelle und Sujin hieß es eintreten. „Was wünscht Ihr?", fragte Sujin die Alte. Diese seufzte und sprach: „Ach, wenn ich nur einen Strohhut hätte, mit dem ich mein Haupt bedecken könnte. Die Sonne brennt auf die Reisfelder herab. Aber ich habe kein Geld, um mir einen zu kaufen." Da langte Sujin einen Hut vom Gestell und reichte ihn dem Weiblein. „Nimm ihn", sagte sie, „ich schenke ihn dir." Dankbar nahm die Alte den Hut in Empfang und sprach: „Dass es aber nicht ganz umsonst ist, Sujin, will ich dir etwas dafür geben. Folge mir." Und Sujin ging mit. Über sieben Hügel mussten sie wandern und durch sieben Täler, ehe sie an die Hütte des alten Weibleins kamen. Wie aber staunte Sujin, als sie den Garten betraten, in dem das Häuschen stand. Wie riesige Blumensträuße muteten die vielen blühenden Bäume an, die hier standen, und Sujin konnte des Schauens nicht müde werden.

In der Hütte war es einfach und gemütlich. „Hier hast du", sprach die Alte und reichte Sujin ein hölzernes Schächtelchen, das sie aus einem Kasten hervorgekramt hatte. Sujin öffnete es. Seltsame Körner lagen darinnen. „Senkst du solch ein Samenkorn in die Erde, dann wird eines Tages ein blühender Baum daraus, genau solch einer, wie du sie in meinem Garten siehst. Aber es ist dies ein Geschenk der langen Geduld, Sujin. Jahre müssen vergehen, ehe solch ein Baum herangewachsen ist und Blüten trägt." Beglückt barg Sujin das Schächtelchen in ihrer Hand, dankte dem Weiblein und machte sich auf den Heimweg. Nun glaubte sie, endlich das richtige Geschenk für die Schwester zu haben. Am nächsten Morgen schnürte sie ihr Bündel und machte sich auf den Weg zu Mi. Es würde eine weite Reise werden, das wusste Sujin, aber es verdross sie nicht, auf der staubigen Straße durch Hitze und Regen dahinzuwandern. Manchmal nahm ein Büffelkarren sie

44

GEDULD

mit, und Speise und Trank wurden ihr von mitleidigen Menschen gereicht. So litt Sujin niemals Not, und zum Dank fertigte sie ihnen Strohhüte. Nach Jahr und Tag kam sie in jene ferne Stadt, in der sie die Schwester wusste.

In einem Garten stand ein prächtiges Haus, und schüchtern trat Sujin durch eine goldene Pforte. In kostbare, seidene Gewänder gehüllt, schritt Mi über die gepflegten Wege und beachtete Sujin nicht.

„Liebste Schwester", sprach diese, „freust du dich denn gar nicht über meinen Besuch?" Aber Mi blickte stolz auf die ärmliche Schwester herab. „Lass dir Speise und Trank in der Küche geben", sagte sie, „und meinetwegen auch ein Säcklein mit Münzen." Traurig tat Sujin, wie ihr geheißen, dann aber trat sie wieder vor die Schwester hin. „Lass mich dir ein Geschenk geben", sagte sie und reichte Mi das hölzerne Schächtelein. „Ein Geschenk", sagte Mi spöttisch und betrachtete die ärmliche Gabe. „Es ist ein Geschenk der langen Geduld", flüsterte Sujin und erzählte der Schwester von den Samenkörnern, aus denen blühende Bäume wüchsen. Mi hatte kein Wort des Dankes für ihre Schwester, wandte sich vielmehr von ihr und ließ sie von einem Diener aus ihrem Garten hinausführen.

Mit Tränen in den Augen trat Sujin den Heimweg an. Und wieder dauerte es Jahr und Tag, bis sie am Ziel war. Einsam und verlassen lag ihre Hütte, und Sujin saß wieder vom frühen Morgen an bis in die späte Nacht über ihre Strohhüte gebeugt.

Verärgert betrachtete Mi das seltsame Geschenk der Schwester, mit dem sie nichts anzufangen wusste, und warf die Samenkörner schließlich zornig zum Fenster ihres Palastes hinaus.

Jahr um Jahr ging dahin. Noch immer saß Sujin in ihrer Hütte am Fluss und Mi in ihrem prächtigen Palast. Die beiden Schwestern hatten nie mehr voneinander gehört.

Eines Tages, im Frühling, als Mi zum Fenster ihres Zimmers hinausblickte, sah sie, dass die kleinen Bäume, die da in ihrem Garten herangewachsen waren, Tausende kleine Blütenknospen trugen. Und einen Morgen später waren diese Knospen aufgesprungen, und wie Blumensträuße standen die Bäumchen im Garten. Noch nie hatte Mi Schöneres gesehen. Da erinnerte sie sich an das Geschenk der Schwester und Tränen traten in ihre Augen. Das war fürwahr ein Geschenk der langen Geduld, jetzt aber zeigte es sich ihr in seiner ganzen Pracht.

„Spannt mir die Pferde ein!", befahl Mi, und auf die verwunderte Frage ihres Gemahls antwortete sie: „Siehe nur, das Geschenk der langen Geduld", und deutete auf die blühenden Bäume, aber ihr Gemahl verstand sie nicht.

Nach einer langen Reise traf Mi bei Sujins Hütte ein, bat die Schwester um Vergebung und nahm Sujin mit heim in ihren Palast.

Romana Mikulaschek

Wie der Frühling wie...

Wisst ihr, liebe Kinder, die Sache war so: Überall im ganzen Land war der Frühling schon eingezogen und hatte Sonnenschein, Blumen und Freude mitgebracht, für Groß und Klein. Nur ins Primeltal, dort, wo von jeher die schönsten Primeln wuchsen, wollte und wollte er diesmal nicht kommen. Immer war der Himmel grau und regenverhangen, kein Sonnenstrahl drang ins Tal und die Blumen wollten nicht wachsen, sie blieben klein und standen nur sehr spärlich und frierend auf der Wiese. „Nein, so geht das nicht weiter!", brummte der Igel und rollte sich zusammen, dass seine Stacheln kerzengrade in die Luft standen. „Der Frühling hat uns vergessen!", klagte die Drossel traurig, „ja, vergessen! Oh, weshalb nur?" Der Hase aber, der ein weit gereister Herr war, strich sich die Schnurbarthaare, schüttelte die letzten Regentropfen von seinen langen Ohren und meinte schlau, man müsste jemanden, der klug und weise sei, um Rat fragen, was da zu tun sei. So machten sich denn die drei auf und wanderten zu Pockel, dem Wunderweltzwerg, der überall die größte Achtung unter den Tieren und Geistern des Waldes genoss. Zwerg Pockel las eben seine Zeitung und freute sich, wie fein man ihn da abgebildet hatte, als die Tiere bei ihm ankamen. Oh, freilich wusste er Rat! Der Frühling hatte ihm erzählt, dass er nimmer ins Primeltal kommen wolle, weil die Kinder da so wild und unachtsam mit seinen Gaben, den Blumen, umgingen. Aus reinem Mutwillen hätten sie im Vorjahr die lieben kleinen Primeln abgerissen; denkt euch, samt Blättern und Wurzeln! Und dann hätten sie sich damit vergnügt, sie den Bach hinunterschwimmen zu lassen oder ließen sie gar achtlos liegen. Deshalb wollte er sie strafen. „Aber wir müssen mit darunter leiden!", klagte die Drossel, und die anderen Tiere pflichteten ihr bei.

„Hm", meinte Pockel und wiegte seinen Kopf, „da gibt es nur eines: Man müsste die Kinder zur Vernunft bringen!" Und dann packte er seine kleine Reisetasche, nahm den Regenschirm zur Hand und wanderte mit ihnen in das Primeltal. Ei, da sah es nun freilich traurig aus! An manchen Stellen lag sogar noch Schnee und allüberall rannen Bächlein den Hang hinunter. Die wenigen Blumen aber, die sich herausgewagt hatten, ließen die Köpfe hängen und weinten. Da ging Zwerg Pockel zu jeder einzelnen hin und sprach ein Zauberspüchlein und das lautete so:

„Blümelein im feuchten Graben,
sollst ein Menschenstimmlein haben!

Kommt ein böses Kind,
sag dein Leid geschwind!"

Und daraufhin geschah wirklich etwas Sonderbares! Hört nur zu! Als die Kinder wieder auf der Wiese im Primeltal spielten und der kleine Fritz eben seine Hand nach einem Büschel Blumen ausstreckte, da klang ihm ein Stimmlein entgegen, das sagte: „Ach, du tust mir weh, kommst du in meine Näh!"

Der Loisl gar, der recht unsanft zugegriffen hatte, musste hören, wie die Blume sagte: „Muss nun sterben, weh und ach, da durch dich die Wurzel brach!"

Oh, war das ein Schreck! Der Loisl ließ fallen, was er in der Hand hielt, und rannte davon. Schwups, war er verschwunden. Und der Peter, die Mariedl, der Michel, alle rannten ihm nach, da sie dachten, die Wiese wäre verhext. Nur der schlimme Fritz folgte etwas langsamer und meinte: „Mir ist es ganz egal, ob die Blumen schreien oder nicht, ich reiße sie nächstens doch wieder aus!" Aber das sollte ihm tüchtig ausgetrieben werden! Einzig und allein die Rosl war auf der Wiese zurückgeblieben. Sie sammelte die weggeworfenen Blümchen ein und weinte ein bisschen, weil sie traurig war. Was die Blumen gesagt hatten, war ihr sehr zu Herzen gegangen. Sie war hier fremd im Tal und blieb deshalb immer einsam und allein unter den anderen Kindern. Von weither war sie gekommen, hatte ihre Eltern kaum gekannt und war ein zartes, blasses Dingelchen. „Wie schön wäre es doch, wenn wieder einmal die Sonne schiene!", dachte sie und wünschte sich so recht auch einmal von Herzen froh und glücklich sein zu können. Dem guten Zwerg Pockel gefiel das Mädchen und so schlich er ihm vorsichtig nach, um zu sehen, was es nun mit den armen Blumen machen würde. Rosl nahm daheim, bei der alten Tante, ein Töpfchen, stellte die welken Blumenkinder ins Wasser und pflanzte dann das eine Primelbüschelchen, das

... ins Primeltal kommen

der Loisl ausgerissen hatte, vor dem Haus an ein geschütztes Plätzchen. „Das ist ein liebes Kind!", dachte Pockel, und beschloss dem Frühling davon zu erzählen. Zuvor aber hatte er noch etwas anderes zu tun und dazu musste er die Nacht abwarten. Richtig, kaum war alles im Haus schlafen gegangen, kletterte Pockel durchs Fenster in die Kammer, in welcher der schlimme Fritz schlief. Und nun fing er ein tolles Spiel mit dem Buben an, zupfte ihn dort und zwickte ihn da, riss und zerrte an den Haaren, an der Nase, der großen Zehe und den Ohren, dass dem Fritz fast Hören und Sehen verging. Und dann rief Pockel dem Schläfer ins Ohr: „Was du nicht willst, das man dir tu, das füg auch keinem andern zu!" Und verschwand im Nu, mit einem Sprung durch das Fenster. „So", kicherte er in seinen Bart, „der wird wohl geheilt sein, von seiner Unart!" Dann ließ er sich nicht länger aufhalten, nahm Tasche und Regenschirm und reiste zum Frühling. Er traf ihn gerade daheim an. Es war früher Morgen, rosig war der Himmel und der Frühling war schon an der Arbeit. Er hatte eine große Gartenschürze umgebunden und es gab viel zu tun, wie es schien. Eben mühte er sich einem kleinen schwachen Pfirsichbäumchen das Blühen beizubringen. Es war so lange im Schatten gestanden und nun wollten seine winzigen Knospen nicht aufspringen. Doch der Frühling strich mit seinem warmen Atem darüber und im Nu öffnete sich da und dort ein Blütlein und färbte sich rosig wie der Morgenhimmel.

„He, Pockel, was suchst du bei mir?", lachte der Frühling und bog einen Zweig zurecht. Zwerg Pockel begann nun zu erzählen, warum und wozu er hierher gekommen sei. Doch der Frühling schüttelte unzufrieden den Kopf, als er den Namen Primeltal hörte. „Nein, nein", sagte er, „dorthin mag ich nicht mehr, die sollen nur sehen, wie sie ohne mich auskommen!" Aber Zwerg Pockel ließ nicht locker, er erzählte von der kleinen Rosl und wie liebevoll sie die weggeworfenen Blumen in Obhut genommen hätte. „Dabei ist sie selber ein armes Kind, das fremd ist im Tal und seine Eltern verloren hat!", setzte er hinzu.

Der Frühling aber schaute ganz ernst drein und meinte dann: „Die kleine Rosl? Ja, von der hab ich schon gehört; sie soll so traurig sein und einsam, hat mir der Wind erzählt, der sie weinen gehört hat, als er ums Haus strich!" - „Ich mag sie sehr gern!", bekräftigte Zwerg Pockel und erzählte, dass auch die anderen Kinder wohl nimmer so unachtsam sein würden, und vor allem die Geschichte vom schlimmen Fritz berichtete er haargenau dem Frühling. Der musste darüber herzlich lachen und versprach dem Pockel, er würde schon wegen der kleinen Rosl mitkommen und Einzug halten im Primeltal. Hei, was war da Pockel froh! Er warf sein Mützlein in die Luft, fing es wieder auf und rief: „Ich laufe voraus, ich laufe voraus!" Gleich fing er an, mit seinen dünnen Beinchen zu springen, dass es aussah, als hüpfe ein Heuschreck mit Wämslein und Hosen durch das Gras. Lächelnd sah ihm der Frühling nach und rüstete sich auch gleich, um aufzubrechen.

Zwerg Pockel aber hatte einen Laubfrosch bestiegen und so ging die Reise munter und ohne Stockung weiter. Kaum war er im Primeltal angelangt, kamen ihm der Hase und der Igel, die Drossel entgegen und fragten bange, ob er denn etwas ausgerichtet hätte beim Frühling. „Er kommt, er kommt!", schrie der Pockel und schwenkte seine rote Mütze; das war eine Freude! Durch das ganze Tal lief der Ruf: „Er kommt!" Und jeder wusste, wer damit gemeint war. Die Kinder fassten sich an den Händen und tanzten übermütig herum, und selbst die kleine Rosl bekam dabei rote Backen und ein frohes Leuchten in die Augen. Einstweilen aber erzählte Zwerg Pockel den Tieren, die sich um ihn geschart hatten, dass der Frühling eigentlich vor allem der kleinen Rosl zulieb kommen wollte und dass man ihr dafür dankbar sein müsse. „Ich will sie niemals stechen", nahm sich der Igel vor. Und die Drossel sagte gerührt: „Ich will mein schönstes Lied vor ihrem Fenster singen, den ganzen Frühling lang!" Und so hatte jedes der Tiere etwas Liebes für die kleine Rosl, so dass sie im Laufe der Tage und Wochen bald spürte, dass ihr jeder gut wolle und sich bemühe ihr Freude zu machen. Doch vorläufig lief sie mit den anderen Kindern dem Frühling entgegen: „Kuckuck, Kuckuck, ruft's aus dem Wald!", so jubelten sie laut und fröhlich. Der Frühling aber, der von weitem kam, machte das Echo und rief ganz leise: „... Kuckuck, Kuckuck!" Und die Blumen im ganzen Tal hoben die Köpfchen und lauschten dem Ruf, und sie mussten nicht einmal mehr Angst haben vor dem schlimmen Fritz, denn der hatte sich gründlich gebessert seit jenem vermeintlichen Traum in der Nacht! Versteckt im Busch aber saß schon der Osterhase und lachte in sich hinein. Dann machte er flink mit seinem Pfötchen einen Knoten in sein rechtes Ohr und das sollte heißen: Nicht vergessen! Die kleine Rosl kriegt ein riesengroßes Osterei, ganz aus Schokolade! Das hatte er nämlich dem Zwerg Pockel versprochen.

Inge Maria Grimm

Kakteen-Märchen

Fern von hier, am Rande einer großen Wüste, stand einmal eine schöne Stadt. Scheich Ibn Edris wohnte dort in einem prächtigen Palast mit seinem Sohn Alberuni. So weise und gütig der Vater war, so unbarmherzig, boshaft und verschwendungssüchtig gab sich der Sohn. Lange genug hatte Scheich Ibn Edris dem Treiben Alberunis zugesehen, stets bereit, ihm wieder zu verzeihen und ihm gute Ratschläge zu geben. Alberuni aber hörte nicht auf den Vater, und so sprach dieser eines Tages zu ihm: „Mein Sohn, ich sehe, dass alle Worte vergebens sind, um aus dir einen brauchbaren Menschen zu machen. Vielleicht ist eine Weile Einsamkeit das Beste für dich, um dich zur Besinnung zu bringen." Dann gab der Scheich seinen Knechten Anweisung, drei Kamele zu satteln, eines für Alberuni, eines um Gepäck aufzuladen und eines für den Knecht, der Alberuni begleiten sollte. Als dies geschehen war, nahm der Scheich von seinem Sohn Abschied. „Weit draußen in der Wüste, Alberuni, steht mein weißes Marmorschloss. Palmen und Wasser umgeben es, so dass du nichts vermissest. Vergiss nicht, mein Sohn, weshalb ich dich dorthin schicke und denke darüber nach. Erst wenn du anderen Sinnes geworden bist, darfst du heimkehren zu mir." So zog die kleine Karawane von dannen, und nach drei Tagen und Nächten tauchte der weiße Wüstenpalast Scheich Ibn Edris am Horizont auf. Palmen wiegten ihre Häupter im Winde, und blausilbern schimmerte das Gewässer im Sand. Still und verlassen lag das Schloss, und nur der Wüstenwind sang seine eintönige Melodie um das Gemäuer. Der Knecht aber ritt von dannen, und Alberuni schritt die Stufen des Schlosses hinauf. Sich zu bessern, nein, daran dachte der Wüstensohn wahrlich nicht, vielmehr sann er auf neue Bosheit. Kam eine Karawane des Weges, ärgerte sich Alberuni gelb und grün, wenn die Menschen Wasser schöpften und die durstigen Kehlen erfrischten. „Ei, mögt ihr doch zusehen, wo der nächste Brunnen ist!", rief er ihnen grimmig zu, aber sie ließen sich nicht stören. So war es eines Tages wieder geschehen, dass ein Zug Durstiger Halt gemacht hatte. Sie labten und erfrischten sich und füllten dann noch ihre Wasserschläuche. Alberuni aber war voll Zorn, und als er so grimmig vor sich herblickend dem Wasser entlangschritt, vernahm er eine Stimme: „Alberuni, Alberuni!" Aber so aufmerksam er auch um sich schaute, er konnte niemanden sehen. „Alberuni, Alberuni!", tönte es wieder, und aus dem Sonnenglast kam eine seltsame Gestalt auf ihn zugeschritten. Eine Frau war es, merkwürdig anzusehen. Goldschimmernd wie der Wüstensand in der Sonne fiel ihr reiches Haar die Schultern hinab, und ein Schleiergewebe, rosa schimmernd wie die Morgenröte, umfloss ihre Gestalt. Ihre Augen aber waren so blau wie das Wasser, das unter den Palmen schimmerte. Nur ein verstecktes, boshaftes Lächeln lag in ihnen. „Alberuni", sagte die Fremde, „ich kenne deine Geschichte und weiß, wie sehr es dir Ärgernis bereitet, wenn die Menschen sich laben in deiner Oase und weiterziehen, während du hier verweilen musst in trostloser Einsamkeit. Nicht länger aber sollst du dich darüber ärgern, denn mir ist die Macht gegeben, die Oase verschwinden zu lassen, wann immer es dir beliebt." Die Fremde, die zu Alberuni so gesprochen hatte, war Fata Morgana, die böse Wüstenfee. Und Alberuni war ihr Vorschlag nur zu recht. Müde Karawanen kamen Tag für Tag des Weges, aber sooft sie sich der Oase des Prinzen näherten, rief dieser nach Fata Morgana, der trügerischen Fee. Und wenn sie mit lauter Stimme rief: „Schwinde, Gewässer und Palmenhain, oder Sand soll hier nur sein!", dann war nichts mehr zu sehen von grünen Bäumen und plätscherndem Wasser. Durstig aber zog die Karawane weiter. Alberuni stand am Fenster, und die Enttäuschten hörten noch von fern sein boshaftes Gelächter.

Da geschah es eines Tages, dass ein alter Mann einsam durch die Wüste geritten kam. Auch er lenkte sein Kamel der Oase zu, doch wie durch Zauberhand war sie plötzlich verschwunden. Alberuni aber stand wie immer auf der Terrasse seines Schlosses und verhöhnte den Durstigen. Als der Alte den Prinzen gewahrte, rief er mit zornbebender Stimme:

„Einsam in den Wüstensand
seist für immer du verbannt.
Meiden soll dich Mensch und Tier,
trägst nur Stacheln du zur Zier."

Da wusste Alberuni nicht, wie ihm geschah. Wie von einer unsichtbaren Macht getrieben, schritt er die Stufen seines Palastes hinab, hinaus in den Wüstensand. Dann aber stockte sein Fuss mit einem Mal, und er vermochte sich nicht mehr von der Stelle zu rühren. Seine Füße verwurzelten sich im Sand, sein Körper aber schrumpfte ein, und lange, spitze Stacheln bedeckten ihn. Des alten Mannes Fluch hatte Alberuni in einen Kaktus verwandelt. Samum, der mächtige Wüstenwind, Herr über alle Stürme, trieb den Sand vor sich her. Höher und immer höher türmten sich die Sandberge, und bald war Alberunis weißes Schloss darin verschwunden.

Tag für Tag sah Alberuni nun die Karawanen des Weges ziehen, die Dürstenden erschöpft in den Sand sinken. Aber noch etwas sah der Verzauberte: die Hilfsbereitschaft der Menschen, wie sie ihr letztes Tröpflein Wasser teilten und einer auf den anderen wartete, wenn er nicht mehr weiterkonnte. Da kam Reue über Prinz Alberuni, als er das Leid der Menschen sah, ihre erschöpften Gesichter, und Tränen rollten über sein stacheliges Gesicht.

Dann und wann raste der Samum auch über den Kaktus hinweg. Eines Tages aber verhielt der Sturm in seinem Fluge. „Ei, welch seltsames Geschöpf du bist!", brauste er. Da erzählte der verwandelte Alberuni dem Wüstenwind seine Geschichte, und wie sehr er seine Unbarmherzigkeit und Bosheit bereue. Da sah Samum, dass es dem stacheligen Kaktus damit ernst war und schenkte ihm eine leuchtend rote Blüte, die er nun glücklich auf seinem stachelgepanzerten Leib trug. Von den Tränen der Reue aber, die der verzauberte Alberuni weinte, ging nicht eine einzige verloren, sie sammelten sich in seinem stacheligen Leib. Da geschah es eines Tages, dass wieder eine Karawane des Weges kam. Ganz am Ende des langen Zuges ritt auf einem Kamel Farida, ein wunderschönes Mädchen. Immer weiter und weiter entfernte es sich von der Karawane, ohne dass irgendjemand es bemerkte. Erschöpft trottete das Kamel des Weges, und halb ohnmächtig vor Durst sank Farida von seinem Rücken in den Sand. Gerade dort aber stand Alberuni, der Kaktus. War da nicht eben eine Stimme gewesen? Farida lauschte. Ja, da war sie wieder, die Stimme, und sie kam aus dem großen stacheligen Gewächs, das da einsam im Sande stand. „Schneide mich auf, schönes Mädchen, und du wirst Wasser in mir finden!", flüsterte es. Und da der Kaktus trotz seiner spitzen Stacheln eine so schöne rote Blüte trug, hatte Farida Vertrauen zu dem stacheligen Gesellen, nahm ihr Messer und schnitt in seinen Leib. Und siehe da, Wasser floss aus seinem Inneren, füllte ihre Trinkschale und rettete Farida vor dem Verdursten. Neben dem Kaktus aber stand Prinz Alberuni in seiner menschlichen Gestalt. Da erhob Samum, der Mächtige, seine Flügel, Sand wirbelte durch die Luft, und Alberuni und Farida duckten sich an den Leib des Kamels. Als der Sturm sich gelegt hatte, stand Alberunis weißes Schloss wieder an seiner Stelle und die Palmen spiegelten ihre grünen Häupter im blauen Gewässer. Prinz Alberuni aber kehrte mit Farida heim in seines Vaters Schloss in die Stadt, und da wusste Scheich Ibn Edris, dass sein Sohn sich zum Guten bekehrt hatte. Prinz Alberuni aber nahm das schöne Mädchen Farida zur Gemahlin, und die beiden kehrten zurück in das weiße Schloss in der Wüste.

Keiner, der nun des Weges kam, ging ungelabt von dannen. Fata Morgana, die böse Wüstenfee, aber ward verbannt aus Alberunis Oase.

Romana Mikulaschek

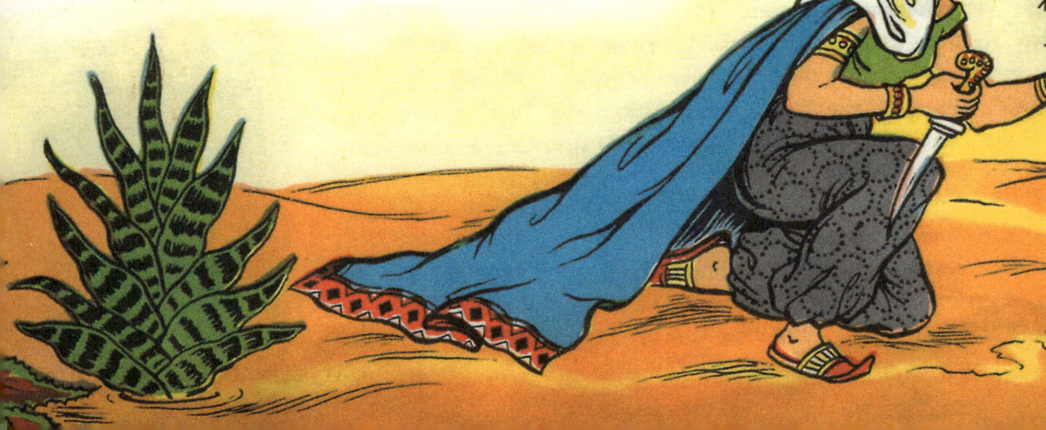

Die drei

Es waren einmal drei Freunde, die hießen Hadschi, Halef und Omar. Sie lebten im fernen Morgenland und alle drei hatten einen ehrsamen Beruf erlernt. Hadschi machte die schönsten Schuhe weitum, Halef die prächtigsten Krüge und Omar war ein geschickter Tuchweber.

Eines Tages wurde den dreien die kleine Stadt zu eng, in der sie geruhsam lebten. „Ach, immer nur Schuhe machen, an Ort und Stelle", seufzte Hadschi. „Ich habe Lust durchs weite Land zu ziehen!" Halef erging es nicht anders, auch er hatte Sehnsucht nach der Ferne.

„Einen guten Tuchweber kann man überall gebrauchen", meinte schließlich Omar. Und so beschlossen die drei Freunde fortzuziehen aus ihrem Heimatstädtchen.

Sie schnürten ihr Bündel und begannen am frühen Morgen ihre Wanderschaft. Ein gutes Stück des Weges waren sie einträchtig nebeneinander hergeschritten. Schließlich aber meinte Halef: „Ich denke, es ist besser, wenn jeder seine eigenen Wege geht." Die beiden Freunde pflichteten ihm bei. Als sie am Kreuzweg angekommen waren, nahmen sie Abschied voneinander. „Nach drei Jahren wollen wir uns daheim wieder treffen", versprachen sie einander und jeder ging einen anderen Weg.

Hadschi wanderte geradeaus, Halef wählte die Straße zu seiner Linken und Omar wandte sich nach rechts.

Es war Abend, als Hadschi in eine große Stadt kam. „Braucht ihr einen, der die schönsten Schnabelschuhe machen kann weit und breit?", fragte er einen Schuhmacher, der schläfrig vor seinem Laden saß. „Ei, so einen könnte ich wohl gebrauchen", sagte der Alte, „denn meine Hände sind müde und meine Augen trübe." So kam Hadschi zu dem alten Meister und es sprach sich bald herum, dass er die schönsten Schuhe machen könne im ganzen Lande. Den ganzen Tag lang ging die Ladentüre und die Vornehmsten kamen um sich gestickte Schuhe aus allerfeinstem Leder fertigen zu lassen. Hadschi schien zufrieden. Eines Tages aber kam es anders. Auf einem Spaziergang hatte Hadschi eine seltsame Höhle entdeckt. Hinter dichtem Gestrüpp verborgen, lag sie in einem zerklüfteten Felsen. Unschätzbar waren die Diamanten, die der dunkle Felsen barg, und Hadschi konnte sich nicht satt sehen an den Edelsteinen.

So legte er am nächsten Tage sein Handwerkszeug auf den Tisch und sprach: „Lebt wohl, Meister, denn ich verlasse Euch nun! Hab' Besseres zu tun, als mein Lebtag lang Schuhe zu machen." Traurig blickte der Meister ihm nach, als Hadschi um die nächste Hausecke verschwand.

Bald war Hadschi der reichste Mann weit und breit, durch den kostbaren Fund, den er gemacht hatte. In alle Welt gingen seine prächtigen Diamanten und so mancher König schmückte seine Krone damit.

Wie aber war es Halef ergangen? Die ganze Nacht lang war er auf der staubigen Straße gewandert. Müde kam er gegen Morgen an eine Hütte. Ein greiser Mann tat ihm auf. Er gab Halef zu essen und zu trinken und fragte ihn nach dem Woher und Wohin. Halef erzählte ihm, dass er Töpfer sei, und der fremde Gastgeber sprach zu ihm: „Ei, das trifft sich aber gut!", und führte Halef in seine Werkstätte hinter der Hütte. Sauber aufgereiht standen Töpfe vom größten bis zum kleinsten auf den Regalen. Eine Drehscheibe stand in der Mitte des Raumes und der greise Töpfer sprach: „Wenn du willst, kannst du bei mir bleiben, ich hab' keinen Gesellen mehr und ich bin schon zu alt um die Töpferscheibe zu drehen." Mit Freuden war Halef einverstanden und drehte in der Werkstatt des Alten Töpfe, Teller und Krüge, bemalte und brannte sie. Und sie gerieten ihm so prächtig, dass manch einer vor der Töpferhütte anhielt um Krüge, Töpfe und Teller zu kaufen. Der Meister und Halef waren zufrieden, bis es eines Tages anders kam.

Weit war Halef schon gewandert auf einem Spaziergang, nach der Woche Müh und Plag. Und am Wege begegnete ihm ein einsamer Wanderer. „Wohin des Weges?", fragte ihn Halef und der Fremde antwortete: „Ich suche nach Gold, Fremdling. Hier ist der Boden reich an diesen Schätzen. Wenn Ihr wollt, so nehme ich Euch mit." Nichts war Halef lieber als dies. Was kümmerten ihn jetzt noch die tönernen Krüge, Töpfe und Teller? Mochte der Alte sehen, wie er allein zurechtkam.

Der fremde Wanderer, dem Halef begegnet war, hatte Recht behalten, denn schon drei Tage und Nächte später hatten sie Gold aufgespürt, jeder an einer anderen Stelle. Blinkend lag eine große Goldader vor Halef im Sonnenlicht und er vergaß, dass er einst Töpfer gewesen war. Nun war er plötzlich ein reicher Mann.

50

Freunde

Jetzt bleibt nur noch von Omar, dem Tuchweber, zu berichten. Lasst uns sehen, was mit ihm geschehen ist! Auch er hatte eine lange Strecke Weges hinter sich gebracht, ehe er ans Ziel kam. Eine Stadt mit prächtigen Türmen tauchte vor ihm auf. "Hier will ich bleiben", dachte Omar und schlug seine Zelte auf. Von dem Wenigen, das Omar sich erspart hatte, kaufte er sich Webstuhl und Garn und arbeitete munter darauf los. Die feinsten Gespinste entstanden und die prächtigsten Tücher und von weither kamen die Leute um ihm seine Ware abzukaufen. Es hatte sich bald im Lande herumgesprochen, welch ein Künstler der Weber Omar sei. Eines Tages hielt ein Reiter vor des Tuchwebers Zelt. Der Fremdling war kostbar gekleidet und sein weißes Pferd mit Edelsteinen geschmückt. "Bist du Omar, der Weber?", fragte der Reiter und als Omar bejahte, stieg der Fremde vom Pferd. "So lass mich deine Ware sehen!", sagte er zu Omar, und Omar führte ihn in sein Zelt. "Ja, du bist fürwahr ein großer Künstler", lobte der Reiter, "und der Auftrag, den ich dir jetzt gebe, soll dich nicht gereuen. Sieben Schleier sollst du fertigen, sieben bunte, hauchdünne Gewebe für meine Tochter, Prinzessin Fatimeh." Stumm verbeugte Omar sich vor dem Kalifen und versprach sein Bestes zu tun. Und noch nie gab es Schleier, die so fein gewebt waren wie die von Omar.

Nach sieben Tagen kam ein Bote des Kalifen. "Du selbst sollst die sieben Schleier der Prinzessin überbringen", sprach der Bote. Omar zog sein bestes Gewand an, stieg aufs Pferd und folgte dem Boten in das Schloss des Kalifen.

Noch nie hatte der junge Tuchweber ein lieblicheres Mädchen gesehen als Prinzessin Fatimeh. Freundlich winkte sie ihn zu sich heran, als er vor den Stufen des Thrones in die Knie fiel. Sorgsam breitete Omar die kostbaren Schleier vor der Prinzessin aus. Und Fatimeh konnte ihrem Entzücken nur Ausdruck geben, indem sie immer wieder rief: "Wie prächtig! Wie wunderschön!", und dabei begeistert in die Hände klatschte.

Auch der Kalif war herbeigekommen und bewunderte die köstlichen Gewebe. So wurde Omar zum Hofweber des Kalifen ernannt.

Eines Tages geschah es, dass Prinzessin Fatimeh sich einen Gemahl erwählen sollte. "Nur dem Tuchweber will ich vermählt werden!", sprach sie zu ihrem Vater und der Kalif war einverstanden mit Fatimehs Wahl. Glücklich über die Maßen hielten Omar und Fatimeh Hochzeit.

Darüber waren fast drei Jahre vergangen und Omar fiel das Versprechen ein, das er seinen zwei Freunden gegeben hatte. Er nahm Abschied von Fatimeh, seiner Gemahlin, und versprach bald wiederzukommen. Hoch zu Ross, auf einem prächtigen Rappen war er davongeritten. Aber nicht als Prinzgemahl wollte er seinen beiden Freunden gegenübertreten. Ein Bettler wollte er sein und so ihre Freundschaft erproben.

Der alte Bettler, der auf einer Brücke saß, wusste nicht, wie ihm geschah, als Omar sein Pferd vor ihm verhielt und sprach: "Stehe auf und tausche deine Kleider mit mir!" Wie im Traume zog sich der Arme die zerlumpten Kleider vom Leibe und gab sie dem Fremden, dann kleidete er sich in das kostbare Gewand Omars. Und als dieser ihm auch noch sein Pferd schenkte, war des Staunens kein Ende.

Arm wie ein Bettler zog Omar von dannen. Nichts mehr erinnerte daran, dass er des Kalifen Eidam war.

Am Scheideweg, wo sie sich vor drei Jahren getrennt hatten, traf Omar als Erster ein. Prächtig gekleidet, in einem vornehmen Gefährt kam wenig später Hadschi angefahren. Und als Omar ihn begrüßte, sprach er: "Was, du willst mein Freund Omar sein? Scher dich hinweg, du schmutziger Bettler!", obgleich er Omar erkannt hatte.

Auf einem rumpelnden Gefährt kam Halef angefahren. "Omar, mein lieber Omar!", rief er schon von weitem und begrüßte den Bettler als seinen besten Freund. "Ich habe zwar nicht mehr viel zu beißen", sprach er weiter, "aber komm mit mir in meine Hütte, dort will ich dir Kleidung und Essen geben!" Dann erzählte ihm Halef von dem kostbaren Goldfund, den er gemacht hatte, und von den Dieben, die ihm über Nacht alles gestohlen hatten. "Nun bin ich wieder ein ehrsamer Töpfer geworden", sagte er. Omar aber sprach zu Hadschi und Halef: "Nun habe ich gesehen, wer von euch beiden mein wirklicher Freund ist." Dann erzählte er von seinen Erlebnissen. "Du kommst mit mir in meinen Palast", sprach er zu Halef, "und sollst es gut haben dein Leben lang!"

Beschämt ließ Hadschi seine Karosse wenden und im Galopp stoben die Pferde mit ihm davon.

Romana Hödlmann

Goldlilie

Am Ende eines kleinen Dorfes stand ein nettes Häuschen. Es lag über der Straßenhöhe und man musste einige Stufen zu ihm emporsteigen. Trotzdem fiel es jedem Vorübergehenden durch seine peinliche Sauberkeit und die bunte Blumenfülle an den Fenstern auf. Im Sommer zog der starke Duft der vielen atlasweißen Lilien, die dicht gedrängt in dem kleinen Vorgärtchen blühten, durchs ganze Dorf. In dem hübschen Häuschen wohnte eine ältere, aber rüstige Frau. Sie hieß Helfer und machte ihrem Namen alle Ehre. Wann immer jemand im Dorfe Hilfe oder Rat benötigte, wandte er sich niemals vergebens an die gute Frau.

An einem Sommermorgen, als Frau Helfer vor ihr Häuschen trat, um nach ihren Lilien zu sehen, lag ein kleines, hilfloses Menschenkind vor ihrer Tür. Es war in armselige Lumpen gehüllt und weinte kläglich. Frau Helfer hob es mitleidig auf und sagte: „Sei nur ruhig, mein Kind. Wenn sie dich schon vor meine Tür gelegt haben, so sollst du auch bei mir bleiben." Sie trug das Kleine in die Küche, sättigte und pflegte es, und bald lag es in friedlichem Schlummer.

Nicht lange darauf pochte es an Frau Helfers Tür. Draußen stand ein alter Mann, der von Wind und Wetter gebräunt schien und sagte: „In Gottes Namen bitte ich Euch, gebt mir ein wenig zu essen." Frau Helfer hieß den Fremden eintreten und niedersetzen, bot ihm Kaffee und Brot an und meinte, er solle sich's nur schmecken lassen. Als sich der alte Mann gestärkt hatte, fragte er: „Sagt, liebe Frau, warum habt ihr so auffallend viele Lilien in Eurem kleinen Gärtchen?" - „Ja, seht", antwortete Frau Helfer, „ich habe mir die Lilien mein Leben lang vor Augen gehalten und dabei immer an die Worte unseres Herrn gedacht, der gesagt hat: ‚Schauet die Lilien auf dem Felde, wie sie wachsen; sie arbeiten nicht, auch spinnen sie nicht. Ich sage euch aber, dass auch Salomo in all seiner Herrlichkeit nicht bekleidet gewesen ist, wie derselben eine. Trachtet am ersten nach dem Reich Gottes und nach seiner Gerechtigkeit, so wird euch solches alles zufallen.' " - „Das ist recht von Euch, liebe Frau, dass Ihr so denkt", lobte der Fremdling. „Ich sehe, dass Ihr nach diesen Worten auch gelebt habt. Ihr habt keine Reichtümer gesammelt und könnt doch den Ärmeren immer noch etwas geben. Zum Dank für die Wohltat, die Ihr mir heute erwiesen habt, will ich Euch etwas schenken." Bei diesen Worten stand der fremde Mann auf, suchte aus seinem Wandersack eine schöne große Blumenzwiebel hervor, reichte sie der rechtschaffenen Frau und sagte: „Nehmt diese Lilienzwiebel, setzt sie in Euren Garten und pflegt sie sorgfältig, sie wird Euch und dem kleinen Mädchen, das Ihr heute bei Euch aufgenommen habt, Glück bringen. Sie stammt direkt von jenen Lilien ab, die der Herr angeblickt hat, als er die Worte sprach: ‚Schauet die Lilien auf dem Felde ...' " Frau Helfer nahm ehrfürchtig dankend die kostbare Zwiebel und fragte scheu: „Wer seid Ihr?" - „Ich bin ein ewiger Wanderer."

Hierauf ging der Fremde fort und war bald den Blicken Frau Helfers entschwunden. Sie nahm die Zwiebel und legte sie in lockeres Erdreich, nicht ohne vorher das Zeichen des Kreuzes darüber gemacht zu haben. Nach wenigen Tagen guckten auch schon die grünen Keimspitzen der jungen Pflanze aus der Erde, und sie wuchs auch weiter rasch und prächtig.

Ebenso gut gedieh das kleine Mädchen bei Frau Helfer. Es wurde Lilli gerufen und später, weil die Kleine gar so schöne, goldglänzende Locken trug, hieß sie überall „Goldlilli". Alle Leute im Dorf liebten sie und selbst die Bösesten schauten nicht mehr so finster, wenn sie Goldlilli erblickten, so wunderschön und lieblich war sie. Ihrer Pflegemutter machte sie niemals Sorgen, sondern nur Freude, genau wie die schöne Lilie, die der fremde Wanderer Frau Helfer geschenkt hatte. Diese Lilie und ihre Nachkommen übertrafen alle ihre Blumenschwestern durch den schimmernden Glanz und den berauschenden Duft ihrer Blüten. Der Blütenstaub, der an den Staubgefäßen hing, war aus feinem Gold; deshalb nannte Frau Helfer die Blume „Goldlilie". Den Goldstaub sammelte sie viele Sommer lang und bewahrte ihn in einer kleinen Schachtel auf. Als Lilli 15 Jahre zählte, kam eine böse Seuche übers Land, die viele Menschen dahinraffte. Es währte nicht lange, so wurden auch die Bewohner des kleinen Dorfes, das Goldlillis Heimat geworden war, davon befallen. Überall herrschte große Trauer, denn niemand konnte der schrecklichen Krankheit Einhalt gebieten. Tiefes Mitleid bedrückte Goldlillis gütiges Herz. Endlich konnte sie nicht länger mehr untätig zusehen. Sie pflückte im Gärtchen ihrer Pflegemutter die schönste und duftendste Blüte von des Wanderers Lilie ab. Damit ging sie ins Haus des nächsten Kranken, um ihm eine Freude zu bereiten. Kaum hatte der den Duft der herrlichen Blüte eingesogen, ließen seine Schmerzen nach und er versank in ruhigen Schlummer. Am nächsten Morgen erwachte er gestärkt und wurde bald ganz gesund.

Die wunderbare Heilung verbreitete sich wie ein Lauffeuer im ganzen Dorf, und wo ein Kranker lag, dorthin wurde Goldlilli gerufen. Allen konnte sie mit den wunderbaren Blüten helfen, und sie dankte demutsvoll dem lieben Gott für seine Gnade. Bald war der letzte Kranke im Dorf gesund; es war aber auch die letzte Blüte der Goldlilie verwelkt.

Da kam ein Bote vom Schloss und bat Lilli, sie möge doch sogleich mit ihm kommen. Der junge Graf, der eben nach Hause gekommen war, sei auch von der schrecklichen Seuche erfasst worden. Goldlilli war sehr betrübt, denn sie hatte ja keine einzige Lilienblüte mehr. Doch Frau Helfer, die immer Rat wusste, gab ihr das Schächtelchen mit dem goldenen Blütenstaub und sagte, sie solle damit ins Schloss gehen. Goldlilli tat, wie ihr die gute Pflegemutter geheißen.

Als sie am Krankenlager des jungen Grafen stand, streute sie den feinen Goldstaub über ihn. Sogleich glätteten sich seine schmerzverzerrten Züge, und auch er verfiel in ruhigen Schlummer, aus dem er am nächsten Morgen gesund erwachte. Er fragte: „Wer war der holde Engel, der bei mir war, als ich krank lag?" Man sagte ihm, dass es Goldlilli aus dem Dorfe gewesen war. Da sprach der Jüngling: „Ich möchte Goldlilli immer bei mir haben, und keine andere wird meine Frau als sie." Seine Mutter, die Frau Gräfin, freute sich darüber sehr, denn sie war von innigstem Dank gegen Lilli erfüllt.

Goldlilli musste nun mit ihrer Pflegemutter aufs Schloss ziehen und wurde erzogen, wie es sich für eine künftige Gräfin gehörte. Als sie 18 Jahre zählte, war sie das schönste und gescheiteste Mädchen weit und breit. Da kam der junge Graf aus der Stadt, wo er viel gelernt hatte, nach Hause und es wurde eine glanzvolle Hochzeit gehalten.

Die dankbaren Dorfbewohner liebten die junge Gräfin und freuten sich sehr über ihr Glück. So hat die wunderbare Lilie Goldlilli und ihrer Pflegemutter Glück gebracht, und die Worte des fremden Wanderers waren damit in Erfüllung gegangen.

Grete Steininger

KLEIN WANG

An einem großen Fluss im fernen Lande China stand vor Zeiten ein armseliges Fischerdorf. In diesem Dorfe lebte der Knabe Wang, und er war nicht größer, als drei Fäuste hoch sind. Uns so etwas gibt es gewiss nicht alle Tage! Klein Wang hatte weder Vater noch Mutter und lebte von den Gaben, die ihm mildtätige Leute reichten. Dafür leistete er ihnen in Haus und Hof kleine Dienste. Weit vor das Dorf hinaus war er nie gekommen, denn auf seinen winzigen Füßen wurde er bald müde, und er verirrte sich auch leicht zwischen den hohen Gräsern. Wie gerne aber hätte er mehr von der Welt gesehen! „Vielleicht ginge es mir besser als hier", dachte Wang, „am Ende versuche ich doch einmal eine Reise!"

So ging er eines Morgens wie gewöhnlich zum Fluss hinab, und als er an den Strand kam, erblickte er unweit im Wasser ein Netz und einen riesigen Fisch darin, wie er einen solchen noch nie gesehen hatte. Schon wollte er ins Dorf eilen, die frohe Botschaft zu melden, als plötzlich der Fisch aus dem Netze rief: „Kleiner Wang, befreie mich!" Wang traute seinen Ohren kaum und fürchtete sich sehr, doch als der Fisch neuerlich rief: „Wang, befreie mich!", schritt er zaghaft näher und betrachtete neugierig den seltsamen Fisch. Er war sonderbar bunt, und seine Flossen glänzten wie Silber. „Gib mir die Freiheit, und es soll dein Schaden nicht sein!", sagte der Fisch. Da überlegte Wang nicht lange, nahm eine scharfe Muschelschale und schnitt ein großes Loch in das Netz. Der Fisch schlüpfte erfreut hindurch und sprach freundlich zu Klein Wang: „Komm, setze dich auf meinen Rücken, ich will mit dir den Fluss hinabschwimmen, und du wirst viel Schönes sehen!" Klein Wang wollte dem Fisch die Bitte nicht abschlagen und schwang sich auf seinen Rücken. Mit Windeseile glitt der Fisch durch die Fluten, und Klein Wang wusste nicht, sollte er nach links schauen oder nach rechts, denn überall sah er Dinge, die er zuvor noch nicht gekannt hatte.

Gegen Abend erreichten sie eine große Stadt, und der Fisch riet Klein Wang, sich die schöne Stadt ein wenig zu besehen. Klein Wang bedankte sich beim Fisch für die schöne Reise, und dieser sprach: „Lieber Wang, wenn du jemals in Not geraten solltest und brauchst meine Hilfe, so rufe nur: Silberfisch in dieser Flut, komm und hilf mir, sei so gut!" Danach tauchte der Silberfisch unter und verschwand. Da stand nun Klein Wang ganz allein am Ufer und fühlte sich mit einem Mal recht verlassen. Er eilte durch die finsteren Gassen und wusste nicht aus noch ein. Da erfasste ihn plötzlich ein alter Mann am Röckchen und rief ganz erstaunt: „Ei, seht! Dass es so was auch gibt! Wo kommst du den her, kleiner Wicht?" Wang erzählte nun dem alten Mann seine Geschichte mit dem Fisch. „Wie sonderbar", sagte der Alte, „doch sei es, wie es will, du kommst jetzt mit mir. Ich kann dich gut brauchen!" Er führte den kleinen Wang mit sich durch viele Gassen und Winkel, bis sie an ein altes Haus kamen, darin der Alte wohnte. Er warf Klein Wang ein Bündel Stroh in eine Ecke und ließ ihn darauf schlafen. Es war sehr müde und schlummerte gleich gut und fest.

Er hatte noch gar nicht ausgeschlafen, da weckte ihn der Alte schon wieder, rüttelte ihn und rief: „Auf, auf, du Siebenschläfer! Nur eilig aufgestanden!" Klein Wang sprang erschreckt auf die Beine und rieb sich die Augen. Dann bekam er eine Brotrinde als Speise und einen Fingerhut voll Wasser als Trunk, und als er gegessen hatte, steckte ihn der Alte kurzerhand in einen Sack, band ihn oben fest zu, schwang ihn über die Schulter und ging auf die Straße hinaus. Da lag nun Klein Wang in einem muffigen Sack, und wie er auch strampelte, er konnte halt doch nicht entkommen. Es dauerte einige Zeit, da vernahm er Stimmen und Gelächter, und bald wurde der Sack aufgebunden. Der Alte zog Klein Wang heraus und stellte ihn vor einen spindeldürren Mann, der einen weiten Mantel anhatte, mit vielen höchst sonderbaren Zeichen darauf, auf dem Kopfe eine spitze Kappe und an den Füßen Schuhe mit einem aufgebogenen Schnabel. Der Alte erhielt einige klingende Münzen und trollte sich von dannen. „Du kleiner Wicht", krächzte der dünne Fremde, „ich bin dein Herr und Meister, der berühmte Zauberer Schnurriwixl. Von nun an hast du mir stets zu gehorchen!" Klein Wang nickte mit dem Kopfe und harrte der Dinge, die da kommen würden. Der Zauberer führte ihn in ein düsteres Gewölbe, darin brannte ein Feuerchen und darüber brieten an einem Spieß lauter Froschbeine. „Du hast nun die Küche zu versorgen, und wehe dir, wenn du deine Dienste schlecht versiehst! Ich würde dich sicherlich gleich verspeisen!", sprach der Zauberer, verschloss die Tür und ließ Klein Wang allein. Der seufzte sehr, als er sich so betrogen sah. Er musste den Bratenspieß wenden, das Feuer schüren, die Süpplein kochen, und wusste nicht, welche Kräuter er hineintun sollte. Was der Zauberer Schnurriwixl von seinen Mahlzeiten übrig ließ, durfte Klein Wang essen; aber es gelüstete ihn gar nicht danach, denn der Zauberer pflegte sonderbare Dinge zu verspeisen, wie etwa gebratene Schneckenschwänze, gesottene Heuschrecken und was derlei seltene Genüsse sind. So erging es Klein Wang sehr schlecht, und er wäre gerne wieder in seinem armen Fischerdorf gewesen. Eines Tages, als sich der Zauberer den Magen mit Spinnenbeinsalat verdorben hatte, war er darüber so erbost, dass er Klein Wang in einen finstern Keller sperrte. Da saß Klein Wang traurig in einer Ecke und dachte nach, wie er dem bösen Zauberer entkommen könnte. Auf einmal rief eine feine Stimme: „Du, Kleiner, wer bist denn du?" Wang sah erstaunt um sich und gewahrte nichts als einen einfachen Käfig, in dem eine niedliche Maus von weißer Farbe hin und her hüpfte. Nun öffnete er eilig das

54

WIRD KÖNIG

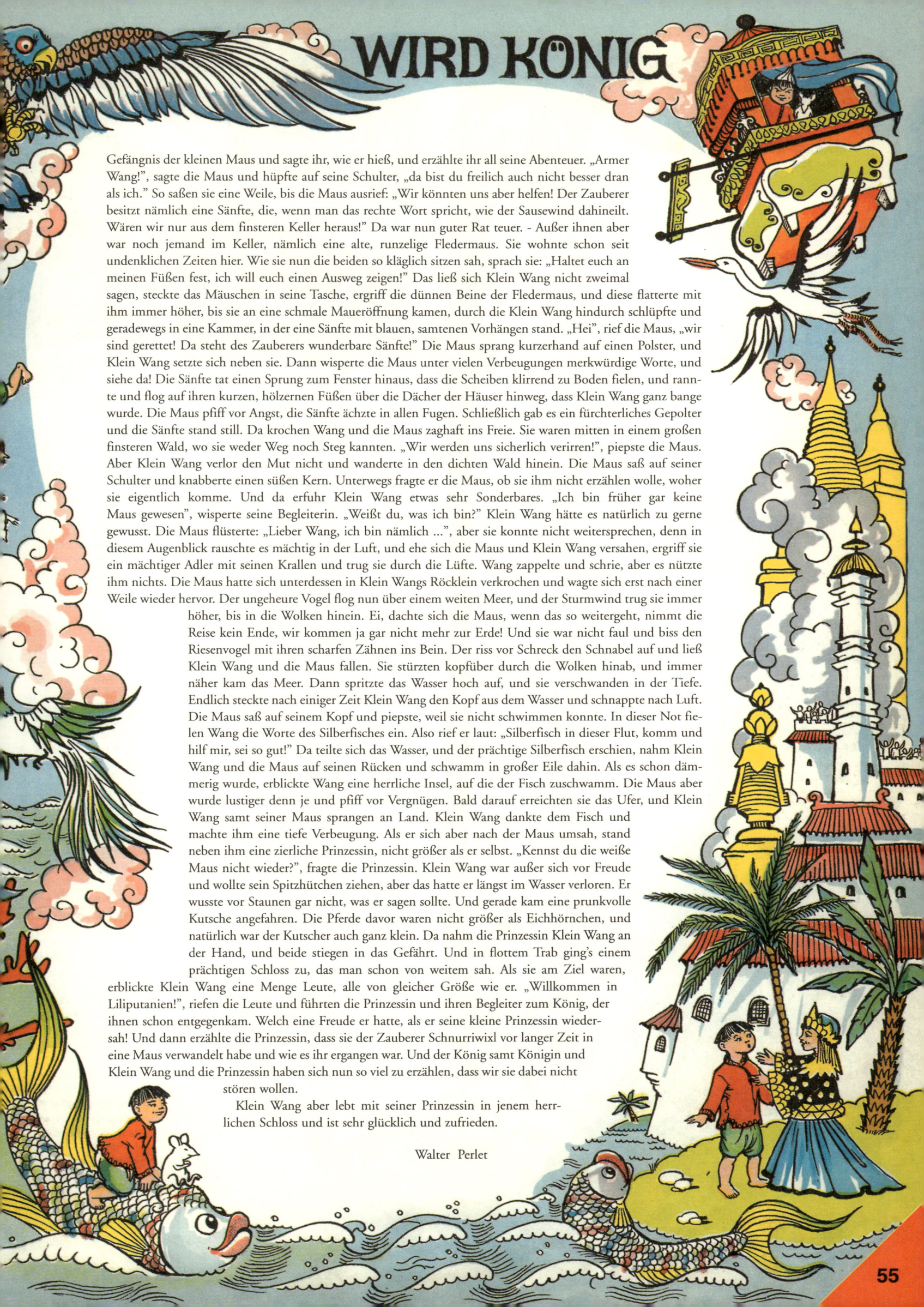

Gefängnis der kleinen Maus und sagte ihr, wie er hieß, und erzählte ihr all seine Abenteuer. „Armer Wang!", sagte die Maus und hüpfte auf seine Schulter, „da bist du freilich auch nicht besser dran als ich." So saßen sie eine Weile, bis die Maus ausrief: „Wir könnten uns aber helfen! Der Zauberer besitzt nämlich eine Sänfte, die, wenn man das rechte Wort spricht, wie der Sausewind dahineilt. Wären wir nur aus dem finsteren Keller heraus!" Da war nun guter Rat teuer. – Außer ihnen aber war noch jemand im Keller, nämlich eine alte, runzelige Fledermaus. Sie wohnte schon seit undenklichen Zeiten hier. Wie sie nun die beiden so kläglich sitzen sah, sprach sie: „Haltet euch an meinen Füßen fest, ich will euch einen Ausweg zeigen!" Das ließ sich Klein Wang nicht zweimal sagen, steckte das Mäuschen in seine Tasche, ergriff die dünnen Beine der Fledermaus, und diese flatterte mit ihm immer höher, bis sie an eine schmale Maueröffnung kamen, durch die Klein Wang hindurch schlüpfte und geradewegs in eine Kammer, in der eine Sänfte mit blauen, samtenen Vorhängen stand. „Hei", rief die Maus, „wir sind gerettet! Da steht des Zauberers wunderbare Sänfte!" Die Maus sprang kurzerhand auf einen Polster, und Klein Wang setzte sich neben sie. Dann wisperte die Maus unter vielen Verbeugungen merkwürdige Worte, und siehe da! Die Sänfte tat einen Sprung zum Fenster hinaus, dass die Scheiben klirrend zu Boden fielen, und rannte und flog auf ihren kurzen, hölzernen Füßen über die Dächer der Häuser hinweg, dass Klein Wang ganz bange wurde. Die Maus pfiff vor Angst, die Sänfte ächzte in allen Fugen. Schließlich gab es ein fürchterliches Gepolter und die Sänfte stand still. Da krochen Wang und die Maus zaghaft ins Freie. Sie waren mitten in einem großen finsteren Wald, wo sie weder Weg noch Steg kannten. „Wir werden uns sicherlich verirren!", piepste die Maus. Aber Klein Wang verlor den Mut nicht und wanderte in den dichten Wald hinein. Die Maus saß auf seiner Schulter und knabberte einen süßen Kern. Unterwegs fragte er die Maus, ob sie ihm nicht erzählen wolle, woher sie eigentlich komme. Und da erfuhr Klein Wang etwas sehr Sonderbares. „Ich bin früher gar keine Maus gewesen", wisperte seine Begleiterin. „Weißt du, was ich bin?" Klein Wang hätte es natürlich zu gerne gewusst. Die Maus flüsterte: „Lieber Wang, ich bin nämlich ...", aber sie konnte nicht weitersprechen, denn in diesem Augenblick rauschte es mächtig in der Luft, und ehe sich die Maus und Klein Wang versahen, ergriff sie ein mächtiger Adler mit seinen Krallen und trug sie durch die Lüfte. Wang zappelte und schrie, aber es nützte ihm nichts. Die Maus hatte sich unterdessen in Klein Wangs Röcklein verkrochen und wagte sich erst nach einer Weile wieder hervor. Der ungeheure Vogel flog nun über einem weiten Meer, und der Sturmwind trug sie immer höher, bis in die Wolken hinein. Ei, dachte sich die Maus, wenn das so weitergeht, nimmt die Reise kein Ende, wir kommen ja gar nicht mehr zur Erde! Und sie war nicht faul und biss den Riesenvogel mit ihren scharfen Zähnen ins Bein. Der riss vor Schreck den Schnabel auf und ließ Klein Wang und die Maus fallen. Sie stürzten kopfüber durch die Wolken hinab, und immer näher kam das Meer. Dann spritzte das Wasser hoch auf, und sie verschwanden in der Tiefe. Endlich steckte nach einiger Zeit Klein Wang den Kopf aus dem Wasser und schnappte nach Luft. Die Maus saß auf seinem Kopf und piepste, weil sie nicht schwimmen konnte. In dieser Not fielen Wang die Worte des Silberfisches ein. Also rief er laut: „Silberfisch in dieser Flut, komm und hilf mir, sei so gut!" Da teilte sich das Wasser, und der prächtige Silberfisch erschien, nahm Klein Wang und die Maus auf seinen Rücken und schwamm in großer Eile dahin. Als es schon dämmerig wurde, erblickte Wang eine herrliche Insel, auf die der Fisch zuschwamm. Die Maus aber wurde lustiger denn je und pfiff vor Vergnügen. Bald darauf erreichten sie das Ufer, und Klein Wang samt seiner Maus sprangen an Land. Klein Wang dankte dem Fisch und machte ihm eine tiefe Verbeugung. Als er sich aber nach der Maus umsah, stand neben ihm eine zierliche Prinzessin, nicht größer als er selbst. „Kennst du die weiße Maus nicht wieder?", fragte die Prinzessin. Klein Wang war außer sich vor Freude und wollte sein Spitzhütchen ziehen, aber das hatte er längst im Wasser verloren. Er wusste vor Staunen gar nicht, was er sagen sollte. Und gerade kam eine prunkvolle Kutsche angefahren. Die Pferde davor waren nicht größer als Eichhörnchen, und natürlich war der Kutscher auch ganz klein. Da nahm die Prinzessin Klein Wang an der Hand, und beide stiegen in das Gefährt. Und in flottem Trab ging's einem prächtigen Schloss zu, das man schon von weitem sah. Als sie am Ziel waren, erblickte Klein Wang eine Menge Leute, alle von gleicher Größe wie er. „Willkommen in Liliputanien!", riefen die Leute und führten die Prinzessin und ihren Begleiter zum König, der ihnen schon entgegenkam. Welch eine Freude er hatte, als er seine kleine Prinzessin wiedersah! Und dann erzählte die Prinzessin, dass sie der Zauberer Schnurriwixl vor langer Zeit in eine Maus verwandelt habe und wie es ihr ergangen war. Und der König samt Königin und Klein Wang und die Prinzessin haben sich nun so viel zu erzählen, dass wir sie dabei nicht stören wollen.

Klein Wang aber lebt mit seiner Prinzessin in jenem herrlichen Schloss und ist sehr glücklich und zufrieden.

Walter Perlet

Martin und der

Am großen, blank gescheuerten Küchentisch saß der Erstklassler Martin über seine Schreibaufgabe gebeugt und malte mit recht schwerfälligen Fingern seine Buchstaben hin. „Martin, geh, erzähl uns was von der Schul!", bettelte die fünfjährige Leni, und die Zwillinge Resi und Michael stimmten mit ein. „Ja, geh, komm her auf die Ofenbank!" - „Z'erst muss er sei Aufgab fertig habn! Tuts eam net störn, sonst verpatzt er's no!", entschied die Mutter und schob die drei kleinen Quälgeister in ihr Spieleckerl ab. Martin seufzte ein wenig, ihm wäre die Unterbrechung gar nicht so unlieb gewesen, denn die Finger taten ihm vom Schreiben und seine Kehrseite vom Sitzen weh. Aber die Mutter verstand da keinen Spaß. „Wer was taugen will, muss was gelernt haben, sonst ist er verraten und verkauft!" Mit diesem Geleitwort hatte sie ihren Ältesten am ersten Schultag entlassen.

Endlich waren dann Hefte, Bücher und Schreibzeug im Ranzen verpackt, und Martin saß bei seinen Geschwistern auf der Ofenbank. Dort war immer ihr Platzerl zum Geschichten-erzählen an den langen Winterabenden. Was wollten die drei Kleinen nicht alles wissen! Ob denn wirklich jedes Kind seinen eigenen Platz habe, und jeden Tag den gleichen? Und ob man denn gar nicht ein bisschen herumlaufen oder spielen dürfe, wenn das Sitzen und Lernen gar zu lang dauere? Bald jeden Tag musste der Martin diese und ähnliche Fragen beantworten. Es wurde ihm aber gar nicht langweilig, weil er spürte, dass er jetzt um so viel mehr wusste und erlebte wie sie, dass sie ihn anstaunten. Fast waren sie bang, er könne eines Tages ganz wegbleiben, drunten im Dorf. Das Dorf aber war ihnen riesengroß und fremd, sie kannten es kaum, denn von ihrer Bergeinschicht kamen sie grad nur an Sonntagen in die Kirche, und die lag über dem Dorf auf einem Hügel. Heute wusste der Martin etwas ganz Neues, Gewaltiges zu berichten: „Die Kinder haben gsagt, dass drunt im Dorf der heilige Nikolaus selber von Haus zu Haus geht und seine Gaben verteilt." Nun gab's ein Fragen, wie er denn aussehe, um welche Uhrzeit er komme? Warum er denn nie zu ihnen auf den Berg steige? Ob denn die Kinder im Tal um so vieles braver wären, dass sich der Heilige selber zu ihnen bemühe?

Das Ende vom Lied war, dass Michael in ein jämmerliches Schluchzen ausbrach: „Ich möcht auch einmal den heiligen Nikolaus sehen!" Und sein Zwilling, die Reserl, stimmte gleich in sein Geheul mit ein: „Warum kommt er denn net zu uns, wir sind do eh brav!" Ja, da war nun guter Rat teuer! Martin hätte am liebsten auch mitgeweint, denn er hätte den heiligen Mann selber zu gerne gesehen und ihm sein Gebeterl dargebracht. Aber das durfte er den Kleinen nun nicht merken lassen, darum räusperte er sich wie ein Großer und sagte: „Ja, was meinst denn, dass der Nikolaus zu all die einsamen Höf auch noch naufsteigen kann, ihr Tschapperln!" Das war eine sehr vernünftige Rede, aber auf die Kleinen machte sie nur für einen Augenblick einen Eindruck. Am nächsten Tag und an all den kommenden Tagen sprachen und träumten die Kinder doch nur davon: Ein einziges Mal sollte der Nikolaus zu uns heraufkommen. Martin hatte es längst der Mutter überlassen, die endlosen Bitten der Kinder zu beschwichtigen. Er war stiller als sonst, weil ein Plan in ihm heranwuchs, eine Idee, die er niemandem sagen konnte. Anfangs hatte er sich selber über sich gewundert und mehr mit dem Gedanken gespielt, als ihn ernst genommen. Doch als dann der kleine Michael mit Fieber im Bett lag und nur immerfort vom heiligen Nikolaus phantasierte und nach ihm rief, da stand sein Entschluss fest. Er musste dem heiligen Mann entgegen gehen, musste ihn ganz bescheiden bitten, nur für ein Sprüngerl zum Michael zu kommen.

Am 5. Dezember, so um die Zeit, in der die Nacht aus dem Tal aufzusteigen beginnt, rief die Mutter vergeblich nach ihrem Martin. „Zu dumm, wo er nur wieder umgeht? Wo ich so viel Arbeit hätte und jemand beim fiebernden Michael hätte sitzen sollen!"

Sie war es gewohnt, dass der Martin manchmal in die Einschicht ging, und so kam noch gar keine Angst in ihr auf.

Martin hatte es eilig, außer Sichtweite zu kommen. Er lief durch den Neuschnee, der seit ein paar Tagen lag, den Hang hinunter und tauchte im Waldesdunkel unter. Komisch, wie jetzt jeder Baum auf einmal kein Baum mehr war, sondern eine Gestalt, mit einem Gesicht und langen Armen. Alle Gespenstergeschichten fielen ihm ein, die ihm Lintschi, die Magd, so gern erzählt hatte. Er hörte sie ganz deutlich sagen: „Weißt, Martin, in der Nacht fangen die Bäum zu leben an. Manche sind gut, aber die anderen sind voller Bosheit, die zerkratzen dir's Gesicht und stellen dir's Haxl."

Plumps, da lag er schon! Ob er bloß aus Unachtsamkeit über eine Wurzel gestolpert war, oder ob wirklich einer seine Wurzeln herausgezogen hat, um ihn hinzulegen? Im Aufkrabbeln hörte er hinter sich ein Keuchen und Trippeln. Waren es die Waldgeister, die ihn verfolgten? Oder gar am Ende ein Wolf? Aber der Vater

NIKOLO

hatte doch gesagt, dass es bei uns keine Wölfe mehr gibt! Schon leckt ihm etwas die Hand, und da hörte er Rolfis vertrautes Gebell. Jetzt war ihm gleich leichter und sicherer zumute. Wenn Rolfi nicht gekommen wäre, wer weiß, ob er nicht doch umgedreht hätte? Und der arme kleine Michael hätte umsonst nach dem Nikolaus gerufen!

Im Wald ging es jetzt recht flott talwärts. Aus den Gespenstern waren wieder Bäume geworden, und Martin hatte nur noch einen Gedanken: Den Nikolaus nicht verpassen, und, lieber Gott, mach, dass er nit bös ist, wenn ich mit meiner unbescheidenen Bitt komm!

Als die beiden, Bub und Hund, aus dem Wald kamen, begann erst das schwerste Stück. Martin war weglos abwärts gegangen und kam nun in den Bruchharsch. Während Rolfi ganz leicht auf der Harschdecke lief, sank Martin bei jedem Tritt tief ein und musste jedes Mal mühsam seine Beine wieder herausziehen, um wieder knietief zu versinken. Keuchend und schwitzend kämpfte er sich Schritt für Schritt weiter. Die Kräfte verließen seinen kleinen Bubenkörper immer mehr, die Schritte wurden immer langsamer und die Beine waren schwer wie Bleigewichte. „Rolfi, i kann nimmer! I muss a wengerl rasten." Martin kauerte sich in einer Schneemulde zusammen. Doch der Hund schien davon nichts wissen zu wollen. Zuerst stupste er den Buben mit der Schnauze an: „Geh, komm!" Doch als das nichts nützte, zerrte er ihn am Ärmel, zwickte ihn sogar ganz leicht in die Waden, nur so viel, dass der Martin nur ja nicht einschlafe und erfriere. „Geh, Rolfi, schau, lass mi do, i kann net! I will ja nur a ganz klans bissel sitzen." Rolfi schien einzusehen, dass er den Buben jetzt nicht auf die Beine bringen konnte. Zuerst lief er jaulend und winselnd um ihn herum. Doch dann war er auf einmal weg, und Martin merkte es gar nicht, weil ihm die Augen vor Müdigkeit zugefallen waren.

„Ja, was gibt's denn? Bist ein guter Hund! Na, komm schon, komm schon! Hast dich verlaufen? Ich gehe ohnehin ins Dorf, komm gleich mit mir!" So sprach der Mann zu Rolfi, der ihn umsprang, seine Hand leckte, an seinem langen Wetterumhang zerrte und einfach nicht zu beruhigen war. Als der Mann weiter in der Richtung zum Dorf gehen wollte, heulte der Hund auf, lief ein paar Meter bergan und kam wieder zurück, und das wiederholte sich ein paar Mal. „Ach, du willst mir etwas zeigen, kluges Tier? Ist wohl jemand in Not geraten. Ich komm ja schon mit dir!" Der Mann folgte nun dem Tier, stapfte mühsam durch den Schnee aufwärts, bis er vor sich den Hund stehen und etwas Dunkles im Schnee liegen sah. „O Gott, da liegt ja ein Kind! Noch schläft es und ist noch ganz warm. Hallo, Bübel, wach auf! Darfst nicht im Schnee liegen und schlafen, das bedeutet den sicheren Tod!" Der Kleine war nicht wachzubekommen. So ließ der Mann seinen Sack in den Schnee gleiten und nahm das Kind auf seinen Arm: „Liebes, kleines Hascherl, was hat denn dich in die Nacht hinausgetrieben? Geh, mach deine Guckerl auf, Buberl, geh, schau mich an, ich bitt dich!" So flüsterte der Mann und streichelte unendlich zart das Gesicht des Buben. Der schlug die Augen auf, sah ein bärtiges Gesicht über sich und stammelte: „Bin ich leicht schon beim heiligen Nikolaus?" – „Ja, mein Bub, hast Recht, ich bin der Nikolaus. Aber sag mir, wer bist du und wo gehörst du hin?" – „Ich bin der Leitner-Martin vom Berg droben. Ich hab Euch bitten wollen, dass Ihr zu unserem kranken Michael kommt, der wünscht sich's halt so viel, dass Ihr zu uns kommt. Nur für ein ganz kleines Augenblickerl, bitt schön, weil er halt so viel von Euch phantasiert und gar koa Ruh findt!" – „Soso, und da bist du bei Nacht im Schnee von daheim fort? Wärst bald erfroren! Hast sicher kein Wort daheim gesagt, und jetzt sind alle in Angst und Sorge um dich, Kind, Kind, meinst, dass ich mich darüber freuen kann, wenn sich ein Kind meinetwegen in Gefahr bringt? Na, jetzt wein nicht! Halt dich fest, ich muss noch den Sack aufnehmen." – „Lass mich runter, heiliger Nikolaus, Ihr werdet mich doch nicht tragen wollen. Ich kann schon selber laufen." – „Nein, mein Bübel, hier im tiefen Schnee trag ich dich schon; wenn wir auf dem festen Weg sind, kannst wieder selber gehen."

Als dann Sankt Nikolaus mit Martin Hand in Hand den Weg aufwärts stapfte, waren sie schon fast Vertraute. „Ich hab Euch was Schönes zu zeigen, heiliger Nikolaus. Ich hab ein Kripperl gebastelt, ganz allein. Darf ich's Euch daheim zeigen? Weißt, meine kleinen Geschwister können zu Weihnachten net in die Kirchn, wenn der Schnee so tief ist. Damit's halt auch ein Kripperl haben!" – „Bist ein gutes Kind, Martin! Hoffentlich spüren deine Eltern, dass du nicht mehr in Gefahr bist." War das eine doppelte Freude, als Martin heil und gesund in der Tür stand und die hohe Gestalt Sankt Nikolaus' hinter ihm sichtbar wurde!

Elfriede Vavrovsky

Der Krug

In der Wachau steht unter vielen anderen auch das besagte stolze Schloss, von dem hier die Rede ist. Zu seinen Füßen, tief im Tale unten, liegt der liebliche Marktflecken mit dem großen Gasthof, wo sich ein kleines Ereignis der Gegenwart mit einem uralten Märchen der Vergangenheit vermählte und so den eigentlichen Anlass zur Erzählung dieses alten Märchens gab, das auch bis in die heutigen nüchternen Tage seinen wertvollen Sinn nicht verloren hat: den Sinn um das Gute und Edle, und nichts anderes erreichen will als Mitleid und Barmherzigkeit!

An einem schwülen, drückend heißen Sommertag schleppte sich ein müder Bettler mit seinen letzten Kräften zu dem großen Gasthof, um etwas Essbares für seinen hungrigen Magen zu erbitten. Im Türrahmen stand das sechsjährige Söhnchen des Besitzers, neben ihm der riesige deutsche Schäferhund „Treff" postiert, als sich der verstaubte Bettler anschickte, das Lokal zu betreten. Als der Junge dies merkte, verwehrte er mit weit ausgebreiteten Armen dem Bettler den Eintritt und herrschte ihn plötzlich ebenso unverständlich wie unbarmherzig an: „Fort mit dir, du Faulenzer! Bei uns bekommst du nichts!" Der Mann lächelte müde: „Aber Buberl, ich bin ein alter Mann, todmüde und hungrig. Sei doch nicht so grausam! Hol die Mutter, dass ich sie bitten kann ..." – „Nein! Geh fort, sonst – Treff!" Der Hund richtete sich drohend auf.

In diesem Augenblick kam wirklich die Mutter herbei, die diese kleine Szene zufällig beobachtet hatte. Verstimmt und nachdenklich nahm sie den Kleinen bei der Hand und sagte vorwurfsvoll zu ihm: „Aber Peter, was soll denn das heißen? Wer hat dir so ein Benehmen erlaubt?" Zu dem eingeschüchterten Bettler gewandt, aber sagte sie freundlich: „Kommen Sie herein!"

Während der Hungrige aber vor einem voll gefüllten Teller saß, hatte sich die Mutter mit dem Buben in der anderen Ecke des Gastzimmers an einem Tisch niedergelassen, um ihn über das Motiv seiner Handlungsweise zu befragen und ihm ins Gewissen zu reden.

„Sag mir nur einmal, Peter", hörte ich dann die Wirtin sagen, „wie kannst du nur so neidig und hartherzig sein? Weißt du nicht, dass jede gute Tat eine neue Stufe zum Himmel ist? Die Großmutter hat es dir doch oft genug gesagt. Merke es dir, das Böse wird immer bestraft und das Gute jederzeit belohnt. Genau so erging es auch dem Schlossherrn, der einmal dieses schöne Schloss hier bewohnte." Bei diesen Worten zeigte die Mutter durch das Fenster hinaus auf das Schloss, das von einem Hügel herab ins Tal sah. Neugierig geworden, gab der kleine Peter der Mutter jetzt keine Ruhe mehr, bis sie ihm die Geschichte des grausamen Schlossherrn erzählte.

„Auf diesem hohen Schloss", begann die Mutter und nahm den Peter auf ihren Schoß, „hauste vor vielen hundert Jahren ein Ritter, der ob seiner Grausamkeit und Wildheit in der ganzen Gegend allgemein gefürchtet wurde. Die armen Leute in der Nachbarschaft hatten gar viel unter der Verfolgung und der Habsucht des Schlossherrn zu leiden, und der arme Pilger, der so gern ein Nachtlager erhalten hätte, wenn er spätabends vorüberzog, wich in weitem Bogen dem Schloss aus und wagte es schon gar nicht, von dem mitleidlosen Herrn etwas zu erbitten.

Die schweren eisenbeschlagenen Tore der Burg öffneten sich nur, wenn der Herr auf die Jagd ging oder wenn sich seine Söldner ins Dorf begaben, um die Steuern zu holen oder die Fronarbeit der Bauern zu überwachen. Oft genug schleppten die Knechte dann manchen Bauern als Gefangenen mit sich, wenn einer so unglücklich war, die Steuern oder sonstigen Wünsche des Ritters nicht zu erfüllen. Wehe dem Armen aber, dem der Wüterich an solchen Tagen auf seinen Wegen begegnete. Nicht nur Beschimpfungen, auch Misshandlungen wurden ihm zuteil. Auch bei seinem heutigen Ausritt waren einige arme Arbeiter und Kinder der Gegenstand seines Zornes geworden. Eben dachte er hoch zu Pferde darüber nach, mit welchen neuen Schikanen er seine Untertanen quälen könnte. Da bemerkte er plötzlich eine Frau und ein Kind, die, in lauter Lumpen gehüllt, den Anblick fürchterlichster Not boten. Die hungrige und durstige Mutter konnte den Sohn kaum in ihren mageren Armen halten.

Das Kind bettelte weinend um ein Stück Brot und einen Schluck Wasser. Auch die Bettlerin flehte in demütigem Ton: „Gnädigster Herr, helfet uns! Ach, der Brunnen ist so nahe. Mein Kind hat Durst, und ich kann mich keinen Schritt mehr weiterschleppen."

Bei diesen Worten wollte die Arme dem Burgherrn ihren Krug überreichen. Doch der Ritter maß die Bettlerin mit zürnendem Blick, dann spornte er das Pferd an, um weiterzureiten. Es war nur ein Glück, dass er die schon erhobene Peitsche nicht auf die Unglückliche niedersausen ließ ...

Aber der Herr der Welt hatte nicht Lust, diese frevelhafte Grausamkeit ungesühnt zu lassen. Die Strafe dafür folgte auch auf dem Fuße. Kaum war der hartherzige Schlossherr auf seinem feurigen Ross davongesprengt, spürte er mit einem Male den Krug der Bettlerin an seinem Arm hängen, ohne dass er wusste, wieso dieser hierher gekommen war. Und das Pferd jagte, wie von einer unsichtbaren Gewalt getrieben, davon. Gleichzeitig aber erscholl eine Stimme aus den Wolken, die ihm zurief: „Solange der Krug leer bleibt, solange wirst du durch die Welt irren!" Der Ritter schauderte. Er versuchte, das Pferd umzuwenden, doch das Tier folgte weder seiner Stimme noch seiner Hand und sauste in der dem Schloss entgegengesetzten Richtung weiter. Längst war der Ritter in unbekannten Gegenden, bevor das Ross in seinem wahnsinnigen Galopp einhielt und rastete. Da floss ein Bach. Der Ritter stieg ab, um den Krug zu füllen. Doch siehe, das Wasser drang in das Gefäß, floss aber sofort wieder heraus. Von bösen Ahnungen ergriffen, versuchte der Ritter an anderen Stellen, an anderen Bächen und Brunnen den Krug zu füllen.

Aber es war umsonst. Bei keinem Einzigen wollte das Gefäß das aufgenommene Wasser behalten. Überall und immer rann der Inhalt aus, obwohl auf dem Boden des Kruges nicht das kleinste Loch, nicht die geringste Beschädigung zu entdecken war. Ein geheimnisvoller Fluch, eine fürchterliche Strafe musste mit ihm verbunden sein.

Und so wurde der erbarmungslose Mann ebenso erbarmungslos durch die Welt getrieben, von einem Ort zum andern, ruhelos, verzweifelt. Von der Sonne versengt, von Regenschauern durchnässt, vor Kälte fröstelnd, fand er nirgends Ruhe und Schlaf. Hie und da erhielt er ein Stück Brot und einen Schluck Wasser, aber nirgends ein Nachtlager. Die Kinder verbargen sich zitternd, wenn sie den rasenden Reiter sahen, der ihnen von der Strafe des Himmels verfolgt erschien.

Auf dieser Irrfahrt durch die ganze Welt war der Ritter wieder vor seinem eigenen Schloss vorübergekommen, ohne jedoch Eintritt zu finden. Der frühere Verwalter hatte sich seines Besitzes bemächtigt, und er verfuhr noch grausamer mit den Bauern als der ehemalige Schlossherr. Mit Hunden ließ er den fremden Mann vom Tor hetzen. Niemand hatte den früheren Herrn erkannt, sosehr hatten ihn Not und Qualen verändert; der Krug aber wollte nie voll werden.

Eines Abends kam der Ritter wieder, es war schon das zehnte Mal, vor sein Schloss. Überall ringsum herrschte Verzweiflung und Elend, die Felder waren voll Unkraut, die Hütten verfallen und die Menschen verarmt. Da bemerkte der Ritter einen Knaben, der vor dem Schlosstor stand und weinte. „Wo ist dein Vater?", fragte ihn der Ritter. „Im Schloss gefangen", antwortete das Kind. „Er hat sich widersetzt, als man uns das letzte Pferd wegnehmen wollte." - „Und deine Mutter?", fragte der Ritter weiter. „Sie ist betteln gegangen. Wir haben seit drei Tagen nichts gegessen. O Herr, schenkt mir, bitte, ein Stück Brot!"

Ergriffen blickte der ehemals so grausame Ritter auf das Kind; er selbst war außerstande, ein Almosen zu geben. Und der Hunger plagte auch ihn. Jetzt, wo er selbst die Not kennen gelernt, verstand er sie, und in sein Herz drang das Gefühl des Mitleids.

Eine Träne trat in sein Auge; sie fiel in den Krug, und siehe, in diesem Augenblick füllte er sich und fiel dem Ritter vom Arm.

Von einem plötzlichen Entschluss getrieben, eilte der Ritter in sein Schloss. Eine Verwandlung war mit ihm vorgegangen, und die Söldner erkannten sofort ihren früheren Herrn.

„Lasset die Frau zu ihrem Mann", befahl der Ritter, „und befreiet alle Gefangenen! Dann rufet alle meine Vasallen zusammen!"

In Gegenwart derselben bekannte er sein bisher begangenes Unrecht und bat alle um Verzeihung. Dann ließ er das Geld, das er von den Raubzügen und Steuern gewonnen hatte, den Armen zurückerstatten und den hartherzigen Verwalter in das Verlies werfen.

Schloss und Dorf blühten seit jener Stunde wieder auf, und allgemein wurde der Ritter von nun an als der beste und edelste Herr gepriesen."

Ja, kleines Peterlein, Fritz, Peperl, Franzl und Hansl, man soll mitleidig und barmherzig sein, weil keiner weiß, ob er selbst nicht einmal auf Barmherzigkeit angewiesen ist.

Franz Hudetz

Die Schlan[...]

Es war einmal ein kleines Mädchen, das hieß Martha. Es hatte weder Vater noch Mutter und musste bei fremden Leuten sein Brot essen. Die Kost war schmal, dafür aber gab es reichlich Arbeit und viel Schimpfworte. Klein-Martha ging still und in sich gekehrt einher und sehnte sich sehr nach ein wenig Liebe. Weil sie diese bei den Menschen nicht fand, hing sie um so mehr an Tieren und Pflanzen.

Da kam ein unerträglich heißer Sommer übers Land. Viele Tage brannte die Sonne heiß vom Himmel und kein Wölkchen brachte erfrischenden Regen. In dem Dorfe, wo Martha wohnte, war bereits das Trinkwasser ausgegangen. Alle Brunnen waren versiegt, bis auf einen, der weit weg am Waldesrande stand. Bald holten alle Dorfbewohner dort das kühle Nass. Das war aber eine harte Plage, denn man musste ein schweres Rad drehen, um den Wassereimer, der an einem Seil hing, in die Tiefe hinabzulassen. Noch mühevoller war es, den gefüllten, schweren Eimer wieder heraufzuwinden und das Wasser den weiten Weg bis ins Dorf zu tragen. Martha, obwohl dieser Arbeit kaum gewachsen, musste mehrmals im Tage für die Frau, bei der sie lebte, Wasser holen. Nach einigen Tagen aber sank der Wasserspiegel in dem Waldbrunnen so tief, dass das Seil zu kurz wurde. Unverrichteter Dinge kam Martha deshalb eines Tages nach Hause. Da schimpfte ihre böse Ziehmutter und befahl ihr, mit dem Wasserkübel in den Brunnen zu klettern und unten das Wasser selbst in den Eimer zu schöpfen. Das kleine Mädchen fürchtete sich sehr in den finsteren Ziehbrunnen hinabzusteigen, doch die herzlose Frau jagte es fort und sprach: „Komme ja nicht ohne Wasser nach Hause!" Dem armen Kind blieb nichts anderes übrig, als über die buckligen, bemoosten Steine in den Brunnenschacht zu klettern. Unten angekommen, sah es, dass das Wasser nur mehr ganz seicht über dem Erdboden stand.

Am Rande der Wasserlache lag eine hell gefleckte Ringelnatter mit sechs kleinen Schlangenkindern. Auch eine dicke Kröte saß da und hütete ihre Jungen. Das gute Mädchen streichelte die Tierchen und rief: „Ei, was für niedliche, kleine Ringelnattern und die putzigen Krötenkinder!" Offensichtlich gefielen diese Worte den beiden Tiermüttern, denn sie machten keine Anstalten, vor Martha zu flüchten.

Endlich erinnerte sich Martha, dass sie ja Wasser schöpfen und den Eimer füllen solle. Kaum aber hatte sie damit begonnen, als die dicke Kröte herbeihüpfte und bat: „Ach, liebes Kind, nimm uns doch nicht das letzte Wasser fort; sieh, wir müssen sonst samt unseren Jungen verdursten."

...enkönigin

Martha war bestürzt und ratlos und sagte schließlich: „Ich ließe es euch gerne, aber ohne Wasser darf ich nicht nach Hause kommen." - „Dann bleibe eben hier", antwortete die Kröte. „Ich bin die Krötenfürstin und da hinter jenem Gang wohnt die Schlangenkönigin, die ohnehin eine treue Dienerin sucht." - „Aber ich kann doch nicht in den engen Gang hinein." - „Das lass meine Sorge sein", erwiderte die Krötenfürstin, „ich lerne dir ein Zaubersprüchlein. Schließe die Augen und sprich mir nach:
Bald bin ich groß, bald bin ich klein,
Kann nun bei jeder Tür hinein!"

Martha machte die Augen zu, wiederholte das Sprüchlein und wurde wirklich so klein, dass sie mühelos durch den niederen Gang schlüpfen konnte. Sie kam in einen herrlichen Saal mit schlanken, silberschimmernden Säulen. Es waren Tropfsteine, die das Wasser geformt hatte.

In der Mitte der Säulenhalle lag auf einem niederen Tropfsteinsockel eine prächtige weiße Schlange. Sie trug ein goldenes Krönlein auf dem zierlich erhobenen Köpfchen. Später gewahrte Martha noch drei kleinere Schlangen, die ebenfalls goldene Krönlein trugen. Es waren die Schlangenprinzen. Das Mädchen war von dem lieblichen Anblick so entzückt, dass es ganz vergessen hatte ein Wort zu reden. „Erhabenste Schlangenkönigin", begann nach einer Weile die Krötenfürstin, „hier bringe ich dir Martha, sie will dir treulich dienen." Die Schlangenkönigin nickte zufrieden und sprach freundlich zu dem Mädchen: „Wenn du mir drei Jahre dienen willst, werde ich dich reich belohnen." Damit war Martha einverstanden und die Königin unterwies sie in ihren Pflichten: „Du sollst den Saal in Ordnung halten, aus dem Brunnen Wasser herbeitragen und die drei Prinzen täglich waschen und bürsten. Auch musst du jede Woche einmal den Brunnenschacht hinaufklettern und bei der alten Frau, die am Ende des Dorfes wohnt, süße Milch für meine drei Söhne holen."

Anfangs fürchtete sich Martha zu der alten Frau zu gehen, weil sie im Dorf als Hexe verschrien war. Doch bald erkannte sie, dass diese eine herzensgute Frau war. Später freute sie sich schon die ganze Woche auf ihren Ausflug, der sie hinauf zur Erde führte. Durch ihr Zaubersprüchlein machte sie sich bald groß, bald klein, wie es ihr beliebte.

Nur zu schnell vergingen die drei Jahre und an einem schönen Sommermorgen war großes Abschiednehmen bei der Schlangenkönigin. Die drei Prinzen waren inzwischen groß, stattlich und weise geworden. Sie wollten nun in die Welt hinausziehen, eine Schlangenprinzessin freien und einen eigenen Haushalt gründen. Die Königinmutter umarmte weinend ihre Söhne und gab ihnen viele gute Lehren mit auf den Weg. Dann wurde Martha verabschiedet. Die Schlangenkönigin füllte ihr den großen Eimer, der am Brunnenseil hing, ganz mit Gold und Silber zum Lohn für ihre treuen Dienste.

Martha fand ein neues Heim bei der alten Frau am Ende des Dorfes. Die half ihr auch den schweren Eimer mit dem kostbaren Inhalt heraufzuziehen. Niemand im Dorfe erkannte das Mädchen wieder, denn es war groß und schön geworden. Nicht lange danach starb die gute alte Frau, bei der Martha gewohnt hatte, und hinterließ ihr noch dazu ihr ganzes, nicht unbeträchtliches Vermögen. Nun war Martha ein sehr, sehr reiches Mädchen. Sie ließ sich ein freundliches Haus bauen, holte von weit und breit alle Kinder, die elternlos und verlassen waren, in das neue Heim und ersetzte ihnen allen eine gütige, liebevolle Mutter. Sie wollte vermeiden, dass sich die armen Waisenkinder so unglücklich fühlen, wie sie selbst in ihrer Jugend gewesen. Die Kinder liebten ihre Pflegemutter aus ganzem Herzen und machten ihr viel Freude, so dass Martha bis an ihr Lebensende glücklich und zufrieden war.

Grete Steininger

Tschilp

Unter dem Mauervorsprung hatte eine Spatzenfamilie ihr verlottertes Nest. Darin ging es von früh bis spät sehr lärmend zu. Vier ewig hungrige Spatzenkinder hockten hier auf einem Klumpen beisammen, rissen die Schnäbelchen weit auf und kreischten. Herr Spatz und Frau Spätzin kamen kaum zum Atemschöpfen. Wenn eines von ihnen mit Futter angeflogen kam, hub sogleich ein schrilles Gekreische an. Das jüngste der vier Spätzlein trieb es am ärgsten. Es hüpfte jedes Mal ein Stück in die Höhe, drängte seine Geschwister zur Seite oder trat gar auf sie drauf. Auf diese Art erwischte es mehr Futter als die anderen und gedieh prächtig. Aber einmal geriet es in seiner Gier über den Nestrand hinaus und purzelte in die Tiefe. Zu seinem Glück fiel es jedoch auf die Pölster eines Kinderwägelchens und tat sich nicht weh. Als der erste Schreck überwunden war, kroch es unter die Decke. Hier war es weich und warm und viel behaglicher als in dem zugigen Nest dort droben.

Daheim war die Überraschung freilich groß. Alles stand um das Wägelchen herum und bestaunte das ruppige Wunder. Und das Spätzlein plusterte sein bisschen Gefieder auf, warf mit bitterbösen Blicken um sich und zeterte, dass das ganze Haus zusammenlief.

„Komm, Lieschen", sagte die Mutter, „ich werde dir zeigen, wie so ein Dingelchen gefüttert wird!" - Und sie tunkte kleine Semmelstückchen in lauwarme Milch und hielt sie dem ruppigen Burschen auf der Fingerspitze hin. Und das Spätzlein schnappte gierig zu, schluckte und riss das Schnäbelchen gleich wieder auf. Als es satt war, drehte es seiner Wohltäterin den Rücken zu und sah sie mit keinem Blick mehr an. Die Mutter lachte und tat Watte in eine kleine Schachtel. Und der winzige Schreihals machte sich sogleich in dem feinen Bettchen breit, kuschelte sich zurecht - und schimpfte. Er schimpfte auch späterhin immer gleich, wenn ihm etwas nicht passte. Und ihm passte nie etwas. Seine Stimme war erstaunlich kräftig, herausfordernd und überaus schrill. Deshalb gab ihm der Vater den Namen „Tschilp".

Tschilp wurde von allen Leuten im Hause verhätschelt und fühlte sich sehr wohl. Trotzdem war er meistens übler Laune, plusterte sich bei jeder Gelegenheit gereizt auf, blickte springgiftig um sich - und schimpfte. Und war immer bei Appetit. Das kleine Lieschen rannte unaufhörlich mit fliegenden Zöpfen, brachte etwas Gutes für ihren geliebten Tschilp herbeigeschleppt und hatte vor Eifer brennrote Wangen. Und wenn es dem kleinen Vielfraß nicht rasch genug ging, hub er ein Geschrei an, dass es einem durch Mark und Bein ging.

Alles drehte sich nur noch um den Lärmmacher. Er brauchte sich bloß ein wenig aufzuplustern und die kohlschwarzen Funkeläugelchen rollen zu lassen und schon eilte alles herbei, um ihm zu Gefallen zu sein.

Tagsüber hockte er auf dem Fensterbrett und guckte auf den großen Hof hinaus. Und wenn in den Zweigen des alten Nussbaumes andere Spatzen herumlärmten, verrenkte er sich fast den Hals, schlug aufgeregt mit den Flügelstummelchen und kreischte mit. Mit der Zeit verlor sich der gelbe Rand um das Schnäbelchen herum, seine Flügelfedern wuchsen und er setzte sogar ein allerliebstes Schwänzlein an. Wenn er Hunger hatte - und Hunger hatte er immer, wenn er nicht gerade schlief -, stahl er sich einfach etwas von einem Teller weg. Dabei funkelte er die Leute herausfordernd an und beschimpfte sie. Das kleine Lieschen brauchte er überhaupt nicht mehr. Nur wenn er einmal besonders faul war, nahm er gnädig ein Krümlein Kuchen von ihm an. Den ganzen Tag über trippelte er auf dem Fensterbrett herum und hieb mit dem Schnabel gegen die Glasscheibe.

„Unser Tschilp ist flügge geworden und braucht uns nicht mehr", sagte der Vater. „Und jetzt will er zu seinesgleichen in die Freiheit hinaus." - Daraufhin begann das Lieschen bitterlich zu schluchzen. Die Mutter küsste ihm die Tränen von den Wangen weg und sagte tröstend: „Mein liebes Kind, so ein Spätzlein ist eben kein Stubenhocker! Das müssen wir schon verstehen." Tschilp lärmte ganz wild herum und seine Augen blitzten geradezu tückisch. Für das schluchzende Lieschen hatte er keinen einzigen Blick mehr übrig. Die Mutter stieß den Fensterflügel zu einem schmalen Spalt auf - und schon war er draußen und taumelte ungeschickt zu dem Nussbaum hinüber. Und gleich vom ersten Augenblick an zeigte er sich lärmender, gewalttätiger und frecher als alle anderen Spatzen.

Ein paar Monate lang war es ein herrliches Vagabundenleben! Überall war der Tisch reichlich gedeckt. Aber dann kam die Winterszeit mit ihrem Schneegestöber und Frost. Tschilp war empört, aber diesmal half kein Schimpfen und kein Gezeter. Wenn er nicht jämmerlich erfrieren wollte, musste er mit den anderen in die engen Rauchfangschächte hineinkriechen. In diesen rußigen Quartieren wurde sein Federkleid nicht schöner und seine schlechte Laune nicht besser. Auch die Futterplätze wurden immer magerer. Um jedes Krümelchen musste er sich mit derben Amseln und mit groben Krähen herumstreiten. Dabei setzte es oftmals schmerzhafte Schnabelhiebe. Das war ein jammervolles Leben für den verhätschelten Tschilp!

Eines Tages hockte er hungrig und frierend auf der Mauerkrone eines qualmenden Rauchfanges. Sein Gefieder war rußverschmiert, der graue Himmel hing voller Schneewolken und von Norden her blies ihn ein eiskalter Wind an. Plötzlich erinnerte er sich des kleinen Lieschens und der behaglichen Stube und der köstlichen Leckerbissen, die es dort gegeben hatte. Die Wehmut packte ihn an und er schlug mit den Flügeln, dass der Schnee um ihn herum nur so aufstäubte. Und da erkannte er auch schon das liebe Kindergesichtlein hinter jener eisüberkrusteten Fensterscheibe. Ohne lange zu überlegen flog er darauf zu. Er krallte sich am Fensterrahmen fest, hieb mit dem Schnabel gegen die Glasscheibe und lärmte: „He, aufgemacht! Aufgemacht!"

„Unser Tschilp ist wieder da!", jubelte das Lieschen und riss das Fenster weit auf. Und der abgerissene Landstreicher purzelte in die Stube herein. Er tat ganz so, als wäre er niemals davongelaufen und hätte ein gutes Recht hier zu bleiben. Lieschen tunkte Semmelstückchen in warme Milch und fütterte ihn. Und er ließ es gnädig geschehen. Als sein Wanst prall und voll war, flog er auf die Vorhangstange hinauf. Hier war es heimelig dunkel und wundervoll warm. Er kuschelte sich wohlig zurecht und zerfloss fast vor Behagen. Obwohl er sehr müde war, schimpfte er noch ein bisschen auf seine Wirtsleute hinunter. Dann steckte er das Köpfchen unter den Flügel und schlief auf der Stelle ein.

Aber sogar im Schlafen piepste er noch ein paarmal:

„Tschilp … Tschilp …"

Anton Ostry

Das Tautrop...

Es war einmal ein liebes, kleines Mädchen, das Klärchen hieß. Mit seinem Mütterlein wohnte es in einer kleinen, ärmlichen Hütte am Waldrande.

Frühmorgens, beim ersten Sonnenstrahl, stand das Klärchen schon auf und half fleißig seinem Mütterlein. Gar manchen Morgen ging es ins ferne Dorf, um dort einzukaufen. Hei, war das eine Freude für das Mädchen, wenn es so dahin schritt durch den strahlenden Morgen. Der Tau glitzerte auf Grashalmen und Blüten und das Kind konnte sich nicht satt sehen an dem prächtigen Gefunkel der Tautropfen.

Einmal aber beugte es sich hinab zu den betauten Blüten und ließ behutsam ein paar von den glitzernden Tröpfchen in sein Händchen rollen. Die Blüten aber, die nun keine Tautröpfchen mehr auf ihren samtenen Blättern trugen, klagten: „Ach, mein liebes Kind, warum nimmst du uns unseren schönen Schmuck?" Klärchen erschrak und ließ die Tauperlen wieder fallen. „Verzeiht mir, liebe Blümchen", sagte es reumütig und eilte dann fort ins Dorf.

„Ach", seufzte Klärchen eines Morgens, als es wieder durch die tauigen Wiesen ging, „wenn doch die Tautropfen edle Steine wären, wie könnte man da reich werden, wenn man sie alle sammelte." Auf einmal war es Klärchen, als hätte es etwas gehört. Was war das? Hatte es nicht wie ein leises Kichern geklungen dort hinter dem Holunderstrauch? Klärchen wandte sich um und hielt Nachschau. Stand da ein putziges Männlein unter dem Strauch und guckte neugierig hervor. Es hatte ein buntes Röcklein an und ein putziges Mützchen auf und sagte: „Soso ... Tautropfenedelsteine möchtest du haben, liebes Kind? Ja, geben tut es solche schon, sie funkeln an einem wundervollen Halsband, das gefertigt ist aus großen und kleinen Tauperlen. Aber weißt du, wer es besitzt? Die Morgenfee und sie trägt es jeden Tag, wenn sie über die Wiesen und Felder schreitet. Wenn sie's aber einmal verlieren würde, so hätten die Blümchen und Gräslein keinen Tau mehr. Wenn du ein Sonntagskind bist, kleines Mädchen, so kannst du die Fee erblicken, wenn sie ganz früh am Morgen über die Wiese schreitet. Hier unter dem Holunderbusch kannst du auf sie warten. Ich bin das Holundermännlein, musst du wissen, und erlaube dir, dich hier unter den bergenden Zweigen des Strauches zu verstecken."

Klärchen dankte dem freundlichen Männlein und gleich am nächsten Morgen ging es an die bezeichnete Stelle, denn die Mutter hatte ihm erzählt, dass es wirklich an einem Sonntag geboren sei.

Und so wartete nun Klärchen unter dem Holunderstrauch, ehe noch das erste Grau des Tages aufstieg. Und wirklich, als es noch ein wenig dämmerig war, schritt die Morgenfee über die Wiese. Sie war in weiße Schleier gehüllt und um ihren zarten Hals hatte sie eine Perlenschnur geschlungen. Die Perlen begannen zu gleißen und zu schimmern, als der erste Morgenstrahl auf sie niederfiel. Mit zarten Händen streichelte die Morgenfee die Blumen und Gräser und hauchte sanft über sie hin. Und siehe da, als dies geschehen war, lagen die Tautropfen darüber hingestreut und die Blümlein waren alle erwacht. Die Morgenfee aber entschwand in den leuchtenden Morgen hinein.

Klärchen konnte sich nicht satt sehen an der schimmernden Wiese und dem perlenbehangenen Gesträuch. Und immer wieder musste es an das prächtige Tautropfenhalsband der Morgenfee denken.

Und wieder vergingen Tage, und eines Morgens, als Klärchen durch die Wiesen schritt, bemerkte es, dass kein einziges Tautröpfchen auf Gräsern und Blüten lag. Und es hörte die Blumen weinen und klagen: „O weh, die Morgenfee hat ihr Perlenhalsband verloren und nun kann sie uns keinen Tau mehr schenken." Da war das Klärchen mit all den vielen Blumen und Pflänzchen traurig, aber es tröstete sie: „Weint nicht, ihr lieben Blüten und Gräslein. Ich will das Halsband suchen gehen." Und Klärchen machte sich auf den Weg, eilte über Felder und Wiesen und schließlich in den Wald. Und dort fand es auch wirklich die Perlen. Wunderbar glitzernd lagen sie auf einem Moospolster verstreut und das Mädchen las sie auf und sammelte sie im Schürzchen. Dann eilte es zu dem Holunderbusch und bat das Holundermännchen um Rat, was es mit den gefundenen Perlen tun sollte. „Trag die Perlen heim", sagte das Männlein. „Und morgen in aller Früh gibst du sie der Morgenfee zurück."

Und nun ging Klärchen mit dem kostbaren Schatz im Schürzchen nach Hause. Daheim ließ es die wunderbaren Perlen vor den erstaunten Augen der Mutter über den Tisch rollen und erzählte, was ihm am Morgen begegnet war. „Ach, Mütterlein", sagte es, „was meinst du, wenn wir die Perlen behielten, dann wären wir reich. Was könnten wir uns alles damit kaufen."

Die Mutter aber antwortete: „Nein, mein Kind, das dürfen wir nicht tun. Wenn wir auch arm sind, können wir die kostbaren Perlen nicht für uns behalten. Denn nie und nimmer wäre es ein Segen für uns, wenn wir das Gefundene behielten. Gleich morgen bringst du die Perlen zurück."

Klärchen gehorchte der Mutter. Am nächsten Tag in aller Früh wanderte es mit den Perlen zum Holunderstrauch und erwartete dort die Morgenfee.

Traurig schritt diese über die Wiese und beugte sich da und dort zur Erde hinab, als ob sie etwas suche. Da trat Klärchen hinter dem Strauch hervor und hielt ihr Schürzchen der Fee entgegen. „Ich weiß, was Ihr sucht, liebe Fee", sagte Klärchen. „Seht, ich habe Eure Perlen gefunden. Da sind sie."

Als die Morgenfee ihre Perlen erblickte, freute sie sich von Herzen. Plötzlich aber begann sie angstvoll die Perlen zu zählen. „Ach, wenn es nicht alle siebenhundert sind", seufzte sie, „dann ist alles vergebens." Und wirklich waren es nur sechshundertneunundneunzig Perlen. „Seid nicht traurig, gute Fee", sagte Klärchen, als sie den Kummer der Morgenfee sah. „Ich will mich alsogleich auf die Suche machen, nach der letzten siebenhundertsten Perle." Und Klärchen wanderte zurück in den Wald und suchte Tag und Nacht. Die Perle aber war nicht zu finden. Da legte es sich müde unter einem Baum nieder und schlief ein. Und als es wieder erwachte, hörte es ein leises, ängstliches Piepsen und sah neben sich ein Vöglein am Moospolster sitzen. „Ach, hast du nicht ein Bröslein Brot", bat das Vöglein. „Ich bin so hungrig. Ich kann nicht fliegen, denn ein böser Bub hat mit einem Stein mein Flüglein verletzt." Da nahm Klärchen, das selbst schon großen Hunger hatte, das letzte Stück Brot aus der Tasche, zerkrümelte es und fütterte damit das Vöglein. „Hab tausend Dank, du liebes Kind", zwitscherte das Vöglein. „Du sollst mir nicht umsonst in der Not geholfen haben. Ich weiß, was du im Walde suchst. Es ist die siebenhundertste Perle der Morgenfee. Nun höre, ich kann dir sagen, wo sie ist. Sieben Bäume weit von hier, immer geradeaus, steht eine wunderschöne, blaue Waldglockenblume. In ihrem Kelch wirst du die Perle finden, denn ich sah sie gestern darin glitzern."

Klärchen dankte dem Vöglein, ging sieben Bäume geradeaus und im Kelche der Waldglockenblume fand es wirklich die vermisste Perle.

Freudig eilte es damit heim, und am nächsten Morgen überreichte es der Morgenfee die Perle. Voll Freude schloss die Fee Klärchen in die Arme, und alle Blümchen und Gräslein dankten im Chore, denn kaum hatte die Fee ihre letzte Perle zurückerhalten, bedeckten sich Wiese und Feld mit tausend und abertausend glitzernden Tauperlen. Die Morgenfee aber nahm eine Hand voll der blitzenden Tropfen von den Blüten und besprengte damit das Kind. „Diese schimmernden Tautropfen", so sagte sie, „sollen dir Glück und Erfolg im Leben bringen. Du wirst in der Schule eine gute Schülerin sein und deiner Mutter damit viel Freude bereiten. Und wenn du die Schule verlassen hast und ins Leben hinaustreten wirst, wird dein Streben mit schönstem Erfolg gesegnet sein. Du wirst glücklich sein und dir durch deine Leistung die Achtung deiner Mitmenschen erringen."

Diese Verheißung der Morgenfee ist auch in Erfüllung gegangen. Klärchen wurde ein tüchtiges, von allen wohl gelittenes Mädchen, heiratete einen braven Mann und lebte mit ihrer Familie, frei von Sorgen, ein langes, glückliches Leben.

Romana Mikulaschek

DER VERZA...

An einem glühend heißen Sommertag stand ein Mann im Dorf „Irgendwo" vor seinem einstigen Haus und suchte vergeblich Frau und Kind. Der Mann war Jahrzehnte in fremden Ländern herumgekommen, hatte für die Wissenschaft gearbeitet und alles Große und Wissenswerte zusammengetragen, dabei aber hatte er auf die Heimat vergessen. Inzwischen hatte ihm der Tod das Liebste genommen: Frau und Kind! Der Mann war heimgekommen, reich an geistigen Gütern, und nun stand er, ärmer als ein Bettler, vor fremden Menschen, die sein Haus bewohnten. Sein Schmerz war ehrlich groß, und er beschloss, die Menschen zu fliehen und ein Eremit zu werden.

Er übergab nun seine Sammlungen und wissenschaftlichen Aufzeichnungen einem Kloster, erbat sich dafür nichts als ein härenes Gewand, ein Kruzifix, die Bibel, ein Beil und einen Spaten. Damit nahm er Abschied von den Menschen und ging ins wilde Gebirge hinaus. Hinter diesem zog sich ein langer Wald, der über Berge und Täler ragte und aus dessen Mitte sich ein hoher, breiter Felsblock erhob, der mit Erde und Gras bedeckt und von schönen, alten Bäumen beschattet war. Unter diese Bäume baute nun der Einsiedler eine Hütte von Brettern eines Baumes, hing das Kruzifix voran, umzäunte den ganzen Platz. In die Hütte hing er sein Beil und den Spaten. Aus den Spalten des Felses floss eine klare Quelle, die stillte den Durst des Eremiten, auf den Bäumen wuchsen Äpfel und Birnen, und die Erde trug nahrhafte Kräuter, Beeren und Wurzeln. Der Einsiedler begann nun ein stilles Leben. Die Zeit war ihm, trotz der Einsamkeit, niemals lang. Er las in der Bibel, er betete, baute sich einen kleinen Garten an. Aber auch den Lauf der Sonne und des Mondes, der Sterne und der Wolken beobachtete er.

Die Menschen in den Dörfern wussten von dem Wald zu erzählen, dass er „verzaubert" sei. Deshalb kam auch niemals ein Mensch zu dem Einsiedler, denn sie hatten alle viel zu sehr Furcht. Der Mann wusste von alledem nichts und ging oft weite Strecken im Wald spazieren. Hirsche, Hasen, Eichhörnchen, Tauben, Singvögel aller Art begleiteten den frommen Mann. Und er liebte sie alle, waren es doch die einzigen Lebewesen, die ihn umgaben.

Auf einem seiner ausgedehnten Waldgänge kam ihm einmal ein Reh entgegen, schlank und edel gebaut, mit klugen und freundlichen Augen. Sofort ging es zu dem Einsiedler und leckte ihm die Hände, und da er es liebkoste, wich es nicht mehr von seiner Seite, ging mit ihm in seine Hütte und blieb fortan nun immer bei ihm. Da ging eine merkliche Veränderung durch den Wald. Es kamen nun sehr viele Tiere, sie alle bauten ihre Nester oder ihre Plätze direkt in der Nähe der Klause. Dem Einsiedler schwoll das Herz vor Seligkeit; wenngleich er alle Tiere liebte, so tat er dem schönen Reh alles, was er nur Liebes tun konnte. Er machte ihm neben seinem eigenen Lager eine weiche Streu von Binsen und Moos, fütterte es mit feinen Kräutern und sprach mit ihm wie zu einem Menschen.

Der Einsiedler merkte alsbald, dass dieses Reh unter den Tieren besonders geehrt wurde; wo es sich zeigte, suchten alle Tiere, ihm zu dienen. Kam es durch den Wald, so zogen bunte Schmetterlinge vor ihm her und umgaukelten es immer wieder. Die Hirsche wichen ehrerbietig vor ihm zurück und bogen mit ihren Geweihen die Äste und Büsche zurück, die den Weg zu versperren drohten. Die Vögel pflückten die buntesten

Blumenblätter und streuten sie von Ästen und Zweigen aus auf den Weg des Rehes. Sie jubilierten und sangen, und dies alles ihm zu Ehren.

Der Eremit begann nun zu beobachten und fand, dass jeden Abend, wenn sich das Tier zur Ruhe legte, ein kleiner weißer Vogel kam und es leise in den Schlaf zwitscherte. Ein Eichhörnchen kam jeden Abend, setzte sich neben den Kopf des Rehes auf das Moos und wehte ihm mit der buschigen Rute Kühlung zu. Flinke Eidechsen schnappten emsig nach Mücken, die es stechen wollten. Jeden Morgen kamen zwei weiße Tauben geflogen und legten mit ihren Schnäbeln dem Reh die Haare fein säuberlich zurecht. Das Tier selbst ließ sich alles gern gefallen und dankte mit freundlichen Blicken.

Es wäre nun alles so herrlich schön gewesen; der Einsiedler dachte nicht mehr an die Menschen, er hing an seinen Tieren mit größter Liebe. Da brach ein Sommermorgen heran, der gleich mit Schwüle begann. Der Einsiedler saß ruhig und las in seinem Gebetbuch. Das Reh aber hatte keine Ruhe, ging her und hin, bis es endlich den Berg hinablief, in den tiefen, kühlen Wald hinein. Mitten auf einem großen, grünen Platz ließ es sich nieder in das weiche Gras, sämtliche Tiere des Waldes kamen und lagerten sich in einem weiten Kreis um dasselbe in ehrerbietiger Entfernung. Die Bäume waren über und über mit schönen bunten Vögeln besetzt. Die Tiere sahen alle schweigend nach dem Reh, als erwarteten sie etwas. Durch die unerträgliche Hitze schlief nun eines nach dem anderen ein. Nur die Hasen hielten Wache. Sie spitzten die Ohren. Da erscholl plötzlich durch den stillen Wald Hundegebell und Jagdhornklang. Die Hasen pfiffen, die anderen Tiere sprangen auf und drängten sich um das Reh. Eine große Jagdgesellschaft hatte sich in den Zauberwald verirrt. An ihrer Spitze ritt der junge Königssohn. Das Reh ließ sich aber von den Tieren nicht beschützen, es sprang auf und floh in raschem Lauf davon. Es flog wie ein Pfeil aus dem Wald hinaus, den Felsen hinauf zum Einsiedler und versteckte sich in seinem Kleid. Der Königssohn rief: „Wer mir das schöne Tier tötet, der wird durch mein Schwert sterben, wer es mir lebend bringt, der wird ein Jägerhorn aus purem Gold bekommen."

Die Tiere stoben alles auseinander, sie wussten, ihnen geschieht nun nichts. Sie bangten um ihr Reh. Nun stand auch schon der Königssohn vor dem Einsiedler und befahl ihm, das Tier herauszugeben. Der Einsiedler verneinte. „So musst du sterben!", rief der junge Mann und erhob seinen Speer. Als das Reh die Gefahr erkannte, in der sein Beschützer schwebte, kam es von selbst hervor.

Unglückseligerweise hatte aber der Königssohn zum Stoß ausgeholt und traf das schöne, schlanke Tier statt den Einsiedler. Da lag es nun im Moos, und das Blut quoll hellrot hervor. Statt auf den Boden zu fließen, verbreitete das rote Blut sich über den ganzen Leib des Tieres und umhüllte es wie mit einem prächtigen Purpurmantel. Zugleich wuchs sein Geweih zu einer goldenen Krone zusammen, und nun lag statt des Rehes eine wunderschöne Frau im Gras. Es sah aus, als schliefe sie.

Der Königssohn fasste zu diesem schönen Frauenbild innige Liebe und beugte sich nieder. In demselben Augenblick erhob sich ein Tosen in der Luft, Blitze zuckte und Donner rollten, Sturm peitschte durch den Wald. Die Frau schlug die Augen auf und lächelte glücklich: „Die Zeit ist erfüllt und der Zauber, der mich lange umfangen hatte, gelöst. Mich und meine Mitmenschen auf dem Schloss hielt ein böser Zauberer hundert Jahre lang verwandelt. Ich bin eines Königs Tochter!"

Als sie diese Worte ausgesprochen hatte, brach die Sonne wieder aus den Wolken, und aus dem Wald unten stieg ein prächtiges Schloss auf, dessen Türme und goldene Zinnen tief hinunter zu den Menschen leuchteten. Alle Tiere im Wald, die einst dem schönen Reh dienten, wurden wieder zu Menschen. Sie dienten ja einst ihrer Königin und wurden mit ihr verwandelt. Die einstigen Singvögel wurden wieder Musikanten und strichen nun auf ihren Geigen und sangen frohe Lieder zu Ehren ihrer Herrin.

Der Königssohn und die junge Königin wurden Mann und Frau, und der Einsiedler segnete ihren Bund. Aus dem Wald kam ein langer Zug von Rossen und Dienern, die das königliche Paar ins Schloss abholten. Als dieses nun die Pferde bestiegen hatte, baten sie, der Greis möge mitkommen. Der Eremit aber verneinte: „Ich bin am liebsten im Wald und in der Einsamkeit. Mir strahlt auch die Sonne prächtiger als euer Gold und der Mond heller als euer Silber. Die Sterne sind meine Edelsteine und der weite Himmel mein Königszelt. Und in ihm - Gott! Kommt öfters zu mir, erzählt mir dann, wie es euch geht. Das allerdings erbitte ich mir von euch." König und Königin zogen nun fort. Der Wald belebte sich wieder mit anderen Tieren, die allerdings nicht so schön waren wie die früheren. Der Einsiedler liebte und pflegte sie. Als er starb, ließ ihn der junge König in ein marmornes Grab legen, und die Königin pflanzte selbst die schönsten Blumen für ihren einstigen Wohltäter.

Maria Schuller

DIE PRINZESSIN MIT DEM EISPANZER

Weit, weit von hier, im fernen China, lebte die Prinzessin Wu-tse-tai.

Ihre Eltern, das mächtige Kaiserpaar, war sehr stolz auf seine einzige Tochter, die schön war wie eine Granatapfelblüte. Leider war sie aber auch maßlos eitel und tat den ganzen Tag lang nichts anderes, als ihr Gesicht im Spiegel betrachten. Alles musste irgendwie ihrer Schönheit dienen, und sogar die Eltern waren dem schönen Kinde völlig untertan.

Eines Tages, als die Prinzessin vor dem Spiegel lachte, merkte sie, dass sich links und rechts von den Mundwinkeln Falten bildeten. „Ich lache nicht mehr!", sagte sie und verzog von da ab nicht mehr den Mund.

Es dauerte nicht lange und die Prinzessin musste weinen. Ärgerlich besah sie im Spiegel ihre roten Augen. „Ich weine nicht mehr!", sagte sie und vergoss von da ab keine Träne mehr.

Ängstlich hielten die Eltern jede Gefühlsregung von dem Mädchen fern, damit seine Schönheit keinen Schaden litte.

Gab es im Palast etwas zu lachen, sagte die Mutter: „Dass nur Wu-tse-tai nichts davon erfährt, vom Lachen bekommt man Falten und wird alt!" Gab es dagegen etwas zum Weinen, bangte der Vater: „Dass mir nur nichts Wu-tse-tai davon erfährt, vom Weinen bekommt man rote Augen und wird hässlich!"

War die Gefahr gegeben, dass die Prinzessin mit etwas Mitleid haben könnte, wehrte das Kaiserpaar einstimmig ab: „Nur keine unnötigen Aufregungen, die schaden unserem wunderschönen Kinde!" Was Wunder, dass die Prinzessin mit der Zeit Lachen und Weinen verlernte und auch niemandem ein mitfühlendes Wort geben konnte?

Um ihr Herz wuchs ein Eispanzer, an dem alles abglitt, was es nur irgendwie hätte rühren können.

Es kam der Tag, da Wu-tse-tai hätte heiraten sollen.

„Ihr Gatte muss aus edelstem Geblüt stammen, schön und gut sein", sagte die Kaiserin entschieden.

„Und obendrein reich und vornehm", fügte der Kaiser hinzu und strich bedächtig seinen langen, dünnen Bart.

Aus Osten, Westen, Norden und Süden kamen die Freier herbeigeeilt, Söhne von reichen, mächtigen Eltern, denn Wu-tse-tais Schönheit war weit über die Grenzen des Reiches hinaus bekannt.

Der reichste und stattlichste unter den jungen Männern war der Prinz des Nachbarlandes. Er kam und durfte bei der Tafel an der Seite der Prinzessin sitzen.

Prinz Li-ti-seng war froher Natur und liebte es, zu scherzen. Er erzählte lustige Begebenheiten aus seinem Leben, musste aber zu seinem Befremden erkennen, dass sie bei der schönen Prinzessin nicht das geringste Lächeln auslösten. Als er nun daranging, einige Betrüblichkeiten zu berichten, die jeden anderen zu Tränen gerührt hätten, sah er, dass Wu-tse-tai nicht einmal feuchte Augen bekam. Sie bekundete auch keinerlei Interesse und Mitgefühl für das Vernommene.

„Das ist ja eine seelenlose Puppe, ohne Lachen, ohne Weinen, ohne jegliches Empfinden", sprach Li-ti-seng zu sich selbst erschüttert. „Nein, das ist keine Frau für mich!"

„Ich bin nicht gewillt, eine starre Maske zu ehelichen", erklärte er dem Kaiserpaar und verließ traurig den Palast, denn er war trotz allem in heftigster Liebe zu dem schönen Mädchen entbrannt.

Die Freier sprachen der Reihe nach vor, aber jeder wendete sich bald wieder zum Gehen. Keiner wollte eine Gattin sein Eigen nennen, die weder weinen noch lachen noch fühlen konnte.

Bestürzt fragte sich das Kaiserpaar, was denn nun werden solle, denn die Prinzessin durfte nur dann den Thron besteigen, wenn sie verheiratet war.

„Hochedler Kaiser, Ihr habt nicht Recht getan, die Eitelkeit Eurer Tochter auf diese Art zu unterstützen und jegliche Gefühlsregung von Wu-tse-tai fern zu halten", sprach da mit unterwürfigsem Kniefall der weise Berater Ka-na-tung.

„Ich, das heißt, wir sehen ein, einen großen Fehler begangen zu haben, aber was sollen wir nun tun?", fragte ratlos der mächtige Kaiser.

„Lasset allerorts verkünden, dass Ihr demjenigen Eure Tochter zur Frau gebt, der sie zum Lachen, Weinen und Fühlen bringt, und wäre er der Ärmste und Unbedeutendste Eures Volkes."

„Niemals!", rief schmerzerfüllt der Kaiser.

„Durchlauchtigster Herr, dann ist der Thron verloren!"

„Gut, dann soll es so sein, wie

… du sagst", stöhnte ergebungsvoll der Kaiser. „Es handelt sich schließlich um die Zukunft meines Kindes."

Wieder kamen sie heran, die Freier aus allen Ständen, jeglichen Berufes.

Aber keinem gelang es, der wunderschönen Wu-tse-tai ein Lächeln, eine Träne oder eine Gefühlsregung zu entlocken.

Tagtäglich kam Wu-tse-tai in den prächtigen Thronsaal und hörte die lustigen und traurigen Geschichten der unzähligen Freier, die vor ihrer unirdischen Schönheit in die Knie sanken, teilnahmslos an.

Eines Morgens, gerade, als die Prinzessin wiederum den goldenen Thronsessel mit den Drachenköpfen bestiegen hatte, erschien als erster Besucher ein in Lumpen gehüllter Mann. Er musste von weit her sein, denn sein Gesicht zierte nicht der landesübliche, gepflegte Chinesenbart, sondern war von einem wild wuchernden, krausen Bart umrahmt. Er führte einen Hund an der Leine, ein Vogelbauer hing ihm über die Schulter.

Nach kurzem Gruß ließ der Fremdling den Hund los und sagte: „So, und jetzt zeig, was du kannst!"

Der Hund tanzte und sprang, dass Kaiserin und Kaiser sowie der gesamte Hofstaat in lautes Gelächter ausbrachen.

Sachte, ganz sachte zuckte es um die Mundwinkel von Wu-tse-tai, und mit einem Male lachte sie so herzlich auf, dass alles in freudigem Schreck verstummte.

„Klick", machte es laut und vernehmlich, und der Eispanzer, der das Herz der Prinzessin umspannte, bekam einen Sprung.

„Und jetzt hört, wie schön mein Vogel singen kann!", sagte der zerlumpte Mann und stellte den Käfig vor die Füße der Prinzessin.

Tatsächlich ließ der Vogel ein solch herzergreifendes Lied vernehmen, dass alle gerührt waren und Wu-tse-tai unvermittelt in Tränen ausbrach.

„Klick", machte es wieder, und der Sprung in dem Eispanzer wurde größer. „Sie weint, seht, sie weint …!", raunte es ringsum.

„Aber", sagte die Prinzessin schluchzend, „der arme Vogel singt nur deshalb so herzergreifend, weil er gefangen ist. Er sehnt sich nach Freiheit!"

Mit diesen Worten beugte sie sich hinab und öffnete den Käfig. Mit einem Jubellaut entwich der Vogel durch das offene Fenster in die köstliche Morgenluft.

„Seht, die Prinzessin zeigt Mitgefühl!", wisperte es ringsum freudig.

Wu-tse-tai aber weinte und weinte, und mit ihren Tränen schmolz der Rest des Eispanzers, der ihr Herz eingeengt hatte, dahin.

Plötzlich aber besann sie sich: Diesen zerlumpten Bettler sollte sie heiraten? Sie wurde tief unglücklich, da sie im Innersten den Prinzen Li-ti-seng liebte. Jetzt wusste sie es!

Der weise Berater ihres Vaters jedoch wiegte bedenklich den Kopf: „Das Versprechen ist nun einmal gegeben", sagte er, „und der Kaiser ist verpflichtet, sein Wort zu halten. Was Menschen nicht imstande waren, das brachten die beiden unscheinbaren Tiere des armen Mannes zuwege, der damit berechtigt ist, seinen wohlverdienten Lohn zu erlangen!"

Es wurde zur Hochzeit gerüstet. Am Vorabend des Hochzeitstages saß Wu-tse-tai auf einer Bank im Schlosspark und weinte.

Zarter Blütenduft umwehte sie, und der Vogel, den sie befreit hatte, sang über ihrem Haupt ein Dankeslied.

Plötzlich nahten Schritte. Wu-tse-tai hob den Kopf und erblickte den Fremdling, der ihr Gemahl werden sollte.

„Warum weinst du?", sprach er.

„Ich weine, weil ich Li-ti-seng liebe, und denke soeben nach, ob ich nicht besser auf den Thron verzichten soll, ehe ich dich, Fremdling, mit dem verwilderten Bart heirate!"

„Ist es nur der Bart?", fragte der also Angeredete lächelnd. „Nun, den kann ich abtun!" Mit raschem Griff befreite er sich von dem falschen Bart.

Die Prinzessin sprang überrascht auf: „Li-ti-seng!", rief sie voll Freude und Erstaunen und lächelte glückselig, während eine letzte Träne ihre Wangen hinabkollerte.

Liebevoll streckte ihr der Prinz beide Arme entgegen: „So gefällst du mir, Wu-tse-tai! Lachen und Weinen muss ein Mensch können, Freud und Leid muss er zu fühlen imstande sein. Die Schönheit eines Antlitzes allein besagt gar nichts, wenn dieses nicht von innen heraus durch Gefühlsregungen erleuchtet und belebt wird!"

„Diese Überzeugung habe ich inzwischen auch gewonnen", flüsterte Wu-tse-tai voll Innigkeit. Leise säuselte im Gezweige der Wind, der Vogel sang sein Lied, und die Blüten dufteten.

Margarete Rehak

Die drei

wir einen Lichtbildwerfer, oder wie das Ding schon heißt, kaufen wollen? Na?" Herausfordernd stellte sich Lenzl vor Xandl, der achselzuckend entgegnete:

„Blas dich nicht auf! Meinetwegen ist's, wie's ist! Ich hab' ja auch nur gemeint ..."

Schüchtern wagte sich der kleine Flori vor:

„Wenn wir aber was zum Essen kriegen, das müssen wir auch hergeben?"

„Was fällt dir ein?", brauste Nikerl auf, der sich bisher aus dem Gespräch gehalten hatte. Als er aber nun etwas vom Essen hörte, war es um das Dickerl geschehen. Im Geiste sah er schon einen Korb voll herrlicher Leckereien, die ihnen beim Sternsingen zuteil werden würden.

„Zur Sicherheit probieren wir die Strophen noch einmal!", befahl Lenzl. Die Buben stellten sich auf: Voran Nikerl und Flori, die so taten, als hielten sie Laternen in den Händen. Dann stellte sich Xandl als „Sterntreiber" auf. Er trug ja den langen Stock mit dem Stern. Dahinter endlich traten die drei „Könige": Micherl als Kaspar, Lenzl als Melchior und Hias als Balthasar. Es klappte alles bestens. „Also dann bis heut' um dreie?!"

Die Buben waren einverstanden und schoben zur Türe hinaus. Lenzls Vater sah ihnen nach. „Die sind schon ganz närrisch!", warf er seinem Weib hin, das eben mit einem Eimer voll Milch aus dem Stall trat.

„Lass ihnen die Freud', Vater! Ist doch nichts Schlechtes, was sie da machen wollen", entgegnete die Bäuerin.

„Das verging ihnen wohl g'schwind!", lachte er breit. Dabei spuckte er in seine groben Hände ... Indes verrannen die paar Stunden und Lenzl hatte in der Stube bereits alles für seine Sternsingerfreunde hergerichtet.

Es war noch lange nicht drei, kam schon der kleine Flori angetrabt. Und ehe eine Viertelstunde verging, standen auch die restlichen vier Buben bereit zum ersten Sternsingen nach vielen Jahren. Die große Schwester Lenzls hatte ihre liebe Not mit den ungeduldigen Rangen. Jeder wollte sich zuerst in sein Prachtgewand werfen. Das Maridl hatte aber auch wirklich wunderbare Arbeit geleistet! Die zwei Laternenträger Flori und Nikerl bekamen schwarze Kittel und Ministrantenrochetts. Auch der Sterntreiber Xandl trug die gleiche Tracht. Aber die drei Könige!

Also bleibt's dabei?", Micherl blickte fragend in die Bubenrunde. Die anderen fünf nickten. Der schlaksige Hias meinte:

„Wie wir's besprochen haben! In anderen Dörfern gehen sie schon seit Jahren wieder sternsingen, ausgerechnet bei uns in Talboden sollt' sich nichts rühr'n? Das gibt's doch gar nicht!"

„Recht hat der Hias! Und denkt's doch daran, was bei der G'schicht für uns herausschaut! ..." Dem Xandl blieb die Rede stekken, so pfauchte ihn Lenzl, der stämmigste Bub, an: „Du bist, wie immer, ganz versengt! Haben, haben - nichts als haben! Ihr werdet doch daheim mit eurem größten Hof im Dorf genug haben, oder?"

Die Bürscheln grinsten sich verständnisvoll an. „Das Sternsingen ist ein uralter, schöner Brauch, das merk dir endlich! Den haben sie früher bei uns immer gepflegt. Wir wollen ihn wieder einführen, verstehst? Und was wir dabei einsammeln, das g'hört unserer Gruppe, verstehst? Hast noch nichts davon gehört, dass

Schneebuben

Das lange, wallende Kleid Micherls, der den Kaspar gab, passte in seinem hellen Blau prächtig zu dem hellen Haarschüppel seines „Königs". Hias trug einen dunkelgrünen und Lenzl einen roten Umhang. Alle drei Königskleider zierten schneeweiße Kragen aus Kaninchenfell. Lenzl zog als der König Melchior noch eine gelbe Pluderhose an und wand um seinen Bauch einen breiten weißen Seidenschal. Und erst die Kronen der Fürsten! Micherl galt nicht umsonst in der Schule als der beste Bastler. Mit Goldpapier und Glasperlen in allen Farben hatten die Buben nicht gespart und so glitzerte ihr Kopfschmuck wirklich verführerisch. Die andern drei wurden ganz wehmütig, als sie die herrlichen Kostüme ihrer Freunde sahen. Sie kamen sich dagegen sehr bescheiden vor.

„Also los, ihr Sklaven! Seid ihr fertig?", scherzte Lenzl. Aber die drei lachten schallend.

„Was habt ihr denn? Seid ihr närrisch geworden?" Er wurde nun ungeduldig. Aber das Maridl wusste gleich, woher der Wind blies:

„Lenzl, du willst einen schwarzen König spielen? Du schaust eher einem Mehlwurm ähnlich oder einem Bleichgesicht..."

Jetzt erschrak Lenzl. „Um Himmels willen, ich muss mich ja schwarz machen!" Maridl brachte schon eine Schaufel mit Ruß und im Nu war aus dem Buben ein rabenschwarzer Fürst geworden. Nur seine weißen Zähne blitzten aus dem Gesicht.

„Jetzt könnt's eigentlich losgehen!", rief er unternehmungslustig. „Halt, halt! Wir brauchen doch was für unsere Geschenke ..."

„Richtig, ja! Was soll's denn bloß sein? Da - wir zwei nehmen jeder ein Körbel und du die Schachtel."

„Aber deckt die Körbeln zu! Man muss nicht gleich sehn, dass sie leer sind, ihr unheiligen drei König!", rief Maridl. Und so zogen sie denn los:

Flori und Nikerl schlenkerten die Laternen. Sie brannten zwar noch nicht, da es noch hell war, aber die beiden Lauser taten gar wichtig - wie es sich für königliche Herolde ja auch geziemte. Einige Schritte hinter ihnen ging der Sterntreiber. Xandl schritt so steif, als hätte er das Ende der Stange, die er trug, verschluckt. Von Zeit zu Zeit sah er nach oben, ob der Stern aus durchscheinendem Papier auch noch da war. Man konnte nicht wissen. Schließlich hatte er ihn ja selbst verfertigt, da konnten schon Zweifel an der Lebensdauer auftreten ...

An diese drei kleinen Vorboten schlossen sich dann die Könige. Zwar verhaspelte sich Micherl gleich beim ersten Haus, das sie betraten, weil ihm der lange blaue Kittel unter die schweren Treter kam, aber er stolperte bloß ein wenig. Die Krone verrutschte dabei etwas und hing ihm ganz schief über die Ohren. Doch es blieb keine Zeit mehr zum Richten. Die drei Vorboten begannen schon zu singen:

„Drei König führt die göttliche Hand
mit einem Sterne aus Morgenland
zum Christkind nach Jerusalem,
in einen Stall nach Bethlehem."

„Los!", zischte Lenzl aus seinem nachtschwarzen Antlitz.

Nun huben die Könige an:
„Gott führ' uns auch zu diesem Kind
und mache uns zu sei'm Hofgesind."

Zwar klang es ein bisserl heiser, aber das war wohl nur die Aufregung gewesen. Immerhin - das erste Mal einen Königsgesang hinzulegen ging schon in die Gurgel!

Die Bauersleute und das Gesinde schienen freilich von den Buben begeistert. Als diese sahen, wie die Bäuerin nach hinten zu einem Tisch ging, wurden ihre Hälse länger. Und wirklich - Nüsse, Kuchen, rotbackige Äpfel und einen Striezel gab es. Zum Schluss kam noch die alte Mahm und nestelte in einem Schürzensack. „Da!", sagte sie mit brüchiger Stimme und reichte dem Melchior einen ganz verschmierten Schilling. Der musste schon lange in dem Schürzensack gelegen haben.

„Vergelt's Gott!" Dann zogen sie allesamt weiter.

Immer dämmeriger wurde es indes. Und mit dem sinkenden Abend sank auch die Temperatur empfindlich. Die Buben hatten längst ihre Laternen angezündet und waren bei ihrem Sternsingen schon außerhalb des Dorfes zu den Einzelgehöften gekommen. Sie erschleppten kaum noch die vielen Gaben!

„Ich glaub', wir machen Schluss! Das Zeug ist schwer als wie!", stöhnte Flori, der Kleinste. Auch die andern waren fürs Heimkehren. Überraschend meinte Lenzl: „Ich ginge noch gern 'nauf zum Einschichtlazi?"

„Bist närrisch!" Die Buben riefen es erschrocken. Und Micherl gab zu bedenken: „Von dem alten Geizkragen kriegen wir keinen luckerten Heller - und sonst? Der Alte ist doch allein, glaubt ihr, der hat für euch einen Striezel bereit?"

„Wer keine Lust hat, kann heimgehen. Wir teilen uns dann beim Maridl alles auf ..."

Xandl, Flori und Nikerl verdrückten sich und nahmen die Gaben mit. Die drei Könige aber machten sich auf den Weg zum Lazi. Die Keusche des als Geizhals verschrienen Einschichtlers stand etwa eine knappe halbe Stunde außerhalb des Dorfes abseits vom Sträßlein. Die Buben schritten tüchtig aus um rasch dort zu sein. Es hatte inzwischen zu schneien begonnen und ein leichter Wind blies ihnen die Flocken ins Gesicht. Sie schnauften bald wie die Pferde. Auf ihren Kronen lagen hohe Schneekegel, auch die Mäntel glitzerten unter den Tausenden Schneekristallen.

Aus dem Dunkel tauchten die Umrisse der Keusche auf. Ein dünnes Licht stahl sich aus einem kleinen Fenster.

„Ich schau' einmal hinein!", flüsterte Lenzl und steckte seinen rußigen Kopf zwischen die Schneepölster auf dem Fenstersims. Drinnen stand der Einschichtlaz gebückt in der Mitte der Stube, in der verstreut Holzscheite lagen, als hätte er sie im Raum gehackt.

Seine Augen wanderten wie zufällig zu den Gesichtern unter der Schneehaube. Dann stand er gemächlich auf und winkte den dreien. „Los! Wir sollen hineinkommen!"

Polternd betraten die Buben die ärmliche Stube des Einschichtlaz. Sie stellten sich in Reih und Glied und huben an zu singen. Als sie ihr Lied beendet hatten, sagte der Laz:

„Das war schön! Hätt' nicht glaubt, dass zu mir noch einmal die Heiligen Drei König kämen. Wirklich nicht ..."

Der Einschichtlaz lachte in sich hinein. „Die Heiligen Drei König haben mich grad zur rechten Zeit g'funden. Hätt' nimmer viel Zeit g'habt für sie - nimmer viel!"

Der Alte schenkte den drei Königen je ein Scheit Holz.

„Da, Majestäten! Mehr hat der Lazi nicht. Aber denkt's daran, was so ein Scheitel Holz alles sein kann: Fluch und Segen. Es kommt bloß darauf an, zu was man's braucht!"

Die Buben nahmen die Holzscheiter, bedankten sich und zogen wieder heim.

Der Lenzl hat sein Scheit heute noch.

Franz Auber

Was der Kartoff[el...]

"Leni, Liesi, Xandl, geschwind auf den Acker hinaus, Erdäpfel graben!" ruft die Mutter den Kindern zu, die eben auf die Wiese laufen wollen. "Ach, Erdäpfel graben", murrt Xandl ein bisschen. "Grad heute, wo wir Zeit zum Spielen hätten", brummt die Liesi. Leni sagt jedoch nichts; sie geht auf den Acker zu, wo der Vater bereits fleißig arbeitet. Die Geschwister trollen ihr langsam nach. Ein ganzer Berg Kartoffeln liegt schon auf dem Ackerrain.

Leni beginnt zu graben, Xandl und Liesi klauben hinter ihr die Kartoffeln zusammen. Da steht mitten unter dem dürren Kraut ein blühendes. Wie seltsam! Da blüht noch eine Kartoffel! Leni packt das Kraut und will es ausreißen, doch es geht nicht. Sie versucht es noch einmal, umsonst. Da ruft sie: "Liesi, Xandl, packt's an, das Kraut geht nicht heraus!" Leni fasst das Kraut, die Liesi packt die Leni, der Xandl die Liesi. Sie ziehen: ho ruck! ho ruck! - Pardauz! Da purzeln sie alle über den Haufen. Das Kraut rührt sich nicht. Xandl ruft: "Ihr habt ja das Kraut losgelassen. Passt auf, ich mach's allein!" Er zieht an: ho... ho... plumps! Da sitzt auch er auf dem Hosenboden. "Haha!", lachen die Mädel. Doch jetzt packt der Xandl noch einmal an, die Leni fasst den Xandl, die Liesi die Leni und ho... ho... ho ruuck! Jetzt ist es heraußen das Kraut und alle sitzen auf dem Boden und lachen. "Schaut einmal her, was an dem Kraut hängt", ruft die Leni. Verwundert schauen alle die riesengroße Kartoffel an, die wie ein Kürbis am Kraut baumelt. Sie hat ein Paar Augen in der Knolle, die ein wenig zu blinzeln scheinen. Schwups, lässt die Leni das Kraut fallen. Sie hat ganz richtig gesehen: die Augen schauen sie an.

"Leni, die hat ein Gesicht", flüstern die andern, "vielleicht ist sie verzaubert?" "Ich ruf' den Vater!", sagt die Leni und ruft laut: "Vater, komm schnell!"

Der Vater kommt und hebt erstaunt die große Kartoffel auf. "Das ist ja ein Riesenkerl!", meint er, "dürft wohl ein König sein." Dabei schmunzelt er ein wenig. "Die Mutter wird staunen, wenn sie den sieht. Der reicht ja für eine ganze Familie." Damit verlässt er die Kinder wieder. "Jetzt wissen wir es: Er ist ein König!", sagt die Leni und schaut ehrfürchtig den Kartoffelriesen an. "Den möcht ich braten", meint der Xandl und leckt sich die Lippen. "Der muss ja besonders gut schmecken. Ein König ist doch etwas anderes als so ein gewöhnlicher Erdapfel." "Was nicht gar", sagt die Liesi. "Immer denkst du gleich ans Essen. Einen König darf man nicht braten. Der ist verzaubert! Wer weiß, was der alles kann!" "Hm", macht der Xandl bedauernd; er hätte am liebsten gleich den Erdäpfelkönig gekostet.

Die Kinder sind mit dem Graben fertig und tragen das Kraut zusammen. Dann zünden sie ein Feuerl an und braten sich Kartoffeln. Die schmecken fein! Puff, puff! machen sie in der Glut und riechen herrlich. Alle sitzen beim Feuer, und da sie müde sind, fallen ihnen bald die Augen zu.

Nur Xandl ist wach, er steht auf und nähert sich dem Erdäpfelkönig. Zu gerne würde er ein Stück von der großen Kartoffel kosten. Doch die Kartoffelaugen schauen den Buben strafend an; er will fortlaufen, doch er ist wie festgenagelt.

Der König wackelt ein paar Mal und spricht: "Fürchte dich nicht! Ich mach dir nichts! Es ist zwar nicht schön von dir, dass du nur immer ans Essen denkst", meint er vorwurfsvoll. "Deshalb bin ich

...lkönig erzählt.

auch nicht in eurem Acker gelegen und so weit gereist. Weißt du denn überhaupt, woher wir sind, Xandl?", fragt er. Xandl nickt. „Ich meine, ihr seid aus Amerika", sagt er nach kurzem Nachdenken. „Ganz richtig", entgegnet der König, „aber ich glaube, so genau kennst du unsere Geschichte doch nicht. Willst sie vielleicht hören?" Das will der Xandl gerne, und er hockt sich zum König hin und lauscht.

„Vor langer, langer Zeit, es sind wohl schon gut 400 Jahre vergangen, haben uns fremde Menschen, es waren Spanier, in Südamerika gefunden und in ihre Heimat gebracht. Aber sie wussten damals mit uns nichts anzufangen. Statt unsere guten, mehligen Knollen zu essen, haben sie die grünen Beeren an unserem Kraut gekostet. Die sind giftig und viele Menschen sind davon krank geworden. Natürlich waren sie auf uns böse, aber wir Knollen haben doch wirklich nichts dafür gekonnt. Mich hat eben kein Sonntagskind gefunden, dem ich es hätte verraten können, und so ist niemand darauf gekommen. Erst viel, viel später, gute 200 Jahre später, hat man uns zu schätzen angefangen. Weißt du, wie das kam? Kinder haben uns gefunden und wie Kinder oft so allerhand wissen und mehr sehen als die Großen, haben sie uns in ein Feuerl gelegt und gebraten. Eins, zwei, waren wir auch schon verspeist. Und seit damals sind wir Kartoffeln hoch geschätzt. Wir helfen den Menschen und Tieren, sind gesund, schmecken fein, und aus uns wird Kartoffelmehl, Stärke, Kartoffelzucker usw. gemacht." „Spiritus kann man auch aus Kartoffeln gewinnen", unterbricht ihn Xandl eifrig.

Der König nickt gedankenvoll. „Du siehst, wie nützlich wir sind. Mit mir ist es aber eine eigene Geschichte. Mich darf man nicht essen. Ich bin ururururalt, und dennoch bleibe ich jung. Ab und zu zeige ich mich im Acker eines fleißigen Menschen. Dort findet mich dann ein Sonntagskind, wie es die Leni ist. Ich schütze mein Volk auch vor unserem größten Feind, dem Kartoffelkäfer. Mein Volk dankt es mir und bringt reiche Frucht."

„Aber wie kommt es, dass du immer jung bleibst?", unterbricht Xandl die Rede.

„Weißt du denn nicht, dass aus meinen Kartoffelaugen neues Leben wird?", erwidert der König lächelnd. „Du schneidest sie jetzt sorgfältig heraus und gibst sie dem Vater. Er soll sie in alle vier Windrichtungen werfen. Dort, wo ich auffalle und ich es für richtig finde, dort beginne ich von Neuem zu wachsen. Meine Zeit ist um, daher beeile dich. Leg mich in die Glut, und nun leb wohl!" Damit verfiel der Kartoffelkönig in tiefes Schweigen.

Xandl tut, wie ihm geheißen. Er schneidet sorgfältig die vier Kartoffelaugen heraus und stellt den König in die Glut. Da macht es „Puff, puff, puff", so laut, dass die Mädchen erschreckt auffahren. Sie sehen noch, wie die große Kartoffel zerplatzt und ein Funkenregen aufstiebt. Ehe sie noch fragen können, erzählt ihnen Xandl alles. Da schauen sie!

Nach einer Weile kommt der Vater. Auch er vernimmt etwas verwundert das seltsame Abenteuer. Er lächelt ein wenig, als er die vier Kartoffelstückchen in die vier Windrichtungen wirft. Huiii, da fährt der Wind einher, wirbelt sie hoch und trägt sie fort, weit fort, irgendwohin. Niemand kennt den Ort.

„Ein ander Mal lege ich mich auch zum Feuerl", sagt der Vater. „Dann erlebe ich vielleicht auch einmal so ein Abenteuer."

Aber Xandl schwört, dass er wahrhaftig nicht geträumt habe ...

Liane Keller

Das vertau...

Willi war ein lieber, guter Junge und von allen Menschen wohlgelitten, weil er stets Herz und Gemüt zeigte, wenn es Not tat.

Gab es etwas zu lachen, lachte er mit, gab es etwas zu weinen, weinte auch er, war jemand in Bedrängnis, half er, wie es nur möglich war.

So ging es, bis er eines Tages dem dicken Ekelhart Prozius begegnete, der ihn ob seines Gemütes, das er als unnötige Weichheit bezeichnete, weidlich auslachte.

„Ein Mensch muss hart sein, nur so bringt er es zu etwas, und was er macht, muss er" - Ekelhart tippte sich gegen die Stirne - „mit Verstand machen, wohlgemerkt! Und hier drinnen" - Ekelhart schlug sich gegen die Brust - „muss eine Rechenmaschine haben und nicht so etwas Altmodisches wie ein Herz. Steht man vor einer Entscheidung, ganz gleich welcher, muss man sofort die Maschine in Tätigkeit setzen und nachrechnen, ob sich das, was man zu tun beabsichtigt, auch lohnt. Lohnt es sich nicht, unterlässt man es."

„Du hast eine Rechenmaschine in der Brust?", fragte Willi, der so etwas das erste Mal in seinem jungen Leben hörte, ungläubig.

„Ja, da ... horch ... sie rechnet ständig", antwortete Ekelhart und bot Willi seinen breiten Brustkasten.

Dieser legte sein Ohr an, konnte aber beim besten Willen nichts vernehmen, denn da Fett des Dicken ließ keinen Laut durch.

„Na ja, wird schon so sein, wie du sagst", meinte Willi schließlich achselzuckend. „Wie aber kommt man zu solch einer Rechenmaschine?"

„Sehr einfach", sagte Ekelhart. „Such den Götzen Mammon auf, der in einem Edelsteinpalast auf seinen Geldsäcken sitzt, und erkläre ihm, dass du jener besonderen Rechenmaschinen geben und dich im Kalkulieren entsprechend unterweisen. Aber sag niemandem etwas davon!"

„Schönen Dank", sagte Willi, „da geh ich gleich morgen hin."

Anderntags stand Willi etwas bangend vor dem überreich mit Edelsteinen beladenen Palast. Schon allein von außen wirkte der Reichtum bedrückend.

Sollte er? Sollte er nicht?

Aber, was gab es schließlich zu bedenken?

Seine Befangenheit abschüttelnd, trat er mutig ein. Er sah sich sogleich dem in seinem Reiche Allmächtigen gegenüber. Demutsvoll beugte er vor ihm die Knie.

Schön war Götze Mammon nicht anzuschauen.

Er war unförmig dick und hatte Hängebacken und Triefaugen. Unter seinem goldenen Thronsessel quollen die prall gefüllten Geldsäcke hervor.

Willi fühlte sich ungemein gering und verlassen.

Schüchtern brachte er seine Bitte vor, gleichzeitig den Götzen seiner tiefsten Verehrung und Unterwürfigkeit versichernd.

„Hahaha...", lachte der Fleischberg, dass alles an ihm nur so schwabbelte, „hahaha... bist du endlich zur Einsicht gekommen, dass ein Herz ein recht überflüssiges Ding geworden ist? Nun, komm her, ich gebe dir etwas wesentlich Vernünftigeres!"

Damit griff der Götze rückwärts und holte von einem Regal eine kleine, funkelnagelneue Rechenmaschine herunter.

Willi sah erst jetzt, dass sich entlang der hohen Wände unzählige Regale zogen, auf denen eine Rechenmaschine neben der anderen stand. Der Saal war mit ihnen ja geradezu tapeziert.

„So, hier hast du sie!", sagte Götze Mammon. „Denke aber daran, dass du mir von diesem Augenblick an untertan bist. Du bist mein Sklave und hast nur das zu tun, was ich dir anordne. Meine jeweiligen Befehle tut dir die Maschine kund. Begehst du aber eine in meinem Sinne ganz besonders verachtungswerte Tat, erlischt der Zauber von selbst."

Als der Götze ausgesprochen hatte, legte er die Maschine an Willis Brust und machte einige geheimnisvolle Zeichen.

Willi durchfuhr es kalt und ungemütlich. Dann durchzog ein schmerzliches Ziehen, das schier nicht aufhören wollte, seine Brust.

Endlich sagte Götze Mammon, hämisch lachend: „So, jetzt ist der Tausch vollzogen!" „Ratsch!", machte die Maschine, als sie Willi nun an Stelle seines Herzens fühlte. „Ratsch ... klapp, klapp ... ratsch", und die Zahlen liefen hurtig durcheinander.

Umständlich griff nun Götze Mammon in den weiten Ärmel seines Gewandes und zog eine Rolle hervor. Als er sie öffnete, sah Willi, dass darauf die Taten, die sich lohnten, verzeichnet waren, sowie die Taten, die sich nicht lohnten. Die, die sich nicht lohnten, waren in der Mehrheit. Willi musste alles aufmerksam durchlesen und wurde dann in Gnaden entlassen.

„Ratsch ... klapp, klapp ...", lustig war das doch, oder vielleicht nicht?

Willi rechnete bei jeder Gelegenheit: Hatte er einen Profit zu erwarten oder nicht? Einmal, als er vergaß und etwas Gutes tun wollte, das aber kaum einen Gewinn zu bringen versprach, verspürte er einen warnenden Stich.

Es war wirklich unmöglich, gegen die Anordnungen seines neuen Herrn zu verstoßen. Die Maschine überwachte und registrierte alles, was er tat.

„Na, wie fühlst du dich jetzt?", fragte einige Zeit später Ekelhart

...chte Herz

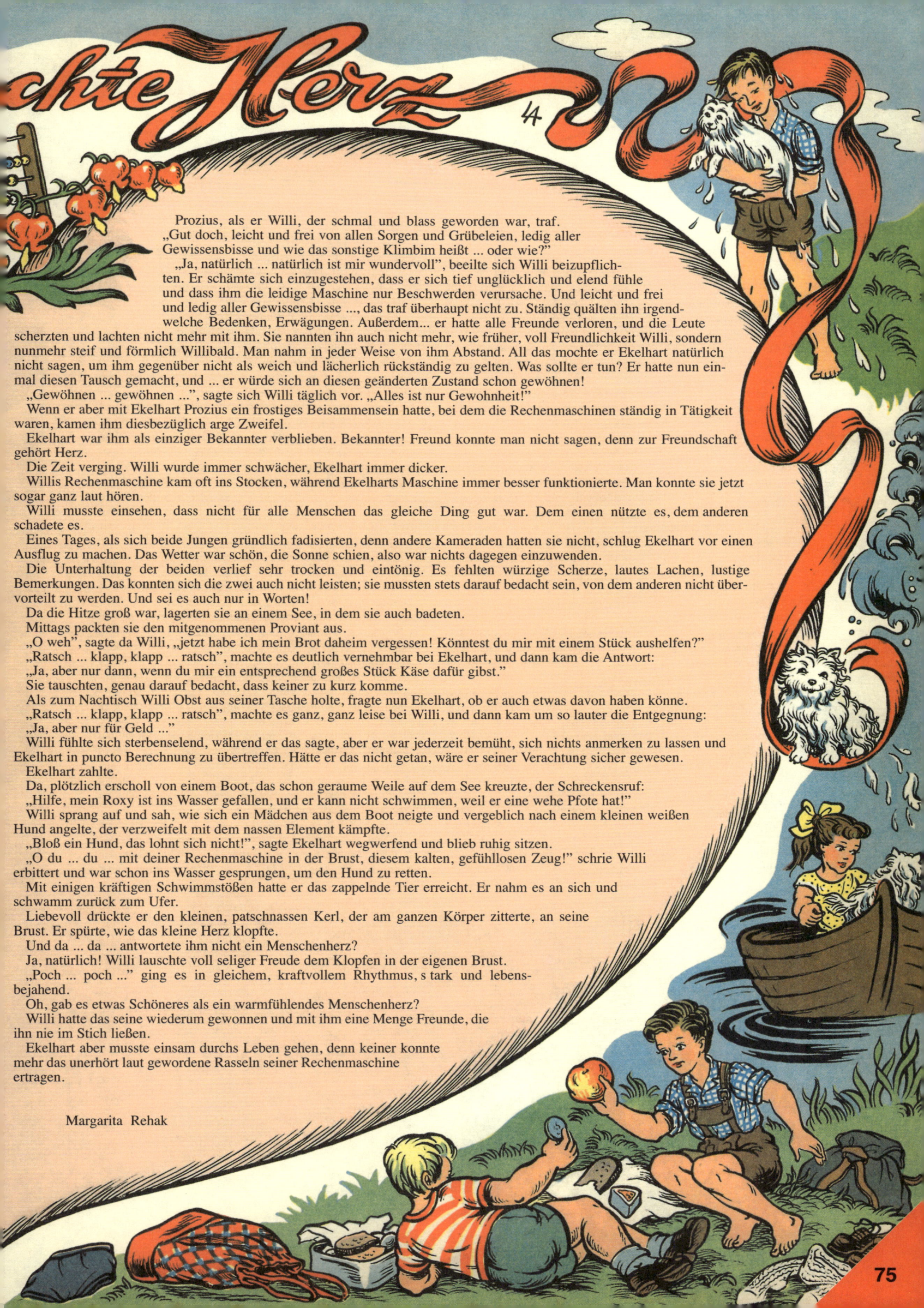

Prozius, als er Willi, der schmal und blass geworden war, traf.
„Gut doch, leicht und frei von allen Sorgen und Grübeleien, ledig aller Gewissensbisse und wie das sonstige Klimbim heißt ... oder wie?"
„Ja, natürlich ... natürlich ist mir wundervoll", beeilte sich Willi beizupflichten. Er schämte sich einzugestehen, dass er sich tief unglücklich und elend fühle und dass ihm die leidige Maschine nur Beschwerden verursache. Und leicht und frei und ledig aller Gewissensbisse ..., das traf überhaupt nicht zu. Ständig quälten ihn irgendwelche Bedenken, Erwägungen. Außerdem... er hatte alle Freunde verloren, und die Leute scherzten und lachten nicht mehr mit ihm. Sie nannten ihn auch nicht mehr, wie früher, voll Freundlichkeit Willi, sondern nunmehr steif und förmlich Willibald. Man nahm in jeder Weise von ihm Abstand. All das mochte er Ekelhart natürlich nicht sagen, um ihm gegenüber nicht als weich und lächerlich rückständig zu gelten. Was sollte er tun? Er hatte nun einmal diesen Tausch gemacht, und ... er würde sich an diesen geänderten Zustand schon gewöhnen!
„Gewöhnen ... gewöhnen ...", sagte sich Willi täglich vor. „Alles ist nur Gewohnheit!"
Wenn er aber mit Ekelhart Prozius ein frostiges Beisammensein hatte, bei dem die Rechenmaschinen ständig in Tätigkeit waren, kamen ihm diesbezüglich arge Zweifel.
Ekelhart war ihm als einziger Bekannter verblieben. Bekannter! Freund konnte man nicht sagen, denn zur Freundschaft gehört Herz.
Die Zeit verging. Willi wurde immer schwächer, Ekelhart immer dicker.
Willis Rechenmaschine kam oft ins Stocken, während Ekelharts Maschine immer besser funktionierte. Man konnte sie jetzt sogar ganz laut hören.
Willi musste einsehen, dass nicht für alle Menschen das gleiche Ding gut war. Dem einen nützte es, dem anderen schadete es.
Eines Tages, als sich beide Jungen gründlich fadisierten, denn andere Kameraden hatten sie nicht, schlug Ekelhart vor einen Ausflug zu machen. Das Wetter war schön, die Sonne schien, also war nichts dagegen einzuwenden.
Die Unterhaltung der beiden verlief sehr trocken und eintönig. Es fehlten würzige Scherze, lautes Lachen, lustige Bemerkungen. Das konnten sich die zwei auch nicht leisten; sie mussten stets darauf bedacht sein, von dem anderen nicht übervorteilt zu werden. Und sei es auch nur in Worten!
Da die Hitze groß war, lagerten sie an einem See, in dem sie auch badeten.
Mittags packten sie den mitgenommenen Proviant aus.
„O weh", sagte da Willi, „jetzt habe ich mein Brot daheim vergessen! Könntest du mir mit einem Stück aushelfen?"
„Ratsch ... klapp, klapp ... ratsch", machte es deutlich vernehmbar bei Ekelhart, und dann kam die Antwort:
„Ja, aber nur dann, wenn du mir ein entsprechend großes Stück Käse dafür gibst."
Sie tauschten, genau darauf bedacht, dass keiner zu kurz komme.
Als zum Nachtisch Willi Obst aus seiner Tasche holte, fragte nun Ekelhart, ob er auch etwas davon haben könne.
„Ratsch ... klapp, klapp ... ratsch", machte es ganz, ganz leise bei Willi, und dann kam um so lauter die Entgegnung:
„Ja, aber nur für Geld ..."
Willi fühlte sich sterbenselend, während er das sagte, aber er war jederzeit bemüht, sich nichts anmerken zu lassen und Ekelhart in puncto Berechnung zu übertreffen. Hätte er das nicht getan, wäre er seiner Verachtung sicher gewesen.
Da, plötzlich erscholl von einem Boot, das schon geraume Weile auf dem See kreuzte, der Schreckensruf:
„Hilfe, mein Roxy ist ins Wasser gefallen, und er kann nicht schwimmen, weil er eine wehe Pfote hat!"
Willi sprang auf und sah, wie sich ein Mädchen aus dem Boot neigte und vergeblich nach einem kleinen weißen Hund angelte, der verzweifelt mit dem nassen Element kämpfte.
„Bloß ein Hund, das lohnt sich nicht!", sagte Ekelhart wegwerfend und blieb ruhig sitzen.
„O du ... du ... mit deiner Rechenmaschine in der Brust, diesem kalten, gefühllosen Zeug!" schrie Willi erbittert und war schon ins Wasser gesprungen, um den Hund zu retten.
Mit einigen kräftigen Schwimmstößen hatte er das zappelnde Tier erreicht. Er nahm es an sich und schwamm zurück zum Ufer.
Liebevoll drückte er den kleinen, patschnassen Kerl, der am ganzen Körper zitterte, an seine Brust. Er spürte, wie das kleine Herz klopfte.
Und da ... da ... antwortete ihm nicht ein Menschenherz?
Ja, natürlich! Willi lauschte voll seliger Freude dem Klopfen in der eigenen Brust.
„Poch ... poch ..." ging es in gleichem, kraftvollem Rhythmus, stark und lebensbejahend.
Oh, gab es etwas Schöneres als ein warmfühlendes Menschenherz?
Willi hatte das seine wiederum gewonnen und mit ihm eine Menge Freunde, die ihn nie im Stich ließen.
Ekelhart aber musste einsam durchs Leben gehen, denn keiner konnte mehr das unerhört laut gewordene Rasseln seiner Rechenmaschine ertragen.

Margarita Rehak

Fasching in Irgendwo

In dem kleinen Städtchen Irgendwo ist in allen Häusern schon seit Tagen eine Menge Geheimnistuerei. Kinder stecken tuschelnd die Köpfe zusammen und stieben beim Dazukommen der Erwachsenen kichernd auseinander. Mütter laufen mitten vom Staubabwischen und Suppenkochen ans Telefon oder zur Nachbarin, um ihr eine besonders gute Idee mitzuteilen. Und wenn sich die Männer am Stammtisch oder auf der Straße treffen, gibt es auch dort Geflüster und manch schallendes Gelächter. Obwohl doch alle Beteiligten durchaus nicht verschwiegen sind, wird die ganze Angelegenheit doch immer verwirrender, geheimnisvoller und lustiger: „Na, wenn das Fest nur halb so nett wird wie die Vorbereitungen sind, dann können wir zufrieden sein", sagt einmal Herr Pimpelhuber und reibt sich vergnügt die Hände.

Aber was ist nun eigentlich wirklich in das Städtchen Irgendwo und seine Bewohner gefahren? Ganz einfach: der Fasching. Die Parole lautet: „Kostüm und Maskenzwang für alle, die an dem ‚Faschingsfest' im ‚Grünen Baum' teilnehmen." Die Kostümierung muss so gut sein und so geheim gehalten werden, dass keiner keinen erkennt.

Ein paar befreundete Frauen haben außerdem noch ausgemacht, dass sie einander um 20 Uhr in der Garage bei ihren Autos treffen werden, dass aber die verschiedenen Familienmitglieder einzeln kommen sollen, weil auch sie sich nicht schon vorher erkennen dürfen.

Nun, da gibt es schon allerhand Kopfzerbrechen, besonders bei den Kindern, wegen des Kostümnähens! Mutti darf nichts davon wissen, also müssen die Tante Sowieso und die Nachbarin X raten helfen und das ganz große Ehrenwort geben, dass sie mit niemandem ein Sterbenswörtchen darüber sprechen werden.

Außerdem haben die Kinder noch eine Idee, die sie gemeinsam in die Tat umsetzen und damit die Großen überraschen wollen. Die Autos sollen ebenfalls einen Faschingsschmuck erhalten. Das lässt sich ganz gut machen, weil Fritzl, der Sohn vom Garagenbesitzer, selbstverständlich eingeweiht ist und tüchtig mithelfen wird.

An dem bestimmten Samstag - abends soll das Fest sein - wundern sich nachmittags die Mütter, warum die Kinder mit Schachteln, Taschen und Rucksäcken davonhuschen und dann für einige Stunden unauffindbar sind. Die Vatis, die noch rasch einmal nach dem Wagen sehen wollen, finden die Garage versperrt. Breitspurig steht der Besitzer davor und lächelt geheimnisvoll: „Nix für ungut, Herr Zipfelmaier, aber da drinnen sind große Dinge im Gang. Die Kinder lassen niemanden hinein." Etwas zweifelnd und misstrauisch schüttelt Herr Zipfelmaier den Kopf: „Die werden doch nicht als Faschingsscherz meinen Wagen zerlegen? Da wird sich aber doch die Gemütlichkeit aufhören ..." - „Nur keine Angst, so sind unsere Kinder doch nicht!", beruhigt ihn der Garagenbesitzer.

Ein frostklirrender Abend wandert durch die Straßen und Gässchen von Irgendwo und guckt bei den Fenstern hinein. So viel frohe Aufregung, Hin- und Herlaufen hat er schon lange nicht mehr gesehen! Warum rennt denn die Monika mit einem Paket und einem Kopfkissen unter dem Arm ins kleine Gartenhäuschen? Die wird doch heute nicht da draußen übernachten wollen? Der Abend bleibt neugierig draußen stehen und wundert sich mächtig, als nach einer Weile ein dickbauchiger Zwerg herauskommt. Kennt er ihn nicht aus der „Wunderwelt"? Ja, das ist doch eine vergrößerte Ausgabe von Zwerg Bumsti! Wie viele Elfen, Kasperln und sonstige Märchengestalten Irgendwo auf einmal bekommen hat! Aus allen Häusern eilen, dick in Mäntel verpackt, maskiert und unkenntlich, große und kleine Gestalten zum „Grünen Baum". Der Abend guckt schnell durch die großen Scheiben des Festsaales. Girlanden, Lampions, Blumen überall. Aha! Jetzt kennt er sich endlich aus und bummelt fröhlich schmunzelnd weiter zur Garage. Ja, aber was ist denn da nur wieder los? Maskierte Gestalten, nun gut, er weiß schon, was das bedeutet, aber was sind das für seltsame Dinger? Blumenschmuck wie ein riesiger Geschenkkorb, das eine; es soll wohl das Auto des Herrn Zipfelmaier sein?

Er weiß es scheinbar auch nicht genau und geht erst einmal rundherum. Das andere Auto hat auf dem Kühler ein lustiges Gesicht gemalt und trägt eine mächtige Narrenkappe aus Pappe, und das dritte hat rundum Krepppapierrüscherln gleich einer Wiege; ein riesiger Babykopf guckt oben auf dem Wagen aus Rüschen und Bändern hervor.

Nun sind nach langem Bestaunen und Lachen endlich doch alle in den verwandelten Fahrzeugen verstaut, und langsam rollt die seltsame Karawane durch die Straßen. Richtung „Grüner Baum". Die Leute auf der Straße bleiben zuerst erschreckt stehen, als sie die merkwürdigen Ungetüme von fern kommen sehen. Doch dann beginnt alles zu lachen und zu applaudieren und hinter den Autos sich zu einem Zug zu formieren. Singend und jubelnd hält der Fasching im „Grünen Baum" seinen Einzug. Das heißt, gerade beim Einbiegen zum „Grünen Baum" gibt's noch ein großes Hallo, als sich der Papiermaché-Babykopf sacht vom Autodach nach hinten abwärts gleiten lässt und in den Armen von zwei schnell herbeispringenden jungen Leuten landet. Die tragen ihn triumphierend in den Festsaal. Die anderen „Festzugsbegleiter" stehen im Kreis um den Wagen, und nun beginnt das große Rätselraten, als sich die Wagentüren öffnen und die Insassen aussteigen. Wer ist die rundliche Köchin im weiß getupften Kleid? Frau Zipfelmaier? Nein, die ist doch viel kleiner und kann doch gar nicht Auto fahren. Oder sollte das der Herr Zipfelmaier sein? Jedenfalls trippelt sie zierlich wie ein Mädchen um den Wagen. Holla! Da hat sie sich schon verraten! Sie bietet einem niedlichen Prinzesschen den Arm. Das würde einer Frau nie einfallen. Also ist die Köchin ein Mann! Nun, und so geht das Raten weiter. Wer der lustige Spielmann wohl sein mag? Am Ende gar der Herr Magister? Und die wunderschöne Spanierin mit dem großen Fächer, die so lustig mit den Kastagnetten klappert? Schon sind sie alle im Saal verschwunden, als letzter trippelt ein roter Zwerg nach, der sehr ängstlich sein rundes Bäuchlein mit den Händen festhält.

Im Festsaal erklingt der Einzugsmarsch, und ihm folgt ein Walzer. „Der erste Tanz gehört den Kindern!" Ein wenig steif verneigen sich Cowboys, Hampelmänner und Indianerhäuptlinge vor zarten Blumen, Elfen und Prinzessinnen und führen sie auf die Tanzfläche. Dort stellt es sich meist bald heraus, dass den Mädchen das Tanzen schon angeboren ist und die Buben tollpatschige kleine Bären sind, die sich von den Mädchen herumdrehen und -schieben lassen und nur allzu oft auf zarte Zehen treten und damit Schmerzensschreie auslösen. Die Erwachsenen umstehen im Kreis, sich wiegend, ihre tanzende Kinderschar. Manche Mutti lächelt stolz ihrem Kind zu, und eine andere brummt ärgerlich: „Nein, dass ausgerechnet ich so einen schwerfälligen Buben habe!" Plötzlich entsteht in der Mitte ein kleines Durcheinander. Zwerg Bumsti hat seine Maus so schwungvoll im Kreis gedreht, dass er schwindlig wurde und beide nun auf dem Boden landen. Aber damit nicht genug, diesen Augenblick hat sein Bäuchlein sehnlichst erwartet, um aus der zu engen Hülle schlüpfen zu können. Das Bäuchlein ist aber ein Kopfkissen, und nun flüchtet Bumsti, purpurrot im Gesicht, in der einen Hand den Polsterbauch, mit der anderen krampfhaft die abwärts strebende Bumsti-Hose festhaltend. In einer riesigen Lachsalve findet der erste Kindertanz sein Ende.

Nun sind die Erwachsenen an der Reihe. Und auch da gibt es allerhand zu lachen und zu kichern.

Die rundliche Köchin zum Beispiel vergisst immer wieder, dass sie doch eigentlich eine Dame ist und sich beim Tanz von ihrem Herrn führen lassen müsste. Sie zerrt ihn immer wieder in verkehrter Richtung herum und hopst schließlich zum Gaudium aller ganz wild mit ihm durch den Saal.

Einem imposanten Ritter in herrlicher Rüstung kommt sein Schwert beim Tanz immer wieder zwischen die Beine. Das unselige Paar führt den reinsten Schwertertanz auf, von Sturz zu Sturz taumelnd. Alles in allem ist es herrlich, lustig und wunderschön!

Zwei der Buben sind für einen Augenblick vor das Tor gegangen, um ein wenig Luft zu schnappen. Was sehen sie da? Eine zerlumpte Gestalt macht sich am „Babyauto" zu schaffen. Jetzt öffnet sie den Wagenschlag, und gleich wird sie drinnen sitzen. Die Buben rasen in den Saal. „Autodieb! Haltet den Dieb!", schreien sie mit gellenden Stimmen. Die Musik verstummt, alles rennt aus dem Saal, allen voran der Herr „Inschpektor". „Wo? Wo ist der Dieb?", schreit die empörte Menge. Die Buben zeigen auf das Auto. Schon wird der Gangster vom Inspektor aus dem Wagen gezerrt und von den Menschen wütend angefahren: „So eine Gemeinheit! Sperrt ihn gleich ein!" - „Nein, bringt ihn um!" - „Nein, das ist noch viel zu wenig!" Die zerlumpte Gestalt steht gar nicht schlotternd da, sondern sagt sehr ruhig: „No, i mein, umbringen ist doch schon genug dafür, dass man sich aus seinem eigenen Wagen eine Schachtel Zigarren holt." - „Ach je, das ist doch der Herr Magister als ‚Lieber Augustin'!" Der ‚Liebe Augustin' hat wirklich Humor, er setzt seinen Dudelsack an die Lippen und beginnt: „O du lieber Augustin, alles ist hin." Die eben noch empörte Menschheit beginnt zu lachen und kehrt mit ihrem Augustin an der Spitze singend zu ihrem Fest zurück. Ganz zuletzt schleichen zwei Buben mit gesenkten Köpfen. „Verflixt, diese Kostümiererei, jetzt erkennt man nicht einmal mehr seinen eigenen Vater!"

Elfriede Vavrovsky

DER WEISSE

Fern in Indien, am Rande des Urwaldes, wohnte vor langer Zeit Tahim, der Jäger, mit seiner Familie. Glücklich waren sie in ihrem kleinen Haus, das aus Bambuszweigen gebaut und zum Schutz gegen Wind und Regen mit großen Palmblättern gedeckt war.

Eben kam der Vater aus dem Walde geschritten, die braunen Kinder liefen ihm lachend und lärmend entgegen und hängten sich an seine Beine. Die Mutter trat aus der Hütte und blickte lächelnd auf den Ankömmling, der seine Jagdbeute über der Schulter trug. Wenig später saß die Familie beim einfachen Abendbrot beisammen. „Erzähl uns doch, was du im Walde erlebt hast", baten die Kinder. „Hast du den weißen Elefanten gesehen?", fragte ein kleines Mädchen. „Ach", lachte der Vater, „den sieht man nicht so alle Tage. Ich habe ihn im Leben nur ein einziges Mal gesehen." – „Erzähl, Vater, erzähl!", riefen die Kleinen, obwohl sie die Geschichte schon oft und oft gehört hatten. „Na also", begann Tahim, „ihr wisst ja, dass ich auch Elefanten fange und sie mit Hilfe unserer Elefanten Galu und Ranum zähme um sie dann an reiche Herren zu verkaufen. Einmal hatte ich eine tiefe Fanggrube gegraben und als ich dann nachsehen kam, lag wirklich ein schönes, großes Elefantenweibchen darin. Ich freute mich sehr, dass es mir nach längeren vergeblichen Versuchen geglückt war so ein schönes Tier zu fangen, und lief schnell nach Haus um Galu und Ranum zu holen, sie sollten mir helfen das Tier aus der Grube zu ziehen. Ich hatte starke Seile mitgenommen, die ich um den Körper des riesigen Tieres schlingen wollte. Das war keine leichte und ungefährliche Arbeit, sie kostete mich viel Überlegung und Mut, aber schließlich war es mir doch geglückt und ich spannte unsere Elefanten ein um das gefangene Tier aus der Fallgrube herauszuziehen. Ich war so eifrig bei meiner Arbeit, dass ich überhörte, dass ein anderer Elefant herbei gekommen war. Plötzlich stand er vor mir - der große weiße Elefant. Er war riesig und seine Stoßzähne waren fast so lang wie ich selbst. Er stand vor mir, sah mich an und stampfte mit dem einen Fuß und bewegte lebhaft den großen Rüssel. Ich war natürlich zu Tode erschrocken, wenn er gewollt hätte, so hätte er mich mühelos zerstampfen können. Ich merkte aber, dass er das Weibchen, das wohl seine Gefährtin war, von mir zurückforderte. Ich sagte zu ihm: „Großer, kluger, weißer Elefant, ich werde deiner Gemahlin nichts zu Leide tun. Galu und Ranum werden sie aus der Grube befreien und dann mag sie mit dir ziehen, wohin du willst!" Der weiße Elefant nickte mit seinem großen Kopf. Bald stand das Weibchen in Freiheit da, ich trat mit meinen Tieren zurück und der weiße Elefant entschwand mit seiner Frau. Nie wieder habe ich ihn gesehen, aber es ist ganz sicher, dass er noch immer in den Weiten des Waldes umherzieht!" – „Ich möchte ihn aber auch einmal sehen!", rief Sali, der Jüngste der Kinderschar. „Vater, wann darf ich mit dir auf die Jagd gehen?" „Wenn du groß und stark genug bist, und um das zu werden, muss man essen und schlafen, iss deine Schale leer und dann flink auf dein Lager." Der Kleine stopfte sich gehorsam das Mündchen voll und blickte mit großen, schwarzen, schelmischen Augen auf seinen Vater. „Wart nur, ich werde noch einmal auf dem weißen Elefanten reiten", sagte er mit vollen Backen. „Flink, geht schlafen, meine Kinder!", rief die Mutter. Bald danach lag die Hütte ruhig im Mondschein, Tahi und die Seinen schliefen. Aus dem Urwald tönten vielerlei Tierstimmen, doch die Schläfer störte das nicht.

So gingen die Jahre. Mit der Zeit hatten sich noch mehrere Familien am Rande des Waldes angesiedelt. Jäger und Fischer waren es, sie lebten alle friedlich miteinander, denn die Natur schenkte ihnen reichliche Gaben.

Eines Tages aber kam ein fremder Händler in diese einsame Gegend. Er brachte prächtige Stoffe, für die Frauen Ringe, Ketten und Armreifen, Schalen und schöne Krüge. Die Frauen freuten sich über diese Dinge. Die Männer tauschten vielerlei für Felle, geräucherte Fische, Elfenbein und allerlei getrocknete Früchte.

Am nächsten Morgen war der Händler verschwunden. Zurück blieben aber Neid und Missgunst. Die Frauen prahlten nun mit ihren neu erworbenen Schätzen. Diejenigen aber, die weniger bekommen hatten, machten den Männern Vorwürfe, dass sie nicht mehr Tauschgüter gesammelt hatten. Das friedvolle, einfache Leben war nun plötzlich vorbei. Aber es sollte noch schlimmer kommen! Der Händler, von dem Tahi und seine Familie dachten, er könne auch ein schlimmer Zauberer gewesen sein, hatte auch eine böse Seuche mitgebracht.

Frauen, Männer und Kinder lagen in hohem Fieber. Die Augen waren gerötet und verschwollen. In der Not war der Zank vergessen. Einer half jetzt dem anderen, so gut er konnte. Arzneien wurden gebraut, Räucherwerk verbrannt und Umschläge von den heilsamsten Kräutern auf die brennenden Augen gelegt. Aber alle Kunst schien vergebens. Die noch gesund waren, fanden Tag und Nacht keine Ruhe. Schließlich lagen sie fast alle auf ihren Lagern und warfen sich unruhig hin und her in ihrer Qual.

ELEFANT

Nur Sahi, der nun schon ein schöner, kräftiger Jüngling war, lief von einem zum andern und tat, was in seinen Kräften stand.

Aber eines Morgens fühlte er beim Aufstehen nach kurzer Nachtruhe, dass seine Glieder müde waren, die Augen schmerzten ihn und er musste erkennen, dass auch er die tückische Krankheit bekommen hatte. Da war er ganz betrübt. Wie sollten all die Kranken gepflegt werden? Wer sollte ihnen Wasser und Nahrung bringen? Einige der kleinsten Kinder lagen schon in todähnlichem Schlaf. Er sah keine Rettung mehr für all die armen Menschen. „So will ich nun in den Wald gehen, der Wald hat uns so viel Gutes geschenkt. Vielleicht kann ich dort in Ruhe sterben", dachte Sahi. Matt und fast blind wankte er im Wald umher. Er wusste nicht, wie lange er schon gelaufen war, als er niederfiel. „Hier will ich nun den Tod erwarten", dachte der Jüngling. Er hörte das laute Kreischen der Affen und erinnerte sich, wie oft sie ihren Spaß an den lustigen Tieren gehabt hatten. Papageien schnarrten und vielerlei andere vertraute Tierstimmen drangen an sein Ohr.

Plötzlich war es Sahi, als verspürte er einen frischen, würzigen Duft, der ihm aber ganz unbekannt war. Was mochte das sein? Nun spürte er etwas Kühles, Langes, das sich in seine geöffnete Hand schob. Voll Begierde führte er das so wunderbar duftende Ding in den Mund und zerbiss es. Da merkte er, dass es eine heilkräftige Wurzel sein musste. Er kaute sie langsam und spürte mit großer Erleichterung, dass das Fieber von ihm fiel. Der brennende Schmerz in den Augen ließ nach, ja, es war ihm möglich, sie ein wenig zu öffnen. Da sah er den großen weißen Elefanten dicht vor sich stehen. In seinem langen Rüssel trug er ein Bündel der wunderbaren Wurzeln. Sogleich fielen ihm die vielen anderen Kranken ein. Sahi wollte sich erheben, aber er war noch schwach und taumelte. Verzweifelt blickte er um sich, er wusste nicht einmal, wo er sich befand. Dabei war ja keine Zeit zu verlieren, es galt seine Freunde und Verwandten zu retten. Es war, als hätte der Elefant seine Gedanken erraten, er ließ sich nieder und hob Sahi mit dem Rüssel auf seinen Rücken. Da hockte er nun und hielt sich an den großen Ohren des Tieres fest. Leicht und federnd stand der Elefant auf und setzte sich wiegend in Gang. Es war ein angenehmes Schaukeln und es schien Sahi, als ob er mit großer Schnelligkeit dahinflöge. Nun sah er schon die Dächer der Laubhütten. Der Elefant hob ihn nun behutsam vom Rücken und ließ ihn auf die Erde gleiten. Ehe Sahi sich recht umsehen konnte, sah er das mächtige Tier wieder im Walde verschwinden.

Sahi nahm das Wurzelbündel und wankte mühsam von Lager zu Lager. Zu seiner Freude sah er, dass noch keines der Kleinsten gestorben war. Jedem der Kranken legte er ein Stückchen der Wunderwurzel zwischen die trockenen, aufgesprungenen Lippen. Nun erst, als alle Kranken versorgt waren, kam der Jüngling dazu etwas Nahrung und frisches Quellwasser zu sich zu nehmen. Die Kranken aber sanken alle in einen tiefen, heilsamen Schlaf. Als sie erwachten, riefen alle, die schon tagelang nichts zu essen vermocht hatten, nach Wasser und Speise. Sahi hatte alle Hände voll zu tun die Genesenden zu versorgen. Schon nach drei Tagen waren alle Leidenden völlig gesund.

Jetzt erst erzählte Sahi, wie es ihm ergangen war. Alle hörten ihm mit Erstaunen zu. „Ja", sagte Sahi, „jetzt bin ich wirklich auf dem weißen Elefanten geritten, zwar hätte ich mir meine Haltung immer ein wenig stolzer gedacht!"

„Der weiße Elefant war unser Retter!", riefen die Zuhörer in andächtigem Staunen. „Wo mag er die heilkräftigen Wurzeln gefunden haben?", fragten die einen. „Wie können wir ihm nur danken?", riefen die anderen. „Ja, wie können wir ihm danken?", überlegten sie. „Wir wollen uns schmücken und Lieder singen und in den Wald ziehen um ihm unseren Dank zu sagen!" - „Und wir wollen ihm versprechen, dass wir zehn Jahre keine Elefanten jagen", riefen einige. Dieser Vorschlag fand großen Anklang. Die Mädchen flochten nun Kränze und Blumengebinde. Männer, Frauen und Kinder schmückten sich, so gut sie es nur vermochten. Dann zogen sie singend und mit Flötenspiel in den Wald hinein. Nein, wie die Affen da staunten, ganz still saßen sie da um nur alles genau zu beobachten. Mit großen runden Augen starrten sie auf die Menschenschar. Sahi trat hervor und hielt eine feierliche Ansprache: „Großer weißer Elefant!", rief er laut. „Du hast uns allen, wie wir hier stehen, das Leben neu geschenkt! Wir danken dir!" - „Wir danken dir!", jubelten die Menschen.

„Wir wollen nun in Frieden und Freude leben. Und wir versprechen dir, dass wir deine Herde zehn Jahre nicht verfolgen werden!" Da teilte sich das dichte Gebüsch und der große weiße Elefant trat ein wenig hervor. In atemlosem Staunen sahen ihn die Menschen dort stehen. Dann trat das Tier wieder in den Wald zurück. Seit der Zeit hat man den weißen Elefanten nie mehr gesehen. Aber den Kindern werden heute noch vielerlei Geschichten von dem wunderbaren Tier erzählt.

Anni Gwehenberger

Des Bettlers Ge...

Kein Mensch weiß, wie alt die Geschichte ist ... Aber noch immer erzählen sie die Hirten auf den Almen, die Holzknechte hoch oben in einsamen Hütten und die Bergführer im Fels, wenn sie mancher Sage und Legende der grünen Steiermark gedenken. Und werden sie ewig weitererzählen, immer von heimlicher Hoffnung beseelt, noch einmal das Wunder zu erleben, das Wunder der Christrose, die, blühend am Vorabend des Weihnachtstages gepflückt, alle Krankheiten zu heilen vermag. Das Wunder von der Tannriegelleiten, die schönste Weihnachtssage der grünen Mark ...

Ganz oben, wo Alm und Himmel zusammenstoßen, liegt, nicht viel niedriger unterm Wald, der saftgrüne Riesenteppich der Tannriegelleiten in weiter, beschaulicher Ruhe hingebreitet. Auf ihr stehen, Jahrhunderte umwittert, vier stattliche Höfe, und der mit reicher Fruchtbarkeit gesegnete Boden hat sie alle wohlhabend gemacht. Wenn es Abend wird, dann lugen ihre Lichter aus der hohen, verlassenen Einschicht ins Tal hinab, und nur der, der die Tannriegelleiten wie seine eigene Tasche kennt, weiß, dass es keine Sternlein sind. Bitterkalt und unbarmherzig ist der Winter dort oben, und nicht einmal ist es vorgekommen, dass der raue Geselle so eine dicke Hermelindecke mitbrachte, dass sie von der Erde bis über die Fenster des Gnadenhofes reichte. Wenn dann die starre weiße Pracht auf diese Art die Lichter des höchsten Lebens auf dem Berg löschte, waren der Brandtner-Bauer, der Besitzer des Gnadenhofes, und alle anderen Bewohner der Tannriegelleiten hermetisch von der ganzen Welt abgeschlossen. Kein Mensch konnte sich bei dieser Schneehöhe hinauswagen, und auch keiner konnte mehr zu ihnen kommen. So lagen die vier Höfe in dieser Jahreszeit auf einsamer Höhe, unerreichbar vom Tal und von jeder menschlichen Ansiedlung, die Letzten von der Erde und die Ersten zum Himmel, „einen Steinwurf nur vom Himmelstor entfernt", wie der Brandtner zu sagen gewohnt war.

Zu einer solchen Zeit, es waren drei Tage vor dem Heiligen Abend, so berichtet die Sage, stand der Brandtner-Bauer in heller Verzweiflung am Fenster und blickte in den bleigrauen Himmel hinaus, von dem ununterbrochen seit vielen Stunden schon in tollstem Wirbel die Flocken herniedertanzten. Trotz der frühen Nachmittagsstunde begann es bereits zu dämmern, und der Schnee lag schon so hoch, dass sein Auge nur mehr durch die Oberlichte den Weg ins Freie fand.

„Verdammtes Teufelswetter!", knurrte er verbissen, während sich seine zuckenden Finger zu Fäusten verkrampften. Da drinnen lag sein Weib, todkrank, nur mehr wenige Schritte vor der Grenze jenes Reiches, aus dem niemand mehr zurückkommt ... Und er konnte nicht helfen. Konnte ihr nicht einmal mehr Arzt und Pfarrer holen. Den Ersteren, dass er ihr die Schmerzen lindern, und den Letzteren, damit er ihr das heilige Sakrament spenden würde. Jedoch bei dem unbarmherzigen Wetter war da gar nicht mehr daran zu denken.

Ohne Gnade fielen draußen die großen weißen Flocken immer dichter und dichter auf den „Gnadenhof", und der sonst so gottesfürchtige Mann begann langsam seinen Herrgott anzuklagen für sein unverdientes Schicksal. War es nicht direkt ein Hohn, dass sein stattliches Anwesen der Gnadenhof genannt wurde? Gab es für ihn und seinen Hof, für sein krankes Weib, die so vielen Gnade walten ließen, keine Gnade? Ging schon jemals einer hungrig und durstig von seiner Schwelle? Fand nicht jeder bei ihm ein mitfühlendes Herz, eine offene Hand und ein gutes, weiches Nachtlager? War nicht sein Weib, das jetzt sterben musste, der gute Engel der ganzen Gegend, der seinem Hof schließlich den Ehrentitel „Der Gnadenhof" einbrachte und ihn weit und breit geschätzt und hoch geachtet machte? Und jetzt musste sein Weib so elend ... Aber - der Bauer seufzte schwer - es gibt keine Gerechtigkeit auf der Welt!

Während der Brandtner noch so mit Gott und der Welt haderte, sah er plötzlich, und er traute seinen Augen nicht, wie sich da ein Mann mühselig an sein Haus heranarbeitete. Auf den ersten Blick erkannte er, dass der Unglückliche zu Tode erschöpft war. Daher eilte er schnell zu der kleinen Haustür, um dem zu dieser Zeit so ungewöhnlichen Ankömmling Einlass zu gewähren. Doch als er mit größter Mühe die Tür öffnete, stand er vor einer undurchdringlichen weißen Mauer, und von dem Mann, der auf das Haus zukam, war nur der Kopf sichtbar. Endlich stand der große, hagere Fremde vor dem Bauern und bat ihn mit schwacher Stimme um ein Stück Brot und Quartier bis zur Wetterbesserung.

Die schönste steirische Weihnachtssage

Der Brandtner sieht das dünne Röcklein und die zerschlissene Hose des Bettlers, er sieht die hohlen Wangen und die fiebrigen Augen und weiß sofort, dass der Mann krank ist. Und der Brandtner vergisst einen Augenblick das kranke Weib, heißt den Bittsteller eintreten und führt ihn in die Gesindestube. Dort gibt er Anweisung, dass dem Bettler zu essen gegeben wird und man ihm ein Lager zurechtrichtet. Auch ein heißes Getränk möge man ihm verabreichen und sich hie und da um ihn kümmern. Dann geht er zu seinem Weib zurück, und je mehr er darüber nachgrübelt, desto unerklärlicher wird ihm des Bettlers Kommen. Wie der kranke, vom Fieber geschüttelte Fremde in diesem höllischen Schneetreiben und bei dieser Schneehöhe überhaupt zu ihm kommen konnte, wird er wahrscheinlich nie enträtseln. Dieses Ereignis ist so unmöglich, dass es ihm fast unheimlich erscheint. Kein Mensch war das noch imstande, solange er auf der Tannriegelleiten hier oben ist. Der Tag vergeht, und die Nacht kommt und der andere Tag. Der Bettler ist schlechter geworden und liegt fiebergeschüttelt auf seinem Lager. Aber auch die Brandtner-Bäuerin ist dem Tode näher gerückt. Für sie gibt's keine Rettung mehr. Der Gnadenhofbauer sitzt schweigend und verbittert und starrt mit ausdruckslosen Augen ins Leere. In der Gesindestube beten die Mägde um das Leben ihrer geliebten Herrin. Die Jungmagd weilt am Bett des kranken Bettlers. Der arme, abgemagerte Fremde erbarmt sie. Sie macht ihm kalte Umschläge, um das Fieber herabzudrücken. Von ihr erfährt er von der sterbenden Bäuerin.

Als es Mittag wird und mit dem Ableben der Brandtner-Bäuerin stündlich gerechnet werden muss, bittet der Bettler die Jungmagd, den Brandtner-Bauern zu ihm zu holen.

„Herr!" sagt der fiebernde Bettler, als der Gnadenhofbauer an seinem Bett steht. „Seid nicht ungehalten, dass ich, der Fremde, ein Bettler, Euch zu mir bitten ließ. Aber ich wollte Euch für Eure Güte und Menschlichkeit danken, so lange ich noch kann."

„Ist schon recht!" wehrt der Brandtner ab und sagt: „Was heißt, so lang ich noch kann?" „Habt Dank!" meint der Bettler nochmals, dann haucht er leise: „Ich muss sterben ..."

Der Bauer fährt entsetzt zurück und denkt: Werden also im meinem Haus zwei Tote sein! Laut und unwirsch herrscht er aber den Kranken an: „Bildet Euch ja nur nicht so einen Unsinn ein! Wird alles wieder gut! Kann ich etwas für Euch tun?" „Ja!", antwortet der Kranke schnell und hebt bittend seine Augen zu dem Herrn des Hauses. „Erfüllt mir noch einen Wunsch! Ich möchte noch einmal eine Blume sehen ..."

Der Gnadenhofbauer schüttelt zweifelnd den Kopf. Eine Blume – jetzt bei mannshohem Schnee? Der Arme spricht im Fieber. Der Wunsch ist unerfüllbar. Aber der Kranke schien die Gedanken des Bauern erraten zu haben.

„O nein, Herr, eine Blume ist zu finden, wenn Ihr nur wollt! Lasst den Schnee auf der Ostseite Eures Hauses wegräumen – fünfzig Schritte von der Tür entfernt – rechts – und Ihr werdet sie finden!" Dann fällt er müde zurück.

Der Brandtner aber jagt die Knechte hinaus, die Blume zu suchen, so verrückt ihm auch diese Bitte erscheint. Vielleicht muss er wirklich ... und einem Ster... – er wagt das gar nicht auszudenken – soll man schließlich seinen letzten Wunsch erfüllen. Ein fürchterlicher Sturm heult um das Haus, und ein höllisches Schneetreiben macht die Arbeit der Knechte zu einem heroischen Opfer. Knapp bevor die Nacht einbricht, finden sie tatsächlich die Blume, eine wunderbare, weißrötlich schimmernde Rose mit zähen, langen Blättern. Als sie damit das Haus betreten, öffnen sich plötzlich zwei Knospen zu wunderbaren Blüten. Ein seltsames Licht strahlt von ihnen aus. Doch niemand merkt es. Der Bauer aber nimmt erstaunt und überrascht das seltsame Blütenwunder und trägt es an des Bettlers Lagerstatt.

„So, da habt", sagt er zu ihm, „Euer Wunsch ist erfüllt! Wenn nur jemand auch meinen erfüllen würde! Aber das kann nur Gott ..." Der Bettler hat sich jählings mit einem Ruck aufgesetzt und mit leuchtenden Augen die Blume an sich gerissen. Dann bricht er langsam die eine Blüte davon ab und gibt die zweite dem Bauern zurück. Ein seltsames Leuchten verklärt sein Gesicht, als er sich an den Brandtner wendet.

„Geht zu Eurem Weibe, Herr, und legt ihr die Blüte auf die Brust, und betet um ihr Leben! Und Gnade wird wieder Gnade erlangen ..." Am nächsten Morgen aber, am Tage des Heiligen Abends, war der kranke Bettler aus dem Hause des Brandtner-Bauern verschwunden. Die Gnadenhofbäuerin stieg genesen aus dem Bett. Auf der Decke lag die verwelkte Blüte der weißen Wunderblume ...

Franz Hudetz

Der Schleier der Elfenkönigin

Wenn nachts der silberne Mond durch die hohen Tannen schien, da wurde es auf der kleinen Waldlichtung lebendig. Von allen Seiten strömten die zarten Elfen herbei, um auf der Waldwiese zu tanzen. Am schönsten tanzte die Elfenkönigin. Sie besaß den größten, feinsten und duftigsten Schleier, den Frau Luna selbst aus Mondenschein und Sternenschimmer gewoben hatte.

Am Rande der Waldwiese aber lebte unter den Wurzeln einer vielhundertjährigen Tanne der Wichtel Zurrdiburr, ein alter, verdrießlicher Zwerg, den das allnächtliche Treiben der Elflein auf der Wiese störte. Er dachte deshalb Tag und Nacht, wie er dem ein Ende setzen könnte. Halt, er hatte es! Er machte vor Freude einen Luftsprung, als ihm der Gedanke gekommen war, und trat sofort den Weg zu dem Bauernhaus an, das jenseits des Waldes lag, wo die Kornfelder begannen.

Die Bauersleute, die dort wohnten, hatten eine einzige Tochter, die Mira hieß. Obwohl schön von Angesicht, war sie furchtbar dick und träge. Sie aß und schlief viel und mochte nicht arbeiten. Wozu auch sollte sie sich abmühen? Waren doch genügend Knechte und Mägde da!

Miras einziger Kummer war in letzter Zeit, dass sie wegen ihrer Körperfülle nicht flink genug tanzen konnte. Nicht so flink, wie es der blitzsaubere Gottlieb wünschte, der geschworen hatte, dass er nur diejenige als Weib auf seinen Hof führen würde, die beim bevorstehenden Kirchweihfest den ersten Preis im Tanzen davontrüge.

„Ach, sicherlich wird die arme Keuschlerstochter Lina oder die dürre Wetti den Sieg davontragen", seufzte Mira abends vor dem Einschlafen.

„O nein", ertönte es da vom Fensterbrett, wo im Mondenschein Zurrdiburr saß und mit der Hand winkte. „Zieh dich rasch an, und komm mit! Ich kann dir helfen."

Ein wenig ärgerlich ob der Störung, aber doch verwundert und neugierig, schlüpfte Mira in ihre Kleider und folgte dem voraneilenden Wichtel, der sich immerfort umdrehte, ob sie auch nachkomme.

Als Mira merkte, dass es in den Wald ging, zögerte sie ein wenig, aber der Wichtel fasste sie am Rock und zog sie weiter.

Als sie bei der Lichtung ankamen, wo die Elfen in zierlichem Ringelreihen über den Rasen schwebten, flüsterte Zurrdiburr:

„Siehst du die Königin dort? Dieser musst du den Schleier entwenden, wenn sie ihn einen Augenblick von sich tut, um auszuruhen. Legst du ihn selbst um, bist du zierlich und schwerelos und kannst tanzen wie eine Elfe. Der Zauber wirkt aber nur nachts!"

Das Mädchen ließ sich von den Worten des boshaften Zwerges verführen und nahm in einem unbewachten Moment mit raschem Griff das duftige Gewebe an sich. Wehklagend stoben die Elflein auseinander.

Mira lief, so schnell sie konnte, nach Hause.

In ihrem Kämmerlein angelangt, legte sie den Schleier um die Schultern und begann sich zu drehen. Wirklich! Sie fühlte sich federleicht wie ein Vogel, spürte nicht oben, nicht unten, nicht links, nicht rechts und hätte sie nicht die Enge des Raumes gehindert, sie wäre in tollem Wirbel dahingetanzt.

Frohlockend barg sie den Schleier unter ihrem Kopfkissen und schlummerte ein.

Zum Kirchweihfest waren es noch 14 Tage. Abend für Abend nahm Mira den Schleier und schlich sich ungesehen zur Waldwiese, wo sie bis zum Morgengrauen tanzte. Sie wurde davon schlank, fast so schlank wie die hübsche Lina, so dass die Leute der Umgebung glaubten, sie hätte endlich gelernt, zu arbeiten.

Unter den Elflein aber herrschte große Trauer. Da ihre Königin keinen Schleier mehr besaß, durften sie laut Elfengesetz allesamt nicht mehr tanzen. Die Tiere des Waldes trauerten mit ihnen, und man beriet hin und her, wie man der geliebten Elfenkönigin wieder zu ihrem Schleier verhelfen könnte.

Schließlich kam der Tag des Kirchweihfestes heran. Mira langte erst bei Einbruch der Dunkelheit auf dem Tanzboden an. Alles war festlich geschmückt.

„Wollen wir es miteinander versuchen?", fragte der schmucke Gottlieb das Mädchen, das eitel lächelte.

„Aber gerne", antwortete Mira und ließ sich von dem flotten Burschen um die Mitte nehmen. Er fing sich mit ihr zu drehen an. Immer schneller und schneller ging's, und schließlich war es Gottlieb, als flöge er mit seiner Partnerin, die er kaum spürte, durch den Saal.

„Na, du kannst aber tanzen, so etwas habe ich noch nie erlebt", sagte er atemlos, als er das Mädchen wieder freigab. „Du tanzt sogar besser als die hübsche Lina, die immer von der vielen Arbeit ein wenig müde ist. Versprechen ist Versprechen. Du sollst meine Frau werden! Nur musst du auch immer so schlank bleiben, wie du jetzt bist. Morgen soll die Verlobung stattfinden!"

Die Tiere des Waldes waren ständig durch ihre Kameraden vom Dorf über alles unterrichtet, was in der Ortschaft vorging. Man beschloss nun ganz energisch, all das Unrecht, das sich breit machte, aus der Welt zu schaffen.

Als am nächsten Tag die Gesellschaft rund um die Verlobungstafel saß, kam eine Hummel geflogen und summte Gottlieb immerfort ins Ohr: „Brumm ... sei nicht dumm, brumm ... sei nicht dumm!"

Gottlieb, der lachte und scherzte, verstand sie aber nicht und verscheuchte das Insekt.

Es dauerte nicht lange, da kam der Hofhund, schmiegte sich an seine Beine und sagte: „Wau, nimm sie nicht zur Frau, wau, wau ...!"

„Still, geh hinaus und bettle nicht bei Tisch!", wies ihn Gottlieb zur Tür. Trübselig schlich der Hund davon.

Als Gottlieb später das Pferd anschirrte, um die Braut heimzuführen, wieherte dieses: „Wihihiii ... Arbeiten wird sie nie, hihi, nie ..."

Gottlieb gab dem Gaul einen freundlichen Klaps, da er der Meinung war, dieser hätte eine Freude, aus dem dumpfen Stall gekommen zu sein.

„So geht das nicht weiter", sagte kummervoll der Fuchs, als ihm die Hummel die Nachricht von den Misserfolgen überbrachte. „Wir müssen Gottlieb von dem Blütenstaub der roten Blume, die am Rande der Elfenwiese wächst, zu essen geben, damit er die Sprache der Tiere versteht. Honigbiene, übernimm du diese Aufgabe!"

Nun, so geschah es auch. Die Honigbiene schlüpfte in den Blütenkelch der roten Blume und holte eine gehörige Portion des Blütenstaubes heraus. Damit flog sie schnurstracks zu dem Haus, in dem Gottlieb wohnte. Er saß gerade bei Tisch und wartete auf das Mittagessen. „Summ ...", machte die Honigbiene, setzte sich auf den bereitstehenden Teller und streifte den Blütenstaub ab. Gottlieb hatte es nicht beachtet und löffelte behaglich die Suppe, die ihm die Mutter gleich darauf aus dem großen Topf geschöpft hatte.

Gleich nach der Mahlzeit ging er in den Hof, um nach dem Rechten zu sehen. Als er am Misthaufen vorbeiging, hörte er zu seinem nicht geringen Erstaunen die Henne zum Hahn sagen: „Gack, gack ... Mir kann unser junger Herr nur leid tun, wenn er eine Frau wie die Mira heiratet."

„Kik...", machte der Hahn, der zustimmend krähen wollte, sich aber an einem Korn verschluckte. „Und ob er einem Leid tun kann! Die ganze Nacht tanzt sie durch und schläft dann bis mittags. Arbeit rührt sie überhaupt keine an ..."

„Piep ... Piep ... Wo tanzt sie denn?", fragte ein Kücken.

„Auf der Waldlichtung, die man die Elfenwiese nennt, naseweises Ding. Du musst nicht immer zuhören, was die Erwachsenen sprechen", wies die Mutter das Kleine zurecht.

Kopfschüttelnd ging Gottlieb nun in den Stall. Dort vernahm er ganz deutlich, wie die Kuh zum Ochsen sagte: „Muh ... Wenn Mira nicht der Elfenkönigin den Schleier entwendet hätte, könnte sie niemals wie eine Elfe tanzen."

„Sehr richtig ... Muuh!", klang es zornig. „Wäre schon an der Zeit, dass die Elfenkönigin wieder ihren Schleier zurückbekommt!"

Gottlieb wurde höchst nachdenklich. Das ging doch nicht mit rechten Dingen zu?

Als er am gleichen Abend Mira traf, eingehüllt in den duftigen Schleier, von dem sie sich nicht trennen mochte, sagte er kurz entschlossen zu dem Mädchen:

„Ich will nicht, dass du immer diesen Schleier trägst, lege ihn ab, und dann tanze mit mir!" „Nein, das tu ich nicht!", entgegnete Mira schnippisch. „Wo hast du übrigens dieses kostbare Gebilde her, das nicht von irdischen Händen gewoben zu sein scheint?"

„Ach, das ... das ...", stotterte Mira hilflos, warf dann aber den Kopf hochmütig in den Nacken.

„Es wäre an der Zeit, dass die Elfenkönigin ihren Schleier wieder zurückbekommt", sagte nun Gottlieb mit Betonung.

Da erschrak Mira, wurde brennend rot und schämte sich, da sie sich ertappt sah.

„Ich will dir weiter nichts nachtragen, doch werde ich nicht ein Mädchen zur Frau nehmen, das mich durch falsche Vorspiegelungen gewinnen wollte", sprach Gottlieb entschieden, ließ die verdutzte Mira stehen und heiratete auf der Stelle die arme Keuschlerstochter Lina, die brav und arbeitsam war wie keine Zweite. Insgeheim schalt er sich einen Tor, weil er ursprünglich die beste Tänzerin und nicht die beste Bäuerin hatte heiraten wollen.

Mira sah ihre Fehler ein und brachte reumütig der Elfenkönigin den Schleier zurück. Sie half von nun an fleißig in der Hauswirtschaft mit und ehelichte später einen wackeren Bauernsohn.

Zurrdiburr, der mürrische Zwerg aber, übersiedelte grollend weit, weit weg, unter die Wurzeln einer anderen Tanne, denn die Elflein tanzten nun allnächtlich wieder fröhlich auf der kleinen Waldwiese.

Margarite Rehak

DER SCHLÜSSEL ZU

Vor mehr als hundert Jahren - es gab noch keine Eisenbahn und kein elektrisches Licht, da wohnten in den Tiefen des Untersberges in Salzburg kleine Männchen, die große Schätze besaßen und in vielen schönen und nützlichen Künsten geübt waren. Diese kleinen Männchen waren von Natur aus freundlich und friedfertig und den Menschen sehr zugeneigt und hilfsbereit, solange sie nicht von ihnen verhöhnt und geärgert wurden. Als sie jedoch von ihnen nicht nur geärgert, sondern sogar verfolgt wurden und ihre derben Scherze weit über das erträgliche Maß hinausgingen, zogen sie sich ganz von der Erdoberfläche in ihre unterirdischen Höhlen zurück, und nur selten war wieder eines von ihnen bei den Menschen zu sehen.

Damals standen in einem sonnigen Hochtal zwei große Bauernhöfe, deren Besitzer weit und breit als wohlhabend und hilfreich bekannt waren. Auf den großen stattlichen Häusern lag Gottes Segen; die Felder prangten in üppiger Frucht und das zahlreiche Vieh gedieh auf den weiten saftigen Weiden und Wiesen ganz prächtig. Das viele Hofgesinde war zufrieden; seine Herrenleute waren gut und verständnisvoll. Es gab zwar viel Arbeit, aber dafür auch mehr Freizeit als anderswo, guten Lohn und vor allem - die beiden Bauern betrachteten die Knechte und Mägde wie ihre eigenen Söhne und Töchter. Sie waren gläubig und nächstenliebend, und niemandem durfte ein Leid oder Unrecht geschehen, ob es Mensch oder Vieh war, Geist oder Zwerg ...

Geist oder Zwerg? Ja! In den verschwiegenen Hochtälern und in der Einsamkeit der Almen wird viel von Berggeistern erzählt, und - die Zwerge waren ja bei ihnen zu Hause. Selbst nachdem sie sich schon ganz von der Welt zurückgezogen hatten, war noch immer hie und da einer in ihrem Hochtal anzutreffen. Was wohl darauf zurückzuführen war, dass ihnen dort niemals ein Leid geschah, und die Bauern ihren Leuten streng verboten hatten, sie zu verspotten.

So ging das Leben dort in diesem friedlichen Paradies seinen gewohnten ruhigen Gang, aber, statt dass die Knechte und Mägde froh gewesen wären, so anständige und gütige Arbeitgeber zu haben, und sich dafür dankbar erwiesen, veränderten sie sich allmählich ganz ins Gegenteil. Schon öfters hatten sie bemerkt, dass sich ein kleines Männchen auf ihren Wiesen und Weiden umhertrieb, oft hüpfte und sang, und dann - verzog sich plötzlich der blaue Himmel, dunkle Wolken kamen, und es dauerte auch nicht lange, bis es zu regnen begann.

Mit den ersten Regentropfen aber verschwand der Kleine, scheinbar glücklich und zufrieden, als freute er sich über das Regenwetter ... Das Dienstpersonal aber war böse, jedes Gewitter oder jeder Regenfall brachte nur neue Arbeit; das Vieh musste von den Weiden in die Ställe nach Hause getrieben werden, da man ja nicht wusste, ob nicht der bekannte Salzburger Schnürlregen, ein gefürchteter Dauerregen, daraus wurde. War das Gewitter nach einer halben oder einer Stunde zu Ende, dann musste das Vieh wieder ausgetrieben werden. Als es einmal im Sommer drei Gewitter an einem Tag gab und vor jedem das kleine Männlein beobachtet wurde, wie es, angeblich als die ersten Regentropfen fielen, sich vergnüglich die Hände rieb und diebisch freute, brachte man die Wetteränderung mit dem Zwerg in Zusammenhang und war sehr böse auf ihn. Fortan wurde das „Regenübel", wie man es wütend nannte, mit Schimpf und Schande davongejagt, und wenn es sich nicht beeilte, musste es gewärtig sein, von den erbosten Leuten auch noch verprügelt zu werden.

Monate waren vergangen. Die zwei Bauern schauten in tiefer Sorge zum Himmel. Unablässig strahlte die Sonne vom azurblauen Firmament und im ganzen Hochtal machte sich schon eine katastrophale Dürre bemerkbar. Die saftigen grünen Wiesen waren verdorrt, die Felder rissig und ausgetrocknet, und um die Ernte, wenn es überhaupt eine gab, stand es sehr schlecht. Langsam munkelte das Gesinde untereinander, ob es nicht vielleicht durch die Vertreibung des Männchens auch schuld daran sei, doch dann kam wieder der Ärger über den boshaften Kleinen und die Mehrarbeit durch das Viehein- und austreiben, und man sagte sich, dass das mit dem „Regenübel" gar nichts zu tun haben kann. Deshalb wurde auch den beiden Bauersleuten kein Wort davon gesagt.

Der Einzige, der sich jedoch Sorgen darum machte, war der jüngste Hirtenknecht der zwei Höfe, Michael. Längst wollte er den Bauern alles erzählen, was seine Gefährten mit dem Regenmännlein trieben, jedoch die Sorge um seinen Arbeitsplatz hielt ihn immer wieder davon ab. Michael hatte nämlich einen steifen Fuß und war daher nur als Hirte zu verwenden. Dass er sich in die Großdirn, die Reserl, verliebt hatte, war ein Grund mehr, von seinen Kameraden gehänselt zu werden, und man hatte ihm offen gedroht, falls er wegen des

Segen

Regenübels den Mund nicht halten könne, so würde man ihn unbarmherzig vom Hofe fortekeln. Dann könne er schauen, wie und wo er noch einmal zu einem Dienstplatz kommen würde. Der boshafte Zwerg, für den er sich so einsetzte, würde ihn sicherlich unbarmherzig verhungern lassen ...

An einem schönen Sonntagmorgen, die Sonne brannte noch immer sengend vom Himmel, lag der Michael auf der Wiese, einen trockenen braunen Grashalm im Mund, und blickte träumend zum blauen Himmel hinauf. Das gesamte Hofpersonal war mit den Herrenleuten zur Kirche gegangen, und der Michael hütete das Vieh, das unlustig auf der Wiese umherstapfte, weil es nichts mehr Grünes und Saftiges gab. Mitten in seinen Träumen hörte er mit einem Mal ein leises Schluchzen. Als er sich aufsetzte, gewahrte er in geringer Entfernung von ihm bei einem Gebüsch das weinende Regenmännlein!

„Regenmännlein!", sagte der Michael. „Ja, was hast du denn? Warum weinst du denn?"

„Ach ja", antwortete das kleine Männlein mit dem langen Bart und dem runzeligen Gesicht. „Weil die Menschen so bös sind und mich überall fortjagen, wo ich hinkomme. Niemand will mich, an jedem Ort werde ich verstoßen, obwohl ich keinem etwas zu Leide tat ..."

„Aber, Regenmännlein, deshalb brauchst du doch nicht traurig zu sein. Die Menschen meinen es ja gar nicht so. Sie glauben halt, dass du eine Freude hast und so boshaft bist, wenn sie immer zusätzlich eine Arbeit bekommen, weil du das Wetter anlockst!"

„Ja, dafür bin ich eben das Regenmännlein. Ich bringe Regen, und - auch das ist Segen! Oder - glaubst du es nicht? Sieh dir die Felder und die Wiesen an. Alles vertrocknet. Nichts wächst mehr. Nur Kummer und Not. Kummer bei den Bauern und Not auf den Feldern ... Ein jeder sagt, ich bin schlecht, ich bringe nur Arbeit, und niemand will von mir etwas wissen. Mein Brüderlein, das Sonnenmännlein, ist so beliebt, und trotzdem kann es ohne mich die Menschen nicht restlos beglücken. Der liebe Gott hat uns beide als unentbehrlich für die Welt bestimmt; einmal Sonne, einmal Regen, so sagte er, nur wer euch beide liebt, dem bringt ihr Segen...!" „Jaja, liebes Regenmännlein, du hast Recht! Ich glaube dir, und - ich bin dir auch nicht böse. Bitte bring uns einen Regen wieder und sing fröhlich deine Lieder! Denn jetzt warten wir alle schon sehnsüchtig auf dich ...!"

„Das freut mich aber wirklich, Michael", sagte der Kleine zu Michael. „Und weil du mich gerade so liebst wie mein Sonnenbrüderlein, will ich dir auch dankbar sein. Gehe nachmittags zu den drei Birken und grabe dort. Mit dem was du findest, kannst du dann im strömenden Regen nach Hause gehen, und du wirst nicht ein wenig nass werden ... Ferner wird es dir Glück und Wohlstand bringen. Leb wohl, Michael!"

Dann begann das Regenmännlein zu hüpfen und zu singen, und langsam bewölkte sich der Himmel ...

Nach dem Mittagessen - das Hofgesinde blieb zu Hause, weil der Regen nur mehr zum Herunterfallen war - ging der Michael aus, und wurde ob seiner Dummheit wieder gründlich verlacht.

Der Michael aber wusste schon, was er tat: er ging zu den drei Birken und grub dort einen - Schirm aus ... In diesem Augenblick begann es zu donnern und zu blitzen und schon fielen die ersten Tropfen. Der Michael aber stand unschlüssig und wusste mit dem Gefundenen nichts anzufangen, da es damals noch keinen Schirm gab.

Da erschien das Regenmännlein, spannte den Schirm auf und zeigte dem erstaunten Michael, wie er zu gebrauchen war. Dann verschwand es auf Nimmerwiedersehen ...

Der Michael aber ging im strömenden Regen nach Hause und wurde nicht ein bisschen nass. Später siedelte er sich in Salzburg an, erzeugte Schirme, und wurde mit seinem Reserl ein glücklicher und wohlhabender Mann. Wenn ihn aber jemand um den Schlüssel zu seinem Glück fragte, dann antwortete er ein wenig verschmitzt, aber offenherzig: „Einmal Sonne, einmal Regen! Nur wer beide liebt, dem bringen sie Segen!"

Franz Hudetz

DER APFEL

Leise sang der Sommerwind seine Lieder, leise wie Wiegenlieder, viel leiser als die Vögel. Er wiegte die Apfelkindlein in den Schlaf, und darum liebte ihn der alte Apfelbaum. Doch den Bauern Jochen, den liebte er nicht. Natürlich erwartete er kein Schlafliedchen vom Jochen, denn seine Stimme war rau und vom vielen Schelten hart geworden. Der Apfelbaum mochte ihn nicht, weil er ein Geizhals war, der keinem Buben oder keinem Mädchen einen Apfel gönnte. Denn ihr müsst wissen: Der Apfelbaum hatte eine Seele, genau wie alle anderen Bäume, eine gute, schenkfrohe Seele. Wie hätte der Apfelbaum wohl sonst die Tat vollbringen können, von der ich euch jetzt erzählen will?

Wieder war ein Herbst gekommen, und der Apfelbaum stand da in voller Freude über seine Apfelpracht. Nur wenn er an den Jochen dachte, seufzte er schwer: „Bald pflückt er alle meine Äpfel und verschenkt nicht einen." Und Trauer erfüllte ihn.

Zuvor aber kam der Wind, sein Freund. Der war nicht mehr der leichte, zärtliche Sommerwind, er war gewachsen und ein Mann geworden, wild und voller Tatkraft. Er schüttelte den Baum, dass es der bis in die Wurzeln spürte.

Der Apfelbaum aber klagte nicht. Er stöhnte nur leise: „Blas stärker, blas stärker, brich meinen Stamm!"

„Deinen Stamm soll ich brechen?" Vor Verwunderung ging dem Wind fast das Blasen aus. „Sieh meine Äpfel", erwiderte der Baum, „bald liegen sie alle im Keller oder werden auf dem Markt verkauft. Der Jochen verschenkt nicht einen. Ihm guckt der Geiz aus allen Knopflöchern. Soll ein alter Apfelbaum so vor Gott leben, lieber Freund? Wär ich nur ein Holzapfelbaum, der frei im Walde wächst und zur Freude der Vögel geschaffen wurde!"

„Warum so mutlos?", lachte der Herbstwind, „komm mit mir. Der kleine Johannes ist krank. Ich habe mich gestern Abend ganz still vor sein Fenster gelegt, um ihn nicht zu erschrecken. Er hat im Fieber von deinen roten Äpfeln gesprochen. Komm mit mir zu Johannes!"

Darüber wunderte sich der Apfelbaum. Wie sollte er denn gehen können! War er doch kein Mensch oder Pferd. Aber er kicherte schon ordentlich in den Blättern vor Vergnügen, dass der kleine Johannes sein Äpfel haben sollte.

„Ich habe schon Berge wandern sehn, warum solltest nicht auch du es können?", sprach der Wind. „Heute Abend komme ich wieder und zeige dir den Weg zu Johannes' Haus."

Der Wind kannte alle fünf Erdteile und die Meere dazwischen. Er musste es wissen, ob Berge wandern können, ob vielleicht auch ein Apfelbaum es kann. In den Wurzeln seufzte der Apfelbaum zwar ein bisschen, wenn er an den beschwerlichen Gang dachte, aber seine Äpfel und Blätter lachten und rauschten vor Freude.

Am Abend kam der Wind wieder. Nun sollte der Baum also wandern. Es tat sehr weh, die Wurzeln aus der Erde zu ziehen. Wie er aber an den kleinen Johannes dachte, stand er schon über der Erde. Schwerfällig wanderte er hinter dem Wind her, der hatte so leichte, springende Füße; wäre er doch wie der Wind! Und das Wurzelwerk musste er mit den Erdschollen, die daran hingen, nachschleppen. Das war eine andere Arbeit als Äpfel an den Zweigen tragen. Wenn der Apfelbaum vor Müdigkeit nicht mehr weiter konnte, sang der Wind ein Liedchen von dem kranken Johannes, der von den Äpfeln wieder gesund wurde. Dann marschierte der Baum mutig drauflos wie ein Soldat.

BAUM

Vor einem kleinen Haus am anderen Ende des Dorfes machte der Wind halt.

„Wir sind da!" tuschelte der Herbstwind, so leise er konnte, um Johannes nicht zu stören. „Grüß mir den kleinen Johannes und seinen bunten Drachen. Ich muss nach Süden und mich wärmen, habe vom langsamen Gehen ganz kalte Füße bekommen." Und er pfiff davon.

Der Apfelbaum stellte sich in den Garten ganz dicht vor das Kammerfenster des kleinen Johannes. Er fühlte sich schon ganz zu Hause. Tief und wohlig trieb er die Wurzeln in den Grund und wartete auf den Morgen.

Bei Sonnenaufgang setzte sich eine Amsel in sein Gezweig und flötete ein Danklied, dass da ein neuer Baum stand. Sie verkündete das frohe Ereignis in der Vogelwelt ringsum, und allenthalben hörte man darüber jubelndes Geschmetter.

„Ich werde gefeiert wie ein Weihnachtsbaum", dachte der alte Apfelbaum glückselig, „und nun will ich mich auch wie ein Weihnachtsbaum benehmen und Äpfel verschenken nach Herzenslust."

Er steckte einen Zweig durch das Kammerfenster und ließ den dicksten Apfel daran über die Nasenspitze des kleinen Johannes baumeln. Der erwachte - und ein Duft von Herbstsonne auf reifen Äpfeln war in seiner Nase, es roch so, als müsste er im nächsten Augenblick die Hosen anziehen und hinausrennen. Er hob den Kopf und stieß kräftig gegen den dicken Apfel. Der plumpste auf das Kopfkissen. Johannes kniff sich ins Ohrläppchen, vielleicht träumte er vom Schlaraffenland - nein, er träumte nicht.

„Mutter, Mutter!", rief er. „Sieh diesen Apfel! Es muss einer vom Baum des Bauern Jochen sein!"

„Wie richtig du das riechst, wie richtig du das riechst", tuschelte der Apfelbaum. Da hatte ihn die Mutter schon erblickt.

„Ein Apfelbaum steht im Garten!", rief sie. „Das kann doch gar nicht wahr sein!" Sie beugte sich aus dem Fenster und strich mit den Händen über die Zweige und Blätter. Sie befühlte die Äpfel und pflückte einige, und sie lagen wirklich und wahrhaftig in ihrer Hand, es war kein Zauber und Spuk dabei. Die Mutter kam aus dem Kopfschütteln nicht heraus. Ein Baum kann in einer Nacht nicht wachsen, und einen alten Baum kann man nicht verpflanzen.

Johannes stand im Nachthemdchen am Fenster, beguckte sich den Baum von oben bis unten und sagte bestimmt: „Mutter, das ist wirklich der Apfelbaum vom Bauern Jochen. Und er hat mich besucht, weil ich krank bin."

„Wie gut wir uns verstehn, wie gut wir uns verstehn", tuschelte der Baum. „Aber ich bleibe immer, immer bei dir."

Und immer, immer blieb der Baum. Oft saß der kleine Johannes unter seinen schattenden Zweigen, das Geschichtenbuch auf den Knien. Er las heimlich alle Märchen mit, die Johannes las, und er staunte sehr, was es noch alles gab außer den Vögeln, dem Himmel, der Sonne, der Erde. Aber er wunderte sich auch, dass die Menschen von Elfen und Zwergen erzählten. Er hatte geglaubt, nur die Bäume wüssten etwas von ihnen.

Die schönste Zeit aber hatte der Baum im Herbst.

„Unser Apfelbaum schenkt gern, das haben wir erfahren", sagte die Mutter, „und diese Freude soll er immer wieder haben." Und die Kinder des Dorfes bekamen ihren Teil. Aber auch der Bauer Jochen verschenkte von nun an hier ein paar Birnen und dort einen Korb Zwetschken. Vielleicht wanderten ihm sonst die anderen Bäume fort wie der Apfelbaum, wer konnte es wissen?

Trude Alberti

wie Das Silberne ...

Nein, niemand wollte von dem Landfleck etwas wissen, der sich entlang des Flusses wie ein graues Sorgentuch hinzog; ausgedörrte, unfruchtbare Steppe auf dem einen Ufer und ganz minderwertiger, mit mehr Steinen als Erde durchsetzter Ackerboden auf dem anderen. Nein, hierher ins „Steinhäufel" kam keiner, obwohl dort schon an die zweihundert Jahre ein altes, verwittertes Häusel stand und dem „Steinhäufelbauern" mit seiner Frau, seinem Buben Wendelin und dem siebenjährigen Töchterchen ein nur ganz primitives Obdach gab. Mehr als eine gute Wegstunde weit weg führte das einzige Strässchen vorbei, auf dem man mit guten Beinen in viereinhalb Stunden ins nächste Dorf und in fast sieben Stunden zur nächst gelegenen Kleinstadt kommen konnte.

Aber weder die Hannerl, des Steinhäufelbauers Töchterlein, noch ihr neunjähriger Bruder hatten das Dorf und die Stadt schon einmal gesehen; dazu waren beide viel zu weit weg und außerdem zu viel beschäftigt. Beschäftigt? Ja, freilich! Auf so einem kleinen Wirtschaftl geht die Arbeit niemals aus. Da ist immer etwas zu tun, und wenn der Wendelin nicht gerade dem Vater und Hannerl der Mutter bei der Hausarbeit half, so mussten beide auf das Feld hinaus und fleißig Steine aus dem Boden ausklauben und fortschaffen und so langsam und mühevoll immer ein Stückerl brauchbares Ackerland dazumachen. Je mehr „Ackerl" sie hätten, desto besser würde es ihnen einmal gehen, sagte der Vater zu ihnen, und schließlich würden sie in Zukunft ja zwei Familien, die davon leben wollten; wenn sie einmal, die Eltern, die Augen für immer schlössen ... So waren Hannerl und Wendelin Tag für Tag in der Steinwüste zu finden, vom frühen Morgen bis zum späten Abend, und wenn ihnen manchen Tags die kleinen Rücken besonders schmerzten, dann wurden sie traurig und verzagt. Würde es ihnen einmal wirklich besser gehen? Oder war es ihr Schicksal, lebenslang Steine auszulesen und mit Sorgen zu kämpfen? Denn trotz ihrer unentwegten Arbeitsfreude und des geradezu sprichwörtlichen Fleißes musste die kleine Familie hart mit dem Dasein ringen, und Brotdose und Geldlade waren meistens leer ... Nicht selten, wenn der Wendelin nach Brot verlangte, machte die Mutter ein trauriges Gesicht, deutete auf die leere Dose und sagte, während sie über seine blonden Locken strich: „Wendelin, da - leer!" Und mehr als einmal seufzte der Steinhäufelbauer, wenn eine Steuervorschreibung kam, beim mageren, sehr mageren Geldbeutel: „Von wo denn? Da - leer ..." - „Ja, freilich, immer ist es hier auch nicht so gewesen", sagte der Vater einmal zur Hannerl, als sie ihn fragte, warum sich denn der Großvater dann eigentlich hier angesiedelt habe, da in diesem Jammergebiet, wo es nur Steine und Not gibt und das schreckliche Wort für Brotdose und Geldbeutel: „Da - leer!"

„Früher einmal", begann der Vater seine Erzählung, „als schon euer Urgroßvater hier war und sein schönes Haus baute, da war das ganze Gebiet ringsum eine wahrhaft gottbegnadete Gegend. Herrliches Ackerland mit fruchtbarer schwarzer Erde, saftige grüne Wiesen und Weiden und unzählige Bäume mit den köstlichsten Früchten machten das Land zu einem Garten Gottes und lockten viele Ansiedler an. Blühende Ortschaften entstanden, und der Wohlstand der Menschen mehrte sich mit jedem Jahr ... Aber - mit dem Wohlstand mehrten sich auch die Unzufriedenheit und der Übermut. Mit köstlichem Bauernbrot und herrlichem Weizenkorn wurde das Vieh gefüttert, und die Fußböden in den Stuben, später gar die Höfe, wurden mit Talern gepflastert! Von weit und breit kamen Ausflügler und Touristen, um das gesegnete Land zu bestaunen und da Erholung zu suchen. Jedoch sie wurden von den reichen Bauern verhöhnt und davongeekelt. Die Gegend stand unter dem Schutz eines guten Geistes, eines Landgeistes, der seine ganze Freude an früchtereichen Bäumen und ertragreichen Feldern hatte. Der Landgeist, Wendelin mit Namen, liebte nur die Üppigkeit und den Überfluss und ließ sie den Bewohnern hier in reichstem Maße zuteil werden. Er freute sich an ihrer Freude, an ihrem Glück und an - ihrer Dankbarkeit, die sie ihm anfangs so aufrichtig zollten. Leider aber wuchs mit ihrem Reichtum auch ihr Übermut und besonders der Hochmut ins Unendliche. Es war daher kein Wunder, dass die reichen Bauern von ihrem gütigen, aber sehr bescheidenen Schutzpatron, dem Landgeist, mit der Zeit nichts mehr wissen wollten. Und eines Sonntagmorgens, als sie ihm beim Kirchgang begegneten, begannen sie auch ihn zu verhöhnen und zu verspotten, und als er die Kirche betreten wollte, schrien sie: ‚Was will dieser Lumpenmann hier? Fort mit ihm!' Als sich aber der gute Landgeist gegen solches Benehmen entschieden verwahrte und den hochmütigen Protzern entgegnete: ‚Das Betreten der Kirche könnt ihr mir nicht und niemanden verwehren. Auch keinem Bettler. Denn vor Gott ist ein jeder gleich; ob er in Lumpen oder Seide vor ihm steht!'

Das erboste die Bauern aber so, dass sich ein paar der Frechsten verleiten ließen, den Landgeist zu verprügeln und ihn fortzujagen.

Der gute Landgeist, ob solchen undankbaren Tuns aufs Höchste erzürnt, stieß einen grimmigen Fluch aus und verwünschte auf immer diese herrliche, ernteneiche Gegend. ‚Möge ein furchtbares Gewitter kommen und Steine regnen lassen, die das ganze Land hier in eine Steinwüste verwandeln. So viel Frucht, als jetzt in der Erde und über ihr, auf den Bäumen und Wiesen wächst, so viel Steine soll es in Zukunft hier geben. Steine und ausgedörrte Steppe, und arm sollen die Menschen werden, so arm, dass keiner mehr einen einzigen ‚Silbertaler' in seinem Beutel hat, mit dem sie heute die Höfe pflastern ...'

Und so geschah es auch", sagte der Steinhäufelbauer zu seinen Kindern, „die Menschen sind arm geworden und sind davongelaufen, weil das Land niemand mehr ernährte und Brotdose und Geldbeutel fortan - da, leer! - blieben. Aber jetzt geht schlafen, liebe Kinder, und betet zu Gott, dass er den guten Landgeist wieder versöhnen möge ..."

Wochen waren seit dieser Erzählung des Vaters vergangen, die Hochsommersonne brannte in wahrer Gluthitze auf das Steinhäufel hernieder, und die beiden Geschwister plagten sich wieder redlich mit dem Steineauflesen. Der Schweiß rann von ihren Gesichtern, und die Rücken schmerzten, und als sie sich endlich eine kleine Rast gönnten, sahen sie einen alten Mann am Ackerrand stehen: „Was macht ihr denn da, ihr zwei fleißigen Knirpse?" - „Den Boden von den Steinen säubern, damit wir mehr ‚Ackerl' bekommen!", antwortete bereitwilligst Wendelin. „Sososo", meinte der alte Mann mit dem weißen Haar. „Und lohnt sich das überhaupt für eure Plage?" Wendelin schüttelte den Kopf: „Ob es sich lohnt oder nicht, wir müssen es. Wir sind arme Leute, haben meistens die Brotdose und auch den Geldbeutel leer und brauchen jedes Ackerl, sagt unser Vater immer." - „Ja, wenn es so ist, dann hat der Vater schon Recht", erwiderte der Wandersmann. „Wie heißt du denn?" - „Ich heiße Wendelin!" - „Wendelin", sage der Alte und fing höhnisch zu lachen an. „Welch ein hässlicher Name. Schämst du dich denn nicht für ihn?" - „O nein", lachte der kleine Steinbauer darauf. „Wendelin ist ein Name wie jeder andere, ja ich bin sogar noch stolz darauf, denn einmal hat es hier einen guten Geist gegeben, und der hieß auch Wendelin. Und - damals ist es den Menschen gut gegangen, aber sie waren dumm und böse und haben ihn verjagt, den guten Wendelin ..." Der Alte horchte erstaunt auf die Worte des Buben, dann drehte er sich um und wischte heimlich eine Träne aus dem Auge. Dann aber sagte er gütig: „Macht jetzt Schluss, Kinder, und führt mich nach Hause. Ich will die Mutter um ein Stück Brot bitten. Ich habe schrecklichen Hunger." - „Bekommst du", sagte Hannerl, „wenn die Brotdose nicht leer ist."

Wendelin nahm dem alten Mann den Sack ab, den er auf dem Rücken trug, und als sie zu Hause ankamen, war die Brotdose wirklich leer. Zum Glück war aber die Mutter gerade beim Brotbacken und hieß den Gast, sich zu gedulden; in zwei Stunden könnte er schon mitessen, da würde auch das frisch gebackene Brot schon ausgekühlt sein.

Der alte Mann bedankte sich für die Freundlichkeit und schaute sich überall in der Stube um, dann sagte er plötzlich: „Bäuerin, Ihr habt aber schon einen recht schlechten Fußboden. Ist das im ganzen Haus so?" - „Ja", sagte die Mutter, „leider, so ist es. In den zwei anderen Stuben ist der Boden noch schlechter. Das Geld reicht halt niemals aus ..."

„Soso", sagte der Alte nachdenklich. „Dann erlaubt, dass ich Euch für das Essen, das Ihr mir geben wollt, den Boden inzwischen ein wenig ausbessere ..." - „Aber nein, guter Mann, Ihr seid ja ohnehin schon alt und müde. Und das bisschen Suppe und Brot geben wir von Herzen gern!" Doch der alte Mann hatte schon seinen Sack ergriffen und war in der Nebenstube verschwunden. Nicht lange darauf hörte man ihn schon fleißig hämmern. Als ihn die Bäuerin aber zwei Stunden später zu Suppe und Brot holen wollte und die Stubentür öffnete, blieb sie einen Augenblick wie geblendet stehen. Der Fußboden glänzte und schimmerte wie reinstes Silber. Erstaunt bückte sie sich, um ihn zu betrachten, und traute ihren Augen nicht, der ganze Stubenfußboden war mit blanken Silbertalern gepflastert! Der alte Mann aber war spurlos verschwunden, und als sie ihn daher im ganzen Haus suchen ging, entdeckte sie, dass alle Fußböden im ganzen Haus - oh, welch ein Wunder - mit Talern gepflastert waren! Jetzt wussten die überglücklichen Menschen, dass der alte, verstaubte Wanderer der gute Landgeist Wendelin gewesen war und aus ihrem „Da - leer" in Brotdose und Geldbeutel „Ta - ler" und damit der Not in ihrem Haus für immer ein Ende gemacht hatte.

Franz Hudetz

Das Wunderei

Tief im Wald drinnen stand eine ungeheuer große, uralte Eiche. Ihr Stamm war hohl; ihr Wipfel aber ergrünte immer noch in jedem Frühling aufs Neue, und selbst im Winter verlor sie niemals alle ihre Blätter. Noch nie hatte eines Menschen Fuß ihre Höhle betreten, obwohl sie groß genug gewesen wäre für eine ganze Schar; aber nur ein schmaler Spalt führte ins Innere, kaum groß genug, um ein Mäuslein hindurchzulassen.

Ab und zu hatte schon ein Wanderer, dessen Fuß sich bis hierherauf verstiegen hatte und dem die riesige Eiche aufgefallen war, neugierig seine Nase an den Riss in der knorrigen Rinde gepresst. Und wenn er dann sah, dass ein geheimnisvoller Schimmer die Höhle erfüllte, hatte er wohl versucht, den Spalt mit der Kraft seiner Hände zu erweitern. Dann hatte er frohlockt: Rindenstücke brachen ab, uraltes Moos fiel zu Boden, die Öffnung schien weiter und weiter zu werden. Aber wenn er sich voll fieberhafter Hast hineinzwängen wollte, um die vermeintlichen gleißenden Schätze hervorzuholen, dann begann sie sich langsam, aber unerbittlich wieder zu schließen, und er konnte nur froh sein, wenn er Arm und Fuß wieder rechtzeitig herausbekam. Da geschah es einmal, dass ein Hirtenbüblein einer verlorenen Ziege nachgestiegen war und, als es sie endlich gefunden hatte, sich ermüdet just an der geheimnisvollen Eiche niedersetzte und an ihren Stamm lehnte. Alsbald aber begann die Ziege ein sonderbares Gehaben an den Tag zu legen: Sie schnupperte unaufhörlich aufgeregt an einer bestimmten Stelle des Baumes, stieß mit den Hörnern dagegen und meckerte so eindringlich, dass Friedel, der halb eingeschlummert war, endlich aufmerksam wurde und aufstand.

„Was hast du denn, Lise?" Aber da entdeckte er auch schon den Spalt und schob die Ziege beiseite.

„Oh, wie schön!", rief er entzückt, als er nur einen kurzen Blick in die Höhle getan hatte. Er kniete nieder, um besser sehen zu können. Welche Herrlichkeit zeigte sich da seinen Augen! Die Wände schimmerten im Glanz von unzähligen Edelsteinen, und der Boden strahlte ein geheimnisvolles Licht aus, das aber von tief, tief unten heraufzukommen schien, irgendwoher, wohin menschliches Sehen nicht gelangen konnte.

Gebannt kniete Friedel und schaute und schaute. Endlich stieß ihn die Ziege ungeduldig mahnend an. Da erhob er sich, als erwache er aus einem Traum.

„Ja, komm!", sagte er und fasste sie am Horn. „Aber ich werde wieder heraufsteigen, allein, damit ich stundenlang diese Schönheit schauen kann!"

„Wenn du nur das willst, dann tritt ein bei mir!" Eine Stimme sagte es, und Friedel fuhr erschrocken herum. Die Spalte im Stamm hatte sich geöffnet und der ehrwürdige Kopf eines Zwerges schaute hervor.

„Komm nur herein!", sagte seine Stimme wieder. „Deine Ziege wird heimfinden, sei unbesorgt!"

Da stand Friedel auch schon, er wusste nicht wie, in der schimmernden Höhle, und hinter ihm hatte sich die Öffnung bis auf einen Ritz wieder geschlossen.

„Du bist das erste Menschenkind, das mein Reich betreten darf", sagte der Zwergenkönig - dass er es war, zeigte der goldene Kronreif an seiner Mütze -, „weil du nicht versucht hast, mit Gier und Gewalt hier einzudringen. Komm mit mir!"

Jetzt sah Friedel, dass eine schmale Treppe in die Tiefe führte; und aus dieser Tiefe kam auch das geheimnisvolle Licht, das den Raum so zauberhaft erfüllte.

Unten aber öffnete sich eine einzige, riesenhafte Halle, und sie war bis an die fernsten Wände erfüllt von einem Funkeln und Gleißen, dass Friedel zunächst geblendet die Augen schließen musste. Als er sie wieder öffnete, lag eine sanfte Dämmerung im Raum, und der Zwergenkönig sagte: „Ich weiß, für euch Menschenkinder ist der Glanz unserer Schätze kaum zu ertragen! Darum habe ich ihn mit einem Schleier verhüllen lassen! Unermessliche Schätze behüten meine Zwerge, und nur selten lassen wir einen von euch droben etwas davon finden - denn fast keinem wird Reichtum zum Segen! Dir aber will ich ein kostbares Geschenk geben - es soll zum Glück für dich und viele werden!"

Er verschwand von Friedels Seite, war aber im Augenblick wieder da und reichte ihm einen herrlichen Rubin, geformt wie ein Hühnerei und auch nicht größer als ein solches.

„Droben bei euch ist heute Frühlingsvollmond und Osternacht zugleich! Von alters her ist das Ei Sinnbild neuen Lebens, ich schenke dir dieses hier - es hat besondere Wunderkraft! Wo immer ein Mensch schwer krank und siech daniederliegt - sobald du ihn mit diesem Ei berührst, das aus einem einzigen Rubin geschnitten ist, erfüllt ihn neue Lebenskraft und er bleibt gesund bis ins hohe Alter!"

Friedel wollte Worte des Dankes stammeln, aber da sprach der Zwergenkönig weiter: „Wisse aber, niemals darfst du jemandem das Geheimnis des Rubins verraten und niemals Bezahlung für die Heilung eines Kranken verlangen! Nur was man dir freiwillig gibt, darfst du behalten! Und nun leb wohl!"

Ehe Friedel wusste wie ihm geschah, fand er sich droben vor der Eiche wieder. Es war Nacht, durch die Wipfel funkelten die Sterne, er hätte glauben können, geträumt zu haben, wäre nicht das Rubinei in seiner Hand gewesen.

Als er nach kurzer Wanderung auf den Wiesenhang hinaustrat, da war der Ostermond schon untergegangen, in bläulichem Licht schimmerte das Firmament, und fern im Osten kündeten rötliche Wolkenstreifen den kommenden Tag.

Da gedachte er am Waldrand noch ein wenig zu rasten, er streckte sich ins Gras, seinen Rubin fest in der Hand haltend, und alsbald fielen ihm die Augen zu. Als er erwachte, stand die Morgensonne am Himmel, da sprang er auf und schritt seinem Dorf zu. Die Glocken klangen, und aus den Gärten hörte er allenthalben das Jauchzen der Kinder, die nach bunten Ostereiern suchten.

Es dauerte nicht lange, da wurde es offenbar, dass Friedel eine geheimnisvolle Kraft besaß, Kranke zu heilen. Anfangs drängte man ihn, sein Geheimnis zu verraten, da er aber immer nur lächelnd den Kopf schüttelte und weder durch Versprechungen noch durch Drohungen zum Reden zu bringen war, ließ man ihn zuletzt in Frieden.

Als er herangewachsen war, wurde er auch in ferne Länder zu Kranken gerufen. Niemals aber trat er an das Bett eines Leidenden, solange noch ein Arzt helfen konnte. Erst wenn menschliche Hilfe versagte, durfte man ihn holen! Dann verlangte er, mit dem Kranken allein gelassen zu werden, legte diesem tröstend die linke Hand auf die Augen und berührte mit dem Rubin, den er in der Rechten hielt, den kranken Körper.

Sein Ruhm wuchs, aber nicht minder die Verehrung, die man seiner menschlichen Größe zollte. Von den freiwilligen Gaben, ja oft kostbaren Geschenken, die man ihm brachte, behielt er nur, was er für sein einfaches Leben brauchte. Alles andere verschenkte er an die Armen.

Als er hochbetagt starb - es war gerade wieder eine sternenklare Osternacht -, da hielt seine rechte Hand den Rubin so fest umschlossen, dass man die starren Finger nicht lösen konnte. „Ein rotes Osterei!", wunderte sich die Totenfrau, die ihn für den Sarg wusch und kleidete. „Vielleicht war's ein Andenken - lassen wir's ihm -, es ist ja ohnehin nur aus Glas!"

So nahm er sein Geheimnis mit ins Grab - und es war gut so, denn mit seinem Tod hatte das Rubinei seine Kraft für immer verloren.

Hilda Heller

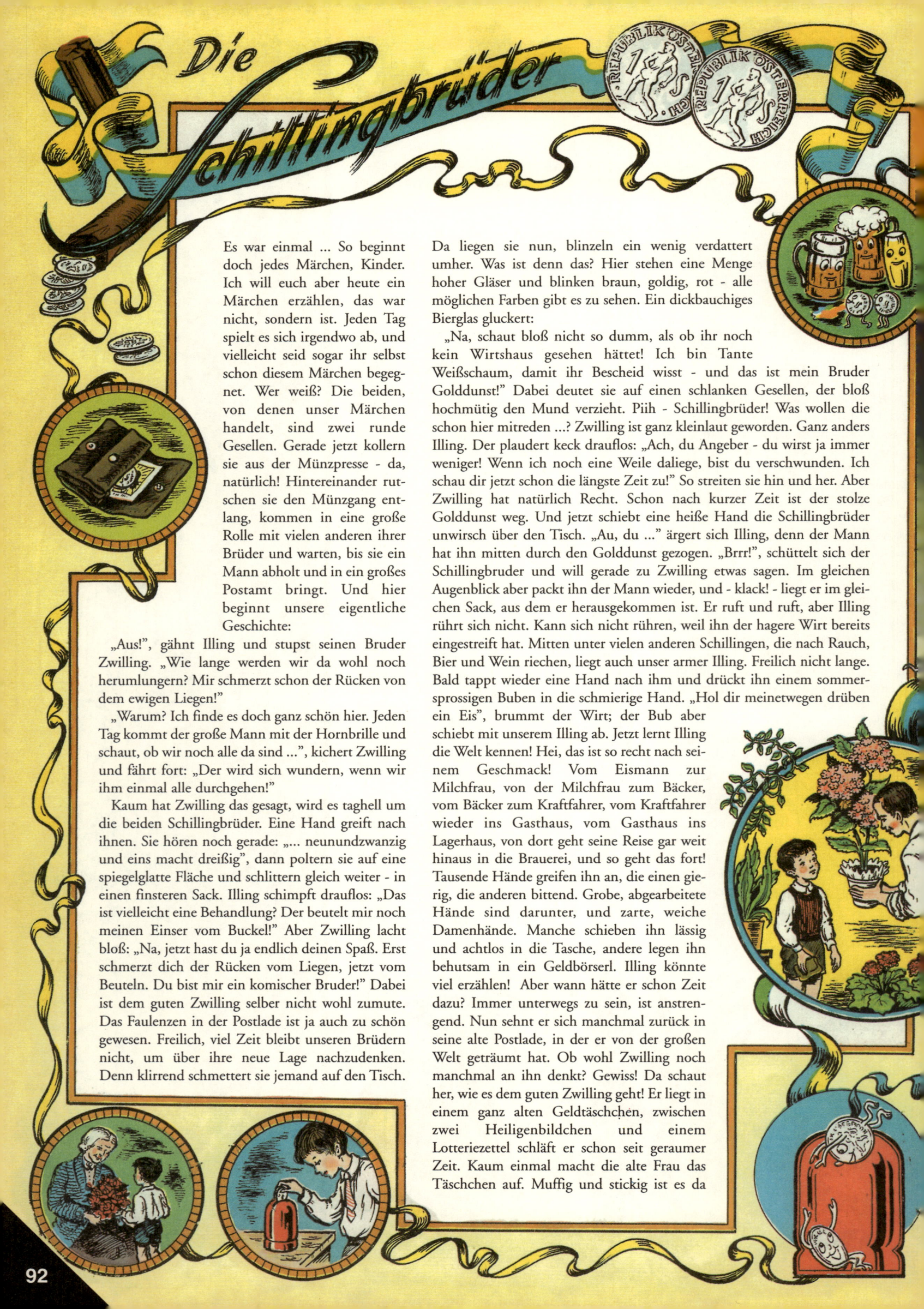

Die Schillingbrüder

Es war einmal ... So beginnt doch jedes Märchen, Kinder. Ich will euch aber heute ein Märchen erzählen, das war nicht, sondern ist. Jeden Tag spielt es sich irgendwo ab, und vielleicht seid sogar ihr selbst schon diesem Märchen begegnet. Wer weiß? Die beiden, von denen unser Märchen handelt, sind zwei runde Gesellen. Gerade jetzt kollern sie aus der Münzpresse - da, natürlich! Hintereinander rutschen sie den Münzgang entlang, kommen in eine große Rolle mit vielen anderen ihrer Brüder und warten, bis sie ein Mann abholt und in ein großes Postamt bringt. Und hier beginnt unsere eigentliche Geschichte:

„Aus!", gähnt Illing und stupst seinen Bruder Zwilling. „Wie lange werden wir da wohl noch herumlungern? Mir schmerzt schon der Rücken von dem ewigen Liegen!"

„Warum? Ich finde es doch ganz schön hier. Jeden Tag kommt der große Mann mit der Hornbrille und schaut, ob wir noch alle da sind ...", kichert Zwilling und fährt fort: „Der wird sich wundern, wenn wir ihm einmal alle durchgehen!"

Kaum hat Zwilling das gesagt, wird es taghell um die beiden Schillingbrüder. Eine Hand greift nach ihnen. Sie hören noch gerade: „... neunundzwanzig und eins macht dreißig", dann poltern sie auf eine spiegelglatte Fläche und schlittern gleich weiter - in einen finsteren Sack. Illing schimpft drauflos: „Das ist vielleicht eine Behandlung? Der beutelt mir noch meinen Einser vom Buckel!" Aber Zwilling lacht bloß: „Na, jetzt hast du ja endlich deinen Spaß. Erst schmerzt dich der Rücken vom Liegen, jetzt vom Beuteln. Du bist mir ein komischer Bruder!" Dabei ist dem guten Zwilling selber nicht wohl zumute. Das Faulenzen in der Postlade ist ja auch zu schön gewesen. Freilich, viel Zeit bleibt unseren Brüdern nicht, um über ihre neue Lage nachzudenken. Denn klirrend schmettert sie jemand auf den Tisch.

Da liegen sie nun, blinzeln ein wenig verdattert umher. Was ist denn das? Hier stehen eine Menge hoher Gläser und blinken braun, goldig, rot - alle möglichen Farben gibt es zu sehen. Ein dickbauchiges Bierglas gluckert:

„Na, schaut bloß nicht so dumm, als ob ihr noch kein Wirtshaus gesehen hättet! Ich bin Tante Weißschaum, damit ihr Bescheid wisst - und das ist mein Bruder Golddunst!" Dabei deutet sie auf einen schlanken Gesellen, der bloß hochmütig den Mund verzieht. Piih - Schillingbrüder! Was wollen die schon hier mitreden ...? Zwilling ist ganz kleinlaut geworden. Ganz anders Illing. Der plaudert keck drauflos: „Ach, du Angeber - du wirst ja immer weniger! Wenn ich noch eine Weile daliege, bist du verschwunden. Ich schau dir jetzt schon die längste Zeit zu!" So streiten sie hin und her. Aber Zwilling hat natürlich Recht. Schon nach kurzer Zeit ist der stolze Golddunst weg. Und jetzt schiebt eine heiße Hand die Schillingbrüder unwirsch über den Tisch. „Au, du ..." ärgert sich Illing, denn der Mann hat ihn mitten durch den Golddunst gezogen. „Brrr!", schüttelt sich der Schillingbruder und will gerade zu Zwilling etwas sagen. Im gleichen Augenblick aber packt ihn der Mann wieder, und - klack! - liegt er im gleichen Sack, aus dem er herausgekommen ist. Er ruft und ruft, aber Illing rührt sich nicht. Kann sich nicht rühren, weil ihn der hagere Wirt bereits eingestreift hat. Mitten unter vielen anderen Schillingen, die nach Rauch, Bier und Wein riechen, liegt auch unser armer Illing. Freilich nicht lange. Bald tappt wieder eine Hand nach ihm und drückt ihn einem sommersprossigen Buben in die schmierige Hand. „Hol dir meinetwegen drüben ein Eis", brummt der Wirt; der Bub aber schiebt mit unserem Illing ab. Jetzt lernt Illing die Welt kennen! Hei, das ist so recht nach seinem Geschmack! Vom Eismann zur Milchfrau, von der Milchfrau zum Bäcker, vom Bäcker zum Kraftfahrer, vom Kraftfahrer wieder ins Gasthaus, vom Gasthaus ins Lagerhaus, von dort geht seine Reise gar weit hinaus in die Brauerei, und so geht das fort! Tausende Hände greifen ihn an, die einen gierig, die anderen bittend. Grobe, abgearbeitete Hände sind darunter, und zarte, weiche Damenhände. Manche schieben ihn lässig und achtlos in die Tasche, andere legen ihn behutsam in ein Geldbörserl. Illing könnte viel erzählen! Aber wann hätte er schon Zeit dazu? Immer unterwegs zu sein, ist anstrengend. Nun sehnt er sich manchmal zurück in seine alte Postlade, in der er von der großen Welt geträumt hat. Ob wohl Zwilling noch manchmal an ihn denkt? Gewiss! Da schaut her, wie es dem guten Zwilling geht! Er liegt in einem ganz alten Geldtäschchen, zwischen zwei Heiligenbildchen und einem Lotteriezettel schläft er schon seit geraumer Zeit. Kaum einmal macht die alte Frau das Täschchen auf. Muffig und stickig ist es da drinnen, und Zwilling sieht recht schlecht aus. Sein silbriges Gewand ist verblasst, bleich und matt liegt er da. Wehmütig denkt er zuweilen an Illing. „Ach, Gott, nur einmal möchte ich hier herauskommen! Einmal etwas anderes sehen als die zwei Wände!", jammert er zuweilen. Und eines Tages geht sein Wunsch ganz unverhofft in Erfüllung.

Zitternd nimmt ihn seine Herrin aus dem Täschchen, hält ihn noch ein Weilchen fest, bevor sie ihn dem Buben gibt, der vor ihr steht und frisch heraussprudelt: „Alles Gute, Omi, zum Geburtstag!" Verlegen dreht ihn der Knabe ein paar Mal, dann springt er dankend davon. Jetzt beginnt auch für Zwilling eine andere Zeit. Er kommt in ein schönes Häuschen, das blitzblank und funkelnagelneu dasteht. „Mutti! Mein erster Schilling!", hört Zwilling den Buben. Behutsam wird Zwilling durch einen Spalt gesteckt, fällt jäh hinunter und bleibt mutterseelenallein liegen. Wieder vergehen Tage, Wochen - Zwilling ist schon ganz verzweifelt. Niemand kümmert sich um ihn. Da endlich macht es klirr - und was glaubt ihr, wer durch den Spalt kollert? Illing! Ist das eine Überraschung! „Illing!" - „Zwilling!" Die beiden sind ganz außer sich vor Freude. Illing weiß so viel zu erzählen, dass Zwilling nicht müde wird, seinem Bruder zuzuhören. Schließlich aber meint der: „Du lässt die ganze Zeit mich reden, erzähle mir lieber, was mit dir los gewesen ist."

„Mit mir hat es traurig ausgesehen, Illing! Ich bin zu einer alten Frau gekommen und die ganze Zeit in einem muffigen Geldtascherl gelegen. Schau mich bloß an: schmierig und fleckig über und über. Mein schönes Gewand ist ganz schäbig geworden. Mich freut das Leben gar nicht mehr! Du hast so viel gesehen, und was für ein armer Wicht bin ich doch!"

„So darfst du nicht reden, Zwilling. Du wirst sehen, auch für dich kommt noch das große Erlebnis." Aber Zwilling schüttelt bloß ungläubig den Kopf. Freilich bleibt beiden nicht lange Zeit, denn nun kommen oft und oft neue Brüder zu ihnen. Bald sind sie so viele, dass sie kaum mehr alle Platz haben. Zwilling und Illing stöhnen zuweilen: „Macht euch doch nicht gar so breit da oben, man kann sich ja kaum mehr rühren!"

Eines Tages steckt ein Schilling seine Nase bloß zum Spalt herein und ruft entsetzt: „Du liebe Zeit, da ist ja alles voll! Wo soll ich mich denn hinlegen? Ach, macht mir doch bitte Platz!" Statt einer Antwort zieht ihn eine Bubenhand wieder hinaus, dann hören es die Schillingbrüder knacken, und über ihnen wird es ganz hell. Jetzt geht es drunter und drüber! Das Häuschen fällt um, und alle purzeln durcheinander auf einen Tisch. Zwilling flüstert Illing zu: „Das ist mein neuer Herr. Zu dem bin ich damals gekommen, wie mich die alte Frau hergegeben hat." „Schaut recht gut aus, der Kerl!" meint Illing. - „Zweiunddreißig!", jubelt jetzt der Bub, „das gibt einen schönen Blumenstock für Muttis Geburtstag ..." Die Schillingbrüder schauen sich an. Geburtstag? Deshalb hat uns der Bub so lange warten lassen! „Ich bin schon so viel herumgekommen in der Welt", meint Illing, „aber noch nie hab ich einer Mutter Freude machen dürfen!"

„Und ich bin überhaupt noch nirgends gewesen und fang auch mit einer so schönen Fahrt die Reise in die Welt an!" frohlockte Zwilling.

Behutsam steckt der Bub seine zweiunddreißig Schillingbrüder in die Tasche und kramt sie dann beim Blumenhändler einzeln heraus.

„Bitte, Herr Berger, ich möchte gern für meine Mutti ein schönes Blumenstöckerl ..."

„Ja, was ist denn los, was hat denn die Mutti?"

„Sie hat am 19. Oktober Geburtstag. Da möchte ich ihr gern ..."

„Na, ich weiß schon - werden wir halt schau'n, was ich hab ..." Der Mann mustert seine Blumen, greift nach einem herrlichen Hortensienstock und fragt: „Darf es so was sein?" Zweifelnd kommt die Gegenfrage: „Ja, bitte, wie viel kostet es denn?"

„Na, weil du's bist, sagen wir zweiunddreißig Schilling." Der Bub atmet erleichtert auf. Dann zählt er seine Schillingbrüder einzeln vor. Der Mann schmunzelt: „Hast deine Sparkasse ganz ausgeräumt?"

„Ja, freilich. Aber das macht nichts, gehört ja der Mutti!", strahlt der Bub über das ganze Gesicht. Da schiebt Herr Berger unsere beiden Schillingbrüder Illing und Zwilling dem Buben hin: „Da, damit du wieder zu sparen anfangst, sollen mir dreißig Schilling auch recht sein!"

Ihr glaubt gar nicht, wie schnell unsere beiden Schillinge sich zurückgetummelt haben in des Buben Hosentasche. Sie wollen unbedingt wieder die Ersten einer großen Schar sein.

Ich habe euch gleich am Anfang gesagt, diese Märchen war nicht, es ist. Vielleicht sind die beiden jetzt gerade bei euch? Dann passt mir ja gut auf, damit meine Geschichte kein Märchen bleibt!

Friedrich Bauer

Der lange

Es war einmal ein kleines Landstädtchen, verträumt und weltabgeschieden, irgendwo. Man hätte an ihm bestimmt nichts Besonderes gefunden, wenn, ja, wenn in ihm nicht der lange Frieder gewohnt hätte.

Als Frieder zur Welt kam, wurde er schon wie ein Wunder bestaunt. Nein, so ein großes Kind war wohl noch nie da gewesen. Seine Eltern waren arme Leute und hatten wenig Freude, dass alle Hemdchen und Jäckchen für ihr fünftes Kind zu klein waren. So viel Betriebsamkeit herrschte in dem kleinen Häuschen, das sonst selten Besucher sah. Ununterbrochen quietschte die alte Tür in ihren Angeln, und es gab wohl kaum einen im Städtchen, der nicht sagen konnte: „Ich habe das Riesenkind auch gesehen!"

Die arme Frau Gerber fühlte in ihrem Mutterherzen, dass Frieder wohl einmal ihr Sorgenkind und dass alle Anteilnahme der vielen fremden Menschen, die da so plötzlich ins Gerberhaus hereingeschneit kamen, sehr rasch verflogen sein würde.

„Eines Tages wird man den Frieder verspotten wegen seiner Länge!", sprach sie weinend zu ihrem Mann. „Wir sind alt, Vater, und der Frieder muss in die Welt hinaus, wenn wir nicht mehr am Leben sind."

„Sei nicht traurig, Frau, der Bub wird seinen Weg schon machen! An seine Länge werden sich die Leute gewöhnen. Hauptsache, er wird ein braver Mensch!"

Wenige Jahre vergingen, da standen die fünf Gerberkinder weinend am Grabe ihrer Eltern. Wie jedes Jahr mühten sich die fleißigen Gerbersleute, Holz für den langen Winter heimzutragen, als sie plötzlich von einem schweren Gewitter überrascht wurden. Ein tückischer Blitzschlag machte die fünf Kinder zu Waisen. Da auf Anfragen der Stadtväter sich keinerlei Verwandtschaft meldete, verkaufte man das Häuschen und brachte Frieder und seine Geschwister ins Waisenhaus der Stadt. Dort begann für Frieder eine schwere Zeit! Die Pflegerinnen bemühten sich zwar sehr, es dem unglücklichen Kinde so leicht wie möglich zu machen, doch die anderen Kinder, unter denen viele recht ungezogen und garstig waren, spotteten Frieder aus, wo sie nur konnten. Sein Kinderherz zog sich oft schmerzlich zusammen, wenn sich eine Horde wilder Buben auf ihn stürzte, ihn an den Haaren zog und ihn zu Boden warf. Doch nie kam ein Laut des Schmerzes über seine Lippen, nie ging er sich beklagen. Nur manchmal, wenn er sich allein glaubte, weinte er still. Dann war ihm jedes Mal, als hörte er seine Mutter sagen: „Friederle, ich bin bei dir!" Das half ihm seine Tränen trocknen und gab ihm wieder neuen Mut.

In der Schule war Frieder der beste Schüler, aufmerksam und fleißig, und es geschah nicht selten, dass er besonderes Lob erhielt. Die schlimmen Buben ärgerten sich darüber, und ging Frieder nach Schulschluss einsam seines Weges, bewarfen sie ihn mit Steinen und spotteten ihm nach: „Friederlein, ach Friederlein, schaust uns noch zum Schornstein rein!"

Nicht einmal die großen Leute hatten so viel Herz, den armen Kerl in Ruhe zu lassen. Auch sie sangen den Spottvers, wenn Frieder irgendwo auftauchte.

Mit der Zeit hatte sich der lange Frieder an die Spottlust seiner Mitbürger gewöhnt. Ja, er konnte an ihnen vorbeigehen, ohne überhaupt auf ihre dummen Liedchen zu hören.

Er lebte in seiner eigenen Welt, und die war viel schöner! Er malte sich aus, was er einmal werden und wie er fleißig sein wollte. Ein neues, schönes, freundliches Waisenhaus würde er der Stadt bauen, in dem alle diese armen,

Frieder

kleinen Kinder, denen das Elternhaus verloren ging, eine neue Heimat finden konnten. Weiters sollte eine große Schule entstehen, in der man noch viel mehr lernen würde, als in der alten, kleinen. Frieder dachte an alle, an die Alten und Jungen, ja sogar an die, die ihm unendlich weh getan und ihn verspottet hatten.

Frieder wuchs und wuchs, und wahrhaftig konnte er eines Tages in die Schornsteine der einstöckigen Stadthäuschen schauen. Wenn er am Sonntag morgens spazieren ging, roch er, bei wem es einen Braten zum Mittagessen gab.

Frieder war nun schon lange in der Lehre und hatte sich entschlossen, Baumeister zu werden. Da konnte er seine Träume weiterspinnen und viele schöne Pläne zeichnen. Es war auch das geeignetste Handwerk für ihn. Wo andere eine Leiter brauchten, konnte er hinreichen, und er musste sich dabei nicht einmal auf die Zehenspitzen stellen! Er arbeitete meist in Gottes freier Natur und musste nicht in einer dumpfen Werkstatt seinen langen Rücken krümmen.

Mitten in diese Emsigkeit des jungen Mannes hinein schlug Frieders große Stunde.

Zuerst regnete es nur ein bisschen, dann regnete es wochenlang. Es war, als hätte der Himmel vergessen, seine Wasserschleusen wieder zuzumachen. Die Rinnsale schwollen an zu Bächen, die Bäche zu Flüssen und die Flüsse gar zu Strömen, bis eines Nachts die ganze fruchtbare Landschaft weit überflutet war. Auch im Städtchen hatte man sich des ansteigenden Wassers nicht erwehren können. Keiner wusste mehr aus noch ein, und niemand konnte sein Haus verlassen. Einzig und allein der lange Frieder watete durch das Wasser, als wären es nur größere Pfützen. Und dann begann Frieder, die Einwohner des Städtchens alle nach der Reihe vor dem grässlichen Tode des Ertrinkens zu retten. Wäre nicht die Kirche auf einem Hügel gestanden, so hätte wohl auch Frieders guter Wille nichts genützt. Doch nun setzte er seine ganze Kraft ein und trug einen nach dem anderen zum Kirchberg hin. Alle rettete er, alle gab er dem Leben wieder, auch die, die ihn am ärgsten quälten. Und als er sein Werk getan und fünf kleinen Kindern die Mutter brachte, fiel er ohnmächtig zu Boden.

Frieder sah nicht, wie sich die Menschen, die ihn umringten, schämten. Wie sie sich gegenseitig zuriefen, Frieder sei der beste Mann der ganzen Stadt, und jeder, der noch einmal wagte, ihn zu schmähen, müsse mit Schimpf und Schande die Stadt verlassen.

Als Frieder erwachte, begann das Wasser sich zu verlaufen. Über ihm lachte der Sonnenschein und um ihn her saßen Kinder, nichts als Kinder, die ihm mit ihren kleinen Körperchen Wärme gaben.

Die Großen aber mühten sich um ihre Heimstätten, in denen das Wasser arge Schäden angerichtet hatte. Viele Wochen Arbeit waren nötig, und Frieder half, wo er nur konnte. Am liebsten wollten ihn alle auf einmal haben, und einer suchte den anderen zu überbieten, Frieder etwas Liebes zu tun.

Der Bürgermeister der Stadt aber trat vor das Rathaus hin und verkündete mit lauter Stimme: „Ich habe mich entschlossen, mein Amt niederzulegen. Ich bin schon alt, und unsere Stadt braucht einen tatkräftigen, jungen Mann! Es gibt in ihren Mauern keinen Besseren und Treueren als unseren Frieder, dem wir alle, Männlein und Weiblein, unser Leben danken! Ich lege das Bürgermeisteramt in seine starken Hände!"

So wurde denn aus dem armen geschmähten Frieder der Erste Mann der Stadt. Lange Jahre verwaltete er sein Amt in Ehren, machte alle seine Bubenträume wahr, baute Schule und Krankenhaus, Waisenhaus und Altersheim und schenkte der Stadt Wohlstand und Frieden.

Gisela Stockhammer

Das Märchen von den Erdbeeren

Hört nun die Geschichte, wie die Erdbeeren zu ihren köstlich schmeckenden Früchten gekommen sind. Wann sich die Geschichte zugetragen, weiß ich allerdings nicht. Doch da man die herrlichen Früchte der Erdbeeren schon lange kennt, so denke ich, dass es wohl einige hundert Jahre her sein muss. Zu jener Zeit lebte ein kleines Zwerglein. Es hieß Tausendflink, da ihm jede Arbeit so flink und rasch von der Hand ging wie keinem der Zwerge. Mag sein, dass dies aber daher kam, dass Tausendflink stets guter Dinge war und sich niemand im Zwergenreich erinnern konnte, ihn je griesgrämig oder verdrießlich gesehen zu haben. Tausendflink war in der Küche des Zwergenkönigs tätig und galt als der geschickteste kleine Koch. Unter seinen flinken Händen entstanden die prächtigsten Kuchen und Torten und buk sie einmal ein anderer Koch, so schmeckten sie den kleinen Prinzessinnen nicht.

Eines Tages ließ der König Tausendflink zu sich rufen und befahl ihm zum Geburtstag der ältesten Prinzessin, der morgen gefeiert wurde, eine besonders köstliche Mehlspeise zu backen. Tausendflink versprach sein Bestes zu tun und machte sich sogleich an das Backen eines herrlichen Kuchens. Als dieser schön braun gebacken war, stürzte er ihn auf einen goldenen Teller und früh am Morgen stieg er in den Wald hinauf, um den Kuchen mit Blumen zu schmücken. Vorsichtig stellte er den Teller mit dem Kuchen in eine Felsennische und eilte zur Waldwiese hinüber, kleine Blumen zu pflücken. Auf einer nahen Tanne aber hatte eine Finkenfamilie ihr Nest. Herr und Frau Fink waren ausgeflogen, Futter zu holen, und die kleinen Finken, es waren sechs an der Zahl, sahen neugierig zu, wie Tausendflink den Kuchen in die Felsennische stellte. Und da es oft geschah, dass ein Zwerglein den Vögeln Futter brachte, so glaubten sie, dass der Kuchen für sie bestimmt sei. Vergnügt flatterten sie herab und begannen zu schmausen. Als Tausendflink ein wenig später zurückkam, war von dem Kuchen fast nichts mehr da. Fröhlich zwitschernd erzählten ihm die kleinen Finken, wie gut ihnen der Kuchen geschmeckt habe, und verstanden nicht, warum das Zwerglein so erschrocken war. Freilich, als sie hörten, was sie angerichtet hatten, da ließen sie traurig die Köpfchen hängen. Verzweifelt setzte sich Tausendflink in das Gras.

Was sollte er nun beginnen? Einen neuen Kuchen zu backen war es viel zu spät, und wie würde der König zürnen, wenn er hörte, dass er auf den Kuchen nicht besser Acht gegeben! Traurig blickten die Blumen und Pflanzen auf ihn, denn Tausendflink war nicht nur ein geschickter kleiner Koch, sondern besaß auch ein gutes Herz und half, sooft er konnte, den Pflanzen und Tieren, so dass ihn alle lieb hatten.

„Holt Moosbart, das Waldmännlein, vielleicht kann es Tausendflink helfen", meinten einige Pflanzen, und eine Biene summte eilig davon, es zu holen.

Doch auch Moosbart wusste keinen Rat, denn einen neuen Geburtstagskuchen konnte er mit dem besten Willen nicht hervorzaubern.

Da sprach eine kleine Pflanze: „Liebes Waldmännlein, kannst du nicht

Das Wurzelkindchen

Liesls Eltern sind arm, so arm, dass sie ihrem Kind kaum die nötigen Kleider kaufen können und noch weniger ein Spielzeug. Die anderen Kinder haben Bälle und Puppen, Kaufläden und Bilderbücher, manche sogar ein Dreirad oder ein Puppenhaus.

Die kleine Liesl hat nur die Blumen auf der Wiese, das Wasser im Bach, seltsame Steine, die sie am Wege findet, manchmal ein Zettelchen zum Kritzeln oder ein paar Knöpfe von der Mutter, mit denen man sehr gut Schule spielen kann. Und dann hat sie natürlich noch - das Wurzelkindchen.

Eigentlich ist das Wurzelkindchen nichts anderes als eine seltsam verknorpelte Baumwurzel, die lange in der Holzkammer gelegen war, weil niemand sie zerhacken konnte. Für Liesl aber ist sie ein richtiges Puppenkindchen mit Armen und Beinen, einem runden Kopf, einer Stupsnase und lustigen, schwarzen Augen.

Liesl hat sich von Mutter eine Windel und ein Jäckchen ausgebettelt. Darein hüllt sie das Wurzelkindchen und wie eine richtige Mutter trägt sie es überall mit sich herum. Sie füttert es mit Blütenblättern und Beeren. Sie badet es im Bächlein und nachts darf es bei ihr im Bettchen schlafen. Bei so guter Pflege gedeiht das Wurzelkindchen natürlich prächtig und wird von Tag zu Tag schöner - wenigstens in den Augen der kleinen Liesl.

Die anderen Kinder allerdings fangen an zu lachen, wenn sie Liesl mit ihrem seltsamen Püppchen nur von weitem sehen. Doch je mehr sie über das Wurzelmännlein spotten, um so lieber gewinnt Liesl ihr Kindchen. Je mehr sie es wegen seiner Hässlichkeit verlachen, um so schöner erscheint es der kleinen Puppenmutter.

Eines Tages macht die Frau Lehrerin in der Schule ein ganz geheimnisvolles Gesicht: „Morgen dürft ihr eure Puppen mit in die Schule bringen!", sagt sie. „Ich will einmal sehen, ob ihr gute Puppenmütter seid, und - wer weiß! - vielleicht habe ich für die tüchtigste Puppenmutter eine Überraschung."

Ei, da putzen die Kinder ihre Puppen heraus, so schön, wie sie es nur können! Da werden Kleidchen gewaschen, Locken gebürstet, Zöpfe geflochten und Maschen gebunden.

Liesl badet ihr Kindchen im Bach und zieht ihm sein blütenweiß gewaschenes Jäckchen an. Liebevoll betrachtet sie sein runzliges Gesichtchen. „Morgen darfst du mit in die Schule gehn!", flüstert sie. „Und das ist eine große Ehre für so ein kleines Kind wie du. Hoffentlich bist du brav!"

Das Wurzelkindchen lächelt. Es freut sich auch. Bestimmt wird es sehr brav sein!

Am nächsten Morgen hüllt Liesl ihr seltsames Kindchen sorgsam in die Windel ein.

„Zeig uns dein Püppchen!", rufen die anderen Kinder spöttisch. „Ist es denn so schön, dass du es vor uns verstecken musst - oder so hässlich, he? Ist es am Ende nur das Wurzelkindchen?" Da zieht Liesl die Windel noch dichter über das Gesicht ihres Püppchens, wie um es vor allen Beleidigungen zu schützen. Ach, sie haben gut lachen, die anderen Mädchen! Wie hübsch und kostbar sind ihre Puppen! Manche haben sogar wirkliche Haare. Einige können die Augen öffnen und schließen, und Veronikas Puppe kann sogar sprechen: „Ah!", sagt sie, „ah! Mama!"

Die Frau Lehrerin kommt gar nicht aus dem Staunen, als sie die ganze herausgeputzte Gesellschaft sieht. „Also, ihr seid ja alle ganz außerordentlich brave Puppenmütter! So nett und rein sind eure Püppchen alle! Wie kann ich nun unter so viel tüchtigen Müttern die tüchtigste finden?"

„Schaun Sie sich doch einmal Liesls Puppe an!", ruft da Veronika spöttisch. „Sie hat sie so gut eingehüllt. Bestimmt ist sie eine besonders tüchtige Mutter!" Und Veronikas Puppe lacht dazu:

„Ah! Ah! Ha! Ha!"

Alle Kinder beginnen zu kichern. Ei, nun wird die Frau Lehrerin Augen machen!

einem von uns eine neue, besonders schöne Frucht schenken, mit der Tausendflink an Stelle des Kuchens die kleine Prinzessin überraschen kann?" In Tausendflinks Augen leuchtete es hoffnungsvoll auf, und alles blickte erwartungsvoll auf das Waldmännlein.

„Das ist kein schlechter Gedanke", meinte dieses. „Aber ich kann einem von euch nur eine Frucht schenken, wenn mir jeder von euch etwas dazugibt."

„Wir geben dir gern, was du willst, für Tausendflink!", riefen alle. Da lächelte das Waldmännlein gütig. Dann hob es ein wenig Erde auf und formte daraus eine große Beere, die es an den Stängeln der kleinen Pflanze befestigte.

„Du, kleine Pflanze, die den schönen Gedanken gehabt, sollst die neue Frucht tragen", sprach es. Dann hob es seinen Zauberstab gegen den wilden Kirschbaum, dessen Früchte dunkelrot durch das Gezweig schimmerten.

„Kirschbaum, gib mir etwas vom Rot deiner Früchte", sprach es.

„Nimm dir, so viel du willst", sprach der Kirschbaum. Nun hielt Moosbart seinen Stab zu den Himbeer- und Brombeersträuchern.

„Gebt mir etwas vom Geschmack eurer Früchte", sprach er. Und wie der Kirschenbaum sprachen auch sie:

„Nimm dir, so viel du willst." Zuletzt hielt Moosbart noch seinen Stab zu einigen Rosen und Nelken und bat sie um ein wenig von ihrem Duft. Als er auch diesen erhalten, strich er mit seinem Stab über die Beere, die er aus Erde geformt hatte, und im Nu verwandelte sich diese in eine rote, herrlich duftende Frucht. Die erste Erdbeere! Und überall im Walde, wo eine Pflanze von der gleichen Art stand, trug sie im gleichen Augenblick dieselbe duftende Frucht. Die Tiere und Pflanzen ringsum jubelten und Tausenflink wusste sich vor Freude nicht zu fassen und dankte immer wieder dem gütigen Waldmännlein. Dann pflückte er die Beere vorsichtig mit vieler Mühe ab, denn für ihn, den winzig kleinen Wicht, hatte sie ein beträchtliches Gewicht, legte sie auf den goldenen Teller und stieg wieder in das Zwergenreich hinab. - Wie jubelte die kleine Prinzessin, als ihr Tausendflink bei der Geburtstagsfeier die herrliche Frucht, die er mit Zucker bestreut hatte, überreichte, und der König lachte herzlich, als Tausendflink von den kleinen gefräßigen Finken erzählte.

Die kleinen Pflanzen aber tragen noch heute im Wald die köstlichen Früchte und da ihr Wind ihren Samen überallhin trägt, so finden wir sie fast in jedem Wald. Erdbeeren nennen wir sie, nach der ersten Beere, die das Waldmännlein aus Erde geformt hat, und wir freuen uns ebenso über sie wie einst die kleine Zwergprinzessin über die erste Beere an ihrem Geburtstag.

Margarete Heider

Langsam geht Liesl zur Frau Lehrerin. Behutsam lüftet sie die hüllende Windel und zeigt der Frau Lehrerin ihr Kindchen. Ein bisschen ängstlich schaut sie schon, die Liesl, dann aber fängt sie liebevoll zu lächeln an.

„Es schläft gerade!", sagt sie zärtlich. „Es ist noch so klein! Ist es nicht lieb?"

Im ersten Augenblick schaut die Frau Lehrerin so verwundert aus, wie es die Kinder erwartet haben, und sie kichern noch mehr. Dann aber betrachtet sie das Wurzelkindchen und sein besorgtes Mütterlein nachdenklich. Auf einmal beginnt sie zu lächeln - genauso liebevoll wie die kleine Liesl. Nur dass dieses Lächeln dem Wurzelkindchen und der Liesl zugleich gilt.

„Ja, Liesl", sagt sie endlich, „lieb ist es, dein Kindchen. Ich habe noch nie ein so seltsames und so braves Püppchen gesehen. Dabei sind hier so viele schöne Puppen und so viele tüchtige Puppenmütter. Aber ich glaube, keine von euch allen hat ihr Püppchen so lieb wie Liesl ihr Wurzelkindchen. Alle diese schönen Puppen zu haben, das ist doch gar keine Kunst, aber ein Wurzelkerlchen nur durch Liebe in ein Püppchen zu verwandeln - das ist etwas Besonderes!"

Da hören die Kinder auf zu grinsen. Sie fangen sich ein wenig zu schämen an, denn eigentlich hat sie Recht, die Frau Lehrerin.

Aber die Frau Lehrerin ist noch nicht zu Ende: „Gestern hat mir jemand eine wunderschöne Puppe geschickt, die ich der bravsten und tüchtigsten Puppenmutter in meiner Klasse schenken soll. Nun - ich glaube, ich muss sie Liesl geben! Seid ihr auch der Ansicht?"

Da haben die Kinder alle mit dem Kopf genickt und die spottlustige Veronika hat laut und deutlich: „Ja!" gesagt, und ihre kluge Puppe hat ihr zugestimmt: „Ah! Ah! Mama!"

So hat das Wurzelkindchen eine überaus prächtige Schwester bekommen, die so vornehm aussieht, dass Liesl sie Prinzessin Goldhaar nennt und sie immer nur mit „Sie" anredet. Ihr Wurzelkindchen aber hat sie trotz der schönen neuen Puppe nicht vergessen. Wenn ihr sie fragt, wer denn nun schöner und lieber sei, der Wurzelkerl oder Prinzessin Goldhaar, da lächelt sie Prinzessin Goldhaar bewundernd zu: „Sie ist die Schönste!", sagt sie. Das Wurzelkindchen aber drückt sie liebevoll ans Herz:

„Aber es - es ist mein Jüngstes!"

Dr. Marianne Kaindl

97

EINE WALD

Eine Geschichte ...

Es war einmal ein kleines Mädchen, das hieß Tessi und wohnte mit seinen Eltern in einem kleinen, kleinen Städtlein, von dem aus man nach allen Seiten hin in den Wald gelangen konnte. Einzig lieblich liegt das Sonneberg im Tal, fern im Thüringerwald.

Mit dem großen Walde, der Wiesen und Felder von Sonneberg begrenzte, standen die Bewohner sehr freundschaftlich – nur ein Teil wurde ängstlich gemieden. In dem gab's weder Wild noch Klaubholz oder sonstige Annehmlichkeiten. Verschlungenes Dickicht und heimtückische Wurzeln hemmten die Schritte, und große Strecken von Moorboden, unheimlich glitzernd, wenn einmal ein Lichtstrahl auf sie fiel, machten das Betreten des Waldes sehr gefährlich!

Im Städtlein erzählten sich die alten Leute, dass einmal eine Kinderschar am hellen Maimorgen fröhlich singend in den Wald gezogen und nie mehr wieder zurückgekehrt sei.

Undurchdringliches Gebüsch wuchs sofort hinter der Axt der suchenden Angehörigen jener Kinder empor und vereitelte alle Mühe.

Alt und Jung hütete sich von nun an sehr vor dem finsteren Wald, der gegen alle anderen Wälder so drohend abstach.

Im wohl bekannten, trauten Walde, nahe bei dem Dom, vergnügten sich die Kinder mit all den Spielen, die jede Jahreszeit dort bietet. Sammeln von Beeren, Pilzen, Tannenzapfen ist eine Lust; dem rotbraunen Eichhörnchen nachlaufen das so gerne neckt, ist herrlicher Spaß, und Tessilein, die flinkste von allen, konnte an diesem „Haschespiel" nicht genug haben. In ihrem braunen Gelöck sah das kleine Mädchen selbst dem Eichhörnchen ähnlich, welchem Tessi eben eifrig nachrannte. Jetzt schaute das behände Tierchen hier, dann da hinter dem Baumstamm aus dem Gebüsch hervor, und die runden, schwarzen Perläuglein glitzerten vor Vergnügen, Tessi necken zu können! Dabei blitzte, mit den Augen um die Wette, ein glänzender Stein im goldenen Ringe an der Eichkatze rötlichem Hälschen! Der Ring gehörte Tessi. Ein dankbarer, schwarzer Rabe, dem Tessi am Bache einmal das verwundete Beinchen gekühlt hatte, schenkte eines Tages dem guten Kinde den Ring. Tessi trug ihn am hellblauen Bande um den Hals, er war für ihr Fingerchen zu weit; heute aber hatte sich beim Brombeerpflücken das Band gelöst. Der kleine Racker, das Eichhörnchen, fand den Ring und begann sich stolz damit zu schmücken:

„Nun ist mein dein Ringelein,
lauf nur, holst mich doch nicht ein!"

Und der kleine Räuber huschte mit dem Kleinod eilig dahin.

Tessi rief: „Du neidischer Geselle, gib mir mein Ringlein auf der Stelle!" Das kleine Mädchen lief und lief hinter dem Eichkätzchen her und gelangte plötzlich auf einen glatten Weg, den sie noch niemals gesehen hatte. Ein märchenhaft schöner, prunkvoller Kutschwagen rollte langsam hinter dem eilenden Kinde her. In dem Wagen saß eine schöne Prinzessin, deren grünes Kleid mit rotem Pelz verbrämt war. Ihre Augen flimmerten wie Rubine, so dass Tessi sich ein wenig fürchtete. Der Wagen hielt und die Prinzessin winkte Tessi nahe zu sich heran:

„Komm, steig ein, brauchst nicht zu bangen, sollst den kleinen Räuber fangen."

Das ermutigte nun die Kleine und sie rief hell:

„Will mein Ringlein wiederhaben, lass nur schnell die Rosse traben."

Damit stieg Tessi ein und der Wagen fuhr in rasender Geschwindigkeit tief in den Wald hinein.

Tessi, vom Laufen müde, schlief ein; als sie aber erwachte, befand sie sich in einem hohen Turm, der war ganz aus Glas. Die Tannen schlugen mit ihrem Gezweig an die glatten, durchsichtigen Wände. Rotes Frühlicht glühte über den Wipfeln und drang wie Flammenschein in den gläsernen Turm. Plötzlich ward es lebendig um Tessi her. Eine ganze Schar rotbrauner Eichkätzchen begann an den Innenwänden emporzuklettern, aber trotz aller Mühe stürzten die kleine Waghälse immer wieder hinab. „Ach, könnten wir das Fensterlein erreichen, wie hurtig wollten wir entweichen", jammerten die armen, gefangenen Eichkätzchen, und Tessi klagte mit ihnen: „Wie sollen wir hinausgelangen, wir bleiben ewig nun gefangen." Da! Mit einem Male bewegte sich hoch oben in der schwarzgrünen Tanne dicht am Turm etwas blitzend Leuchtendes. Ein rot schillerndes Tierchen sprang von der Spitze des immergrünen Baumes auf den Turm. Hier war ein winzig kleines Fenster offen, durch welches den Gefangenen unten täglich ihre Nahrung hinabgeworfen wurde. Ein niedliches Köpfchen mit munteren, schwarzen Äugerln lugte hinunter zu Tessi:

„Gib Acht, kling, klang, dein Ringlein fang!", erscholl ein feines Stimmchen. Tessilein hob die Händchen und fing das Ringelein auf. Jubelnd drückte sie es an ihr Herzlein - doch, was war das? Das blaue Bändchen wurde lang und länger und war fest wie eine Strickleiter, an der nun munter und ganz leise die Eichkätzchen alle schnell, schnell hinaufkletterten, doch so leise, dass es niemand hören konnte. Auch nicht die böse Fee, welche als Prinzessin verkleidet alles in den Glasturm einsperrte, was singend und spielend in ihren Wald eintrat.

Nun aber schnell hinaus in die Freiheit, bevor die garstige Fee erwachte! Auch Tessi kletterte behände als Letzte zur Öffnung im Turme hinaus. Das muntere, lustige, neckische Eichkatzerl, das zur rechten Zeit das Kind im Glasturm entdeckt hatte, führte alle in vollem Laufe der Heimat zu. Plötzlich hält die kleine Schar an, sie hören ein klirrendes Geräusch, wie wenn Flaschen und Gläser heftig aufeinander geworfen würden, und als die Flüchtlinge nach der Richtung schauen, wo eben noch der Turm stand, sehen sie nur noch einen gewaltig glitzernden Haufen von Scherben, der in den Sonnenstrahlen die Augen blendet! - Bald ist alles dies verschwunden, Gestrüpp und Gras wuchern schnell über der Stelle empor, wo vor kurzem sich das böse Gefängnis erhob. Hinter den kleinen Flüchtlingen verschwindet auch der kleine Waldweg, auf dem Tessi den Wagen mit der Fee getroffen hatte. Das Unterholz wächst über ihm zusammen und verwischt seine Spur. - Endlich ist des Waldes Ausgang erreicht. Tessi begrüßt glückselig ihre vertrauten Wiesen und Felder, die wieder vor ihr liegen; als sich aber das Kind dann nach den Eichhörnchen umsieht, sind diese verschwunden. Stattdessen umringt eine ganze Anzahl von Kindern, um deren Köpfe braunrote Locken wehen, ihre Retterin. Nun geht es Hand in Hand in langer Reihe mit jubelndem Gesang nach Hause.

Noch heute geht man etwas besorgt und ein wenig bang den dunklen Sonnberger Wald entlang.

Eva Schnabel

Das Neb...

Trinchen war die kleinste und jüngste Magd auf dem großen Bauernhof hoch im Norden. Sie war wohl zart und schwach von Gestalt, aber trotzdem konnte sie voll Stolz behaupten, dass sie sich ihr Stück Brot auf ehrliche Weise verdiente. Die blonde Jungbäuerin lobte sie gar oft, weil sie so flink und freundlich war. Seitdem Trinchen auf dem Hof weilte, glänzte die Stube immer vor Sauberkeit, wie sonst nur an den hohen kirchlichen Festtagen. Dabei war das Mädchen allzeit fröhlich und hilfsbereit, so dass alle es von Herzen lieb gewonnen hatten. Trinchen, die ein armes Waisenkind war, freute sich wiederum, unter guten Menschen zu wohnen.

Am behaglichsten waren die langen Herbst- und Winterabende, wenn Alt und Jung in der geräumigen Stube saß. Dann wurde gesponnen und gestrickt, die Männer schnitzten Löffel oder besserten allerlei Geräte aus. Unerschöpflich war der Märchenschatz der Urahne. Beim flackernden Feuerschein erzählte sie herrliche Geschichten von Elfen, Riesen, Drachen und seltsamen Begebenheiten aus längst vergangenen Tagen. Dann lauschte Trinchen mit großen Augen und wünschte sich von Herzen, selbst einmal solch wunderbares Erlebnis zu haben. „Wissen möcht ich", sagte die Urahne eines Abends im Herbst, „ob das Nebelmännchen noch drüben hinterm Wald in den Felsen haust? Es ist schon lange her, seit ich hörte, jemand habe es gesehen. Freilich, der Nebel wallt noch allzeit fort. Er steigt aus den Wäldern und Sümpfen und weht über das Land!" - „Was ist, Urahne, wenn man das Nebelmännlein sieht?", fragte Trinchen eifrig. „Wer das Nebelmännchen sieht und ein gutes, reines Herz hat, wird beschenkt und hat sein Leben lang Glück!" - „Nun ist's aber genug für heut Abend", rief die junge Bäuerin, „sonst findet das Jungvolk morgens nicht aus den Federn!" Der Bauer nickte bedächtig dazu. Die Spinnräder wurden beiseite gestellt, und Trinchen kehrte flink die Fäden und Späne zusammen.

Bald lag das Haus in tiefem Schlaf. Und Trinchen träumte vom Nebelmännchen. Klein, grau und hutzelig war's, mit blanken Äuglein und roten Backen, just wie die Urahne sah's aus. Da musste Trinchen lachen und erwachte. Das war aber ein lustiger Traum gewesen! Trinchen fühlte sich ganz munter und ausgeruht. „Wie wär's, wenn ich gleich einmal loszöge, um das Nebelmännchen zu suchen? Ehe die anderen erwachen, bin ich längst wieder zurück und hab mein Glück gemacht für's ganze Leben", überlegte Trinchen. Hulda, die Magd, mit der sie die Kammer teilte, schnarchte ganz laut. Trinchen aber hüpfte flink aus dem Bett, schlüpfte in ihre warmen Kleider, band sich die Schuhe fest, schob den klobigen Holzriegel beiseite und stand auch schon im Freien. Brrr, war es kalt und neblig! Wie fleißig das Nebelmännchen heute doch seine Nebel braut! Gewiss, es muss noch vorhanden sein, wo käme sonst all der Nebel her! Ein wenig bang wollte es Trinchen werden, wenn sie an Bär und Wolf dachte und an all die Kobolde und Geister im Wald! „Ach nein, mir können sie nichts tun, denn ich glaube wohl, dass ich ein reines, gutes Herz habe, wie die Urahne immer sagt! Freilich, vorgestern naschte ich vom Rahm, dem Ulf versteckte ich sein Messer, und sogar das dicke Schwein habe ich geneckt und ließ es nach der großen Rübe schnappen. So ganz gut und brav bin ich wohl doch nicht!", überlegte Trinchen. Doch da war sie schon auf dem Wege. Zuerst kannte sie die Umgebung, da war es noch ganz heimelig. Aber das Kind ging immer weiter und weiter, und bald war es mitten im dichten, dunklen Wald. Der Nebel schwebte gespensterhaft zwischen den Bäumen. Trinchen schrak zusammen, wenn nur ein Ästlein knackte oder eine Eule schrie. Aber sie ging unbeirrt immerfort. Allmählich wurde der Boden steinig, und die von trockenen Flechten überwachsenen Bäume wurden immer spärlicher, der Pfad hob sich langsam, es ging den Bergen zu. Als sich die Morgendämmerung zeigte, flogen auch die Nebelschwaden wie müde Gespenster von dannen. Trinchen blickte forschend um sich. Sie verspürte plötzlich großen Hunger. Da fand sie gefrorene Moosbeeren, die sie mit ihrem säuerlichen Geschmack herrlich erfrischten.

Aber wo war das Nebelmännchen? Rechter Hand ragte eine steile Felsnadel empor, und es schien dem Mädchen, als ob sich der Nebel rund um den Felsen lagerte und langsam auflöste und völlig verschwand; sollte da vielleicht das Nebelmännchen hausen? Trinchens Herz klopfte gewaltig, aber sie schritt tapfer aus. Nun kletterte sie über Felsblöcke und Geröllhalden. Da war sie endlich bei dem hohen, dunklen Felsen angelangt. Aber vom Nebelmännchen war noch immer nichts zu sehen. Ich will um den Felsen herumgehen, dachte Trinchen. Sie tat es. Und da - beinahe wäre sie vor Überraschung umgefallen. Da gähnte eine große Höhle, und das kleine graue, hutzelige Nebelmännlein hockte mit gekreuzten Beinchen da und rauchte vergnügt ein Pfeiflein; schnelle, leichte Wölkchen stiegen in den bleichen

Himmel und schwebten als lichte Schleier davon. Das Nebelmännchen zwinkerte vergnügt mit den blanken Vogelaugen und winkte dem Mädchen, näher zu kommen. „Komm, Trinchen, komm, wirst müde sein, mein Kind. Ist nett von dir, dass du mich besuchst!" Trinchen ging beherzt näher, reichte dem Nebelmännchen artig die Hand und machte einen tiefen Knicks. Dann gingen ihre hellen Augen schnell in der Höhle rundherum. Da gab es viele Töpfe und Tiegel in allen Größen und merkwürdigen Formen. Ein mächtiger Herd füllte die halbe Höhle aus. Das Nebelmännchen betrachtete das Kind mit wahrem Vergnügen. Die kleine, flachshaarige Dirn gefiel ihm. „Leg dich nieder auf mein Bettchen und ruh dich aus, Trinchen! Wenn du aufwachst, koche ich dir ein gutes Breilein!" Trinchen war jetzt tatsächlich so müde, dass sie meinte, umsinken zu müssen. So legte sie sich gern auf Nebelmännchens Lager, das aus Farn und Kraut sauber aufgebaut war. Ehe sie sich's versah, war sie fest eingeschlafen.

Als sie verwundert die Augen aufschlug, bemerkte sie, dass der kurze Tag sich neigte. Nebelmännchen stand am Herd und rührte eifrig in allen möglichen Töpfen. Der dicke, weiße Dampf entwich der Höhle und zog als riesige, feuchte Nebelfetzen in die Welt. „Bist du nun munter, Trinchen?", fragte das Männlein, ohne sich umzuwenden. „Ja", antwortete das Mädel, „kann ich dir nicht rühren helfen?" - „Freilich, komm nur und rühre mir fleißig in diesem großen Topf!" Trinchen sprang flink herbei und ergriff den großen hölzernen Löffel und rührte aus Leibeskräften, so dass der Dampf mit doppelter Gewalt dem Topf entströmte. „Hei, das gibt einen dichten Nebel, brav, Trinchen, brav!", lobte das Nebelmännchen kichernd. Schließlich, als Trinchen schon die Arme zu ermatten drohten, rief das Männlein: „Nun wollen wir uns ausruhen und essen!" Damit stellte es eine irdene Schüssel auf einen flachen Steinblock, der bei seinem Bettlein stand, steckte zwei hölzerne Löffel in den duftenden Brei und forderte Trinchen zum Schmausen auf. Das Mädchen dankte freundlich und langte herzhaft zu. Die Speise mundete ihm köstlich und gab ihm neue Kraft und Stärke. Das Nebelmännchen sah ihm freundlich zu, aß aber selbst nur wenig, wie es Trinchen schien. Als das Schüsslein leergegessen war, blickte sich das Mädchen suchend um, denn es wollte das Geschirr reinigen. Das Nebelmännchen wusste auch schon, was es im Sinn hatte, denn es sagte: „Lass nur, Kind, jetzt wollen wir erst ein wenig plaudern! Wie gefällt es dir bei mir? Möchtest du nicht immer bei mir bleiben und mir Gesellschaft leisten?" - „Oh, es gefällt mir sehr gut hier, liebes Nebelmännchen, aber, was glaubst du, würde meine gute Bäuerin sagen, wenn ich nicht wiederkäme? Ich habe viel zu tun, und ich fürchte, ich bin schon viel zu lang vom Hof fort. Vielleicht sorgen sie sich gar um mich! Aber besuchen will ich dich gern immer wieder, wenn es dir nur recht ist. Nun muss ich aber schnell nach Hause laufen, es ist schon spät. Aber zuerst will ich noch die Schüssel und die Löffel waschen!" Als Trinchen nach dem Gefäß griff, war es schwer und von purem Gold, und zwei edel geformte Silberlöffel lagen daneben. Das Mädchen zuckte zurück und wollte fragend auf das Nebelmännchen blicken, aber es war verschwunden. Dem Kind wurde angst, und weinend rief es: „Bist du böse, Nebelmännchen, ich wollte dich gewiss nicht kränken?" Da hörte Trinchen wieder das wohl bekannte Kichern. „Warum soll ich dir böse sein? Du bist ein treues und braves Mädchen! Die Schüssel und die Löffel gehören dir; wer aus dem Schüsselein isst, der isst Gesundheit! Nun leb wohl und zieh getrost deines Weges! Fürchte den Braunbär nicht, er trägt dich flink und sicher nach Hause!" - „Danke, liebes, gutes Nebelmännchen, leb wohl, leb wohl!" - „Leb wohl, Trinchen!", hörte Trinchen ein leises Wispern.

Mit ihren Schätzen verließ das Kind die Höhle, aus der der Nebel langsam quoll. Da stand schon ein großer, starker Braunbär, der ganz freundlich brummte: „Setz dich auf meinen Rücken, ich soll dich heimtragen!" Trinchen fürchtete sich nicht und setzte sich bequem auf den breiten Rücken des Tieres. Nun ging es schnell über Stock und Stein. Bald hörten sie Menschenstimmen und sahen den Schein roter Fackeln. „Trinchen, Trinchen!", riefen die Stimmen. „Sie suchen mich! Oh, lauf schnell, guter Bär!" Als sie nahe an die Menschen herangekommen waren, ließ der Bär das Kind sanft zu Boden gleiten. „Ist nicht nötig, dass mich die Leute sehen", brummte Meister Petz und war verschwunden. Trinchen eilte aber auf die Suchenden zu und rief: „Hier bin ich!" - „Wo kommst du her? Wo warst du? Sie lebt und ist gesund!", rief es von allen Seiten. Nun musste Trinchen seine Erlebnisse erzählen, und die goldene Schüssel ging von Hand zu Hand. „Ich will auch das Nebelmännchen besuchen, dann schenkt es mir ein goldenes Hirtenhorn. Wenn ich blase, laufen Wolf und Bär ganz schnell davon!", rief der kleine Hüter-Lars. Da lachten alle, und nun ging's im fröhlichen Zug nach Hause.

Trinchen blieb, bis sie erwachsen war, als Magd auf dem Bauernhof. Dann heiratete sie einen braven, jungen Knecht. Sie bauten sich ein kleines Anwesen und brachten es durch Fleiß und Ausdauer zu bescheidenem Wohlstand. Das goldene Schüsselchen und die Silberlöffel hielten sie sehr in Ehren. Viele Kranke, die von weit her kamen, aßen aus dem Schüsselchen Gesundheit und neuen Lebensmut. So lebte Trinchen im Kreise ihrer Familie lange Jahre froh, gesund und zufrieden.

Die Höhle des Nebelmännchens fand Trinchen nie wieder. Auch der Hüter-Lars hatte mit all seinem Suchen kein Glück. Er fand das Nebelmännchen nicht. Wer weiß, wann es sich wieder einmal sehen lässt!

Anni Gwehenberger

Es war einmal ein armer Prinz; er hatte nur ein ganz kleines Königreich; aber es war immerhin groß genug, um sich darauf zu verheiraten, und verheiraten wollte er sich.

Nun war es freilich etwas keck von ihm, dass er zur Tochter des Kaisers zu sagen wagte: „Willst du mich haben?" Aber er wagte es doch, denn sein Name war weit und breit berühmt; es gab hundert Prinzessinnen, die gerne ja gesagt hätten; aber ob sie es tat?

Nun, wir wollen hören.

Auf dem Grabe des Vaters des Prinzen wuchs ein Rosenstrauch, ein herrlicher Rosenstrauch; der blühte nur jedes fünfte Jahr und trug dann auch nur eine einzige Blume; aber das war eine Rose, die duftete so süß, dass man alle seine Sorgen und seinen Kummer vergaß, wenn man daran roch. Der Prinz hatte auch eine Nachtigall, die konnte singen, als ob alle schönen Melodien in ihrer Kehle säßen. Diese Rose und die Nachtigall sollte die Prinzessin haben, und deshalb wurden sie beide in große, silberne Behälter gesetzt und ihr zugesandt.

Der Kaiser ließ sie vor sich her in den großen Saal tragen, wo die Prinzessin war und „Es kommt Besuch" mit ihren Hofdamen spielte. Als sie die großen Behälter mit den Geschenken darin erblickte, klatschte sie vor Freude in die Hände.

„Wenn es doch eine kleine Miezekatze wäre", sagte sie, aber da kam der Rosenstrauch mit der herrlichen Rose hervor.

„Wie niedlich sie gemacht ist!", sagten alle Hofdamen.

„Sie ist mehr als niedlich", sagte der Kaiser. „Sie ist schön!" Aber die Prinzessin befühlte sie, und da war sie nahe daran, zu weinen. „Pfui, Papa!", sagte sie, „sie ist nicht künstlich, sie ist natürlich!"

„Pfui", sagten alle Hofdamen, „sie ist natürlich!"

„Lasst uns nun erst sehen, was in dem anderen Behälter ist, ehe wir böse werden!", meinte der Kaiser, und da kam die Nachtigall heraus, die so schön sang, dass man nicht gleich etwas Böses gegen sie vorbringen konnte. „Superb! Charmant!", sagten die Hofdamen; denn sie plauderten alle französisch, eine immer ärger als die andere.

„Wie der Vogel mich an die Spieldose der seligen Kaiserin erinnert!", sagte ein alter Kavalier. „Das ist derselbe Ton, derselbe Vortrag!"

„Ach ja!", sagte der Kaiser, und dann weinte er wie ein kleines Kind.

„Es wird doch hoffentlich kein natürlicher sein?", sagte die Prinzessin.

„Ja, es ist ein natürlicher Vogel", sagten die Boten, die ihn gebracht hatten.

„So lasst den Vogel fliegen", sagte die Prinzessin, und sie wollte nicht gestatten, dass der Prinz komme.

Aber dieser ließ sich nicht einschüchtern. Er bemalte sich das Antlitz mit Braun und Schwarz, drückte die Mütze tief in den Kopf und klopfte an.

„Guten Tag, Kaiser!", sagte er. „Könnte ich nicht hier auf dem Schlosse einen Dienst bekommen?"

„Jawohl!", sagte der Kaiser. „Ich brauche jemand, der die Schweine hüten kann, denn deren haben wir viele."

So wurde der Prinz angestellt als kaiserlicher Schweinehirt. Er bekam eine jämmerliche, kleine Kammer unten bei den Schweinen, und da musste er bleiben; aber den ganzen Tag saß er und arbeitete, und als es Abend war, hatte er einen niedlichen, kleinen Topf gemacht. Rings um ihn waren Schellen, und sobald der Topf kochte, klingelten sie und spielten die schöne Melodie:

Oh, du lieber Augustin,
alles ist hin, hin, hin!

Aber das Allerkünstlichste war, dass, wenn man den Finger in den Dampf des Topfes hielt, man sogleich riechen konnte, welche Speisen auf jedem Feuerherd in der Stadt zubereitet wurden. Das war wahrlich etwas ganz anderes als die Rose!

Nun kam die Prinzessin mit allen ihren Hofdamen daherspaziert, und als sie die Melodie hörte, blieb sie stehen und sah ganz erfreut aus, denn sie konnte auch „Oh, du lieber Augustin" spielen. Das war das Einzige, was sie konnte, aber das spielte sie mit einem Finger.

102

Hans Christian Andersen
Der Schweinehirt

"Das ist ja, was ich kann!", sagte sie. "Dann muss es ein gebildeter Schweinehirt sein! Höre, gehe hinunter und frage ihn, was das Instrument kostet!"

Da musste eine der Hofdamen hineingehen, aber sie zog Holzpantoffeln an.

"Was willst du für den Topf haben?", fragte die Hofdame.

"Zehn Küsse von der Prinzessin!", sagte der Schweinehirt.

"Gott bewahre uns!", sagte die Hofdame.

"Ja, anders tue ich es nicht!", antwortete der Schweinehirt.

"Er ist unartig!", sagte die Prinzessin, und dann ging sie; aber als sie ein kleines Stück gegangen war, erklangen die Schellen so lieblich:

Oh du lieber Augustin,
alles ist hin, hin, hin!

"Höre", sagte die Prinzessin, "frage ihn, ob er zehn Küsse von meinen Hofdamen will!"

"Ich danke schön", sagte der Schweinehirt. "Zehn Küsse von der Prinzessin, oder ich behalte meinen Topf."

"Was ist das doch für eine langweilige Geschichte!", sagte die Prinzessin. "Aber dann müsst ihr vor mir stehen, damit es niemand sieht!"

Die Hofdamen stellten sich davor und breiteten ihre Kleider aus, und da bekam der Schweinehirt zehn Küsse, und sie erhielt den Topf.

Nun, das war eine Freude! Den ganzen Abend und den ganzen Tag musste der Topf kochen; es gab nicht einen Feuerherd in der ganzen Stadt, von dem sie nicht wussten, was darauf gekocht wurde, sowohl beim Kammerherrn wie beim Schuhflicker. Die Hofdamen tanzten und klatschten in die Hände.

"Wir wissen, wer süße Suppe und Eierkuchen essen wird, wir wissen, wer Grütze und Braten bekommt! Wie schön ist doch das!"

"Ja, aber haltet reinen Mund, denn ich bin des Kaisers Tochter!"

"Jawohl, jawohl!", sagten alle.

Der Schweinehirt, das heißt der Prinz - aber sie wussten es ja nicht anders, als dass er ein wirklicher Schweinehirt sei - ließ die Tage nicht verstreichen, ohne etwas zu tun, und da machte er eine Knarre. Wenn man diese herumschwang, erklangen alle die Walzer und Hopser, die man seit Erschaffung der Welt kannte.

"Ach, das ist superb", sagte die Prinzessin, indem sie vorbeiging. "Ich habe nie eine schönere Musik gehört! Höre, gehe hinein und frage ihn, was das Instrument kostet. Aber ich küsse nicht wieder!"

"Er will hundert Küsse von der Prinzessin haben!", sagte die Hofdame, die hineingegangen war, um zu fragen. "Ich glaube, er ist verrückt!", sagte die Prinzessin, und dann ging sie; aber als sie ein kleines Stück gegangen war, blieb sie stehen. "Man muss die Kunst aufmuntern", sagte sie. "Ich bin des Kaisers Tochter! Sage ihm, er soll wie neulich zehn Küsse haben; den Rest kann er von meinen Hofdamen nehmen!"

"Ach, aber wir tun es ungern!", sagten die Hofdamen.

"Das ist Geschwätz!", sagte die Prinzessin. "Wenn ich ihn küssen kann, dann könnt ihr es auch; bedenkt, ich gebe euch Kost und Lohn!" Da mussten die Hofdamen wieder zu ihm hineingehen.

"Hundert Küsse von der Prinzessin", sagte er, "oder jeder behält das Seine!"

"Stellt euch davor!", sagte sie dann, und da stellten sich alle Hofdamen davor, und nun küsste er.

"Was mag das wohl für ein Auflauf beim Schweinestall sein?", fragte der Kaiser, der auf den Balkon hinausgetreten war. Er rieb sich die Augen und setzte die Brille auf. "Das sind ja die Hofdamen, die da ihr Wesen treiben; ich werde wohl zu ihnen hinuntergehen müssen!" Potztausend, wie er sich sputete!

Sobald er in den Hof hinunterkam, ging er ganz leise, und die Hofdamen hatten so viel damit zu tun, die Küsse zu zählen, damit es ehrlich zugehen möge, dass sie den Kaiser gar nicht bemerkten. Er erhob sich auf den Zehen.

"Was ist das?", sagte er, als er sah, dass sie sich küssten, und dann schlug er seine Tochter mit seinem Pantoffel auf den Kopf, gerade als der Schweinehirt den sechsundachtzigsten Kuss erhielt.

"Fort mit euch!", sagte der König, denn er war böse, und sowohl die Prinzessin als auch der Schweinehirt mussten sein Kaiserreich verlassen.

Da stand sie nun und weinte, der Schweinehirt schalt, und der Regen strömte hernieder.

"Ach, ich elendes Geschöpf", sagte die Prinzessin, "hätte ich doch den schönen Prinzen genommen! Ach, wie unglücklich bin ich!"

Der Schweinehirt aber ging hinter einen Baum, wischte sich das Schwarze und Braune aus seinem Antlitz, warf die schlechten Kleider von sich und trat nun in seiner Prinzenpracht hervor, so schön, dass die Prinzessin sich verneigen musste.

"Ich bin dahin gekommen, dich zu verachten!", sagte er. "Du wolltest keinen ehrlichen Prinzen haben! Du verstandest dich nicht auf die Rose und die Nachtigall, aber den Schweinehirten konntest du für eine Spielerei küssen. Das hast du nun dafür!"

Und dann ging er in sein Königreich hinein; da konnte sie draußen singen:

Oh, du lieber Augustin,
alles ist hin, hin, hin!

103

Der Scherbenmaxl

In einer Stadt befand sich ein großes Geschäft, in dem Geschirr verkauft wurde: Teller, Tassen, wunderbare farbige Gläser, Vasen, Schüsseln usw. Zu dem Geschäft gehörte auch ein großes Lager. Da wurde den ganzen Tag aus- und eingepackt. Bei dieser Arbeit hatte der Maxl, ein Lehrjunge, zu helfen. Er war ein kleiner Kerl mit ungeschickten Händen und wenn er einen Stoß Porzellanteller oder feine Gläser trug, geschah es oft, dass etwas klirrend zur Erde fiel. Dann gab es Schelte und der Herr drohte ihm ihn fortzujagen. Aber er tat es doch nicht, Maxl konnte ihn mit seinen blauen Augen so bittend ansehen, dass er es nicht übers Herz brachte.

Maxl war ein armer Kerl. Sein Vater war gestorben und die Mutter musste mit dem wirtschaften, was der Knabe verdiente - und das war recht wenig.

Einmal träumte dem Maxl, es sei eine Kiste mit wunderbaren Gläsern ausgepackt worden, die er einzeln in den Laden tragen musste. Nun war da eine alte Verkäuferin, die immer ihren Spott mit ihm trieb. „Scherbenmaxl" nannte sie ihn. Diese Verkäuferin sagte im Traum zu ihm: „Das sind Glücksgläser, Scherbenmaxl, die kommen aus dem Feenreich." Maxl trug in seinem Traum jedes Glas eigens in den Laden. Bei elf ging es gut, beim zwölften aber stolperte er, fiel und zerbrach es. Da jagte ihn der Chef fort.

Ganz betäubt erwachte der Knabe. Er brauchte eine ganze Weile, bis es ihm klar wurde, dass er nur geträumt hatte. Am folgenden Tag gab er ganz besonders Acht. Es ging alles gut.

Da sagte der Chef gegen Abend: „Nun wollen wir noch die Gläser auspacken!" Er öffnete eine große Kiste und als er das erste Glas aus der Holzwolle schälte, hätte Maxl beinahe aufgeschrieen. Das waren ja die Gläser, von denen er geträumt hatte! Maxl betrachtete sie. Es waren große, zartrote Kelchgläser mit einer wunderbar feinen Zeichnung.

„Kommt - kommt die Kiste aus dem Feenreich?", fragte er ganz befangen.

Der Herr blickte überrascht auf. „Nein", antwortete er dann lachend, „aus einer ganz gewöhnlichen Fabrik, aber sie sind sehr, sehr teuer."

Elf Gläser trug Maxl ohne Schaden vom Lager in den Verkaufsraum, beim zwölften fiel er über die Ladenschwelle und zerbrach es in tausend Scherben. Auf das Klirren erschien die alte Verkäuferin. Aber sie spottete nicht. Sie half Maxl auf die Beine, sah sich rasch seine Wunden an und schob ihn hinter eine große Kiste. Dann kehrte sie die Scherben auf und als der Chef aus dem Lager kam, sagte sie zu ihm, er könne ruhig nach Hause gehen, sie habe noch etwas zu tun und wolle dann schon abschließen und ihm den Schlüssel bringen.

Maxl verbrachte indes bange Minuten hinter seiner Kiste. Endlich rief ihn die Verkäuferin. Sie hatte vor sich eine Dose mit einer Salbe stehen, damit bestrich sie Maxls Wunden und sofort waren sie geheilt.

„Nun wollen wir das Glas zusammensetzen", sagte sie.

„Zusammensetzen?", rief Maxl verwundert. „Aber - es sind ja tausend Scherben und Splitterchen, die kann man doch nicht zusammensetzen."

„Du wirst es gleich sehen, man braucht nur Geduld", lächelte sie.

Maxl sah sie an und dachte, sie habe ein etwas anderes Gesicht als sonst, aber was es war, das wusste er nicht.

Sie hielt ein paar Scherben zusammen und da schmolzen die Ränder einfach ineinander.

„So, nun probier es auch!", ermunterte sie ihn.

Maxl versuchte es und siehe, es ging. Überglücklich setzte er das ganze Glas zusammen. Es sah aus, als ob es nie zerbrochen gewesen sei.

Maxl war ganz selig. „Oh, ich danke Ihnen", sagte er. „Nun werde ich nicht entlassen."

"Du kannst alles Zerbrochene wieder ganz machen", sagte die Verkäuferin, "du bist in einer Zauberstunde geboren - weißt du das nicht?"

"Nein", wunderte sich Maxl. "Woher wissen Sie es?"

Sie lächelte. "Das sieht man an deinen Augen."

"Ach", seufzte Maxl, "wenn mir meine Zauberstunde lieber keine so ungeschickten Hände gegeben hätte!"

Sie nahm seine Hände und hauchte sie an.

Am nächsten Morgen wurde wieder ausgepackt. Maxl trug Stöße von Tellern, kein Stück fiel zu Boden. Sonderbar, es war ihm, als ob er alles anders anfasse als früher.

Da geschah es einmal, dass zuunterst in einer Kiste Scherben lagen. "Wie schade! Gerade das schönste Stück!", jammerte der Chef. Es war eine fremdländische Vase. Er befahl Maxl die Scherben hinauszuwerfen.

Maxl warf sie aber nicht hinaus, sondern verbarg sie im Lager. Als es ganz still war, hielt er die Scherben aneinander und bald stand die Vase vor ihm. Aber nachher merkte er, dass ihn der Herr eingeschlossen hatte. Daran hatte er nicht gedacht. Er legte sich auf einen Haufen Holzwolle und schlief ein.

Von aufgeregten Stimmen erwachte er; die klagende, jammernde seiner Mutter und die scheltende seines Herrn erkannte er. Dann wurde die Tür aufgerissen. "Da ist er", sagten die beiden Menschen aufatmend.

Im selben Augenblick gewahrte der Herr die Vase. "Was ist das?", staunte er. "Die war doch gestern in Scherben!" Er besah sie ringsum. "Junge, die ist ja herrlich geleimt - man sieht gar keinen Sprung. Du bist ein Künstler. Hier!" Und er drückte Maxl ein großes Stück Geld in die Hand.

Maxl gab es an die Mutter weiter.

"Da, Mutter", flüsterte er, "kauf dir etwas Gutes und sorge dich nicht, wenn ich wieder einmal abends nicht heimkommen sollte!"

Von nun an erhielt Maxl alle zerbrochenen Stücke und blieb abends oft noch im Lager um sie zu leimen. Dann erhielt er jedes Mal von seinem Herrn eine besondere Bezahlung. Er wollte nur nicht, dass ihm dabei jemand zusah, und das konnten die meisten verstehen. Scherben zusammensetzen ist keine Kleinigkeit, dazu braucht man Ruhe.

Einmal aber versteckte sich ein anderer Lehrjunge hinter den Kisten um ihn zu belauschen. Am anderen Tag flüsterte er im Geschäft herum, Maxl leime ohne Leim, er habe es mit dem Bösen. Abends gingen alle zum Chef und verlangten, dass Maxl entlassen würde, sonst gingen sie, sagten sie, sie wollten nicht in einem Haus arbeiten, in dem der Teufel verkehre. Da zahlte der Herr dem armen Jungen seinen Lohn aus und gab ihm noch ein gutes Stück Geld darüber, weil ihm Maxl so Leid tat, wie er so blass und traurig vor ihm stand. Dann verließ der Knabe das Geschäft.

Der Mutter erzählte er nichts von seinem Unglück, sie hätte sich nur gegrämt. Nachts konnte er vor Kummer kein Auge schließen. Da erhob er sich und öffnete das Fenster. Die Straßenlaternen leuchteten trüb durch den Nebel. Kein Mensch war zu sehen. Doch - dort stand einer, eine Frau war es! Sie winkte zu ihm hinauf und rief ihm zu, er solle kommen. War das nicht die alte Verkäuferin? Leise stahl er sich aus dem Haus.

"Ich möchte dir helfen", sagte sie und sie nannte ihm ein Geschäft, in dem ein Lehrjunge gesucht würde. Maxl atmete erleichtert auf.

"Ich weiß nicht, wie ich Ihnen danken soll", sprach er, "schon zum zweiten Mal helfen Sie mir aus der Not."
Sie lächelte. "Wenn ich helfen kann, ist auch mir geholfen", sagte sie. "Ich bin nämlich nicht die Verkäuferin, deren Gestalt ich angenommen habe, ich bin eine Fee und habe einst versäumt gütig zu sein und nun muss ich in der Welt umhergehen und muss es für die s ein, die es auch versäumen."

Sie war auf einmal verschwunden. Maxl sah sich allein auf der Straße. Vom Turm schlug es ein Uhr. Er schlich die Treppe empor und kroch in sein Bett.

An seinem neuen Arbeitsplatz wurde er freundlich empfangen. Er sah bald, dass er einen guten Tausch gemacht hatte. Das Liebste aber war ihm, dass er nun geschickte Hände hatte, mit denen konnte er sich mehr verdienen als vorher mit dem Zauber. Es ist halt doch etwas dran: Scherben bringen Glück.

Olga Müller

105

DER EHRENPLATZ

Der Stettner-Toni hat's nicht leicht. Die Eltern hat er früh verloren, nun haust er allein bei der Großmutter. Die hat ihn recht lieb und sorgt sich Tag und Nacht um ihn. Aber mit ihrer schwachen Kraft kann sie nicht mehr viel arbeiten, und so geht es oft dürftig her in ihrem Häusl. Für den Toni heißt es da oft zuschauen, wenn er mit den anderen Dorfbuben vor dem Schaufenster des Kaufmanns steht und wenn dann der eine oder andere in die Tasche greift und sich eines von den schönen Dingen holt, ein Malbüchel vielleicht oder eine Stöpselbüchse oder gar ein blitzendes Taschenmesser. Nein, das kann der Toni nicht. Auch spielen und herumtollen kann er nicht, so oft er will, denn wenn die Großmutter abends von der Arbeit heimkommt, soll die Stube gekehrt sein und das Feuer im Herd prasseln. Und wenn ihn der Loisl, sein Nachbar in der Schulbank, dann oft noch einen „armen Schlucker" heißt, ist das schon hart zum Anhören.

Am Abend bringt es dann die Großmutter freilich wieder ins Reine. Sie streicht ihm über den Schopf und sagt: „Bist halt mein Bub, mein lieber!" Dann hat er seinen Kummer vergessen, und im Herzen ist ihm wieder gut und wohl.

Heute ist nun wieder so ein Tag, an dem es zu schauen und zu staunen gibt. Aber diesmal ist es nicht das Schaufenster des Kaufmanns, sondern eine Zeltleinwand. Acht große Wohnwagen waren von Innsbruck her die Dorfstraße heraufgekommen, und dann wurde auf dem Dorfanger das Zirkuszelt aufgeschlagen.

Am Hotel und an den drei Gasthöfen prangen Plakate, dass morgen Nachmittag die erste Vorstellung sei. Ist es da ein Wunder, dass sie alle an der braunen Leinwand kleben, ein jeder eine Ritze oder einen Spalt sucht, um einen Blick in die geheimnisvolle Welt zu werfen, die sich hinter den Zeltplanen auftut? Drinnen sieht man den Kreis der Manege, und rundherum sind schon die Stühle und Bänke aufgestellt. Männer in blauen Arbeitshosen schieben noch einige Bänke durch den Eingang oder binden Pfosten und Zelttuch mit Stricken aneinander. Auf einer hohen Leiter steht ein Junge und befestigt eine elektrische Birne am Zeltdach.

Da schauen die Buben schon lieber hin als auf die Schultafel, besonders wenn das Einmaleins draufsteht.

„Was wohl ein Platz kostet?", sagt der Friedl.

Er ist ein Bub in einem verwaschenen Jöppl und hat nicht viel Geld in der Tasche.

Der Doktor-Ferdl schätzt. Man sieht da dreierlei Plätze: Hinten die Bänke, vor ihnen Stühle mit Nummern und in der vorderen Reihe noch einige besonders schöne Sessel. Sitz und Lehne sind mit rotem Samt überzogen und am Rand mit großen runden Messingnägeln beschlagen. Zu beiden Seiten sind Armlehnen, und es müsste sich drinnen wunderbar sitzen, denken sie alle. Der Ferdl also schätzt: Die Bänke drei Schilling, und die Stühle, weil sie Nummern haben, fünf. „Und die roten?", fragt der Toni und staunt hinein.

„Acht Schilling", meint der Michel, selber ganz ergriffen.

Der Friedl hält sich an das Einfache. „Drei Schilling könnt mir der Vater schon geben!" meint er und ist froh, wenn es für den letzten Platz noch reicht.

Der Michl aber denkt an den Taufpaten. „Ich möcht schon einen Stuhl!", sagt er, denn der Pate hat ihm noch nie einen Wunsch abgeschlagen.

Der Ferdl bleibt kühl. „Drei Schilling zahl ich", brummt er. „So viel Geld für einen Zirkus!" Er darf im Sommer mit den Eltern an den Wörthersee, da spart er auf ein Schlauchboot.

„Ich kauf einen roten!", schreit jetzt der Loisl, dass es über den ganzen Platz hallt und sich alle ehrfürchtig nach ihm umschauen. Seit sie daheim den Gasthof zu einem Hotel umgebaut haben, schreit der Loisl öfter so. Die Buben sollen's hören, dass er Geld hat.

Der Toni sagt nichts. „Ob die Großmutter drei Schilling hat?", denkt er, und klammert sich an die Zeltleinwand, als müsste er's erzwingen, dass er hinein darf.

Auf dem Heimweg kommt der Toni arg ins Grübeln. Soll er die Großmutter um das Geld bitten? Wenn sie ihm eine Bitte abschlagen muss, sieht sie ihn immer so kummervoll an, dass er am liebsten gar nichts gesagt hätte. Aber in der letzten Woche hat sie eigentlich immer Arbeit bekommen. Vielleicht könnt sie's ihm doch geben? 50 Groschen hat er gestern vom Herrn Pfarrer bekommen fürs Gartengießen, dann wären es nur mehr 2 Schilling 50. Und so ein Zirkus müsst schon was Herrliches sein! Was man da auf dem Plakat alles sehen kann! Seiltänzer, Kunstreiter, Rad- und Ballkünstler, und sogar ein Löwe und ein Elefant waren darauf. Ein ganzes Jahr lang würde der Toni noch daran denken, an so einen schönen Nachmittag!

Er ist mit dem Sinnieren immer noch nicht fertig, wie er schon zur Tür hineingeht.

„Na, Bub", sagt die Großmutter, „hast lang braucht heut! Wirst schon Hunger haben! Schau nur, was mir die Haselbäuerin heut mitgegeben hat!" Und sie schält einen duftenden Hefezopf aus dem Papier! Goldgelb ist er gebacken, und obenauf ein dicker Zuckerguss.

Die Großmutter schneidet ein großes Stück für den Toni ab. Weiß und fein liegt es vor ihm, und genau in der Mitte ist eine mächtige Rosine.

Tassen und Zuckerschale stehen schon am Tisch. Die Großmutter gießt ihm heiße Milch ein und gibt ihm noch einen tüchtigen Löffel Zucker dazu. Da gibt sich Toni einen Ruck.

„Wenn ich bei der Rosine bin", denkt er, „frag ich die Großmutter!"

Indes freut sich die alte Frau, dass sie dem Buben etwas Gutes vorsetzen kann, und sie erzählt von dem Fohlen, das sie heut auf dem Haselhof bekommen haben.

Sie wird das Geld schon haben, hofft der Toni und hat sich bereits ein Stück zur Rosine vorgegessen.

Da fällt ihm ein, dass die Großmutter noch gar keinen Zucker genommen hat.

„Deinen Zucker hast vergessen", meint er und hebt ihr gleich einen Löffel voll heraus.

Aber die Großmutter wehrt ihm erschrocken. „Hab ihn schon genommen", sagt sie, „hast es nur nicht gemerkt!"

Nein, die Großmutter hat keinen Zucker genommen. Toni weiß das genau. Ach ja, so macht sie es immer, wenn sie kein Geld mehr hat. Der Toni sollt es nicht merken, wenn sie sich etwas vom Mund abspart. Aber er kennt es doch. Der Zucker muss wohl noch lange reichen, weil sie nicht mehr so viel hat, einen anderen zu kaufen.

Der Toni ist bei der Rosine angelangt. Da weiß er, dass er die Großmutter nicht fragen wird. Und er schluckt die Rosine hinunter und seine Hoffnung dazu, tapfer und still, wie er immer ist. „Die Vev ist heut fortgefahren, solltest das Stößi auf die Weide führen!", sagt die Großmutter nach dem Essen.

Stößi ist das Zicklein der Nachbarin, und Toni holt es aus dem Stall, um es auf die Wiese zu führen. Zuvor aber macht er einen Umweg. Seine Sehnsucht treibt ihn zum Zirkus.

Da steht er wieder an einer Ritze und schaut hinein. Die Sonne steht hoch am Himmel und ein Strahl fällt in das Innere, gerade auf so einen rotsamtenen Sessel in der vorderen Reihe. Seidig schimmert der Samt in dem hellen Licht und die Messingnägel blitzen wie lauter Gold.

Wie im Märchen, denkt der Toni, wo der König auch auf einem Thron aus Samt und Gold sitzt. Toni presst das Gesicht fest an das Zelt. Die Hände hat er auf dem Rücken und hält das Zicklein an der Leine. Plötzlich spürt er etwas Weiches, Warmes an der Hand. Erschrocken dreht er sich um. Da steht neben seiner Geiß noch eine zweite und schaut ihn treuherzig an. Sie ist nicht hell gescheckt wie Stößi, sondern ganz braun. Nur am Nasenrücken ziehen sich rechts und links zwei schwarze Streifen herunter, die zittern leicht, als sie jetzt wieder an seiner Hand schnuppert. Stößi ist aufgeregt und stößt einen hellen Ruf aus. „Wer bist du denn?", soll das heißen.

Da biegt auch schon ein Mann um die Ecke. Es ist Herr Malvi, der Zirkusdirektor.

„Na, ihr habt euch ja schon mächtig angefreundet!", sagt er. „Weißt du, sie ist hungrig! Das Gras hier ist so abgetreten, das will ihr nicht schmecken!"

Da kann der Toni natürlich aushelfen. Die guten Grasplätze in den Flussauen kennt er in- und auswendig.

„Ich nehm sie mit!" sagt er eifrig, hat die braune Geiß schon am Strick und zieht mit den beiden los. Er sucht die Lichtungen zwischen den Uferbüschen, wo feines duftiges Gras wächst, und die beiden haben sich ihr Bäuchlein bald voll gefressen.

Herr Malvi lacht, als Toni wiederkommt. Die Geiß ist so übermütig, dass sie am liebsten über den weiten Anger springen möchte.

„Die ist ja wieder zu Kräften gekommen!", sagt er, „hast sie fein gehütet. Kommst morgen Nachmittag auch?" fragt er dann.

Toni sagt ein mannhaftes: „Nein".

„Aber die Geiß kann ich euch wieder hüten!", ruft er dann schnell, denn das schlanke braune Tier hat er schon recht lieb.

Herr Malvi ist erstaunt. Dann geht sein Blick über das vielfach geflickte Hoserl des Toni.

„Ja", meint er dann, „wartest mit morgen am Zirkuszelt! Bist ein braves Bübel!", ruft er noch, wie der Toni schon fortspringt.

So ist also der große Nachmittag gekommen, und Toni ist am Zelt. Er hat sich doch nicht vorgestellt, dass es ihm so hart ankommen wird. Er steht am Eingang, und alle gehen sie an ihm vorbei, mit einer Eintrittskarte in der Hand, und suchen sich ihre Plätze. Seine Kameraden sieht er schon alle sitzen. Allein voran prangt der Loisl im rotsamtnen Sessel. Er hat die Hände über den Bauch gefaltet und sitzt da, nicht gerade wie ein König, weil er sich so hineinlümmelt, aber mit einem Gesicht, dem man es ankennt, was er im Geldsack hat.

Nicht weit davon sieht er den Michl. Mit dem Taufpaten hat er's geschafft. Er hat einen Stuhl bekommen, und seine blauen Augen leuchten ganz glücklich darüber.

Ganz hinten, die Bänke, sind voll besetzt bis auf den letzten Platz. Da sind die anderen, die nicht so viel Geld haben. Mitten unter ihnen seelenvergnügt der Doktor-Ferdl. Ja, wenn der wüsste, dass er hier steht ohne Geld, er würde sich keine Sekunde besinnen und würde ihm eine Karte kaufen. Wenn er auch auf ein Schlauchboot spart, für einen Kameraden hat er immer eine offene Hand.

Aber der Toni will nicht betteln. Lieber geht er mit der Geiß hinunter an den Fluss.

Er möchte jetzt fort. Zuschauen und nicht hinein dürfen, das ist ihm zu hart!

Wo nur Herr Malvi bleibt?

Da kommt er auch schon in höchster Eile. Er hat nicht viel Zeit, denn er muss sich um alles kümmern.

Aber die Geiß? Er hat sie ja gar nicht dabei! Nein, er nimmt den Toni beim Arm, sagt kein Wort und zieht ihn in den Zirkus, vorbei an den Bänken, dann an den Stühlen und - dem Toni bleibt schier das Herz stehen vor Schrecken - bis vor zu den Rotsamtenen. Da packt er ihn an den Schultern und drückt ihn auf einen Sitz, direkt neben den protzigen Loisl.

Und da dem Toni der Mund offen bleibt vor Staunen, gibt er ihm einen freundlichen Klaps. „Ehrenplatz!", lacht er und ist schon wieder verschwunden.

Beim Loisl ist das Staunen nicht minder groß, und da es noch ein paar Minuten bis zum Beginn der Vorstellung dauert, muss ihm der Toni erzählen, wie er in diese vornehme Gegend gekommen ist.

Der Toni kann es eigentlich selber noch nicht glauben und sitzt noch ganz schüchtern auf der vordersten Kante. Wie er aber jetzt drei kohlschwarze Pferde in die Manege stürmen sieht, auf dem ersten ein Reiter in blauseidenem, silberverbrämtem Wams, da rutscht er langsam nach hinten, und wie zwei Clowns mit weiten Hosen und viel zu großen Schuhen hereinstolpern, da lehnt er schon ganz schön in den samtenen Polstern und muss von Herzen lachen.

Nicht ganz so der Loisl. Bei aller Begeisterung schaut er immer wieder recht nachdenklich drein. Es geht ihm nämlich durch den Kopf, dass man den Menschen nicht immer nach dem Geldsack misst, sondern auch nach seinem guten warmen Herzen.

Maria Strixner

DAS SCHIMÄNNLEIN *oder*

Im Riesengebirge, in der Heimat des Berggeistes Rübezahl, von wo so viele Sagen stammen, hat sich auch diese Geschichte ereignet. In einer uralten Chronik wird schon vom kleinen Seppl erzählt, der mit einem Pferdeschlitten um die Wette fuhr, und diese mit „zwei Stückln Holz" gewinnen wollte.

Im Riesengebirge also, dort, wo sich Berg an Berg reiht und die Wälder so groß und unendlich sind, dass sie mit dem Himmel wetteifern, lebte vor Jahrhunderten ein armes Volk. Die wenigen Wiesen, Weiden und Äcker waren großteils im Besitz einiger weniger Großgrund- und Gutsbesitzer, und der geringe Rest, der noch übrig blieb, reichte für die anderen armen Leute, hauptsächlich Holzfäller und Glasarbeiter, nur noch für ein bescheidenes Gärtchen hinter dem armseligen Häuschen aus.

Dort lebte, recht und schlecht, der Stanzer-Wenzel, der Vater des schon genannten kleinen Seppl. Ein altes, mühsam gepölztes Häusl, schindelgedeckt und innen rußgeschwärzt, war seine ganze Heimstätte, und sechs Kinder, zwei Mädchen und vier Buben, von denen der Seppl der Jüngste war, ein braves, fleißiges Weib, zwei Ziegen, ein paar Hasen und ein Dutzend Hühner waren sein ganzer lebender Besitz. Sonst hatte er nichts mehr, außer einen Binkel Schulden, der so groß war wie die Berge ringsum.

Der Stanzer-Wenzel war Holzfäller, und was er verdiente, war viel zu wenig, auch wenn er noch so fleißig die Axt schwang und von der ersten grauen Morgendämmerung bis in die sinkende Nacht schuftete. Deshalb langte es auch nie dazu, Seppls sehnlichsten Wunsch zu erfüllen und ihm eine Rodel zu kaufen. Wohl hätte ihm der Vater leicht eine selber machen können, geschickt war er genug dazu, und Holz war auch reichlich vorhanden. Aber an einem mangelte es ständig: an der Zeit. Wenn der Stanzer-Vater aus dem Wald kam, war er todmüde und fiel gleich ins Bett. Und Sonntags wurde vormittags die Kirche besucht und der Nachmittag für dringend angefallene Arbeiten verwendet. Seppls größerer Bruder hatte ihm zwar einen Schlitten gebastelt, aber der bot nur knapp für Seppls kleine Persönlichkeit Platz, und wenn er jede Woche zum nächsten größeren Dorf musste, um die Lebensmittel für die ganze Woche zu holen, dann musste er den Schlitten immer selbst ziehen, weil die eingekauften Waren darauf verladen waren und für ihn kein Platz mehr war. Der Seppl aber wäre gar zu gern auch selbst gefahren, zumal die Straße vom Marktflecken, wo er einkaufen ging, bis zu ihrem Häuschen über vier Kilometer stark bergab verlief und so eine geradezu ideale Rodelbahn darstellte. Freilich, in seinem innersten Bubenherzen träumte er von so einem rassigen Schlittengespann mit zwei feurigen Braunen, wie es der reiche Gutsbesitzer hatte, dem rundum der Wald, die Wiesen und Felder gehörten und der trotzdem so neidig und hartherzig war. Niemals hatte er noch im Sommer mit seinem Zeugl und im Winter im Schlitten jemanden mitgenommen, wenn er auf der Straße an ihm vorbeifuhr; ganz gleich, ob es ein alter gebrechlicher Greis oder ein Kind war. Die Leute waren ihm einfach zu minder. So brannte in Seppls tiefster Herzkammer der Wunsch nach einem Schlittengespann weiter, bis sich eines Tages Folgendes ereignete: Der Seppl trabte lustig, in seinem Schlitten eingespannt, die Bergstraße hinauf, von wo es dann die vier Kilometer bis zu seinem Elternhaus bergab ging. Er war wieder im Dorf gewesen und hatte eingekauft, was die Mutter brauchte. Die Straße war eine glitzernd weiße Schneefläche und überhaupt von der Umgebung nur noch durch die kahlen Bäume zu ahnen, die sie beiderseits säumten. Es war finster geworden und hatte wieder stark zu schneien begonnen, aber der kleine Seppl merkte das nicht, weil er wieder von „zwei Rössern" träumte.

Es ging auf Mittag, und der Seppl hatte die Anhöhe erreicht, von wo die Straße scharf bergab ins Tal hinunterführt. Als er träumerisch zu seinem Vaterhaus hinunterblickte, das ganz weit unten

der herzlose Gutsbesitzer

schon hart am Rande des Waldes klebte, und sein Herz gerade wieder traurig werden wollte, weil er, wenn er jetzt eine Rodel gehabt hätte, in wenigen Minuten herrlich hinuntergesaust wäre, anstatt noch über eine Stunde auf Schusters Rappen weiterzuziehen, da hörte er hinter sich plötzlich ein seltsames Geräusch. Umblickend gewahrte er ein kleines Männlein, das sich mühselig aus dem tiefen Schnee des Straßengrabens herausrappelte. Weil ihm das aber nicht leicht fiel, eilte der Seppl sofort hinzu und half ihm bereitwilligst heraus. „Ich danke dir, Seppl!" sagte das Männchen. Der Seppl aber wunderte sich, wie das Männchen, das er nie gesehen hatte, seinen Namen wusste. Wie er es eben fragen wollte, wieso es ihn kenne, ertönte mit einem Male liebliches Schellengeläute, und der Schlitten des Gutsbesitzers sauste pfeilschnell heran.

Das Männlein hob die Hand, und der Gutsbesitzer hielt die schnaubenden Rosse an. „Nehmt mich mit, Herr! Ich bin in den Graben gefallen und habe mir den Fuß verletzt. Jetzt kann ich nicht mehr weiter ..."

„Dann wartet auf den nächsten Schlitten! Ich habe mein Fahrzeug nicht für das ganze Volk." Bei diesen Worten schnalzte er mit der Peitsche, die Pferde zogen an, und fort war der Schlitten. Der Seppl aber blickte ihm, so wie das Männchen, traurig nach. Doch gleich darauf sagte er zu dem Kleinen: „Was wollt ihr machen, wenn ihr nicht gehen könnt?" - „Hier bleiben und im Wald dahinten übernachten, bis mein Fuß wieder gut ist." - „Aber das ist ja unmöglich! Es ist kalt, und schneien tut es auch so stark. Kommt, setzt euch auf meinen Schlitten, nehmt die Päckchen auf den Schoß, und ich will euch hinunterziehen!"

„Also, was bin ich dir schuldig?", fragte das Männlein Seppl, als es knapp vor seinem Häuschen vom Schlitten abstieg. „Aber nichts, das hab ich doch gerne getan!" - „Nein, nein", entgegnete der Kleine. „Jede Arbeit muss ihren Lohn haben! Also, was willst du dafür?" - „Nichts, Herr, Ihr seid selber so arm wie wir." - „Viel hab ich freilich nicht, aber die zwei Stückchen Holz, die schenk ich dir, vielleicht werden alle deine Wünsche damit in Erfüllung gehen. Und wenn du nächste Woche wieder zum Kaufmann fährst, dann nimm sie ganz bestimmt mit. Ich werde auf dich warten, wo du mich heute getroffen hast!"

Als der Seppl daheim sein Erlebnis dem Vater erzählte und ihm die zwei glatten blitzblanken Brettln mit dem feinen Lederriemen zeigte, wurde ihm doch ein wenig bange, und er beschloss, den Buben nächstes Mal zu begleiten.

„Na, da bist du ja!", sagte das Männlein zum Seppl, als sie nächste Woche wieder auf der Straßenanhöhe zusammentrafen. „Doch wer ist dieser Mann hier?" - „Das ist mein Vater!" - „Gut", murmelte der Kleine. „Jetzt wird gleich der Schlitten wieder kommen, und dann tue, was ich dir sage."

In diesem Augenblick klingelten wieder feine Glöcklein, und der Seppl wusste sofort, dass dies das Gespann des Gutsbesitzers war. Und schon war auch der Schlitten heran und blieb wieder vor den dreien stehen, weil das Männchen abermals die Hand gehoben hatte. „Nehmt den Mann da mit, es ist schon Mittag, und um ein Uhr muss er pünktlich bei der Arbeit sein!", sagte es höflich bittend und wies auf Seppls Vater. Der feine Herr, der neben dem Gutsbesitzer saß und der Notar aus der Stadt war, wollte schon Platz machen, jedoch der andere winkte ab: „Wir haben keinen Platz!" Dann wandte er sich an Seppls Vater. Höhnisch deutete er auf den kleinen Schlitten und sagte: „Ihr habt selbst ein Gefährt! Ist es euch vielleicht zu schnell?" - „Erraten", ließ sich da das Männchen vernehmen.

„So schnell wie euer Schlitten ist er auch!" - „Oho", schrie der hartherzige Landherr verärgert, weil er den feinen Spott fühlte. „Überhaupt, zwei gewöhnliche Brettln, wie diese hier, sind doppelt, ja dreimal so schnell wie euer Luxusgespann", höhnte der Kleine weiter. - „Das möchte ich aber gerne sehen!" - „Um was geht die Wette?", fragte das Männchen sofort. „Um - mein Gespann samt den Pferden", erwiderte der reiche Schlittenfahrer. - „Gut! Fahrt los!", sagte das Männchen. „Der Seppl wird euch mit den zwei Brettln nachfahren, und - wer der Erste unten ist, gewinnt das Gespann! Der Herr Notar wird das bezeugen. Handschlag darauf!"

Die kleine Hand des Männleins verschwand in der Pranke des Gutsbesitzers. Dann ließ er die Peitsche unbarmherzig auf den Rücken der Pferde knallen, und wie ein Pfeil sauste der Schlitten davon.

Kaum war der Schlitten einige hundert Meter entfernt, sagte das Männchen zu Seppl: „So, und jetzt stell dich auf die Bretter, schlüpf in diese Riemen, nimm diese zwei Stöcke hier und fahre los! In einer Minute wirst du das Gespann eingeholt haben und wie der Blitz vorbeisausen. Dann winke ihnen freundlich zu. Das Gespann ist es wert!"

Der Seppl sauste los, und wie der Kleine gesagt hatte, in einer Minute war er am Schlitten vorbei, in dem die zwei Herren ein verblüfftes Gesicht machten. Der Gutsbesitzer bekreuzigte sich: So kann nur der Teufel fahren, ohne sich das Genick zu brechen. Indessen verabschiedete sich das Männlein oben von Seppls Vater mit den Worten: „Macht in Zukunft, statt Bäume zu fällen, solche Bretter und lasst euch die Erzeugung vom Amtsgericht für euch bescheinigen! Es wird ein gutes Geschäft für euch werden. Und nun lebt wohl!" Das Männchen kramte plötzlich zwei Bretter aus dem Schnee, stellte sich darauf - und fort war es.

Der Seppl aber gewann das Gespann, der Herr Notar war Zeuge der Wette, und damit ging sein sehnlichster Wunsch in Erfüllung. Der Stanzer-Vater aber begann mit der Erzeugung der „Brettln", die heute „Schi" heißen, und wurde angesehen und wohlhabend.

Das ist die Geschichte vom Schimännlein, das den Schi erfunden hatte.

Franz Hudetz

109

Die Zwergenfamilie Knopp

Es war einmal ein kleiner Zwerg, der Knoppi hieß. Er lebte mit seinen Eltern in einem tiefen, dunklen Wald, in dem Rehe und Hasen, Eichhörnchen und viele Vögel hausten. Aber weit und breit gab es keine Zwerge mehr. Familie Knopp war die einzige, die noch in diesem Wald lebte. Der kleine Knoppi bereitete seinen Eltern viele Sorgen. Er war sehr wild und ausgelassen. Es verging fast kein Tag, an dem nicht irgendjemand kam und sich bei Papa Knopp über den schlimmen Knoppi beschwerte. Einmal kam ein Eichhörnchen, das von ihm in den Schwanz gezwickt worden war, ein anderes Mal eine Vogelmama, weil er ihrem Kind eine Feder ausgerissen hatte. Es war ein rechter Jammer. Oft sagte Papa Knopp:

„Ich sehe schon, Knoppi, einmal wird der Zwergenkönig kommen und dich bestrafen. Denn alles Böse wird von ihm bestraft, so wie alles Gute von ihm belohnt wird."

Knoppi nahm sich das dann auch meistens zu Herzen, und ein paar Tage bemühte er sich wirklich ganz brav zu sein.

Es gab nur ein Mittel, um Knoppi still und brav auf einem Fleck zu behalten, nämlich, wenn einmal die fleißige Biene Sumse zu Besuch kam. Sie flog zwar jeden Tag vorbei, aber selten nahm sie sich Zeit, um ein wenig zu plaudern. Sumse konnte so viel Interessantes von den Menschen erzählen, wie sie aussahen und wie sie lebten. Von den anderen Bienen wusste sie auch, wie es in der großen Stadt aussah und dass es dort steinerne Straßen und riesige Häuser gab.

Da konnte Knoppi sitzen und gespannt zuhören und nicht genug von den Menschen wissen, die er gar so gern einmal gesehen hätte. Aber es war ein altes Zwergengesetz, dass sich Zwerge vor einem Menschen niemals sehen lassen durften, sonst wurden sie vom Zwergenkönig in den großen, finsteren Berg verbannt.

Die Überraschung

Eines Morgens wollte Knoppi wieder einmal gar nicht aus dem Bett heraus. Als Mama Knopp zu ihm ins Zimmer kam, zog er sich einfach die Decke über den Kopf und wollte weiterschlafen. „Knoppi, jetzt ist es aber höchste Zeit zum Aufstehen! Dein Frühstück wird ja ganz kalt!" Knoppi rührte sich nicht. Er war wirklich ein schlimmer kleiner Zwerg.

„Nun gut", sagte die Mutter. „Wenn du nicht aufstehen willst, dann gibt es heute auch keine Überraschung."

Überraschung? Mit einem Ruck hatte Knoppi den Kopf aus der Decke. „Welche Überraschung, Mama?", fragte er neugierig.

„Das wirst du schon sehen! Aber nur, wenn du jetzt ganz schnell aufstehst."

Eins, zwei, drei, war Knoppi aus dem Bett. Es gab eine Überraschung! Was konnte das nur sein?

Schnell lief er hinunter zur Quelle und wusch sich Gesicht und Hände. Auf das Zähneputzen vergaß er vor lauter Aufregung.

Und dann saß er ganz erwartungsvoll am Tisch, während er seinen Frühstückstee trank. Und da kam auch schon Mama Knopp und brachte die Überraschung. Eine wunderschöne, neue, rote Zipfelmütze. Knoppi durfte sie gleich aufsetzen und sie passte wunderbar. Das war wirklich eine Überraschung und vor Freude wollte er gleich ein paar Purzelbäume schlagen, aber dann überlegte er es sich, denn dabei wäre die Mütze ja ganz verdrückt worden. Er umarmte Mama Knopp und bedankte sich. Und flugs war er auch schon im Wald verschwunden. Ganz ausgelassen sprang er durch den Wald. Jedem, den er traf, zeigte er seine neue Zipfelmütze, alle mussten sie bewundern. Nur als er bei der bösen Spinne Krabb vorbeikam, da sagte er kein Wort und ging ganz leise an ihrem Netz vorbei. Vor Krabb hatte er Angst, denn was in ihr Netz flog, das war unrettbar verloren.

So hatte Knoppi gar nicht bemerkt, dass er schon bis zum Waldrand gekommen war. So weit hatte er sich noch nie von zu Hause fortgetraut. Er stand einen Augenblick ganz still vor Verwunderung. Die Sonne, die hier auf die Wiese viel heller als im Wald schien, blendete ihn fast. Aber dann lief er, vor Vergnügen jauchzend, hinein in das hohe Gras.

Lustig schlug er ein paar Purzelbäume, dass alle Käferlein und Heuschrecken nur so staunten vor Verwunderung. So etwas hatten sie noch nie gesehen. Und Knoppi vergaß dabei ganz seine neue Zipfelmütze ...

Eine Grille, die ganz friedlich zirpend dagesessen war, konnte sich gerade noch im letzten Augenblick an einen Grashalm retten, sonst wäre sie von Knoppi unweigerlich erdrückt worden. Die Grille konnte sich gar nicht so schnell von ihrem Schrecken erholen, darum begann sie auch gleich zu schimpfen:

„Das ist doch allerhand! Da sitzt man friedlich im Gras und auf einmal kommt da so ein Zwergenkind und schlägt Purzelbäume!"

„Ach, schimpf doch nicht, du alte Grille!", lachte Knoppi. „Für mich ist heute ein besonderer Tag! Ich habe eine neue ... eine ... Meine Zipfelmütze", rief er ganz entsetzt. „Meine Zipfelmütze ist weg! Ich habe meine neue Zipfelmütze verloren!"

Er begann bitterlich zu weinen, aber es half nichts. Obwohl er verzweifelt auf der ganzen Wiese hin und her lief, nirgends konnte er die Mütze sehen.

Sumse findet die Zipfelmütze wieder

Bald war Knoppi müde. Traurig setzte er sich ins Gras. Nun hatte er keine neue Mütze mehr und niemand würde ihn mehr bewundern. Plötzlich sah er die Biene Sumse. Eifrig flog sie von einer Blume zur anderen und sammelte Honig.

„Sumse, Sumse!", rief Knoppi ganz laut. Wirklich hatte sie ihn gehört. Schnell kam sie herbeigeflogen und ließ sich nahe bei ihm nieder.

„Ja, Knoppi, wie kommst denn du daher? Und was machst du denn für ein trauriges Gesicht? Du hast ja geweint! Was ist denn passiert?"

„Ach, Sumse, ich habe meine neue Zipfelmütze verloren!", schluchzte er.

„Da warst du halt wieder einmal

zu übermütig und hast nicht aufgepasst", sagte Sumse. „Aber jetzt höre auf zu weinen! Ich werde über die ganze Wiese fliegen. Von oben kann ich deine Mütze sehr leicht sehen."

Und Sumse flog davon. Es dauerte auch gar nicht lange, da war sie schon wieder zurück.

„Hast du meine Mütze gefunden?", rief ihr Knoppi schon von weitem zu.

„Ja. Sie liegt auch gar nicht weit von hier. Komm, lauf immer hinter mir her! Gleich werden wir dort sein."

Ach, Knoppi war so glücklich! „Sumse", rief er, während er hinterherlief, „ich danke dir! Ohne dich hätte ich meine Mütze nie mehr wiedergefunden!"

„Es ist schon recht, Knoppi, ich habe es gern getan!"

Und wirklich, da lag auch schon seine Mütze ganz nahe beim Waldrand. Sicher hatte er sie schon beim ersten Purzelbaum verloren und es dann erst viel später bemerkt. Ganz glücklich setzte er sie gleich auf und dankte noch einmal der lieben Sumse.

„Nichts zu danken, Knoppi. Aber jetzt muss ich mich beeilen, denn es ist schon Mittagszeit und ich muss pünktlich zu Hause sein. Leb wohl!"

„Auf Wiedersehen, Sumse!"

Knoppi rettet Sumse das Leben

Bald hatte Knoppi seinen großen Schreck vergessen und lustig sprang er heimzu durch den Wald. Vor lauter Übermut hatte er es gar nicht bemerkt, dass er schon in die Nähe der Spinne Krabb gekommen war. Bis er ganz entsetzt zurückfuhr. Vor ihm war das Spinnennetz. Und als Knoppi genauer hinsah, da wurde er ganz bleich. In der Mitte des Netzes zappelte verzweifelt die Biene Sumse und oben im Winkel lauerte die böse Spinne Krabb.

Knoppi stiegen die Tränen in die Augen. Wie konnte er nur Sumse helfen, er hatte doch selber so große Angst.

Die Spinne hatte ihn schon bemerkt und böse funkelten ihn ihre Augen an. Da nahm Knoppi seinen ganzen Mut zusammen und sagte:

„Ach, Krabb, lass doch die arme Biene am Leben! Sie hat mir heute geholfen meine Mütze wiederzufinden. Bitte, bitte, tu ihr nichts!"

Darauf lachte die Spinne höhnisch:

„Was sich in meinem Netz fängt, das gehört mir! Ha, ha, das wird ein feines Nachtmahl werden."

Knoppi zitterte am ganzen Leib. Was sollte er nur machen? Je länger Sumse im Netz zappelte, desto mehr verstrickte es sich um ihren Körper. Ihre Bewegungen wurden auch schon immer langsamer. Knoppi musste etwas unternehmen, sonst war Sumse verloren.

Er packte einen großen Stock. Dabei schaute Krabb so wild und böse auf ihn, als wollte sie sich jeden Augenblick auf ihn stürzen. Aber er ging tapfer auf das Netz zu, hob den Stock und ließ ihn mit aller Wucht auf das Netz sausen.

Das Netz war nun zerstört, aber Sumse baumelte noch immer darin. Als Krabb das sah, wollte sie sich wütend auf Sumse stürzen, um sie sofort zu töten. Aber Knoppi war schneller. Mit beiden Händen packte er Sumse und riss sie von dem bösen Zaubernetz los und lief, sie sicher in der Hand haltend, so schnell er konnte davon. Er blieb erst stehen, bis er ganz außer Atem war und von der bösen Spinne nichts mehr zu sehen war. Dann machte er behutsam die Hand auf. Aber o weh, wie sah denn die arme Sumse aus! Am ganzen Körper klebten noch die Zauberfäden, so dass sie gar nicht ihre Flügel bewegen konnte.

Knoppi setzte sich nieder und begann ganz sachte die Fäden wegzuzupfen. Als sie so dasaßen und Sumse gerade das erste Mal ihre Flügel ausprobierte, da bemerkten sie einen hellen Lichtstrahl, der aus dem Innern des Waldes immer näher und näher kam. Beide schauten verwundert dem Licht entgegen.

Knoppi wird vom Zwergenkönig belohnt

Plötzlich trat aus dem Lichtschimmer ein Zwerg hervor. Aber es war kein gewöhnlicher Zwerg. Er hatte einen langen, weißen Bart und auf dem Kopf eine goldene Krone, die nur so strahlte und funkelte. Es war der Zwergenkönig, der jetzt sprach:

„Knoppi, ich kenne dich schon lange! Du hast früher manchmal einem Tier ganz mutwillig weh getan und sehr oft war ich sehr böse auf dich. Heute aber warst du außergewöhnlich tapfer und mutig. Du hast Sumse das Leben gerettet. Dafür sollst du belohnt werden. Wünsche dir etwas und ich werde es dir erfüllen!"

Knoppi dachte einen Augenblick aufgeregt nach, dann sagte er leise: „Ich möchte gern einmal die Menschen sehen."

„Das ist ein großer Wunsch, Knoppi", antwortete der Zwergenkönig, „aber er soll dir erfüllt sein. Hier, nimm diese Zauberkugel! Immer, wenn du dir wünschen wirst, die Menschen und ihre Stadt zu sehen, dann schau in diese Kugel und dein Wunsch wird in Erfüllung gehen. Aber wehe, wenn du noch einmal einem Tier etwas zu Leide tust! Dann wird die Kugel wie eine Seifenblase zerplatzen!"

Knoppi hielt die Kugel in den Händen und voll Freude und Staunen besah er sie von allen Seiten. Doch als er aufblickte und sich bedanken wollte, da war der Zwergenkönig schon verschwunden. Nur ganz fern im Wald sah man noch einen hellen Schimmer, der auch bald verschwand.

„Sumse!", rief Knoppi, „Sumse, hast du das gesehen? Das war der Zwergenkönig! Und schau, diese Kugel! Glaubst du wirklich, dass ich jetzt die Menschen sehen kann, wenn ich es mir wünsche?"

„Bestimmt, Knoppi!", antwortete Sumse. „Was der Zwergenkönig sagt, das ist immer wahr. Auch ich werde dir nie vergessen, dass du mir heute das Leben gerettet hast. Ich danke dir!" „Aber Sumse, das war doch selbstverständlich!"

„Jetzt aber, Knoppi", sagte Sumse, „ist es schon sehr spät geworden und die Mittagszeit lange vorbei. Deine Mutter wird große Angst um dich haben und denken, dass dir etwas zugestoßen sei."

Jetzt spürte auch Knoppi, wie ihm vor Hunger der Magen krachte. Rasch sprang er auf und lief noch ein Stück neben Sumse her, die zuerst zaghaft, aber dann immer sicherer heimwärts flog. Natürlich hatten Mama und Papa Knopp schon mit großer Sorge auf ihn gewartet. Aber als er dann endlich heimkam und ihnen alles erzählte, da konnten sie gar nicht böse sein. Im Gegenteil, die Eltern waren richtig stolz auf ihren Knoppi.

Sofort stellte er die Zauberkugel vor sich hin und wünschte sich ganz fest, die Menschen zu sehen. Und wirklich, vor seinen Augen entstanden Häuser und Straßen, auf denen viele Menschen gingen. Alles war so bunt und wunderschön, wie es sich Knoppi niemals hätte vorstellen können.

Und von dem Tag an hat Knoppi nie mehr einem Tier etwas zu Leide getan. Dafür behielt er auch die wunderbare Zauberkugel bis an sein seliges Ende.

H. Schuster

Achmed

In Bagdad, im fernen Morgenlande, lebte einst ein reicher Kaufherr, der einen Sohn und eine Tochter hatte.

Während die achtjährige Tochter, Dargila genannt, ein bescheidenes und allseits beliebtes Mädchen war, erregte der elfjährige Achmed durch seine ständige Nörgelsucht, durch sein unfreundliches und oft anmaßendes Wesen überall Missfallen. Außerdem war der Junge ungemein bequem. Schon allein der Umstand, dass er sich täglich waschen und anziehen musste, war dazu angetan ihn verdrossen und raunzig zu machen.

Eines Morgens stand Achmed, der sich soeben von seinem Lager erhoben hatte, gähnend am Fenster seines prächtigen Gemachs und seufzte:

„Ach, hätte ich am ganzen Körper doch einen Panzer wie meine beiden Schildkröten da unten im Hof oder Federn wie ein Vogel in den Lüften oder ein Fell wie ein Hund! Da wäre ich der großen Mühe des Waschens und Ankleidens enthoben!"

Kaum hatte Achmed diese Worte gesprochen, als sich die Türe öffnete und ein alter Mann mit langem weißem Bart eintrat. Er stützte sich auf einen Stock, seine Gestalt umwallte ein weites Gewand.

„Du", sagte er mit heiserer Stimme und deutete mit hagerem Finger auf den Jungen, „willst lieber den Panzer einer Schildkröte, den Balg eines Vogels oder das Fell eines Hundes statt deiner eigenen Haut haben? Dir kann geholfen werden! Auf drei Jahre sollst du deine Gestalt verlieren. Ein Jahr wirst du als Schildkröte auf Erden verbringen, eines als Vogel und eines als Hund. Nicht früher sollst du von deiner jeweiligen Tiergestalt erlöst werden, ehe du eine gute Tat vollbracht hast!"

Der Alte berührte mit dem Stock Achmeds Schulter und verschwand.

Achmed fühlte, wie ihm ganz eigenartig zumute wurde. In den Gliedern begann es zu zerren und zu ziehen und er merkte, wie er an Größe verlor. Als er in den Wandspiegel blickte, der bis zum Boden reichte, gewahrte er darin eine niedliche Schildkröte.

Im selben Augenblick betrat Dargila das Gemach. Sie fand ihren Bruder nicht vor und wollte gerade wieder den Raum verlassen, als ihr Blick auf den ungewohnten Zimmergenossen fiel. „Eine Schildkröte!", rief sie erstaunt. „Ja, wie kommst denn du daher. Du gehörst doch in den Hof!"

Sorgsam hob sie das Tier auf und trug es dahin, wo es ihrer Meinung nach hingehörte.

Aber Achmed? Wo war der Sohn des reichen Kaufherrn? In alle Welt wurden Boten gesandt, allein er war und blieb verschwunden.

Achmed hätte sich als Schildkrötenjunges recht wohl gefühlt, wäre ihm nicht der Verstand des Menschen geblieben, der ihn oft zum Nachdenken veranlasste. Er fraß und tat alles, was seiner Tiergattung entsprach. Aber ach! Seine Schwester und seine Eltern lebten in dem kostbaren Haus, während er mit einem armseligen Stall fürlieb nehmen musste. Er litt viel. Was half's, dass Dargila oft kam, ihn fütterte und liebkoste? Sie wusste ja doch nicht, dass er ihr verzauberter Bruder war.

Außerdem ... Der so sehnlichst gewünschte Panzer hatte seine Nachteile. Rollte man aus irgendeinem Grunde auf den Rücken, konnte man nur mit äußerster Anstrengung und mit viel Glück wieder auf die Beine kommen. Meist gelang es nicht aus eigener Kraft, man musste in dieser kläglichen Lage auf fremde Hilfe warten.

Nein ..., der Panzer war nicht das Ideale!

Mit Schrecken erinnerte er sich eines Abends, dass morgen früh die Jahresfrist abgelaufen war und er noch immer keine gute Tat vollbracht hatte. Was sollte er tun?

Da erschien Dargila, um ihren Lieblingen einige ganz besondere Leckerbissen zu verabreichen. Achmed-Schildkröte wollte schon zu fressen beginnen, bezwang sich aber dann und überließ die Köstlichkeiten den beiden Kameraden.

Er hatte damit andern zuliebe auf etwas verzichtet, was er selber gern gehabt hätte, also sich selbst bezwungen, etwas, das ihm früher nie eingefallen wäre.

Wohl ihm! In der Nacht vollzog sich seine Wandlung und am frühen Morgen, noch ehe sich die Sonne erhob und die Gläubigen zum Gebet niederknieten, schwang sich eine silbergraue Taube auf das flache Dach des Hauses.

Viele andere Tauben waren noch da und es hieß in Gemeinschaft leben und ständig nach Futter suchen. Außerdem war man gezwungen den ganzen Tag sein Federkleid zu putzen. Kam im Frühjahr die Mauser, dann juckte der Balg besonders arg und das war kein Vergnügen.

Nein, die Federn waren auch nicht das Ideale!

Richtig, die gute Tat! Beinahe hätte er sie wieder vergessen! Da sah er, als er über den Marktplatz strich, wie der Wind einem Jungen, der eben bezahlen wollte, die Banknote entriss und weit über die Dächer der Stadt entführte.

Eiligst flog er dem Papier nach und rettete es aus einer schmutzigen Pfütze, in die es gefallen war.

Mit Tränen in den Augen dankte der Junge der seltsamen Taube, die ihm den Geldschein zurückbrachte und daraufhin schleunigst wieder das Weite suchte.

Achmed-Taube hatte sich bei diesem Flug arg das Gefieder besudelt und viel zu tun, ehe es wieder sauber war. Aber er hatte eine gute Tat vollbracht: Er war hilfsbereit gewesen, was ihm früher nie eingefallen wäre.

„Schau, dass du fortkommst!", jagte am andern Morgen der Türhüter den fremden Hund von der Schwelle des Hauses, das dem reichen Kaufherrn gehörte.

Schweren Herzens zog Achmed in seiner neuen Tiergestalt davon und musste lange suchen, ehe er einen Herrn fand, der ihm Obdach gewährte.

Es war das ein armer Mann, der selber kaum etwas zu beißen hatte, allein er behandelte den ihm zugelaufenen Hund, den er „Hassan" nannte, gut. Bald war er dahinter gekommen, dass er es mit einem gescheiten Tier zu tun hatte.

Achmed hätte sich in seiner jetzigen Gestalt ganz wohl gefühlt, wenn ihn sein Herr nur nicht ständig gedrängt hätte etwas zu erlernen. Apportieren musste er, Türen auf- und zuklinken, auf Befehl bellen, sich „tot" stellen. In seinem ganzen Leben war er nicht so beschäftigt gewesen wie jetzt und er sah ein, dass auch das Hundedasein Kehrseiten hatte. An den Umstand, dass er ständig sein Fell putzen und lecken musste, weil ihn Staub und ausfallende Haare juckten, musste er sich seufzend gewöhnen.

Auch ein Fell war nicht das Ideale!

Als Hassan, ohne es zu beabsichtigen, einmal seinen Herrn dadurch überraschte, dass er sogar zählen konnte, gab ihm dieser hoch erfreut ein Halsband und zog mit dem Wunderhund von Ort zu Ort, um ihn für Geld sehen zu lassen.

Eines Tages kamen sie müde und hungrig in ein einsames Dorf, das nur aus wenigen armseligen Hütten bestand.

Als Hassan seine Kunststücke gezeigt hatte, legten sich beide nach dem einfachen Abendbrot in einem Verschlag zur Ruhe nieder. Während sein Herr bald schnarchte, konnte Achmed keinen Schlummer finden. Sein Magen war leer und er dachte mit Wehmut an all die guten Dinge, die er als unzufriedenes Menschenkind verschmäht hatte. Plötzlich war ihm, als hörte er leises Weinen.

bald hörte es Dargila an der Außentür kratzen. Mit einem Ruck wurde der Balken, der sie versperrte, beiseite geschoben, und die Tür ging knarrend auf.

Der Hund schob seine Schnauze unter die Hand des Mädchens und nötigte es, ihn beim Halsband zu fassen. Dargila verstand und folgte ihrem Begleiter, der sie sicher durch die Dunkelheit führte.

Sieben Tage waren sie miteinander durch das Land gewandert, und Hassan hatte mit seinen Kunststückchen so viel Geld verdient, dass sie nicht hungern mussten, als sie gegen Abend die Türme und Kuppeln ihrer Heimatstadt gewahrten.

Am Rande eines Wäldchens legten sie sich zur Nachtruhe nieder.

Als Dargila zeitig früh erwachte und ihren vierbeinigen Gefährten wecken wollte, war dieser verschwunden. An seiner Stelle lag ein Knabe, in dem das Mädchen sofort ihren Bruder erkannte.

„Achmed!", rief sie und fiel dem Erwachenden voll Freude um den Hals.

„Schwesterchen!", jubelte der glückliche Junge und erzählte seine seltsame Geschichte.

und seine drei Wandlungen

Er erhob sich sachte, um seinen Herrn nicht zu wecken und schlich zu der Bretterwand, die den Verschlag von der Hütte trennte. Hier gab es einige Ritzen, durch die man hindurchspähen konnte.

Achmed suchte nach einem geeigneten Spalt und traute seinen Augen nicht. Hier saß beim Schein eines Lichtleins Dargila, seine Schwester, und weinte. Sie war allein.

Wie kam sie hierher? Er musste sofort zu ihr!

Was für ein Glück: An dieser Stelle saß eine Latte locker. Mit einigem Geschick konnte man sie beiseite schieben und sich hindurchzwängen. Es ging! Was schadete es, dass einige Fellhaare hängen blieben.

Dargila sah zu ihrem großen Verwundern plötzlich einen schönen braunen Hund mit einem roten Halsband schweifwedelnd auf sich zukommen.

Sie trocknete ihre Tränen und begrüßte das Lebewesen, das sich zutraulich an sie schmiegte, mit einem unterdrückten Freudenschrei.

„Bleibe bei mir, lieber Geselle, und teile meine Einsamkeit!", bat sie und streichelte das Tier. „Landstreicher haben mich geraubt und ich muss jeden Tag für sie singen und tanzen. Abends schließen sie mich ein und ich darf mit keinem Menschen ein Wort sprechen."

„Wuff, wiau, wau!", machte der Hund ganz leise, was heißen sollte: „Du wirst nicht mehr lange gefangen sein, dafür will ich sorgen!"

Er schlüpfte auf dem gleichen Weg, den er gekommen war, wieder zurück, und

Als beide Hand in Hand auf der belebten Karawanenstraße dahinschritten und es nicht erwarten konnten nach Hause zu kommen, stand plötzlich ein alter Mann mit weißem Bart vor ihnen. Er stützte sich auf einen Stock, seine Gestalt umwallte ein weites Gewand.

Achmed erkannte ihn sofort.

„Bist du draufgekommen", sagte der Alte mit heiserer Stimme, „dass einem in der eigenen Haut am wohlsten ist? Und dass es nichts in der Welt gibt, was nur Vorteile besäße? Alles hat seine angenehmen und unangenehmen Seiten. Geh nach Bagdad, heim zu deinen Eltern, und werde ein brauchbarer Mensch!"

Ehe Achmed etwas entgegnen konnte, war der wundersame Alte im Gewühl verschwunden. „Wahrhaftig, Schwesterchen, ich habe aus dem, was ich während meiner Verwandlungen erlebte, eine Lehre gezogen", sagte Achmed kopfnickend. „Ein jeder soll mit dem zufrieden sein, was er ist und was er hat."

Als sie durch das Stadttor gingen, saß am Straßenrand ein Bettler. Achmed erblickte ihn, blieb stehen, zog einen kostbaren Ring vom Finger und schenkte ihn dem Armen, der nicht wusste, wie ihm geschah.

„Was tatest du soeben und wer war der Mann?", fragte Dargila verwundert, als sie ihren Weg fortsetzten.

„Das war der Mann, bei dem ich ein Jahr als Hund verbrachte", antwortete versonnen lächelnd Achmed. „Ich wollte ihn nur ein wenig belohnen, weil er gut zu mir war. Meine Geschichte kann ich ihm nicht erzählen, die würde er mir ja doch nicht glauben ..."

Margarita Rehak

Der Vielfraß

Am Rande eines Waldes stand eine mächtige Eiche. Ihr Stamm war so dick, dass drei Männer sich die Hände reichen mussten, wenn sie ihn umspannen wollten. Oft kamen Menschen und standen bewundernd vor dem herrlichen Baum, und niemand ahnte, dass er innen hohl und bewohnt war.

Es wohnte dort das Heidelbeermännlein. Das war ungefähr so groß wie ein Eichhörnchen, war mit einem dunkelblauen Höslein und Jöpplein bekleidet und hatte ein ebensolches Zipfelmützchen auf dem Kopf, das es Tag und Nacht nicht ablegte. Das Heidelbeermännlein wohnte schon viele Jahre in der alten Eiche. Es hatte all die großen Tannen, die in der Nähe wuchsen, schon als kleine Bäumchen gekannt und hatte sich mit den nackten Füßchen an ihren Nadeln gestochen, wenn es Heidelbeeren suchte. Unzählige Runzeln standen in seinem bartlosen Gesicht, das immer ein wenig lächelte. Blabo war ein freundliches Männlein und bei allen Waldbewohnern beliebt.

Der Eingang zu Blabos Wohnung lag unter einer Wurzel der Eiche. Blabo verschloss ihn mit einem Stück Rinde, wenn er heraus- oder hineingekrochen war, dann fiel es gar nicht auf, dass da ein Loch war. Innen war es entsetzlich dunkel. Deshalb hatte Blabo von Zeit zu Zeit ein Stück faules Holz in die Wand gesteckt, das leuchtete ein wenig. In seiner Stube hielt er ein paar Glühwürmchen.

Blabo bewohnte im Winter ein Gemach unter der Erde, wo kein Frost hinkam. Unter der Erde befanden sich auch noch Vorratsräume. Darin sammelte Blabo die frischen Heidelbeeren, die hielten sich dort wunderbar. Auch oben im Baumstamm lagen Vorratsräume, in denen bewahrte Blabo die getrockneten Beeren auf. Außerdem befand sich dort auch noch die Sommerwohnung des Männleins, ein Kämmerchen, das einen Ausgang zwischen den Ästen der Eiche hatte, so dass er an hellen, lauen Sommerabenden gewissermaßen auf dem Dach seines Hauses sitzen und den Frieden des Waldes genießen konnte.

In Blabos Nachbarschaft wohnte in einer Höhle, unter Himbeergesträuch, ein anderes Männlein, es war in Blabos Größe, aber so dick wie groß. Man nannte es den Vielfraß, weil es immer und überall aß, wo man ihm begegnete, und es aß alles, was der Wald bot: Bucheckern, Eicheln, Nüsse, Sauerklee, alle Arten von Waldbeeren, Samen, Blütenknospen, kurz, alles, was nicht giftig war. Darum war es auch so unförmig dick. Für den Winter legte es sich einen Vorrat von Eicheln und Nüssen zurück, aber nie genug, denn es mochte sich nicht so plagen. Es wusste, dass Blabo ein gutes Herz hatte und ihm von seinen Heidelbeeren gab, wenn es darum bat. Blabo sammelte seine großen Vorräte ja überhaupt nicht für sich allein, seine größte Freude war, anderen helfen zu können.

Das Sammeln und Trocknen der Heidelbeeren und das Aufspeichern und ständige Nachsehen der Vorräte war viel Arbeit für Blabo, dazu hatte er aber auch noch allerlei anderes zu tun: Er musste das Ungeziefer von den Heidelbeerstauden absuchen, musste die Hasen und Rehlein immer wieder ermahnen nicht zu verschwenderisch in den Heidelbeerstauden zu äsen, musste nachsehen, ob die Bienen die Blüten gut besuchten usw. Blabo war den ganzen Tag auf den Beinen, und dabei sammelte er noch Eicheln und Bucheckern für die Eichhörnchen und Rehe, denn die mochten gern etwas Kräftigeres, wenn die Kälte kam und der Schnee alles zudeckte.

Wieder einmal, in einem besonders langen Winter, kam der Vielfraß vor Blabos Tür und bat um getrocknete Heidelbeeren. Blabo brachte ihm sofort ein Körbchen voll. „Ich würde dich gern einladen, in meine Stube zu kommen", sagte er freundlich, „aber du kannst ja nicht durch den Eingang."

„Nein, schade!", seufzte der Vielfraß.

Auf einmal kam Blabo ein Gedanke: „Warte!", sprach er und verschwand in seinem Baum. Als er wiederkam, trug er einen Becher voll frischer Heidelbeeren in der Hand.

„Oh, du hast frische Beeren?", wunderte sich der Vielfraß. „Halten die denn?" „Ja, in meinem tiefsten Keller halten sie. Ich kann nicht immer getrocknete Beeren essen, mein Magen ist etwas empfindlich – du weißt ja."

Mit tausend Dankesworten trug der Vielfraß die Beeren heim. Einige Tage später kam Tauwind, da konnte er heraus und im Wald allerlei suchen. Aber nichts schmeckte so wundervoll, wie die frischen Heidelbeeren geschmeckt hatten. Ob Blabo davon viel hatte? Gewiss besaß er noch einen guten Vorrat, er musste sich ja immer eindecken, bis die neuen Beeren reif waren.

Was hätte das Heidelbeermännlein gesagt? Wenn der Vielfraß durch seinen Eingang könnte, würde es ihn zu einem Schmaus einladen! So war es doch? Es kam ihm ein Gedanke: Er wollte hungern bis er dünn genug war, um in Blabos Wohnung kriechen zu können. Gewiss lud Blabo ihn dann wieder ein. Also bezwang er tapfer seinen Appetit, und wirklich, sein Bäuchlein wurde immer kleiner. Als Blabo ihm einmal begegnete, fragte er ganz erschrocken, ob ihm etwas fehle. Doch der Vielfraß schüttelte nur lächelnd den Kopf, indem er sagte: „Nun kann ich bald in deinen Eichbaum kriechen!"

An einem warmen, sonnigen Märztag sah er, dass Blabo in den Wald ging. Da wollte er versuchen, ob er schon dünn genug sei. Es ging. Ei, wie es in der Eiche duftete! Der Vielfraß konnte gar nicht widerstehen, er musste und musste treppauf, treppab kriechen, und endlich kam er auch in den tiefen Keller. Wie es da duftete! Ein Händchen – nur ein Händchen voll! Blabo erlaubte das gewiss, er hätte ihn ja eingeladen, wenn er in seine Wohnung gekonnt hätte! Herrlich schmeckten diese frischen Beeren, der Vielfraß hatte noch gar nie bemerkt, dass Heidelbeeren so gut, so gut seien! Mit beiden Händen schöpfte er, sein faltiges Bäuchlein füllte sich und wurde wieder rund und prall. Er musste sich schon tief hinabbeugen, um die Beeren noch zu erreichen. Da bekam er das Übergewicht und fiel hinein. Nun erst kam er zu sich. „Ich habe gestohlen", dachte er, „das Heidelbeermännlein bestohlen, das gute Heidelbeermännlein! Und nun habe ich ihm auch seinen Vorrat noch verdorben – ach, ich bin ein schlechter Kerl!" Mühsam rappelte er sich auf und kroch in den Eichenstamm empor. Gerade, dass er sich noch durch die Gänge zwängen konnte, im Eingang aber blieb er stecken und konnte weder vor noch zurück.

Er schrie um Hilfe. Alle Tiere liefen zusammen. Die einen lachten über sein verschmiertes Gesicht, das deutlich verriet, was er getan hatte; die andern schimpften und nannten ihn einen Dieb, und wieder andere bedauerten, dass er nicht das andere Ende heraußen habe, damit man ihm etwas draufgeben könnte. Endlich kam Blabo. Zuerst besänftigte er mit seiner ganzen Güte die aufgebrachten Tierlein, dann bat er den Specht, er möchte den Eingang erweitern. Nicht lange und der Vielfraß war frei. Sehr beschämt schlich er nach Hause.

Blabo eilte in seinen Keller. Wie sah es da aus! Fast alle noch vorhandenen Beeren waren zerdrückt. Blabo suchte sie sorgfältig aus. Die Vöglein fraßen den Brei ja gern, aber für Blabo blieb es eben noch so viel, dass es bis zur Erntezeit reichte, dann musste er Erdbeeren essen, und die bekamen seinem Magen nicht. Aber dem Vielfraß trug er es nicht nach. Als es wieder Winter wurde, erweiterte er den Eingang noch mehr und lud den Vielfraß oft zu einem Beerenessen ein.

„Du bist wirklich ein feiner Kerl, Blabo!", sagte er. „Wenn ich bedenke ... "

Blabo antwortete: „Ach, man darf unter Nachbarn doch nicht alles gleich krumm nehmen!"

Olga Müller

Goldblut

Ein langer Zug von berittenen Edelleuten bewegte sich auf einer Bergstraße einem Gebirgsdorf zu. Voran ritt ein Knappe, der trug eine Tafel, darauf standen die Worte:
„Ist Goldblut erst gefunden,
wird unser Prinz gesunden!"

Als die Reiter das Bergdorf erreichten, standen die Dorfbewohner und betrachteten den Reiterzug.

Da hielt ein Knappe mitten auf dem Dorfplatz und las eine Urkunde des Königs vor: „An meine Untertanen! Mein einziger Sohn und Thronerbe ist seit einem Jahr schwer krank. Nun hat mir ein weiser Mann Kunde gebracht, dass im Gebirge, an der Grenze unseres Landes, der Stein Goldblut gehütet werde. Ein kleines Stück davon würde genügen um meinem Sohn Gesundheit zu bringen. Weiß jemand von euch eine Höhle im Gebirge, wo ein großes Ungeheuer einen wunderbaren Stein hütet?"

Da sagte der Dorfälteste: „Am Ende unseres Dorfes wohnt ein altes Weiblein, das weiß mehr als wir alle. Wollt Ihr mit mir gehen um es zu fragen?" Ein Ritter ging mit ihm zu der Hütte des Weibleins. Es hörte die beiden Männer ruhig an, wackelte mit dem Kopfe und kicherte leise vor sich hin:
„Meine Freundin Immerfroh
weiß schon, wo die Höhle, wo?
Ihre Tochter Erika holt den Schatz, hi-hi, ha-ha!"
Drehte sich um und ging wieder in seine Behausung zurück.

Der fremde Ritter wusste mit dieser rätselhaften Antwort nichts anzufangen, doch der Dorfälteste verstand ihren Sinn und erklärte ihm, wo die Freundin des Kräuterweibleins zu finden sei:
„Hoch oben im Gebirge, wo der Wald bereits aufhört und nur noch kurzes Gras und Heidekraut wächst, dort wohnt in einer Hütte eine Frau mit ihrer Tochter. Die wird Euch vielleicht zur Höhle weisen können."

Bald darauf zogen die Edelleute ins Gebirge hinauf. Der Weg wurde immer beschwerlicher, noch dazu brannte die Sonne glühend vom wolkenlosen Himmel.

Da, inmitten des blühenden Heidekrautes, stand ein Mädchen mit einer Herde von Schafen und Ziegen. Die Ritter fragten die Hirtin:

„Wie heißt du?" - „Erika Immerfroh", erwiderte das Mädchen. „Führe uns zu deiner Mutter!", baten die Ritter. „Gern!", antwortete Erika und sprang leichtfüßig den Männern voran.

Bald kamen sie zu einer Hütte, davor stand die Mutter des Mädchens, Frau Immerfroh. Sie konnte genau sagen, wo die Höhle lag. Sie warnte die Ritter: „Geht nicht hinauf, es ist noch selten ein Mensch von dort zurückgekehrt!" Doch die Männer, so nahe am Ziel, ließen sich nicht abhalten. Sie hielten bei der Hütte nur eine letzte Rast und erzählten von dem kranken Prinzen.

Als die Ritter weiterzogen, waren sie voll Mut und Zuversicht. Des Mädchens Mutter aber schüttelte bedenklich den Kopf und sprach: „Sie sind selbst alle krank im Gemüt, voll Ehrgeiz und Stolz! Das ist nicht die richtige Ausrüstung um den Höhlenwächter zu besiegen." Bei diesen Worten wurde Erika traurig und klagte: „Ach, liebste Mutter, hättest du es den Rittern doch gesagt, wie sie es anstellen sollen um den Schatz zu gewinnen!" Doch die Mutter meinte lächelnd: „Da wird einmal jemand von selbst darauf kommen!" Trotzdem hoffte Erika sehnlichst, dass es einem der Ritter gelingen möge Goldblut zu erobern.

Nach drei Tagen aber kamen die Knappen und Knechte mit gesenkten Köpfen ohne ihre Herren zurück. Die Pferde der Edelleute führten sie neben sich. Ganz verstört berichteten sie: „Die Ritter haben uns nur bis in die Nähe der Höhle mitgenommen. Von dort konnten wir den Kampf mit dem Untier zwar nicht sehen, aber wir hörten immer wieder Waffengeklirr und ein entsetzliches Gebrüll. Dann war es unheimlich still. Zwei Tage warteten wir noch, aber keiner der Ritter ist zurückgekommen."

Erika weinte bitterlich. Ihre Mutter tröstete Erika und sagte den Knechten, dass noch nicht alles verloren sei. Sie gab ihnen den Rat unten im Dorf noch sieben Tage auf ihre Herren zu warten. Das versprachen die Diener.

Tag und Nacht dachte Erika nun an den kranken Prinzen, der vergebens auf Hilfe wartete. Am siebenten Tage endlich sagte sie zu ihrer Mutter: „Ich will selbst gehen um Goldblut zu holen, denn ich muss dem Prinzen helfen und wenn es mein Leben kosten sollte!" Die Mutter fragte: „Wie willst du, schwaches Mädchen, den Höhlenwächter besiegen, wenn es dreiunddreißig tapfere Ritter nicht vermochten!" Das Mädchen erwiderte: „Mein großes Mitleid wird mir helfen!" Da lächelte die Mutter und sprach: „Nun, so will ich dir drei Helfer mitgeben." Und sie reichte dem Mädchen einen wunderbar klaren Bergkristall, eine schön geformte, große Meermuschel und eine blühende, weiße Erikastaude. Erika dankte ihr und machte sich gleich auf den Weg.

Nach drei Stunden Bergwanderung kam sie zum Höhleneingang. Davor lag ein riesiger Drachen und schlief. Erika trat nun ganz nahe und bat mit süßer Stimme:

„Ach, lass mich ein wenig zur Höhle hinein und schenk mir ein Stück von dem kostbaren Stein!"

Das Ungeheuer erwachte und sein hässlicher Körper wurde

entgegen. Diese erstrahlte im selben Augenblick wie ein mit brennenden Kerzen geschmückter Weihnachtsbaum; denn auf jeder Blüte war ein lichter, leuchtender Blumenelf erschienen. Nun riefen die Elfen im Chor:

„Lieber Drache, brüll nicht so,
kennst du nicht Frau Immerfroh?
Dieses hier, ihr Töchterlein,
will ein Stück vom goldnen Stein.
Drum weiche, treuer Wächter,
bist ja doch kein Schlächter!"

Das Ungeheuer wich langsam zurück und ließ Erika und die Blumenelfen ungehindert in die Höhle hinein. Dort stand eine flache, weiße Quarzschale und darauf lag ein golden flimmernder Stein. Er leuchtete so hell, dass Erika die Augen schließen musste.

Da flüsterten ihr die kleinen Blumenelfen zu: „Geh zu dem Stein und halte deine Hände hin!" Erika hob ihre Hände zur Schale empor und dachte dabei voll Mitleid an den Prinzen. Plötzlich sprang ein kleines Stück von dem goldenen Stein ab und gerade in ihre Hände.

Sie wollte nun mit ihrem Kleinod nach Hause eilen, doch die Blumenelfen führten sie in eine zweite Höhle. Hier lagen alle dreiunddreißig Ritter wie in tiefem Schlaf versunken. Da beugte sich das Mädchen über sie und legte ihre Hand mit dem Stein jedem auf sein Herz. Gleich schlugen die Ritter die Augen auf. Alle dankten dem Mädchen für ihre Rettung und waren glücklich, als sie hörten, dass Goldblut gefunden worden war. Sie baten Erika mit ihnen zu ziehen um dem kranken Königssohn selbst den Stein zu bringen. Die Mutter war einverstanden und so zog Erika mit den Rittern.

Endlich kamen sie zum Schloss des Königs. Man geleitete Erika zu dem kranken Königssohn und mit klopfendem Herzen trat sie an sein Lager. In seine matten Augen kam ein Leuchten, als er das Mädchen erblickte. Und als ihm Erika den Wunderstein ans Herz legte, wurde er ganz gesund. Und bald wurde mit großer Pracht die Hochzeit des Königssohnes mit dem Hirtenmädchen gefeiert.

Grete Steininger

rot und grün vor Wut beim Anblick des Mädchens. Erika nahm schnell den Bergkristall in die Hand, hielt ihn dem Untier vor den Kopf und rief:

„Schau, der Zorn entstellt dich grässlich,
sonst bist du ja gar nicht hässlich!"

So etwas hatte der Höhlenwächter noch nie vernommen und er betrachtete neugierig sein Spiegelbild im Kristall. Fast schien es, als lächle er dabei.

Plötzlich aber fiel ihm ein, dass er ja die Höhle vor Menschen schützen müsse, und er fauchte das Mädchen an:

„Kamen viele schon vor dir,
kämpfen wollten sie mit mir:
Ließ mich niemals unterkriegen,
wirst auch du mich nicht besiegen!"

Dann brüllte er so entsetzlich, dass Erika vor Schreck erstarrte. Schon glaubte sie es nicht mehr ertragen zu können, da nahm sie die Meermuschel vor das Ohr und fing das Gebrüll auf. So stand Erika lauschend und ohne Furcht vor dem Ungeheuer. Als dieses erkannte, dass sein Brüllen nichts nützte, schwieg es und zog sich ein wenig in die Höhle zurück.

Gleich darauf aber sprang es mit erneutem Gebrüll wieder heraus und wollte Erika mit seinen Pranken erdrücken. Doch blitzschnell hielt ihm das Mädchen seine weiße Erikastaude

Die Gaben

Eine arme Frau ging einmal zur Herbstzeit in den Wald, um allerlei Wildfrüchte zu sammeln. Auf ihrem Wege kam sie an einem Obstgarten vorbei, wo die Bäume in Menge rotwangige Äpfel, goldgelbe Birnen und süße, blaue Trauben trugen.

„Ach", sagte die Frau, „was sind das für herrliche Früchte! Hätte ich doch auch einen Garten, wo ich ernten könnte, was Gott gedeihen lässt! Ich aber muss immer wieder im Wald herumwandern, um Schwämme und Früchte zu sammeln, damit meine Kinder nicht hungern und auch ein wenig Obst bekommen. Todmüde komme ich dann heim, und oftmals ist mein Korb fast leer, und meine Kleinen sind enttäuscht und hungrig."

Frau Holle, die zur Zeit auch unterwegs war, um überall nach dem Rechten zu sehen, hatte ihren Wunsch gehört und Mitleid mit der armen Frau empfunden. Ich will sie prüfen, beschloss die Frau Holle. Wenn sie ein gutes Herz hat, soll sie reichlich beschenkt werden, ist sie böse, so verdient sie kein besseres Los.

Es dauerte nicht lange, so erreichte die arme Frau den Wald. Hier waren die Schlehenbüsche schwarz von Schlehen, und die Hagedornsträucher rot von Hagebutten. War das ein Segen! Die Frau machte sich gleich darüber her, und bald hatte sie den Korb voll.

Als sie dann weiterging, sah sie unter dem hohen Farnkraut einen schönen Pilz mit dickem Strunk und glänzendem braunen Hut stehen. Sie bückte sich, um ihn zu pflücken. Da standen daneben noch viele solche Pilze, und einer war schöner als der andere.

„Ich will lieber die Pilze mit nach Hause nehmen", sagte die Frau, „davon kann ich gleich ein Mittagmahl kochen. Die Schlehen sind sauer, und die Hagebutten sind auch nicht viel wert." Sie schüttete den Inhalt des Korbes ins Gras und tat dafür die Pilze hinein.

Sie wollte sich nun damit auf den Heimweg machen. Dabei kam sie an einem Holzbirnbaum vorüber. Von dem hatte sie sich jedes Jahr die kleinen, steinharten Früchte heimgetragen. Was isst der Mensch nicht alles in der Not! Sie waren so sauer, dass sie einem den Mund zusammenzogen, wenn man dareinbiss. Doch wie sah der Baum heute aus? Statt der Holzbirnen hingen große, gelbe Butterbirnen droben. Die Frau nahm gleich eine herunter und kostete sie. Sie schmeckte süß wie Honig.

„Die Schwämme können mir gestohlen werden", sagte jetzt die Frau, „ich fülle mir mit den schönen Birnen den Korb."

Im Weitergehen traf sie auf einen Nussbaum, der war zum Brechen voll mit faustgroßen Nüssen. „Du heilige Welt!", sagte die Frau verwundert. „So etwas habe ich im Leben nie gesehen. Solche Nüsse! Wenn ich die heute nicht nehme, sind sie bis morgen weg. Es gehen ja auch andere Leute hier vorbei."

Sie fing nun an, die Birnen aufzuessen und dafür Nüsse in den Korb zu geben. Als sie die Birnen verzehrt hatte, war der Korb mit Nüssen voll. „Das ist heute ein seltsamer Tag", sprach die Frau bei sich, „so reich war der Wald noch nie gesegnet."

Frau Holle war indessen in Gestalt einer Waldtaube immer in der Nähe geblieben und hatte die Wunder gewirkt. Sie war aber mit ihrer Prüfung noch nicht zu Ende.

Am Waldrand kam die arme Frau an einer Holunderstaude vorüber. Bei der blieb sie mit offenem Munde stehen.

„Bei meiner Seele", sagte sie, „heute ist doch alles verzaubert. Schaut nur die Hollerstaude an! Die hat Trauben wie ein Weinstock. Und süß sind die Beeren wie Zucker!"

Und die Frau überlegte: Wenn ich die Trauben oben lasse,

Frau Holle

finde ich sie morgen nicht mehr daran. Die Stare und die Waldsperlinge werden darüber herfallen, und im Nu sind die Zweige geleert. Würden aber gar die Dorfkinder herfinden oder eine Pilzsammlerin, so bliebe kein Träublein mehr übrig. So leid mir um die schönen Nüsse ist, aber ich will doch lieber die süßen Trauben heimtragen.

Es war gerade ein hohler Baumstrunk in der Nähe. In diesen tat sie die Nüsse. Da drin würde sie niemand finden, dachte sie. Dann ging sie her und pflückte die Hollerstaude leer. Von den süßen Trauben wurde der Korb bis an den Rand voll.

Als die Frau hierauf aus dem Walde trat, war die Sonne eben im Untergehen. Sie schien durch das gelbe Herbstlaub einer Buche, dass diese aussah, als wären ihre tausend und abertausend Blätter aus reinstem Golde.

Die Frau hielt ein Weilchen inne und schaute den leuchtenden Baum an. Dann sprach sie: „Wenn doch diese Blätter lauter Golddukaten wären, und wenn man davon nehmen könnte, so viel man wollte, wäre man reich für sein Lebtag!"

Jetzt merkte sie erst, dass sich unter der Buche jemand zu schaffen machte. Sie ging näher hin, da erblickte sie ein altes, altes Weiblein, das fasste eben dürres Laub in ihren Buckelkorb.

Als das Mütterchen die Frau kommen sah, rief sie erfreut aus: „Ach, Ihr helft mir gewiss den schweren Korb aufheben. Ich bin schon so schwach, dass ich es allein nicht zuwege bringe!" Die Frau dachte, das bisschen Laub wird doch nicht so schwer sein. Als sie aber den Korb ergriff, um ihn dem Weiblein auf den Rücken zu hängen, konnte sie ihn kaum heben. Neugierig langte sie mit der Hand in das Laub. Da sah sie, dass es lauter Golddukaten waren.

Sie hätte vor Verwunderung bald aufgeschrien. Aber sie besann sich noch rechtzeitig, war ganz still und sagte nichts, denn es war ihr plötzlich ein Gedanke gekommen, den ihr ein böser Geist eingegeben hatte. Während die Alte ihr den Rücken kehrte, vertauschte sie schnell die Körbe und hängte ihr den eigenen um. Sie selber nahm den Goldkorb auf und machte sich damit aus dem Staube.

„Die bucklige Alte soll sich die Hollertrauben schmecken lassen", sagte boshaft die Frau und lachte über den guten Fang.

Als sie sich noch einmal umwandte, um nach dem Mütterchen zu sehen, war es verschwunden. Aber sie vernahm plötzlich neben sich ein leises Kichern und sah aber niemand.

Unterwegs überlegte sie, was sie für das viele Geld kaufen würde. Vor allem wollte sie ein schönes Haus haben mit einem großen Garten, teure Möbel und kostbaren Schmuck, Kleider nach der neuesten Mode für sich und die Kinder, und obendrein das beste Essen. In den Wald um wilde Früchte würde sie wohl niemals mehr gehen, nahm sie sich vor.

Indessen ging die Sonne unter. Der Korb war jetzt auch nicht mehr so schwer; das machte wohl die Freude, die sie empfand.

Als sie dann ihr Häuschen erreicht hatte und die Kinder ihr entgegensprangen, nahm sie den Korb vom Rücken und stellte ihn auf die Hausbank.

„Mutter, was hast du uns denn gebracht?", fragten neugierig die Kinder. Sie fielen gleich, wie sie es gewohnt waren, über den Korb her und durchstöberten ihn.

„Dürres Laub, nichts als dürres Laub!", sagten sie verdrossen.

Da griff auch die Frau in den Korb. Es war wirklich nur welkes Laub darin. Sie hätte sich darüber vor Ärger die Haare ausraufen mögen. Sie durchsuchte noch einmal den ganzen Korb, aber kein einziges Goldblättchen war zu finden.

Sie schüttelte das Laub den Geißen in den Stall und weinte vor Zorn und Scham.

Am nächsten Tag ging sie den gleichen Weg in den Wald. Sie suchte nach den Früchten, die sie weggeworfen hatte. Aber die guten Schwämme waren von Würmern und Schnecken ganz zerfressen, und die Nüsse hatten Eichhörnchen und Nusshäher weggetragen. Nur Schlehen und Hagebutten lagen noch im Grase verstreut. Aber auch die waren schon von Ameisen und Käfern überlaufen. Die arme Frau suchte sie aber doch sorgsam zusammen und tat sie weinend in den Korb.

„Wäre ich genügsamer gewesen", klagte sie, „hätte ich das arme, alte Mütterlein nicht so schändlich betrogen! Wie hätten sich meine Kinder über die schönen, süßen Trauben gefreut, die ich im Korbe hatte!"

Als sie dies gesagt und ihre böse Tat tief bereut hatte, stand plötzlich eine wunderschöne fremde Frau vor ihr. Die lächelte ihr freundlich zu und sagte: „Du hast dich gestern nur selbst betrogen. Gib mir meinen Korb! Hier hast du den deinen!"

Die arme Frau konnte sich vor Staunen nicht fassen. Der Korb war noch voll der schönsten Trauben.

Dann bückte sich die holde Frau um ein gelbes Buchenblatt. „Das ist für die größte Not", sagte sie und verschwand.

Das Buchenblatt war aber ein Golddukaten. Die Frau nahm ihn dankbar an. Sie trug die Trauben ihren Kindern heim, den Dukaten aber hob sie gut auf. „Der ist für die größte Not", sagte auch sie.

Von der Zeit an ging es der Mutter und den Kindern gut. Sie hatten immer, was sie zum Leben notwendig brauchten. Der Dukaten lag indessen unberührt im Kasten. Als sich die Frau einmal statt eines wollenen Kleides ein seidenes kaufen wollte, war der Golddukaten weg.

Pauline Bayer

Peperl der Schmutzfink

So ein lieber Bub wäre der Peperl, wenn er nur nicht so eine Angst vor dem Waschen hätte! – Wasser, Seife, Zahnbürste und Kamm betrachtet er als seine schlimmsten Feinde. Und eines Tages, als seine Mutter ihn zum Baden ruft, hockt er ganz hinten im Garten hinter einer großen Brombeerhecke und macht keinen Muckser. Trotzig starrt er vor sich hin und brummt: „Immer nur waschen ... kämmen und Nägel putzen ...! Ob alle Kinder das müssen? Nein – ich mag einfach nimmer!" – Da lacht es neben ihm laut auf, so dass Peperl erschrocken zusammenfährt. Es war doch außer ihm niemand im Garten? Und wie er so herumblickt, bemerkt er ein winziges Männlein in rotem Wams und gelben Hosen. – „Ich heiße Ferkli Säulimeyer", sagt es, „weil ich mich mein Lebtag noch nicht gewaschen habe. Schau nur die schönen schwarzen Ränder an meinen Fingernägeln an, hast du so schmutzige je gesehen?" – „Nein, nie!", beteuert Peperl. „Aber sag, spotten dich die anderen da nicht aus, wenn du dich nie wäschst?" – „Aber keine Spur!", lacht Ferkli. „Bei uns im Schmutzfinkenland will doch jeder der Schmutzigste sein, denn dann bekommt er einmal im Jahr eine riesengroße Torte." – „Eine Torte??? – Das ist aber fein! Sag, Ferkli, könnte ich da nicht zu euch kommen? Das fortwährende Gewaschenwerden halte ich einfach nimmer aus. Ich will fort von da!" – „Dann hast du Glück!", schmunzelt der Kleine. „Unser König hat mich ausgeschickt, neue Untertanen zu werben. Wenn du alles genau befolgst, wie ich es dir sage, kannst du mit mir kommen.

Erstens darfst du's ganze Jahr
niemals kämmen dir dein Haar.
Zweitens nie die Nägel schneiden,
Zähneputzen ist zu meiden.
Drittens – Kleider, Strümpf und Schuh
müssen schmutzig sein wie du.
Viertens: Wäschst du dich – o Graus! –,
ist es mit der Freundschaft aus!
Also – eins, zwei, drei und vier –
schlage ein, dann fahren wir."

„Es gilt!", jubelt Peperl und schlägt in die dargebotene Hand ein. Er stellt es sich wundervoll vor, in seinem ganzen Leben nicht mehr gewaschen zu werden ... und springt aufgeregt von einem Bein auf das andere. „Los, Ferkli!", drängt er ungeduldig. „So kommen wir nicht ins Schmutzfinkenland, wenn du ruhig sitzen bleibst. Überhaupt sehe ich keinen Wagen oder Pferde ... auch kein Auto ..." – „Wir reisen eben durch die Luft", antwortet sein Begleiter. „Hast du schon einmal zaubern gesehen? Pass gut auf!

Schnell und schneller, hokuspox ...
kommt herbei, ihr Flix und Flox!
Tragt uns wie der Sturm sogleich
in das Schmutzensfinkenreich!"

Kaum hat Ferkli das Verslein gesprochen, da kommen zwei riesige Vögel angeflogen. – „Siehst du", erklärt das Männlein, „das sind Flix und Flox, unsere Reittiere. Steige rasch auf und halte dich an den Federn fest!" – Die großen Vögel entfalten ihre mächtigen Schwingen und erheben sich pfeilschnell in die Luft. „Wir fliegen", jubelt Peperl, „wir fliegen ...! Hui – wie das saust! Ich kann gar nichts mehr sehen, so bläst mir der Wind um die Nase ..." – „Halte dich nur fest, wir sind gleich angelangt!", antwortet Ferkli. Und richtig, nach wenigen Minuten schon wird die sausende Fahrt langsamer, und die Vögel senken sich zur Erde nieder. Peperl ist grün und gelb im Gesicht, und schlecht ist ihm – schlecht –, nicht zu sagen! Doch das Männlein lacht nur: „Hättest nicht geglaubt, dass es so rasch geht, was? Aber komm, der König wartet sicher schon auf uns! – Siehst du – dort ist sein Palast." – „Das hässliche graue Haus?", bemerkt Peperl enttäuscht. „Also, einen Palast habe ich mir aber ganz anders vorgestellt! Und wer ist denn die große dürre Frau mit der garstigen Warze auf der Nase, welche uns entgegenkommt?" – „Die Erzieherin der Prinzessin", antwortet Ferkli ehrerbietig, „die Oberstshofmeisterin Klebepick. Sie wird uns jetzt sicher zum König führen." – Die Herankommende begrüßt Peperl im Namen des Königs auf das Herzlichste. Würdevoll voranstelzend, geleitet sie den Knaben in den Palast. Peperl schaut neugierig um sich. Nein – hier könnte es ihm nicht gefallen! Alles ringsum ist so schmierig und fleckig. Überall hängen große Spinnweben herunter, und – wahrhaftig! – da quiekt und grunzt es plötzlich von allen Seiten. – „Schweinchen laufen da mitten im Palast herum?", schreit Peperl auf. „Jagt denn die niemand fort?" – „Wo denkst du hin ...!", entrüstet sich die Oberstshofmeisterin. „In anderen Ländern hält man sich Hunde und Katzen – bei uns sind eben Schweine die bevorzugten Tiere. Der König hat zweihundert in seinem Palast! – Aber still, wir sind im Vorgemach des Herrschers angelangt! Verneige dich recht tief vor ihm, das hat er gerne!" – Und ehe sich's Peperl versieht, steht er auch schon vor dem König. „Grauslich der Dritte" heißt er und sitzt auf einem hohen Throne, umgeben von seinen zahlreichen Höflingen. Mit einer tiefen Bassstimme begrüßt er den Knaben: „Willkommen, mein lieber Peperl! Du wunderst dich, dass ich schon deinen Namen weiß, aber Ferkli hat mir öfters von dir erzählt. Auch, dass du schon längst zu uns Schmutzfinken gehörst, und so freue ich mich, dich nun endlich kennen zu lernen." – „Vielen Dank, Herr König", antwortet Peperl beherzt, „aber seid nicht böse, wenn ich gleich etwas fragen muss. Was habt Ihr denn in Eurem Bart? Da wimmelt es nur so von Käfern und Fliegen ..." – „Auch ist er ein wunderbarer Nistplatz für Vögel ...", setzt der König geschmeichelt fort. – „Aber, da – auf Eurer Stirn ...", stottert Peperl. – „... wächst Gras, schönes, grünes Gras", spricht der Beherrscher des Schmutzfinkenlandes weiter. „Es freut mich, dass dir mein Äußeres gefällt, ist es für mich doch ein neuer Beweis, dass ich nicht zu Unrecht den Ehrennamen ‚Grauslich der Dritte' trage." – „Es lebe der König!", rufen da die Umstehenden begeistert. – Da dringt

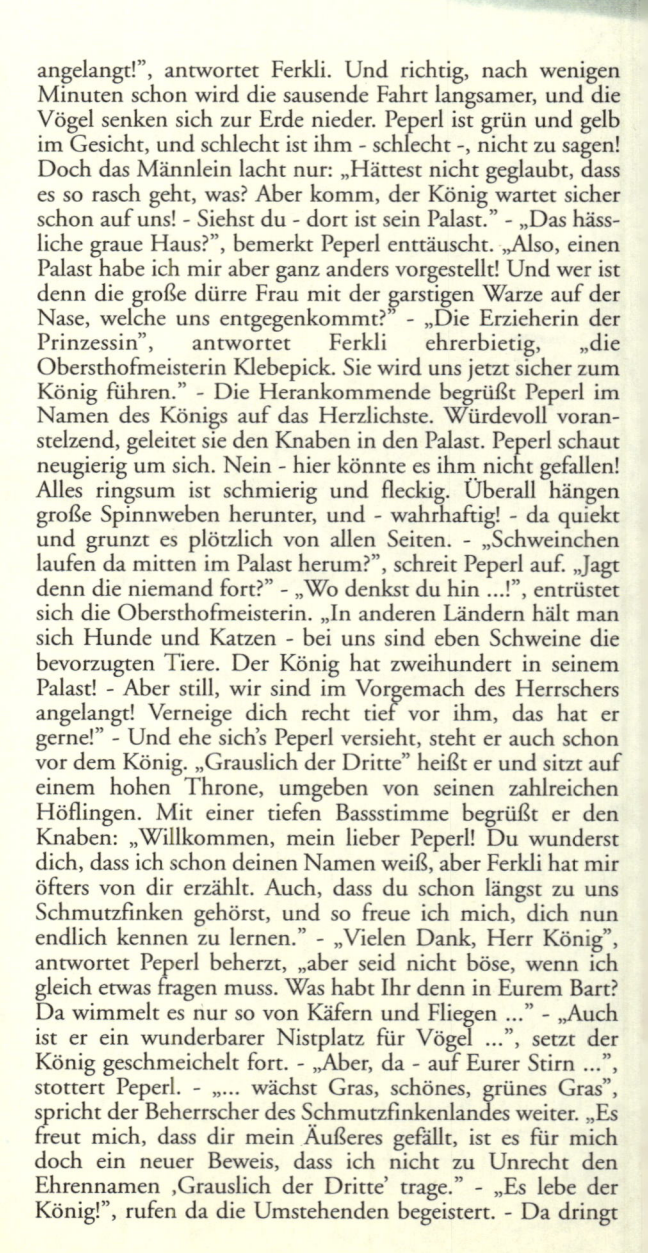

120

lautes Lärmen und Schreien in das Gemach, die Tür wird aufgerissen, und eine zerlumpte Frau wirft sich jammernd vor dem Throne auf die Knie. „Herr König, helft mir -, dass man meinen armen Buben nicht einsperrt! Nur ein bisschen hat er sich im Bach gewaschen - nur ein ganz kleines bisschen ... Ach, straft ihn nicht ...!" - „Was??", donnert da der König. „Gewaschen hat er sich? - Gewaschen??? Ja, ist's denn möglich, dass einer meiner Untertanen sich zu waschen getraut? - So ein Vergehen muss auf das Strengste bestraft werden!! - Peperl ...", wendet er sich wieder an den Knaben, „wie würdest du den Bösewicht bestrafen?" - „Herr König", sagt Peperl nach einigem Besinnen, „wenn ich etwas zu reden hätte, würde ich ihn mit Bürste und Seife so lange abwaschen lassen, bis auch nicht das kleinste Fleckchen Schmutz an ihm zu finden ist. Und so sauber soll er dann durch die Stadt gehen müssen." - „Als abschreckendes Beispiel wohl?", lacht der König dröhnend. Da spricht ein ganz Vorwitziger: „Ja, aber woher nehmen wir denn eine Seife? - Und eine Bürste? - Im ganzen Königreich ist derartiges nicht zu finden." Ratlos blicken sich alle an, und ihre Gesichter werden immer länger ... Da bricht der König das Schweigen: „Boten sollen sofort in ein benachbartes Land reisen und rasch je ein Stück Seife und Bürste holen. Diese Dinge werden dann für künftige Strafen in Verwahrung gehalten." - Aufbrausender Jubel und tosender Beifall belohnen den Sprecher, der sich nun an Peperl wendet und den schaudernden Knaben an seine Brust drückt. - „Das hast du brav gemacht, mein Sohn! Du wärest der würdigste Nachfolger auf meinem Thron. Was meinst du, Töchterchen?" - „Ach ja, Vater", zirpt da ein feines Stimmchen, und Prinzessin Rübennäschen tritt an die Seite des Königs. - Peperl schaut und schaut ... „Ja, was ist denn das? Die hat ja ein Rübchen auf der Nase wachsen ...!" fährt es ihm heraus. So etwas hat er noch nicht gesehen, und sprachlos starrt er das Mädchen an. - „Gewiss", setzt nun der König fort, „sie hat ein Rübchen auf der Nase, daher ihr Name. Wie stolz bin ich, ihr Vater zu sein!" - Unterdessen hat sich Ferkli an Peperls Seite gedrängt. „Na, hab ich dir zu viel gesagt?", raunt er stolz. „Da staunst du, was? - Wenn du klug bist, kannst du es noch sehr weit bringen. Der König hat dich gern, er gäb dir sicher einmal Prinzessin Rübennäschen zur Gemahlin." Peperl ist einer Ohnmacht nahe. „Prinzessin Rübennäschen??", stottert er angstvoll. „Aber ich mag doch gar nicht ...!" - „Du brauchst nicht so bescheiden zu sein", verweist ihn der König schmunzelnd. „Die Hauptsache ist für jetzt, dass du dich bei uns wohl fühlst. Du brauchst jetzt Ruhe. Ich werde dir einen wundervollen Ziegenstall anweisen lassen." - „Einen Ziegenstall??" Peperl glaubt, nicht recht gehört zu haben. Da tuschelt es um ihn herum: „Hört, hört - ein Ziegenstall ist ihm nicht gut genug! Er will besser schlafen - wohl gar wie der König selbst?" - Dieser blickt Peperl lange an und scheint einen schweren Entschluss zu fassen. „Du willst hoch hinaus, Peperl, das muss ich schon sagen - aber es gefällt mir. So sollst du deinen Willen haben - und - bei den Schweinen schlafen." - „Bei den Schweinen???" Peperl vermag nicht mehr weiterzusprechen. Er schüttelt sich vor Ekel, wenn er daran denkt, bei den Schweinen schlafen zu müssen. Und halb wie im Traum folgt er Ferkli, welcher ihn auf Nr.13 führt. Es ist dies das schönste Schweinezimmer des Schlosses, mit hohen Fenstern, einem Balkon und - 13 Schweinen. Dass sich Peperl aus Leibeskräften wehrt, dort einzutreten, nimmt Ferkli als Bescheidenheit - und bald sitzt der Knabe todunglücklich und traurig auf dem Balkon. Drinnen im Zimmer hätte er's nimmermehr ausgehalten, denn da liegen die Schweine und grunzen behaglich im Schlafe. Am Liebsten wäre er auf und davon gelaufen ... Aber wohin? - Überall Schmutzfinken ringsum, welche ihn nur zu bald finden würden. „Wie dumm war ich doch früher!", seufzt Peperl. „Seife und Wasser, wie wollt ich euch fleißig gebrauchen! Alles klebt hier vor Schmutz, wohin man greift, und in den Räumen riecht es zum Ersticken. Wie wohl die frische Luft heraußen tut ...! Die Luft?" - Da fällt dem Knaben etwas ein. „Wenn ich Flix und Flox herzaubern könnte! Wie ging nur das Sprüchlein, welches Ferkli sagte? - Flix kam vor und ich glaube - auch Flox. Und darauf reimte sich kokospox oder so ähnlich... nein, nein, ‚hokuspox' heißt es - jetzt weiß ich es wieder. - Und ‚wie der Sturm sogleich' muss ich noch sagen. - Ach was, ich probier's ...!

Schnell und schneller, hokuspox,
Kommt herbei, ihr Flix und Flox!
Tragt mich wie der Sturm gelind -
heim, wo meine Eltern sind!"

Der Peperl ist ein gar schlauer Bub. Er hat einfach den Schluss umgedichtet, wie er für ihn passt. Ob die Zaubervögel da aber auch kommen werden?? - Gott sei Dank, ja, da sind sie schon, der Flix und der Flox. Der Peperl braucht jetzt nur einen, den Flix, weil er auf dem hergeritten ist und ihn schon kennt. - Und wie gut er sich an den Federn festhält ... Denn herunterfallen und da bleiben? - brrr..., das ginge ihm noch ab ... Nur fort, rasch fort ...!

Daheim sorgt sich die Mutter um ihren Buben, denn es ist unterdessen stockfinster geworden, und Peperl ist noch immer nicht da. - Doch rennt Peperl die Treppe hinauf, hochrot vom Laufen - stürzt er ins Zimmer. „Mutter, Mutter - schnell Wasser, Seife und Handtuch, ich muss mich waschen. - Schau nur, wie meine Hände aussehen ...!" - Fassungslos staunt die Mutter: „Ja, Peperl, was ist denn los? - Du willst dich ganz von selbst waschen?" - „Aber Mutter", stößt der Bub aufgeregt hervor, „ich war doch im Schmutzfinkenland ..." - „Wo warst du?", fragt die Mutter und füllt ihm die Waschschüssel bis zum Rand. „Bei den Schmutzfinken!", antwortet Peperl. „Niemand darf sich dort kämmen und waschen, und alles strotzt nur so vor Schmutz. Die Prinzessin hat sogar ein Rübchen auf der Nase wachsen - und wie der König ausschaut, das kannst du dir gar nicht vorstellen, Mutter." - „Aber Peperl, du hast geträumt! Wahrscheinlich bist du eingeschlafen im Garten." - „Nein, nein", versichert der Junge eifrig. „Ich bin doch eben erst zurückgekommen, auf einem riesigen Vogel, dem Flix. Ich könnt es dir ja beweisen, Mutter, denn ich kann noch das Zaubersprüchlein, welches den Vogel herbeiruft. Aber ich mag es nie mehr sagen, sonst holen mich die Vögel am Ende wieder - und ich bin doch so froh, zu Hause zu sein!" Und wenn der Peperl auch sonst ein rechter Lausbub ist, von dem Tag an wäscht er sich ganz von allein - und putzt sich sogar die Fingernägel, was er doch vorher nicht ausstehen konnte - denn nie wieder möchte er ein Schmutzfink sein.

Paula Schwamberger

Der Schmudelputz

Tief drinnen im Föhrenwald, ganz dicht am lustigen Purzelbach, stand eine uralte Mühle. Der Müller war ein griesgrämiger Mann und über alle Maßen faul. Die Müllerin war ein verhutzeltes, immer schimpfendes Weiblein und noch dazu fürchterlich geizig. Sie hatten keine Kinder und so nahmen sie, als des Müllers Schwester starb, deren einziges Töchterlein zu sich.

Aus dem kleinen Kind wurde im Laufe der Jahre ein wunderschönes Dirndel. Suse, so hieß das liebe Mädchen, hatte dunkelbraune Augen, wie die flinken Rehlein im Walde, und dichte, lockige, seidenglänzende Haare.

Sie war folgsam und tat alles, was ihr die Müllersleute anschafften. Aber sie mochte sich plagen, soviel sie wollte, nie war es den beiden recht. Vormittags musste sie kochen, nach dem Essen flugs das Geschirr abwaschen und wieder versorgen. Am Nachmittag aber musste sie in der Mühle dem rothaarigen Müllerburschen helfen, wenn dieser das Korn zum Mahlen aufschüttete. Der Hannes war ein widerwärtiger Bursche. Nie war er ordentlich gewaschen und seine Haare hingen immer struppig in das bärtige Gesicht. Vielleicht, weil er selber so hässlich war, hasste er alles Schöne: den Gesang der Waldvögelein, die lachende Sonne und die farbenprächtigen Wiesenblumen.

Ganz anders dagegen war der lustige, saubere, große Bub des Försters. Er hieß Thomas und wenn er zur Mühle kam, hörte man ihn schon von weitem singen und niemals vergaß er für Suse einen Strauß sorgfältig ausgesuchter Blumen mitzubringen.

An einem Sonntag, als der Sommer zu Ende ging, holte Thomas das Mädchen von der Mühle ab und zog mit ihr in die Berge hinauf. Auf einer weiten Alm saßen sie lange beisammen, denn sie mussten an diesem Tage voneinander Abschied nehmen. Thomas sollte tags darauf zur Stadt, um in der Forstschule für seine zukünftige Beschäftigung zu lernen. Er schenkte der kleinen Suse ein goldenes Ringlein, und das Mädchen versprach ihm es dankbar zu tragen, bis er wiederkommen werde.

Am nächsten Tag war der rote Hannes in der Mühle besonders garstig zu Suse. Schadenfroh ließ er sie die schweren Mehlsäcke ganz allein fortschleppen. Als der Abend kam, waren sie noch lange nicht mit der Arbeit fertig. Da schrie der faule Müller endlich den Burschen an, er möge doch dem Mädel helfen. Aber der rote Hannes erwiderte trotzig: "Wenn das Fräulein am Sonntag mit dem Försterbuben in den Bergen herumsteigen kann, dann muss sie dafür am Montag doppelt arbeiten." Dann packte er seine Sachen und ging aus dem Haus. Er habe hier schon zu viel gearbeitet und noch mehr gehungert, rief er dem Müller zu. Die Frau Müllerin solle sich nach einem anderen Burschen umsehen, dem sie die Knödel beim Mittagessen vorzählen könne. Er habe es satt.

Diesen Abend gab es argen Streit in der Wohnstube. Der Müller warf seinem Weib das Geizigsein vor und diese wieder erinnerte ihn daran, wie faul er sei.

Müllerbursche aber wurde keiner mehr aufgenommen. Der Müller musste selber zupacken und Suse arbeitete doppelt so viel als früher. So zeitig musste sie schon in die Mahlstube, dass sie die Vögelein noch nicht singen hören konnte und abends wurde es immer so spät, dass es zu finster war, um noch ein paar Wiesenblumen pflücken zu gehen.

Eines Sonntags saß sie an ihrem Fenster und weinte bitterlich.

Da kamen an dem Haus die winzigen Männlein vorbei, die drüben im Föhrenwald hausten und Tag für Tag in den Silberberg zur Arbeit gingen. Sie blieben stehen und sahen bestürzt auf das weinende Mädchen.

"Schmudelputz", sagten sie dann zu ihrem Anführer, "du verstehst es, mit Mädchen umzugehen. Steig doch zu ihr hinauf und sieh zu, was ihr fehlt."

Sie machten eine Leiter und Schmudelputz turnte zu Suses Fenster hinauf. Behutsam schob er dem Mädchen einen Strauß Zyklamen hin. Da versiegten die Tränen in den schönen Augen Suses und sie bedankte sich für die Blumen. "Ich kann mir selber keine pflücken", klagte sie, „mein Rücken schmerzt zu sehr von der harten Arbeit in der Mühle."

Da versprach der kleine Schmudelputz jeden Tag Blumen zu bringen, und er hielt sein Wort. Jeden Abend, wenn Suse spät von der Mühle in ihr Zimmer kam, standen frische Blumen auf dem Gesimse.

Suse plagte sich in der Mühle, aber die Arbeit wurde immer mehr und eines Morgens konnte sie vor Müdigkeit nicht mehr aufstehen. Schmudelputz sah es und weil es schon um die Herbsteszeit war, holte er jetzt farbige Blätter und leuchtende Beeren, um Suse eine Freude zu bereiten.

Dann aber kam ein Tag, da konnte er von dem Fenstersims nicht mehr in die Stube sehen, weil die Scheiben über und über zugefroren waren. Es war winterkalt und er hörte die arme Suse viel ärger husten als sonst. Der Doktor saß an ihrem Bett und sprach ihr Trost zu. Suse aber weinte, weil sie nun auch die einzige Freude, die sie hatte, die Blumen, missen musste.

Da rief der Schmudelputz seine Männlein zu sich herauf und sie begannen eine ganz sonderbare Arbeit. Eifrig hauchten sie auf die gefrorenen Scheiben und wenn das Eis auftaute, zeichneten sie behände viele wunderschöne Blumen auf das Glas.

Als sie damit fertig waren, klopften sie an die Scheiben.

Da hörten sie, wie Suse den Doktor bat, er möge doch das Fenste öffnen, damit der Schmudelputz hereinkönne. Der Doktor erfüllte ihren Wunsch und der Schmudelputz huschte in das Zimmer.

„Dank dir, Schmudelputz, für die schönen Blumen an den Scheiben", sagte das Mädchen und dann begann es wieder zu weinen. „Ich weiß, ich muss sterben", flüsterte sie dann. „Lieber, guter Schmudelputz, setz auch auf mein kleines Grab so allerliebste Blumen! Und noch ein Bitte habe ich an dich. Gib dieses Ringlein meinem Thomas und sag ihm, ich habe auf ihn gewartet, so lange der liebe Gott es zuließ. Wenn du den Thomas suchst, Schmudelputz, dann musst du zu den schönsten Blumen laufen, die im Umkreis blühen. Mein Thomas liebt auch die Blumen über alles."

Das waren ihre letzten Worte. Ruhig sank sie in das weiße Kissen zurück.

Leise sagte der Doktor: „Sie ist tot."

Die Dorfleute trugen an einem kalten Wintertag die kleine Suse zu Grabe. Die hart gefrorenen Schollen wölbten sich über dem schlichten Holzsarg zu einem gelbbraunen Hügel. Bloß ein Strauch stand am Ende des Erdhaufens und reckte seine blattlosen Äste in die kalte Winterluft. Als die Trauergäste gegangen waren, kam der Schmudelputz mit seinen Männlein. Sie kletterten auf die Ästchen und hauchten diese ringsum an. Der Atem der kleinen Wichte aber wurde zu vielen tausenden, winzigen Eiskristallen, die den Strauch zur Gänze einhüllten, als stünde er in schönster Frühlingsblüte.

Dann gingen sie den Thomas suchen. Aber sie fanden ihn nicht. Sie haben ihn bis heute noch nicht gefunden, weil der junge Bursche, als man ihm schrieb, dass Suse gestorben sei, weit fortzog über das große Meer.

Das haben die Männlein allerdings nicht erfahren und so suchen sie den Thomas seit damals vom Frühjahr bis zum Herbst auf den Wiesen und in den Wäldern, auf den Bergen und in den Tälern, überall, wo es Blumen gibt.

Im Winter aber huscht der Schmudelputz mit seinen Männlein von Haus zu Haus. Sie wärmen die Scheiben mit ihrem Atem auf und zeichnen seltsame Blumen auf das Glas. Durch ganz kleine Lücken gukken sie dann in die Stuben, ob nicht der Thomas drinnen sei.

Aber auch die Bäume und die Sträucher im Wald und in den Augen, auf den Straßenrändern und in den Gärten übersäen sie mit Millionen Eiskristallen. Und wenn sie mit ihrer Arbeit fertig sind, bitten sie die gute Sonne, sie möge ein wenig darauf scheinen. Dann flimmert und funkelt dann der herrliche Raureif eine Zeit lang wie tausende Edelsteine und Frühlingsblüten.

Die Männlein aber sehen von ihren Verstecken neugierig auf die vorbeigehenden Menschen und hoffen immerzu, es werde doch einmal der Thomas dabei sein, denn der Schmudelputz hütet noch immer das goldene Ringlein der armen Suse. Und er soll es doch dem Thomas geben.

Alois Eidher

König Brumm

önig Brumm hatte heute wieder seinen grantigen Tag. Nichts passte ihm. Seine Frühstücksschokolade war zu stark gezuckert, der Türsteher hatte die vorgeschriebenen Bücklinge nicht tief genug gemacht, sein Leibarzt beim besten Willen keine neue Krankheit bei ihm entdecken können und ... und ... in der Schnelligkeit fiel ihm nicht gleich noch etwas ein. Kurz und gut - er ärgerte sich, und das war genug. Horch ... lachte da draußen auf der Straße nicht einer? Und noch dazu ganz laut und unbekümmert? Oho ... das brauchte König Brumm sich nicht bieten zu lassen. In seinem Märchenland hatte nur gelacht zu werden, wenn er es wollte, oder - überhaupt nicht. Überhaupt nicht? - ... überlegte er ... ja, das war das Beste. Gleich sollte ein Herold es im ganzen Land verkünden, dass lautes Lachen - ab heute - bei schwerster Strafe verboten sei. Und so geschah es auch. Nach wenigen Tagen gingen die Leute nur mehr gedrückt und scheu ihrer Arbeit nach, und Frohsinn und Heiterkeit waren ausgestorben.

Oder - schien es nur so? - Noch herrschte strenger Winter mit Schnee und eisigem Frost, da war es sicher angenehmer, daheim beim warmen Herde zu sitzen. Wer nicht musste, ging einfach nicht hinaus. Aber - o weh - als der erste Frühlingstag kam ... König Brumm hatte noch gar nicht so richtig ausgeschlafen, da ging es schon los... Man meldete ihm gegen hundert Gesetzesübertreter, über die er das Urteil sprechen sollte. „Einsperren", rief König Brumm erbost, „einsperren lasse ich jeden, der meinen ausdrücklichen Befehl missachtet hat." Und er nahm seinen pelzbesetzten Scharlachmantel, setzte sich die schwere, goldene Krone auf den Kopf und trat zornbebend in den großen Saal, in den man die Übeltäter gebracht hatte. Aber, was war denn das? Kinder umringten ihn,

König Malklexius

Kinder jeden Alters und jeder Größe. Da kraulte er sich verlegen seinen langen, grauen Bart und wusste nicht aus noch ein. Hm ... ja .... Strafe musste sein, so viel stand fest, nur einsperren konnte man die Kleinen doch nicht gut. Und da waren ja auch ein paar Mütter darunter, mit ihren jauchzenden Säuglingen auf dem Arm. „Zu ärgerlich", brummte König Brumm. „Was mach ich denn da nur?" Und vor lauter Nachdenken bekam er ein Gesicht wie eine Ziehharmonika. „Halt, ich hab's", rief er plötzlich erleichtert aus. „Holt rasch meinen Farbkasten, Pinsel und Palette. Jedes Kind, welches sich gegen mein Verbot versündigt hat, erhält als abschreckendes Beispiel einen farbigen Klecks auf die Nase." - „Einen Klecks? - Bitte, mir auch!", so schrie und lachte es da durcheinander. „Ich komme zuerst daran - nein, ich -, mir einen roten Klecks, bitte, bitte, einen blauen mir ... Und als König Brumm nun wirklich die ersten Kleckse nicht nur auf die Nasen, nein, wegen unverbesserlichen Lachens - auch auf Mund, Stirn und Wangen gepinselt hatte, da kannte der Jubel kein Ende. Verdutzt musste er sich gefallen lassen, dass er längst nicht mehr auf dem Throne saß, das Bücken zu den oft winzigen Knirpsen hatte ein Herabrutschen auf die Stufen zur Folge gehabt. Da saß er nun mit sehr gemischten Gefühlen ... wollte schimpfen ... und konnte es nicht. Ein niedliches Kleinchen drückte sich ganz dicht an ihn heran und rieb, vor lauter Freude, sein Gesicht an dem seinen, so dass es bald wie ein Regenbogen aussah. Da lachten die Kinder nur noch mehr und ein strammer Bengel setzte sich ihm mutig auf den Schoss. „Du bist ja gar nicht so böse, wie alle gesagt haben", meinte er beherzt. „Und wie lustig du uns hergerichtet hast! Weißt du was? Wir wollen dich von jetzt an nur mehr König Malklexius nennen." - „Ja, ja, König Malklexius..." schrien alle fröhlich, „und du bist jetzt unser König, der König der Kinder."

Da wurde dem alten Griesgram ganz eigen ums Herz, er presste die Kleinen an sich und war glücklich, sehr, sehr glücklich, das erste Mal in seinem langen, grantigen Leben. - Und damit wäre eigentlich unser Märchen schon zu Ende. Aber wenn ihr glaubt, dass König Malklexius nunmehr das Verbot aufgehoben hat, dann irrt ihr euch gewaltig. Noch schärfer als bisher wurde es gehandhabt, nur ging es jetzt nicht gegen das Lachen, sondern gegen das - „Grantigsein" ...

Paula Schwamberger-Mildner

Die Schnee...

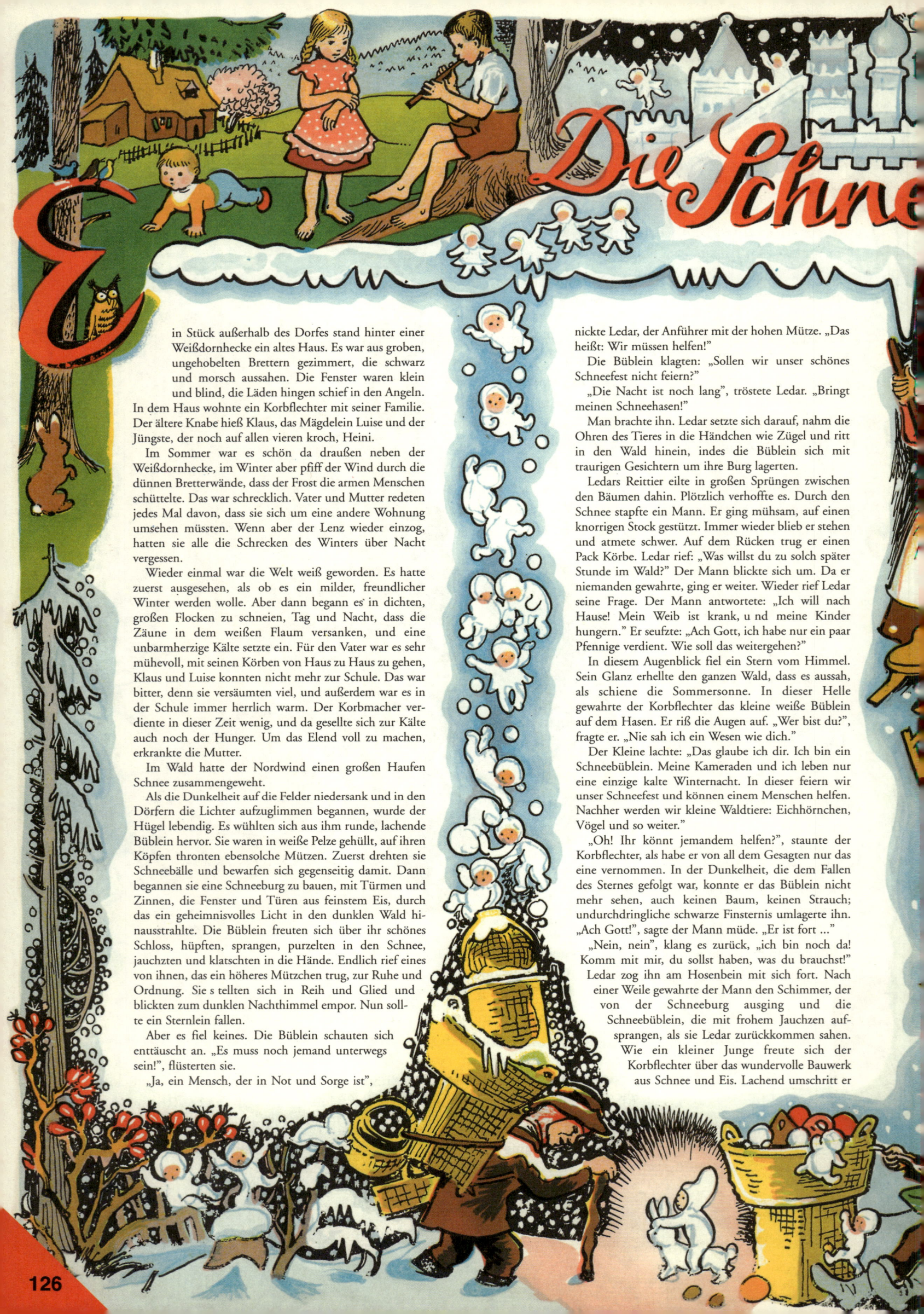

Ein Stück außerhalb des Dorfes stand hinter einer Weißdornhecke ein altes Haus. Es war aus groben, ungehobelten Brettern gezimmert, die schwarz und morsch aussahen. Die Fenster waren klein und blind, die Läden hingen schief in den Angeln. In dem Haus wohnte ein Korbflechter mit seiner Familie. Der ältere Knabe hieß Klaus, das Mägdelein Luise und der Jüngste, der noch auf allen vieren kroch, Heini.

Im Sommer war es schön da draußen neben der Weißdornhecke, im Winter aber pfiff der Wind durch die dünnen Bretterwände, dass der Frost die armen Menschen schüttelte. Das war schrecklich. Vater und Mutter redeten jedes Mal davon, dass sie sich um eine andere Wohnung umsehen müssten. Wenn aber der Lenz wieder einzog, hatten sie alle die Schrecken des Winters über Nacht vergessen.

Wieder einmal war die Welt weiß geworden. Es hatte zuerst ausgesehen, als ob es ein milder, freundlicher Winter werden wolle. Aber dann begann es in dichten, großen Flocken zu schneien, Tag und Nacht, dass die Zäune in dem weißen Flaum versanken, und eine unbarmherzige Kälte setzte ein. Für den Vater war es sehr mühevoll, mit seinen Körben von Haus zu Haus zu gehen, Klaus und Luise konnten nicht mehr zur Schule. Das war bitter, denn sie versäumten viel, und außerdem war es in der Schule immer herrlich warm. Der Korbmacher verdiente in dieser Zeit wenig, und da gesellte sich zur Kälte auch noch der Hunger. Um das Elend voll zu machen, erkrankte die Mutter.

Im Wald hatte der Nordwind einen großen Haufen Schnee zusammengeweht.

Als die Dunkelheit auf die Felder niedersank und in den Dörfern die Lichter aufzuglimmen begannen, wurde der Hügel lebendig. Es wühlten sich aus ihm runde, lachende Büblein hervor. Sie waren in weiße Pelze gehüllt, auf ihren Köpfen thronten ebensolche Mützen. Zuerst drehten sie Schneebälle und bewarfen sich gegenseitig damit. Dann begannen sie eine Schneeburg zu bauen, mit Türmen und Zinnen, die Fenster und Türen aus feinstem Eis, durch das ein geheimnisvolles Licht in den dunklen Wald hinausstrahlte. Die Büblein freuten sich über ihr schönes Schloss, hüpften, sprangen, purzelten in den Schnee, jauchzten und klatschten in die Hände. Endlich rief eines von ihnen, das ein höheres Mützchen trug, zur Ruhe und Ordnung. Sie stellten sich in Reih und Glied und blickten zum dunklen Nachthimmel empor. Nun sollte ein Sternlein fallen.

Aber es fiel keines. Die Büblein schauten sich enttäuscht an. „Es muss noch jemand unterwegs sein!", flüsterten sie.

„Ja, ein Mensch, der in Not und Sorge ist", nickte Ledar, der Anführer mit der hohen Mütze. „Das heißt: Wir müssen helfen!"

Die Büblein klagten: „Sollen wir unser schönes Schneefest nicht feiern?"

„Die Nacht ist noch lang", tröstete Ledar. „Bringt meinen Schneehasen!"

Man brachte ihn. Ledar setzte sich darauf, nahm die Ohren des Tieres in die Händchen wie Zügel und ritt in den Wald hinein, indes die Büblein sich mit traurigen Gesichtern um ihre Burg lagerten.

Ledars Reittier eilte in großen Sprüngen zwischen den Bäumen dahin. Plötzlich verhoffte es. Durch den Schnee stapfte ein Mann. Er ging mühsam, auf einen knorrigen Stock gestützt. Immer wieder blieb er stehen und atmete schwer. Auf dem Rücken trug er einen Pack Körbe. Ledar rief: „Was willst du zu solch später Stunde im Wald?" Der Mann blickte sich um. Da er niemanden gewahrte, ging er weiter. Wieder rief Ledar seine Frage. Der Mann antwortete: „Ich will nach Hause! Mein Weib ist krank, und meine Kinder hungern." Er seufzte: „Ach Gott, ich habe nur ein paar Pfennige verdient. Wie soll das weitergehen?"

In diesem Augenblick fiel ein Stern vom Himmel. Sein Glanz erhellte den ganzen Wald, dass es aussah, als schiene die Sommersonne. In dieser Helle gewahrte der Korbflechter das kleine weiße Büblein auf dem Hasen. Er riß die Augen auf. „Wer bist du?", fragte er. „Nie sah ich ein Wesen wie dich."

Der Kleine lachte: „Das glaube ich dir. Ich bin ein Schneebüblein. Meine Kameraden und ich leben nur eine einzige kalte Winternacht. In dieser feiern wir unser Schneefest und können einem Menschen helfen. Nachher werden wir kleine Waldtiere: Eichhörnchen, Vögel und so weiter."

„Oh! Ihr könnt jemandem helfen?", staunte der Korbflechter, als habe er von all dem Gesagten nur das eine vernommen. In der Dunkelheit, die dem Fallen des Sternes gefolgt war, konnte er das Büblein nicht mehr sehen, auch keinen Baum, keinen Strauch; undurchdringliche schwarze Finsternis umlagerte ihn. „Ach Gott!", sagte der Mann müde. „Er ist fort ..."

„Nein, nein", klang es zurück, „ich bin noch da! Komm mit mir, du sollst haben, was du brauchst!" Ledar zog ihn am Hosenbein mit sich fort. Nach einer Weile gewahrte der Mann den Schimmer, der von der Schneeburg ausging und die Schneebüblein, die mit frohem Jauchzen aufsprangen, als sie Ledar zurückkommen sahen.

Wie ein kleiner Junge freute sich der Korbflechter über das wundervolle Bauwerk aus Schnee und Eis. Lachend umschritt er

büblein

die Burg, indem er immer wieder ausrief: „So etwas! Nein, so etwas!"

Ledar gab den Büblein leise einen Befehl. Ein paar liefen in die Schneeburg und kamen nach kurzer Zeit wieder heraus, jedes eine dampfende Schüssel in den Händen.

„Setz dich hier auf den Baumstrunk und iss!", lud Ledar den Korbflechter freundlich ein. Eines der Büblein reichte ihm sein Schüsselchen hin. Es war Suppe darin. Wie sie duftete!

„Ach", bat er, „darf ich die nicht meinem kranken Weib bringen?"

„Iss nur, sie wird dich wärmen und kräftigen!", entgegnete Ledar. „Sieh, ein paar von meinen Büblein machen sich bereits auf, auch deiner Frau und deinen Kindern Suppe zu bringen!"

Der Korbflechter sah mit Staunen, wie die Büblein zwei Schlitten brachten, die von vier Schüssel tragenden Büblein bestiegen wurden. Kaum saßen sie, da fingen die Schlitten von selber an, dahinzusausen, als ginge es über einen steilen Hang hinab. Im Nu waren sie seinen Blicken entschwunden. Der Mann begann zufrieden seine Suppe zu löffeln. Wie das wärmte! Und wie er sich vorstellte, dass seine Lieben zu Hause dasselbe bekamen, fühlte er sich unendlich glücklich. Die Büblein vergnügten sich inzwischen mit Schneeballwerfen und Schlittenfahren. Auf ebener Erde sausten sie auf ihren Schlitten um die Baumstämme und purzelten wohl auch einmal in den Schnee. Der Korbflechter lachte herzlich; darüber vergaß er sein ganzes Elend. Ledar stopfte ihm den Rucksack voll, packte in seine Körbe Lebkuchen, Schokolade, Nüsse, Feigen usw., steckte auch noch einen großen Laib Brot, ein Stück Braten und eine Flasche Wein hinein und meinte besorgt: „Wirst du es denn tragen können?"

Der Korbflechter lachte: „Ich habe Kraft bekommen!" Er dankte und machte sich auf den Heimweg. Mit großen Schritten stieg er durch den Schnee.

Wer aber beschreibt sein Erschrecken, als er zu Hause die Tür öffnete. Die vier Schüsselchen standen unberührt auf dem Tisch, der Kranken liefen die Tränen über die Wangen. „Heini ist fort!", rief Luise dem Vater entgegen. „Klaus sucht ihn."

Ohne ein Wort zu sagen, warf der Mann Rucksack und Körbe von sich und stürmte wieder in die Nacht hinaus.

Als die Büblein die Schüsselchen auf den Tisch gestellt hatten und die Mutter und die beiden älteren Kinder ihnen mit großen Augen zuschauten, war Heini zur offenen Tür hinausgekrochen.

Klaus kam auf den Vater zu. „Ich weiß nicht, wo er ist!", schluchzte der Knabe, zitternd vor Kälte. Der Vater schickt ihn ins Haus. Dann suchte er die ganze Umgebung ab. Der Mond stand groß am Himmel, man sah fast wie am Tag. Aber der Korbflechter konnte nur die Schlittenspuren der Schneebüblein entdecken. Ganz verzweifelt ging er den Weg zurück, den er gekommen war. Vielleicht halfen ihm die guten Büblein noch einmal! Wenn es nur nicht zu spät wurde, die Nacht war bitterkalt. Lange würde der Kleine es nicht aushalten, wenn er irgendwo im Schnee lag, er musste erfrieren. Der Mann rannte, was er konnte.

Als er bei der Schneeburg ankam, schickten sich die Büblein gerade an, ihr Fest zu beenden. Der Korbflechter erzählte mit fliegendem Atem.

„So ist das?", sagte Ledar betroffen. „Meine Büblein kamen nämlich nur mit einem Schlitten zurück. Der Kleine ist wohl auf den anderen geklettert und fortgefahren; unsere Schlitten sausen dahin, sobald man sie besteigt!"

„Mein Gott, so ist das Kind wohl verloren!", jammerte der Vater. Aber Ledar tröstete: „Hab keine Sorge! Geh ruhig nach Hause! Wir bringen dir den Kleinen schon."

Der Korbflechter sah noch, wie die Büblein auf ihren Schlitten nach allen Seiten stoben. Da verging ihm alle Angst.

Als er bei seinem Haus anlangte, waren die Schneebüblein mit Heini schon dort. Jauchzend fuhr der Kleine auf dem Schlitten rundherum, indes die weißen Knirpse lachten. Der Vater nahm das Bürschchen auf den Arm. Sofort stand der Schlitten still. Als der Korbflechter sich umwandte, um den Büblein zu danken, waren diese auf ihren Schlitten schon davongestoben.

Nun wurde die köstliche Suppe gegessen, die gar nicht einmal kalt geworden war, und der Vater packte seine Mitbringsel aus, darunter ein Säckchen voll Münzen. Am nächsten Morgen fühlte sich die Mutter gesund. Als sie vors Haus trat, gewahrte sie im Schnee drei Schlitten. Sie rief den Vater, und dieser erkannte, dass es solche waren, wie die Schneebüblein sie besessen hatten. Die lieben Büblein hatten sie den Kindern geschenkt. Nun konnten Klaus und Luise in die Schule fahren. Heini bekam den seinen erst, als er so klug war, dass er nimmer einfach davonsauste. Von dem Geld, das in dem Säckchen war, kaufte der Korbflechter Bretter und besserte die schadhaften Wände aus, damit der Wind nicht mehr in die Stube blasen konnte. Dann war es aber schön warm, und niemand dachte mehr daran, aus dem Haus auszuziehen.

Olga Müller

Michel und der ...

Es war einmal ein kleiner Bub, der Michel hieß. Er war sehr arm, hatte nur ein zerrissenes Röcklein am Leibe und niemals genug zu essen.

Tag für Tag lag er auf dem bunten Blumenteppich der Almwiese und hütete die Kühe. Dabei ließ es sich so schön träumen und es war allerlei Absonderliches, was dem Michel da einfiel, denn er war durchaus nicht zufrieden mit seinem armseligen Dasein.

„Ach, wie könnte ich nur ein reicher Mann werden, so einer von denen, die im Tale unten in goldenen Karossen spazieren fahren", seufzte er. „Wenn du nur wüsstest, Scheckerle, wie viele Wünsche ich habe", und dabei tätschelte er die Kuh, die gerade in seiner Nähe stand, auf den schönen Kopf. Aber Scheckerle schaute ihn nur erstaunt aus ihren guten, braunen Augen an und graste weiter.

Da holte Michel seine Flöte aus dem Brotsack, denn er verstand es meisterhaft die schönsten Melodien aus ihr zu locken. Und schnell hatte er vergessen, was ihn verdross.

Die Zeit verging und aus dem kleinen Michel war ein stattlicher Bursch geworden. An seinen Wünschen aber hatte sich nichts geändert. Noch immer wollte er ein reicher Mann werden. Schon längst hütete er keine Kühe mehr, das tat jetzt ein anderer, sondern verdingte sich da und dort als Knecht. Draußen vor dem Dorfe hatte er einen kleinen Acker, den seine Eltern ihm vererbt hatten, aber die Erde lag brach, denn der Michel kümmerte sich nicht um ihn.

Eines Tages nun schnürte er sein Bündel, um in die weite Welt zu wandern und sein Glück zu suchen. Wie viele waren schon ausgezogen und reich wieder heimgekehrt! Aber daran dachte Michel nicht, dass alles, was man erreichen will, mit Fleiß erarbeitet sein muss, soll es von Dauer sein.

Ein fröhliches Liedlein auf den Lippen zog er auf der staubigen Landstraße dahin, und kam er in ein Dorf, dann blies er auf seiner Flöte zum Tanze. Sie sahen ihn alle gern, den frohgemuten Spielmann, und wenn er dann weiter zog, war sein Geldsäckel meist gefüllt. Aber wie schnell war er auch wieder leer!

Eines Tages nun, als er wieder so dahinwanderte, sah er in der Ferne eine Stadt. „Dort werde ich gewiss ein reicher Mann", dachte er bei sich und marschierte auf sie zu.

Wie aber enttäuschten ihn die grauen Häuser, die engen Gassen! Und was er auch anpackte, nichts wollte gelingen. Wie war es doch da draußen schön gewesen in den Dörfern! So packte er missmutig wieder sein Bündel und ging davon.

Und als er wieder daheim war, legte er sich ins Gras, sog den Duft der Blumen ein und freute sich von Herzen, dass es eine Heimat gab. Zur Kurzweil holte er seine Flöte aus dem Wandersack, und die Töne perlten nur so aus ihr hervor, dass es wirklich eine Freude war ihm zuzuhören.

Als er sein Lied beendet hatte, hörte er ein leises Kichern neben sich im Grase und schaute verwundert um sich, woher es käme. „Ei, ei, hast du aber schön gespielt", sagte das winzige, verhutzelte Wesen, das da auf einer Blume saß und fröhlich hin und her schaukelte.

„Nun, wenn es dir gefallen hat, dann spiele ich dir noch etwas vor", sagte Michel. Aber das Weiblein winkte ab: „Nein, nein, nicht jetzt, mein Lieber! Aber eine Bitte hätte ich doch. Ich bin das Kornweiblein und morgen feiert mein Töchterlein Hochzeit und da sollst du aufspielen. Gerade war ich unterwegs, einen Spielmann zu suchen. Du scheinst mir der Richtige zu sein. Morgen um Mitternacht sehen wie uns wieder, dort drüben bei der großen Tanne."

Husch, husch, war das Weiblein verschwunden und Michel rieb sich die Augen, ob er nicht etwa geträumt hätte. Er konnte dies nicht mit Sicherheit sagen, aber zur Tanne wollte er doch gehen, morgen um Mitternacht.

Das Weiblein wartete schon auf Michel, als der Schlag zwölf zum vereinbarten Platze kam. Es führte ihn durch den dunklen Wald, an dessen anderem Ende eine große Wiese lag. Leuchtkäferchen schwirrten durch die dunkle Nacht und erhellten die Wiese mit ihren Laternchen. An den kleinen Tischchen warteten schon die Hochzeitsgäste auf den Spielmann. Die liebliche Braut trug ein Krönlein von goldenen Ähren im weizenblonden Haar, und neben ihr saß Hutzelmann, der König der Zwerge.

„Wie niedlich!", dachte Michel und setzte seine Flöte an die Lippen. Und da war es nun ein vergnügtes Feiern der kleinen Wald- und Wiesengeistlein, bis die Tautropfen im ersten Morgenlichte blitzten wie verstreute Geschmeide.

Mit einem Male aber war die kleine Gesellschaft verschwunden. Nur das alte Kornweiblein war zurückgeblieben. „Nun, Michel, bedinge dir einen Lohn aus", sagte es. „Einen Wunsch hast du frei. Ich kann ihn dir erfüllen." Michel überlegte nicht lange: „Gut, wenn ich mir wünschen darf, was ich will, so soll es ein goldener Schatz sein." – „Gut, gut, Michel", antwortete das Kornweiblein und lächelte verschmitzt. „Du sollst ihn haben, deinen goldenen Schatz! Wie du weißt, haben deine Eltern dir einen kleinen Acker vererbt. Er liegt brach, denn niemand kümmert sich um ihn. In drei Monden wirst du den goldenen Schatz dort finden. Aber keinen Tag früher darfst du den Acker betreten."

Michel dankte dem Kornweiblein und jubelte schon im Stillen über den Reichtum, den er dann finden würde. Die Zeit zu warten wurde ihm wohl lang, aber er bezwang seine Neugierde und ging niemals zu seinem Acker.

Und als endlich drei Monde um waren, machte sich Michel auf den Weg, um seinen vermeintlichen Schatz zu heben. Wie erstaunt blieb er aber stehen, als er an seinen Acker gekommen war. Golden wogte das Korn im Winde, wo vor Monden noch ungepflügte Erde gewesen war.

Am Feldrain aber stand das Kornweiblein. „Siehst du", sagte es zu Michel und deutete auf das wogende Korn, „dies hier ist dein goldener Schatz! Schon lange hättest du ihn besitzen können, wenn du nur verstanden hättest, ihn zu heben." Da verstand der Michel, was das Weiblein meinte, und war so glücklich wie noch nie in seinem Leben.

Gleich neben dem Felde baute er sich eine Hütte. Und im nächsten Jahre konnte er sich zu seinem Acker noch ein Stück Boden dazukaufen, so fleißig war der Michel gewesen.

Zeit seines Lebens hütete er den kostbaren Schatz, seine goldenen, wogenden Kornfelder, und war allzeit glücklich und zufrieden.

Romana Mikulaschek

Kajetan und die Zauberdiamanten

Vor altersgrauer Zeit lebte in einem kleinen Dorf ein Schuhmacher namens Florian Ladiwuzel. Er verfertigte die besten Schuhe weit und breit, und alle Leute in der Umgebung machten frohe Gesichter, weil sie wie auf Daunen gingen und sie nirgends der Schuh drückte.

Vater Ladiwuzel plante, dass sein einziger Sohn Kajetan dereinst seinen Laden übernehme. Nicht so Kajetan. Als er ausgelernt war, sagte er, dass er in die Welt ziehen wolle, um auf möglichst rasche und mühelose Art reich zu werden.

„Auf rasche und mühelose Art reich zu werden?", schüttelte sein Vater zweifelnd den Kopf, „das bringt selten Glück. Bleibe lieber am heimischen Herd, arbeite fleißig und du wirst auch zu Wohlstand gelangen. Und im übrigen merke dir: Handwerk hat goldenen Boden!"

„Ach, was", antwortete Kajetan missmutig. „Mein Handwerk hat höchstens einen ledernen Sohlenboden. Gehabt Euch wohl, lieber Vater, und lasst mich ziehen!"

Die weinende Mutter tröstete er mit den Worten: „Bis ich reich bin, komme ich wieder!" Dann ging er.

Drei Tage wanderte er über Berg und Tal. Am Nachmittag des dritten Tages bog er von der staubigen Landstraße in einen Feldweg ein, um im nahen Walde Schutz vor den Sonnenstrahlen zu finden.

Wohltuend umfing ihn die Kühle des dunklen Forstes. Eben, als er ein wenig Rast machen wollte, vernahm er Axtschläge. Neugierig ging Kajetan weiter und entdeckte einen niedlichen Zwerg, der sich vergeblich mit einem Holzklotz abmühte.

„Warte, ich will dir helfen!", sagte Kajetan und spaltete mit einem Hieb das Holz.

„Vielen Dank!", ächzte der Zwerg und wischte sich den Schweiß von der Stirn. „Ich bin nur deshalb so schwach, weil ich den ganzen Tag nichts gegessen habe. Ich vergaß meine Wegzehrung daheim."

„Oh, wenn's weiter nichts ist", meinte Kajetan fröhlich, „da kann ich dir helfen!"

Er packte Brot und Käse aus und bot beides dem Kleinen an.

„Fein!", griff dieser danach und verspeiste auf einen Sitz Kajetans gesamten Proviant.

„Na, du kannst aber essen!", lachte Kajetan.

„Natürlich, wer arbeitet muss auch essen!", sagte der Zwerg gewichtig. „Auch kleine Leute können einen Riesenhunger haben. Aber du warst hilfsbereit zu mir, äußere einen Wunsch! Wenn ich kann, werde ich ihn erfüllen."

„Ich möchte rasch reich werden", nahm Kajetan sogleich die Gelegenheit wahr.

Der Zwerg nahm die Zipfelmütze ab und kratzte sich am Kopf: „Nun, ich will dir einigermaßen zum Reichtum verhelfen. Geh diesen Waldweg weiter, bis du zu einem Teich kommst. Es ist dies der Zauberteich, aus dem das Zwergenvolk dann und wann seine unterirdischen Schätze auffüllt. Dazu", hob der Wichtel mit geheimnisvoller Miene bedeutsam den Finger, „braucht es das Mondlicht! ... Nun, wie gesagt, bist du beim Teich angelangt, leg dich ins Gras und warte, bis es Nacht wird. Steigt der silberne Vollmond über die Baumwipfel, entkleide dich und schwimme dreimal um den Teich. Stehst du wieder am Ufer, schüttle kräftig die Tropfen von dir, sie werden als Diamanten zu Boden kollern. Sieben Edelsteine darfst du aufheben, nicht mehr, sonst vergisst du gleich Namen und Herkunft. Legst du dir als Ausweg später einen falschen Namen bei, werden alle Edelsteine zu wertlosen Kieseln. Außerdem - suchst du eines Tages den Teich - du findest ihn nicht. Der erzürnte Zwergenkönig ließ ihn versickern, weil du sein Gebot übertreten hast. Erst in hundert Jahren tritt er an anderer, unbekannter Stelle wieder zutage." Kajetan hörte kaum richtig zu Ende, schwang grüßend seine Mütze und eilte weiter. Der Weg schien kein Ende nehmen zu wollen. Er führte über Stock und Stein und mitten hinein in dichtes Gestrüpp. Eben, als Kajetan schon glaubte, einem Ulk aufgesessen zu sein, sah er es durch das Gewirr der Äste smaragdgrün schimmern.

Endlich! Er war am Ziel angelangt. Aufatmend ließ er sich ins Gras sinken. Die Dämmerung fiel ein, und schließlich kam die Nacht.

Als der Vollmond über die Baumwipfel stieg und magisch das Kreisrund des Teiches beschien, entkleidete sich Kajetan und schwamm dreimal um den Teich. Erwartungsvoll sprang er ans Ufer und schüttelte die Tropfen von sich. Leises Klirren ertönte. Wirklich, es kollerte blitzend zu Boden.

Kajetans Augen leuchteten. Nur sieben sollte er aufheben? Lächerlich, was lag daran, wenn er seinen albernen Namen vergaß: Ladiwuzel! Wer hieß schon so? Und obendrein Kajetan!

Ohne viel zu überlegen, raffte er gierig alle blitzenden Steine, deren er habhaft werden konnte, zusammen und tat sie in sein großes, bunt gewürfeltes Schnupftuch.

„Schuhuuu ... was tust du?", klagte eine Eule in der Nähe. Plötzlich ertönte ein Rauschen und Gurgeln und das Wasser des Teiches verschwand in der Tiefe.

So rasch wie noch nie im Leben war Kajetan angekleidet und stolperte, nicht Weg, nicht Steg achtend, quer durch den finsteren Wald.

Im Morgengrauen war er am Waldesrand angelangt und wanderte auf das ziemlich ausgedehnte Dorf zu, dessen Kirchturm ihn von ferne grüßte. In der ersten Schenke kehrte er ein, stillte Hunger und Durst und zahlte großspurig mit einem Diamanten.

Danach suchte er einen Kaufmann auf und kaufte sich neue Kleider.

Als vornehm angezogener Mann ging er nun hierhin und dorthin: Bei dem einen erstand er ein wohl eingerichtetes Haus mit Grundstücken, bei dem anderen eine Kutsche samt Pferden, beim Dritten Rinder, Schweine und Geflügel. Jeder gab dem Fremden gern, denn er bezahlte alles mit blitzenden Edelsteinen. Eben, als er mit großer Dienerschar in sein neu erworbenes Haus einziehen wollte, kamen zwei Männer, um ihn zum Dorfschulzen zu holen.

„Es ist üblich, Namen und Herkunft anzugeben, wenn man irgendwo seinen Wohnsitz aufschlägt", sagte der Dorfschulze stirnrunzelnd. „Wir wissen bis heute nicht, was Ihr seid, woher Ihr kommt und wie Ihr zu dem unermesslichen Reichtum gelangt seid, den Ihr nur so in den Taschen herumtragt."

Kajetan erschrak. „Ich ... ich ...", stotterte er.

„Nun? Ihr macht Euch verdächtig", grollte Unheil verkündend die strenge Obrigkeit.

„Ich ... ich habe Namen und Herkunft vergessen ...", stieß Kajetan schließlich kleinlaut hervor. „Ach soo ...! Na, das kennen wir! Wir haben in dir anscheinend einen feinen Vogel gefangen. Namen und Herkunft willst du nicht sagen und die Diamanten hast du irgendwo gestohlen! Nehmt ihm die restlichen Edelsteine weg und sperrt ihn ein!", gebot er der Wache.

Man setzte Kajetan hinter Schloss und Riegel. Seinen Beteuerungen, dass er den Schatz durch Zauberei gewonnen hätte, schenkte man keinen Glauben.

Kajetan hätte die Wahrheit dessen, was er behauptete, sofort beweisen können, wenn er einen falschen Namen angegeben hätte. Da er aber in der Rocktasche zwei Edelsteine entdeckt hatte, die man übersehen hatte, tat er es nicht. Etwas sollte ihm wenigstens bleiben.

„Führ uns doch zu deinem Zauberteich!", forderte ihn einige Tage später der Dorfschulze auf. „Das kann ich nicht", sagte bedauernd Kajetan, „denn der Teich ist versickert, weil ich mich nicht an das Gebot hielt, nur sieben Edelsteine aufzuheben."

„Na, das wird ja immer schöner!", rief der Dorfschulze voll Zorn. „Willst du uns alle zum Narren haben? Auf der Stelle sagst du deinen Namen, sonst bleibst du dein Leben lang eingesperrt!"

„Ladislaus Hafer ...", antwortete Kajetan, in die Enge getrieben. Sofort setzte er aber hinzu: „Der Name ist falsch. Alle Edelsteine haben sich jetzt in Kiesel verwandelt."

Es war so. Alle, die Kajetan mit Diamanten bezahlt hatte, kamen gelaufen und hielten dem Dorfschulzen ihre wertlosen Kiesel entgegen.

Dieser wurde gleich versöhnlich gestimmt. „Ich sehe, dass du die Wahrheit gesprochen hast", sagte er. „Da uns durch dich weiter kein Schaden erwachsen ist - jeder nimmt sein Eigentum wieder zurück -, sollst du frei sein. Aber was beginnst du nun?"

„Ich bin gelernter Schuhmacher und möchte bei euch im Dorfe bleiben, wenn ihr es erlaubt." „Das ist eine Rede!", willigte der Dorfschulze ein und wies Kajetan einen Laden zu.

Kajetan wurde ein angesehener und wohlhabender Mann, denn er machte die besten Schuhe weit und breit.

Er war ein freundlicher Bursche und von den Mädchen gerne gesehen, aber keine mochte ihn heiraten, weil er keinen Namen hatte. Kajetan grämte sich darüber sehr.

Da wollte es das Schicksal, dass eines Tages ein Pfannenflicker ins Dorf kam.

„Seltsam", sagte dieser. „Hier ist's wie in meinem Heimatdorf: Alle Leute machen frohe Gesichter, als ob sie auf Daunen gingen und sie nirgends der Schuh drücke."

„So ist es auch", sagten die Dorfbewohner und führten ihn zu ihrem namenlosen Schuster. „Kajetan Ladiwuzel!", rief der Pfannenflicker, als er des jungen Mannes ansichtig wurde. „Wusste ich's doch, dass nur einer dieses trefflichen Namens solch Wohlbehagen in die Gesichter der Menschen zaubern könne!"

Weinend vor Freude fiel Kajetan dem Pfannenflicker um den Hals: „Was für ein großer Dummkopf war ich doch, als ich von daheim wegging, mi t der Absicht rasch und mühelos reich zu werden! Jetzt erst weiß ich, dass ein guter Name, mag er noch so absonderlich klingen - und ehrliche Arbeit von weitaus größerer Beständigkeit sind, als es ein plötzlich erworbener Reichtum ist. Dieser kann ebenso plötzlich wieder dahin sein."

Als Kajetan seine Erlebnisse berichtet hatte, sagte er, dass er unverzüglich zu seinen Eltern zurückkehren wolle ...

Und was den Zauberteich anbelangt: Wenn ihn einst jemand findet und in einer Vollmondnacht darin badet, dann ...! Nur sieben Edelsteine aufheben und ja nicht mehr!

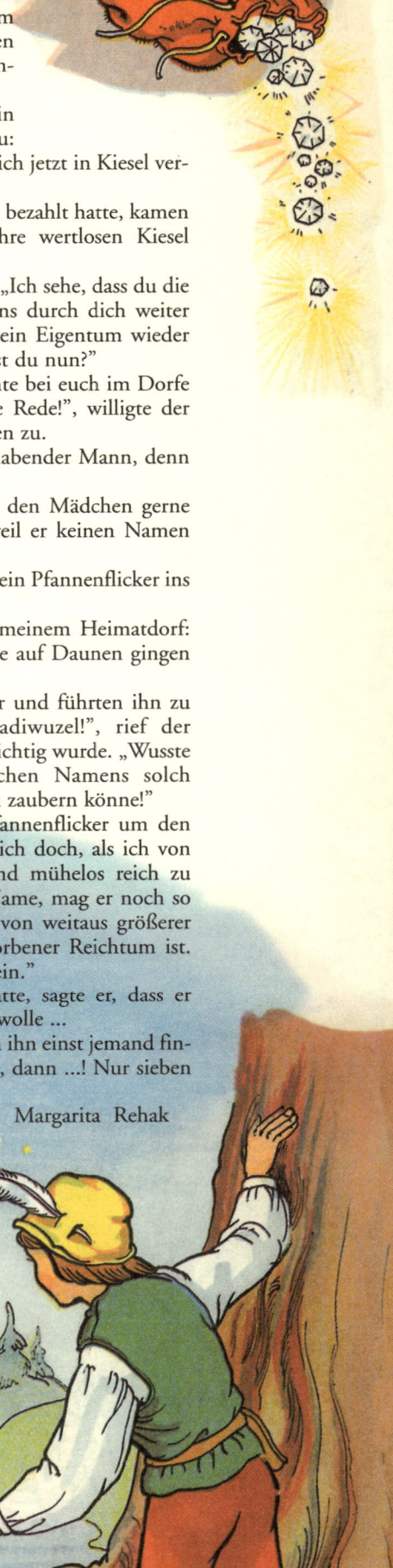

Margarita Rehak

Hans-Frieder Leberecht

Das holprige, schmale Landsträßlein entlang spazierte ein einsamer Wanderer zu später Stunde. Der Mond beleuchtete freundlich den Weg, die Sterne blinzelten und ein sanftes Lüftchen umschmeichelte ihn. Zufrieden, ein frohes Lied leise vor sich hin pfeifend, schlenderte er dahin. Sein Gewand war bunt, der Zeit und Mode entsprechend. Über seine Schulter hing in einem Sack eine Fiedel. Sein langes Haar war blond und blitzblau seine Augen. Von gutem Aussehen seine Züge. Lang und hager war er gewachsen. Hatte er bislang gedankenlos vor sich hin gepfiffen und in die Landschaft geguckt, soweit dies das matte Mondlicht gestattete, wurde er auf einmal aufmerksam und horchte auf sein Lied. Die Melodie gefiel ihm. Er verhielt den Schritt, nahm seine Fiedel aus dem Sack und probierte die neue Weise noch einmal. Er fand, dass sie hübsch sei, und lachte zum Mond hinauf. Mitten auf der Straße brachte er ihm ein Ständchen.

Als er geendet und dem guten Mond eine tiefe Verbeugung gemacht hatte, hörte er leises Händeklatschen und mehrere schwache Stimmen sagten begeistert: „Spiel weiter! Sehr schön war es, junger Mann!" Vergebens sah er sich nach den Sprechern um. Da traten aus dem Gesträuch drei Zwerglein hervor, zogen ihre Zipfelmützen und grüßten ergeben.

„Möchtest du nicht mit uns kommen und auch unsere Brüder mit deinem Spiel erfreuen?" Hans-Frieder Leberecht, so hieß der Spielmann, neigte sich zu den possierlichen Gestalten und schmunzelte:

„Ei, warum nicht? Wenn ihr mir nur genug zum Essen und Trinken gebt. Mein Magen knurrt und meine Kehle ist trocken."

„So viel du nur willst, sollst du haben! Wir danken dir für deine Bereitwilligkeit", sagten die drei erfreut. Durch einen engen Felsspalt zwängten sie sich ins Innere des Berges. Bald tat sich eine größere Halle auf, in der viele Zwerge gerade beim Mahle saßen. Dem Spielmann lief das Wasser im Munde zusammen. Hm! Es roch sooo gut!

Freundlich wurde er von allen begrüßt und gleich auch zu Tische gebeten. Er aber, gewohnt nichts unverdient zu nehmen, stellte sich in die Mitte des Raumes und gab erst ein kleines Konzert. Wie ganz anders seine bescheidene Fiedel doch in dieser Halle klang! Er vergaß fast auf seinen knurrenden Magen und hatte selbst seine helle Freude an seinem eigenen Spiel. Schließlich aber unterbrachen ihn die dankbaren Zuhörer und nötigten ihn zu Tische.

Es mussten viele, viele kleine Teller aufgetragen werden, ehe Hans-Frieder gesättigt war. Die Gastgeber sahen mit Vergnügen zu, wie es ihm schmeckte. Einem klugen Gesellen war das viele Tellerschleppen jedoch zu dumm geworden, er brachte gleich den Kochkessel! Der Einfall fand Begeisterung und in Zukunft blieb es auch dabei.

Den Zwerglein gefiel die Musik, dem fahrenden Gesellen das sorglose Leben und so bedurfte es keiner großen Überredungskunst den Spielmann zum längeren Bleiben zu gewinnen.

Anfangs begnügte sich Hans-Frieder damit immer neue Liedlein zu ersinnen und den kleinen Freunden vorzuspielen. Allmählich jedoch füllte das seine Zeit nicht genügend aus und er begann sich auch auf andere Weise nützlich zu machen. Er ging mit ihnen in die Stollen Gold und Edelsteine zu graben, sammelte Wurzeln und braute heilsame Tränklein. Als er schon lange im Berge wohnte und das Vertrauen seiner Gastgeber voll gewonnen hatte, gestatteten sie ihm schließlich an hellen Nächten Beeren und Waldfrüchte zu sammeln. Oh! Die Luft im Freien! Tief atmete er sie ein und sah lange zu seinem milden Freund am Nachthimmel auf.

Wandern! Wieder wandern! In der Morgenfrühe die Vögel singen hören! In der Mittagsstille unter einem blühenden Baum rasten! Am Abend fröhlichen Menschen zum Tanz aufspielen! Überhaupt Menschen! Tief seufzte er auf. Undankbar und schlecht kam er sich seinen gütigen Gastgebern gegenüber vor. Doch das nützte alles nichts, die Sehnsucht nach den Menschen wurde immer stärker, bis er es schließlich nicht mehr aushielt und um den Abschied bat.

Obwohl die klugen Zwerge wussten, dass es eines Tages doch so kommen würde, war ihre Trauer groß. Auch fiel es ihnen schwer ihrem lieb gewordenen Spielmann das zu sagen, was sie ihm nun sagen mussten, nämlich, dass die Zeit im Zwergenreiche anders gemessen wird als auf der Erde und er also nicht, wie er meinte, Monate, sondern viele Jahrzehnte bei ihnen geweilt hatte. Und sie warnten ihn:

„Du wirst die Welt nicht mehr verstehen! Die Menschen sind anders geworden, denn alles wandelt sich auf Erden und die Zeit bleibt nicht stehen!"

Sicher sah das Hans-Frieder wohl ein, doch wollte er derlei Einwände nicht gelten lassen und meinte sich wieder einleben zu können in eine für ihn neue Welt.

So kam es denn zum Abschiednehmen. Mit allerlei Geschenken, Gold und Edelsteinen füllten die dankbaren Zwerge seinen Sack und zuletzt überreichten sie ihm eine neue Fiedel.

„Achte sie, bewahre sie, denn sie ist dein Leben!", sagten sie dabei bedeutungsvoll.

Obzwar der Spielmann diese Worte nicht ganz erfasste, freute er sich doch an dem wertvollen Instrument.

Noch früh am Morgen war es, als er aus dem Berge trat. Die Vögel sangen noch ein wenig verschlafen, die ersten Sonnenstrahlen zuckten hinter den Bergspitzen hervor und am blauen Himmel segelten weiße Sommerwolken.

Sein Herz lachte. Er jauchzte vor Wonne!

Er stieg den Abhang hinunter, dahin, wo im Tale das tief ausgefahrene Sträßlein sein musste. Und dann stand er davor. Die Straße! War das noch eine Straße? Ein breites, grauschwarzes Band, eben wie ein Tisch, zog sich dahin, und so sauber, dass er es gar nicht zu betreten wagte. Da hörte er ein unbekanntes Geräusch, ein Surren und Schnaufen. Ein Wagen ohne Pferde kam dahergerast, bunt lackiert und blitzend und funkelnd, einen unangenehmen Geruch verbreitend. Und in diesem Kasten von Glas und Blech saßen Menschen und winkten ihm lachend zu. Mit großen Augen und offenem Mund starrte er dieses Seltsame an. Doch kaum war der Schrecken überstanden, fegte mit ungeheurem Geknatter ein Gespenst auf einem nur zweirädrigen Ding daher, eine stinkende Rauchfahne hinter sich lassend.

Ganz zaghaft schlich er am äußersten Straßenrand dahin. An ein fröhliches Lied, ein frisches Pfeifen, dachte er gar nicht, denn er kam aus der Angst gar nicht heraus. Diese sonderbaren Fahrzeuge rasten in allen erdenklichen Farben, sehr groß oft, mit vielen Menschen besetzt, dann wieder sehr klein, vorbei. Oft stießen sie schreckliche Töne aus, Schreie wie wilde Tiere.

Selbst die Bauern hatten statt der Pferde grün gestrichene ratternde Ungetüme, die dauernd zitterten, vor ihre Wagen gespannt.

Mit dem Frieden der Landstraße war es also vorbei.

Und alle Leute, die ihn sahen, lachten und winkten ihm zu. Warum waren denn die Leute so freundlich? Erst als einer mit dem Finger an die Stirne tippte, ging Hans-Frieder ein Licht auf. Er sah auf sein Gewand. Ja, die Leute trugen sich jetzt ganz anders, das hatte er trotz der Eile des Vorbeiflitzens bemerkt. Und was hatten die Zwerge gesagt? „Du wirst die Welt nicht mehr wiedererkennen!" Und: „Im Zwergenreich zählen die Jahre anders!"

Das musste er erst einmal überdenken, wie dem abzuhelfen wäre. Da fielen ihm die Geschenke der Zwerge ein. Vielleicht könnte er im nächsten Dorf etwas davon gegen ein anderes Gewand eintauschen. Natürlich liefen im ersten Dorf, das er betrat, die Bewohner zusammen. Auch war es nicht leicht sich mit ihnen zu verständigen, denn sie gebrauchten viele unbekannte Worte. Er fragte sich nach einem Kleidermacher durch.

Wieder gab es ein Hindernis, denn der Mann wollte kein Gewand gegen „Glassteine", für die er die echten Edelsteine hielt, hergeben. Kein Mensch wollte etwas für die Steine geben, so vielen er sie auch anbot.

Tiefer sank sein Mut und das Herz wurde ihm schwer. Er wanderte also wieder zum Dorf hinaus und suchte sich Feldwege um der gefahrvollen, unruhigen Straße zu entgehen. Vorläufig brauchte er schließlich die Menschen nicht. Es war genug zu essen im Sack, und vor allem seine Fiedel.

Als er sich weit genug von menschlichen Siedlungen entfernt hatte, zog er sie hervor und begann andachtsvoll zu spielen.

Nun wurde ihm wieder warm und wohl ums Herz. Er meinte damit auch den Weg zu den Menschen der neuen Zeit finden zu können. Auch würde er für sein Spielen Geld bekommen und könnte sich damit neu einkleiden. Er wollte nicht länger zum Gelächter anderer herumlaufen. Gegen Abend kam er in eine Stadt.

Vor dem vielen und bunten Licht, das in den Straßen und Schaufenstern mit unvorstellbaren Herrlichkeiten strahlte, und den hastigen, zahllosen Menschen wurde ihm ganz wirr im Kopf. Erschöpft blieb er an einer Hausecke stehen. Eine grobe Hand, die einem Mann in Uniform gehörte, fasste ihn am Arm und zog ihn aus dem Gedränge. Der Mann herrschte ihn an, warum er denn zur Sommerszeit in einem Narrengewand herumlaufe, Fastnacht sei längst vorüber! Woher er käme, wohin er wolle? Seine Papiere solle er vorweisen. Verständnislos sah Hans-Frieder den Mann an. Dann begann er von seinem Abenteuer bei den Zwergen zu berichten. Doch der Uniformierte unterbrach ihn bald und drohte ihn hinter Schloss und Riegel zu setzen, wenn er so faustdick lügen wolle. Dem Spielmann war es nun auch genug. Ihm schwoll die Zornesader und er riss sich los. Es gelang ihm im Gedränge unterzutauchen.

„Nur fort, nur fort!", war sein einziger Gedanke.

Nach manchen Hindernissen fand er aus dem Gewirr der Straßen heraus und atmete auf, als er wieder freies Feld erreicht hatte. Bei Nacht war die Straße etwas ruhiger, nur die grellen Augen, die die bunten Wagen nun aufgesteckt hatten und die weite Lichtbänder zogen, irritierten ihn sehr.

Gegen Mitternacht erreichte er ein kleines Dorf. Von weitem hörte er aus einem hell erleuchteten Haus Musik. Das stimmte ihn wieder ein wenig hoffnungsfroh. Näher kommend fand er diese Töne freilich gar nicht schön, grob, laut, grell, zerhackt mit zu viel Trommeln und Geklapper dabei. Trotzdem, wo Musik ist, können keine bösen Menschen wohnen.

Beherzt betrat er das Haus. Die Leute beachteten ihn kaum. Sie tanzten, lachten, waren laut und lustig.

Hans-Frieder trat hinter die Musikanten, die ihn lachend musterten, aber wohl für eine besondere Festüberraschung hielten. Das nützte der Spielmann, nahm in einer Pause seine Fiedel und begann. Zuerst horchten nur die Musikanten, schoben ihn nach vorne, dann horchten auch die Festgäste. Das Lachen verstummte, sie hörten zu. Und als er geendet, wollten sie mehr. Nun war der Verspottete wieder versöhnt mit der Welt und gab sein Bestes her.

Ein vornehm aussehender Mann trat zu dem Spielmann und fragte, ob ihm die Fiedel feil wäre um einen hohen Betrag. Frieder verneinte und der feine Herr bot immer höhere Summen. Aber nicht um alle Schätze der Welt hätte sich der Spielmann von diesem wertvollen Geschenk getrennt. Da ließ der Herr endlich finsteren Gesichts ab. Die Leute waren freundlich zu ihm, bewirteten ihn und gaben ihm Geld und Hans-Frieder war zufrieden.

Es graute der Tag, als sich der müde Spielmann unbemerkt von den angeheiterten Gästen davonschlich.

In einem Heuschober fand er eine späte Nachtruhe. Achtlos legte er die Fiedel neben sich und war bald eingeschlummert.

Doch der feine Herr hatte sein Weggehen doch bemerkt und war ihm nachgeschlichen. Und entwendete dem Müden die so heiß begehrte Fiedel. Als er glaubte genügend weit aus der Hörweite des Schlafenden zu sein, probierte er das Instrument.

Es klang verstimmt, der Bogen kratzte. Kopfschüttelnd betrachtete der vornehme Dieb seine Beute, begann zu stimmen. Die Saiten rissen. Eine nach der anderen. Der Bogen zersprang ihm in der Hand. Da warf er wütend die Fiedel auf den harten Asphalt der Landstraße, dass sie in hundert Splitter zerschellte.

Am Nachmittag stieg ein Gewitter auf. Der Bauer, dem der Heuschober gehörte, schickte seine Leute aus das Heu noch einzubringen. Da fanden die Knechte einen uralten, friedlich schlafenden Mann in einer Kleidung, wie man sie vor dreihundert Jahren trug.

Er schlief den ewigen Schlaf.

Fridl Seidel-Hardt

133

Sommers

"Wenn der Lenz vorüber ist, zieht der Sommer ins Land", sagte die Mutter zu ihrem Jüngsten, der sich eben anschickte im Garten zu spielen. "Dann wird die goldene Sonne noch heißer scheinen, die Vögel werden schöner singen, und überall wird freudiges Leben herrschen!"

Gespannt hatte der Kleine seiner Mutter zugehört und kaum hatte diese geendet, als Emil ihr die Frage stellte: "Sag, Mutti, von woher kommt denn eigentlich der Sommer?" "Ach, mein Kind, der kommt von weit her. Aus dem fernen Afrika kommt er zu uns. Übers Meer." "Ja, dann will ich ihm auflauern, wenn er kommt. Wenn ich ihn nur sehen würde!" "Nein, mein Kind, wo denkst du hin. Den kannst du nicht sehen - mit einem Male ist er da!" Da schwieg Emil traurig. In den nächsten Tagen ging Emil nachdenklich zum Spiel und wollte nicht recht froh sein.

Eines Tages nun, als die Mutter eben ins Dorf gegangen war, um Einkäufe zu besorgen, schlich sich Emil unbemerkt davon. Durch grüne Wälder, blühende Wiesen und sprießende Äcker zog er, er wusste selbst nicht wohin. Nur den Sommer wollte er sehen.

Plötzlich blieb er erschrocken stehen. Vor ihm saß ein bärtiges Männlein, das auf ihn zu warten schien. Als er nun näher trat, erhob es sich von seinem Platze und sprach zu Emil: "Ich bin der Pappelkönig. Mein Sitz ist unter der mächtigen Pappel am rauschenden Bach, die weithin über die Ebene sichtbar ist. Ich bin nun hierher gekommen, um dir zu helfen. Ich sah, wie traurig du einhergingest und wie du der Mutter deinen Wunsch auslegtest. Er soll in Erfüllung gehen." Der Pappelkönig klatschte dreimal in seine winzigen Hände und blitzschnell erschienen sechs kleine Zwerge mit lustigen Zipfelmützen und leuchtenden Augen. Auf Befehl des Königs brachten sie ein Wäglein herbei, das kaum für drei von ihnen Platz bot. Doch Emil war ein Menschenkind und konnte unmöglich in diesem kleinen Wagen Platz nehmen. Der Pappelkönig verwandelte ihn aber alsbald in einen winzigen Zwerg und nachdem der König, Zwerg Emil und des Königs oberster Diener eingestiegen waren, jagte die Kutsche von den sechsen gezogen davon. Durch Wälder, Wiesen, Felder, über Brücken und Stege sausten sie, und dabei war noch keines der kleinen, tapferen Rennpferdchen müde.

Endlich hielten die Zwerglein den Wagen, der mit Golf und Edelsteinen reich verziert war, an. Butzli, ein hübsches Zwergenkind mit einem lustigen Stumpfnäschen, öffnete höflich die breite Wagentür und die Gäste stiegen aus. "So", sagte der Zwergkönig und schmunzelte vergnügt, "jetzt können wir dem Sommer auflauern. Ich vermute, er wird bald kommen. Inzwischen kann unser Gast noch ein wenig mit euch spielen. Ihr werdet gerne helfen, gelt, Frippi?" "Ja, Meister", entgegnete Frippi, "wir wollen gleich Verstecken spielen!" Nun herrschte ein fröhliches Treiben. Flink wie die geschmeidige Eichkatze kletterten die Zwergenkinder auf Bäumen herum, liefen eiligst hinter einen Grasbusch und versteckten sich alle. Nur unser kleiner Emil konnte kein Plätzchen finden. Zwerg Maxi war gleich zur Stelle, um ihm zu helfen. Hinter einer mächtig großen Schlüsselblume versteckte er den Emil, dem angst und bange wurde. Was würde seine Mutter sagen, wenn sie ihn nicht wieder fände? Warum eigentlich war er davongelaufen? Wenn jetzt der Zwergkönig ihn nicht wieder in ein Menschenkind verwandeln würde?

Da tönte das leise Läuten von Glocken an sein Ohr. Er eilte aus seinem Versteck hervor, hinaus auf die Wiese, lief voll Freude hin und her, hüpfte und sprang in die Luft - vorüber waren seine bösen Gedanken.

In einem goldenen Wagen, von vier feurigen Rossen gezogen, näherte sich der Sommer. In seinen mächtigen Händen hielt er kräftig die starken Zügel. Eine goldene Krone glänzte auf seinem Haupte. Ein Vollbart hing bis zu seiner Brust herunter. Sein samtener Mantel flatterte in der lauen Luft. "Brr", rief er mit seiner donnernden Stimme, und schon hielt der vierrädrige Wagen an. Nun konnten die Zwerge ihn näher betrachten.

Ankunft

Ein Kranz von silbernen Glöcklein umgab den Wagen, der mit Samt und Seide ganz bespannt war. In Kisten und Kasten hatte der Sommer seine Arbeitsutensilien und Materialien mitgebracht. Unter dem Wagen erschien eine komische Gestalt; es war des Sommers Gehilfe. Zwar zeugte sein gebückter Rücken von seinem hohen Alter, doch blitzschnell sprang er auf den Wagen und reichte seinem Herrn das Gepäck. Und nun begann ein fröhliches Auspacken.

In einem wunderschönen Käfig zwitscherten wohl tausend Vögel aller Arten und baten um die Freiheit. Eine braun lackierte Kiste enthielt unzählige neue Blümchen; gelbe, rote, blaue und violette - ja sogar eine Menge Maßliebchen fehlte nicht dabei. Natürlich waren sie viel schöner und lustiger als diejenigen des Frühlings. Aber auch Tiere hatte der Sommer mitgebracht. Vielfarbige Schmetterlinge, gefährliche Insekten mit und ohne Stachel, lästige Fliegen, Tausende von Hummeln und Bienen, und viele andere.

Burmy, wie der Gehilfe genannt wurde, öffnete sorgfältig eine Tür nach der andern und achtete wohl darauf, dass kein Streit entstand. Inzwischen hatte der Sommer hohe Leitern aufgestellt und stieg zu den Bäumen empor. Auch für sie hatte er eine gediegenere Farbe eingesteckt. Eben sollte auch die Sonne einen neuen, glänzenden Anstrich erhalten, als sie sich hinter den Bergen nieder senkte.

Nun dachte Emil auch ans Heimgehen. Aber wie sollte er wieder Mensch werden? Wie nach Hause kommen? Doch der Pappelkönig hatte ihn nicht verlassen und gemeinsam traten sie wieder den Rückweg an ...

Da erwachte Emil. Er rieb sich schlaftrunken die kristallklaren Augen und lachte. Seine Mutter lachte auch. Beim knorrigen Birnbaum im Garten war er plötzlich eingeschlafen und war dem Sommer begegnet, als er eben ins Land kam.

Lucien Stieber

DIE HEILIGEN DREI KÖNIGE

Der schöne alte Brauch des Sternsingens lebt immer noch. Vor allem in den entlegenen Tälern unserer Alpenländer kann man ihn zuweilen noch antreffen. Dort ziehen am Dreikönigstag vermummte Buben von Gehöft zu Gehöft. Der vorderste trägt einen funkelnden Stern auf langer Stange. Vor allen Türen singen sie das uralte Sternsingerlied. Und dann halten sie dem Hausvater oder der Hausmutter einen Erdapfelsack hin und heimsen lauter gute Sachen ein: Äpfel und gedörrte Zwetschken, Nüsse und Zuckerwerk, hart gekochte Eier und süßes Kletzenbrot. Manchmal gibt es sogar ein Stück Rauchspeck. Wenn es soweit ist, plärren sie übermütig ihren Dank und wandern zum nächsten Bauerngehöft weiter. Und von Mal zu Mal wird der Sack praller und schwerer.

Zu Grumbach gab es einmal keine Sternsinger. Die alten waren in die Nachbarschaft abgewandert, um dort ein ehrsames Handwerk zu erlernen. Es war also eine rechte Not! Da taten sich drei Knirpse zusammen: der Moosinger-Sepperl, der Hansl Weitlanger und der Hornberger-Krispin. Allesamt waren sie kleinwinzige Buben, aber sie hatten gescheite Köpfchen und wussten sich zu helfen.

Wohin immer sie auch blickten, war nichts vorhanden. Vor allem gab es kein schickliches Gewand. Aber Heilige Drei Könige müssen königlich und fremdländisch gekleidet sein, sonst glaubt es ihnen kein Mensch. Heilige Drei Könige können nicht wie Halterbuben umherlaufen. Und so krochen sie auf allen Dachböden umher und stöberten in alten Truhen und in verstaubten Kästen. Und sie fanden zerrupfte Pelzjoppen, grellfarbige Unterröcke, ungetüme Hauben, bunte Schultertücher und seidene Schürzenbänder.

Daraus ließ sich etwas machen. Das prächtigste Stück jedoch war ein zerschlissenes Flitterkleid. Umherziehende Seiltänzer hatten es einmal beim Türkenwirt als Pfand zurückgelassen und nicht mehr abgeholt. In Stücke zerschnitten und da und dort aufgenäht, verlieh es dem fadenscheinigen Lumpenzeug einen wahrhaftig morgenländisch königlichen Glanz.

Den Mohrenfürsten sollte Krispin abgeben. Er schmierte sich fetten Kienruß ins Gesicht und sah solcherart wie ein richtiger Heide aus. Jeder bekam eine Krone aus Goldpapier. Sepperl trug einen wallenden Bart aus grauer Baumflechte, und Hansl hatte sich einen abgeschnittenen Rossschweif umgebunden. Nicht einmal mehr von den eigenen Müttern waren sie so zu erkennen. Die Zepter schnitzten sie aus weichem Lindenholz, die Gefäße für Gold und Myrrhe waren aus Pappe zurechtgebogen und mit blauem Zuckerhutpapier beklebt. So ausgerüstet, nahmen sie sich überaus stattlich aus. Nur ein Weihrauchfass war nirgendwo aufzutreiben. In seiner Not vergriff sich der Sepperl an dem bauchigen Schmalzhäfen der Grundlhof-Bäuerin, den diese zum Trocknen über einen Zaunstecken des Hausgärtleins gestülpt hatte.

Am Dreikönigstag zogen sie aus und machten ihre Sache gut. Die Grumbacher sparten auch nicht mit Lob und Gaben. Der tiefe Sack wurde voller und voller. Kaum mehr zu erschleppen. Erst als sie zum Grundlhof kamen, nahm das Unheil seinen Anfang. Die Grundlhof-Bäuerin sah sie schon von weitem herankommen und machte ein verkniffenes Gesicht. Die Grundlhof-Bäuerin war nämlich über die Maßen geizig und trennte sich nur ungern von etwas. Und gerade in diesem Augenblick wurde Seppl gewahr, dass die

... VON GRUMBACH

Erzdieben auch noch das Wort reden! Das ist eine saubere Wirtschaft! - Aber mein Schmalzhäfen bleibt jetzt da!"

Der geistliche Herr musste ein Lachen verbeißen und hielt sein rotes Schnupftuch vors Gesicht. Und sagte schmunzelnd: „Vergelt's Gott, für die milde Gabe ..." Und dann zu den ganz verdattert dastehenden Buben: „Und ihr, ihr Heiligen Drei Könige, kommt jetzt mit mir ins Pfarrhaus. Dort müsst Ihr mir das schöne Liedlein noch einmal singen. Ich höre es für mein Leben gern. Es wird sich dann schon etwas finden lassen für euren Sack. Und ein altes Weihrauchfass muss auch noch wo umherliegen. Das könnt ihr gleich mitnehmen und behalten. Ich brauche es nicht mehr ... So, und jetzt gehen wir. Behüt dich Gott, Grundlhof-Bäuerin!"

Im Pfarrhaus gab es süßen Milchkaffee und feinen Gugelhupf, so viel nur jeder wollte. Und dann noch ein silbernes Zehnerl für jeden König. Die Buben schmausten so eifrig, dass ihnen helle Schweißperlen auf den Stirnen standen. Nur beim Krispin waren sie schwarz. Das kam vom Kienruß.

Zum Schluss wurde der Sack bis zum oberen Rand mit Nüssen und rotbackigen Äpfeln und Kletzen und mit allerlei Backware angestopft. Und schließlich sagte der geistliche Herr scharf: „Aber gestohlen wird nichts mehr, verstanden! Nicht einmal ein alter Schmalzhäfen oder sonst was. Was nicht ehrlich erworben wurde, ist nicht von langer Dauer. Gestohlenes Gut bringt keinen Segen und fällt am Ende nur dem Dieb selber auf den Kopf. Dieses eine Mal habe ich euch aus der Not geholfen, aber nächstens rühre ich keinen Finger mehr. Und wenn die Prügel auch noch so hageldicht auf euch niederprasseln!"

Die Heiligen Drei Könige zogen kleinlaut ab. Den schweren Sack zerrten sie wie einen Schlitten hinter sich her. Als sie am Grundlhof vorbeikamen, zogen sie schuldbewusst die Köpfe zwischen die Schultern und hasteten eilig weiter und heimzu.

Anton Ostry

Holzkohlen im Kessel nur noch ganz schwach glosten. Er blies also mit vollen Backen hinein, um die Glut wieder anzufachen. Im Gefäß begann es zu knistern, helllichte Funken sprangen daraus hervor, und - der krachdürre Flechtenbart brannte auch schon lichterloh. Sepperl ließ das Rauchfass fallen und riss sich den brennenden Bart aus dem Gesicht. Zum Glück war nicht viel geschehen. Nur seine großen Ohren standen jetzt feuerrot vom Kopf ab, weil das zähe Flechtwerk um sie herumgeschlungen gewesen war. Alle drei standen wie versteinert und mit kreideweißen Gesichtern da. Nur dem wackeren Mohrenfürsten merkte man den Schreck nicht an. Der schwarze Kienruß verdeckte die Blässe. Zu allem Unglück erkannte jetzt die Grundlhof-Bäuerin ihren Schmalzhäfen. Wie ein Geier stürzte sie sich auf ihn. Aber sie verbrannte sich die Finger an dem heißen Blech. Schimpfend ließ sie den Häfen fallen und griff nach dem Reisigbesen, der an der Hauswand lehnte. Die Sache begann bedenklich zu werden. Glücklicherweise kam gerade der Herr Pfarrer des Weges daher. Er kannte sich gleich aus und fuhr dazwischen. „Meine liebe Grundlhof-Bäuerin", sagte er milde, „auf Könige geht man nicht mit dem Besen los. Und auf Heilige schon gar nicht! Sie werden es nicht böse gemeint haben, und deswegen müssen wir schon einmal ein Auge zudrücken ... Schau nicht so wild drein - tu lieber etwas in ihren Sack hinein, sonst schreien sie dich im Morgenland als Geizkragen aus! Und Geiz ist eins von den allerschlimmsten Lastern, musst du wissen!"

Die Grundlhof-Bäuerin brummte etwas. Aber dann ging sie und brachte widerwillig ein paar verhutzelte Äpfel und eine ganz dünne Schnitte Kletzenbrot herbei. Und keifelte giftig: „Feuerzündlern und

Der Herrgottswin

Dort, wo in der Stube, dem großen Fenster gegenüber, das Kreuz hing, ganz altersbraun und an den Rändern schon ein wenig abgebröckelt, dort tand auch auf dem gestrichenen Brett ein grüner Bauernkrug; der Herrgottskrug oder der Kreuzkrug. Dem sind die Blumen so wenig ausgegangen wie dem ewigen Lichtl in der Kirche das Flammerl. Wenn im Garten kein rechtes Blühen mehr war, dann sind Föhrenbüschel hineingekommen, und mitten in das strenge Grüne hat die Mutter eine Hand voll Strohblumen gesteckt, die waren dann wie aufgegangene Sterne in einem finstergrünen Himmel. Den Kreuzkrug frisch halten war eine Ehrensache. Da hat der Bauer und die Bäuerin, die Dirn und der Knecht nie daran vorüber geschaut. Sogar die zwei Bübeln, der Anderl und der Frieder, haben dürfen im Garten rupfen und die Blühasteln für den Kreuzkrug abbrechen, und als sie dann schon Schulbuben waren, hat ihnen der Vater neben den großen Herrgottskrug zwei Gläser hingestellt, eines rechts, eines links, und gesagt: „Da habts nun jeder ein eigenes Glasele, füllt es aus eurem eigenen Gartel. Lasst es niemals leer sein, das Kreuzglasele." Dann hat er in den Weihbrunn gegriffen und hat die zwei Buben und ihre zwei Gläser gesegnet; nachher hat er die vier allein gelassen.

Der Anderl ist mit dem Frieder in den Garten, jeder hat von seinem Beetl Blattwerk und Blumen geholt und sein Kreuzglaserl angefüllt. Keinen Tag waren die Herrgottskrüglein dort droben beim uralten Kreuz leer, keinen Tag ist stinkiges Wasser dort gestanden, keinen Tag haben die Blumen dursten müssen. So voller Ernst, Sorge und Liebe sind die drei gehalten worden.

Wie aber die Tage immer herber und kälter geworden sind und die Blumen schön nach der Reihe sich zum Schlafen in die Erde verkrochen haben, hat sich der Anderl gedacht: Tu ich jeden Tag was weg aus dem Beetl, dann hab' ich auf einmal nix mehr als Gras in meinem Gartl; der Herrgott ist so viel geduldig, er wird wohl zufrieden sein, wenn's im Glasele nur überhaupt grün ist. War ihm nicht auch ein Stall schön genug? Und an diesem Tag blieben die kleinen lila Herbstastern stehen, und statt der violetten Sternderln steckte der Anderl ein Büscherl Unkraut und zwei Gänseblümchen in das Kreuzglaserl. Freilich, dem Frieder seines war schön, das hat gar noch ein brennendes Phloxstängerl gehabt. Dem Anderl haben die Finger gezuckt: „Soll ich das Unkraut raustun? Soll ich meine Asterln holen?" Und in seinem Röckel hat das Herz geklopft: „Beim Herrgott willst sparen?" Aber er hat doch nicht recht hinhören wollen. Als er nach zwei Wochen ganz genau gesehen hat, dass dem Frieder sein Beet immer magerer wird und seines hübsch farbig bleibt, da war das Herzklopfen verflogen, ja da hat sich gar dann und wann ein kecker Spottvogel auf den Bubenmund gehockt und hat sich eins gepfiffen.

Als dann Frieders Garterl leer war, hat er auch nichts anderes mehr ins Kreuzglaserl stecken können als der Anderl; ein Buchszweigerl, ein paar winzige Gänseblümchen, ein paar verkrüppelte Taubnesseln. Da hat der Anderl befreit aufgeatmet und gemeint: „Jetzt ist kein Unterschied mehr zwischen seinem und meinem Glaserl; jetzt findet nit einmal der Schutzengel, dass das einmal anders war!" Und er ist noch geiziger als früher um sein Beetl herumgegangen und hat die Blüten gezählt, grad so wie's ein richtiger Geizhals mit seinem Geldsack macht. Aber so wie ein richtiger Geizhals nie glücklich sein kann, nie froh und durch und durch voller Freude, so hat sich der Anderl manchmal gefragt: Weiß nicht, was das ist; war gescheiter als der Frieder, hab' noch immer ein paar Kapuzinerln und Ringelblumen, und Asterln eine Menge, und doch freuen's mich nimmer recht; wenn ich nur wüsst, was daran schuld ist? Der Schutzengel hätte es ihm wohl sagen können, aber er war still; denn wenn einer sein Gewissen immer wegschupft wie einen Ball und es absolut nicht hören will, dem wird's recht stumm in der Seele, und der Schutzengel geht nur mehr traurig und ohne Bitten hinter dem her. Freilich, der Vater und die Mutter hätten's dem Anderl auch ausdeutschen können, sie haben ja bald die Geschichte mit den ungleichen Kreuzglaserln heraußen gehabt. „Lass nur!", hat der Vater zur Mutter gemeint, „lass ihn, er soll selber sehen, wie weit er mit seinem Geiz kommt".

Wie dann über Nacht der erste Reif niedergegangen ist über die Äcker, über die seidenfeine Wintersaat, sind plötzlich auch des Anderls Blumen braun und tot an den Stängeln gehangen; der Frost hat jetzt geholt, was der Bub dem Herrgottswinkel nicht hat lassen wollen. Vielleicht sind dem Anderl selber solche Gedanken gekommen, vielleicht hat das Gewissen wieder einmal mit der großen Glocke geläutet, vielleicht hat der Schutzengel die Bubenseele angetupft mit seinem glitzernden Finger, ich kann es nicht sagen; aber der Anderl ist umgeschlichen wie einer, der weiß, er hat was angestellt, und der nicht begreift, dass es noch immer keine Strafe dafür gegeben hat, und dem gar nicht wohl ist in einer so zittrigen Haut ...

Aber die Strafe ist doch noch nachgekommen, wenn auch weit geringer, als sie der Geizhals eigentlich verdient hätte. Denn wie am Niklastag der heilige Bischof durch den Stadel bei der Vorhaustür hinein ist, dann in der Stube war und die beiden Brüder angehört hat und Vater und Mutter ausfragte um Folgsamkeit und Arbeitsfreude, als die beiden gar nicht unzufrieden waren, da hat St. Nikolaus noch das eine wissen wollen:

„Wie ich seh, haben die zwei schon eigene Kreuzglaserln; wie war's mit denen?"

Hui, da ist der Anderl flammend rot geworden, wie das Feuer im Herd!

„Sind nie leer g'wesen", sagte der Vater; und die Mutter: „Allweil aufg'füllt und ausputzt." „Das hör ich gern", lobte der Bischof und tat ein paar sanfte Schritte zum Herrgottswinkel, hob das Frieder-Glasel herunter und schaute hinein:

„Stimmt, stimmt; ist eine rechte Lieb drin in dem Buben; so soll er mir seinen Wunsch an den heiligen Christ gleich mitgeben. Bretteln möcht er wohl?"

Glücklich nickte der Frieder. Bretteln! Also wirklich! Hurra! Und beinahe hätt er vor dem heiligen Mann einen Juchzer losgelassen, so hat's ihm die Freud ausgepresst aus dem Bubenröckel! St. Nikolaus aber griff jetzt nach dem zweiten Kreuzglaserl; die Anderl-Augen waren schon ganz klein, immer enger sind sie geworden, bis nur mehr ein brauner Tupf zu sehen war, und der ist wie ein Flammerl aus dem Fegefeuer gewesen, so voller Angst, als könnte das Glaserl reden. Der Bischof hat das Glas heruntergeholt, hat hineinschauen wollen, aber blitzschnell ist er wieder weg, so dass alle erschrocken sind - dann hat er laut und streng gesagt - beinah gebrüllt hat er:

„Das war eine schlechte Lieb, eine grundschlechte - die war nichts wert, ang'fault war's - schmeck selber, wie die war!" Und damit hat er das Glaserl dem Anderl unter die Nase gepresst. Der ist mit einem Satz weg und hat sich die zwei Löchlein mit Daumen und Zeigefinger zugedrückt. Und alle haben's ihm nachgemacht, so erbärmlich hat's aus dem Glaserl herausgestunken. Wie ein schlechtes Ei, ein richtiges, schimmelaltes, ekelhaftes, grünes Nestei! St. Nikolaus hat kein Wörtl gesagt von des Anderl Christkindwunsch. Er hat ihn nur lang angeschaut, wie mit lauter Stangen durch und durch; und dem Bübel war, als wär der Bischof mit einem Stangl auch mitten hinein in sein Gewissen gekommen und hätt darin gründlich umgestochert, bis er alles herausgebracht hat: die zurückbehaltenen Blumen, die Angst vor dem Hergeben, jedes schäbige Unkrauthäuferl, das im Kreuzglaserl nicht hätt sein müssen und nicht hätt sein dürfen. Da ist der Anderl selber erschrocken, wie er diesen Schmutzhaufen gesehen hat, und hat zu heulen angefangen.

Der Bischof war fort, der Vater ist mit ihm gegangen; die Mutter ist ganz still zum Herrgottswinkel hin und hat das Glas genommen und hinausgetragen. Der Frieder aber hat sich endlich mit einem Ruck umgedreht und gesagt:

„Nächstes Jahr wirst so ein Glasele haben wie ich; und Schi fahren lass ich dich auch mit meinen Bretteln, einen Tag ich, einen Tag du."

Dabei ist's geblieben. Und im folgenden Jahr sind die Blümerln von beiden nach der Reih ins Kreuzglaserl gewandert, und so war's recht ... (und der Vater hat nimmermehr ein Nestei aufheben müssen, damit's am Niklastag recht duften soll!)

Dr. Maria Schuller

DER ZAUBERSTIEFEL

Es war am Vorabend des heiligen Nikolaus. Überall gab es erwartungsvolle Gesichter bei den Kindern. Auch draußen in Brunn. Der stille Ort am Rande des Bergwaldes duckte sich in den engen Talkessel. Aus der kleinen Schar windschiefer Häuschen ragte der knollige Turm einer alten Kirche.

Ein kalter Dezemberwind blies. Die Luft roch nach Schnee, aber noch lag kein Stäubchen auf den Fluren.

Die Kinder des Leiten-Bauern kehrten vom Adventsingen heim. Loisl rannte immer ein paar Schritte voraus, während die kleine Resi lustig hinterherkeuchte.

„Fangst mich?", lachte der Bub hinter einem Baum hervor. „Ich hab dich gleich!", rief das Dirndl zurück. Wenn es aber nach dem Bruder haschen wollte, riss dieser aus. So spielten die Geschwister und kamen mit roten Nasen und Backen daheim an.

Nach dem Abendessen meinte der Vater: „Mutter und ich müssen heut noch ins Dorf. Ihr geht dann bald schlafen, Kinder! Der Ähnl bleibt daheim bei euch, gelt?"

Großvater nickte. Er paffte eine Riesenwolke aus seiner langen Pfeife und erwiderte:

„Geht's zu, dass's nicht zu spät wird!"

Kaum waren die Eltern aus dem Haus, kramte Loisl seine Bausteine aus der Spielkiste.

„Sollst du nicht schlafen gehen, Bub?", mahnte der Ähnl.

„Nur ein bissl!", warf Loisl kurz hin.

Großvater brummte. Resi schmiegte sich an den Greis und bettelte: „Erzählst mir was?"

„Ich glaub, der heilige Nikolaus wird mit so unfolgsamen Kindern keine Freud haben ...", ermahnte der Ähnl das Mädchen. Resi erschrak. „Meinst, dass er mir dann nichts bringt?" „Bestimmt nicht! Wo sollt er dir's auch hinlegen, wenn du ihm nicht einmal deine Schuh ins Fenster stellst!"

Nun rief Resi vorwurfsvoll: „Loisl, komm! Wir müssen schnell unsere Schuh herrichten, sonst geht der liebe Nikolaus an unserem Haus vorbei - und wir kriegen nichts!"

„Geh nur, ich komm schon nach!", maulte der Bub und beschäftigte sich weiter mit seinen Bausteinen.

Resi verschwand in der Kammer. Gleich darauf hörte man sie rumoren. Schuhe polterten, und dann fiel eine Bürste zu Boden. „Ich geh schlafen, Bub. Meinetwegen kannst ja auf den Nikolaus gleich warten. Er wird dir schon sagen, wohin ein Bürscherl wie du am Abend gehört ..." tadelte der Großvater. Er lehnte seine Pfeife in die Ecke und schlürfte auf die andere Seite der Stube zu seiner Schlafkammer. Ehe er die Tür hinter sich zuzog, sagte er noch: „Das Licht drehst du aus! Ich komm in ein paar Minuten nachschauen ..." - „Ist recht, Ähnl", war die kurze Antwort des Buben. Kaum aber hatte der Großvater die Stube verlassen, schubste Loisl die Bausteine in die Spielkiste, schob diese wieder hinter die Ofenbank und zog aus der hintersten Ecke eine Taschenlampe hervor. Damit verschwand er in der Kammer. Vorher knipste er noch rasch das Licht aus. Resi lag schon im Bett.

„Dort im Fenster stehn schon meine Schuhe." - „Die Halbschuhe? Da geht doch nichts hinein!", tat Loisl geringschätzig.

„Wenn der Nikolaus mir die anfüllt, bin ich zufrieden", antwortete Resi und fügte hinzu: „Gar so brav waren wir wiederum nicht ..."

„Brav, brav ...", ärgerte sich Loisl. „Ich weiß schon, was ich ins Fenster stell! Bei großen Schuhen wird sich der liebe Nikolaus denken: Da kann ich nicht so wenig hineinlegen, das schaut lächerlich aus!" Er hatte indes seine Hausschuhe angezogen und wollte eben wieder zur Tür.

Da öffnete sich diese, und der Ähnl schaute herein: „Na endlich! Reserl liegt schon. Du tummel dich jetzt auch, Loisl! Gute Nacht!"

„Gute Nacht, Ähnl!", riefen die beiden Kinder. Der Großvater nickte freundlich und ging. Loisl wartete noch ein Weilchen. Als er die Tür zur Ähnlkammer zufallen hörte, schlich er auf den Zehenspitzen hinaus. „Ich bin gleich wieder da!", wisperte er Resi zu. Dann huschte er durch die Stube in das Vorhaus und stieg die Treppe zum Dachboden hinauf. Mit der Taschenlampe leuchtete er vor sich her. Der Lichtkegel fiel auf das „Schloss". Es war ein einfacher Holzriegel, den man hochschob. Dann musste die Tür angelehnt bleiben. Fiel der Riegel herab, konnte man nicht mehr heraus. Loisl dachte auch daran und ließ die Tür halb offen. Während er aber mit der Taschenlampe suchend den Dachboden abschritt, schlug ein Windstoß die Tür zu. Der Riegel klappte herunter. Loisl war eingeschlossen. In seinem Eifer aber hatte er davon nichts bemerkt. Im Schein der Taschenlampe fand der Bub endlich das lang Gesuchte: Die alten, hohen Reiterstiefel seines Großvaters. Verstaubt und mit Spinnweben überzogen lehnten sie in der hintersten Ecke des Dachbodens. Als der Ähnl vor ein paar Tagen erzählte, wie er als Dragoner im großen Krieg gewesen war, hatte Loisl neugierig nach der Uniform gefragt. „Ich werde sie dir einmal zeigen, wenn wir auf dem Boden zu tun haben!", hatte der Ähnl geantwortet. Aber so lange konnte Loisl nicht warten. Morgen früh kam der heilige Nikolaus! Da brauchte er die großen Stiefel. „Nikolaus wird schauen!", dachte der Bub bei sich. Aber was war das? Hinter den Stiefeln lagen Bücher. Unter der dicken Staubschicht konnte er einen Reiter erkennen. Loisl blies den Staub weg. Herrlich! Ein Soldat mit roter Hose und blauer Bluse, einem silberglänzenden Helm, hohen Schaftstiefeln und einer langen Lanze kam zum Vorschein. Der Bub hockte sich auf eine Kiste, die an der Wand lehnte. Im schmalen Kegel der Taschenlampe blätterte er das Buch durch. Immer neue, noch schönere Bilder kamen zum Vorschein.

Wenn er sie nur besser sehen könnte! Loisl beugte sich tief über das Buch. Jetzt sah er herrlich! Die Taschenlampe war schon prima! Einen Schein gab die plötzlich! Und da - tatsächlich, der Reiter bewegte sich! Wenn nur sein Helm nicht so glänzte ... Loisl rieb sich die Augen. Nein, der Helm - ein sonderbarer Helm war das! So hoch und spitz. „Das ist ja ein Kreuz!", fuhr es dem Buben durch den Kopf. Ein Kreuz? Auf einem Helm ein Kreuz ... Du dummer Loisl, das ist doch kein Helm. Wirklich nicht! Jetzt drehte sich der Reiter um. Loisl erschrak. Das war doch St. Nikolaus! Und wie groß er wurde! Der Bub sah zu ihm auf.

Da lächelte der Bischof von seinem Pferd herunter. „Was machst du denn hier, Loisl?" - „Iiich - aach - Schuuh ...", stotterte der Bub verlegen. „Du suchst einen Schuh? Warum nimmst du nicht deinen?" - „Aaaber - das ist er ja, lieber Nikolaus!", log Loisl und hielt dem heiligen Nikolaus einen Stiefel hin. Ganz klein lag er in seiner Hand. Der heilige Mann antwortete: „So kleine Füße hast du, Loisl? Die Stiefel werden dir nicht passen, fürchte ich!" - „Oh, die passen mir gut!", meinte der Bub. „Probier sie lieber aus, Loisl!", mahnte der Bischof und beugte sich tief herunter. Dabei sah er dem Buben in die Augen, dass diesem ganz eigen wurde. Gehorsam schlüpfte er in einen Stiefel. Aber, o Schreck! Kaum hatte er seinen Fuß hineingesteckt, wuchs der Stiefel, wuchs und wuchs und wurde riesengroß. Loisl aber stürzte durch die Stiefelröhre hinunter wie in einen ungeheuren Schacht. Immer kleiner wurde das Gesicht des Nikolaus und immer trauriger. Von unten aber hörte Loisl ein Kichern aus dem Dunkel und das Rasseln von Ketten. Verzweifelt suchte Loisl nach einem Halt, aber sein Sturz in die Tiefe ging unaufhaltsam weiter. Da schrie er gellend: „Heiliger Nikolaus! Bitte hilf mir!" Im selben Augenblick gab es einen Krach und der Bub lag neben den Brettern der Kiste. Bestürzt rappelte er sich hoch, stellte die Stiefel seines Großvaters wieder an ihren Platz und tastete sich zur Bodentür. Die Lampe war schon so schwach, dass er kaum noch etwas sah. Von außen hörte Loisl den Ähnl sagen: „Muss der Lotter wirklich dort oben sein!" Und die besorgte Stimme der Mutter: „Leucht ihm, Vater! Der Bub ist auf dem Boden eingesperrt!" Kleinlaut stieg Loisl vom Dachboden herunter, und der Vater schmunzelte: „Wenn du so laut nach dem heiligen Nikolaus rufst, muss er dich ja hören, gelt?" Der Bub nickte wortlos. Sein „Gute Nacht" klang recht kleinlaut. Ehe er sich schlafen legte, stellte er einen blank geputzten Sonntags-Halbschuh ins Fenster. Am Morgen waren zwei prall gefüllt mit Leckereien im Fenster. Und ein Zettel lag dabei. Darauf stand: „Weil du bescheiden warst, mit einem Schuh, leg ich den zweiten voll gefüllt dazu! Sankt Nikolaus."

fb

Die Fastnacht der Tier[e]

Die Tiere wollten einmal miteinander Fastnacht feiern auf der großen Heide bei Ixdrüpps, wo der Narrenberg liegt, aber sie wussten nicht, wie sie es bewerkstelligen sollten. Die Zeiten, da sie friedlich miteinander im Paradies gelebt hatten, waren schon lange vorbei.

„Lasst mich nur machen!", sagte Reineke, der Schlaue, und ließ alle Tiere schwören, dass sie bis ein Uhr nachts Frieden halten wollten. Auch er legte diesen Eid ab. Da fassten die schwächeren Tiere Mut und Zutrauen. Kälber, Lämmer, Ziegen, Hasen und Hühner schmückten sich genauso eifrig für das Fest wie König Löwe, Familie Wolf, wie Geier und Schlange. Natürlich verkleideten sich die Schafe als Wölfe. Sie verfärbten sich das Fell mit Erde und brüllten gar schauerlich. Herr Mäuserich legte sich eine prächtige Mähne aus Holzwolle, die er im Keller gefunden hatte, um den Hals und spielte den Löwen. Bären, Wölfe und Tiger gingen als Schafe, Ziegen und Antilopen verkleidet. Das Kostüm machte ihnen weiter keine Schwierigkeit. Sie zogen sich einfach die Felle ihrer Opfer, von denen sie genug in ihren Höhlen hatten, über die Ohren.

Was den Löwen betrifft, so hatte er sich die Rolle des Siebenschläfers erwählt und erholte sich schlafend von seinen anstrengenden Königspflichten. Der Hund spielte den Hofnarren, und Fräulein Mieze ging als Mäusemama, zog hübsch die Krallen ein und spielte mit den jungen Mäuslein, die von ihrem feinen Benehmen und ihren anmutigen Sprüngen begeistert waren, Katz und Maus.

Die Elefanten sorgten für Blasmusik, die Vögel flöteten, die Grillen geigten, und die Klapperschlange trat als spanische Tänzerin auf und ließ ihre Kastagnetten klingen.

Reineke selbst war gar als Mensch erschienen in Frack und Zylinder - wer weiß, woher er sie hatte! - und führte artig Frau Gans zur Polonaise. Die trug ihren Kopf so hoch und ihren Hals so lang wie noch nie, denn sie bemühte sich dem Schwan zu gleichen. Je mehr Reineke sie mit Schmeichelreden überhäufte, umso mehr verlor sie den Kopf und schnatterte jedem zu, der es hören oder nicht hören wollte: „Ich bin wirklich der Schwan! Ich bin echt! Ich …"

„Selbstverständlich, meine Gnädigste", sagte der Fuchs und leckte sich rasch die Lippen ab, „Gnädigste sind der Schwan, und Gnädigste müssen Ballkönigin werden, wenn es noch Gerechtigkeit gibt auf der Welt!"

„Ballkönigin!", japste die Gans. „Sagten Sie nicht - Ballkönigin?", und verlor darüber ganz den Verstand. Der Fuchs betrachtete sie mit großem Wohlgefallen und tanzte mit ihr immer weiter weg von den anderen.

So tanzten die Tiere und lobten Reineke als den Urheber des schönen Festes, bis es auf dem Kirchturm von Ixdrüpps zwölf schlug. Die Stunde der Demaskierung war gekommen. Mit einem tiefen Seufzer wachte der Löwe auf und blickte finster auf die Tanzenden. Er sah, dass die Schafe sich in den Armen der Wölfe drehten und nicht genug vom Tanzen kriegen konnten, und bemerkte, wie fest diese ihre Tänzerinnen umschlungen hielten. Er beobachtete auch die Katze mit den kleinen Mäusen, und schließlich rief er den Mäuserich zu sich, der sich zitternd und mit ganz verrutschter Mähne dem Gewaltigen nahte.

„Ich will es übersehen - Wurm von einer Maus -, dass du gewagt hast, mit unzulänglichen Mitteln einem König zu gleichen! Geh schnell zu den schwachen Tieren und mahne sie zum Heimgehen, denn bald, bald ist unser Eid abgelaufen!"

Der Mäuserich lief davon und trieb als erstes die Mäuslein von der in ihrer sammetweichen Ehrbarkeit sehr gekränkten Katze, dann warnte er die Hasen, Hühner und Lämmer. So schwer sich auch die Wölfe und Bären von ihren rundlichen Tänzerinnen trennen konnten, gedachten sie doch ihres Eides und ließen sie gehen. Nur Fuchs und Gans konnte der Mäuserich nirgends finden und berichtete es dem König. Erzürnt schickte der Löwe seine Sendboten aus, Adler und Falken und viele andere Vögel - die Eule aber war es, die als Erste zurückkam. „Uhuh! Schuhuhh!", rief sie schon von weitem. „Eile tut Not! Reineke führte die Gans zum Narrenberg. Er allein hat sich nicht demaskiert, und sie watschelt vertrauensvoll an seiner Seite und glaubt ihm, dass sie auf der Spitze des Berges zur Ballkönigin gekrönt wird. Der Unhold! Uhuhu! Schuhuh!"

Da fingen die Raubtiere zu heulen an und der Löwe brummte: „Wart nur, Reineke, wir wollen dir den Braten versalzen!", und lief mit allen Tieren zum Narrenberg. Gerade schlug es ein Uhr, gerade nahm Reineke den Zylinder ab und lächelte die erschreckte Gans spöttisch und grausam an, da sahen sich die beiden plötzlich von allen Tieren umringt, und König Löwe selbst machte vor der verstörten Gans eine tiefe Verbeugung.

„Wir beglückwünschen Reineke zu seiner - hm! - klugen Wahl und legen unserer schönen Ballkönigin unsere Verehrung zu Füßen!"

Alle Tiere verbeugten sich, und Reineke musste es auch tun und gute Miene zum unerwarteten Spiel machen. Die Gans aber, als sie sich allein von allen Raubtieren umgeben sah, hätte gern ihre neue Königinnenwürde für den sicheren Gänsestall gegeben und war froh, als ihr der König endlich Erlaubnis erteilte, heimzufliegen.

„Ein reizender Abend, nicht wahr?", sagte der Löwe und blinzelte Reineke zu. „Ich hoffe, die Herren sind alle auf ihre Rechnung gekommen!" Alle nickten eifrig, und Reineke musste es auch tun, wenn er sich auch mit hängenden Ohren und schleppender Rute in seinen Bau schlich. Was die Gans betrifft, so hat sie zwar ihr Leben behalten, aber den Verstand verloren. Sie trägt den Kopf noch höher als zuvor. Schnatternd prahlt sie mit ihrer Königinnenwürde, während sie auf plumpen Füßen einherwatschelt, zischt jedermann an, der ihr nicht glauben will, und zeigt sich so als das, was sie ist, war und immer sein wird - als eine dumme Gans.

Marianne Kaindl

Der alte König hatte alle Ursachen, zufrieden und glücklich zu sein. Es drohten seinem Reiche weder Hunger noch Krankheiten, und die Leute gingen froh und zufrieden ihrer Arbeit nach. Der junge Prinz aber weigerte sich hartnäckig, unter den Mädchen des Landes eine Prinzessin zu suchen, und das war es, was seinem Vater Sorgen machte.

Der Großherzog, des Königs Kanzler, lag ihm täglich in den Ohren, und eines Tages entschloss er sich, alle heiratsfähigen Mädchen seines großen Reiches auf das Schloss zu einem Fest zu laden.

Eine schön geschriebene Einladungskarte kam auch in das prächtige Haus, in dem Cinderella mit ihren beiden Stiefschwestern unter der Obhut einer grämlichen Stiefmutter aufwuchs. Das arme Kind wurde von früh bis spät herumgestoßen, hatte die schmutzigsten Arbeiten zu verrichten und, wenn sich die Schwestern auf seidenen Kissen ausruhten, war ihr Platz der dunkle Winkel an dem rußigen Küchenherd. Trotzdem hatte Cinderella viele Freunde, und das waren die kleinen Mäuschen, die in Küche und Keller hausten, und die Vöglein, die durch das Fenster ihres Gemaches ein- und ausflogen. Sie schützte sie oft vor den Verfolgungen des bösen Katers Luzifer.

Nun konnte die Stiefmutter Cinderella nicht gut die Bitte abschlagen, sie mit den anderen zwei Mädchen mit aufs Schloss zu nehmen. Aber, sagte sie, unmöglich könne Cinderella in ihrem zerrissenen Kleidchen neben den herausgeputzten Schwestern erscheinen, und sie müsse sich schon ein hoffähiges Gewand besorgen.

Ja, da war guter Rat teuer. Zwar fand sich auf dem Boden in einem alten Kasten ein prächtiges Kleid ihrer verstorbenen Mutter. Die Mäuse und Vögel schleppten von irgendwo ein Modeblatt herbei und fertigten nach dieser Vorlage über Nacht ein Festgewand. Voller Stolz und Freude zeigte es Cinderella ihren Schwestern, die gelb und blass wurden vor Neid. Und als die eine ein Stückchen Band darauf entdeckte, das einmal ihr gehört hatte, zerrissen die beiden das Kleid und überließen Cinderella ihrer Verzweiflung.

Im Garten draußen beklagte das Mädchen sein bitteres Geschick. Aber als es die Hände von den weinenden Augen nahm, stand im Sternenglanz eine gute Fee vor ihm. Ein Wink ihres Zauberstabes verwandelte Cinderellas Küchenkleid in ein schimmerndes Festgewand, einen Kürbis, der da unter großen grünen Blättern lag, in eine Staatskarosse, und aus den Mäusen, die das alles mit offenen Schnäuzchen ansahen, wurden feurige Rosse, die im Nu Cinderella zum Schloss brachten. Den ganzen Abend lang tanzte der Prinz mit dem schönen Mädchen. Zu schnell verflogen Cinderella die Stunden bis Mitternacht, wo der Zauber seine Kraft verlor. Traurig, und doch dankbar für die Freude, die ihr geschenkt worden war, eilte sie davon. Auf der Treppe aber strauchelte sie, und zu s pät erst, in der Karosse, merkte sie, dass eine r der schönen gläsernen Schuhe auf dem Purpurrot der prächtigen Läufer liegen geblieben war.

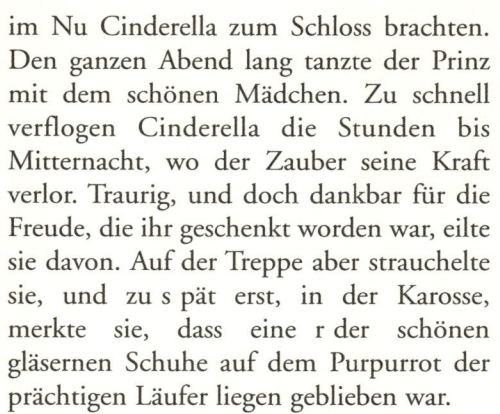

Am nächsten Tag herrschte im Schloss die größte Bestürzung. Der Prinz dachte nur an das schöne Mädchen, aber niemand wusste, wer es gewesen war, und der König zankte deswegen mit seinem Kanzler. Aber da er ein weiser König war, kam er sogleich auf einen guten Gedanken. Er schickte seine Sendboten durchs Land und ließ alle Frauen und Mädchen den gläsernen Schuh probieren. Es dauerte nicht lange, da kam auch die Reihe an die Töchter der bösen Stiefmutter. Vorsorglich hatte man Cinderella in ein dunkles Verlies gesperrt, denn den dreien ahnte nichts Gutes, und man gedachte, jeden lästigen Mitbewerber, so gut es gehen wollte, von vornherein auszuschließen. Die Mäuse und der Hofhund aber arbeiteten mit allen Kräften an dem Schloss zu Cinderellas Gefängnis. Endlich brachen die schweren Riegel ...

Keiner der beiden Schwestern hatte der gläserne Schuh gepasst. Der königliche Bote war im Begriff, das Haus zu verlassen. Da erschien Cinderella. Bei ihrem Anblick schmetterte die Stiefmutter den gläsernen Schuh auf den Boden, dass er in Stücke ging. Cinderella aber konnte dem Boten den zweiten Schuh vorweisen und siehe, er passte wie angegossen.

Im Triumph wurde das Mädchen in den Palast geführt, wo der junge Prinz schon seiner schönen Braut harrte. In ihrem Glück vergaß Cinderella nicht ihre treuen Freunde, und die Mäuse und die Vögelchen lebten fortan mit ihr im Schloss, sorglos und zufrieden bis an ihr Lebensende.

Von den Bäumen des Schlossgartens sangen die Vögel Cinderella jeden Morgen und jeden Abend ihre Lieder und sie selbst streute ihnen Krumen und Samen und behielt sie lieb wie in den Tagen, in denen sie ihr so sehr geholfen hatten. Die kleinen Mäuse aber fanden in den Kellern des Schlosses ein herrliches Reich; hier konnten sie laufen, spielen und sich verstecken, es tat ihnen niemand etwas zu Leide. Denn der böse Kater war bei den grämlichen Schwestern geblieben, die sich nun mit ihm allein die Zeit vertreiben mussten.

Prinzessin

Es ist nun schon sehr lange her, da lebte in einem wunderschönen Land ein freundlicher, lustiger König mit seiner lieben Gemahlin und seinem hübschen Töchterlein „Kirschmund". Da in seinem ganzen Reich unzählig viele Kirschbäume wuchsen, hieß er ganz allgemein der „Kirschkönig". Sein Schlösschen lag inmitten eines großen Kirschwaldes. Frohsinn und Heiterkeit herrschten in diesem schönen Land.

Zweimal im Jahr wurden große Feste abgehalten. Im Frühling feierten Jung und Alt das Kirschblütenfest, da tanzte das Volk, auf den Straßen gab es Kuchen und Kirschsaft für jedermann. Noch schöner war aber beinahe das Fest der Kirschenernte. Wenn die dunkelroten, gelbroten, glasroten Kirschen im grünen Gezweig der Bäume lachten, nahmen Jubel und Freude der Menschen gar kein Ende. Das Lachen, Singen und Musizieren klang bis ins Reich des bösen Nachbarkönigs, der König „Kümmerlich" genannt wurde. Sein Land war trocken und steinig, nichts wollte dort gedeihen, außer vielleicht Disteln und Dornen. König Kümmerlich hatte auch einen Sohn, Prinz „Knurrig". Das war ein magerer, kleiner Bursche mit struppigen, schwarzen Haaren und grün funkelnden Augen. König Kümmerlich ärgerte sich grün und blau, wenn der Wind die fröhlichen Klänge aus dem Nachbarreich zu ihm trug. Er beschloss in seinem schwarzen Herzen, dem Kirschkönig einen argen Streich zu spielen und ihm sein Töchterlein Kirschmund zu rauben. So schickte er einen seiner Diener aus und befahl ihm, das Schloss des Kirschkönigs zu umschleichen, bis es ihm gelänge, das Prinzesslein zu entführen. Eines Tages, zur Zeit der Kirschenernte, spielte Kirschmund mit ihren Freunden und Freundinnen im Kirschwäldchen. Sie tanzten und sprangen, kletterten auf die Bäume und aßen Kirschen nach Herzenslust. Das Königskind war die Lustigste von allen, ihre goldenen Locken flogen und ihr roter Mund lachte. Nun stieg sie auf einen alten Kirschbaum, der nahe der Schlossmauer stand. Ein Ast ragte weit über das Gemäuer. Flink wie ein Eichhörnchen kletterte Kirschmund auf ihn. Eben wollte sie ihr Händchen nach einem besonders großen Büschel saftiger Kirschen strecken, da wurde sie plötzlich von etwas Dunklem umhüllt, auf ein Pferd gehoben, und fort gings mit Windeseile. Kirschmund wusste nicht wohin.

Als sie aus der schwarzen Decke geschält wurde, wusste sie freilich, wo sie war, nämlich bei König Kümmerlich. Du liebe Zeit, wie unheimlich und kalt war das Schloss, wie finster blickten der König und Prinz Knurrig! „Hm, hm, so, so, da bist du ja, Prinzess Kirschmund", brummte der König. „Du bleibst jetzt bei mir, wenn du groß bist, heiratest du meinen Sohn." - „Oh!", rief das Prinzesslein unerschrocken, „ich will aber nicht!" - „Ob du willst oder nicht, ist mir ganz gleich", lachte der König. Da wurde Kirschmund fuchsteufelswild, sie sprang auf König Kümmerlich zu und schrie, kirschrot vor Zorn: „Und ich will, und will, und will aber nicht!" Zuerst war der König sprachlos vor Überraschung, doch dann befahl er: „Packt die kleine Wildkatze und sperrt sie gut ein." So wurde das Prinzesslein in ein festes Haus gebracht, das mitten im Schlosshof stand. Ins alleroberste Dachstübchen schloss man sie ein. Da saß sie nun traurig und verlassen. Zufällig griff sie in das Täschchen ihres weißen Kleidchens, da merkte sie, dass es voller Kirschkerne war. Aus lauter Langeweile warf sie ein Kernlein nach dem andern zum Fensterlein hinaus.

146

Kirschmund

Des Nachts, als alles schlief, kam die gute Fee Wohlgedeih aus Kirschkönigs Reich, um das Prinzesslein zu suchen. Sie merkte auch gleich, wo Kirschmund gefangen saß. Zu ihrer Freude sah sie auch all die weißen Kirschkernlein im Hofe herumliegen. Schnell holte sie ein Kännlein Wunderwasser aus ihrer Quelle und begoss die Kernlein damit. Sogleich dehnten und streckte sich die Kerne, kleine Keime, Pflänzlein und schließlich Bäumchen wuchsen daraus, wurden immer größer und größer, blühten und trugen süße Früchte. Ein langer Ast streckte sich bis hinauf zum Fensterlein, hinter dem Kirschmund schlief. Krips, kraps, kratzte er an der Scheibe. Prinzesslein erwachte, voll Freude sah es den schönen Ast, der schon reife Kirschen trug. Eins, zwei, kletterte sie aus dem Fenster. Fee Wohlgedeih nahm sie in ihre Arme und trug sie schnell, schnell zurück in Kirschkönigs Schloss.

Da schlief noch kein Mensch, denn alle suchten, riefen und weinten nach Prinzesslein Kirschmund. Als sie nun frisch und gesund dort stand, war die Freude riesengroß.

Kirschmund erzählte auch gleich, wo sie gewesen war. Der gute König wurde sehr, sehr zornig, als er hörte, dass König Kümmerlich sein einziges Töchterlein geraubt hatte. Er rief: „Sofort sollen alle Krieger zusammenkommen, wir wollen den bösen König überfallen und vernichten!" – „Sachte, sachte, lieber Mann!", mahnte die verständige Königin. „Wart noch ein wenig, wart bis die Sonne über dem Schlosse steht!" Der gute König ließ sich auch besänftigen. Vormittags schon blies der Wächter in sein Horn und meldete, er sehe König Kümmerlich mit Prinz Knurrig heranreiten. So war es auch.

Als nämlich König Kümmerlich am Morgen die wunderschönen, früchteschweren Kirschbäume in seinem Hof stehen sah, war er überglücklich und dem Prinzesslein sehr dankbar. Er bereute es von ganzem Herzen, dass er es so grausam eingesperrt hatte. Schnell eilte er in das Dachkämmerlein, in dem Kirschmund gesessen hatte. Als er es leer fand, ahnte er, dass das Kind auf wunderbare Art wieder in ihres Vaters Reich gelangt war. Nun war er also gekommen, den guten Kirschkönig um Verzeihung zu bitten und dem Prinzesslein für die herrlichen Bäume zu danken. Das bitterböse Gesicht des Kirschkönigs verklärte sich bald zu heiterem Lachen, als er hörte, weshalb König Kümmerlich zu ihm gekommen war. Kirschmund aber rief: „Die Bäume ließ Fee Wohlgedeih wachsen, nicht ich. Ihr tut mir ja wirklich auch Leid, weil euer Land so traurig und öde ist. Schnell will ich zur guten Fee Wohlgedeih laufen und sie bitten, dass sie euch hilft und euer Land fruchtbar macht!" Husch, husch, sprang Prinzesslein in das Kirschenwäldchen, wo die gute Fee an der Wunderquelle saß und sang. „Ach, bitte, bitte, liebe Fee Wohlgedeih, hilf doch König Kümmerlich, dass in seinem Lande auch etwas Gutes wachsen kann!", rief Kirschmund schon von weitem.

Fee Wohlgedeih liebte das Kind nun sehr und wollte ihm gern den Wunsch erfüllen. „Lass mich nachsehen, was ich noch in meinem Säcklein habe", antwortete sie. „Oh, da hab ich ja noch viele Pflaumenkerne, die will ich heute Nacht in König Kümmerlichs Reich aussäen und fleißig begießen!" – „Danke, danke, liebe, gute Fee!", rief Kirschmund und umarmte sie stürmisch. Dann rannte sie ins Schloss zurück und rief freudestrahlend: „Hurra, bald bist du Pflaumenkönig und kein König Kümmerlich mehr; und du bist Prinz Pflaumensüß!", rief sie Prinz Knurrig zu, fasste ihn an beiden Händen und tanzte mit ihm, bis der Prinz lachte; da sah er plötzlich wie ein lieber, lustiger Bub aus!

Im Herbst reiften im Nachbarreich Pflaumen, Pflaumen und wieder Pflaumen. Das ganze Volk jubelte und jauchzte über die wunderbare Ernte. Die beiden Könige wurden die besten Freunde. In ihren Ländern gab es reiche Ernten, Glück und Freude!

Anni Gwehenberger

Die Wurzelk...

Ada und Ottilie waren Nachbarskinder. Immer waren sie beisammen. Sie gingen miteinander zur Schule und in die Kirche, machten ihre Hausaufgaben gemeinsam, spielten zusammen - was die eine wollte, das mochte auch die andere tun. Besonders schön dünkte es sie, wenn die eine aus einem Märchenbuch vorlas, während die andere Handarbeiten machte. Meist saßen sie dabei in Adas Garten. Adas Vater war Gärtner. Niemand hatte so schöne Blumen wie er. Zu jeder Jahreszeit war um sein Haus ein bunter Flor. Im Lenz gab es Schneeglöckchen, Narzissen, Märzbecher, Hyazinthen und Tulpen. Im Sommer Rosen, Lilien, Nelken. Im Herbst Astern und Georginen und die wunderschönen Chrysanthemen in Weiß, Gelb und Rot. Sogar im Winter hatte Herr Roth ein ganzes Treibhaus voll Blüten: Primeln, Alpenveilchen und wie sie alle heißen mochten.

„Weißt du", sagte Ottilie einmal, „ein Rosenbeet ist gewiss etwas Schönes, und die Feuerlilien und Kaiserkronen sind stolze, herrliche Blüten. Aber wenn ich im Mai eine blühende Wiese sehe, denke ich immer, das sei das Allerschönste, was es gibt."

„Das sagt meine Mutter auch", entgegnete Ada, und nach einer Weile redete sie weiter wie für sich: „Niemand pflegt die Wiesenblumen, und doch blühen sie Jahr für Jahr so schön und bunt. Ich bilde mir ein, unten im Boden muss jemand sein, Zwerglein oder Elfenkinder oder Feen, die für sie sorgen."

„O du, dahin möchte ich einmal kommen", jubelte Ottilie auf.

An dieses Gespräch dachten sie aber gar nicht mehr, als sie an einem Wintertag im Treibhaus saßen. Dort befand sich ein ganzer Wald von Lorbeerbäumen, man konnte sich so richtig in den Sommer hineinträumen, wenn man zwischen dem herb duftenden Laubwerk saß.

Auf einmal regte sich etwas vor den lachenden, plaudernden Mädchen. „Ada!", flüsterte Ottilie, und im selben Augenblick hauchte Ada: „Ottilie." Beide blickten atemlos auf ein kleines Kerlchen, das vor ihnen stand. Es war vielleicht so groß wie eine Maus, wenn sie ein Männchen macht. Sein Gesichtlein sah jung und rosig aus, schief auf seinem Kopf saß ein blaues Mützchen, Höslein und Jöpplein waren grasgrün, die Schuhe an den nackten Beinchen weiß, mit einer niedlichen rote Spitze. Der Kleine nahm seine Kopfbedeckung ab, machte eine Verbeugung und sagte: „Die Wurzelkinder laden euch ein, in ihr Reich zu kommen."

„Die Wurzelkinder?", fragten die Mädchen wie aus einem Mund.

Das Männlein nickte: „Ja, die Wurzelkinder. Sie wohnen im Boden unter der Wiese. Habt ihr nie von ihnen gehört?"

„N... nein", antworteten die Kinder zaghaft, „von Wurzelkindern hat uns noch niemand erzählt."

„Oh - dann müsst ihr sie aber kennen lernen! Kommt, ich führe euch zu ihnen!"

„Unter die Erde?", fragte Ada ängstlich. „Dahin können wir nicht - sieh, wie groß wir sind!" „Ich werde euch so klein machen, so klein, wie ich bin", erbot sich das Männlein.

„Und nachher wieder groß?", fragte Ottilie.

„Freilich. Wenn ihr zurückkommt, werdet ihr wieder groß", versicherte der Kleine.

Ottilie lachte Ada an: „Ich möchte schon."

„Ich auch", nickte diese. „Wir wollen unsere Mäntel holen, draußen ist es kalt."

„Oh, in die Kälte müssen wir nicht hinaus", erklärte der Knirps. „Dort hinter dem großen Wasserfass ist ein Loch, in das brauchen wir nur zu kriechen - unter der Erde ist es so warm wie hier im Treibhaus."

Die Mädchen hüpften vor Freude, und Ada rief: „Los! Mach uns klein, du winziges Männlein!" „Ihr braucht nur ein Lorbeerblatt zu essen", verlangte der Kleine. Die Mädchen zupften eines der steifen Blätter aus der grünen Pracht und begannen, es zu kauen. Enttäuscht verzogen sie das Gesicht. Das Männlein lachte lustig auf. „Ja, Lorbeer ist bitter", gab es zu. „Ihr braucht sie nicht ganz zu essen, kaut sie ein wenig und verschluckt einen Tropfen Saft, das genügt."

Und es genügte denn auch. Die Mädchen stellten bald fest, dass sie nicht größer waren als der kleine Bote aus dem Wurzelreich. Lachend und vor Freude hüpfend, folgten sie ihm, schlüpften in das Loch hinter dem Wasserfass und kamen in einen Gang, von dem aus viele Abzweigungen nach rechts und links führten. Es herrschte überall ein zartes, rötliches Licht. Neugierig blickten die Mädchen um sich. In den Gängen war ein geschäftiges Treiben. Knaben und Mägdlein regten sich da mit Körben und Butten, denen sie etwas entnahmen und an die vielen, vielen kleinen Würzelchen hefteten, die von oben herabhingen.

„Sind das die Wurzelkinder?", fragte Ada.

Der Knirps nickte: „Freilich."

„Was tun sie?", wollte Ottilie wissen.

„Das werdet ihr alles erfahren", versprach das Männlein. „Zuerst muss ich euch zu unserem König führen, der mich zu euch gesandt hat."

Ada blieb verwundert stehen. „Der König hat dich gesandt? Kennt er uns denn? Woher weiß er von uns?"

„Oh, die Bienen, Schmetterlinge und Hummeln und die fliegenden Samen erzählen ihm von allen Menschen", sprach der Kleine. „Solche, die die Blumen besonders lieben, lässt er manchmal holen."

Sie waren währenddessen in einen Saal gekommen, in dem es hell war wie im Sommersonnenschein. Da standen viele winzig kleine Tische, an denen Knaben und Mädchen saßen und eifrig arbeiteten.

„Was tun sie?", hätte Ottilie beinahe gefragt, aber eben noch rechtzeitig fiel ihr ein, dass das Männlein gesagt hatte, sie erführen alles, wenn sie nur erst beim König gewesen seien. Und da sahen sie ihn, den König. Er schaute eigentlich gar nicht anders aus als die anderen Männlein ringsum, und er saß wie sie an einem Tisch und arbeitete. Aber sie merkten doch gleich, dass es der König war. Er ist schöner als alle andern, dachte Ada, aber warum? Was macht ihn schöner? Sie standen schon eine ganze Weile vor ihm, da sann sie noch immer darüber nach. Auf einmal hörte sie, wie ihr kleiner Begleiter sagte: „Hier sind die Mädchen, König."

Der König nickte ihm freundlich zu: „Ich danke dir." Der Knirps machte eine Verbeugung und ließ sich dann an einem freien Tisch nieder, wo er sofort eifrig zu arbeiten begann.

„Ich habe euch holen lassen", sprach der König zu den beiden Mädchen, „weil ich erfahren habe, dass ihr die Blumen so sehr liebt und nie achtlos wegwerft, wenn ihr sie gepflückt habt. Nun sollt ihr sehen, wie sie werden." Er führte sie von Tisch zu Tisch. Was arbeiteten all die Wurzelkinder? Sie schnitzten wunderfeine Blüten: Gänseblümchen, Dotterblumen, Veilchen, Vergissmeinnicht, Glockenblumen - Ada und Ottilie kannten sie alle von der Wiese her; und wenn die kleinen Kunstwerke fertig waren, schlossen sie sie in Knospen ein und legten diese in Körbe und Butten. Andere Knaben und Mädchen trugen sie hinaus in die Gänge und befestigten sie an den Wurzeln. Oh, wie schön das war! Ottilie und Ada waren ganz still geworden, sie schauten nur und schauten und horchten auf das, was ihnen der kleine König erklärte. Als er endlich schwieg, atmete Ada tief auf und sagte: „Oh, wie schön das ist!" Ottilie nickte nur, sie konnte gar nimmer reden.

„Nun seid ihr müde geworden", sprach der König. „Ehe ihr nach Hause geht, müsst ihr ein Stündchen schlafen." Er winkte einem der Knaben, und dieser brachte ein paar von den Zweiglein, die vor ihm auf dem Tisch lagen; wie dürr schauten sie aus. „Nehmt sie mit und steckt sie zu Hause ins Wasser!" sprach der König, indem er sie den Mädchen reichte. Darauf führte er sie in ein Seitengemach. Da stand Lager an Lager, alle aus Blütenblättern aufgeschüttet. Ein Duft war das!

„Welches ist deine Lieblingsblume?", fragte der kleine König Ottilie.

„Das Heckenröslein", sagte sie.

Er wandte sich zu Ada: „Und die deine?"

„Das Vergissmeinnicht."

Er führte Ottilie an ein Lager aus Heckenrosen, Ada an eines, das aus Vergissmeinnichtchen aufgeschüttet war. Die Mädchen sanken denn auch sofort darauf nieder und schliefen im nächsten Augenblick tief und fest.

„Da liegen sie nun und schlafen", sagte auf einmal jemand sehr laut, dass sie davon erwachten. Sie blickten sich verwundert um. Sie saßen auf ihren Stühlchen unter den Lorbeerbäumen, und um sie war dunkle Nacht. Der Gärtner stand mit einer Laterne vor ihnen. „Wo seid ihr denn gesteckt? Ich habe das ganze Treibhaus schon abgeleuchtet, vorhin waren die Stühlchen leer", sprach er.

„Bei den Wurzelkindern", gähnte Ada. „O Vater, es war so schön!"

„Du hast geträumt", lachte der Gärtner.

„Ich war auch bei den Wurzelkindern", mischte sich Ottilie ein. „Wie lieb der kleine König war. Herr Roth, oh - und jetzt wissen wir, wie das mit den Wiesenblumen ist -, nicht, Ada?" Diese nickte: „Das müssen wir dir erzählen, Vater."

„Später, später", drängte dieser. Dann schob er sie vor sich her aus dem Treibhaus hinaus und in die Stube hinein. Da saßen die beiden Mütter und sahen sehr bestürzt aus. Aber als sie ihre Kinder gewahrten, lachten sie froh und hörten erstaunt auf ihre Erzählung.

Die Zweige steckten Ada und Ottilie in eine Vase, wie der König ihnen aufgetragen hatte. Nach ein paar Wochen brachen die Knospen auf, und es schlüpften weiße Blüten heraus. „Kirschblüten!", jubelten die Kinder. „Mitten im Winter Kirschblüten!" Sie stellten sie aufs Fenstersims, und jedermann, der sie sah, sagte, sie sähen mit der verschneiten Landschaft im Hintergrund noch viel schöner aus als im Lenz ein blühender Kirschbaum.

O. Müller

Elisabeth

Elisabeth, ein junges Mädchen, schlich unbemerkt aus dem Haus. Sie huschte um die Ecke und lief dem nahem Wald zu.

Elisabeth war ärgerlich. Immer wollte man irgendeine Hilfeleistung von ihr! Einmal brauchte die Großmutter etwas, einmal Vater oder Mutter, und dann wieder Susi, das kleine Schwesterchen. Sie wollte lieber nichts tun, frank und frei sein und spielen, wann und wo es ihr gefiel. Außerdem: Warum schien nicht immer die Sonne? Warum ging nie alles so, wie sie es wollte? Warum wohnte sie gerade hier und nicht woanders? Warum war sie ausgerechnet Elisabeth und nicht irgendeine Prinzessin, die nichts zu tun brauchte, als sich schön anzuziehen? Warum, warum, warum ...?

Recht verdrossen setzte sich Elisabeth auf eine waldumrauschte Bank und fing zu weinen an. Je länger sie weinte, desto unglücklicher fühlte sie sich.

Mit einem Male spürte sie, wie ihr jemand die Hände vom Gesicht nahm.

Vor ihr stand eine alte Frau, die sie noch nie gesehen hatte.

„Was für ein Allerweltschmerz bedrückt dein Herz?", fragte eine freundliche Stimme.

„Ich ... Ich ...", schluchzte Elisabeth und wusste nicht recht, wie sie alles erklären sollte.

Als sie ihr Gestammel beendet hatte, sagte die gütige Frau:

„Ich sehe schon, bei dir fehlt's eigentlich nirgends. Du findest dich bloß mit deiner eigenen Person und deiner Umwelt nicht ab. Du willst Dinge anders haben, die nicht anders sein können, und du willst jemand anderer sein, der du nicht sein kannst, weil du eben Elisabeth bist, so wie die anderen Frieda, Mizzi, Rudi oder Peter sind! Und du musst immer wieder deiner Großmutter, deinen Eltern oder dem kleinen Schwesterchen behilflich sein? Ja warum denn nicht? Ist es nicht besser, du kannst anderen helfen, als die anderen müssen dir helfen, weil du gebrechlich bist? Jeder Mensch muss arbeiten, sofern er dazu fähig ist. Man kann nicht bloß seinem Vergnügen leben! Nicht immer gibt es Sonnenschein.!"

„Ach ja, das ist's auch - ich möchte eben, dass immer die Sonne scheint ..."

„So, das möchtest du? Hm, hm. Willst du mir ins Zauberreich folgen? Ich möchte dich einiges lehren."

„Ins Zauberreich? O wie gern folge ich dir dahin!"

Elisabeth ließ sich von der gütigen Frau bei der Hand nehmen und durch den Wald führen, der immer dichter und undurchdringlicher wurde.

Sie erreichten eine Weggabelung.

„Ich möchte hier gehen", deutete Elisabeth auf den einladenden Weg, der glatt und bequem dahinführte. „Da kann ich so richtig vorwärts stürmen!"

„Und blindlings ins Unglück rennen!", ergänzte die alte Frau. „Einen Weg muss man mit Bedacht gehen, soll er zum Erfolg führen! Der andere ist der richtige!"

„Der steinige, mühsame?"

„Jawohl, der Weg der Erkenntnis ist mühsam, aber mit jedem Stein, den man überwindet, wird man um eine Erfahrung reicher."

Sie gingen den steinigen Weg. An seinem Ende befand sich ein Gartentürchen.

Die alte Frau öffnete es und ließ Elisabeth eintreten.

„Sobald du den Garten betrittst, wird der Sonnenzauber wirksam und hält so lange an, bis du dir Regen wünschest."

„Bis ich mir Regen wünsche?", lachte Elisabeth. „Niemals!" Ehe sie noch fragen konnte, worin denn der Zauber bestehe, der auf sie warte, war die alte Frau verschwunden.

Elisabeth betrat den Garten, der ganz so aussah, wie der Garten daheim, aber doch anders. Eitel

Sonnenschein umfing sie, und die Blumen dufteten. Und da - ja, da stand das Haus! Es war wie ihr Elternhaus, und doch anders.

Elisabeth ging hinein, schritt durch den Vorraum und gelangte in Großmutters Zimmer.

Aber die Großmutter war nicht da. Oder ja, sie war doch da! Sie selber, Elisabeth, war die Großmutter!

Sie stand auf schwachen Füßen, griff nach dem Stock und ging mühselig zum Tisch.

Ächzend ließ sie sich nieder und schob das Kissen ins schmerzende Kreuz.

Dann löffelte sie ihre Morgensuppe. Sie verschüttete etwas, weil die Hände zitterten. Sie konnte nichts dafür, doch kränkte sie sich, dass es ihr passiert war.

Sie wollte Brot dazu essen, aber sie konnte es nicht beißen und brockte es in die Suppe.

Als sie gegessen hatte, wollte sie Zeitung lesen. Aber ohne Brille sah sie nichts, und die Brille lag drüben auf dem Kamin.

Sie würde Elisabeth rufen! Oder lieber nicht! Es war so peinlich, immer eine Hilfeleistung verlangen zu müssen!

Wo steckte übrigens das Mädel? Schwerfällig erhob sie sich und schlurfte zur Tür.

Als sie die Tür öffnete, befand sie sich in der Küche. Sofort hatte sie sich in die Mutter verwandelt und stand beim Herd und kochte.

Tausend Gedanken und Sorgen gingen ihr durch den Kopf:

Vater kam bald zum Essen nach Hause ...

Nach der Großmutter sollte man einmal sehen ...

Susi war eben nebenan wach geworden, und man sollte ihr beim Ankleiden behilflich sein ... Waschen musste sie noch heute, bügeln, flicken, dieser und jener Handgriff wartete auf sie ... So viel Arbeit gab's! ...

„Elisabeth!" Sie könnte doch ein bisschen helfen. Wo blieb das Mädel?

Sie öffnete die Tür zum Wohnzimmer und trat ein. Susi hockte auf ihrem Bett und mühte sich vergebens, in die Strümpfe hineinzukommen.

Und schon war sie selbst Susi geworden.

Was das Strumpfanziehen doch für eine Arbeit war! Und erst die Schuhe!

Uff! Wie schwierig, den Fuß darin unterzubringen. Erst den einen - so, dann den anderen!

Als sie beide Schuhe anhatte, besah sie kritisch ihre Füße: Da stimmte doch etwas nicht! Natürlich, sie hatte sie verkehrt angezogen! Es war zum Heulen!

Herunter damit und wieder hinein! Aber jetzt die Schnürriemen, nein, mit diesen wurde sie nicht fertig, da musste man um Hilfe rufen: „Liiisiii ...!"

Oje, jetzt würde man entdecken, dass sie der neuen Puppe den Arm ausgerissen hatte! Gewiss würde sie Schelte bekommen!

Der Vater kam herein und legte seine Hand auf ihren Kopf.

„Mein liebes Kind!" sagte er.

Kaum hatte er sie berührt, da war sie der Vater.

Recht müde war er vom Tagwerk nach Hause gekommen. Unzählige Gedanken und Sorgen, die das Wohl und Wehe der Familie betrafen, beschäftigten ihn: Hier musste man etwas kaufen, dort etwas bezahlen, da etwas ausbessern, dort etwas erneuern. Ja, es war gar nicht so leicht, Familienvater zu sein!

Mit einem Seufzer ließ er sich auf einen Stuhl fallen. Wie müde die Füße waren! Es wäre nett von Elisabeth, wenn sie ihm jetzt die Hausschuhe bringen würde.

„Elisabeth!" Sie kam nicht.

War das Mädel vielleicht im Garten?

Er ging in den Garten.

Sonnenschein, prächtige Umgebung, ein Schloss mit unzähliger Dienerschaft.

Elisabeth war eine Prinzessin.

Sie besaß viele schöne Kleider, aber sie musste viel, viel lernen, denn eine Prinzessin muss viel wissen. Sie durfte auch nicht machen, was sie wollte. Sie musste sich streng der Hofetikette fügen. Das war langweilig und gar nicht so, wie sie sich's vorgestellt hatte. Vielleicht - um dem ganzen Zeremoniell zu entfliehen - suchte man das Gartenhäuschen dort auf?

Ahh - kaum hatte sie es betreten, war sie wieder Elisabeth. Sie war frank und frei, umgeben von einer Unmenge Spielsachen und Belustigungen, und niemand konnte sie stören. Elisabeth spielte und vergnügte sich nach Herzenslust.

Aber - bald wurde sie sehr traurig und einsam: Niemand brauchte sie, niemand rief sie, niemand hatte Sehnsucht nach ihr ...

Elisabeth verließ das Gartenhaus und ging ins Freie.

Jetzt war sie irgendwo anders. Ringsum dehnte sich eine weite Ebene, und fremde Menschen umgaben sie. Die Sonne brannte unbarmherzig herab und dörrte das Land aus. Heute, morgen, übermorgen, immer ...

„Wo ist mein waldumrauschtes Heimatdorf? Wo sind meine Berge und Täler, meine saftigen Wiesen? Diese Hitze halte ich nicht aus!", klagte Elisabeth. „Ach, möchte es doch einmal regnen!"

Kaum war der Wunsch ausgesprochen, ertönte ein Donnerschlag, und Elisabeth fand sich auf der Waldbank wieder.

Die ersten Tropfen fielen, und es galt, rasch nach Hause zu kommen, um nicht nass zu werden. „Da bist du endlich!", empfing sie die Mutter bei der Gartentür. „Du warst so lange fort! Willst du mir nicht beim Wäscheausbessern helfen?"

„Mit tausend Freuden!", antwortete Elisabeth und schlüpfte ins Haus.

Der Regen rauschte herab, als sie mit der Mutter im gemütlichen Wohnzimmer bei der Flickarbeit saß.

Neben ihr hockte Susi auf dem Schemel und blätterte im Bilderbuch. Nie mehr wollte Elisabeth mit sich und ihrer Umgebung unzufrieden sein, und nie mehr würde sie sich feig davonschleichen!

Schön war's doch hier! Und doppelt schön war's, Elisabeth zu sein und helfen zu können, wo es Not tat!

Margarita Rehak

Die verlorene Melo...

Vor Jahren lebte in einem Gebirge in Griechenland ein armer Mann, Ägos, mit seinem Weib Glauke. Sie besaßen eine Herde Ziegen. Ziegenmilch und Käse bildeten die Hauptnahrung der beiden Leutchen. Ja, die Tiere sorgten auch für Kleidung, die Ziegenfelle wurden gegerbt und zu dauerhaften Gewändern verarbeitet. Aber es fehlten ihnen doch immer einige wichtige Nahrungsmittel wie Öl oder Mehl. So schnitzte Ägos abends beim Schein eines Kienspans kunstvoll Löffel und Schalen um sie im Tal zu verkaufen. Sie hatten noch einen Hausgenossen, den zu erwähnen ich fast vergessen hätte: das Eselchen Dolon. Hatte Ägos nun genug geschnitzt und jammerte Glauke wieder einmal, dass sie kein Stäubchen Mehl mehr zum Backen des Brotes habe, so nahm der Mann einen Ledersack, in den er alle seine Schnitzarbeiten hineinpackte, den legte er auf Dolons Rücken und ritt über die felsigen schmalen Pfade dem Tal zu.

Nun war Glauke ganz allein und das war die Zeit, da sie sich so recht vom Herzen nach einem Kindlein sehnte. „Wie schön wäre es nur, des Kindes Atem in der Nacht zu hören und wie würde ich tagsüber mit ihm scherzen und plaudern!", dachte sie oft.

Einmal wurde ihr die Wartezeit recht lang. Sie hatte auch Sorge um eine der Geißen, die sich wohl verlaufen hatte. Vielleicht war sie irgendwo abgestürzt oder ein Adler hatte sie geraubt! So machte sie sich eines Morgens frühzeitig auf um nach dem Tier zu suchen. Den ganzen Tag stieg sie in den Bergen umher und rief und lockte vergeblich. Der Abend dämmerte schon, müde setzte sich Glauke auf einen Felsblock. Nun spürte sie auch, wie hungrig sie war. Sie öffnete ihren Lederbeutel und holte eine Kürbisflasche voll Milch hervor und aß einen der scharfen kleinen Ziegenkäse.

Da hörte sie plötzlich einen Ton. Es klang wie das Weinen eines kleinen Kindes. Zuerst überfiel sie Furcht. Was konnte das nur sein? Vielleicht waren es Geister oder Kobolde, die sie necken wollten. Sie lauschte angespannt. Nein, sie täuschte sich nicht, irgendwo weinte ein kleines Kind. Behände sprang sie auf und eilte dem Schall nach. Immer glaubte sie, nun sei das Weinen ganz nahe, aber sie musste noch lange Zeit wandern, ehe sie das kleine Kind tatsächlich fand. Da lag ein kleiner Knabe auf dem rauen, noch sonnenwarmen Stein. Er mochte wohl drei Jahre alt sein und hatte schöne dunkle Locken und große schwarze Augen. Als er die Frau kommen sah, streckte er sogleich seine dicken Ärmchen aus und lachte freundlich. Glauke bückte sich flink zu dem schönen Kind, das ein feines, weißes Leinenhemdchen trug und um den Hals eine goldene Kette. Es musste das Kind reicher Leute sein, aber wie mochte es so hoch ins einsame Gebirge geraten sein?

Glauke hielt sich nicht lange mit unnützen Gedanken auf, sie nahm das Kind auf die Arme. Ach, der Kleine hatte gewiss Hunger und erst recht Durst! Welch ein Glück, dass sie noch etwas Milch in der Flasche hatte! Der Kleine trank gierig, schloss dann müde seine Äuglein und schmiegte sich glücklich und geborgen an Glauke. Sie trug das Kind ihrer Hütte zu. Was würde wohl Ägos zu dem Fund sagen? Schon am nächsten Tag kam Ägos mit wohlgefülltem Sack zurück. Als er die Hütte betrat, da hockte der kleine Findling auf dem Fußboden und spielte munter mit einer alten Glocke.

Glauke hatte ihm schon ein weiches Gewand aus Ziegenfell gearbeitet um das feine Hemdlein zu schonen. Bei dem Anblick war Ägos sprachlos vor Erstaunen. „Wo hast du dir denn den kleinen Mann ausgeliehen?", fragte er Glauke. Da berichtete die Frau, wo sie das Kind so ganz verlassen, den wilden Tieren und der Nachtkälte preisgegeben, gefunden hatte. „Sollte ich ihn vielleicht in der Nacht allein auf dem Berg lassen?", fragte sie schließlich. „Nein, das konntest du wirklich nicht", entgegnete der Mann lächelnd. „Ich suche jetzt die Geiß." Damit ging Ägos aus der Hütte und sein Weib wusste wohl, dass er auf dem einsamen Weg überlegen würde, was mit dem Kind zu tun sei.

Als Ägos endlich mit der gefundenen Geiß zurückkehrte, sprach er zu Glauke: „Das Kind ist nicht aus unserer Gegend, seine Sprache hat einen anderen Klang; dass es das Kind reicher Leute ist, das merkt man ihm an ohne die Goldkette und das Hemdchen gesehen zu haben. Wie es aber hergekommen ist, weiß nur der Himmel allein. Wir wollen es pflegen und halten wie unser eigenes Kind, bis seine Eltern es wieder zurückverlangen." So blieb der kleine Pyrhos, wie sie ihn nannten, bei ihnen. Er begleitete die Frau auf Schritt und Tritt und bald plauderte er mit ihr, als wäre er schon immer bei ihnen gewesen.

War das Essen schon vorher karg bemessen, so war es nun noch weniger. Aber Ägos und Glauke sparten sich die besten Bissen ab um sie dem Kind zu geben. Oft hielt der Mann die schwere Goldkette abwägend in der Hand. „Wenn ich die verkaufe, so hätte unsere Not ein Ende", dachte er. Doch er legte sie immer wieder zurück auf das rohgehauene Wandbrett. Sie war ja Pyrhos' Eigentum und vielleicht einmal das einzige Erkennungszeichen, wenn seine Eltern ihn suchten. Das Kind wuchs heran und bald hatten Mann und Frau fast vergessen, dass es nicht ihr eigenes Kind war.

Als Pyrhos schon größer war, hütete er die Ziegen. Dabei sammelte er den Honig der wilden Bienen und schnitzte allerlei Gerät. Einmal brachte ihm sein Vater eine Rohrflöte mit. Nun übte Pyrhos immer wieder, bis er eine kleine Tonfolge spielen konnte. Die Töne griffen ihm so sonderbar ans Herz, er probierte immer von Neuem, ob er nicht noch den einen oder anderen Ton dazufinden könne. Am Abend spielte er seinen Eltern das kleine Liedchen vor. Er hoffte, die Mutter würde mitsummen, dann hätte er die Töne, die ihm noch zu fehlen schienen. Aber die Eltern nickten ihm munter zu, sie fanden die Weise richtig und wohlgelungen. Da wurde der Knabe etwas ungeduldig: „Nein, sie ist nicht gut und fertig. Hört ihr denn nicht, dass da noch etwas fehlt?", rief er aus. Die Leutchen wunderten sich über seinen Eifer und schüttelten die Köpfe. Was sollte da schon fehlen? Es war ein ausgedachtes Liedchen, was weiter? Außerdem waren sie müde und wollten nun schlafen.

Aber Pyrhos lag noch lange wach. Er lauschte dem Bergwind, der um das Dach der Hütte strich. Vielleicht wusste der die Melodie? Tag für Tag spielte der Knabe auf seiner Flöte. Er beherrschte das kleine Instrument, aber er suchte und suchte noch immer nach der Melodie, die ihm im Sinne lag. Er lauschte dem kleinen eiskalten Bächlein, er hörte dem wilden Donner zu. Ab und zu fiel ihm wieder ein Ton ein, der ihm zu dem Liedchen zu passen schien; dann war er glücklich und dachte: „Einmal wird es mir gelingen, einmal werde ich das ganze Lied spielen können, so schön, so schön, da werden meine Eltern aber lauschen!" Doch dann grübelte er wieder, wo er nur das Liedchen gehört hatte: War es vielleicht im Traum gewesen? – Es war ihm so, als wäre er sehr, sehr glücklich gewesen, als er das Lied singen hörte. Pyrhos wurde still und nachdenklich, ja traurig, denn er k onnte und konnte die Melodie nicht richtig spielen.

Ägos und Glauke machten sich Sorgen. Das war doch nicht mehr ihr fröhlicher und unbekümmerter Pyrhos? Und nun kam ihnen plötzlich wieder alles deutlich zu Bewusstsein, wie Glauke ihn damals, vor nun fast zwölf Jahren, aufgefunden hatte. „Ich glaube, es ist nun an der Zeit, dass wir ihm erzählen, wie er zu uns gekommen ist", sprach eines Abends Ägos ernst zu seiner Frau. Glauke seufzte und wischte sich die Augen. „Dann werden wir ihn wohl verlieren", sagte sie leise. Der Mann nickte stumm.

Sie sprachen mit Pyrhos und Glauke holte die Goldkette und das Linnenhemdlein hervor und zeigte es dem Knaben. Der stand ganz still und ein Suchen war in seinem Blick. Wo kam er her? Wer waren seine Eltern? Er glaubte sich an ein blaues Wasser erinnern zu können und an Blumen und Vogelgesang. Aber er dachte wieder: „Vielleicht habe ich nur einmal einen schönen Traum gehabt." Er blieb noch eine Zeitlang bei den Eltern. Eines Morgens sprach er: „Ich muss nun von euch gehen und meine Eltern suchen. Ich finde keine Ruhe mehr bei euch in den Bergen. Bitte, denkt nicht, dass ich undankbar bin. Wenn ich meine Eltern gefunden habe, kehre ich zurück zu euch. Ich werde euch nie vergessen!" Glauke gab ihm das Hemdlein und die Kette mit auf den Weg. Ägos reichte ihm einen kräftigen Stecken und hängte ihm einen Ledersack mit Wegzehrung über die Schulter. Er nahm seine Flöte, umarmte seine Eltern zum Abschied und machte sich, ohne noch einmal umzuschauen, auf den Weg. „Ob wir ihn noch einmal wiedersehen?", fragte Glauke bang. „Ich hoffe es", erwiderte Ägos und ging still aus der Hütte.

Drei lange bange Jahre vergingen. So viel die Eltern auch forschten, sie hörten nichts von Pyrhos. Ägos ritt auf seinem Esel weit ins Land hinein, aber niemand hatte etwas von dem Knaben mit der Hirtenflöte gehört oder gesehen. „Wenn ihn die Räuber überfallen haben", sorgte sich Glauke, „oder wenn er in eine Schlucht gestürzt ist?" Der Mann tröstete sie, so gut er konnte, aber auch er wurde immer stiller und sein schwarzes Haar färbte sich grau.

Einmal abends, als sie schlaflos auf ihrem Lager ruhten, hörten sie Rufe und Hornstöße und das Getrappel von Pferdehufen. Was war das, wer kam da in ihre stille Einsamkeit? Ängstlich lauschten sie und richteten sich auf. Da wurde die Tür aufgerissen, Lichterschein von Fackeln ergoss sich in den ärmlichen Raum. Herein stürzte Pyrhos, ihr Pyrhos! Aber er trug ein herrliches Purpurgewand, mit Gold bestickt. Hinter ihm standen Männer, die ebenso schön gekleidet waren. „Steht auf, meine lieben Eltern!", rief er glücklich. „Euer Pyrhos ist da, wie er es versprochen hatte! Ihr, meine Freunde, reitet ins Tal, ich bleibe die Nacht hier!" Die Männer entfernten sich. Pyrhos trug Wein und weißes Brot und einen Kasten voll wunderbarer Geschenke in die Hütte. Die Alten konnten sich nicht fassen vor Staunen und wagten kaum ihn zu berühren, aber wenn er sprach und lachte, so war er doch so ganz ihr geliebter Pyrhos. Und dann erzählte Pyrhos von seiner langen, langen Wanderung: „Und schließlich kam ich an ein blaues, endloses Wasser. Dort standen weiße schimmernde Paläste, herrliche Gärten mit Blumen in allen Farben sah ich da, die Bäume hingen voll goldener und purpurner Früchte. Ich war wie verzaubert. Plötzlich stand ich vor einer hohen weißen Mauer. Ich wollte sehen, was dahinter war, und kletterte hinauf. Da blickte ich in einen herrlichen Garten. Mädchen in langen, weißen Gewändern tanzten auf dem grünen Rasen. Eines der schönen Mädchen spielte auf einem Saiteninstrument die Lieder zum Tanz. Und da, da hörte ich eine Melodie. Denkt euch, die ich so lange gesucht habe! Ich sprang von der Mauer in den Garten und ohne mich zu besinnen auf das Mädchen zu, das die Musik machte. Die Jungfrauen schrieen vor Angst, zugleich kamen bewaffnete Männer herbei und nahmen mich gefangen. Ich wurde vor den König geführt, denn dem gehörten der Garten, der Palast und die Mädchen.

Da erzählte ich meine Geschichte. Der König hörte mir lange und schweigend zu. Als ich ihm die Kette und das Hemdchen zeigte, umarmte er mich plötzlich und nannte mich seinen lieben Sohn.

Dann begann er zu erzählen: Damals, als ich noch klein war, war Krieg im Land. Unsere Feinde hatten eine Schlacht gewonnen, die Burg meines Vaters zerstört und mich, den Sohn und Erben, geraubt. Beim Ritt über das Gebirge hatten sie mich verloren oder ausgesetzt, damit ich Hungers sterben sollte oder mich die wilden Tiere fräßen. Mein Vater griff aber die Feinde erneut an, siegte und dann baute er den Palast schöner auf, als er je gewesen. Aber von mir fand man keine Spur. Ich wurde als tot betrauert. Meine Mutter starb aus Gram darüber. Ich konnte nur ihr Grabmal besuchen!" Pyrhos seufzte. Die Alten hatten mit großen Augen zugehört. Sie konnten es fast nicht begreifen, dass sie einen Königssohn aufgezogen hatten, hier in dieser ärmlichen Hütte. Der Jüngling lachte wieder. „Die Melodie, die ich aber doch gefunden habe, wollt ihr sie hören?" Er holte seine alte Flöte hervor und spielte nun das ganze schlichte und liebliche Tanzliedchen, das ihm vor langer Zeit seine Mutter vorgesungen hatte. Die Alten lauschten glücklich lächelnd. Die lange Nacht war viel zu kurz. Was hatten sie sich nicht alles zu erzählen! Am Morgen kamen die Reiter um ihren Herrn abzuholen. Der Abschied war nicht so schmerzlich, wussten doch die guten Alten, dass es ihrem Liebling gut ging. Er versprach sie auch wieder zu besuchen. „Nun sollt ihr niemals wieder Mangel leiden!", rief er ihnen noch vom Pferd aus zu. Sie winkten ihm nach, solange sie nur noch etwas von ihrem Pyrhos sehen konnten. „Wenn er nur glücklich ist!", lächelte Glauke und fuhr sich mit der Hand über die Augen.

Anni Gwehenberger

DAS WIRTSHAUS zum ARONST...

Ein winziges Käferlein hatte sich auf dem Heimwege verirrt und war in die Irre gelaufen. Die Nacht brach herein und ein kühler Wind tat sich auf. Überdies begann es auch noch zu regnen. Das arme Käferlein fror erbärmlich und zitterte am ganzen Leibe. Es schaute sich die Augen aus, aber nirgendwo war ein trockenes Plätzchen zu finden. Nicht einmal ein welkes Blatt gab es, unter das es sich hätte verkriechen können. Obwohl schon die Frühlingszeit im Kalender stand, war alles ringsum noch feucht und kalt.

Weinend stolperte das Käferlein den Weg dahin. Es war auf den Tod müde und die kleinen Beinchen wollten gar nicht mehr. Schließlich blieb es ermattet am Wegrand liegen und wartete aufs Sterben. In diesem Augenblick kam eine niedliche Schmetterlingsmücke herangesaust. Diese besah sich das Häuflein Unglück und fragte freundlich: „Was machst du denn zu so später Stunde hier? Willst du etwa erfrieren, liebes Schwesterlein? Steh auf und komm mit mir! Gleich hier um die Ecke ist eine Wärmestube. Dort ist es trocken und wundervoll huschelig. Der Wirt ist ein wackerer Mann und hat ein mitfühlendes Herz."

Das halbtote Käferlein raffte seine letzte Kraft zusammen und stolperte hinter der Schmetterlingsmücke her. Und auf einmal kribbelte und krabbelte von allen Seiten allerlei Insektenvolk auf tausend flinken Beinchen heran. Jeder einzelne hatte es furchtbar eilig.

In einer tiefen Bodenmulde - dort, wo es am feuchtesten war - stand die Aronstabpflanze. Blassgrün und niedlich und kerzengerade wie ein Türmchen. Auf diese eilte alles zu, kletterte hurtig hinauf und verschwand in der Blütenröhre wie in einem saugenden Trichter. Husch! -und weg waren sie! Wie vom Erdboden verschluckt. Auch unser Käferlein stemmte sich wacker und arbeitete sich schnaufend hinauf und - sauste auch schon wie auf einer Rutschbahn in die schwarze Tiefe hinab. Die Blütenscheide war nämlich spiegelglatt und - überaus hinterlistig - mit vielen winzigen Öltröpfchen bedeckt. In einem Saus ging es hinunter, dass es ihm den Atem verschlang. Aber unten war es herrlich warm. Vater Aron hatte tüchtig eingeheizt. Er wusste, was ein Wirt seinen Gästen schuldig ist. Die Gaststube war rund wie eine Tonne und hatte keine Fenster. Das war gut, denn so gab es keine kalte Zugluft. Und der Raum wimmelte von zufriedenen Gästen. Jeder krabbelte so lange umher, bis er recht bequem und behaglich saß. Als die Stube gesteckt voll war, sperrte der Herbergsvater den Zugang mit einem Gitter ab.

Einige der Gäste hatten kleine Päckchen mit Blütenstaub mitgebracht. Von anderen Wärmestuben der großen Familie Aron, die sie vordem besucht hatten. Geld gibt es nämlich im Walde keines. Im Walde und auf allen Wiesen wird nur mit Blütenstaub bezahlt. Wer es nicht glaubt, soll getrost einmal eine Biene fragen. Auch diese bekommt den Honig nicht umsonst. Die Gäste streuten den gelben Staub auf die vielen Blüten, die hier unten auf allen Tischen umherstanden. Dafür bekam jeder ein Schöpplein süßen Saftes vorgesetzt, machte sich gleich darüber her und schlürfte das Kännlein schmatzend und mit großem Behagen leer. Wer nichts mitgebracht hatte, bekam auch nichts vorgesetzt. So ist es auch richtig:

Wer faul ist, mag selbst sehen, wie er zurecht kommt. Jede Arbeit findet ihren gerechten Lohn.

Der Herbergsvater war ein kluger Mann und wusste, wie man die Leute anfassen muss. Anfangs tat er nichts dergleichen; er stand bloß da und sah dem Treiben schmunzelnd zu. Und wartete geduldig, denn er hatte Zeit. Nur einmal sagte er wie nebenbei: „Nur recht fleißig sein, liebe Freunde! Je mehr Blütenstaub jeder von euch umher trägt, je mehr Wärmestuben werden im nächsten Jahr wachsen. Wollt Ihr denn frieren?"

Und während er es sagte, zog er heimlich kleine Schleusen auf. Daraufhin begann goldgelber Blütenstaub über die Zecher niederzurieseln. Jeder bekam etwas davon ab, ob er jetzt wollte oder nicht. Vater Aron wusste nämlich, wie man Faulpelze und Drückeberger zum Arbeiten zwingen kann. Und am Ende zog er das Gitter auf und setzte seine Gäste ohne viele Umstände an die Luft. Im Handumdrehen war die Wirtsstube leer.

Schimpfend und murrend torkelten die überraschten Zecher ins Freie hinaus. Die Nachtluft war frostig kühl und ließ sie erschauern. Einer rief: „Freund, dort drüben, gleich hinter jenem Wacholderstrauch, steht die nächste Aron-Wärmestube. Vielleicht haben sie dort noch nicht Sperrstunde." - Und sie hatten Glück: Die Tür stand gastlich offen. In ganzen Trauben sausten sie die Rutschbahn hinab und purzelten wie Kegelhölzer in die behagliche warme Wirtsstube hinein. Nur wenige Gäste saßen trübselig hier umher. Sie hatten leere Becher vor sich stehen und starrten missvergnügt in sie hinein. Sie hatten nichts mitgebracht, also bekamen sie auch nichts vorgesetzt. Aber unser Käferlein trat mutig vor den Herbergsvater hin, schüttelte den Blütenstaub von sich und rief munter: „Herr Wirt, Euer lieber Vetter hat uns hergeschickt. Er lässt einen schönen Gruß bestellen."

Vetter Aron schmunzelte - und schon hatte das schlaue Käferlein einen Schoppen Süßen vor sich stehen. Den andern Blütenstaubträgern erging es ebenso. Nun hob ein fröhliches Zechen an. Und weil sie allesamt nicht singen konnten, summten sie im Chor, was das Zeug hielt. Dazu trommelten sie auf die Tischplatten, dass die Stube dröhnte und das Dach wackelte. Auf einem Ast der alten Föhre hockte die Eule und ärgerte sich. Sie wackelte mit dem dicken Kopf und knurrte: „Unerhört! Dieses Gesindel stört gröblich die Nachtruhe! Wo bleibt da die Polizei, he?"

Hinter dem Stamm der Föhre duckte sich ein Wichtelmann und kicherte schadenfroh. Der Wichtelmann war hier die Waldpolizei und hätte eigentlich dreinfahren müssen. Aber er konnte die Eule nicht leiden. Jedes Mal, wenn sie lautlos an ihm vorbeistrich, erschreckte sie ihn. Und überdies war er der Meinung, dass man dem, der fleißig arbeitet, nicht den Mund verbinden soll. Und laute Fröhlichkeit ist immer noch besser als verkniffene Bosheit! - Er tat also nichts dagegen und ließ das fröhliche Völklein gewähren.

Die Eule murrte und maulte und schlug mit den Flügeln und war sehr verärgert. Aber damit änderte sie nichts. Im Wirtshaus „Zum Aronstab" ging es bis in die Morgenstunden hinein überaus lustig und lärmend zu.

A. Ostry

Der Goldkönig

In einem verborgenen Bergwinkel an der Irdning, mitten im störrischen Gebirge, klebt an einem Felsen ein halb verfallenes Bauernhaus. Knapp daneben zieht sich ein zerrissener Weg vorbei, der in die entlegene, unbarmherzige Wildnis des Grimmings, dieses gewaltigen Einsiedlers unter den Bergen, führt. Unzählige Sagen gibt es dort im oberen Ennstal, in der Umgebung des Grimmings, die von den verborgenen Schätzen in seinem Leibe erzählen. Gold ist es, das dort drinnen sein soll, und es ist nicht von der Hand zu weisen, dass man dort einmal nach dem edlen Metall grub. Deuten doch verschiedene, heute fast zur Gänze eingestürzte Stollen, wie auch eine Reihe von Ortsbezeichnungen darauf hin. Und es ist Tatsache, dass verschiedene Wasserläufe, darunter auch die Irdning, Spuren von Gold führen ...

Es ist schon lange her, dass die Menschen, von der uralten Sehnsucht nach dem Gold getrieben, in den heute verfallenen Stollen gruben, und schon seit dem grauen Altertum versuchte man es zu finden oder künstlich herzustellen. Die schroffen Felswände, die aus dem Tal aufsteigen, und die klobigen Bergbrocken, die ihre Häupter trotzig in den Himmel recken, aber kannten noch keine Eisenbahn, Autos und Motorräder, die heute zu ihren Füßen dahinbrausen. Nur das Poltern der schweren Bauernwagen war damals zu hören und das liebliche Geläute der Schlittenglöcklein, als ... einmal ein Heiliger Abend langsam in den tollen himmlischen Flockentanz dämmerte. Immer dichter wurde das Schneegestöber, immer dunkler der Abend, bis er urplötzlich in die Nacht überging.

Da entzündete der Bauer des halb verfallenen Hauses die Öllampe und hing sie an einen kleinen Haken in der schwarz verrußten Zimmerdecke. Dann öffnete er hastig die Tür und rief Weib und Kinder herein. Auf dem rohen Holztisch stand ein kleines Tannenbäumchen im feierlichen Glanz der rauchenden Talglichter und kündete das Wunder der Christnacht.

Nachdem die Kinder lange und glücklich den Christbaum bestaunt hatten, setzten sie sich hin, um das Abendbrot zu verzehren. Da - pocht da nicht jemand an das Tor? Oder ist es der Sturm? Der Bauer steht auf und geht die Haustür öffnen; da steht ein kleiner Mann draußen, über und über verschneit, und als der Kleine ohne Zögern in den Hausflur tritt, merkt der Hausherr erst, dass ihm der Schnee bis zur Brust gereicht hat und es ihm auf dem verwehten Weg böse ergangen sein muss. Aber er fragt nicht, denn in den Raunächten ist nur das Herz offen und der Mund verschlossen. Hurtig schüttelt das Männlein den Schnee von seinem Mantel und der spitzen Pelzmütze, dankt kurz für den freundlichen Abendgruß des Bauern und schwebt fast lautlos in die Stube. Dort bittet er: „Lasst mich bei euch übernachten, Bauer." - „So lang du willst! Wenn wir auch an allem Not haben, an Platz nicht!" - „Ich danke dir! Hast du vielleicht auch für mich ein Abendbrot? Mir fällt schon der Magen heraus ..." - „Selbstverständlich, wenn du mit dem vorlieb nehmen willst, was wir selbst haben: Kaffee und Zuckerstriezel."

Das Männlein setzt sich an den Tisch. Jetzt erst sieht der Bauer, wie klein es ist. Er muss ihm zwei Pölster auf die Bank legen, damit es mit dem Kopf über der Tischplatte ist und die Hände drauflegen kann. „Iss!", sagt der Bauer und schöpft ihm ein großes Häferl Kaffee aus der Schüssel. Dazu reicht er ihm den Flechtkuchen hin. Aber der Kleine greift nicht zu. Er schaut erst den Gastgeber eine Weile an, dann sagt er plötzlich: „Hast du nichts anderes zu essen, Bauer, als Kaffee und Kuchen? Ich habe einen weiten Weg hinter mir und ich bin sehr hungrig und - mit dem werd ich nicht satt!" Der Bauer macht ein bekümmertes Gesicht. „Meinetwegen. Ein Stück Fleisch und etwas Speck ist wohl da, aber - am Heiligen Abend ist - doch Fasttag!" - „Richtig, ja. Und sonst ist nichts mehr im Haus? Käse oder Fisch?" - „Nein, bei Gott nicht. Wir sind arme Leute. Die einzige Kuh mussten wir heuer schlagen. Sie hat einen Nagel gehabt ... Und Fische ... der Fluss ist schon seit drei Wochen zugefroren."

„Das würde nicht stören", sagt der Kleine. „Ich möchte gerne einen Fisch essen, wenn du ihn nur holen tätest!" Der Bauer blickt den Kleinen zweifelnd an. „Ums Holen wär's nicht, aber das Eis ist balkendick und muss aufgehackt werden. Und dann - wer kann jetzt etwas fangen?" - „Das ist wiederum das Wenigste, das überlass nur mir; ich weiß schon, wie man das macht! Wenn du nur darum gehen willst!"

„Hör zu", sagt das Männchen zu dem Bauern, der seine Frau um das Fischzeug und einen Eimer geschickt hat, während er in den Mantel schlüpft. „Das brauchst du nicht!" Der Bauer schaut das Zwerglein dumm an. Dieses sagt weiter: „Hier, nimm meine Mütze und geh damit zum Fluss. Dort schleudere sie auf die Eisdecke. Das ist alles, was du tun musst, damit wir unseren Fischbraten haben! Aber du musst allein gehen, ich bin todmüde, und du darfst auch niemand mitnehmen!"

Der Bauer schaut das Männchen noch dümmer an, dann begreift er plötzlich: das ist kein irdischer Gast.

Beim Fluss angelangt, dreht der Bauer mit gemischten Gefühlen die weiche Pelzmütze zwischen den Fingern. Wie das geschehen soll? Er schüttelt unverständig den Kopf. Dann aber tut er, wie ihm der Kleine geheißen. Er schleudert die weiche Mütze auf die steinharte Eisdecke und - plötzlich birst das Eis mit leisem Krachen - die Mütze versinkt, um gleich darauf in dem eisfreien Loch des Flusses wieder - prall gefüllt - aufzutauchen. Indessen beginnt es auf dem Fluss zu singen und zu klingen, und lieblich hört er die Mettenglocken läuten ... Es jauchzt und jubiliert rund um ihn, während er die Mütze aus dem Wasser zieht, die so groß wie ein Kohlensack ist und - voll von köstlichen Fischen wimmelt ...

Als die Familie später mit dem Männchen beim Fischbraten sitzt, sind sich alle einig, so guten Fisch noch niemals gegessen zu haben. Dann aber sagt das Männchen „Gute Nacht", und geht schnell schlafen.

Am anderen Morgen nimmt das Männlein Abschied. Die Mütze, in der sich noch ein paar Fische tummeln, schenkt er dem gastfreundlichen Bauer und heißt ihn über alles schweigen. Der Bauer gibt ihm ein Stück Weg das Geleit. Der Himmel ist klar und rein und die Morgenglocken klingen schöner als je. Plötzlich taucht ein strahlendes Licht auf, nur für einen kurzen Augenblick, und als es verschwunden ist, ist auch das Männchen weg.

Über die ganzen Weihnachtsfeiertage und über Neujahr reichte der Fischfang mit der Pelzmütze. Als der Bauer am Heiligen Dreikönigstag den letzten Fisch aus der Mütze nahm, das Männchen hatte ihm aufgetragen, die Fische bis zum Letzten in der Mütze zu lassen, und das Wasser ausleeren wollte, um sie zu trocknen, fielen zu seinem größten Erstaunen viele gelbe prachtvolle Körnlein auf den Boden, deren Untersuchung ergab, dass es reines Gold war. Gold aus dem Fluss!

Und seither war der Goldkönig regelmäßig Jahr um Jahr der Christnachtgast des armen Bauern. Und regelmäßig ging der Bauer in dieser Wundernacht mit der Pelzmütze um Fische und um - Gold. Und regelmäßig stieg sein Wohlstand und Reichtum, bis ... einmal die Nachbarn von der Pelzmütze des Goldkönigs erfuhren, und von dieser Stunde an trachteten, auf jeden Fall einmal den kleinen Mann zu beherbergen und auch mit so einer Mütze belohnt zu werden. Als ihre Mühe aber viele Jahre ohne Erfolg blieb, beschlossen sie, dem Männchen am nächsten Heiligen Abend aufzulauern und sich, wenn schon nicht anders, mit Gewalt in den Besitz der Mütze zu setzen.

Leise und verträumt rieselten die weißen Flocken vom Himmel hernieder, als das Männchen langsam den Fluss entlang kam und sich plötzlich einer Männerschar gegenübersah, die es zuerst inständigst mit Bitten versuchte, ihn zu einem Nachtquartier einzuladen, und schließlich untereinander so in Streit geriet, dass es der Kleine ablehnte, bei irgendeinem von ihnen zu bleiben, weil er ohnehin seinen Gastgeber hatte.

Daraufhin erzürnten die vor Neid ganz aus dem Häuschen geratenen Bittsteller derart, dass sie sich auf den Kleinen stürzen wollten, um ihm wenigstens die kostbare Mütze zu entreißen. Das Männchen, das um sein Leben fürchtete, ergriff die Flucht über den zugefrorenen Fluss. Plötzlich, als die Männer ihm nachfolgen wollten und der Erste seinen Fuß auf das Eis setzte, gab es ein donnerndes Getöse. Das Eis war gebrochen! Voll Schreck und ganz ernüchtert starrten alle in das gurgelnde, rauschende Wasser. Als sie zum anderen Ufer hin überblickten, sahen sie das Männlein im nahen Wald verschwinden.

Franz Hudetz

Die Osterfee

Der Ostermond stand rund und groß am Himmel, als Peter, sein Schwesterchen Mariandl an der Hand, leise, leise aus der elterlichen Hütte trat. Die Tautropfen auf der Wiese glänzten wie Silber, der Himmel zeigte ein märchenhaftes Blau, nicht hell wie am Tage, aber auch nicht dunkel, und die Sterne funkelten wie unzählige winzige Flammen. Der Weg, der krumm und gewunden durch die Wiese zum Walde hinüberführte, war so deutlich zu sehen, dass ihn die Kinder, ohne zu zögern, Hand in Hand betraten und auf ihm dahinwanderten.

„Weißt du, Mariandl", sagte Peter, „jetzt suchen wir die Osterfee. Dort drüben im Walde wohnt sie!"

„Werden wir sie auch finden? Der Wald ist so groß und so finster!" Mariandl fasste die Hand des Bruders fester und sah ängstlich zu ihm auf.

„Du musst keine Angst haben! In der Osternacht geschieht nichts Böses!" Aber in diesem Augenblick schrak er doch selbst zusammen. Rechts vom Wege sprang ein großer Hase in die Höhe; das eine Ohr stand ihm aufrecht empor, das andere hing ihm lang herunter; das sah so drollig aus, dass die Kinder ihren Schrecken vergaßen und laut lachen mussten.

„Ich bin der Hase Klappohr!" sagte er jetzt. „Ihr wollt zur Osterfee? Nehmt mich mit, ich muss auch hin! Heute ist bei ihr große Hasenversammlung und ich müsste den Weg erst suchen. Im vorigen Jahr war ich ein ganz kleiner Hase, da durfte ich noch nicht mit!"

„Komm nur!", sagte Peter, und Klappohr hüpfte in drolligen Sprüngen neben den Kindern her. „Das langsame Gehüpfe macht mir nicht gerade Spaß!" sagte er. „Wenn ich so richtig loslegen wollte, würdet ihr ja Augen machen! Aber ich bleibe bei euch, damit ihr leichter zur Fee hinfindet."

„Du Schlaumeier", lachte Peter, „du meinst wohl, damit d u leichter hinfindest?"

In diesem Augenblick sprang links ein Hase empor: „Ich bin der Hase Wackelschwanz. Ach bitte, nehmt mich auch mit!"

Und dann schlossen sich links und rechts immer neue Hasen an: Flinkefuß, Springbein, Schnuppernase und wie sie alle hießen. Jeder stellte sich artig vor, und Peter erteilte jedem huldvoll die Erlaubnis mitzukommen.

Bald war es eine stattliche Schar, die da hinter den Kindern hüpfte und sprang; ein Gewoge, ein Auf und Nieder der braunen Leiber, das sich immer noch vermehrte.

Denn links und rechts kamen über die Wiese in langen Sprüngen Hasen, die sich dem Zuge anschlossen.

Nun war der Wald schon nahe. Er stand im Mondlicht wie unter einem ganz feinen, silbernen Schleier, und jetzt hörte man die hohen Tannen geheimnisvoll rauschen, leise und merkwürdig, denn die Luft bewegte sich nicht, es wehte auch nicht der sanfteste Wind.

Noch ein paar Schritte, dann blieb Peter stehen und wandte sich um. Augenblicklich bewegte sich auch die große Schar der Hasen nicht weiter. Alle richteten sich auf und machten Männchen, um aufmerksam zu lauschen.

„Ihr lieben Hasen alle!", sagte Peter. „Hört zu, was ich euch sage! Ich gehe jetzt mit meinem Schwesterchen allein in den Wald, um die Osterfee zu suchen. Kämt ihr alle mit, so würdet ihr euch zwischen Gesträuch und Gestrüpp nur verlieren und verirren – der Wald ist groß! Bleibt also hier und wartet auf mich, ich hole euch, sobald ich die Fee gefunden habe!"

Da nickten alle Hasen mit den Köpfen, dass die Ohren schlappten, und alle winkten mit den Pfoten zum Abschied. Dann legten sie sich nieder und schliefen ein. Nur ab und zu richtete sich da und dort ein Ohr lauschend auf, klappte aber gleich wieder herunter, wenn sich kein Laut hören ließ. Peter und Mariandl stiegen inzwischen den Wald hinan, der sich auf einem Bergrücken dahinzog.

„Da ist's ja gar nicht dunkel!", sagte das Mariandl erstaunt.

„Ich weiß auch nicht, wieso das kommt!", meinte Peter. „Der Mond kann's nicht sein, dazu stehen die Bäume viel zu dicht!" Das Vorwärtskommen schien für den ersten Augenblick schwer; es gab viel Gestrüpp und Unterholz. Dicke Wurzeln legten sich quer über den Weg und das merkwürdige Licht machte alles irgendwie unheimlich.

Aber Peter sagte tapfer: „Komm, Mariandl! Wir wollen doch die Fee finden, nicht? Bist du schon sehr müde?"

Sie war nicht weniger tapfer als der Bruder: „Nein, ich bin nicht müde. Wir müssen zur Osterfee – draußen warten ja die vielen Hasen!"

Und siehe da – als sie jetzt weiter gingen, da war auf einmal alles wunderbar leicht! Wo ihr Fuß eine Wurzel berührte, da sank sie in den Waldboden, Gestrüpp teilte sich zu beiden Seiten auseinander, wenn sie ihm nahe kamen, die glatten Nadeln, auf denen sie hinanstiegen, wurden zum weichen Teppich, der ihre Füße nicht ausgleiten ließ.

„Peter, schau dort hin!" Mariandl zeigte mit der kleinen Hand plötzlich seitwärts. Dort schimmerte zwischen fernen Stämmen etwas, das man noch nicht genau erkennen konnte. Es sah aus wie ein riesengroßes Ei - und Peter wusste sofort: Von dort her kommt das merkwürdige Licht!

Das sagte auch schon das Mariandl. „Dort wohnt die Osterfee!" Und sie sagte es so fest und bestimmt, dass Peter ihr folgen musste, ob er wollte oder nicht, als sie ihn jetzt an der Hand nahm und mit unwiderstehlicher Kraft weiterzog. Je näher sie dem zauberhaften Gebilde kamen, desto deutlicher hörten sie von allen Seiten her, von links und rechts, von oben und unten, ein feines Klingen, das sie begleitete, bis sie vor dem weiß schimmernden Etwas standen.

Es war wirklich ein Ei, aber ein Riesenei aus gesponnenem Glas, das mit der Spitze leicht im Waldboden versenkt war.

Das sanfte Klingen war verstummt - da öffnete sich in dem Ei von oben bis unten ein Spalt, der langsam immer breiter wurde. Die Kinder schauten wie gebannt; jetzt trat aus dem Spalt eine wunderschöne Frau hervor, Blumen in den Haaren, Blumen in den Händen haltend.

„Ihr habt mich gesucht!", sagte sie lächelnd. „Und weil ihr euren Weg so tapfer gegangen seid, will ich euch mein Reich zeigen!"

Sie zauberte aus den Blumen, die sie in den Händen hielt, dem Mariandl ein Kränzlein ins Haar und sagte dann: „Kommt!" Sie wandte sich und schwebte zurück in ihre kristallene Behausung; die Kinder folgten ihr verwundert. Wie sollten sie in dem kleinen Raum Platz finden? Aber da teilten sich die weiß schimmernden Wände, und vor den erstaunten Augen der Kinder lag eine weite, blumige Wiese. Hier war es nicht Nacht! Hier strahlte die Sonne vom Himmel, und hoch in der Luft sangen die Lerchen.

„Schaut hin, Kinder!", sagte die Fee und zeigte mit der Hand weit über die Wiese. „Hier ist die Werkstatt der Osterhasen! Seht ihr die vielen, weißen Punkte zwischen Gras und Blumen?"

„Ja, ja!", jubelte das Mariandl und klatschte in die Hände. „Lauter Eier!"

„Und diese Eier müssen alle bemalt werden ... rot, blau, grün, gelb, violett; alle Kinder auf der Welt freuen sich jedes Jahr auf die bunten Ostereier!"

„Wo sind aber die Farben, die dazu gebraucht werden?", fragte Peter.

„Schaut nur näher hin, dann werdet ihr sie finden!" Sie liefen in die Wiese hinein; da waren die bunten Blumen in Wahrheit keine Blumen, sondern winzige Schüsselchen mit den verschiedensten Farben. „Oh!", staunte Peter. „Und die Pinsel?" - „Die", lächelte die Fee, „müssen die Hasen selbst mitbringen. Sie haben ja Haare genug, und es ist für jeden Ehrensache, einen recht schönen Pinsel zu haben. Jetzt aber, Kinder, holt die Hasen, es ist die höchste Zeit, dass sie mit der Arbeit beginnen!"

Peter und Mariandl fanden sich plötzlich wieder im Wald, ohne zu wissen, wie sie hingekommen waren. Sie liefen Hand in Hand den Berg hinab zu den schlafenden Hasen. Hier war es noch immer Nacht, immer noch stand der Mond am Himmel.

„Klappohr, Wackelschwanz, Hüpfehoch und wie ihr alle heißt, wacht auf! Die Fee ruft euch!" Da sprangen sie alle empor, und es war ein Drängen und Schieben und Stoßen, als Peter mit der Hand den Waldhang aufwärts zeigte. „Dort oben wartet sie! Lauft nur gerade eurer Nase nach!"

Es begann ein Wettlauf, dass die Ohren flogen: „Schnell, schnell, bis morgen früh müssen die Eier ja fertig sein!", keuchte Klappohr im Aufwärtslaufen und spornte die andern damit zu größter Eile an.

Die Kinder sahen ihnen nach und mussten lachen - es war zu drollig, wie die Schwänzchen auf und nieder wippten, dass man im Dunkel des Waldes nur ihre weiße Unterseite sah. Dann wandten sie sich, um heimzuwandern. Aber nun spürten sie plötzlich, wie müde sie waren. Sie setzten sich nieder und lehnten sich an einen Baumstamm: „Nur eine kleine Weile!", sagte Peter und „ja" hauchte das Mariandl - da waren sie beide auch schon eingeschlafen. Als sie aufwachten, lagen sie in ihren Bettchen und wussten nicht, ob es Traum oder Wirklichkeit gewesen war, was sie in dieser Nacht erlebt hatten.

Hilda Heller

Der weiße König

Auf dem höchsten Gipfel der Berge, dort wo die Wolken sich mächtig ballen, steht die Burg des weißen Königs. Riesengroß und unnahbar ragen ihre Mauern in den Himmel. Sie sind alt, uralt wie der weiße König selbst. Sein langes struppiges Haar ist schneeweiß und sein Bart reicht bis zum Boden.

Und weiß wie sein Haar ist alles um ihn her. Er duldet keine andere Farbe.

Einmal im Jahr verlässt er seine einsame Burg und steigt in die Täler. Mit ihm kommen seine Knechte: der tobende Sturmwind, der scharfkrallige Frost und die dunkle Schneewolke.

Da verschließen sich die Menschen in ihre Häuser, viele Tiere kriechen in die Erde, viele Vögel fliehen in ferne Länder. Die Herzen derer aber, die kein festes Haus haben, zittern in Angst vor der Herrschaft des weißen Königs.

Und es dauert nicht lange, da befiehlt er seinen Knechten an die Arbeit zu gehen. Der Sturmwind beginnt zu toben, dass die Äste von den Bäumen brechen, der Frost fährt in die Wässerlein, dass sie zu Eis erstarren, und die Schneewolke hört nicht auf ihre Flocken auszuschütten, bis alle Farben im unendlichen Weiß untergegangen sind. Totenstill ist es geworden.

Da öffnen sich die Türen an den Häusern und jubelnde Kinder stürmen heraus. Sie lieben den weißen König und er liebt sie wider über alle Maßen. Hunderterlei Freuden denkt er für sie aus: Rodelbahnen, Schneemänner, Schneebälle, Eisbahnen, lange Schleifen, Wunderblumen an den Fenstern und als allerschönste Gabe schenkt er ihnen das Weihnachtsfest.

Schließlich gefällt es ihm im Tal so gut, dass er gar nicht mehr zu seiner einsamen Burg hinaufsteigen möchte - wenn das bunte Prinzlein nicht wäre!

Aber siehe da, eines Morgens segelt eine rosa Wolke am Himmel einher, umgeben von zierlichen Lämmerwölkchen, umschwebt von bunten Vögeln. Über den Tälern senkt sie sich und nun kann es jeder sehen: das wunderhübsche, blondlockige Kerlchen mit blitzender Krone, mit dem leuchtend grünen Umhang über dem strahlend gelben Wams, mit blauen Höschen, weißen Strümpfen und roten Schnallenschuhen.

Freut euch, das kann nur das bunte Prinzlein sein!

Die Vögel, die mit ihm gekommen sind, heben zu singen und zu jubilieren an: „Erwacht, ihr Freunde, das bunte Prinzlein ist da! Rüstet euch zum Kampf! Wir wollen den weißen König vertreiben."

Das hören die Tiere im Wald und eilen herbei, so schnell sie können. Es kommen die Rehe, Hasen, Eichkätzchen und Mäuse, die Amseln, Spechte, Meisen, Nusshäher und sogar die Spatzen aus dem Dorf. Sie alle wollen dabei sein, wenn es gegen den weißen König geht. Auch der

Das bunte Prinzlein

warme Frühlingssturm findet sich ein und die Sonne schickt tausend goldene Strahlenpfeile. Eine hässliche schwarze Krähe bringt die Kunde von den Vorbereitungen zum weißen König. Der lacht nur böse und murrt: „Sie sollen nur kommen!"

Und sie kommen! Der warme Sturmwind läuft voraus. Da stürzen ihm die Knechte des weißen Königs entgegen, aber sie sind schon müde von der vielen Arbeit der vergangenen Monate und werden jämmerlich geschlagen.

Der Frühlingssturm lacht und weil er Durst hat, leckt er am Schnee, dann wieder schüttelt er die erstarrten Bäume, dass es im Holze knackt, um gleich darauf wie ein wilder Bub über das Eis der Wässerlein zu rutschen. Davon werden die gefrorenen Wassertröpfchen wieder lebendig und fangen sich langsam zu regen an. Dazu schießt das bunte Prinzlein singend viele Strahlenpfeile ab gegen Eis und Schnee und wohin sie treffen, da beginnt es zu krachen und zu knistern, zu tropfen und endlich gar zu rieseln. Alle Vögel stimmen ein – der Wald erschallt von neuen Tönen.

Auf einmal bricht wütend der weiße König durch die Bäume. Er holt mit der riesigen Faust zum Schlage aus um das bunte Prinzlein zu vernichten.

Da stürzen sich alle auf ihn. Die Mäuse beißen ihn in die Zehen, die Hasen hüpfen ihm zwischen den Füßen herum, die Rehe stoßen ihn mit ihren Krickeln, die Eichkätzchen laufen an ihm hinauf und fahren ihm mit ihren buschigen Schwänzen über die Augen, dass er nichts sehen kann, und die Vögel umschwirren mit lautem Schrei seinen Kopf, reißen an seinen Haaren und picken nach seiner Nase. Das bunte Prinzlein hört gar nicht auf seine Pfeile nach ihm abzuschießen. Sie sind zwar zu schwach um ihn verwunden zu können, aber die Spitzen kitzeln ihn fürchterlich. Er kann sich nicht mehr helfen, er muss schrecklich lachen. Wütend springt er herum wie ein Verrückter. Den Vögeln mit ihrem verflixten Gezwitscher möchte er am liebsten die Hälse umdrehen.

Gerade so viel Kraft hat er noch um davonlaufen zu können. Bergauf läuft er ohne Rast, immer bergauf, seiner sicheren Burg zu. Bevor er sie erreicht, tritt er noch eine mächtige Lawine los, dass sie donnernd zu Tal fährt. Aber die braven Bäume stellen sich ihr entgegen und halten das furchtbare Geschoss ächzend auf.

Das bunte Prinzlein kann nun in Ruhe seine Herrschaft antreten. Die Sonne und der Wind putzen den letzten Schnee und das letzte Eis weg, und schaut nur, überall kriechen bunte Flecke aus dem Boden. Weiße Schneeglöckchen, gelbe Primeln, blaue Veilchen, grüne Gräser. Die Bäume und Sträucher öffnen ihre dunklen Knospen und schmücken sich mit weißen, gelben, grünen und roten Blüten.

Die Vögel hören den ganzen Tag gar nicht mehr auf zu singen. Bald auch mischen sich die Kinder singend in den bunten Wald. Den weißen König haben sie vergessen. Nicht lange mehr und das bunte Prinzlein wird ihnen Ostereier schenken.

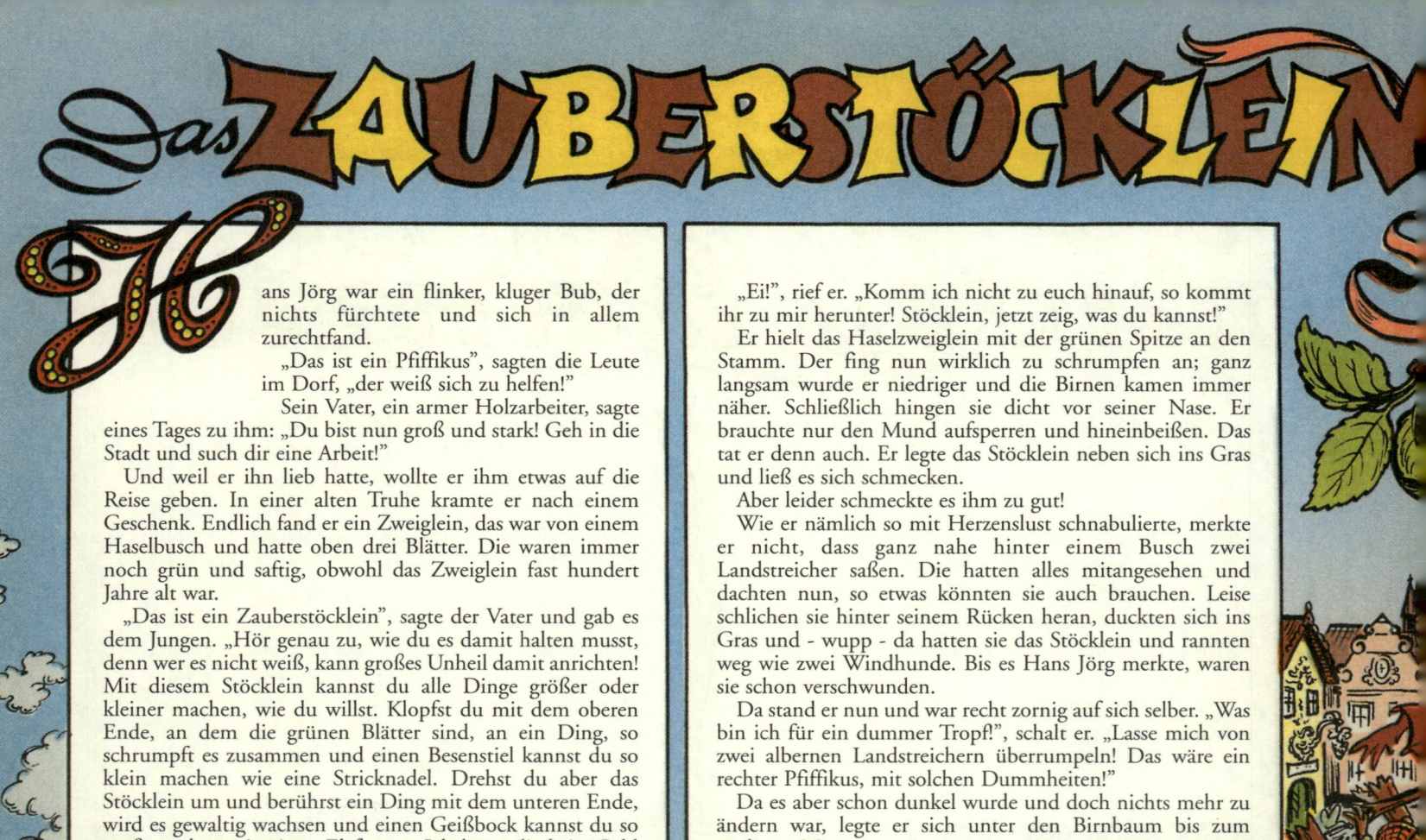

Das Zauberstöcklein

Hans Jörg war ein flinker, kluger Bub, der nichts fürchtete und sich in allem zurechtfand.

„Das ist ein Pfiffikus", sagten die Leute im Dorf, „der weiß sich zu helfen!"

Sein Vater, ein armer Holzarbeiter, sagte eines Tages zu ihm: „Du bist nun groß und stark! Geh in die Stadt und such dir eine Arbeit!"

Und weil er ihn lieb hatte, wollte er ihm etwas auf die Reise geben. In einer alten Truhe kramte er nach einem Geschenk. Endlich fand er ein Zweiglein, das war von einem Haselbusch und hatte oben drei Blätter. Die waren immer noch grün und saftig, obwohl das Zweiglein fast hundert Jahre alt war.

„Das ist ein Zauberstöcklein", sagte der Vater und gab es dem Jungen. „Hör genau zu, wie du es damit halten musst, denn wer es nicht weiß, kann großes Unheil damit anrichten! Mit diesem Stöcklein kannst du alle Dinge größer oder kleiner machen, wie du willst. Klopfst du mit dem oberen Ende, an dem die grünen Blätter sind, an ein Ding, so schrumpft es zusammen und einen Besenstiel kannst du so klein machen wie eine Stricknadel. Drehst du aber das Stöcklein um und berührst ein Ding mit dem unteren Ende, wird es gewaltig wachsen und einen Geißbock kannst du so groß machen wie einen Elefanten. Ich kann dir kein Geld mitgeben, aber vielleicht hilft dir das Stöcklein mehr als ein Sack voll Taler."

Hans Jörg freute sich über das Geschenk und schob es unter das Hemd. Dann sagte er „B'hüt Gott beisammen!", und ging fort.

Der Weg zum Städtchen war weit, aber es freute ihn zu wandern. Die Sonne schien von einem wunderschönen blauen Himmel, die Vögel waren schon aus den Nestern und jubilierten in den Morgen und rechts und links der Straße blinkten die Tautropfen im Gras wie tausend und tausend Edelsteine. Das machte Hans Jörg recht fröhlich und er trällerte ein Lied um das andere in die Luft.

Als es gegen Abend ging, war er aber doch müde geworden. Er suchte nach einem Plätzchen zum Schlafen, denn am anderen Morgen hatte er noch ein gutes Stück bis zur Stadt.

Bald fand er eine Wiese, da stand mitten drauf ein Birnbaum. Der war schon abgeleert. Nur an der obersten Spitze, zu der man nicht mehr klettern konnte, hingen noch ein paar saftige Früchte. Hans Jörg guckte sehnsüchtig hinauf.

Das wäre noch eine Mahlzeit vor dem Abendgebet, meinte er und drückte die Hand auf den leeren Magen.

Da spürte er das Zweiglein unter dem Hemd.

„Ei!", rief er. „Komm ich nicht zu euch hinauf, so kommt ihr zu mir herunter! Stöcklein, jetzt zeig, was du kannst!"

Er hielt das Haselzweiglein mit der grünen Spitze an den Stamm. Der fing nun wirklich zu schrumpfen an; ganz langsam wurde er niedriger und die Birnen kamen immer näher. Schließlich hingen sie dicht vor seiner Nase. Er brauchte nur den Mund aufsperren und hineinbeißen. Das tat er denn auch. Er legte das Stöcklein neben sich ins Gras und ließ es sich schmecken.

Aber leider schmeckte es ihm zu gut!

Wie er nämlich so mit Herzenslust schnabulierte, merkte er nicht, dass ganz nahe hinter einem Busch zwei Landstreicher saßen. Die hatten alles mitangesehen und dachten nun, so etwas könnten sie auch brauchen. Leise schlichen sie hinter seinem Rücken heran, duckten sich ins Gras und - wupp - da hatten sie das Stöcklein und rannten weg wie zwei Windhunde. Bis es Hans Jörg merkte, waren sie schon verschwunden.

Da stand er nun und war recht zornig auf sich selber. „Was bin ich für ein dummer Tropf!", schalt er. „Lasse mich von zwei albernen Landstreichern überrumpeln! Das wäre ein rechter Pfiffikus, mit solchen Dummheiten!"

Da es aber schon dunkel wurde und doch nichts mehr zu ändern war, legte er sich unter den Birnbaum bis zum nächsten Morgen.

Die zwei Gauner liefen indes immerzu, bis sie vor dem Städtchen waren. Da kam mitten auf der Landstraße der Schutzmann. Der merkte gleich, dass etwas nicht in Ordnung war.

„He", rief er, „was habt ihr's so eilig? Habt gewiss was in der Tasche, was nicht euch gehört!" Dabei packte er einen von ihnen am Kragen.

Aber der andere nahm schnell das Stöcklein und klopfte ihm auf die Schulter. Da fing auch der Schutzmann zu schrumpfen an und wurde so klein wie ein Zeigefinger. Er wusste nicht, wie ihm geschah, und schimpfte: „Schockschwerenot ..."

Doch die beiden lachten nur, denn er war nun so klein, dass er ihnen nichts mehr tun konnte. Sie packten ihn und wickelten ihn in ein Halstuch.

„Den sind wir los!", sagten sie, kletterten auf einen Baum und hingen das Halstuch an einen Ast.

Dann schlichen sie ins Städtchen und fingen an zu stehlen.

Zuerst stiegen sie beim Bürgermeister durchs Fenster und nahmen die Stadtkasse mit. Dann brachen sie die Tür zum Kaufmann auf, taten ihre zerrissenen Kittel herunter und nahmen sich neue aus seinem Laden. Aus einer Schublade zogen sie zwei seidene Krawatten und banden sie um den Hals. So stellten sie sich vor den Spiegel und sagten: „Jetzt sehen wir aus wie anständige Leute!"

Darüber waren sie sehr vergnügt.

Schließlich dachten sie noch an ihren Magen. Sie gingen zum Metzger und zogen den Ochsen aus dem Stall, den er morgen schlachten wollte. „Den wollen wir braten", sagten sie, „da haben wir eine ganze Woche zu essen."

Und sie führten ihn hinaus vor die Stadt.

Am Waldrand wuchs eine dicke Eiche. Daran banden sie das Tier, legten sich daneben ins Gras und schliefen, denn vom vielen Stehlen waren sie müde geworden.

Als es am anderen Morgen noch dämmrig war, krähten im Städtchen schon die Hähne. Davon wachten die zwei Diebe auf. Der Ochse stand friedlich unter der Eiche und fraß das Gras. Das Wasser lief den beiden schon im Mund zusammen, wenn sie an den Braten dachten. Sie zogen ein Messer und gingen auf ihn los. Wie er aber merkte, dass sie ihn schlachten wollten, wurde er bockig. Er stampfte und brüllte und zerrte an seinem Strick. Sie konnten ihn gar nicht anfassen, so stieß er mit den Hörnern.

„Nimm den Zauberstock!", sagte der eine. „Wenn er zusammenschrumpft und so klein wird wie ein Geißbock, können wir ihn schlachten und es gibt immer noch einen ganz schönen Braten."

Der andere zog den Stock. Weil er aber Angst hatte und immer auf den Ochsen sah statt auf den Stock, bekam er ihn verkehrt in die Hand und klopfte dem Tier mit dem unteren Ende auf den Hals.

Ja, nun war es passiert! Statt zu schrumpfen wurde der Ochse größer. Er wuchs und schwoll an und hörte nimmer auf, bis er so groß war wie ein Elefant.

Vor Schreck fiel den beiden der Stock aus der Hand.

Der Ochse rollte mächtig mit den Augen und hatte schon den Strick zerrissen. Sie sprangen auf und liefen davon, aber der Ochse war gleich hinterdrein. Gerade konnten sie noch auf einen Baum klettern, bevor er sie mit den Hörnern spießte.

Der Ochse wurde immer wilder. Er rannte weiter und am Ende mitten hinein in das Städtchen. Du liebe Zeit, wie es da dem armen Städtchen ging!

Die Leute schrieen entsetzlich, als sie das gewaltige Tier sahen. So etwas Fürchterliches war ihnen noch nie begegnet. Die Hörner waren lang wie zwei krumme Spieße, seine Beine waren jedes dick wie ein Baumstamm und wenn er damit aufstampfte, klirrten die Fenster und zitterten alle Türen. Nicht einmal die Hunde trauten sich zu bellen. Sie winselten und verkrochen sich in ihre Hütten. Groß und Klein rannte davon und die Kinder ließen das Spielzeug auf der Straße liegen: Roller und Puppenwägelchen, Windrad und Drachen und einen großen neuen Fußball. Der Ochse aber zertrampelte alles. Die Schokoladetorte beim Konditor war zerquetscht und man konnte sie nicht mehr essen, im Porzellanladen war ein ganzer Berg von Scherben, auf dem Marktplatz warf er den Obstkarren um und trat auf die Weintrauben, dass der Saft in die Höhe spritzte. Roller und Puppenwägelchen waren lauter Splitter und als er auf den Fußball trat, gab es einen lauten Knall.

Die Leute jammerten und schrieen um Hilfe; aber niemand traute sich auf die Straße um den Ochsen zu fangen.

Hans Jörg hatte dieweil keine Ahnung, welches Unheil sein Stöcklein angerichtet hatte. Er ging auf der Landstraße und setzte unlustig einen Fuß vor den andern. Gerade als er an dem Baum mit dem Schutzmann vorbeiging, seufzte er:

„Ach, wenn ich doch mein Stöcklein hätte!"

„Unter der Eiche liegt es!", schrie der Schutzmann. Zwischen zwei Zipfeln seines Tuches hatte er sich ein Guckloch gemacht und hatte die ganze Geschichte mit dem Ochsen gesehen.

„Sie haben den Ochsen verzaubert! Er ist in der Stadt! Lauf, was du kannst!"

Das ließ sich Hans Jörg nicht zweimal sagen. Er lief zur Eiche und fand das Stöcklein im Gras. „Wenn du zurückkommst, hol mich vom Baum herunter!", rief der Schutzmann noch, denn er hatte es satt, immer an dem Ast zu hängen. „Ei freilich!", sagte Hans Jörg und rannte ins Städtchen, wo er den Ochsen schon brüllen hörte.

„Was haben sie nur mit dem Stöcklein angestellt", dachte der Junge, als er den Ochsen mitten auf dem Marktplatz sah. Der stampfte eben zwischen den Gemüsekörben und fraß sie alle leer. Als er Hans Jörg erblickte, senkte er sofort die Hörner und rannte auf ihn los. Aber Hans Jörg fürchtete sich kein bisschen.

„Nur sachte, mein Lieber!", sagte er. „Du kriegst mich nicht so schnell!"

Er stellte sich kerzengerade auf die Straße, bis der Ochse dicht vor ihm war. Dann sprang er zur Seite, streckte blitzschnell den Arm aus und hieb ihm mit dem Stöcklein eins aufs Fell, gab aber wohl Acht, dass er es richtig hielt. Und augenblicklich fing das gewaltige Tier zu schrumpfen an. Es wurde kleiner und kleiner, bis es wieder aussah wie ein gewöhnlicher Ochse, und dann war's genug.

Vor dem Stadtbrunnen war ein Stücklein Rasen. Da ließ er das Tier weiden und dabei wurde es wieder brav und friedlich.

Was waren da die Leute froh!

Sie trauten sich wieder aus den Häusern und auf die Straße. Alle standen sie um Hans Jörg und schüttelten ihm die Hand. Ja, und dann sagten sie dasselbe wie die Leute in seinem Dorf zu Hause:

„Das ist ein Pfiffikus! Der weiß sich zu helfen!"

Und noch etwas sagten sie:

„Er hat uns aus der Not geholfen! Nun soll er bei uns bleiben und soll es immer gut bei uns haben!"

Sie gaben ihm ein Häuschen mit einem Garten und einem Stall. Da stellten sie den Ochsen hinein und ein paar Kühe dazu und versprachen ihm so viel Arbeit, dass er nie mehr Not zu leiden brauche.

So hatte also Hans Jörg wirklich sein Glück gemacht!

Er hatte aber auch den Schutzmann nicht vergessen und ihn noch am selben Tag vom Baum geholt. Dann nahm er das Stöcklein und klopfte ihm mit dem unteren Ende auf die Schulter. Da wuchs er in die Höhe und war wieder ein stattlicher Schutzmann.

Er machte sich gleich auf die Suche nach den beiden Spitzbuben und hatte sie bis zum Abend gefangen. Sie mussten alles herausgeben, was sie gestohlen hatten, und wurden drei Wochen lang eingesperrt.

Dann bewachte der Schutzmann wieder das Städtchen, besonders aber das Haus von Hans Jörg, dass ihm niemand mehr das Zauberstöcklein stehlen konnte.

Maria Striner

DAS WASSER

Märchen der Iroqupos-Indianer

Es war ein kalter Winter. Der Fluss lag erstarrt unter einer dicken Eisdecke. Um die Zelte des Lagers türmte sich der Schnee. Der Nordwind tobte und trieb die Flocken wie Wolken vor sich her, die alles in undurchsichtige Schleier hüllten.

Doch nicht das Toben der Winterstürme erschreckte die roten Brüder in ihren Wigwams, wo sie trostlos um das Holzfeuer hockten. Alle Beschwörungen des Medizinmannes waren bisher fruchtlos geblieben, die schreckliche Seuche zu bannen, die sie zu vernichten drohte. Hilflos mussten sie zusehen, wie ihre Angehörigen dahinstarben. Niemand konnte die Krankheit erkennen und alle Heilkunst versagte an ihr.

Unter den wackeren Kriegern des Stammes war auch Nekumonta, ein junger, tapferer Mann. Seine Eltern und Geschwister hatte der schleichende Tod bereits geholt und nur sein liebliches Weib war ihm noch geblieben. Tag und Nacht zitterte er für ihr Leben. Und eines Tages legte sich die holde Shanewis auf das Krankenlager. Bleich und stumm lag sie in den dicken Bärenfellen, in die sie Nekumonta gehüllt hatte. Mit unendlicher Trauer saß er an ihrer Seite, hielt ihre heißen, schmalen Hände und flüsterte ihr zu:

„Meine Herzallerliebste, du darfst nicht sterben. Ich will den großen Geist Manitu bitten, dass er mir hilft das Lebenskraut zu finden, das er wachsen ließ gegen alle bösen Krankheiten. Ich werde es suchen gehen, trotz Eis und Schnee. Du aber musst stark sein und warten, bis ich zurückkomme. Dann wirst du wieder gesund und wir werden glücklich sein."

Schwach nickte Shanewis mit dem Kopf und ein mattes Lächeln umspielte ihre blutleeren Lippen. Nekumonta ging zum Häuptling und bat ihn, dass er ihn fortziehen lasse, das Lebenskraut zu finden um seiner Gattin und den Stammesbrüdern die Gesundheit zu bringen. Der Häuptling gewährte ihm die Bitte, doch hatte er keine Hoffnung, dass der junge Krieger mitten im Winter die heilige Pflanze finden könnte. Der Medizinmann beschrieb ihm genau ihr Aussehen. Es ist nur ein bescheidenes Blümlein mit immergrünen Blättern und zarten, himmelblauen Glockenblüten. Verborgen wächst es unter den Sträuchern im tiefen Wald, nur ein heller, silbriger Schimmer wie Mondenschein umgibt es und macht es als heiliges Lebenskraut Manitus, des großen, erhabenen Geistes, kenntlich.

Früh am Morgen zog Nekumonta aus dem Lager, von vielen guten Wünschen seiner Stammesbrüder begleitet. Eisig empfing ihn der kalte Nordwind und trieb ihm eine Welle nadelspitzer Flocken ins Gesicht. Aber der junge Mann zog seine Bibermütze tiefer über die Ohren und stapfte auf den breiten, geflochtenen Reifen über den Schnee. Lange musste er den zugefrorenen Fluss entlang wandern, bis er zu dem großen, dunklen Wald kam. Es dämmerte bereits, als er sich den ersten Fichten näherte. Da sah er einen Hasen, der sich sein Abendbrot suchte, und er rief ihn an:

„Hallo, lieber Freund und Bruder, hast du vielleicht die heilige Blume Manitus gesehen? Ich bin ausgezogen sie zu suchen, denn mein Weib und mein Volk liegen in schwerer Krankheit danieder und ich will ihnen das Lebenskraut bringen."

„Du tust mir Leid, großer Bruder", sagte mitleidsvoll der Hase, „aber ich habe dieses Kräutlein nirgends hier gesehen. Aber gehe nur ruhig in den Wald und frage meine Vettern dort. Bestimmt hat es einer von ihnen gesehen. Gute Reise!", und das Häslein hopste davon.

Müde und hungrig machte sich Nekumonta ein Nachtlager unter den Bäumen und als er morgens erwachte, war der Schnee noch höher geworden, denn es hatte nachts tüchtig geschneit. Aber er ließ die Hoffnung nicht sinken und nach einem kargen Mahl begann er wieder seine Wanderung.

Nun war er in dem dichten Wald und die Äste der Bäume und Sträucher wollten ihm manchmal den Weg versperren. Flehentlich bat er sie ihn doch durchzulassen um das Lebenskraut den kranken Seinen bringen zu können. Da hatten auch die Bäume und Sträucher Mitleid mit ihm und gaben den Weg frei.

Ein lustiges, winziges Eichhörnchen, ein brauner Chipmunk mit breiten weißen Streifen über dem Rücken, huschte vor ihm hin und her, das steife Schwänzchen hoch aufgerichtet. Es suchte seine Vorratskammer in dem tiefen Schnee.

„Hallo, Chipmunk, kleiner Bruder!", rief Nekumonta, „hast du vielleicht die heilige Blume Manitus gesehen? Du guckst ja unter alle Sträucher und steckst deine Nase in jeden Moospolster. Mein Weib und mein Volk liegen in

DES LEBENS

schwerer Krankheit danieder und ich will ihnen das Lebenskraut bringen."

"Zzi, tzi", machte der Chipmunk und schüttelte das Köpfchen mit den Büschelohren. "Du tust mir Leid, großer Bruder, aber ich habe das Kräutlein noch nirgends hier gesehen. Aber gehe getrost weiter, da kommst du bei dem alten Braunbären vorbei, der wird dir bestimmt sagen können, wo du das Kräutlein findest. Gute Reise!", und schwupp ... war es in ein Schneeloch gekrochen.

Wieder war ein Tag vergangen und Nekumonta musste sich ein Nachtlager unter den Bäumen im Schnee zurecht richten. Inbrünstig betete er zu Manitu um Hilfe und voll Kummer und Trauer schlief er ein. Am anderen Morgen begann er seine Suche mit zaghaftem Herzen, denn all sein Mut und seine Hoffnung schwanden langsam dahin. Da näherte er sich einer Höhle und vor ihrem Eingang stand ein großer, alter Braunbär auf den Hinterpfoten und schnüffelte zum grauen Schneehimmel empor.

"Hallo, großer brauner Bruder!", rief ihm Nekumonta zu, "hast du vielleicht die heilige Blume Manitus gesehen? Ich bin ausgezogen sie zu suchen, denn mein Weib und mein Volk liegen in schwerer Krankheit danieder und ich will ihnen das Lebenskraut bringen."

"Mein armer, roter Bruder", sagte mitleidig der Bär, "du tust mir Leid, denn ich kann dir auch nicht helfen. Ich habe das Kräutlein hier nirgends gesehen."

Ganz verzweifelt zog der junge Mann weiter. Drei Tage war er nun unterwegs und hatte noch keine Spur von dem Lebenskraut gefunden, obwohl er schon so viele Tiere des Waldes befragt hatte. Müde schleppte er sich vorwärts. Rasch brach die Dämmerung herein und ohne sich noch ein Nachtlager suchen zu können, sank er ermattet in den Schnee. Er konnte sich nicht mehr erheben, so kraftlos war er geworden, und unter Tränen rief er den Namen seines Weibes Shanewis. So senkte sich die Nacht hernieder und die hohe Tanne, unter der er lag, breitete im Erbarmen ihre Äste über ihn. Er hörte noch leises Rauschen und Raunen wie von vielen Stimmen, dann schloss er die Augen und schlief ein.

Alle Tiere des Waldes waren gekommen den Ermatteten vor den tötenden Frostgeistern zu schützen und sie berieten, wie sie ihm helfen könnten. In ihrer Verzweiflung flehten sie zu ihrem Schöpfer um Beistand.

"Großer Geist Manitu, erhabener Schöpfer, hilf deinem armseligen Geschöpf und sende deine Hilfe. Siehe diesen tapferen Krieger Nekumonta. Nie hat er einen unserer Brüder aus gemeiner Lust getötet. Er nahm nur, was du ihm für sein Leben zugebilligt hast. Sein Volk ist in großer Not und sein Weib liegt im Sterben. Wir bitten alle, erbarme dich seiner!"

Und Manitu erhörte das Flehen der Tiere und sandte einen Boten zu Nekumonta. Im Traum erschien er ihm als sein holdes Weib. Schöner und lieblicher als sonst. Sie sang ein Lied, das wie Quellenrauschen klang, und plötzlich war sie entschwunden, nur der Gesang wurde lauter und lauter. Deutlich verstand er die Worte:

"Oh, Nekumonta, suche uns, wir sind die heiligen Wasser des großen Manitu. Bringe uns Shanewis und sie wird gesund!"

Nekumonta erwachte und hatte auch noch das Rauschen des Gesanges in den Ohren. Er blickte um sich, aber er bemerkte keine Wässerchen in der Nähe. Da hörte er es unter seinen Füßen durch den Schnee raunen und murmeln: "Befreie uns und Shanewis wird gesund!"

Eilig entfernte er den Schnee und kratzte das Moos von der Erde und siehe da, ein klares Wässerlein sprudelte hervor. Aus hohler Hand trank er davon und nach wenigen Sekunden fühlte er sich gekräftigt und erfrischt. Er füllte seine Flasche aus getrocknetem Wildkürbis mit dem Quellwasser und trug behutsam dieses kostbare Nass, so schnell er konnte, ins Lager zu den Seinen.

Als er ankam, herrschte noch größere Trauer, denn viele Insassen waren während seiner Abwesenheit gestorben. Auch Shanewis konnte ihn nicht mehr erkennen, so schwach war sie geworden. Doch voll Hoffnung flößte er ihr von dem Wasser ein und, o Wunder, die Todkranke erhob sich alsbald, ihre Wangen bekamen wieder Farbe. Lange hielt Nekumonta sein junges Weib umschlungen und beide weinten vor Freude. Dann fielen sie auf die Knie und dankten Manitu für die wunderbare Rettung.

Alle roten Brüder und Schwestern des Stammes tranken von dem köstlichen Wasser des Lebens und aus Dankbarkeit erwählten sie Nekumonta zu ihrem Häuptling.

Anne L. Graef

Der silbern

Michel saß bei seinen Hausaufgaben. Das Tischchen war ans offene Fenster gerückt. Die Sonne schien und die Vöglein sangen im Garten.

Ach, könnte er doch draußen umhertollen!

Stattdessen musste er hier sitzen, rechnen, lesen und schreiben und nachher auf der Violine üben ... alles das für ein späteres Leben, für einen Beruf, der in nebelhafter Ferne lag.

So viele, viele Jahre musste man lernen ...

Wäre das nicht, wie viel Zeit bliebe da für allerhand Spiel und Kurzweil! Sein Freund Paul sagte das immer.

Plötzlich hörte er ganz nah: „Kiwitt, komm mit!"

Als Michel aufsah, gewahrte er einen silbernen Vogel auf dem Fensterbrett.

Er sprang auf, lief zur Tür und hüpfte die Stufen in den Garten hinab. „Kiwitt", lockte der silberne Vogel weiter, immer ein Stückchen voranfliegend.

Michel lief hinterher, gar zu gern hätte er den silbernen Vogel gefangen, aber das war vergebliches Bemühen.

Mit einem Mal sah er sich in einer wundersamen Umgebung: Prächtige Blumen wuchsen rundum, mächtige Bäume rauschten, Springbrunnen versprühten glitzerndes Wasser und Wiesen mit weichem Gras luden zum Ausruhen ein.

Aber das Schönste waren doch die unzähligen Spielsachen, die umherlagen: Bälle, Tiere, Wägelchen, Puppen, sogar eine Sandkiste fehlte nicht und von manchem starken Ast hing eine Schaukel herab. Ein wahres Paradies für Kinder.

Noch ehe sich Michel von seiner Verwunderung erholt hatte, ließ sich der silberne Vogel nieder und verwandelte sich in einen zierlichen Knaben.

„Wer bist du denn?", blieb Michel überrascht stehen.

„Bruder Leichtsinn, der Leute, die leichten Sinnes sind, in vielerlei Gestalt verlockt und sie auf seine Weise belohnt.

Sieh um dich, du kannst dich nach Herzenslust jahrein, jahraus vergnügen, so lange, bis du genug hast. Dein Freund Paul ist auch dort drüben!"

Tatsächlich, es war so. Paul winkte und Michel wollte schon hinlaufen, als er sich rasch besann: „Oh, du sagtest Leute, die leichten Sinnes sind? Nein, nein ... das bin ich durchaus nicht, ich meine ... ich möchte schon auch lernen, sonst bleibe ich ja mein Leben lang dumm!"

„Lernen? Ha, also du willst auch lernen! Ich sehe mich arg getäuscht. Hier heißt es entweder - oder. Willst du lernen, musst du diese Vergnügungsstätte verlassen und dort in das graue Haus der Weisheit gehen."

Michel kämpfte mit sich einen ungeheuer schweren Kampf. Die Verlockung war zu groß! Schließlich aber siegte die Vernunft: „Ja, das will ich denn tun", antwortete er standhaft. Energisch winkte er seinem Freund mitzukommen, aber dieser schüttelte den Kopf.

„Du wirst es bereuen", rief Michel hinüber, aber er bekam nur ein leichtfertiges Lachen zur Antwort.

Da betrat er denn ohne Zaudern das Haus der Weisheit. Drinnen war es still und kühl und man behielt einen klaren Kopf.

Michel lernte und lernte, unverdrossen, jahrelang.

Als er ausgelernt hatte, verließ er das Haus der Weisheit und zog in die weite Welt. Schien die Sonne nicht heller, strahlte der Himmel nicht blauer als früher? Ja, die Welt war jetzt doppelt so schön, weil er etwas wusste und konnte.

An einer Weggabelung blieb er stehen und fragte einen alten Mann, wo es hier links hingehe. „Oh, da geht es ins Zwergenreich", antwortete dieser geheimnisvoll.

„Ins Zwergenreich? Fein, dort will ich mich umsehen. Alles will ich mir anschauen in dieser schönen Welt."

Frohgemut ging er entlang eines Rübenfeldes, als er darin einen Wichtel entdeckte, der sich bemühte, die Feldfrucht aus der Erde zu ziehen.

„Holla, was machst du da, Kleiner?", begrüßte ihn Michel.

„Ach", kam das Zwerglein näher, „mein Herr, der Wichtelkönig, gab mir Papier und Bleistift und sagte, ich solle wurzelziehen. Bringe ich es nicht zu Stande, werde ich in einen Riesen verwandelt, kann nicht mehr in mein Haus, nicht mehr mit meinesgleichen bei Tisch sitzen, nicht mehr dieses, nicht mehr jenes und die verflixten Rüben gehen nicht aus der Erde!"

„Papier und Bleistift?"

„Ja, hier mit dem Bleistift gedenke ich sie aus der Erde zu kriegen und in das Papier will ich sie einwickeln."

Michel besah sich das Papier, auf dem Zahlen gekritzelt waren, und brach in ein schallendes Gelächter aus:

„Wurzelziehen, Kleiner, ist eine Rechnungsart und du musst dich mit dem Kopf bemühen und nicht mit den Händen!"

166

Vogel

Michel rechnete schnell und gab dem Kleinen das Blatt mit der fertigen Rechnung zurück.

„Oh, ich Dummkopf, ich unseliger", schlug sich der Wichtel zerknirscht gegen die Stirn, „jetzt rächt es sich, dass ich in der Schule nicht gelernt habe. Oh, ich könnte mir ein Bein ausreißen!" „Nun, nun", beschwichtigte ihn Michel, „jetzt ist ja alles in Ordnung."

„Ja, bei mir schon ..."

„Ich will dich jedenfalls belohnen für den unschätzbaren Dienst, den du mir erwiesen. Komm in der Neumondnacht auf die Waldwiese hinter dem Königsschloss! Aber ... aber hilf, bitte, doch meinem Bruder, der dort hinter dem Fels mit der Satzanalyse kämpft. Ich weiß nicht, was das für ein Ungeheuer ist! Wir sind nämlich drei Brüder, die allesamt immer die Schule geschwänzt haben. Das hat unser Herr und Gebieter erfahren und beschlossen, uns auf die Probe zu stellen. Er will, dass alle seine Untertanen mehr können, als nach Schätzen zu graben und Schätze zu hüten."

„Da hat er Recht", sagte Michel. Lachend ging er weiter und fand hinter dem Fels einen putzigen Wichtel, der auf einem Riesenpapier verzweifelt mit dem Bleistift umherfuhr.

„Lass dir helfen, Kleiner, deinem Bruder habe ich auch geholfen", sprach Michel und hatte im Nu die Satzanalyse fertig.

„Tau... taus... tausend Dank", stammelte das Zwerglein und wischte sich den Schweiß von der Stirn.

„Nie hätte ich das fertig gebracht. Ich will dich belohnen. Komm in der Neumondnacht ..."

„... auf die Waldwiese hinter dem Königsschloss."

„Du weißt?"

„Dein Bruder bestellte mich bereits dorthin."

„Ach, lieber junger Mann, willst du nicht auch dem dritten von uns Brüdern helfen?" „Natürlich helfe ich ihm, wenn ich kann", sagte Michel und ging zum Bach. Da saß neben einem Kübelchen ein Zwerglein und weinte, dass Gott erbarm.

„Ja, was ist denn los?", erkundigte sich Michel teilnahmsvoll.

„Ach, ach, es ist ein Jammer!", schluchzte der Wichtel, dass seine Zipfelmütze nur so wackelte. „Mein Herr gab mir diesen Kübel und verlangte, dass ich ihm H2O bringe. Ich weiß nicht, was das ist und wo man es findet. Hu, huuuuuuu ..."

„Hier", deutete Michel auf das murmelnde Bächlein. „H2O ist Wasser."

„Juhuhhhhuuuu!" Der Wichtel führte einen wahren Freudentanz auf: „Komm in der Neumondnacht ..."

„... auf die Waldwiese hinter dem Königsschloss, weiß schon."

„Oh, du bist ein Hellseher ...", hörte Michel den Kleinen hinter sich herrufen, als er weiterging. Es dauerte nicht lange und er kam zum Schloss des Wichtelkönigs. Michel entdeckte hinter den Gitterstäben eines Kellerfensters - seinen Freund Paul, der Zwergengestalt hatte!

„Ja, wie kommst denn du hierher?", erkundigte sich Michel erstaunt und bedauernd.

„Oh, ich verdiene dein Mitleid nicht, guter Freund. Während du lerntest, vergnügte ich mich. Ich bin dumm, ich kann nichts, weiß nichts, hab' nichts, bin nichts und daher ließ mich der König einsperren."

„Kann ich dich nicht befreien?"

„O ja, wenn du durch schönes Violinspiel des Königs Herz zu rühren vermagst, sonst nicht." „Das will ich versuchen", entgegnete Michel zuversichtlich. Kaum hatte Michel das Schloss betreten, als er zu Zwergengestalt zusammenschrumpfte.

Über unzählige Treppen und Gänge gelangte er in den goldenen Thronsaal. In Purpur gekleidet saß der Wichtelkönig auf seinem Thron. Er gebot den zahlreichen Höflingen rings Schweigen, als der Zeremonienmeister Michel eine Geige überreichte, deren Wirbel aus kostbarem Holz bestanden. Michel stimmte das Instrument und ließ dann den Bogen über die Saiten gleiten, dass es eine Lust war zuzuhören.

Als er geendet hatte, umbrandete ihn tosender Beifall.

Der König weinte und lachte und umarmte Michel gerührt: „Dein Freund soll frei sein", sprach er. „Hier hast du den Schlüssel zu seinem Gefängnis." Jubelnd fielen die Freunde einander um den Hals, als sie sich außerhalb des Schlossbereichs befanden und wieder menschliche Gestalt erlangt hatten.

„Wie soll ich dir danken?", fragte Paul innig.

„Durch deine Freundschaft", antwortete Michel einfach. Als die Neumondnacht kam, fand sich Michel auf der Waldwiese hinter dem Königsschloss ein. Alle drei Wichtel waren da.

„Hier", sagte der erste, „nimm diesen Karbunkelstein, der zeigt dir durch sein Leuchten immer den richtigen Weg. Bist du auf dem falschen, verlischt er."

„Und hier", der zweite reichte Michel einen Apfel, „wenn du davon isst, bleibst du dein Leben lang gesund."

„Und da ist ein Beutelchen mit Goldmünzen", blinzelte der dritte verschmitzt ...

„Schau, was ich für Schätze erhalten habe", kam Michel andern Tages zu seinem Freund. „Nun kann uns nichts mehr passieren, wenn wir miteinander in die Welt ziehen wollen."

Und so war es auch. Der Karbunkelstein zeigte ihnen stets den richtigen Weg, der Apfel, den sie gemeinsam verspeisten, verlieh ihnen Gesundheit und die Goldmünzen, nun, die gab Michel zum Großteil für Pauls verspätete Schulbildung aus.

Margarita Rehak

Der goldene Schlüss[el]

Es war einmal vor vielen, vielen hundert Jahren, da stand auf einem hohen Berge ein prächtiges Schloss. Ringsum wuchs dichter Wald mit riesigen dunklen Tannen, aber das Schloss ragte mit seinen Zinnen und Türmen weit über sie hinaus. Wenn ein Wanderer auf einer der Talstraßen dahinzog, schaute er wohl voll Bewunderung zu dem prächtigen Gemäuer empor; fragte er aber dann einen etwa des Weges kommenden Landmann um den Namen des Schlossbesitzers, dann bekam er nur eine geheimnisvolle Miene zur Antwort, ein Achselzucken, ein Kopfschütteln - den Namen erfuhr er nicht, denn - es wusste ihn niemand!

Sonderbar war es auch, dass man das Schloss keineswegs immer sehen konnte! Manchmal, wenn die Sonne so recht heiß vom Himmel auf die Erde niederbrannte, das Firmament ohne das kleinste Wölkchen über dem Land sich wölbte, wenn die Luft vor Hitze leise zitterte, dann schien es, als hätte das Schloss in dieser zitternden Luft sich aufgelöst. Nichts war dann zu sehen; keine Zinne, kein Turm ragte über die Tannenwipfel empor.

Wieder einmal aber konnte es sein, dass in einer tiefdunklen Nacht, wenn kein Stern am Himmel stand, das Schloss, in bläulich weißes Licht getaucht, hoch emporragte, unheimlich und doch wunderbar schön anzuschauen.

Tobte aber ein heftiges Gewitter, dann stand es wie mit flammenden Umrisslinien hingezeichnet an die schwarze Wolkenwand, und diese Linien zuckten und zitterten unaufhörlich, so dass das ganze Schloss in fortwährender Bewegung schien.

Längst schon hatten die Bewohner der umliegenden Dörfer es aufgegeben, das Geheimnis des Schlosses zu ergründen. Früher wohl, da hatten Burschen und jüngere Männer es oft versucht, den dichten Wald zu durchdringen und emporzusteigen zum Gipfel des Berges. Glaubte einer dann endlich am Ziel zu sein, dann standen die Tannen plötzlich ganz dicht nebeneinander, Stamm an Stamm, und knorriges Unterholz, fest und dornig ineinander verflochten, wehrte jeden weiteren Schritt ab.

So gab man es endlich auf, das Geheimnis zu ergründen; nur vom Tal aus schaute manchmal einer halb mit Furcht, halb mit Sehnsucht hinauf nach dem zauberhaften Schlosse, wenn es zu sehen war.

Am Fuße des Berges aber lebte ein uraltes Weiblein in einer ebenso uralten Hütte. Die allerältesten Leute der Umgebung hatten es in ihrer Kindheit schon so gekannt, wie es jetzt aussah: winzig, gebückt, mit schneeweißem Haar und tausend Runzeln im Gesicht.

An die Hütte dieses Weibleins pochte eines Tages ein junger, frischer Bursch. Und nach höflichem Gruß kam er gleich mit seinem Anliegen hervor.

„Ich komme von weit her", sagte er, „viele Tage bin ich gewandert. Seit mir mein Urahn, als ich ein kleiner Knabe war, von eurem merkwürdigen Schloss hier erzählt hat, gab es keinen größeren Wunsch für mich, als eines Tages sein Geheimnis zu ergründen. Und nun bin ich hier und bitte Euch: zeigt mir den Weg und sagt mir, was ich tun muss, um droben die dichte Wand von Tannen und Dickicht zu bezwingen."

„Gemach, gemach, mein Sohn! Viele sind schon mit diesem Begehren vor mir gestanden, aber keinem gelang es jemals, zum Schloss vorzudringen, denn keiner befolgte den Rat, den ich ihm gab!"

„Sagt mir, was ich tun muss!", bat Fridolin, „ich werde Euch gehorchen!"

„Ich darf dir nicht sagen, was du tun sollst! Nur raten darf ich dir: ein Ziel, das du leicht und bequem, mühelos und ohne Gefahren zu erreichen glaubst, ist zuletzt doch nur wertlos; nur Mühsal und Plage führen am Ende zur Erfüllung allen Strebens - das ist der Rat, den ich dir gebe! Du hast ein reines Herz, das steht in deinen Augen geschrieben; es wird dir helfen, richtig zu handeln!" Mit diesen Worten legte sie einen goldenen Schlüssel in des Burschen Hand; sonderbar war der Bart geformt - er war in Kreuzesform geschnitten.

„Hüte ihn wohl und verwende ihn, wie dein Herz es dir eingibt!" Fridolin umschloss den Schlüssel fest in seiner rechten Hand und sagte der freundlichen Ratgeberin Dank, bevor er sich zum Gehen wandte.

„Geh mit Gott!", sagte sie und öffnete ihm die Tür; er schritt hinaus in den dunklen Wald, der gleich hinter ihrer Hütte begann. Zwei Wege strebten hier auseinander; ein breiter, wohl geebneter verlor sich linker Hand sanft ansteigend zwischen den Tannen, ein schmaler führte steil und steinig durch den Wald. Ohne zu zögern begann der Bursch hier emporzusteigen. Der Mond stand hoch am Himmel, doch hierher verirrte sich kein Strahl, so dicht drängten sich die Wipfel aneinander.

Aber ein anderes Licht begann fahl und geisterhaft zwischen den Stämmen näher zu kommen. Es zuckte wie Wetterleuchten, erlosch, kam wieder - und plötzlich stand vor Fridolin ein Wesen mit einem riesigen Kopf auf einem ganz dünnen Körper mit langen Armen und Beinen, die es nicht einen Augenblick stillhielt. Bläuliches Haar flatterte um ein Antlitz, in dem riesige Augen sich wie feurige Räder drehten.

Fridolin erschrak heftig, aber er nahm allen Mut zusammen und tat einen starken Schritt vorwärts auf seinem Wege. Das Wesen wich zurück, aber es verschwand nicht; rückwärts schreitend, tanzte es vor ihm her, bis ihm plötzlich der erlösende Gedanke kam: mit erhobener Hand hielt er dem Gespenst den goldenen Schlüssel mit dem Kreuz entgegen. Da zerfloss es mit einem sonderbar klagenden Laut in der Luft und der Weg war frei.

Es war aber ein gar mühseliges Emporsteigen; die Füße stießen schmerzhaft an Stein und Gefels und die dichte Finsternis ringsum schien geheimnisvoll belebt von unheimlichen Geschöpfen. Bald starrte ein fahles Gesicht aus dem Dunkel, dann wieder waren es nur Augen, die drohend glotzten. Fridolin hörte Schlangen über den Weg zischen, und einmal fühlte er schaudernd seinen Kopf von einem dichten Spinnennetz gestreift. Jedesmal fasste er dann den goldenen Schlüssel fester, sprach ein kurzes Gebet und stieg unverdrossen weiter; schwer atmend zwar und mit schmerzenden Knien, aber er gab sein Ziel nicht auf.

Allmählich begann die dichte Finsternis sich schwach zu erhellen; noch eine mühsame Steigung, dann war der Weg zu Ende und Fridolin stand vor der dichten Wand von Stämmen und Dickicht, die zu durchbrechen noch keinem gelungen war.

Ratlos betrachtete er dieses anscheinend unbesiegbare Hindernis; musste er nach so viel Schreck und Mühsal umkehren, ohne sein Ziel erreicht zu haben? Inzwischen wuchs aber die Helle ringsum, und das erfüllte Fridolin mit neuem Mut. Wieder tastete er die Stämme ab; dabei lockerte er unbewusst die Finger der rechten Hand und der goldene Schlüssel fiel in das dornige Dickicht.

Fridolin erschrak heftig; aber dort, wo der Schlüssel hingefallen war, schob sich das fest verflochtene Gebüsch auseinander und gleichzeitig wichen auch die riesigen Tannen links und rechts zurück – ein breiter, wie von Silber glänzender Weg führte empor zum Schloss, das im sanften Mondlicht unerhört schön und geheimnisvoll dastand.

Wie verzaubert schaute Fridolin diese Pracht; dann bückte er sich, hob den Schlüssel auf und schritt langsam, feierlich den Weg hinauf zum Schlosstor. Auf sein Pochen regte sich nichts; aber er wusste nun schon, welche Hilfe er an seinem goldenen Schlüssel besaß. Mit ihm berührte er nur ganz leicht das Tor, es öffnete sich und er trat ein.

Eine Marmortreppe führte hinan zu einer Flucht von Gemächern. Wieder sprangen alle Türen vor ihm auf, sobald er sie mit seinem Schlüssel berührte. Alle Räume, die er durchschritt, waren reich und prächtig ausgestattet. Aber er blieb nirgends stehen; es war ihm, als zöge ihn eine geheimnisvolle Macht weiter und weiter.

Da stand er endlich in einem Gemach, das war kleiner als die anderen und schien fast leer. Aber die Wände glänzten von Gold und in der Mitte stand auf einem Tisch von Ebenholz ein kleiner silberner Schrein. Wundervoll strahlte er im Mondlicht, das durch das einzige hohe Fenster hereinflutete.

Leise, behutsam näherte er sich dem Schrein; da schienen plötzlich aus allen Ecken, von allen Wänden her Stimmen zu flüstern: „Öffne ihn!" Und als er noch zögerte, wurde das Flüstern zu einem mächtigen Brausen: „Öffne ihn!"

Die Berührung mit dem Schlüssel half diesmal nichts; als er aber den in Kreuzesform geschnittenen Bart in das Schlüsselloch steckte, da öffneten sich die beiden kleinen Flügeltüren wie von selbst und im Schrein lag, auf weißem Samt gebettet, ein Herz aus leuchtend rotem Rubin, groß wie ein wirkliches Menschenherz.

Und wieder war es Fridolin, als flüstere eine Stimme: „Nimm es in die Hand!" Und er nahm das Herz in seine beiden warmen Hände; da begann es zu zittern und zu zukken, wurde warm und pochte alsbald wie ein lebendiges Menschenherz zwischen seinen Fingern in regelmäßigen Schlägen.

Da stand plötzlich eine Gestalt vor ihm, lang und hager, vom Kopf bis zu den Füßen in weißes Leinen gehüllt, und sprach: „Hab Dank, du hast mich erlöst! Einst war ich der Fürst dieses Schlosses und der Täler ringsum; aber ich war hart und grausam und als ich starb, folgten mir tausend Flüche nach. Meinen Leib begruben sie unten in der Gruft, mein Herz aber, wie es damals bei Fürsten üblich war, hier in diesem Schrein. Aber als sie dies taten, da drang ein armseliges Weib hier herein und schrie gellend: ‚Ein Stein war sein Herz, als er lebte und zu Stein soll es im Tode werden; nicht soll er Ruh und Ruhe im Grabe finden, als bis eine warme Menschenhand diesen Stein umschließt und zu neuem Leben erweckt! Fortan aber sollen Bäume und Dornendickicht so dicht um das Schloss wachsen, dass nur ein reines Menschenkind diesen Wall durchbrechen kann, wenn es den Weg hier herauf gefunden hat!' – Du bist dieses Menschenkind; nun kann ich endlich zur ewigen Ruhe eingehen! Und zum Dank behalte den Stein; möge er dir Segen bringen!"

Die Gestalt verschwand und Fridolin hielt den roten Stein in der Hand, der nun wieder kalt und leblos war wie zuvor. Und bevor er noch wusste, wie ihm geschah, fühlte er sich sanft hinausgeschoben – und dann wusste er nichts mehr von sich.

Er fand sich erst wieder, als er bei hellem Sonnenschein dahinwanderte im Tal, den großen roten Rubin unter seinem Wämslein sorglich an sich gedrückt und ein fröhliches Lied singend. Für den Stein bekam er späterhin eine sehr große Summe Geldes; aber er blieb bescheiden und arbeitsam wie zuvor. Seinen Reichtum verwendete er nur dazu, um Not und Elend zu lindern. Das Schloss aber blieb von jener Nacht an verschwunden; eine blühende Wiese breitete sich an seiner Stelle aus, kein Wall von Stämmen hinderte die Menschen daran, droben ihre Herden weiden zu lassen.

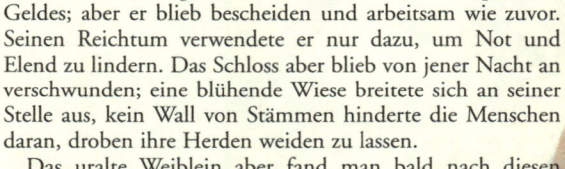

Das uralte Weiblein aber fand man bald nach diesen Ereignissen friedlich entschlafen in seiner Hütte.

Hilde Heller

169

NAPI UND DER

Auf der weiten Prärie, wo die Büffel weideten, fanden die Jäger immer reiche Beute. Wie groß war daher die Trauer, als die Männer, die auf die Jagd gingen, bemerkten, dass die Herden immer weniger und weniger wurden. Bald war kein einziges Tier mehr zu sehen.

Der Häuptling zerbrach sich den Kopf, wo denn die vielen Büffel hingekommen sein mochten. Der Medizinmann beschwor alle guten und bösen Dämonen, ihm Antwort auf diese Frage zu geben. Doch alles war vergeblich. Die Tiere blieben verschwunden und Hungersnot trat alsbald ein. Da rief der Häuptling in höchster Not Napi, den Schöpfer des Stammes an.

Napi, der gerade den Vögeln die Federn bunt färbte, damit sie nicht so aschgrau umherfliegen mussten, hörte den Hilferuf seiner Schutzbefohlenen. Er ließ alles liegen und stehen und eilte fort nach der Prärie, wo die Unglücklichen lebten.

„Warum hast du mich gerufen?", fragte er streng den Häuptling, der überglücklich war, erhört worden zu sein.

„Erhabener Napi, ich rief dich, denn große Not ist bei uns eingekehrt. Bald müssen wir alle hungers sterben. Auf der ganzen weiten Prärie ist kein Büffel mehr zu sehen!"

„Das ist doch nicht möglich", meinte Napi etwas ärgerlich. „Ich habe doch so viele Herden für euch gemacht, dass ihr reichlich Nahrung bis an euer Lebensende habt." Als er aber die bedrückte Miene des Stammesführers sah, wurde er freundlicher und dachte angestrengt nach. „Das kann nicht mit rechten Dingen zugehen", sagte er dann. „Da muss ein böser Zauber dahinterstecken. Ich will der Sache auf den Grund gehen. Gib mir deinen Sohn mit, er soll mir helfen, die Herden zu suchen!"

Also ging der Sohn des Häuptlings mit Napi auf die Büffelsuche. Er war ein etwas ängstlicher Knabe und scheu. Wie er so hinter dem Gewaltigen einherschritt, betete er laut zu Manitu, dem Weltenschöpfer.

Sie schritten über die saftig grüne Prärie, und tatsächlich war weit und breit nichts von einer Herde zu sehen, so viel auch Napi Ausschau danach hielt. Brummend schüttelte er den Kopf und ging nachdenklich weiter. Da bemerkte sein scharfes Auge ein Zelt am nahen Flussufer.

„Siehst du dort den Wigwam?", fragte er seinen Begleiter. „Von dort kommt euer Übel her. Dort haust der Büffeldieb und den bösen Schelm kenne ich recht gut. Aber wir werden ihn überlisten. Tu nur alles, was ich dir befehle!"

Er verwandelte sich in einen kleinen hübschen Hund und den Knaben in einen Stock. So saß er als niedliches Hündchen in der hellen Sonne, und neben ihm lag der Knabe als fester, handlicher Stock im Grase. Es dauerte gar nicht lange, da kam ein kleiner Junge mit seiner Mutter vorüber. „Ach, sieh doch den herzigen Hund, Mutti!", rief das Kind, „den möchte ich gleich mit nach Hause nehmen!"

„Warum nicht", meinte die Frau, „der Kerl ist wirklich allerliebst. Sieh nur, wie zutraulich er ist. Da liegt sowieso ein Stock daneben, mit dem kannst du ihn gleich heimtreiben."

Als sie aber im Lager ankamen, wo der Vater gerade Pfeile zuspitzte, war dieser gar nicht erfreut über den neuen Hausgenossen, und er wollte das Tier nicht leiden.

„Führe diesen Köter wieder dorthin, wo du ihn gefunden hast, ich dulde ihn nicht hier!", schrie er den Kleinen an.

Der Knabe aber weinte und bat so lange, bis der Vater erlaubte, den Hund in der Nähe zu lassen, dass er mit ihm spielen konnte. Er band ihn außerhalb des Lagerplatzes an einen Pflock, wo viele Büffelhäute zum Trocknen aufgehängt waren. Den Stock legte er auch dort nieder. Von hier aus konnte nun die Verzauberten sehen, wie bald darauf der Mann in ein nahes Gebüsch ging und nach kurzer Zeit

BÜFFELDIEB

mit einem mächtigen erlegten Büffel zurückkehrte, den er abhäutete und zum Kochen zurichtete. Alsbald zog ihnen der Duft kräftiger Suppe in die Nase.

„Siehst du", sagte der Hund zum Stock, „ich habe recht geraten, dass hier der Büffeldieb lebt. Jetzt müssen wir nur aufpassen, wo er die Herden versteckt hat, damit wir sie ihm entführen." Am nächsten Morgen kam der kleine Junge, band das Hündchen los und sagte ihm, sie wollten nun mit der Mutter Beeren suchen gehen. Gehorsam lief das Tier neben ihm her, und der Stock schlängelte sich wie eine Schlange hinten nach. Als sie aber tiefer in den Busch kamen, hatten Napis scharfe Augen bereits eine Höhle entdeckt, die hinter dichtem Gebüsch verborgen lag. Sofort vermutete er hier das Versteck der Herden. Er gab seinem Begleiter heimlich ein Zeichen, und unbemerkt entwichen sie durch das hohe Gras.

Napi hatte sich nicht getäuscht. Der höhlenartige Gang führte zu einem weiten, eingezäunten Feld, auf dem unzählige Büffel weideten. Alle roten Brüder und Schwestern hätten für viele Jahre daran zu essen gehabt.

Der Hund begann nun kläffend die Herden zusammenzutreiben, und der Stock half fleißig mit. So brachten sie die Tiere durch die Höhle auf die Prärie.

Unterdessen hörte der Jäger vor seinem Zelt den dumpfen Ton stampfender Hufe. Als gerade sein Söhnchen mit der Mutter von der Beerensuche zurückkam, fragte er sie nach dem Hund. Aber der Kleine konnte nur sagen, dass er diesen irgendwo verloren hätte. Nichts Gutes ahnend, rannte der Vater zur Höhle und sah gerade noch den letzten Büffel herauslaufen. Wütend eilte er zurück, Pfeil und Bogen zu holen, denn er wollte die Entführer töten. Ganz genau hatte er gesehen, wie der Hund und der Stock die Herden forttrieben. Er wusste nun, dass er durch Zauber überlistet worden war und wählte daher Zauberpfeile. Böse schalt er seine Frau und den Knaben, die ihm dieses Teufelsvieh gebracht hatten. Ganz verängstigt liefen beide hinter ihm drein.

Napi aber sah den Büffeldieb, der ihnen mit gespanntem Bogen nachlief, und befahl dem Knaben: „Hänge dich an den Zottelpelz eines großen Bullen, so wie ich, und verkrieche dich in den Haaren, denn der Jäger ist uns auf den Fersen!"

Beide taten so und wurden dadurch ihrem Verfolger unsichtbar. Enttäuscht musste er umkehren. Nun nahm Napi wieder Menschengestalt an und gab sie auch dem Knaben zurück. Mühelos trieben sie die Herden in die Gefilde der hungernden Stammesbrüder. Mit Jubel wurden sie von diesen empfangen, und eine große Jagd hub an.

Da gewahrte Napi einen mächtigen grauen Raben, der sich in der Nähe herumtrieb und mit heiserem Gekrächze die Büffel zu locken schien. Sogleich erkannte er in dem Vogel den Dieb. Schnell verwandelte er sich in eine Otter, die wie tot auf einem Stein lag. Der Rabe erspähte sie und wollte sie mit seinen Krallen fassen. Da aber schnellte Napi empor, packte den Raben an den Beinen und trug ihn in den Wigwam des Häuptlings. Hier band er ihn hoch über das Rauchloch. Klagend hing nun der große Vogel da oben, und der Qualm des Feuers kratzte ihm im Hals, und vom Ruß wurde er ganz schwarz. Flehentlich bat er:

„Napi, großer Schöpfer, o verschone mich. Lass mich zurück zu meinem Weib und Kind. Lass mich frei, sonst müssen sie hungers sterben. Ich gelobe dir, nie wieder die Herden deiner Schützlinge zu stehlen!"

Da ließ sich Napi erweichen und gab dem Gefangenen die Freiheit wieder. Nur nahm er ihm den Eid ab, nie mehr Büffel zu jagen, als er für sich und die Seinen bedurfte. Hoch und heilig gelobte dies der Dieb und flog krächzend fort, froh, mit dem Leben davongekommen zu sein. Seither aber sind alle Raben schwarz, denn vorher hatten sie ein graues Gefieder.

Anne L. Gräf

Der Schatz im

Es war einmal - es ist wohl schon viele hundert Jahre her -, da zog ein junger Bursche fröhlich singend die sonnige Landstraße dahin, einem fernen Ziele zu. Und dieses Ziel war jener große, dunkle Wald dort am Horizont, der einen mächtigen Berg von seiner Höhe bis zum Fuße bedeckte und so düster und drohend ins Tal herniedersah, dass seit Menschengedenken niemand gewagt hatte ihn zu betreten.

Es war ja auch etwas Seltsames um diesen Wald: Seine Bäume ragten stumm und gerade empor, dunkle Nadelbäume, die niemals ihre Wipfel regten, mochte ein sanfter Frühlingswind sie umkosen oder mochten schwere Herbststürme sie umbrausen. Sie standen starr und unbeweglich, als hielte ein böser Zauber sie gebannt.

„Und gebannt ist der ganze Wald, Felizian", hatte die Mutter ihrem Sohn erzählt, „kein Vogel baut sein Nest, nicht Reh noch Hirsch wohnt in seinen Gründen, nicht Würmlein noch Käfer kriecht im Moose. Und dort, wo der Berg am höchsten ist, dort trägt er nicht etwa einen spitzen oder runden Gipfel; ganz eben ist er und der Wald wächst um einen kleinen See. Der müsste dunkel sein von den Tannen, die um ihn stehen; aber er glänzt allezeit wie reinstes Silber, bei Tag und bei Nacht. Sein Spiegel ist starr und unbeweglich wie alles ringsum; niemals kräuselt ihn auch nur die kleinste Welle."

„Woher weißt du das alles, Mutter, wenn doch schon so lange niemand den Wald betreten hat?"

„Als die Urgroßmutter meiner Urgroßmutter noch lebte, da sollen sogar viele durch den Wald hinaufgestiegen sein zum See, denn - und davon raunt man noch heute - ein Schatz von unermesslichem Werte soll auf seinem Grunde liegen.

Da zogen sie denn aus, bald der eine, bald der andere, immer heimlich; keiner wollte, dass ein anderer um seine Schatzsuche wisse. Gierig senkte jeder sein Netz in den See, fischte und zog, aber keinem war das Glück hold.

Da kam einer aus der großen, fernen Stadt. Er hatte Arbeit und ein gutes Auskommen; aber: „Reich will ich werden!", knirschte er, bebend vor Sucht nach einem glänzenden Leben. Und: „Reich will ich werden!", polterte der Bauer, der einen schönen Hof sein Eigen nannte. Dasselbe flehten, bettelten, flüsterten, schrien noch viele, viele - aber keinem gelang es den Schatz zu heben. Da hallte der Wald wider von den schrecklichen, grimmigen Flüchen der Enttäuschten; und als bald kein Tag mehr verging, ohne dass nicht einer heimlich hinaufschlich, um nach dem Schatz zu fischen und nachher grausig zu fluchen, wenn er nur Tang heraufgezogen hatte, da verließen nach und nach die Vögel vor Entsetzen den Wald. Rehe und Hirsche entflohen in gastlichere Reviere, und das Kleingetier im Moose zog ihnen nach. Als aber eines Tages doch einmal zwei Schatzsucher trotz aller Heimlichkeit aufeinander trafen, da gerieten sie in einen so erbitterten Kampf, dass sie einander tödlich verletzten.

Als man die Toten fand, da stand der Wald ob dieses schauerlichen Ereignisses stumm und starr; starr lag der Spiegel des Sees - und fortan wagte es niemand mehr, nach dem Schatz zu suchen."

„Aber ich werde es tun, Mutter!" Der Bursche war aufgesprungen und hatte seinen Wanderstecken aus der Ecke gerissen. „Felizian, versündige dich nicht! Haben wir nicht alles, was wir brauchen? Waren wir nicht stets glücklich in unserer kleinen Hütte? Willst du dich und mich ins Unglück stürzen?"

„O Mutter, lass mich ziehen!" Bittend hatte er ihre Hände umfasst. „Ich will den Reichtum nicht für uns beide! Aber du weißt ja, wie arm unser liebes Heimatdorf ist, seitdem ein Unglück nach dem anderen es getroffen hat! Zuerst das große Viehsterben im Vorjahr, gleich darauf das Unwetter, das die Ernte vernichtet hat und durch Blitzschlag das halbe Dorf einäscherte - Mutter, wenn ich den Schatz fände, allen, allen könnte ich helfen, die das Unglück nicht so wie uns verschont hat!"

„Dann zieh mit Gott, mein Kind! Felizian heißt du, das bedeutet ‚der Glückliche'; möge dir der Name ein gutes Vorzeichen sein!"

Silbernen See

Mitte des Wasserspiegels etwas anderes seinen Blick: Eine herrliche Wasserrose schwamm weiß und rosa leuchtend auf dem See, der nun silberhell im vollen Mondlicht lag.

Unwiderstehlich zog es Felizian hin - mit behutsamen Ruderschlägen näherte er sich der Blume. Und da war es keine Blume, da war es ein wundersam holdes Antlitz; und was sein Mund sprach, klang wie zauberhafte, ferne Musik:

„Du hast uns alle erlöst! Gier nach Reichtum und schreckliche Flüche haben einst alles Leben hier erstarren lassen! Du hast den Bann gebrochen, weil du den Reichtum nicht für dich gesucht hast! Nimm hin nun den Schatz und verwende ihn, wie dein Herz es dir eingibt!"

Ein zarter Arm hob sich aus dem Wasser, die Hand hielt einen kleinen, goldenen Schrein, wundervoll in seinen Verzierungen zu schauen, und reichte ihn Felizian. Er griff mit behutsamer Scheu mit beiden Händen danach, ließ die Ruder fahren, und schon schaukelte der Kahn, von unsichtbarer Macht getrieben, rückwärts gleitend dem Ufer zu. Das holde Antlitz war verschwunden, eine Seerose ruhte zart und still auf dem Wasser, und am Ufer wartete wieder das Reh. Es geleitete Felizian

Und so wanderte er jetzt dahin, fröhlich singend, Hoffnung im Herzen. Am Morgen war er ausgezogen, aber es wurde Abend, ehe er den Wald erreichte. Es wurde ihm wohl bänglich zumute, als er vor den düsteren, starren Bäumen stand. Aber als er zum Himmel aufblickte, da blinkten die Sterne so freundlich und von irgendwoher ahnte man das tröstliche Licht des Mondes.

Seine Furcht schwand, und als er die ersten Schritte getan hatte, um durch den Wald emporzusteigen zum silbernen See, da schien es ihm, als ginge ein leises Rauschen durch die hohen Wipfel. Er kam nicht dazu sich zu verwundern, denn da trat im schwachen Mondlicht, das durch die dichten Äste fiel, ein Reh zwischen den Stämmen hervor und schmiegte den Kopf zutraulich in seine Hand.

Es wich nicht mehr von seiner Seite und überall regte sich nun leises Leben. Der Mond stieg höher, das Licht wurde heller. In seinem Schein sah Felizian ein Eichhörnchen huschen; einen Fichtenstamm turnte es blitzschnell hinan, hielt inne, drehte das Köpfchen zurück, und es schien dem Burschen, als nickte es ihm schelmisch zu, ehe es verschwand.

Im Hinansteigen wurde ihm so leicht und fröhlich zumute, als stünde ihm ein großes Glück bevor. Und da sah er auch schon zwischen den Stämmen das Silber des Sees blinken - noch ein paar Schritte und er stand am Ufer. Das Reh war noch immer an seiner Seite und sah mit großen, braunen Augen zu ihm auf. Felizian legte ihm kosend die Hand auf den Hals, und da führte es ihn das Ufer entlang an die andere Seite des Sees, wo ein Boot im Schilf lag.

Er stieg ein - er wusste zwingend, dass er es tun musste -, ergriff die Ruder, und ehe er noch einen Schlag getan, glitt es hinaus in den See.

Jetzt erst fiel ihm auf, dass auch dieser nicht starr und gebannt dalag, sondern sich in anmutigen Wellen kräuselte. Als er zum Ufer zurückblickte, war das Reh verschwunden, aber er kam nicht dazu traurig zu sein, denn nun fesselte in der

den Wald hinab und blieb dann zurück. Wie im Traum schritt er auf der Landstraße dahin; und wie ein Traum schien ihm alles Erlebte, als er endlich im Schatten eines riesigen Lindenbaumes rastete und das Kästchen zagend öffnete.

Da gingen ihm die Augen über, so glänzten und funkelten rote, blaue, grüne, weiße Edelsteine. Beglückt schloss er den Schrein, barg ihn unter seinem Wams, erhob sich und schritt der Heimat entgegen, um sie aus Armut und Elend zu erretten. Hinter ihm lag im Lichte der Frühsonne der Wald; in seinem Schatten regte sich tausendfältiges Leben, und seine Wipfel rauschten im Morgenwind.

Hilda Heller

Der Eichelwart

Der Bauer sagt mit Stolz und Kummer: „Wie schön mein Hab und Gut gedeiht!
Das Haus erbaut aus festen Steinen! Die reichste Mahd von weit und breit!

Die Rinder satt auf fetter Weide! In dickem Wollkleid jedes Schaf!
Die Gänse schwer, die Entlein munter! Und alle Hennen legen brav!

Zur Sonne hin ein Hang mit Trauben! Ein breites Pferd, das vor dem Pflug
und vor dem vollen Erntewagen gemächlich trabt und stark beim Zug! -

Nur eins ist krank und wird stets kränker! Nur eins lohnt jetzt die Mühe nie:
In seinem Stall liegt matt und mager und grunzt betrübt das Borstenvieh!"

Nun hebt die Bäurin an zu jammern: „An Eicheln war das Vieh gewöhnt!
Die Schweine würden bald genesen, wenn man mit Eicheln füttern könnt'!

Doch seit der Berggeist uns das Sammeln in seinen Wäldern rings verwehrt,
sind Knecht und Magd von dort nur zitternd, mit leeren Säcken heimgekehrt!" -

Des Bauernpaares junge Tochter, „die Mena" wird sie kurz genannt,
ist schön - und ihre Herzensgüte ist hier bei Alt und Jung bekannt.

Sie hört der Eltern laute Klage - und hält mit ihrer Arbeit an -
und denkt bei sich: „Ich will versuchen, ob ich den beiden helfen kann!"

Den größten Sack ergreift sie heimlich - und huscht durchs Tor zum schmalen Steg.
Der Morgen strahlt, die Gräser glitzern. Sie sucht sich bergwärts einen Weg.

Das silbrighelle Bächlein plätschert ein Lied zu ihrem Wanderschritt,
sie singt ganz leis, mit heiterm Herzen die wundersamen Weisen mit.

Und wo die Felsen eng sich drängen, die Klausen ragt aus grauem Stein,
da fallen dunkle Föhren rauschend ins helle Lied des Baches ein.

Damit der Chor noch voller töne, gesellt der Vögel Sang sich zu,
des Spechts Tacktack, der Drossel Flöte, der wilden Tauben Guggrugguh. -

Die Mena hat beinah vergessen, dass sie dem Reich des Berggeists naht,
und klimmt nun, ohne Angst und Mühe, dem Gipfel zu auf steilem Pfad.

Und vor dem Glühn der Mittagssonne hat sie ihn voll, den großen Sack!
Zwar drückt die Last, doch trägt sie freudig die schwere Bürde huckepack! -

Nun hier, im Schutz der hohen Tanne, ein kurzes Viertelstündlein Rast!
Sie sinkt ins Gras - sie wehrt sich tapfer, doch wird sie gleich vom Schlaf erfasst.

Dann schreckt sie jählings auf vom Schlummer und springt empor: Wie dunkle Nacht
steht ober ihr ein schwarzer Himmel, draus zuckt der Blitz, der Donner kracht.

Es heulen rings um sie die Stürme, als säng' zur Schlacht ein wildes Heer.
Dann fällt der Regen klatschend nieder und Hagelkörner prasseln schwer.

Da wird ihr angst, sie bebt und schauert - jedoch sie schöpft gleich wieder Mut:
„Die heil'ge Mutter wird mir helfen und dann wird alles wieder gut!"

Doch ärger wird das Ungewitter - und plötzlich braust auf Spukgetier,
auf Bäumen, Asten, Besenstielen, ein Zug von Geistern her zu ihr.

Voran, auf mächt'gem Eichenstamme, ein Riese, grässlich anzuschaun:
Sein Haar und Bart wie dunkles Waldmoos, wie Sumpfgras spröd die dichten Braun.
Die Mena flieht - und wird gefangen, die Geister fesseln sie im Nu
und zerren, stoßen sie zum Riesen. - Der tröstet: „Arme Kleine du!

Sie haben dich erschreckt, die Wilden, du zitterst sehr, dein Blick ist scheu!
Doch glaub mir, meine Jagdgesellen sind mir ergeben, folgsam, treu!

Und was ich ihnen anbefehle, das schaffen sie! Im Reich der Luft
erfliegen sie die höchsten Höhen, sie dringen ein in tiefste Kluft!

Ein Schatz von Gold und Edelsteinen liegt tief im Berg gesammelt hier.
Ich will ihn nicht allein besitzen, ich teil' ihn freudig heut' mit dir!

In meinem Schloss, in Bergestiefe, seist du geliebt und seist geehrt
wie eine Königin! Es werde dir jeder Wunsch von mir gewährt!"

Da füllen sich des Mädchens Augen mit heißen Tränen. Innig fleht
die Mena jetzt, aufs Knie gesunken, zu ihm, der wie ein Fels dort steht:

„O Eichelwart! O starker Riese! O hab Erbarmen, lass mich ziehn!
Mir graut vor dir und deinen Geistern! O sei mir gnädig, lass mich fliehn!"

Da brüllt der Berggeist, schmerzvoll zornig: „Herbei, Gesellen, packt sie hart
und fasst sie fest! Und will sie weichen, dann haltet sie im Berg verwahrt!

Du hast mein Waldreich keck betreten, viel hundert Eicheln mir geraubt.
Ich war dir gut, doch du verschmähst mich! Die Strafe treffe nun dein
Haupt!

Du Törin! Dieses Waldgehege verlässt du lebend niemals mehr!
Versuchst du Flucht, dann musst du sterben! Erwürgen wird dich
dann mein Heer!"

auf dem Amminger

Da flammen Menas schöne Augen in edlem Stolze auf, sie spricht:
„Ein freies Menschenkind dir fesseln, du rauer Riese, darfst du nicht!

Auch du bist ewigen Gesetzen verpflichtet, wilder Waldesgeist,
und wehe, wenn du haltlos-gierig das heil'ge Band des Rechts zerreißt!

Du bist, trotz vielen reichen Schätzen, ja doch ein kleiner König nur,
denn ober dir herrscht stark und mächtig die Riesenkönigin Natur!

Sie selbst jedoch und alle Schönheit hat sich der Herrgott ausgedacht,
der hier das Größte wie das Kleinste erwählt und zählt und streng bewacht!"

Der Riese lauscht gesenkten Hauptes. Das Mädchen ruft: „Du klagst mich an!
Ich hab' dir doch mit Wunsch und Wissen noch nie ein Unrecht angetan!

Der Berg gab stets dem Volk die Früchte, das Holz zum Herd, den Stein zum Haus!
Doch du willst jetzt mit Willkür herrschen und treibst uns roh zum Wald hinaus!

Du glaubst, dass du der einzig Starke in diesem grünen Reiche bist.
Beweis es durch ein Meisterstücklein, dass ober dir kein Stärk'rer ist!

Bewache deine weiten Wälder drei Tage lang so klug und scharf,
dass dir nicht eine einz'ge Eichel ein kecker Dieb dort stehlen darf!

Gelingt dir dies, hast du gewonnen! Dann halt mich fest, dann werd' ich dein!
Gelingt's dir nicht, dann lass mich ziehen! Dann gib mich frei, der Sieg sei mein!"

„Die Wette lass ich gerne gelten!", lacht drauf der Riese laut und prahlt:
„Den Diebstahl hier wird keiner wagen, denn teuer wird die Tat bezahlt!

Umbraust den Berg mit tausend Kräften! Entwurzelt Bäume, rollt den Stein!
Weh euch, verweg'ne Eichelräuber, denn euer Tod wird schrecklich sein!"

Die Eltern quält daheim die Sorge: Ihr Liebling fehlt schon stundenlang!
Sie eilen hierhin, dorthin, suchen - und sind im Herzen sterbensbang.

Doch endlich bringt ein Hirt die Kunde. - Da wollen alle Freunde gern
dem Mädchen helfen und sie eilen herbei zum Berg, von nah und fern.

Mit Schleudern, Bogen, Sensen, Äxten bewaffnet zieht die kleine Schar.
Und hinter ihr wankt trauernd, weinend, gebeugt von Schmerz das Elternpaar.

Umsonst! Die Wut des wilden Heeres besiegt die Kraft der Menschen bald,
es stürzen sich mit Donnertosen weiß schäumend Ströme her vom Wald;

vom Berg herab kracht splitternd nieder, wie Hagel dicht, der Steine Hauf!
Verlorne Müh! Lasst ab! Ihr Braven erzwingt doch nie den Weg bergauf!

So rasend tobt drei Nächt' und Tage die Jagd um diesen Berg herum. -
Dann tönen fern die Mittagsglocken, der Kampf ist aus, die Frist ist um.

Da tritt der Berggeist siegessicher, Triumph im Blick, zum Mädchen hin
und spricht: „Die Zeit ist abgelaufen, und mein wird jetzt des Kampfs Gewinn!"

Doch sie schaut auf zur hohen Eiche und weist empor mit fester Hand:
„Du irrst! Es hat der größ're Meister mir längst die Retter hergesandt!

Der Riese blickt ins Baumgezweige und sieht entsetzt: Ihr Wort ist wahr!
Dort droben stiehlt ihm tausend Eicheln der Eichelhörnchen munt're Schar!

Beraubt! Besiegt! Der Riese wendet sich ab, die Züge leidverzerrt.
Er weint. - Er muss sie ziehen lassen - und hat sie lieb -, sie ist ihm wert!

Doch rasch ergreift das holde Mädchen des Riesen Hand: „O hab Geduld,
mein guter Berggeist! Lass das Zürnen! Bewahr mir gnädig deine Huld!

Bedenke doch: Es kann nicht taugen, wenn Erdgeist sich mit Menschen paart,
der Erde Kraft mit unsrer Schwäche! Zur Liebe bleibe Art bei Art!

Du darfst mich nicht zum Weib erwählen, doch sei die Freundschaft nicht verbannt.
O bleib doch mir und meinem Dorfe als güt'ger Schutzgeist nah verwandt!

Dann komm' ich oft zu dir und lausche, beglückt von deines Waldes Lied,
bis mich am Abend übermächtig die Sehnsucht wieder heimwärts zieht."

Da nickt der Riese, mild getröstet, und spricht: „Nun gut, es soll geschehn!
Du magst, betreut von meiner Freundschaft, zurück zu deinen Menschen gehn!"

Der Berggeist sprach die laut're Wahrheit. Er hielt die Treue Jahr um Jahr!
Er half dem Dorf zu schönster Blüte, zur Stadt erhoben ward es gar.

Viel Wand'rer sind von dort geschritten auf Weg und Pfad, der bergwärts führt -
und haben - auch in schwersten Zeiten - des Waldgeists Freundschaft dort gespürt!

Elisabeth Grätz - Sturm

DIE WUNDER...

Ein Mädchen namens Suleika lebte mit ihrem Vater, dem reichen Teppichhändler Ali Mohamed, in der Stadt Schiros. Sie war ein schönes Mädchen, mit ihren mandelförmigen, leuchtenden Augen im elfenbeinfarbigen, makellos schönen Gesicht. Ihre Gestalt war edel, ihr Geist klar und scharf und ihr Wille stark. Eigentlich hätte Ali sich glücklich preisen müssen solch eine Tochter zu haben. Und dennoch, so stolz er auf sie war, so viel Kopfzerbrechen brachte sie ihm immerfort, denn sie war in keine Ordnung zu zwingen, tat nur, was ihr beliebte, ohne Rücksicht auf Stellung und Rang. Wollte sie allein auf den Basar gehen, so tat sie es, obwohl es für ein junges, vornehmes Mädchen im Orient ganz ungeheuerlich war sich ohne Dienerinnen oder Sklaven in das Menschengewühl der Basargässchen zu mengen. Wollte sie ausreiten, so befahl sie einfach einem Knecht das schnellste Pferd zu satteln und sie zu begleiten. Und schon stob sie davon, hinaus aus der Stadt, in die felsige Wüstenei des Gebirges, in eine stundenweit entfernte Oase. Ohne Karawane, ohne Bewachung, ohne Zelt! Der Vater Ali seufzte immer wieder erleichtert auf, wenn sie wohlbehalten in den Palast zurückkehrte. Sie zu ermahnen oder zu strafen hatte er längst unterlassen, es führte doch zu nichts.

„Vater, der Tuchhändler am unteren Ende des Basars hat unter seinem Laden eine wundervolle Ampel stehen. Ich wollte sie haben, doch er sagte, dass er sie nicht verkaufe. Bitte, bring mir diese Ampel, Vater!"

Nun, Ali wollte seiner Tochter diesen Wunsch erfüllen und ging sogleich zu dem Händler. Nach langem Reden war der endlich bereit die Ampel wenigstens auf den Ladentisch zu stellen und sie ansehen zu lassen. Keineswegs aber war er geneigt sie zu verkaufen. Ali zählte Goldstück um Goldstück auf den Tisch, doch der Händler schüttelte immer wieder den Kopf. „Nein, lasst es sein, hoher Herr! Ich kann die Ampel nicht verkaufen. Glaubt mir, ich treibe das Spiel nicht um einen möglichst hohen Preis zu bekommen. Ich muss die Ampel behalten, sie bringt jedem neuen Besitzer nur Unruhe und Beschwernis. Es ist eine Wunderampel, müsst Ihr wissen. Aber nicht so, wie Ihr vielleicht meint, dass man sich etwas wünschen dürfte, wenn man sie besitzt. Ihre Wunderkraft ist ganz anderer Art, aber welcher, das darf ich Euch nicht sagen. Dies Versprechen musste ich dem geben, von dem ich sie habe." Nun war auch Ali neugierig geworden und hätte die Ampel wirklich gern erstanden. Dann kamen ihm aber doch wieder Bedenken. Warum sollte er so ungeschickt sein und sich mit dieser Ampel vielleicht Unruhe ins Haus tragen?

Suleika war sehr ungehalten, als der Vater ohne Ampel heimkam. Sie holte ihren Geldbeutel aus der Truhe und lief, obwohl es schon dunkel wurde, selber noch einmal zum Basar. Und kehrte, triumphierend die Ampel haltend, bald wieder nach Hause zurück.

Vor dem Zubettgehen saß Suleika auf seidenem Kissen inmitten ihres Gemachs und entzündete feierlich zum ersten Mal ihre neue Ampel. Ein Weile saß sie still und sah in das Rubinrot des Glases und das Gold der Verzierung und war glücklich solch ein schönes Kunstwerk zu besitzen. Doch nach einer Weile wurde sie unruhig, sie wusste nicht, warum. Um sie war es still, niemand war da, niemand störte sie und dennoch war's ihr, als müsse sie die Ampel aufheben und mit ihr noch einmal durch das Haus gehen.

Vom Haus trieb es sie dann durch die dunklen Straßen in die engen, muffigen Gassen des Armenviertels. Leises Wimmern zu ihren Füßen ließ sie den Schritt verhalten. Ihre Ampel beleuchtete ein verweintes Kindergesicht, das aus einem zerlumpten Kopftuch zu ihr aufsah. Schon wollte sie die Hand nach dem Kleinen ausstrecken, als es sie vor Grauen schüttelte. Seine

Kleider waren zerfetzt und das dünne Ärmchen, das aus den Lumpen herausragte, war über und über mit Krusten bedeckt, die sehr arg rochen.

Erschrocken machte Suleika kehrt und lief nach Hause. In ihrem Zimmer angelangt, stellte sie die Ampel hin. Lautlos kam ihre Dienerin um ihr beim Auskleiden zu helfen. Doch beide starrten aufgeschreckt auf die Ampel, die wild und stark aufflackerte, als wäre sie zornig. Erst spät fand Suleika den Schlaf. Den ganzen nächsten Tag musste sie immer wieder an den kranken, weinenden Jungen denken. Und am Abend erging es ihr wie am Vorabend. Wieder trieb es sie die Ampel zu entzünden und mit ihr durch die nächtliche Stadt zu wandern. Wieder sah sie Menschen in Not. Diesmal eine arme Frau, die sie händeringend bat, sie möge einen Arzt zu ihrem schwerkranken Mann holen. Wieder war in Suleika das Grauen vor dem Elend größer als der Wunsch zu helfen und wieder quälten sie die Gedanken an ihr Versagen den ganzen nächsten Tag. Und so ging das nun Abend für Abend. Ihr Vater hatte längst Kunde von ihren nächtlichen Wanderungen erhalten. Er sah an ihrem bleichen, übernächtigen Gesicht, wie sehr sie sich quälte, und zornig warf er die Ampel zum Fenster hinaus. Suleika erschrak und es tat ihr weh, als hätte ihr der Vater das Herz aus dem Leib gerissen. Und doch ging sie nicht die Trümmer der Ampel einzusammeln. Denn sie hoffte nun doch, endlich wieder zur Ruhe zu kommen.

Abends, als sie sich wohlig in ihre Kissen schmiegte und ihr Blick das Fenster traf, sah sie Lichtschein, so als ob drunten im Garten ein Feuer brenne. Sie stürzte zum Fenster: Die Ampel war's! Wer hatte sie entzündet? Wieso war sie noch heil und ganz? Warum leuchtete sie so sehr und ließ sie nicht endlich wieder einmal schlafen? Seufzend zog sie sich an, eilte in den Garten und hob die Ampel auf: „Jaja, sei nicht ungeduldig, ich bin schon wieder da! Doch sag mir endlich, was du mit mir willst, dann will ich dir gern gehorchen!" Doch die Ampel schwieg und wies ihr nur wieder den Weg in ein anderes Viertel der Stadt.

Plötzlich hörte sie ein Flüstern: „Mädchen, Mädchen!" Sie wandte sich um und sah über sich ein kleines vergittertes Fenster. Im Lichtschein war der Kopf eines jungen Mannes zu erkennen, der sein verhärmtes Gesicht an die Gitterstäbe presste. „Seid Ihr hier gefangen?", fragte Suleika leise. „Ja, schon viele Monate lang!" – „Und warum? Was habt Ihr verbrochen?", wollte das Mädchen wissen. Ein kleines, spöttisches, hartes Lachen kam über die Lippen des Gefangenen, ehe er sagte: „Was ich verbrochen habe? Ich habe die unliebsame, unerfreuliche Wahrheit gesagt."

Suleika war fassungslos vor Verwunderung und Empörung: „Deshalb hat man Euch eingekerkert? Wer hat das getan?" – „Ali Mohamed", lautete die Antwort des Jünglings. Suleika fuhr zurück und ein kleiner Schrei sprang über ihre Lippen. Endlich hatte sie sich doch so weit gefasst, dass sie, scheinbar ruhig, fragen konnte: „Und wie lautete Eure Wahrheit?" – „Dass Ali Mohamed seine Sklaven ausnützt, bis sie zusammenbrechen. Dass er Reichtümer anhäuft, anstatt seinen Untergebenen ein menschenwürdiges Dasein zu verschaffen. Und das alles für seine Tochter, die keine Ahnung hat, was Hunger, Not und Kummer sind." Bleich, mit schreckstarren Augen sah Suleika zu dem Fremden auf. Und dann lief sie, so schnell sie ihre Füße trugen, zum väterlichen Palast und in das Gemach ihres Vaters.

Atemlos und erschöpft sank sie vor dem Lager des Vaters zu Boden. „Vater, bitte, bitte, ich möchte nicht schuld sein an dem Leid so vieler Menschen! Ich habe in den letzten Wochen so viel davon gesehen. Hilf wenigstens dem einen im Kerker und lass ihn frei! Er hat doch nur die Wahrheit gesprochen."

Ali Mohamed verstand zuerst kein Wort von dem, was seine Tochter aufgeregt und wirr hervorstammelte. Als er endlich alles wusste, wurde er zum ersten Mal gegen seine Tochter zornig: „Lass das meine Sache sein, wen ich für seine frevelhafte Zunge bestrafen lasse und wen nicht!"

Doch Suleika ließ nicht locker: „Vater, ich weiß jetzt, dass es nicht Zufall war, dass diese Wunderampel in unser Haus kam. Ich weiß auch, was sie von mir wollte, warum sie mich immer wieder zu den Armen trieb. Ich sollte voll Mitleid und Hilfsbereitschaft sein. Und ich habe ihre Sprache so lange nicht verstanden! Vater, gib dem jungen Mann die Freiheit! Er hat mich die Stimme der Ampel verstehen gelehrt! Bitte, Vater, ich kann sonst nie mehr Frieden finden!" So geschah es dann auch. Suleika und der Jüngling waren oft bei den Armen zu sehen. Bald halfen sie da jemandem aus der Not, bald linderten sie dort einen Schmerz oder betreuten Kranke. Längst bedurfte es nicht mehr der Ampel um Suleika den Weg zur Mildtätigkeit zu weisen.

Des Abends saßen Suleika und der Jüngling manchmal beim Schein der Ampel in vertrautem Gespräch beisammen und dann geschah es wohl, dass Suleika mit zärtlicher Gebärde über die Ampel strich und leise flüsterte: „Hab Dank, dass du mich in ein neues, wertvolleres Leben geführt hast, liebe Wunderampel."

Elfriede Vavrovsky

Das Wolkenschiff

Es war einmal ein Wolkenschiff, das fuhr im blauen Himmelssee spazieren. Des Morgens war es rosig rot, tagsüber schneeweiß, und am Abend leuchtete es wie pures Gold. Und es war einmal ein Hirtenjunge, der hatte seine Sehnsucht daran gehängt. „Wolkenschiff - Wolkenschiff, ich will wie du hinausfahren in die Welt!"

„Warte, bis deine Zeit gekommen ist, Kleiner!", sagte das Wolkenschiff und warf dem Jungen eine rosig rote Feder zu. Die steckte er sich in die Tasche und hob sie gut auf.

Nach einiger Zeit kam das Wolkenschiff wieder vorbeigezogen. „Wolkenschiff, Wolkenschiff - wie weit ist es bis zum Ende der Welt?"

„Siebenmal wurde ich zu Wasser, siebenmal wieder zur Wolke, bis ich zum Ende der Welt kam, und da war es erst ihr Anfang. Das ist kein Ziel für dich, Junge!" Das Wolkenschiff warf dem Buben wieder eine Feder zu, die war schneeweiß wie Engelsgefieder, und der Knabe hob sie gut auf.

Bald zog das Wolkenschiff wieder vorbei. Es war Abend, und der Junge hatte gerade seine Schafe eingetrieben, da hörte er das Wolkenschiff rufen: „Hirtenjunge, Hirtenjunge. Ich habe zu schwer zu tragen an deiner Sehnsucht. Ich will ihr ein Ziel geben!"

Da sah der Junge im Abendglanz der Wolke das Angesicht einer wunderschönen Prinzessin, und im gleichen Augenblick sank eine goldene Feder hernieder. Die ließ sich aber nicht ergreifen, sondern flog vor dem Jungen her, weiter, immer weiter, und der Junge lief ihr nach, in die Welt hinein. Er folgte der Feder über viele Berge und Hügel, durch finstere Wälder und grausige Schluchten. So wanderte er viele Tage. Und wenn er sich nachts müde zur Ruhe legte, sah er das Antlitz der Prinzessin. Dann war es ihm, als lächelte sie ihm zu. Ihr Bild stand im Traum über seinem kargen Lager. Frohgemut machte sich der Hirte nun am Morgen auf seinen Weg. Da flog auch schon wieder die goldene Feder und lockte ihn weiter in eine unbekannte Ferne. Zuweilen musste er sich vor wilden Tieren verstecken, die seinen Weg kreuzten. Manch tosender Fluss hemmte des Knaben Wanderung, doch immer wieder fand sich ein rettender Steg, der ihn ans andere Ufer brachte. Und weiter ging es - der goldenen Feder nach. Sie ließ ihn alle Unannehmlichkeiten vergessen, die er auf sich nehmen musste. Es war ein mühsamer Weg. Manch einer wäre umgekehrt, aber der Junge dachte immer nur an das Wolkenbild der schönen Prinzessin, und seine Sehnsucht führte ihn genauso weiter wie die goldene Feder. Schließlich kam er zu einem Königsschloss, dessen Türme in den Himmel stiegen wie goldene Flammen. Die Tore des Schlosses sprangen auf vor ihm. Die Diener neigten sich, als hätten sie ihn schon lange erwartet. So gelangte er zu dem Königsthron, auf dem der alte König und seine Tochter saßen. Ihr Gesicht war von einem Schleier verhüllt. Zu ihren Füßen sank die goldene Feder nieder.

Der Zeremonienmeister klopfte dreimal feierlich auf den Boden: „Ein neuer Freier und Rätsellöser, allergnädigste Prinzessin!"

Der Junge wurde rot wie Klatschmohn. „Behüte - ich bin gewiss kein Freier - nur ein Hirtenjunge - aber Rätsel lösen, das tu ich für mein Leben gern!"

Die Prinzessin neigte den Kopf. „Was du bist, wird sich zeigen, bis du meine Fragen beantwortet hast. Was du warst, kümmert mich nicht!" Und dann stellte sie die erste Frage:

„Was ist dem Menschen am allernotwendigsten?"

Ach, über diese Frage waren schon die meisten Freier gestolpert, denn sie hatten geantwortet:

Ehre, Ansehen, Geld und Macht.

Der Junge dachte nicht lange nach: „Das tägliche Brot!", sagte er.

Die Höflinge in ihren prächtigen Kleidern verwunderten sich sehr, aber der alte König nickte ihm freundlich zu.

„Was ist", fragte die Prinzessin zum Zweiten, „des Menschen schwerste Aufgabe auf der Welt?"

Der Junge dacht etwas länger nach. „Die Liebe", sagte er endlich.

Die Höflinge schüttelten wieder die Köpfe, aber die Prinzessin stand auf, warf den Schleier ab, lächelte den Jungen freundlich an und blendete ihn doch zugleich mit ihrer Schönheit, die ihm schon aus dem Wolkengebilde entgegengeleuchtet hatte. „Sage mir, was das Schönste an mir ist!"

Da hatten nun die Freier ihre Augen gepriesen, ihr schimmerndes Haar, ihren Mund rot wie Rubin oder das Taubenpaar ihrer Hände – und hatten doch das Rechte nicht erraten. Der Junge aber schlug die Hände vors Gesicht, damit ihn der Anblick der Prinzessin nicht in Verwirrung brächte. Lange dachte er nach und sagte endlich: „Dein Herz, allerschönste Prinzessin, denn wenn es nicht all deine Schönheit noch überstrahlte, so wäre sie nichts als ein Stück eitlen und vergänglichen Fleisches!"

Die Höflinge empörten sich über diese – wie ihnen schien – gar nicht höfliche Antwort, aber König und Prinzessin stiegen von ihrem Thron und schlossen den Jungen in ihre Arme. Der fing nicht schlecht zu stottern an: „Iiiiich bibibibin doch nur ein gagagaganz …" „Gackere nicht so!", sagte die Prinzessin. „Du bist der klügste und der beste Junge auf der Welt und gefällst mir sehr, und morgen ist Hochzeit und damit basta!"

„Nein, übermorgen!", entgegnete der Junge, der zeigen wollte, dass er dabei auch noch etwas zu reden habe und einmal der Herr im Hause wäre.

Als der Hochzeitstag gekommen war, warf der Junge die drei Federn in die Luft, die rosig rote, die weiße und die goldene. Da regnete es vom Himmel lauter Rosen, und die bedeckten den Weg zur Kirche. Zwölf schneeweiße Wolken senkten sich hernieder und verwandelten sich in zwölf Schimmel. Schließlich schwebte das Wolkenschiff selbst hinab und wurde zur goldenen Kutsche. Gab das eine prächtige Hochzeit! Als alles vorbei war, schwebten Rosen und Pferde und schließlich die Kutsche wieder zum Himmel und zogen als rosig rote, schneeweiße und golden strahlende Wolken davon. Der Hirtenjunge aber lebte vergnügt mit seiner Prinzessin, und keine Wolke trübte ihr Glück.

Dr. Marianna Kaindl

Der Troßkönig

Nils war ein vierzehnjähriger kräftiger Bub. Er hatte dunkles, leicht gelocktes Haar und wunderschöne tiefblaue Augen. Für sein Alter war er recht klug und geschickt, deshalb konnte er auch schon für sein blondes Schwesterchen Karin und sich selbst sorgen. Seit dem Tode der guten Großmutter lebten die Geschwister ganz allein in dem Hüttchen am Rande eines großen wilden Waldes. Nils war tapfer und stark, so fürchteten sie sich nicht. Weil sie zu allen Tieren gut und hilfreich waren, hatten sie an diesen ihre treuesten Freunde.

Nils flocht Körbe und schnitzte Löffel, die er in den weit entfernten Dörfern verkaufte. Die kleine Karin sammelte Früchte und Pilze und half so mit ihren schwachen Kräften, für ihren Unterhalt zu sorgen. Die Geschwister liebten einander sehr, und eines tat dem andern alles zuliebe.

Eines Tages saß Nils traurig auf einem Baumstumpf vor der Hütte, denn sein Schwesterchen war über Nacht von einem bösen Fieber befallen worden. Da wusste sich der brave Bub nicht zu helfen. Gern wäre er gelaufen, um Hilfe aus dem Dorf zu holen, doch er wagte es nicht, Karin allein zu lassen. Das kleine Mädchen lag mit rot glühenden Wangen in seinem schmalen Bettchen. Nils wünschte nichts sehnlicher, als dass sein geliebtes Schwesterchen nur bald wieder ganz gesund würde. Er blickte aus seinem Grübeln auf und erblickte ein putziges Eichhörnchen, das vor ihm hockte und ihn so recht mitleidig zu betrachten schien. „Ach, du gutes Tierchen, du würdest mir gewiss gern helfen, wenn du nur könntest!", seufzte Nils. Zu seinem Erstaunen fragte das Tierchen mit einem hohen Stimmchen: „Was hast du denn für Sorgen, Nils? Vielleicht weiß ich wirklich Rat." Der Bub war froh, dass er endlich einem mitfühlenden Wesen sein Leid klagen konnte, und erzählte von der bösen Krankheit, die über Karin gekommen war. Das Eichhörnchen hörte aufmerksam zu, nachdenklich bewegte es seine prächtige Rute. „Lass mich überlegen, mein Lieber", sagte es dann langsam. „Soviel ich weiß, hatte die gute Fee Brinta, die im Birkenwäldchen am See wohnt, einen wundertätigen Ring, der Krankheiten und Wunden heilen kann. Zu ihrem größten Schmerz hat ihn aber der böse Troll Knurriblax geraubt. Hast du Mut, so wollen wir zu ihm gehen und versuchen, den Ring herauszubekommen." – „Ja, das wollen wir tun, doch wer hütet inzwischen mein Schwesterchen?" Das kluge Eichhörnchen, Kutzi genannt, wusste auch da Rat. „Wart, ich rufe die Hirschkuh, sie muss mit ihrem Kindchen irgendwo in der Nähe im Gesträuch ruhen." Kutzi sprang davon, wenig später kam es in Begleitung einer schönen, sanften Hirschkuh wieder. Diese erklärte sich gern bereit, auf Karin zu achten, während ihr Kindchen ruhig vor dem Haus spielen konnte. Nils nahm in aller Eile Abschied von Karin, dann lief er mit großen Schritten dem flinken Eichhörnchen nach, das lustig von Baum zu Baum sprang.

Obwohl Nils den ganzen Wald zu kennen glaubte, kamen sie durch dichtes Gestrüpp und über helle Lichtungen, die er noch nie gesehen hatte. Sie gingen fort und fort, bis die Dämmerung hereinbrach. „So", sagte Kutzi, „nun ist es nicht mehr weit bis zum Reich der Trolle. Lass uns ein wenig ausruhen." Nils war so müde, dass er augenblicklich in Schlummer sank. Er erwachte erschrocken, denn jemand hatte ihn an der Nase gezupft. Als er seine Augen aufriss, sah er ein drolliges Wurzelmännlein vor sich stehen. „Ich bin ein Vertrauter der Fee Brinta. Kutzi rief mich, damit ich dir bei deinem Unternehmen hilfreich zur Seite stehe. Nun müssen wir aber aufbrechen, denn die Nacht ist kurz, und die Trolle scheuen das Sonnenlicht. Bei Tag müssen sie sich in die tiefsten Höhlen verkriechen." Nils rieb sich den Schlaf aus den Augen, und dann gingen sie zu dritt weiter. Die Gegend wurde schaurig und öde. Kahle Felsblöcke versperrten ihnen den Weg, abgestorbene Bäume streckten trauernd ihre kahlen, mit Flechten überzogenen Äste in den düsteren Himmel. Nun hörten sie ein grässliches Johlen, Quietschen, Brummen, Kreischen, Gröhlen und Schreien. Nils blieb erschrocken stehen. „Hört ihr", fragte er. „Was ist das?" Das Wurzelmännlein kicherte. „Das sind die Trolle, die tanzen und springen, dabei singen sie ihre seltsamen Lieder. Wenn die Nächte dunkel sind, fühlen sie sich am wohlsten. Doch zur Mittsommerzeit, wenn die hellen Nächte sind, bleiben sie ruhig in ihren Höhlen. Warte nur, bald wirst du sie sehen." Der Bub ging mit angehaltenem Atem weiter. Kutzi hielt sich dicht an seiner Seite. „So, nun versteckt euch hinter dem Felsklotz da und rührt euch nicht", gebot das Wurzelmännlein. „Nun könnt ihr die feine Gesellschaft nach Herzenslust betrachten." Du liebe Zeit, was sah Nils da! Ein Troll schien immer noch hässlicher als der andere zu sein. Aber alle waren am ganzen Körper dicht behaart. Einige hatten Froschfüße, andere wieder Bockbeine, die Gesichter waren abscheulich, mit den verschiedensten Nasenformen. Nils sah lange Rüsselnasen und dann wieder nur große, feurig schimmernde Nasenlöcher, die Mäuler erschienen dem Buben riesengroß, erstaunend bemerkte er, dass etliche Trolle doppelte Reihen langer, spitzer, grüner Zähne hatten. Die Augen glühten wie kleine rote, gelbe oder grüne Fünkchen aus den dicht behaarten Gesichtern. Manche trugen wahre Elefantenohren, andere wieder hatten spitze Hundeohren. Nils staunte mit offenem Mund. So etwas hatte er nie für möglich gehalten.

Ein Märchen aus Skandinavien

Beinahe hätte er gelacht, denn die Sprünge, die diese Wesen machten, waren zu lustig. Einige sprangen wie mutwillige Ziegenböcklein, andere versuchten sich zierlich zu bewegen, und das sah beinahe noch komischer aus. Im Hintergrund gähnte eine große dunkle Höhle. Im ungewissen Licht bemerkte Nils, dass sich etwas darin bewegte.

Plötzlich stürzten die Trolle mit lautem Gebrüll in die Höhle. Ein lautes Kreischen und Pfauchen war zu hören, als ob sich die Trolle um etwas zankten. Einer nach dem anderen kam wieder hervor, und nun sah Nils, dass sie sich ihren Festschmaus geholt hatten. Mit lautem Schmatzen verzehrten sie gebratene Schlangen, Kröten und andere Leckerbissen; es herrschte Ruhe und Frieden.

Nils kroch behutsam der Höhle näher, denn er wollte gern sehen, ob wohl noch ein Lebewesen dort wäre. Als er die Höhle mutig betrat, hörte er ein leises klägliches Weinen. „Wer weint denn hier?" fragte der Bub mit sanfter Stimme. „Ich", schluchzte es, „ein geraubtes Prinzesschen!" Nun erst sah Nils ein blasses kleines Mädchen auf einem Mooslager liegen. Er setzte sich zu ihm und ließ sich in aller Eile die Geschichte der Kleinen erzählen. „Höre", sagte Nils, „trägt der Troll, der dich raubte, einen Ring?" - „Ja, es ist aber nur ein ganz schmaler Goldring." - „Könntest du ihm den Ring abnehmen?", fragte Nils weiter. „Oh, ich denke doch", erwiderte das Mädchen. „Wenn er einschlafen will, muss ich ihm sein abscheuliches Fell kraulen, dann schläft er ganz fest, dann kann ich ihm wohl den Ring nehmen. Aber du wirst ihn nicht bekommen können, denn der Troll schließt die Höhle ganz fest und dicht ab." - „Ich weiß ein Ritzchen", piepste eine kleine mitleidige Waldmaus, „ich bringe Nils den Ring!" Nils hätte gern noch mehr mit dem Prinzesschen gesprochen, aber er musste eiligst die Höhle verlassen, um nicht von Knurriblax, dem bösen Troll, überrascht zu werden. Langsam graute der Morgen, nun war von der ganzen Trollschar kein Härchen mehr zu sehen. Man hätte glauben können, es wäre alles nur ein wüster Traum gewesen. Die Felshöhle war gänzlich verschwunden. Nur hartes, festes Felsgestein stand trutzig da.

Nils wartete eine bange Viertelstunde, da kam das Mäuslein und brachte ihm den Ring. Glücklich steckte ihn der Knabe an den Finger, doch nun galt es, das Prinzesschen auch zu befreien. Es war ein Glück, dass das Wurzelmännlein mitgekommen war, denn es kannte ja alle Kräfte des Wunderringes. Husch, husch, husch sprang es zur Felswand und berührte sie mit dem Ring. Rumsbums, rollten die Felsen auseinander. Im hintersten Winkel der Höhle schnarchte laut der alte Knurriblax. Das Prinzesslein schlüpfte flink heraus. Rumsbums, schloss sich die Felsenhöhle. Eben ging die Sonne rot glühend auf, Nils nahm das Königskind an der Hand, dann eilten sie alle aus dem unheimlichen Trollwald. Glücklich hörten sie die Vöglein singen. Ein stattlicher Hirsch, jedenfalls der Mann der guten Hirschkuh, die bei Karin wachte, kam ihnen entgegengeschritten. Nils durfte sich mit dem Prinzesslein auf seinen Rücken setzen. Wurzelmännlein und Kutzi hockten sich in sein starkes Geweih. Heidi - so ging's schnell durch den Wald. Eins, zwei, drei waren sie an Nils Hüttlein angelangt. Der gute treue Bruder sprang vom Rücken des Hirsches und eilte ans Bettlein von Karin, die noch immer matt und krank im Fieber lag. Nils berührte sein Schwesterlein mit dem Zauberring, und Karin schlug lachend die Augen auf und sprang frisch und gesund von ihrem Krankenlager. Nils gab den Ring dem Wurzelmännlein mit einem herzlichen Dankesgruß an die Fee Brinta. Kutzi sprang fröhlich in den Wald zurück.

Natürlich brachten Nils und Karin das geraubte Prinzesslein ihren glücklichen Eltern wieder zurück. Die drei Kinder lebten nun froh und zufrieden in dem wunderschönen Schloss. Später heiratete Nils das Prinzesschen und wurde König.

Und so lebten sie glücklich und zufrieden bis an ihr seliges Ende.

Anni Gwehenberger

Floribell und die 52 PFERD

Floribell ist ein Esel, ein junger, seidengrauer, mit schönen, langen Ohren. Er ist geduldig und sanftmütig - soweit ihm das möglich ist - und sagt zu allem ja. Nur wenn ihm sein Herr gar zu viel auflädt, kann es vorkommen, dass er störrisch wird, und das ist schließlich sein gutes Recht. Floribell lebt in Altomonte - so heißen die paar Häuser, die so weltabgelegen am Rande des Apennin liegen, dass nur ein Weg zu ihnen führt. In diesem Sommer aber sind Arbeiter gekommen und haben den Weg verbreitert zu einer schmalen Straße. Zur Not könnte nun ein Auto nach Altomonte fahren, wenn eines dort etwas zu suchen hätte. Floribell hat den Sommer über ganz oben in den Bergen im Steinbruch gearbeitet. Weit sieht man von dort über die grüne Ebene bis zum Meer, das manchmal wie flüssiges Silber in der Sonne leuchtet, dann wieder in dunklem Blau das Land umschließt. Ja, die ganze Welt sieht man von hier oben und deshalb ist Floribell auch so klug. Nichts gibt es, was er nicht kennt und weiß. Oder?

Nun ist der Herbst gekommen. Die Ebene ist gelb geworden. Das Meer liegt fahl unter einem blasseren Himmel, über den die Zugvögel noch weiter nach Süden fliegen. Es ist also Zeit ins Dorf zurückzukehren. Schließlich gibt es auch dort noch ein paar Wiesen und ein so kluger Esel wie Floribell findet überall die feinsten Leckerbissen und Grund genug sich seiner kurzen Eselfreiheit zu freuen, bevor der Winter kommt. Floribell trabt also vergnügt von einer Weide zur anderen und kommt schließlich auch zur Straße.

Er hebt verwundert den Kopf. Was für ein Geräusch nähert sich da? Es klingt so wie die Zentrifuge des Nachbarn, und doch anders - tiefer, summender. Dann reißt Floribell die Augen auf.

Was kommt denn nur da die Straße herauf? Wagen ohne Pferde gibt es doch genauso wenig wie Tiere, die statt Füße Räder haben!

„Nö!", schreit das blaue Ding. „Nö!"

Wenn es eine Stimme hat, wird es wohl doch ein Tier sein, und Floribell will sich das Wunderwesen einmal aus der Nähe begucken. Er stellt sich also mitten auf die Straße und lässt das Blaue auf sich zurollen. Ja, wirklich, es rollt, es hat Räder statt Füße. Hat denn die Welt so etwas schon gesehen?

„Ia!", schreit Floribell verwundert.

„Nö! Nö!", antwortet das blaue Ding und hält an.

Sehr breit ist diese Straße wirklich nicht, auf keinen Fall so breit, dass ein Auto einem Esel, der sich nicht vom Fleck rührt, ausweichen könnte.

„Nö! Nö! Nö!", schimpft also das Auto.

„Ia - Ia!", antwortet Floribell.

„Nö - ia - nö - ia" - auf die Dauer ist diese Unterhaltung etwas anstrengend. Der Herr am Volant drückt immer wieder auf die Hupe. Leute, die in einem Auto sitzen, haben im Allgemeinen wenig Zeit, dafür um so mehr Nerven. Geduld für störrische Esel haben sie keinesfalls. Der Herr lässt also den Motor aufheulen und macht sich daran einen Sturmangriff auf Floribell zu unternehmen.

„Nicht!", ruft der kleine Junge, der neben dem ungeduldigen Herrn sitzt. „Bitte, Papa, nicht! Er ist ja so lieb!"

Aber schon rückt das blaue Auto Floribell bedrohlich auf den Pelz. Nun - was ein richtiger Bergesel ist, der lässt sich nicht so leicht aus der Fassung und aus einer nun einmal bezogenen Stellung bringen.

„Nö - ia, nö - ia!" Floribell rührt sich nicht.

„Bravo!", ruft der kleine Junge. Diese Anerkennung gilt sichtlich Floribell. Sein Vater aber rauft sich die Haare. Das Haarraufen tut ihm sichtlich wohl - und so, als habe er damit seine Nerven glatt gekämmt. Er lehnt sich seufzend zurück und zündet sich eine Zigarette an. „Pazienza!", murmelt er. „Geduld - Geduld!"

„So ein lieber Esel!", sagt der Junge. „Ich will ihn streicheln!"

„Rühr mir dieses Untier nicht an!", faucht der Herr am Steuer. „Du siehst doch, wie störrisch er ist!" Aber der kleine Junge sieht nur, wie hübsch und sanft Floribell ist. Manchmal haben eben Väter und Söhne verschiedene Augen.

Während der Herr am Steuer seine Beruhigungszigarette raucht, beginnen Floribell und das blaue Auto sich miteinander zu unterhalten, nicht nur so mit Nö und Ia, sondern richtig.

„Was bist du eigentlich?", fragt das Eselchen.

„Ein Auto."
„Ich habe noch nie von einem Tier gehört, das Auto heißt!"
„Dummer Esel! Ich bin doch kein Tier. Ein Auto ist ein Wagen, der von ganz allein fährt." „Was, von ganz allein? Ohne Esel, ohne Pferd und noch nicht einmal mit einem Ochsen? Das glaube ich dir nicht!"
„Pah! Die brauche ich alle nicht. Ich bin allein so stark wie zweiundfünfzig Pferde!"
Floribell stößt einen Schrei wilder Entrüstung aus.
„Du Angeber! Stark wie zweiundfünfzig Pferde, kein Wort glaube ich dir. Verlogen bist du wie zweiundfünfzig Schwindler - das ist alles. Ich mag nicht mehr mit dir reden!"
Floribell wendet sich voll Verachtung ab, der Wiese zu. Die Straße ist frei, das Auto kann weiterfahren. Es fährt auch wirklich und immer noch von ganz allein. Vielleicht steckt der Teufel in ihm - wer weiß? -, und es ist gerade auf dem Weg zur Hölle.
Kopfschüttelnd blickt ihm Floribell nach - aber - sehr weit kommt das Auto nicht. Sein Motor beginnt zu tucken und dann bleibt es stehen. Sein Besitzer öffnet das Maul des Autos, ein Riesenmaul übrigens, und guckt hinein, als ob er der Zahnarzt wäre. Dann legt er sich unter das Auto und der Junge legt sich dazu. Als ob es keinen besseren Platz zum Ausruhen gäbe!
„Weißt du, was es ist?", fragt der Junge.
„Der Teufel ist es!", flucht sein Vater und Floribell nickt nachdenklich - gerade das hat er sich auch gedacht.
„Wir müssen schauen, dass wir irgendwie nach Altomonte kommen. Onkel Giuseppe versteht mehr davon als ich. Vielleicht kann er den Schaden richten."
Aber wie kommt ein Auto, das nicht mehr fahren kann, weiter? Nun - kurz und gut: Floribells Herr findet sich bereit seinen Esel vor das Auto zu spannen.
„Wenn er will, bringt er Euch bestimmt hin, Signore!", sagt er und setzt mit einem Seufzer hinzu: „Aber - ob er will, das ist die Frage. Bei einem Esel kann man das vorher nie so genau wissen!"

Aber Floribell will das blaue Ding namens Auto nach Altomonte ziehen. Er tut es sogar mit besonderem Vergnügen! „Ia - ia!", wiehert er fröhlich zu dem Patienten hinter ihm, „wo sind nun deine 52 Pferde, mein Lieber? Was ist mit deiner Stärke, he? Wenn du weiterkommen willst, brauchst du ja schließlich doch einen Esel, der dich zieht!"
Das blaue Auto sagt gar nichts mehr. Es schämt sich fürchterlich und nur der kleine Junge freut sich. Er hat sich auf seinen Sitz gestellt und ruft: „Hööh Hüoh!" und „Brr!", als säße er auf einem Kutschbock, und in Altomonte gibt er Floribell eine ganze Menge Würfelzucker zu fressen. Zufällig sind es gerade 52 Stück - für jedes Pferd eines, nicht wahr, die hat sich Floribell redlich verdient. Natürlich wird das Auto gerichtet und kann dann wieder alleine fahren. Da nun einmal die Straße da ist, kommen bald noch öfter Autos nach Altomonte und Floribell gewöhnt sich an ihren Anblick. Aber nach wie vor hält er nichts von ihnen und trägt den Kopf sehr hoch, wenn er ihnen begegnet. „Ia!", schreit er, „ia - stark wie 52 Pferde, aber nichts dahinter! Was würde aus ihnen, wenn es keine Esel gäbe!"
Nun ja - er ist halt doch ein Esel, dieser Floribell, geduldig, sanftmütig und nur sehr selten störrisch, aber doch ein ganz, ganz klein wenig dumm.

Marianne Kaindl

DER WUNDERGA[RTEN]

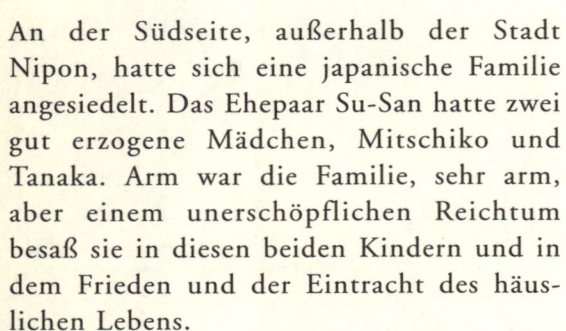

An der Südseite, außerhalb der Stadt Nipon, hatte sich eine japanische Familie angesiedelt. Das Ehepaar Su-San hatte zwei gut erzogene Mädchen, Mitschiko und Tanaka. Arm war die Familie, sehr arm, aber einem unerschöpflichen Reichtum besaß sie in diesen beiden Kindern und in dem Frieden und der Eintracht des häuslichen Lebens.

Wenn der Vater in der Stadt drinnen beim Karrenziehen, Fischkörbetragen, Straßenkehren oder Lastentragen Glück hatte, die Mutter hingegen am Markt Früchte sammelte, die bei vorgeschrittener Geschäftszeit nicht mehr verkauft werden konnten, war das Leben für die Familie Su-San doppelt schön.

Gurken, Rettiche, süße herausgebackene Reiskuchen, kleine gedörrte Fische, die an dünnen Schnüren aufgefädelt waren, brachte die gute Mutter heim. Tagelang lebte dann die Familie ohne Sorgen.

Wenn aber die Wirbelstürme einsetzten, tage- und wochenlang der Regen vom Himmel goss, da klopfte auch die arge Not an die Hütte von Su-San. Niemand ging hinaus, denn das Leben in Nipon war nicht mehr das geschäftige, pulsierende. Ach, diese Hütte! Sie bestand aus Brettern, Blech, Teerpappe, Stroh und Papier, hatte keinen Keller und keinen Rauchfang, Kälte und Feuchtigkeit zogen durch die dünnen Wände.

Trotzdem gingen die beiden Mädchen immer sauber und gut angezogen. Mitschiko war neun, Tanaka zehn Jahre alt; in groß geblumtem Kimono und auf hölzernen Schuhen, mit glatten schwarzen Haaren, die im Ponyschnitt zarte, elfenbeingetönte Gesichter umrahmten, lächelten die beiden immer höflich, auch dann, wenn die Not an ihre Hütte pochte.

Es ist dies das Schönste im japanischen Leben, dass diese Menschen ein liebenswürdiges Lächeln um ihre Lippen haben und nie abweisend oder mürrisch den Nächsten begegnen, auch dann, wenn Not, Kummer oder gar Schmerzen aufscheinen.

Einmal - Vater und Mutter waren in die Stadt gegangen - versperrten die beiden Mädchen die Haustür, nahmen sich frohgemut bei der Hand und beschlossen, ein wenig zu wandern.

Es war ein herrlicher Morgen. Die Sonne vergoldete die Schirmfichten, die Schirmakazien und Buchen, die am Wege standen, die Vögel zwitscherten und jubilierten, und aus den dunklen Teichen, an denen die beiden Mädchen vorüberkamen, schauten weiße große Wasserrosen ernst und regungslos.

Mitschiko und Tanaka sahen dies alles, und ihre kleinen Herzen waren voll Freude. Nun befanden sie sich vor einem Garten, dessen Tor weit offen stand. Zuerst wollten sie nicht eintreten, denn sie waren gut erzogene Mädchen, die ohne Erlaubnis der Eltern nichts unternehmen. Als aber der milde Ostwind die Schirmfichten vor dem Tor auseinander bog, sahen die beiden Kinder eine herrliche Flur vor sich liegen. Sich immer noch an der Hand haltend, schritten sie, ihre Füße vorsichtig auf den Boden setzend, damit die hölzernen Schuhe keinem Lebewesen etwas zu Leide tun sollen, direkt in das bunte Gewoge von Beeren, Sträuchern, kleinen Bäumchen und glutroten Rosen hinein. Diese sahen beinahe wie kleine, züngelnde rote Flammen aus. Ehrfurcht vor der Natur befiel die staunenden Kinder, die nun immer tiefer in den Garten gingen ...

Kein Vogelsang, kein Menschenlaut, tiefe Stille, nur der milde Wind machte sich bemerkbar. Mitschiko, die ihre Mutter besonders liebte, unterbrach diese Stille: „Von den Früchten wollen wir nichts nehmen, die gehören fremden Menschen. Das wäre Diebstahl. Aber von den herrlichen Blumen möchte ich gerne einige der Mutter bringen. Gott lässt Blumen für alle Menschen wachsen."

Dagegen erklärte die größere Schwerster: „Nein! Ich habe in der Schulstunde gelernt: Blumen müssen sterben, wenn man sie pflückt."

„Das ist schön von dir, kleine Tanaka, daß du Blumen so liebst und nicht sterben lassen willst!"

Die beiden Mädchen sahen sich erschrocken um ...

Es stand eine schöne große Frau vor ihnen. Gütig sah sie die Kinder an: „Blumen, die man ins Wasser stellt, sterben nicht, merkt euch das! Weil ihr aber so gute Kinder seid - Mitschiko will nicht stehlen und Tanaka will die Blumen beschützen - , sollt ihr von mir ein Andenken haben." Sie griff in ihr Kleid und zog einen kleinen bunten Ball hervor.

Die Kinder dankten höflich und gingen aus dem Garten. Einmal drehten sie sich um; da stand noch immer die wunderschöne Frau und lächelte zu ihnen hinüber.

Im Laufschritt, soweit es der Kimono zuließ, ging es heim zu Vater und Mutter. Diese waren schon in Sorge gewesen, doch die Kleinen erzählten alles so wortgetreu und voll Glück, dass es keine Strafe gab. Vielmehr, die Eltern beschlossen, am nächsten Tag ebenfalls mit den Kindern dorthin zu wandern. Man setzte sich zu Tisch und genoss mit Zufriedenheit das Mahl, das die gute Mutter zustande gebracht hatte. Es war der Abschluss eines glücklichen Tages für die Eltern wie für die Kinder gewesen.

Am nächsten Morgen setzte sich die Familie in Bewegung, aber so weit sie auch alle wanderten, den Wunschgarten fanden sie nicht. Müde geworden, setzte sich das Ehepaar Su-San unter einen Baum, während die Mädchen mit dem bunten Ball der fremden Frau zu spielen begannen. Sie hüpften und lachten, fingen hoch und nieder den Ball, bis - ja, bis ihn Tanaka anstatt zu Mitschiko auf den Steinhaufen, der dort lag, warf.

Plumps! Ein kleiner Knall, der Ball war zerplatzt. Aber! Wer kann das Erstaunen und Entzücken fassen, als aus dem Ball lauter Gold hervorquoll.

Die Eltern umarmten ihre Kinder, denn sie wussten, dass dies der Lohn für deren Ehrlichkeit und Gehorsam war.

Maria Safar

Wie Ibrahim den Kalifen

Während der Regierungszeit des berühmten Kalifen Harun al Raschid lebte in der Stadt Bagdad ein Mann namens Ibrahim el Sadek. Er war der beste Märchenerzähler des Landes und niemand weit und breit konnte sich rühmen so viele Geschichten zu wissen wie er. Daher nannte ihn Groß und Klein nur den „Vater der ungezählten Märchen".

Und fürwahr, jeden Abend saß er auf einem anderen Platz der großen Stadt und erzählte seinen Zuhörern die schönsten Geschichten über ferne Länder, er erzählte von Riesen und Zwergen und vom Reich der Geister über und unter der Erde. Schon lange bevor Ibrahim zu erzählen anfing, versammelten sich die Neugierigen und warteten ungeduldig, bis er den Mund auftat. Bis - ja bis sie eines Tages umsonst auf Ibrahim warteten. Zuerst glaubten sie, er hätte sich verspätet, doch die Nacht brach herein und er war noch immer nicht erschienen. Am nächsten Abend wiederholte sich der Vorgang. Ibrahim kam nicht. Die Kinder, die ihn am meisten vermißten, durchsuchten nun die verstecktesten Winkel der Stadt nach dem beliebten Mann, aber es war vergebliche Müh. Ibrahim war und blieb verschwunden.

Während man sich aber in der Stadt über das plötzliche Verschwinden Ibrahims den Kopf zerbrach, stand dieser vor dem Kalifen, der ihn zu sich befohlen hatte.

„Du bist Ibrahim, der Vater der ungezählten Märchen?", fragte Harun al Raschid.

Ibrahim verneigte sich tief und erwiderte:

„Erhabener Herr, großmütigster und edelster Herrscher der Gläubigen! Das Volk gab mir zwar diesen Namen, aber ich bin nur der letzte Diener deiner Herrlichkeit und lebe bescheiden von der Gabe des Erzählens, die mir Allah in seiner Barmherzigkeit geschenkt hat!"

Der Kalif erwiderte freundlich: „Einen Mann wie dich hat mein Herz schon längst begehrt, denn nach Sonnenuntergang erscheint mir die Zeit viel zu lang und ich hoffe, dass du mir mit deiner Kunst die Abende verkürzest. Du sollst im Palast wohnen und so oft ich dich brauche zu mir kommen!" Ibrahim verneigte sich ehrfürchtig und antwortete: „Allah schenke dir und den Deinen 1000 Jahre Wohlbefinden und die ewigen Freuden des Paradieses!"

Als der Abend herangekommen war, wurde Ibrahim aus seinem Gemach geholt und begann seine Erzählung. Der Kalif hörte ihm eine Weile zu, dann sprach er: „Dieses Märchen kenne ich schon!" Ibrahim entschuldigte sich und begann ein neues. Doch auch dieses war dem Herrscher

überlistete

bekannt und als er es mit einem dritten versuchte, sprang der Kalif zornig auf und rief: „Ich lasse dir bis morgen Abend Zeit. Weißt du bis dahin kein Märchen, das ich noch nicht kenne, dann verlierst du deinen Kopf!"

Die ganze Nacht und den folgenden Tag saß nun Ibrahim am Fenster seines Kerkers und dachte über eine Geschichte nach, die er noch nie erzählt hatte, aber sosehr er sich auch bemühte, es fiel ihm keine ein. Und als sich der Abend auf die Stadt senkte, wurde er erneut vor den Regenten von Bagdad geführt.

Der Kalif war diesmal sehr gnädig gestimmt und hatte schon bei sich beschlossen dem alten Mann Milde widerfahren zu lassen.

„Ich hoffe, du enttäuschst mich nicht", sagte er freundlich und hieß Ibrahim auf einem kostbaren Teppich Platz nehmen.

Und Ibrahim verbeugte sich tief und plötzlich ging ihm ein Licht auf und lächelnd begann er zu erzählen:

„In der Hauptstadt eines fernen Landes lebte einst ein berühmter Märchenerzähler. Sein Ruhm wuchs von Tag zu Tag, bis sogar der Herrscher davon erfuhr und ihn zu sich berief und bat ihm die Langeweile mit noch nie gehörten Geschichten zu vertreiben. Aber schon am ersten Abend stellte es sich heraus, dass der Kalif alle Märchen kannte, welche der Mann zum Besten gab. Darüber war der Kalif so erbost, dass er dem Erzähler mit dem Enthaupten drohte, falls er am nächsten Tag keine neue Geschichte wüsste. Aber", fuhr Ibrahim fort, „am folgenden Tag war es nicht besser. Da rief der arme Mann in seiner Verzweiflung: ‚Großer Herrscher! Wie soll ich mehr wissen als du, da deine Weisheit der meinen gleicht wie die unendliche Wüste einem Sandkorn!' Da lächelte der Herrscher und sprach: ‚Schmeichler, deinen Kopf hast du gerettet, nicht aber deine Freiheit! Du bleibst weiterhin in meinem Palast um mir die Zeit zu vertreiben!' Der Märchenerzähler jedoch fuhr fort: ‚Hoher Herr! Ich will Euch gerne mit meiner bescheidenen Kunst erfreuen, doch wisset, es führt kein Weg von uns zu den Gedanken, sondern diese müssen zu uns finden! Wie soll das aber geschehen, wenn ihre Pfade durch Kerkertüren gehemmt werden!'

‚Du führst eine lose Zunge', antwortete der Kalif. Doch da er ein gerechter Herrscher war, besann er sich schließlich lächelnd: ‚Nun denn, ich will deinen Gedanken nicht länger den Weg versperren. Ziehe hin in Frieden, Allah sei mit dir!' Und der Alte ging seines Weges und kehrte zu den Seinen zurück."

Als Ibrahim diese Geschichte beendet hatte, schwieg der Kalif, dann erhob er sich und nickte wohlwollend.

„Diese Geschichte hat mir gefallen, Ibrahim! Damit sie aber ein richtiges Märchen bleibt, will ich dir nicht nur die Freiheit schenken, sondern noch 100 Goldstücke dazu!" Und er befahl seinem Schatzmeister, sofort einen großen Beutel zu bringen.

So stand Ibrahim am nächsten Abend wie vordem auf dem Platz vor der Moschee und erzählte der lauschenden Menge seine Märchen. Harun al Raschid aber verbarg sich, als Handwerker verkleidet, unter den Leuten und hörte ebenso gebannt wie alle anderen die Worte des Märchenerzählers. Und o Wunder. Die Geschichte, die dieser heute erzählte, kannte selbst der Kalif noch nicht …!

Walter K. Wavruska

Der Wunschstern

Marika hieß das kleine Ungarmädel, welches vor vielen Jahren mit seiner Mutter in einer bescheidenen Hütte lebte, die inmitten einer großen Ebene stand. „Puszta" nennen die Leute diese riesigen Grasflächen, deren Ränder in der Ferne den Himmel zu berühren scheinen.

Vor dem Häuschen ihrer Mutter stand ein hoher Ziehbrunnen, an dessen langem Hanfseil ein Holzeimer in die Tiefe gelassen wurde, um das köstliche Nass aus dem Schoß der Erde zu holen. Zweimal am Tag kamen die Viehhüter mit ihren Herden. Dann sah man viele kleine Punkte in der Ferne, die bald größer wurden, bis man den dröhnenden Hufschlag der vielen Pferde auf der grünen Grasnarbe vernehmen konnte.

Marika stand dann am Brunnen und bewunderte die herankommende Reiterschar. Voran der Leithengst und hinter ihm Braune, Schecken und Schimmel in großer Zahl. Die Fohlen waren stets inmitten der riesigen Schar und wurden von ihren Müttern, den Stuten, sorgsam bewacht. Abends flammten überall in der Ebene die kleinen Wachtfeuer auf, an denen die Pferdehirten - Csikòs - ihre einfache Mahlzeit einnahmen. Später trug der Nachtwind verträumte Melodien übers weite Land. Meist waren es traurige Lieder, die von der Puszta, vom Himmel und den Pferden erzählten.

Marika saß um diese Zeit mit ihrem Mütterchen in der kleinen Hütte und löffelte das bisschen Bohnensuppe. Nach dem kargen Abendbrot erzählte Marikas Mutter noch eine Geschichte, und dann musste das kleine Mädchen sein Bettchen in der Nebenkammer aufsuchen. Das tat es leider nur ungern, und jedes Mal gab es dabei Tränen. Marika hasste die Nacht und das Dunkel, auch wenn die Sterne am Himmel standen und der Mond die Steppe versilberte. So lag sie oft lange wach in ihrem Bettchen und weinte über die untergegangene Sonne, während der Gesang der Pferdehirten leise aus der Ferne kam.

Auch heute war dies so gewesen. Das Fenster zu Marikas Kämmerchen war offen, und so konnte sie von ihrer Liegestatt aus den Himmel und die Sterne sehen.

In diesem Augenblick blitzte es am nachtschwarzen Firmament auf und eine Sternschnuppe senkte sich, einen leuchtenden Strich nachziehend, zur Erde.

„Ach", seufzte die kleine Marika. „Wenn doch immer die Sonne scheinen und es nie Abend werden würde, wie glücklich wäre ich da!"

Sie hatte diese Worte kaum ausgesprochen, als ein grelles Licht auf dem Fensterbrett aufflammte, so dass Marika geblendet die Augen schließen musste. Dann vernahm das Mädchen eine Stimme:

„Ich bin der Wunschstern und komme nur alle tausend Jahre auf diese Welt. Falle ich aber vom Himmel, und ein Sonntagskind spricht in diesem Augenblick eine Bitte aus, so kann ich diese erfüllen!"

„Oh", stammelte Marika und öffnete nur zögernd ihre kleinen Augen. „Du bist das Wunschsternchen?"

Die Helle im Raum hatte nachgelassen, nur dort, wo das Mädchen das Fenster wusste, saß ein winziges Bübchen, das einen Stab in der Hand hielt, an dessen Spitze eine goldene Kugel sonnengleich strahlte.

„Ganz recht", sagte der winzige Gast. „Willst du, dass ich dir deinen soeben geäußerten Wunsch erfülle?"

„O ja! Bitte!", hauchte das Mädchen und sah mehr neugierig als ängstlich auf den zierlichen Sprecher.

„Gut! Deine Bitte sei dir gewährt! Es soll nie mehr Abend werden und immer die Sonne scheinen!"

Nach diesen Worten hob das Bübchen seinen Stab, dabei wurde das Strahlen der Kugel so stark, dass Marika wieder die Augen schließen musste. Kurz darauf vernahm sie ein eigenartiges Knistern, und dann breitete sich wie vordem Dunkelheit über den Raum.

Doch was war das?

Sie glaubte zu träumen, als die Sterne am Himmel langsam verblassten und ein fahles Licht, von Osten kommend, sich mehr und mehr ausbreitete. Wurde es tatsächlich schon Tag?

Jetzt fing auch der Hahn drüben im Stall zu krähen an.

Marika sprang aus dem Bett und eilte ans Fenster. Tatsächlich! Soeben stieg die Sonne hoch. Groß und leuchtend wie jeden Morgen. Da jauchzte das Kind, klatschte in die Hände, schlüpfte in seine Kleider und lief ins Freie.

„Sonne, liebe Sonne", jubelte es. „Nun brauchst du nie mehr unterzugehen und kannst immer für mich und die Meinen scheinen!"

Die aufgehende Sonne hatte nicht nur den Hahn, sondern auch alle übrigen Tier geweckt. Die Tauben kamen aus ihrem Schlag, und mit ihnen die wenigen Singvögel.

„Das war eine kurze Nacht", sagte die Mutter, als sie das Feuer im Küchenherd anfachte, „aber das kommt davon, weil ich gestern übermüdet war und so fest geschlafen habe!"

Marika wollte schon ihr Geheimnis verraten, doch dann dachte sie, besser ich schweige, denn sonst lacht sie mich am Ende noch aus.

Ja, und so begann dieser Tag. Die Sonne setzte ihren Lauf fort, und als es um die elfte Stunde war, kamen die Csikós mit ihren Pferden zum Brunnen.

„Ein heißer Tag", meinte einer von ihnen und wischte sich den Schweiß von der Stirn. „Fast nicht zum Aushalten", stöhnte ein anderer, „und dabei ist es noch gar nicht Mittag!" Währenddessen drängten sich die Pferde um die Wasserstelle und tranken schnaubend aus dem klobigen Holztrog, dann kehrten sie wieder auf ihre Weideplätze zurück.

Die Stunden vergingen. Eigentlich sollte es schon längst Nachmittag sein, aber die Sonne dachte nicht mehr daran, ihren gewohnten Lauf fortzusetzen. Sie stand als riesengroßer Lichtball unbeweglich am Himmel. Ringsum regte sich kein Lüftchen, so dass sich bald eine fast unerträgliche Backofenhitze über das ganze Land breitete.

Dreimal waren schon die Herden zum Brunnen gekommen und jedes Mal hatte er weniger Wasser gegeben. Marika, die sich anfangs so gefreut hatte, erkannte immer mehr das Entsetzliche, das sie mit ihrem unbesonnenen Wunsch angerichtet hatte. Doch nicht nur die Tiere hatten unter der ständigen Hitze zu leiden. Auch die Blumen und Gräser spürten die unerträgliche Glut. Als Marika in den kleinen Hausgarten ging, um Gemüse zu holen, erschrak sie zutiefst. Sämtliche Blumen waren vertrocknet, und die so mühsam gezüchteten Rosen hingen entblättert und verwelkt an den Stöcken.

Noch mehr erschrak sie aber, als sie sah, wie die Blätter des großen Kastanienbaums, unter dem sie so gerne saß, ihr dunkles Grün verloren, gelb wurden und abfielen. Auch das Gras der Puszta nahm die gleiche Farbe an, und nach kurzer Zeit war ringsum alles verdorrt und vertrocknet.

Die Sonne aber strahlte und strahlte und schickte sich an, das Land in eine Wüste zu verwandeln.

Dies alles sah Marika, als sie am Fenster stand. Tränen kollerten über ihre Wangen. Tränen des Schmerzes und Tränen der Schuld. Sie hatte das alles angerichtet, mit ihrem unseligen Wunsch „Nie mehr sollte es Abend werden!" Und jetzt! Draußen in der Puszta lagen erschöpft die Pferde. Sie mussten verdursten, denn der Brunnen, der einzige Wasserspender weit und breit, gab keinen Tropfen. Ausgetrocknet. Ohne Wasser aber mussten sie alle umkommen. Alle!

Was tun?

„Mutter", rief Marika entsetzt. „Wo bist du denn?" Als sich niemand meldete, durchsuchte sie das ganze Haus. Doch ihre Mutter war nirgends zu finden. Ob sie zum Nachbarn gegangen war? Doch in dieser Hitze? Marika trat vors Haus. Die Luft lag dick und schwer über dem Land, und dort, wo der Himmel die Erde berührte, stiegen Rauchwolken auf. Das ausgetrocknete Gras hatte sich entzündet und brannte. Über allem aber stand die Sonne. Sie war jetzt nur noch ein verwaschener gelbroter Fleck, der erbarmungslos Menschen und Tieren das Verderben brachte. Da konnte sich Marika nicht mehr länger halten. Sie lief in ihr kleines Kämmerchen, warf sich auf das Bett und weinte, wie sie noch nie in ihrem jungen Leben geweint hatte.

In diesem Moment ertönte wieder das Knistern und eine feine Stimme sprach: „Nun, kleine Marika! Erkennst du jetzt, wie töricht dein Wunsch war?"

„Wunschsternchen", jauchzte das Mädchen, als es den Besucher der letzten Nacht erkannte. „Wunschsternchen, gutes Wunschsternchen, verzeih mir bitte und lass die Sonne wie früher untergehen. Ich bitte dich! Ich werde nie mehr weinen, wenn die Nacht und mit ihr die Dunkelheit über die Welt kommt. Nie mehr, das verspreche ich dir", schluchzte Marika und hob flehend ihre Hände. Der kleine Kerl lächelte leise, dann sagte er: „Es soll dir in Hinkunft eine Lehre sein, nie mehr etwas Unbesonnenes zu begehren. Auch wenn wir oft glauben, dass manches anders sein könnte, so ist es doch am besten, wie es gerade ist! Und nun kehre ich zurück in die Sternenwelt und nehme deinen Wunsch mit mir!"

Nach diesen Worten hob er wieder den goldenen Stab. Die Kugel strahlte in einem grellen Licht auf, und als Marika erneut ihre Augen aufschlug, war sie allein im Zimmer. Und dann, ihr Herz fing vor Freude lauter zu schlagen an, sah sie, wie es draußen dämmerig wurde, die Sonne am Horizont versank, wie die ersten Sterne aufblitzten und die Nacht ihren schwarzen Mantel über das Land breitete. Da rannen ihr erneut die Tränen über das Gesicht, diesmal vor Freude und Glück.

Und als sie um sich blickte, erkannte sie ihre Mutter, die an ihrem Bett stand und fragte: „Was ist dir, mein Kind, warum weinst du?" Da schlang Marika überglücklich die Arme um den Hals ihres Mütterchens und sagte: „Weil die Sonne endlich untergegangen und es wieder Nacht geworden ist!"

„Ach, du Närrchen", lächelte die Mutter gütig, „du hast sicherlich nur geträumt", und ermahnend setzte sie fort: „Aber jetzt musst du brav schlafen, denn morgen ist Sonntag, und wir haben einen weiten Weg zur Kirche!"

Schon wollte sie aus der Kammer gehen, als Marika fragte: „Glaubst du, Mutti, wird es morgen auch wieder Nacht werden?"

„Aber sicher, mein Kind!"

„Und warum?", wollte Marika wissen, während ihr schon wieder die Augen zufielen.

„Weil es der liebe Gott so eingerichtet hat", sagte die Mutter.

„Denn Sonnenschein und Mondenschein,
Tag und Nacht, sie müssen sein.
Denn nur so kann sich das Leben
auf der Welt, der schönen, regen!
Und nun schlaf, mein Kind! Gute Nacht!"

Doch die letzten Worte hörte die kleine Marika schon nicht mehr, denn sie war ja längst eingeschlafen und träumte. Und diesmal war es etwas sehr Schönes. Das meinte jedenfalls der gute alte Mond, der in das lächelnde Gesicht der schlafenden Marika guckte. Und er musste es ja wissen.

Walter K. Wavruska

Dort, wo der Wald ganz dicht und dunkel ist, liegen ein paar mächtige, moosbewachsene Felsblöcke; und zwischen diesen Felsblöcken wölbt sich eine düstere, geheimnisvolle Höhle.

Ihr möchtet den gruseligen Platz gerne sehen? Der Weg dahin ist gar nicht so schwer zu finden! Da braucht ihr bloß von der Quelle des Bergbaches aus immer das enge Ameisengässchen entlangzugehen, und zwar bis zu der alten, vom Blitz gefällten Eiche; dann ist es gleich rechts um die Ecke. Ihr müsst euch dort auch gar nicht fürchten – heute wenigstens nicht mehr.

Zu jener Zeit aber, von der ich euch erzählen will, lebte in dieser Höhle ein Bärenpaar mit Namen Petz. Die Bären hatten freilich kein Namensschild am Eingang angebracht, denn sie wollten gar nicht, dass man wisse, wo sie wohnten; sie waren nämlich ein bisschen menschenscheu. – Herr Petz trieb sich meist im Wald umher und ging seinem Berufe nach. Frau Petz indessen war sehr häuslich und sorgte für Ordnung in der Höhle, genau wie eure Mutter das in der Wohnung tut. Das Ehepaar Petz nun hatte zwei Kinderchen. Einen kleinen Sohn und ein Töchterchen. Zwillingsgeschwister waren es. Der Sohn hieß Bärnhard und die Tochter wurde Braunhilde gerufen, weil sie so schöne braune Haare hatte. Reizende Kinderchen waren es und die Mutter liebte sie heiß; doch sie machten ihr auch viele Sorgen,

Hilde

wie das bei schlimmen unfolgsamen Kindern leider oft der Fall ist. Die arme gute Mutter Petz hatte ihre Plage mit ihnen - und Kummer und Aufregung.

Ich will gar nicht von Bärnhard berichten, der - trotz strengsten Verbotes - alle Bäume erkletterte und sich immer Dornen in die Pfoten stach. Die Erziehung dieses ausgelassenen Jungen übernahm Vater Petz. Der gab ihm einfach einen derben Klaps aufs Fell und lehrte ihn bald, gefährlichen Fallen auszuweichen und selbst durch Jagd für den Lebensunterhalt zu sorgen.

Hier soll also nicht von Bärnhard, sondern von Braunhilde die Rede sein. Dieses Bärenmädchen hatte eine sehr, sehr schlechte Eigenschaft: Es war ein entsetzliches Leckermaul! Nichts anderes wollte es essen als süßen Honig! Stellt euch das nur vor - nichts als Honig! Wenn Papa Petz zum Mittagsmahl etwa einen Rehbraten beschafft hatte, so rümpfte es die Schnauze und knautschte: „Ich will Honig!" Und gab es Enten, Rebhühner oder einen fetten Fasan - immer lehnte Braunhilde ab und erklärte: „Das mag ich nicht! Honig ist mir lieber."

Der Mutter war das gar nicht recht. „Nimm doch Vernunft an, Braunhilde!", brummte sie. „Es ist höchst ungesund, nur Süßigkeiten zu verzehren! Und überdies: Woher soll ich denn so viel Honig nehmen - bei diesen schlechten Zeiten?"

Doch Braunhilde hatte ein eigensinniges Köpfchen. Sie ließ sich einfach den Honig nicht ausreden. Und weil sie zu Hause nicht genug davon bekam, besorgte sie sich ihn heimlich von den wilden Bienen, die - nicht weit von der Höhle - in einem morschen Baumstumpf zu Hause waren. Natürlich musste sie immer hinschleichen, wenn die fleißigen Bienen zur Arbeit auf die Blumenwiese geflogen waren und bloß die faulen Drohnen daheim hockten.

Und Braunhilde fraß Honig - Honig - jeden Tag - lauter Honig ... Doch Unfolgsamkeit rächt sich! Eines Abends bekam Braunhilde Zahnschmerzen, wie das vom vielen Honigschlecken ganz selbstverständlich ist. Furchtbare Zahnschmerzen!

Ihr alle wisst, wie weh das tut. Bedenkt aber, wie arg Zahnschmerzen erst sind, wenn man sie mitten im Walde kriegt und weit und breit kein Zahnarzt aufzutreiben ist! Gewiss: Zum Zahnarzt zu gehen ist auch nicht angenehm, aber immer noch besser, als rettungslos und unheilbar, ohne Aussicht auf Linderung den grauenvollsten Zahnschmerzen ausgesetzt zu sein. Sicher würde es jeder von euch vorziehen, tapfer den Onkel Doktor zu besuchen und sich den Zahn behandeln zu lassen, als dauernd solche Qualen zu erdulden!

Braunhilde weinte bittere Tränen und gelobte, sie wolle nie mehr naschhaft sein und den Ratschlägen ihrer guten Eltern folgen.

War es nun ein Zufall oder weil sie ihre Ungezogenheit wirklich bereute - schwups fiel plötzlich der böse Zahn von selbst heraus, denn Braunhilde hatte noch das sogenannte Milchgebiss. Wie euch gewiss bekannt ist, wachsen nämlich den Kindern (Menschen- wie Tierkindern) in einem bestimmten Alter neue Zähne und die alten, die Milchzähne, werden abgestoßen. So wurde also Braunhilde von ihrem peinigenden Zahnschmerz geheilt, aber gleichzeitig auch von der hässlichen Naschhaftigkeit.

H. R. Nack

Ende

Vom Murmeltier, das

Es war einmal ein kleines Murmeltier, das hatte eine große Reise getan. Im Sommer war es über sieben Berge weit zu seiner Base gelaufen. Hui, lebte aber die ferne Base auf einem feinen Berg, da musste selbst ein Murmeltier einen ganzen Tag lang springen, bis es hinauf auf den Gipfel kam, so hoch war der. Aber droben, da war's dann schön! Da streifte jeden Morgen die Sonne an, wenn sie hinter dem Gebirge aufstand. Jede Wolke, die vorbeiflog, hielt da oben Rast. Und wenn man so gute Augen hatte wie ein junges Murmeltier, dann konnte man ganz draußen an der Himmelslinie das Meer sehen.

Und der Tisch war dort gedeckt, sag ich euch! Da war die Bergerle mit ihren wohl schmeckenden Früchten. Und Wurzeln und Gräser gab es eine Menge. Der Fels hatte so viele Löcher wie ein Sieb; das war das Schönste für ein Murmeltier.

So war es auch leicht zu verstehen, dass sich das kleine Murmeltier mit dem Heimgehen Zeit ließ. Einmal aber sagte es doch zur Base: „Grüß Gott und auf Wiedersehen!" Dann machte es sich auf den Heimweg zu seinem Berg. Wie es aber oben über das Joch hinlief, da saß schon der Wind hinter einem Stein und blies dem kleinen Murmeltier drei Schneeflocken in das Gesicht.

Hu, war das aber kalt! Da lief nun das Murmeltier, so schnell es nur konnte, heim über die sieben Berge. Aber als es über den siebenten Berg lief, da sah es auf einmal drüben hinter dem weißen Gletscher schon den Winter stehen.

Da erschrak das kleine Murmeltier so sehr, dass es fast die Füße nicht mehr trugen. Denn auf den Winter hatte es ganz vergessen!

Als es daheim auf seinem Berg ankam, machte es ein artiges Männchen und bat ganz flehentlich: „Großer Winter, warte noch ein paar Tage, bis du herüberkommst! Ich hab mir ja noch keine Höhle gebaut. Und fett und dick für den langen Winterschlaf bin ich auch noch nicht. Auch meine Vorratskammer ist noch leer. Warte nur ein paar Tage noch!"

Aber der raue, uralte Winter machte nur ein kaltes Gesicht und tat, als hörte er nicht. Da wurde das kleine Murmeltier noch ratloser. Aber bald fasste es doch wieder Mut. „Meine vielen Vettern helfen mir schon!", dachte es. Und es machte nach langem wieder ein Männchen und pfiff laut und scharf, wie es nur ein Murmeltier kann. Dann setzte es sich in eine kleine Mulde, wo es der Wind nicht sehen konnte, der droben auf dem Berggipfel ein trauriges Herbstlied blies.

Das Murmeltier saß da und wartete. Doch es wurde Nachmittag und es wurde Abend, aber keiner seiner Vettern und Brüder kam angesprungen. Die schliefen alle schon weich und gut und hörten in ihren kleinen trockenen Gemächern unter dem Almboden das arme, übrig gebliebene Murmeltier nicht mehr.

So begann es in seiner Angst leise zu weinen. „Wenn ich nur für diese Nacht einen Unterstand hätte!", klagte es zu sich. Es sprang hinauf an der Schieferwand und suchte nach einem warmen Unterschlupf. Da lag einmal vor ihm eine breite, breite Schieferplatte, unter diese kroch es hinein. Und das war gut getroffen! Denn bald wurde der Gang geräumiger und zuletzt kam es in eine kleine warme Höhle.

Da rollte sich das glückliche kleine Murmeltier zu einer Kugel zusammen und wollte schlafen. Aber so rasch ging das doch nicht. Denn bald wachte es wieder auf und fror am ganzen Leib. Draußen pfiff der Wind den höchsten Ton, den er fertig brachte, und das war immer ein schlimmes Zeichen. Da war gewiss schon der Winter um die Wege.

Lange lag das Murmeltier wach und zitterte vor Kummer und Kälte. Und weil es gar keinen Ausweg mehr wusste, so klagte es: „Wenn doch wer käme, der mir helfen könnte!"

„Da bin ich schon!", hörte das Murmeltier auf einmal hinter sich eine Stimme. Und als es sich erschrocken umwandte, stand vor ihm ein kleiner Bergwichtel, kaum größer als die Spanne in deiner Hand. In vielen Bergen wohnen die Wichtel und helfen den guten Tieren und Pflanzen, die in Not gekommen sind.

„Was fehlt dir denn, du armer Nager?", fragte der Wichtel voll Erbarmen.

Das Murmeltier schämte sich nun fast, dem Wichtel von allen seinen Unterlassungen zu erzählen.

„Wohnung hab ich noch keine für den Winter", begann es.

„Die Höhle da gehört mir, aber ich überlass sie dir gern für den Winter. Denn ich hab tiefer drinnen im Berg noch eine", sagte der brave Wichtel darauf.

Da war das Murmeltier schon froher. Aber nun musste es doch mit seinen Klagen fortfahren: „Und für den Winter hab ich noch keine Vorratskammer."

Der Wichtel tat einen Vorhang auf, der war gewebt aus lauter Flechten. Dahinter lag ein schönes trockenes Kämmerlein.

„Ist dir das recht?", fragte er.

...f den Winter vergaß

„Das will ich meinen!", rief das Murmeltier voll Dank. Dann fuhr es aber geschämig fort: „Aber mein Bäuchlein ist noch leer!"

„Wenn es weiter nichts ist, so soll dir geholfen werden! Der Winter kommt erst morgen. Bis dahin kann ich dir noch zu essen bringen, soviel du willst. Was isst du alles gern für den Winter?"

Da fasste das Murmeltier wieder guten Mut. Und es begann langsam aufzusagen:
„Drei Wurzeln brauch ich zum Nagen,
viel Körner kann ich vertragen;
sechs Rinden möchte ich zum Beißen,
neun Heuhälmchen, die nicht zerreißen;
zuletzt zwölf fette Kiefersamen,
dann sagt mein dickes Bäuchlein: Amen!"

„Gleich sollst du alles haben!", rief der Wichtel noch, dann sprang er schon zum Gang hinaus. Bald kam er auf die sonnige Almseite hinüber, wo im Sommer viele blaue Enziane gestanden waren. „Drei Enzianwurzeln will ich haben!", rief er und klopfte mit dem Fuß dreimal auf den Boden. Schon hatten es die dienstbaren Wichtel unter der Erde gehört und die Wurzeln lagen bald frisch und gereinigt vor ihm. Aber nicht drei waren es, sondern dreißig! Die brachte der Wichtel flugs zum Murmeltier in sein Haus.

Dann sprang er wieder fort, hinab über den Hang, wo im Wind die langen Rispengräser wehten. „Gebt mir eure Körner; das kleine Murmeltier ist in Not!" Und wie er das sagte, schüttelten die Gräser auch schon ihre Ähren, da lagen viele Samenkörner auf dem Boden, ein ganzes Säcklein voll. Die trug der Wichtel heim wie der Wind.

Dann setzte sich der Wichtel auf eine Wolke und ließ sich hinabtragen zu den Bergerlen. „Sechs Rinden braucht mein hungriger Gast. Wer will mir welche geben?" Hei, da waren die guten Bergerlen schnell damit zur Hand! Eine jede gab ein Streiflein Rinde, und das waren ihrer hundert und nicht sechs! Bergwärts half die Wolke dem Wichtel tragen. Und er tat den Sack voll guter Rinde hinein zu dem Murmeltier.

Um das Heu lief er in die kleine hölzerne Hütte unterhalb der Alm. „Neun Hälmchen Heu sollt ich holen für meinen jungen Esser, das Murmeltier!" So sprach der Wichtel nur. Das hättest du sehen sollen, wie es da rauschte im Heu! Die halbe Hütte voll wollte mitgehen, lauter starke Hälmchen, die nicht zerrissen. Der Wichtel musste abwehren, so viel er konnte, aber immer noch mehr als zweihundert Hälmchen gingen mit.

Jenseits des Schieferberges stand ein Kalkberg, und an dem wuchsen viele, viele Kiefern. Da hinüber lief nun der Wichtel: Trapp, trapp, trapp, trapp. „Ihr Kiefern seid zu mir gut Freund; gebt mir doch zwölf fette Samen!" Wie er das sagte, da wurden auf einmal alle Kiefern wach. Und bald hätten sie sich gestritten. Denn eine jede wollte dem Wichtel einen dicken Zapfen voll Samen mitgeben. So brachte er einen Korb voll Samen hinauf, der war so hoch, wie ein kleiner Bub groß ist. Gut, dass ihm der Wind dabei half! Sonst wäre dieser Korb doch dem kleinen Wichtel zu schwer geworden.

Unterdes saß das kleine Murmeltier hinter dem Flechtenvorhang in der warmen Vorratskammer und aß und aß. Das Bäuchlein wurde dicker und dicker, und um die zarten Rippen legte sich schöner warmer Winterspeck. Und ganz zuletzt, da war endlich das Bäuchlein voll, und es sagte:
„Amen!"

Aber im Kämmerchen und im Gang und vor dem Gang, da lag noch viel, viel der guten Sachen. Da lachte der Wichtel und tat Wurzeln und Körner und Hälmchen und Rinden und Kiefernsamen in die Vorratskammer, bis sie ganz voll gestopft war. Im Gang vor dem Haus aber webte er noch einen dicken warmen Vorhang aus Moos und Flechten, dass der kalte Winterwind nicht hineinblasen konnte.

Da sagte das kleine Murmeltier „Danke schön!", dann rollte es sich zu einer Kugel zusammen und schlief auch schon seinen guten langen Winterschlaf. Und der Wichtel lächelte nur und stieg tiefer hinein in den Berg.

Als am nächsten Morgen der Winter von dem hohen Gletscher herabstieg, da sah er das kleine Murmeltier nirgends mehr. Darüber war sogar der grämige Gesell froh. Denn es wäre ihm doch leid gewesen, wenn es hätte zugrunde gehen müssen.

Dann erhob sich der Sturm und trug den Winter kalt und weiß hinab in das Tal ...

Franz Braumann

Die Wunschkörner

In einem Dorf wohnte der alte Hugbert. Als ein Verwandter starb, erbte er ein Sümmchen, mit dem er an den Bau eines kleinen Hauses gehen konnte.

Er kaufte eine Wiese außerhalb des Dorfes als Baugrund. Dort baute Hugbert sein Haus. Zunächst gab es im Garten viel zu tun: Bäume zu pflanzen, Wege und Beete anzulegen. Marianne, die jüngste von seinen fünf Töchtern – die anderen waren verheiratet –, half ihm dabei. Es wurde schon Herbst. Rote und gelbe Blätter tanzten über die Wiese.

Marianne trat aus dem Haus. „Komm in die Stube, Vater, es ist kalt!", sagte sie.

„Ich will nur noch das eine Beet umstechen", antwortete er, während er den Spaten in die Erde stieß.

Als Hugbert fertig war, sah er prüfend zum Himmel empor. „Es gibt bald Schnee!", dachte er. Seine Augen folgten den jagenden Blättern. Dabei schweiften sie auch über den alten Ziehbrunnen hin. Es war ein wenig nebelig, aber er konnte deutlich auf dem Brunnenrand eine Gestalt erkennen, eine Frau, die anscheinend eine Gans im Arm hielt; auf langem Hals drehte sich ein Vogelkopf. Ei, dachte er, vielleicht lässt sie sich das Tier abhandeln. Gänsebraten habe ich nicht oft im Leben bekommen. Er lief zur Gartentüre hinaus und steuerte mit langen Schritten dem Brunnen zu. Als er näher kam, sah er, dass da eine Frau saß, die nicht ein menschliches Antlitz hatte, sondern einen langen Schwanenhals und einen Schwanenkopf darauf. Die sonderbare Erscheinung winkte. Als er ganz nahe gekommen war, sagte sie: „Nimm diese Körner!" Sie hielt ihm auf ihrer weißen Hand eine Anzahl ziemlich großer Samenkörner entgegen. „Sooft du eines davon in das Beet steckst, das du eben umgegraben hast, kannst du einen Wunsch aussprechen, und das Gewünschte wird sofort aus dem Boden wachsen." Sie hatte leise und hastig gesprochen, als fürchte sie, belauscht zu werden.

„Und was muss ich dir dafür geben?", fragte Hugbert misstrauisch.

Sie schüttelte den Kopf. „Weder Leib noch Seele. Aber – vielleicht denkst du einmal an mich!" Nun erst nahm Hugbert die Körner. Kaum hielt er sie in seiner Hand, so war die Schwanenjungfrau im Brunnen verschwunden. Hugbert ließ die Körner in seine Tasche gleiten, denn er fürchtete, eines zu verlieren. Wie er so auf sein Haus zuging, dachte er, er habe eigentlich gar keinen Wunsch mehr. Marianne hatte schon Licht gemacht, das hell erleuchtete Fenster strahlte ihm durch den Nebel entgegen, und ein wohliges Gefühl der Geborgenheit überkam ihn. Als er in die Stube trat, hatte er sein Erlebnis vergessen. Er trank den Tee, den Marianne ihm brachte, während er mit ihr beriet, wie sie im Lenz die Beete bebauen wollten.

Am nächsten Tag kamen Hugberts verheiratete Töchter zu Besuch. Es war ein Geschnatter, dass er sich in seine jungen Jahre zurückversetzt glaubte, wo sie alle noch kleine Mädchen waren. Die Späße flogen hin und her wie Bälle. Als er einmal zufällig in seine Tasche griff, fühlte er die Körner, holte sie hervor und legte sie auf den Tisch. „Was hast du da?", fragten die Frauen neugierig. „Was für Körner sind das?" Sie betrachteten die Samen. Sie hatten die Größe von Weizenkörnern, waren aber glänzend schwarz.

„Das sind Wunschkörner", erklärte er.

Sie lachten. „Du bist wohl einer Fee begegnet?"

„Einer Schwanenjungfrau."

Wieder lachten sie. Aber er war ganz ernst.

„Mach uns nicht so neugierig, Vater, erzähle lieber!", rief Marianne. Da berichtete er.

„Eins, zwei, drei, vier, fünf, sechs, sieben!", zählten sie. „Vater, siebenmal kannst du wünschen!" – „Seit du dein Haus hast, bist du doch wunschlos?" – „Was willst du denn mit all den Körnern anfangen?" – „Wünsch für mich ein schönes Kleid!" – „Für mich eine Halskette!" So lachte und schwirrte es durcheinander, bis Hugbert vorschlug: „Ich gebe jeder von euch ein Korn. Für mich bleiben dann noch zwei – man weiß nie, ob einem nicht doch einmal ein Wunsch kommt. „Ja, ja!", riefen sie und streckten ihre Hände hin. Er legte auf jede Hand ein Korn. „Überlegt gut", sprach er, „damit ihr nicht etwa euern Wunsch hinterher bereut!"

„Ich wünsche mir Wagen und Pferde, dann kannst du mich oft zu mir holen, Vater", sagte Viktoria.

„Ich wünsche mir einen Teich mit Gänsen und Enten und Karpfen, die nie zu Ende gehen, dann haben meine Jungen Beschäftigung", lachte Georgine.

„Du bist töricht! Ich wünsche mir viel Geld, damit kann ich mir alle anderen Wünsche erfüllen", rief Notburga.

„Ja, ja, das ist gut. Geld ist am besten!", jubelten alle. „Wir wollen gleich unsere Körner in das Beet stecken!" Sie erhoben sich.

„Nichts da!", mahnte der Vater. „Beratet zuerst mit euren Männern! Übereilt nichts!"

Schon am nächsten Tag erschien Georgine und sagte: „Ich will meinen Wunsch tun, Vater." „Was hast du ausgesonnen?" fragte er.

„Ich will Geld."

„Ist es immer gut, wenn man reich ist?", fragte er. Aber er ging mit Georgine in den Garten. Sie legte ihr Korn auf das Beet und drückte es mit dem Finger in die Erde. Dann sagte sie laut: „Ich will eine Truhe voll Geld!" Sogleich bewegte sich die Erde, ein Kasten schob sich heraus. Georgine hob den Deckel. Das gleißte und glitzerte, dass die beiden unwillkürlich die Augen schlossen. Hugbert warf den Deckel zu und sah sich erschrocken um. „Wenn es jemand sieht!", flüsterte er. Georgine lachte. „Wie willst du das Geld heimbringen?"

„Ganz einfach. Ich nehme heute so viel mit, dass ich Wagen und Pferde kaufen kann. Morgen komme ich damit und hole die Truhe. Einstweilen hebe du sie mir auf."

„Mir ist es unheimlich, so viel Geld im Hause zu haben", sprach Hugbert.

Die Schatzhebung war beobachtet worden, und in der Nacht kamen Räuber und brachen in das Haus ein. Hugbert wurde geknebelt und gebunden. Er hörte, wie die Kiste geleert wurde und die Gauner das Haus verließen, dann schwanden ihm die Sinne. Marianne fand den Vater am Morgen halb erfroren und fiebernd vor Aufregung. Als Georgine mit dem Wagen kam, war nur noch die leere Truhe da. „Du hättest das Geld in deine Schlafkammer nehmen sollen!", sagte sie böse und fuhr davon. Wenigstens hatte sie Wagen und Pferde.

Ein paar Tage später kam Viktoria mit ihrem Mann. „Wünscht, was ihr wollt, aber nehmt es sofort mit!", sagte Hugbert.

Die beiden gingen in den Garten, und als sie wiederkamen, legten sie ein herrliches Geschmeide vor den alten Mann hin. „Bei welcher Gelegenheit willst du dich damit schmücken?", fragte er seine Tochter stirnrunzelnd.

„Mein Mann bringt es zum Goldschmied in die Stadt", lächelte Viktoria schlau. „Es ist so viel wert wie Georgines Truhe, aber leichter zu tragen."

Als jedoch der Mann dem Goldschmied den Schmuck zum Kauf anbot, wurde er verhaftet. Er berief sich auf seinen Schwiegervater. Als dieser aber des Verhafteten Unschuld bestätigte und von den Wunschkörnern erzählte, wurde der Polizist wütend und rief: „Halten Sie mich im Ernst für dumm genug, das zu glauben?" Da schenkte ihm dieser eines von seinen zwei Körnern und forderte ihn auf, dessen Kraft selbst zu erproben. Zornig schob der Mann das Korn in das Beet und rief: „Ich will eine meterlange Wurst und einen Eimer Bier!"

Die Erde bröselte zur Seite, und das Gewünschte wuchs aus dem Boden. Nachdem der Polizist bis zum Überdruss gegessen und getrunken hatte, setzte er den unschuldig Verhafteten auf freien Fuß und sagte dem Goldschmied, dass er den Schmuck ohne Bedenken kaufen könne.

„Nun ist ja alles in Ordnung!", meinte Viktoria.

Aber ihr Mann entgegnete: „So, denkst du? Ich habe zwei Tage im Gefängnis verbracht. Du glaubst wohl, du könntest mir diese Unehre bezahlen?" Und er verließ sie.

„Drei Wünsche wurden bisher ausgesprochen", sagte Hugbert zu Marianne, „sie haben kein Glück gebracht."

„Weil sie töricht waren", entgegnete das Mädchen, „die Schwanenjungfrau hat keine Schuld daran."

Ein paar Tage später kam Sophie. Hugbert blickte ihr finster entgegen: „Du willst wünschen?" „Ja, Vater. Sieh, ich bin nun sechs Jahre verheiratet und habe noch immer keine Kinder ..." Freude quoll in ihm auf. „Geh nur und wünsche!", sagte er froh. Und Sophie trug glückstrahlend ein Knäblein ins Haus.

Am Abend kam Notburga. Ihr Mann war erkrankt, und die Arzneien wollten nicht helfen; da meinte sie, ob nicht vielleicht ihr Korn ...

„Ja, ja!", rief der Vater. Wenn bloß keine mehr reich werden wollte! Notburga erhielt eine Medizin, die ihr Mann rasch gesundete. Dann war es lange still. Hugbert wunderte sich manchmal, dass Marianne noch keinen Wunsch gefunden hatte. Da trat sie eines Tages ins Zimmer und legte lachend ein dickes Federbett auf den Tisch: „Das hat mir mein Wunschkorn beschert."

Hugbert sah erstaunt auf. „Du hast doch ein Bett!"

Wieder lachte sie. „Ich schon, aber die arme Brigitte friert mit ihrem Kind unter der dünnen Wolldecke ..." Er sprang auf und umarmte sie. „Du bist die Beste von allen!", sagte er.

Weihnachten war vorüber, da trat ein junger Mann zu Hugbert ins Zimmer und bat um Mariannes Hand. „Was wird dann aus dir?", fragte das Mädchen den Vater bekümmert. Der lachte geheimnisvoll: „Sorge dich nicht um mich!"

Als Marianne Hochzeit gehalten hatte und der Vater allein in seinem Hause saß, holte er das letzte Korn hervor und legte es vor sich auf den Tisch. Er dachte, er wolle sich damit einen Menschen wünschen, der die Einsamkeit seines Alters mit ihm teilte und ihn mit sorgender Liebe umgab. Aber da fiel ihm auf einmal ein, dass die Schwanenjungfrau ihn gebeten hatte, ihrer zu gedenken. Er schämte sich, dass er das nie getan. Draußen fielen die Flocken nieder und legten sich weich auf den Schnee. Da packte ihn ein Verlangen, die Schwanenjungfrau wieder zu sehen. Er ging an den Brunnen. „Schwanenjungfrau!", rief er leise hinab. Bald darauf hob sich etwas Weißes höher und höher und die Ersehnte entstieg dem Brunnen. Sie sah ihn mit ihren schwarzen Äuglein erwartungsvoll an. „Kann ich dich erlösen?", fragte er. Ein Jubelruf flog aus ihrer Brust. „Nimm mich in dein Haus!", bat sie.

Hugbert fasste ihre Hand und führte sie in die Stube. Sie machte sich sofort daran, ein Essen für ihn zu bereiten, und hantierte so geschickt herum, als ob sie schon lange bei ihm sei. Nach ein paar Wochen sagte Hugbert: „Du bist immer noch eine Schwanenjungfrau, Swanrune. Was muss ich tun, damit du deine menschliche Gestalt wieder erhältst?"

Sie antwortete: „Ich habe dir sieben Wunschkörner geschenkt. Mit dreien wurde nicht gut gewünscht und das erschwert nun das Erlösungswerk. In drei Nächten muss ich zum Brunnen." Er wollte mehr wissen, aber sie bat ihn, nicht zu fragen und nicht zu rufen, wenn sie das Haus verlasse.

Einmal erwachte er nachts von einem Schleichen auf der Treppe. Bald darauf hörte er die Haustüre ins Schloss fallen. „Swanrune!", dachte er. Er hielt sich wach, bis sie wieder heimkam. Am andern Tag schien es ihm, als ob die schwarzen Schwanenaugen froher blickten.

Eine Woche später hörte er sie abermals das Haus verlassen. Er blickte durchs Fenster. Die Holunderbäume leuchteten in mattem gelbem Schein. Plötzlich erlosch dieser. Erschrocken wandte Hugbert seinen Blick ab. Bald darauf hörte er Swanrune die Treppe emporsteigen, und es war ihm, als ob sie schluchzte. Ein paar Tage war sie stiller, trauriger als sonst.

Wieder eine Woche später sagte sie zu ihm: „Halt aus, nur einmal noch vertraue mir und lass dich durch niemanden beirren! Blick nicht durchs Fenster und rufe mich nicht, was auch sein mag!" Da wusste er, dass sie zum dritten Mal fortmusste.

Sie ging aus dem Haus, als er noch bei der Lampe saß und las. Er hatte keine Ruhe, immer musste er an sie denken. Auf einmal klopfte ein harter Knöchel ans Fenster, und gleichzeitig rief eine keuchende Stimme: „Hilfe, Kobolde schleppen eine Jungfrau fort!" - „Hat sie einen Schwanenhals?", fragte Hugbert erschrocken. - „Ja, ja ...!"

Da stürmte er ins Freie. „Swanrune!", rief Hugbert voll Angst. Ein lang gezogener Klageruf antwortete und dann die Stimme der Verzauberten: „Oh! Warum hast du das getan?" Hugbert vernahm das pfeifende Rauschen großer Schwingen, das sich in die Ferne verlor. Hinter ihm klang ein Lachen auf. Ein altes Weib hastete in die Dunkelheit. Er begriff, dass er einer Hexe ins Garn gegangen war. Langsam schlich er ins Haus zurück. Bis nach Mitternacht saß er am Tisch, aber Swanrune kam nicht. Sie kam auch an den folgenden Tagen nicht.

Es begann eine traurige Zeit. Swanrune fehlte dem alten Manne. Einsam saß er im Haus und machte sich Vorwürfe. Tag und Nacht sann er, wie er der Verzauberten helfen könnte.

Da fiel ihm ein, dass er noch ein Wunschkorn hatte. Er steckte es in die Erde und sagte: „Ich will das, was ich brauche, um Swanrune zu finden und zu erlösen!" Da schob sich ein Wanderstab aus dem Boden und ein kleines Brot.

An dem Stab wanderte Hugbert in die Welt. Es ging nicht rasch, er war ja ein alter Mann. Er aß und trank nicht, redete nichts und schlief nicht, Tag und Nacht ging er, wie der Stab ihn führte. Endlich kam er an einen schilfumkränzten Teich, auf dem große, leuchtend weiße Schwäne lagen. Da bohrte sich der Stab in den Ufersand und war nicht mehr herauszuziehen. „Swanrune!", flüsterte Hugbert. Einer von den schönen Vögeln ruderte heran. Der alte Mann nahm mit zitternder Hand das Brot aus der Tasche und warf dem Tier ein Bröcklein zu. Gierig streckte es den langen Hals danach und fraß es. Da sah Hugbert, dass der Schwan auf einmal auf menschlichen Beinen stand. „Sie ist es", dachte er voll Freude, „es ist Swanrune!" Mit jedem Stückchen Brot veränderte sich der Vogel, bis zuletzt ein lachendes Mädchen ans Land stieg und sagte: „Ich danke dir! Nun hast du die Schwanenjungfrau erlöst. Du hast einen weiten Weg mit vielen Strapazen auf dich genommen - wie soll ich dir das vergelten?", fügte sie hinzu, als Hugbert schwieg.

„Ich war ja an deinem Unglück schuld", antwortete er kleinlaut.

„Nur an der endgültigen Verzauberung - weil du dich täuschen ließest. An meinem Unglück war ich selber schuld. Ich war leichtsinnig und missachtete den Wunsch meines sterbenden Vaters. - Aber nun lass uns heimgehen. Ich werde immer bei dir bleiben - mein zweites Leben soll besser werden, als mein erstes war."

Olga Müller

Nala und ...
... einem indischen ...

Vor vielen Jahren lebte in Indien der König Nala. Er war ein weiser und gerechter Fürst. Er hielt einen großen Hof und seine Untertanen verehrten ihn sehr. Auch seine Gemahlin Damajanti liebte ihn von ganzem Herzen. Eines Tages kam er müde, bestaubt und mit Schweiß bedeckt von der Jagd heim. Statt sich zu reinigen, legte er sich gleich zur Ruhe, wie er war. Das gilt in diesem Land als schwere Verfehlung. Und es schien, als sollte diese Bequemlichkeit nur der Anfang einer ganzen Reihe von Fehlern sein. König Nala wurde immer nachlässiger und gab sich schließlich dem Würfelspiel hin. Bald kümmerte er sich nicht mehr um seine edlen Pferde, sein Schloss und sein Reich. Wie er es tat, machten es dann auch seine Diener und Missmut zog in die prachtvollen Säle des Schlosses ein.

Bei ihm lebte auch sein Stiefbruder, der ihn seit langem beneidete und ihm die Herrschaft missgönnte. Der Stiefbruder wusste Nalas Schwächen zu nützen und würfelte mit ihm Tag und Nacht. Nala verlor durch dieses Spiel seine Schätze, sein Schloss und endlich auch sein Königreich. Er musste das Land wie ein Bettler verlassen, denn der böse Stiefbruder, der nun König war, gab einen Befehl heraus, dass niemand dem Verarmten Hilfe gewähren dürfe. Damajanti aber verließ ihren Gemahl auch im Elend nicht und zog mit ihm.

Sie wanderten über Berg und Tal, bis sie in einen tiefen Wald kamen. Nala bat seine Gemahlin ihn seinem Schicksal zu überlassen und zu ihrem Vater, der ein mächtiger König war, zurückzukehren. Aber Damajanti wollte davon nichts wissen und blieb treu an seiner Seite. Sie wanderten über verlassene Pfade, schlugen sich durch Dornen und Gestrüpp und nährten sich von Nüssen und anderen Früchten, die sie in der Wildnis fanden. Als der Abend nahte, die Dunkelheit hereinbrach und die Stimmen der Tiere lauter wurden, fanden sie auf einer Lichtung eine kleine, halb verfallene Rindenhütte. Hier nahmen sie während der Nacht Obdach und legten sich zur Ruhe.

Nala konnte den Gedanken nicht loswerden, dass er auch am Schicksal Damajantis schuld war, und er dachte, es wäre das Beste, er verlasse sie heimlich. Dann würde sie zu ihrem Vater heimkehren. Bei ihren Eltern hätte sie ihr gutes Leben. Nala stahl sich fort und ließ die schlafende Damajanti nichts ahnend zurück. Er irrte durch den nachtdunklen Wald. Schlangen und Tiger umschlichen den einsamen Wanderer. Dichte Gebüsche und Schlingpflanzen verlegten ihm den Weg. Aber Nala ließ sich nicht hindern.

Der Morgen kam und die Sonne stieg immer höher. Nala dachte wieder an Damajanti und an ihre Verzweiflung, wenn sie ihn nicht sehen würde. Allein lag sie in der elenden Rindenhütte. Und wie würde sie den Weg zu ihren Eltern finden und Gefahren, die sie am Wege bedrohen konnten, bestehen? Da packte ihn die Angst um seine Gemahlin, er kehrte um und eilte zurück. Aber die Hütte war leer. Wie sehr er auch suchte, er fand keine Spur mehr von seiner Gemahlin. Als Damajanti erwacht war und ihren Gemahl nicht mehr gesehen hatte, war sie aufgebrochen ihn zu suchen. Sie hatte aber den entgegengesetzten Weg eingeschlagen. So hatten sich die beiden immer weiter voneinander entfernt. Damajanti war nach tagelanger Wanderung aber in immer bekanntere Gegenden gekommen und hatte endlich zu ihren Eltern gefunden. Herzlich nahmen sie diese auf und schlossen die wiedergefundene Tochter voller Freude in ihre Arme. Doch wie gut es Damajanti auch im Haus ihrer Eltern erging, sie dachte Tag und Nacht voller Trauer an ihren einsamen Gemahl und trug ihm nichts Böses nach.

Da Nala seine Gattin nicht fand, kehrte er voll Verzweiflung wieder in den Wald zurück. Viele Tage irrte er umher und nährte sich nur von Früchten und Wurzeln. Da hörte er eines Tages einen leisen Ruf: „Nala!" Erst glaubte er, nicht richtig gehört zu haben, doch als sich der Ruf wiederholte, ging er ihm nach und kam zu einer großen Lichtung im Wald. Dort standen statt der Bäume lodernde Flammen, die über die Wipfel hinausreichten. Wieder hörte Nala seinen Namen rufen. Mutig schritt er zwischen den Flammen, die aus dem Boden schlugen, hindurch. Immer wieder musste er ausweichen, weil die Feuerzungen nach ihm leckten. Endlich sah er auf einem freien Platz inmitten des Feuerkreises einen flachen Stein und auf dem lag eine Schlange mit einem Krönchen auf dem Kopf.

„Wer ruft?", fragte Nala. „Ich, Karkotaka, der König der Schlangen, habe dich gerufen", sagte die Schlange. „Höre meine Geschichte an, o Nala! Und dann tu, was du für gut findest!" - „Sprich!", erwiderte Nala. „Was hast du mir zu sagen?" Er setzte sich auf einen runden Stein zum Schlangenkönig und während dieser ihm erzählte, glänzte und funkelte sein Panzer bald ferner, bald näher, immer aber formten sie einen lohenden Kreis um die beiden.

„Kennst du den weisen Narada?", fragte Karkotaka, „den frommen Einsiedler, den Beschützer der Tiere?" - „Ich habe von ihm gehört", antwortete Nala.

„Narada legte einen großen Garten an, der ein Schutzgebiet für alle Tiere sein soll", erzählte Karkotaka weiter. „Keines der Lebewesen in diesem Garten durfte dem anderen etwas zu Leide tun, und für die Tötung auch nur des kleinsten unter ihnen setzte er schauerliche Strafen fest. Nun hatte eine meiner Untertanen, ein kleines Schlänglein, das ich besonders lieb habe, ein Vogelei zerdrückt. Es sei durch Zufall geschehen, sagte sie, und sie

Damajanti.
Volksmärchen nacherzählt

schlürfte es aus. Die Vogelmutter beklagte sich bei dem Einsiedler und befahl, dass das junge Schlänglein schwer bestraft werde. Der Einsiedler verlangte nun von mir, dass ich es töten lasse, und die Haut sollte zur Warnung für alle am Gartentor aufgehängt werden. Ich wollte aber meinen Liebling retten. Ich riet ihm aus der Haut zu schlüpfen, wie wir Schlangen es alle Jahre tun, und die Haut hängte ich am Gartentor auf. Aber die Vogelmutter lief hin und merkte, dass die Haut leer war. Sie nannte das Betrug und beklagte sich bei dem Einsiedler. Als ich mich eines Tages hier sonnte, bannte er mich an diesen Ort und ließ einen Zaun von Flammen um mich in die Höhe schießen. Doch ließ er mir die Hoffnung befreit zu werden, wenn ein König namens Nala kommen werde, um seine Frau zu suchen. Darum rief ich Tag und Nacht deinen Namen. Nun kannst du mich hier lassen oder versuchen mit mir den Flammenzaun zu durchbrechen."

Nala zögerte keinen Augenblick, hob den Schlangenkönig auf und trug ihn durch das Feuer. Je weiter er voranschritt, desto mehr wichen die Flammen vor ihm zurück. Endlich hatte er den Wald erreicht.

"Nun sieh", bat Karkotaka, „ob meine Zähne nicht gelitten haben, wenn ich vor Wut über mein böses Geschick knirschte!" Der Schlangenkönig öffnete weit seinen Rachen, der mit scharfen Zähnen, spitz wie Nadeln, dicht besetzt war. Nala befühlte die Zähne. Rasch biss die Schlange zu. „Das ist mein Dank!", rief Karkotaka. „Aus der kleinen Wunde ist der Teufel der Bequemlichkeit und der Nachlässigkeit herausgefahren, der an deinem Unglück schuld war. Kehre heim zu Damajanti, sie erwartet dich!" Mit diesen Worten glitt der Schlangenkönig von der Hand Nalas zur Erde und verschwand im Gras. Nala stand allein mitten im Wald.

Doch sein Herz füllte sich mit Freude. Frohgemut wanderte er durch den Wald, bis er in bewohnte Gegenden kam. Er begab sich zunächst zu den Eltern Damajantis und fand bei ihnen seine Gemahlin. Viele Diener hatte sie ausgesandt ihn zu suchen, doch sie waren immer wieder ohne Ergebnis zurückgekommen. Nun war Damajantis Freude über den Heimgekehrten übermächtig groß. Ihre Eltern ließen sogleich viele Elefanten und Pferde aufzäumen und schmücken. Auf ihnen ritten Nala und Damajanti mit einer großen Dienerschar in ihr Land zurück.

Unter dem Jubel des Volkes zogen die beiden in die Hauptstadt ein. Nalas Stiefbruder hatte von der Rückkehr der beiden erfahren und war geflüchtet. Er wusste, dass das Volk ihn nicht liebte, da er ein harter Herr war. Er hatte es mit Steuern gedrückt und auch kleine Vergehen grausam bestraft. Er wusste, dass alle im Land ihren früheren Herrscher zurücksehnten.

Doch Nala ließ ihm folgen und ihm eine Botschaft überbringen. Er lud ihn ein in sein Vaterhaus zurückzukehren und an Nalas Seite für das Land zu wirken. Der Stiefbruder kam zurück und lebte fortan in Frieden mit Nala und Damajanti.

Zur Erinnerung an ihre glückliche Wiedervereinigung ließen sie einen prachtvollen Tempel erbauen; dort begaben sie sich jedes Jahr einmal hin und feierten den Tag, an dem sie wieder in ihr Reich gezogen waren. Edle Reiter zeigten ihre Kunst und glänzende Spiele wurden veranstaltet. Auch das Volk nahm an diesem Fest teil und wurde reichlich bewirtet. So war auch Nala wieder der edle und gütige Herrscher geworden, der er früher stets gewesen war.

Der Hockauf

Es war vor vielen, vielen Jahren. Da trabten einmal gemächlich zwei Bräunl die holperige, schmale Landstraße entlang, den breiten, mit Kisten und Paketen beladenen Plattenwagen hinter sich herziehend. Am Kutschbock saß, ein wenig in sich zusammengesunken, der Steffl, Besitzer dieses Gespanns und Fuhrwerksunternehmer, und qualmte gelassen seine kurze Pfeife. Zweimal in der Woche fuhr er in die Kreisstadt und besorgte Einkäufe für die drei Dorfkrämer, den Bäcker, den Schmied und sonst noch manchen anderen Dorfbewohner. Es war ein weiter Weg zur Stadt, das Einkaufen nahm auch viel Zeit in Anspruch und deshalb kam er erst immer am anderen Tag zurück. Nun, das tat nichts, mit seinen gelegentlichen Hilfsarbeiten kam er immer noch zurecht. Er war noch keineswegs alt, kaum vierzig, doch sein schwerfälliges, langsames und ruhiges Wesen ließ ihn älter erscheinen. Groß und kräftig war er und wie geschaffen, Kisten und Ballen auf- und abzuladen.

So fuhr er an einem drückend heißen Tag wieder einmal heimwärts. Die Pferde wedelten dauernd mit den Schwänzen und der Steffl paffte dicke Wolken aus seiner Pfeife um die lästigen Mücken zu vertreiben, und döste gelassen vor sich hin.

„He, du!", rief da plötzlich einer, „könntest mich ein Stückl Weges mitnehmen. 's ist ungut heute weit zu laufen!"

Der Steffl hielt an, drehte sich um, nahm die Pfeife langsam aus dem Mund, beschrieb damit einen großen Bogen zu seinem Wagen und knurrte: „Hock auf!"

Mehr zu sagen hielt er nicht für notwendig. Und weil er das immer so tat, hieß er ringsum eben nur noch der „Hockauf".

Er steckte gelassen seine Pfeife wieder zwischen die Zähne und wartete ohne sich nach seinem Fahrgast umzudrehen. Es rumorte kräftig hinter seinem Rücken und schließlich rief der, der mitfahren wollte, ziemlich erbost: „Ja, merkst du denn nicht, dass ich den Sack nicht hinaufbringen kann? Hilf mir doch!"

Langsam drehte sich der Steffl wieder um und sah, wie der Fremde, ein schwächlicher, langer Geselle, sich vergebens mühte einen ersichtlich recht schweren Sack auf den Wagen zu verstauen. Umständlich kraxelte der Steffl von seinem hohen Sitz herunter, ging breitbeinig zu dem Langen, nahm wortlos den wirklich schweren Sack auf und warf ihn ohne sonderliche Anstrengung auf den Wagen. Den wortreichen Dank des Langen überhörte er. Dann sah er noch zu, wie der Fremde auf den Wagen turnte, und ging wieder nach vorne. „Hüh, Bräunl!", das war alles.

Der Mitfahrer kam näher und begann ein Gespräch. Da er keine Antwort bekam, das Gerumpel des Wagens auf der steinigen Straße überdies jedes Wort verschlang, gab er es achselzuckend bald auf. Kurz vor dem Heimatdorf Steffls meldete er sich energisch: „Du, Fuhrmann, halt' ein wenig! Ich möcht' absteigen und Dankeschön sagen."

Sofort hielt der Wagen, der Steffl nickte kurz mit dem Kopf, sozusagen als Gruß, der Geselle sprang behänd herunter und verschwand in einem Gebüsch am Wegrand.

Daheim angekommen bemerkte Steffl, dass der Sack noch da lag, wohin er ihn gegeben. Er ließ ihn ruhig dort und dachte, der Bursche wird schon wiederkommen und ihn holen.

Es fuhren auch ab und zu andere Leute mit, doch der Lange war nicht dabei. Um den fremden Sack kümmerte sich keiner.

198

Eines schönen Tages winkte ihm schon von weitem der lange Gesell'. Als wäre es das Selbstverständlichste auf der Welt, nahm es der Steffl zur Kenntnis. Mit dem üblichen „Hock auf!" gestattete er das Mitfahren. Und wieder an derselben Stelle, wo er das erste Mal abgestiegen war, begehrte der Lange den Wagen zu verlassen. „Deinen Sack nimm endlich mit!", rief ihm der Fuhrmann nach. Da sprang der Geselle noch einmal auf den Wagen, band den Sack auf und schüttete einen Teil des Inhalts mit lautem Lachen auf den Wagen. Polternd rollten Steine, Steine in allen möglichen Größen heraus:

„Da, du dummer Ehrlicher, schau her, solche Schätze hast du wochenlang hin- und hergeschleppt. Das alles schenke ich dir jetzt!", und er lachte, lachte, dass ihm der Bauch wackelte. Dann hüpfte er mit Schwung herunter und war blitzschnell im Gebüsch verschwunden.

Verärgert besah sich der Steffl die Bescherung. Nachdem er dann im Dorf daheim seine Kisten und Pakete abgeliefert hatte, wollte er natürlich auch die etwas schmutzigen kleinen Steine entfernen und schob sie mit einer Schaufel zusammen. Da sah er etwas glitzern. Ein Geldstück? Wirklich. Dann wieder eins von größerem Wert. Nun schüttete er den ganzen Sack aus und untersuchte den Inhalt genau. Und siehe da, eine ganz ansehnliche Menge von Goldmünzen befand sich unter den Steinen. Hatte der Geselle davon gewusst? Hat er mir das absichtlich geschenkt? Der Steffl geriet in arge Bedrängnis und kratzte sich den Kopf.

Dann breitete er sein grobes rotes Sacktuch aus und zählte die Münzen hinein. Es war eine ganz hübsche Summe. Sorgfältig band er das Tuch mit allen vier Ecken zu. Da es inzwischen fast finster geworden war, beschloss er, am Morgen noch eine Nachlese zu halten, und trug vorerst seinen Reichtum in sein Bett.

Die Nacht war ruhelos für ihn. Immer wieder musste er sich vergewissern, ob das Geld noch da wäre. Und dann begann er zu rechnen, ob es ausreichen würde für ein neues Gespann und einen neuen Wagen. Einen größeren Stall müsste er auch bauen, denn seine braven Bräunl bekamen natürlich das Gnadenbrot. Ob er den alten Wagen verkaufen sollte? Ja, und einen neuen Sonntagsanzug für den Kirchgang könnte er wahrhaftig auch gut brauchen. Der alte sah schon gar nicht mehr feierlich aus, eine Schand', damit in des Herrgotts Haus zu gehen! Ein paar feste neue Stiefel und, weiß Gott, ja, ein Hut müsste dann auch sein! Ach, auf einmal hatte der Steffl Wünsche über Wünsche. Wohl in seinem ganzen Leben hatte er nicht so viel gedacht und he-

Bis einmal ein lustiger, etwas zerlumpter Tippelbruder Gefallen an dem Sack fand und versuchte ihn aufzubinden. Vielleicht nur aus Neugier. Aber der Steffl hatte gar feine Ohren und merkte, was hinter seinem Rücken vorging. Langsam drehte er sich um und grollte: „Lass die Finger davon!" Und wendete sich zurück.

Doch der lustige Bruder war nicht gewillt dieser Aufforderung Folge zu leisten und bandelte weiter an den Knoten des Strickes, der den Sack zuhielt, herum. Mit einem Ruck hielt der Wagen: „Steig ab!", rief der Fahrer grob und so laut, dass der Wandersmann ganz verdattert gehorchte.

Mit einem Blick überzeugte sich der Steffl, dass dem Sack nichts geschehen war, dann fuhr er weiter.

Wochen hindurch geschah nichts. Bis eines Tages ein frisches, junges Dirndl kam und den Sack, von dem die ganze Umgebung schon wusste, einfach aufschnitt. Der Steffl merkte nichts. Dachte sie. Geschickt fing das Mädchen ein feines goldenes Kettchen auf, das herausfiel, und steckte es in die Tasche.

Als es sein Ziel erreicht hatte, dankte es dem Fuhrmann herzlich, reichte ihm freundlich lächelnd die Hand zum Abschied. Aber der Steffl hielt sie eisern fest:

„Gib her, was du eingesteckt hast!", fauchte er das Dirndl an. Das Mädchen war so verblüfft, dass es brav nach dem Geschmeide in der Schürzentasche suchte. Doch nur eine Menge kleiner Steine kam zum Vorschein. Kopfschüttelnd ließ es der Steffl laufen, untersuchte den Sack, fand aber kein Loch. Hatte er sich vielleicht geirrt? Langes Nachdenken war nicht seine Sache. Beruhigt setzte er die Fahrt fort.

rumspekuliert wie in dieser Nacht. Zeitig am Morgen begab er sich noch einmal zum Wagen um die liegen gelassenen Steine wegzuschaffen und dabei eben womöglich Nachlese zu halten. Doch, sosehr er sich auch umsah, weder von den Steinen noch vom Sack war eine Spur zu entdecken, ja die Wagenbretter waren sogar blitzblank gereinigt. Da meinte er, der Geselle war eben ein guter Geist gewesen, der ihn prüfen wollte, und nun konnte er sich erst mit gutem Gewissen an dem Geschenk freuen. Da beschloss er, schnell seine geplanten Anschaffungen durchzuführen, damit nicht doch einmal sein Schatz wieder verschwände, ehe er einen Nutzen davon gehabt hat.

Fridl Seidl - Hardt

Carissimo

"Hast du's aber eilig", meinte der kleine Pernegger Seppl zu seinem Freund, dem Schörghofer Franz, beim Verlassen des Schulgebäudes.

"Komm doch rüber zum Spielberg, der Grubenhias hat seinen Dreisitzer mit!", ergänzte er und versuchte den Franzl am Rocksaum zurückzuhalten.

"Ich hab keine Zeit, der Vater braucht mich dringend, und ich hab ihm versprochen, gleich nach der Schul heimzukommen!"

"Heute, wo der richtige Schnee zum Rodeln liegt, willst du heimgehen? Ich mein, du bist ein bisschen krank, oder hast du vielleicht ein Geheimnis?" - "Vielleicht! Wenn du mitkommst, verrat ich dir's", lachte der Freund verschmitzt und stapfte weiter durch den Schnee.

"So bleib schon stehn und wart auf mich!" schnaufte der andere. Er war durch die unklare Antwort neugierig geworden.

Als er da her neben dem Franzl stand, sagte er keuchend: "Also erzähl, sonst mach ich sofort kehrt und geh zum Grubenhias auf den Spielberg!"

Franzl, der unmöglich schweigen konnte, sprach feierlich: "Der Vater und ich, wir gehen heut 'nauf in den Hornegger Wald, um das Rotwild zu füttern und Heu in die Raufe zu geben!"

So, jetzt war es heraus, das große Geheimnis.

Der Seppl sagte sofort: "Du, das ist g'scheit, überhaupt wo jetzt alles zug'schneit ist, da finden die armen Tiere rein gar nichts mehr!" Als der Franzl nur nickte, fragte er nach einer kurzen Pause: "Meinst, nimmt mich dein Vater mit?"

"Warum nicht?", lachte der Franz, "wenn du ihn schön bittest, wird er wohl nichts dagegen haben!"

Das war zu Mittag.

Gleich nach dem Essen traf der Seppl am Schörghofgut ein. Franzls Vater lachte, als er sah, dass der Bub mit einem großen, grün lackierten Futterkasten angekeucht kam.

"Die Vogerln hätt ich schon nicht vergessen, aber es ist trotzdem gut, dass du ein Kastl mitgenommen hast!", lobte ihn der jüngste Schörghofer. Er fühlte sich ganz als "Großer", durfte er doch zum ersten Mal mit dem Vater so weit in die Berge gehen. Franzls Vater hängte sich eine Kraxe voll Heu um, auch nahm er einen Sack mit, der Rosskastanien und Walnüsse enthielt. "Das genügt fürs Erste", sagte er, und dann gingen sie los. Bis zum Hornegger Wald dauerte der Weg für gewöhnlich eine Stunde, aber heute, bei dem Neuschnee, mussten sie mehr als 30 Minuten dazugeben.

Kurz bevor sie den Hornegger Wald erreichten, setzte ein leichtes Schneetreiben ein. Der Weg führte ständig bergauf und schlängelte sich durch niederen Baumbestand, der Fichten und Tannen enthielt.

"Wir sind gleich da!", sagte Franzls Vater und zwängte sich durch eine Lücke in den Jungwald. Die beiden Buben folgten ihm schweigend. Sie waren müde. Seppl dachte wehmütig, dass es eigentlich auf dem Spielberg beim Grubenhias viel lustiger gewesen wäre. Inzwischen hatte der Schörghofer den Rand einer größeren Waldlichtung erreicht und deutete den Kindern, ja recht leise zu sein.

"Schau einmal dorthin!", flüsterte der Schörghofer und wies mit der Hand zu einer Futterraufe, an der sich etwas Braungeflecktes regte.

"Jetzt gehen wir ganz langsam 'nüber", erklärte Franzls Vater, "wenn wir Glück haben, können wir das Wild aus der Nähe betrachten!"

Schritt für Schritt näherten sie sich dem Futterplatz. Eine Rehgeiß hob zwar witternd den Kopf, doch der Mann mit der Heulast auf dem Rücken schien ihr Vertrauen einzuflößen.

Ein kleines Rehkitz kam sogar ganz dicht heran und sah mit seinen großen braunen Augen ohne Scheu auf die zwei Buben. Während nun der Schörghofer die Raufe mit dem duftenden Heu voll stopfte, machten sich Franzl und Seppl an das Aufhängen der zwei Futterkästen.

Doch nicht nur Vögel und Rotwild hatte das Futter herangelockt, auch Hasen und Eichhörnchen waren herbeigesprungen, um etwas Essbares zu erhaschen. Ein kleines, rotbraunes war besonders keck und holte sich, Männchen machend, die Nüsse aus der Hand der Kinder, um dann mit der erhaschten Beute den Stamm einer hohen Fichte aufwärts zu klettern.

Franz, der dem flinken Tier mit den Augen gefolgt war, bemerkte plötzlich zwischen den obersten Ästen des Baumes ein hellrotes Etwas. Er machte sofort seinen Freund darauf aufmerksam, und die beiden starrten angestrengt in die Höhe.

"Du, das sieht fast so aus wie ein Luftballon!", sagte zögernd der kleine Seppl.

Da lachte der Franzl und meinte: "Geh, wie soll denn in den Baum da ein Luftballon kommen?" "Weißt was", schlug der andere vor, "ich klettere hinauf und schau was es ist!"

Der junge Schörghofer half dem Seppl, den untersten Ast des Baumes zu ersteigen. Von dort war es dann leicht, bis in die breite Krone zu kommen.

Der Bauer staunte, als sein Sohn mit dem Überbleibsel eines Luftballons in den Händen vor ihm stand, während der Seppl vorsichtig einen Briefumschlag aus einer Bindfadenumhüllung löste. Der Schörghofer brauchte gar nicht zu fragen, denn die Kinder berichteten fast gleichzeitig von der zufälligen Entdeckung.

"Das ist ja ein Brief!", sagte der Bauer. Er schlitzte das Kuvert auf und entnahm ihm einen doppelt gefalteten Zettel. Dieser war etwas zerknittert und trug außer ungelenkigen Schriftzügen mehrere Tintenspritzer.

esu Bambino

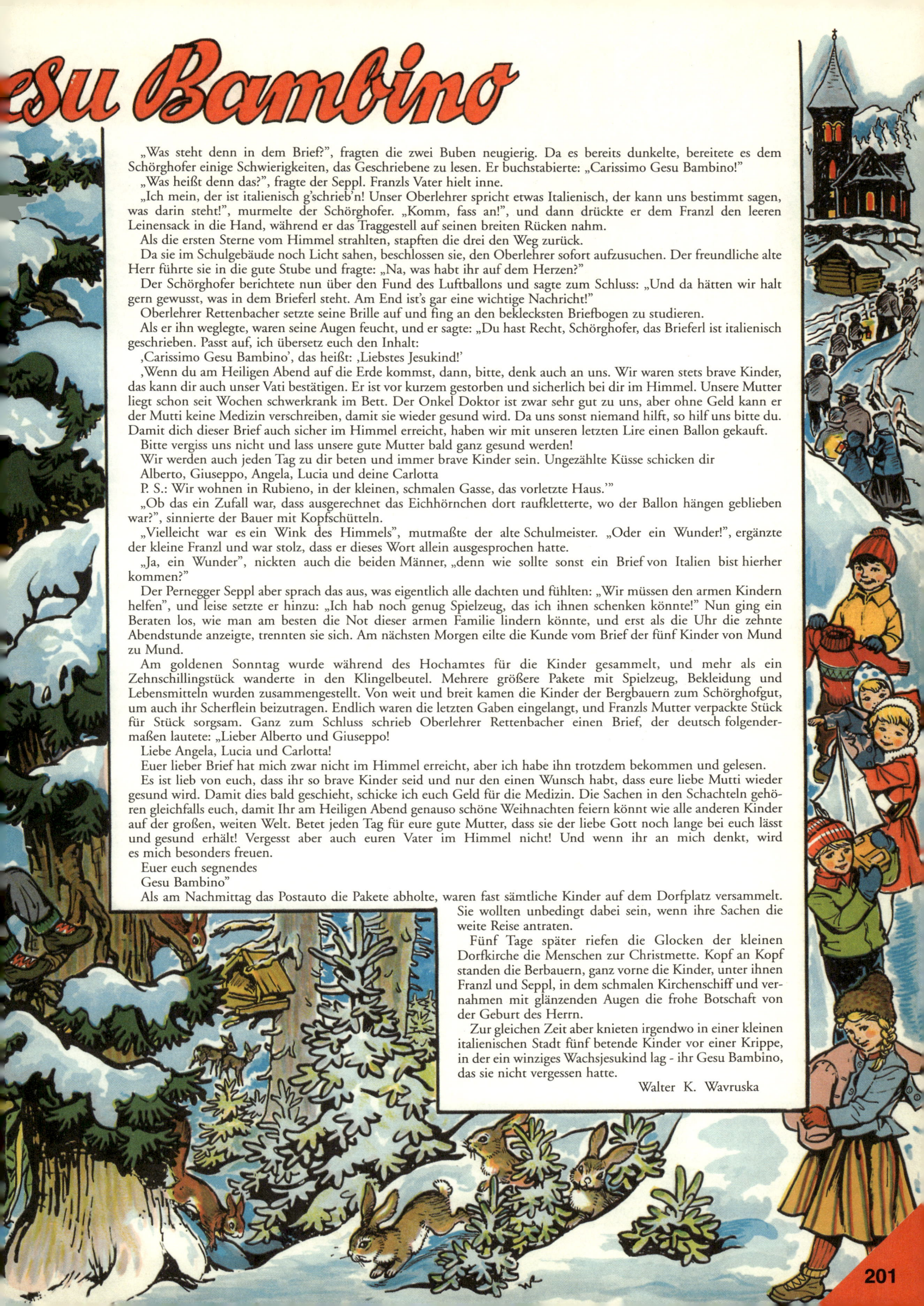

„Was steht denn in dem Brief?", fragten die zwei Buben neugierig. Da es bereits dunkelte, bereitete es dem Schörghofer einige Schwierigkeiten, das Geschriebene zu lesen. Er buchstabierte: „Carissimo Gesu Bambino!"

„Was heißt denn das?", fragte der Seppl. Franzls Vater hielt inne.

„Ich mein, der ist italienisch g'schrieb'n! Unser Oberlehrer spricht etwas Italienisch, der kann uns bestimmt sagen, was darin steht!", murmelte der Schörghofer. „Komm, fass an!", und dann drückte er dem Franzl den leeren Leinensack in die Hand, während er das Traggestell auf seinen breiten Rücken nahm.

Als die ersten Sterne vom Himmel strahlten, stapften die drei den Weg zurück.

Da sie im Schulgebäude noch Licht sahen, beschlossen sie, den Oberlehrer sofort aufzusuchen. Der freundliche alte Herr führte sie in die gute Stube und fragte: „Na, was habt ihr auf dem Herzen?"

Der Schörghofer berichtete nun über den Fund des Luftballons und sagte zum Schluss: „Und da hätten wir halt gern gewusst, was in dem Brieferl steht. Am End ist's gar eine wichtige Nachricht!"

Oberlehrer Rettenbacher setzte seine Brille auf und fing an den bekleksten Briefbogen zu studieren.

Als er ihn weglegte, waren seine Augen feucht, und er sagte: „Du hast Recht, Schörghofer, das Brieferl ist italienisch geschrieben. Passt auf, ich übersetz euch den Inhalt:

‚Carissimo Gesu Bambino', das heißt: ‚Liebstes Jesukind!'

‚Wenn du am Heiligen Abend auf die Erde kommst, dann, bitte, denk auch an uns. Wir waren stets brave Kinder, das kann dir auch unser Vati bestätigen. Er ist vor kurzem gestorben und sicherlich bei dir im Himmel. Unsere Mutter liegt schon seit Wochen schwerkrank im Bett. Der Onkel Doktor ist zwar sehr gut zu uns, aber ohne Geld kann er der Mutti keine Medizin verschreiben, damit sie wieder gesund wird. Da uns sonst niemand hilft, so hilf uns bitte du. Damit dich dieser Brief auch sicher im Himmel erreicht, haben wir mit unseren letzten Lire einen Ballon gekauft.

Bitte vergiss uns nicht und lass unsere gute Mutter bald ganz gesund werden!

Wir werden auch jeden Tag zu dir beten und immer brave Kinder sein. Ungezählte Küsse schicken dir

Alberto, Giuseppo, Angela, Lucia und deine Carlotta

P. S.: Wir wohnen in Rubieno, in der kleinen, schmalen Gasse, das vorletzte Haus.'"

„Ob das ein Zufall war, dass ausgerechnet das Eichhörnchen dort raufkletterte, wo der Ballon hängen geblieben war?", sinnierte der Bauer mit Kopfschütteln.

„Vielleicht war es ein Wink des Himmels", mutmaßte der alte Schulmeister. „Oder ein Wunder!", ergänzte der kleine Franzl und war stolz, dass er dieses Wort allein ausgesprochen hatte.

„Ja, ein Wunder", nickten auch die beiden Männer, „denn wie sollte sonst ein Brief von Italien bist hierher kommen?"

Der Pernegger Seppl aber sprach das aus, was eigentlich alle dachten und fühlten: „Wir müssen den armen Kindern helfen", und leise setzte er hinzu: „Ich hab noch genug Spielzeug, das ich ihnen schenken könnte!" Nun ging ein Beraten los, wie man am besten die Not dieser armen Familie lindern könnte, und erst als die Uhr die zehnte Abendstunde anzeigte, trennten sie sich. Am nächsten Morgen eilte die Kunde vom Brief der fünf Kinder von Mund zu Mund.

Am goldenen Sonntag wurde während des Hochamtes für die Kinder gesammelt, und mehr als ein Zehnschillingstück wanderte in den Klingelbeutel. Mehrere größere Pakete mit Spielzeug, Bekleidung und Lebensmitteln wurden zusammengestellt. Von weit und breit kamen die Kinder der Bergbauern zum Schörghofgut, um auch ihr Scherflein beizutragen. Endlich waren die letzten Gaben eingelangt, und Franzls Mutter verpackte Stück für Stück sorgsam. Ganz zum Schluss schrieb Oberlehrer Rettenbacher einen Brief, der deutsch folgendermaßen lautete: „Lieber Alberto und Giuseppo!

Liebe Angela, Lucia und Carlotta!

Euer lieber Brief hat mich zwar nicht im Himmel erreicht, aber ich habe ihn trotzdem bekommen und gelesen.

Es ist lieb von euch, dass ihr so brave Kinder seid und nur den einen Wunsch habt, dass eure liebe Mutti wieder gesund wird. Damit dies bald geschieht, schicke ich euch Geld für die Medizin. Die Sachen in den Schachteln gehören gleichfalls euch, damit Ihr am Heiligen Abend genauso schöne Weihnachten feiern könnt wie alle anderen Kinder auf der großen, weiten Welt. Betet jeden Tag für eure gute Mutter, dass sie der liebe Gott noch lange bei euch lässt und gesund erhält! Vergesst aber auch euren Vater im Himmel nicht! Und wenn ihr an mich denkt, wird es mich besonders freuen.

Euer euch segnendes

Gesu Bambino"

Als am Nachmittag das Postauto die Pakete abholte, waren fast sämtliche Kinder auf dem Dorfplatz versammelt. Sie wollten unbedingt dabei sein, wenn ihre Sachen die weite Reise antraten.

Fünf Tage später riefen die Glocken der kleinen Dorfkirche die Menschen zur Christmette. Kopf an Kopf standen die Berbauern, ganz vorne die Kinder, unter ihnen Franzl und Seppl, in dem schmalen Kirchenschiff und vernahmen mit glänzenden Augen die frohe Botschaft von der Geburt des Herrn.

Zur gleichen Zeit aber knieten irgendwo in einer kleinen italienischen Stadt fünf betende Kinder vor einer Krippe, in der ein winziges Wachsjesukind lag - ihr Gesu Bambino, das sie nicht vergessen hatte.

Walter K. Wavruska

DER ZAUBERS

In einem fernen Lande lebten einmal irgendwo zwei Nachbarn. Sie hausten an einem reißenden Fluss, hatten dort ihre Hütten stehen und kamen so recht und schlecht miteinander aus.

Der eine von ihnen, Aljoscha, war ein richtiger Geizkragen, während Nikolai, der andere, stets freigebig und hilfsbereit war. So sammelte Aljoscha Jahr für Jahr Geld und allerlei Gerät, trug die Dinge in seinem Schuppen zusammen und bewahrte sie auf. Sein Geld aber sperrte er in eine mächtige Truhe ein. Er selbst trug nur einen geflickten Rock am Leibe, aß von hölzernen Tellern und schlief auf einem zerrissenen Strohsack. Kam aber ein Armer des Weges, dann jammerte Aljoscha so sehr, dass ihm meist der Bettler noch etwas daließ, ein Stück Brot etwa, oder eine kleine Kupfermünze.

Ganz anders war Nikolai, sein Nachbar. Gewiss, auch er war sparsam. Niemals jedoch sah man ihn in zerrissenem Gewande einhergehen, dafür sorgte schon seine Frau, die die Schafe scherte, ihre Wolle verspann und schließlich webte. Die Armen aber, die an Nikolais Türe klopften, zogen stets satt von dannen und steckten manche Münze in ihren Wandersack.

Eines Morgens nun war ein heftig rauschender Regen niedergegangen über dem Lande. Der Fluss schwoll an, und der Geizige saß auf dem Dach seines Hauses. Er wollte vor Furcht schier vergehen, wenn er daran dachte, dass die wilden Wasser all seine Habe fortschwemmen könnten. Nikolai hingegen war mit seiner Frau an den Fluss hinabgeeilt, und die beiden legten am Ufer entlang grobe Steine aufeinander, um einen Damm gegen das Wasser zu errichten.

Aljoscha blieb auf dem Dach seines Hauses sitzen und spähte in die Ferne. Und da sah er etwas den Fluss daherschwimmen. Es war eine mächtige Kiste. Eilends kletterte Aljoscha vom Dach herab und lief zum Flussufer hinunter. Aber was war das? Da kam noch etwas angeschwommen. Ein jämmerlich miauendes Kätzchen war es, das sich mühsam mit seinen schwachen Krallen an einem schwankenden Holzbrett festhielt. Aber das schreiende Kätzchen beachtete Aljoscha gar nicht, es mochte hinschwimmen, wohin es wollte. Die treibende Kiste war ihm wichtiger, denn wer weiß, welche Schätze sie enthielt. So sprang Aljoscha ins Wasser, schwamm auf die hölzerne Kiste zu und umklammerte sie, bemüht, seine Beute sicher ans Ufer zu bringen. Mit Müh und Not gelang es ihm, die Kiste aus dem Wasser zu schaffen, denn sie war sehr schwer.

Auch Nikolai und seine Frau Tamara hatten die Kiste daherschwimmen sehen und auch das Kätzchen auf dem Holzbalken. Die Kiste schien ihnen weniger wichtig zu sein als as miauende Tierchen, und sie ließen sie fortschwimmen. Nikolai holte die kleine Katze aus den Fluten, trug sie in seine Hütte und hüllte sie in warme Tücher. Bald hatte sich das Tierchen erholt und dankte seinem Retter mit Miauen und behaglichem Schnurren.

Wie aber war es Aljoscha mit seiner Kiste ergangen? Mühsam schleppte er sie ins Haus, stellte sie mitten in die Stube und brach sie auf. Aber welch böse Überraschung! Keine Schätze und auch sonst nichts Brauchbares barg sie in ihrem Inneren. Nur graue Kieselsteine rollten aus ihr hervor. Verärgert stieß Aljoscha die Kiste von sich. Nun hatte er ganz umsonst das kalte Bad im Fluss genommen! Seinem Nachbarn Nikolai aber erzählte er, die Kiste sei voller Gold gewesen. Dieser neidete ihm den Schatz keinen Augenblick, freute sich vielmehr an der Zutraulichkeit seiner kleinen Katze, die er aus den Fluten geholt hatte. Überallhin begleitete das Kätzchen Nikolai. Eines Tages ging er in den Wald, um Holz zu schlagen. Er prüfte diesen und jenen Baum und arbeitete vom frühen Morgen bis in den späten Abend hinein. Auf dem Heimweg durch den Wald aber geschah Seltsames. Die kleine Katze war plötzlich behände einen Baum hinaufgeklettert und rief zu ihm herab:

„In des Baumes hohlem Stamm
ist ein Schatz verborgen hier.
Komm und klettere wohlan
ohne Furcht herauf zu mir!"

Als Nikolai die Katze so reden hörte, erschrak er nicht wenig, dann aber nahm er sich ein Herz und kletterte den Baumstamm hinauf. Da sah er, was das Kätzchen gemeint hatte. In einem hohlen Ast steckte verborgen eine alte, zerbeulte Kanne. Es war ein Samowar, in dem man den Tee zubereitet. Nikolai konnte sich zwar nicht vorstellen, was an der Teekanne so kostbar war, aber er nahm sie dennoch mit heim. Zu Hause übergab er den Samowar seiner Frau und ließ sie Tee darinnen bereiten. Alsbald begann der Kessel zu summen, aus seinem Schnabel aber stieg weißer Rauch, immer mehr und mehr, und der Rauch formte sich zur Gestalt eines alten bärtigen Mannes. Erschrocken waren Nikolai und Tamara zurückgewichen. Die Gestalt sprach nun zu ihnen: „Fürchtet euch nicht, denn ich bin ein guter Geist, der stets zu euren Diensten sein wird! Befehlt und ich werde euch gehorchen! Tut einen Wunsch und ich werde ihn erfüllen!"

Ja, Wünsche hatten Nikolai und Tamara wohl, aber es waren keine törichten Dinge, die sie begehrten, wie etwa einen Palast oder Gold und Edelsteine. Sie dachten vielmehr an ihre Äcker und Wiesen, auf denen nichts so sehr gedeihen wollte in diesem Jahr, und so sprachen sie wie aus einem Munde:

„Guter Geist, bitte hilf uns auf unseren Äckern und Feldern, dass die Frucht wachse und gedeihe!"

MOWAR

Der gute Geist schwebte zum Fenster hinaus, zog über die Äcker hin, und alsbald trugen die Halme dreifach Frucht, und Nikolai und Tamara waren glücklich wie noch nie in ihrem Leben. Der gute Geist kehrte wieder zurück in die Zauberkanne, und wenn sie ihn riefen, dann war er stets zu ihren Diensten.

Längst schon wunderte sich der geizige Aljoscha, wie üppig alles gedieh auf seines Nachbarn Feldern, bis er eines Tages hinter das Geheimnis kam. Er schaute gerade zum Fenster von Nikolais Hütte hinein, als er den Geist gewahrte, der aus der Kanne stieg, und hörte, wie Nikolai und Tamara ihm geboten. „Ei, diese Kanne müsste ich haben!", so dachte der Geizige und sann Tag und Nacht darüber nach, wie er ihrer habhaft werden könne.

Eines Nachts nun schlich er um das Haus des Nachbarn, stieg zum Fenster hinein und holte sich die Zauberkanne. Nun wollte er sich wünschen, wünschen, immer mehr und mehr, und lauter Schätze sollten es sein, Gold und Edelsteine. So begann er Tee zu bereiten in dem Samowar, und als er zu summen begann, stieg abermals der Geist aus der Kanne. Aljoscha aber gebot ihm: „Schaffe mir Schätze herbei, Gold und Edelsteine zuhauf." Und der Geist schaffte ihm Gold herbei, immer mehr und mehr. Allmählich bedeckte sich der ganze Boden seiner Stube mit Goldstücken, sie wuchsen an zu einem ganzen Berg, dann regnete es noch Edelsteine von der Stubendecke. Aber das war selbst dem geizigen Aljoscha zu viel. Ängstlich kroch er in eine Ecke und rief dem Geist zu, dass es nun endlich genug sei. Aber der Geist schien ihn nicht zu hören, und bald steckte Aljoscha bis zum Halse in Gold und Edelsteinen. Nun hub er zu schreien an, so laut er vermochte. Auf sein Geschrei eilte sein Nachbar Nikolai herbei, gebot dem guten Geist und befreite Aljoscha aus dem Berg seiner Schätze. Aljoscha aber schämte sich und bat Nikolai um Verzeihung, dass er ihm die Zauberkanne gestohlen hatte. Dieser vergab ihm von ganzem Herzen. Die vielen Schätze verschenkte Aljoscha an die Armen im ganzen Lande und war für immer von seinem Geize geheilt. Einträchtig hausten nun die beiden Nachbarn nebeneinander. Der gute Geist aus der Kanne blieb für immer bei ihnen, half bald dem einen, dann dem anderen, und sie lebten glücklich und zufrieden ihr Lebtag lang.

Romana Mikulaschek

Ne-Tuk und der Drachen

Im fernen Lande Tibet lebten einst ein Mann und eine Frau. Sie hießen Ne-Tuk und Jasodhara und hausten in einer Hütte aus Stein, die eng an den Felsen eines Berghanges geschmiegt stand. Ne-Tuk und Jasodhara hatten sieben Söhne und sieben Töchter und sorgten fleißig und rechtschaffen für sie. Ne-Tuk bebaute seine Felder und Jasodhara spann und webte. So ging die Zeit dahin, und darüber waren die beiden alt geworden. Ne-Tuk hatte einen schlohweißen Bart und ein Gesicht, von tiefen Furchen durchzogen, und auch Jasodhara konnte man die Jahre vom Gesicht ablesen, denn Runzeln bedeckten ihr Antlitz und eisgrau war ihr Haar geworden. So waren die beiden manchmal tieftraurig, dass sie schon so alt waren. Alle Spiegel, die sie besaßen, zerschlugen sie, aber dies half ihnen wenig, denn wenn einer den anderen ansah, wussten sie, dass das Alter voranschritt.

Ein Sohn nach dem anderen verließ das elterliche Haus, und eine Tochter nach der anderen nahm einen Mann und zog in die kleine Stadt am Fuße des Berges. So waren Ne-Tuk und Jasodhara eines Tages ganz allein in ihrem steinernen Haus am Berghang. Sie arbeiteten wohl noch fleißig, aber da sie nur noch für sich selbst zu sorgen hatten, blieb ihnen noch Muße genug, nachzudenken über dies und das. So geschah es, dass Ne-Tuk, der Mann, oft für eine ganze Weile still und stumm vor seinem Hause saß und den ziehenden Vögeln nachschaute. Wenn Jasodhara zu ihm trat, dann sprach er: „Fliegen müsste man können, liebe Frau, so wie die Vögel des Himmels, dann käme man weit herum im Lande!" Und Jasodhara gab ihm Recht. Eines Tages nun kam Ne-Tuk ein Gedanke. Ja, auch er wird fliegen können und seine Frau Jasodhara mitnehmen.

Er sammelte Bambusstäbe und setzte sie zusammen. Jasodhara hatte dereinst fürsorglich ein paar Ballen feinster Seide in ihren Truhen aufbewahrt. Ne-Tuk bat sie nun darum und sie gab sie ihm schweren Herzens. Ne-Tuk überzog fein säuberlich die Bambusrahmen damit, fügte diese zusammen, und nun war ein riesiger Drachen fertig, ein Drachen, der zu fliegen vermochte, mit weiten Schwingen und einem langen Schweif, wenn nur der richtige Wind aufkam.

Ne-Tuk und Jasodhara warteten Tag um Tag auf den Wind, der irgendwo von den Berggipfeln kommen musste.

Eines Abends nun pochte eine alte Bettlerin an die Tür ihres Hauses. Jasodhara tat auf und hieß die Alte eintreten. Sie gab ihr frisch gebackene Brotfladen zu essen und gebutterten Tee zu trinken, und die Bettlerin erzählte ihnen so mancherlei. Da nahm sich Jasodhara ein Herz und sprach zur Bettlerin: „Du kommst doch so viel herum im Lande. Vielleicht weißt du ein Mittel, wie man wieder jung und schön werden kann." Da schüttelte die Bettlerin bedenklich ihren Kopf: „Ja, es gibt wohl ein Land, meine Lieben, wo man die Jugend neu erwerben kann. Es liegt fern von hier in einem fremden Tal. Am Grund eines Brunnens springt ein Wässerlein, das jedem, der sich darin badet, ein junges Aussehen gibt. Es ist schwierig, in jenes Land zu gelangen, denn die sieben bunten Berge liegen dazwischen." - „Damit hat's keine Not", meinte Ne-Tuk, „es ist ein Leichtes für uns dort hinzukommen!", und er deutete durch das Fenster hinaus auf seinen Drachen, den er gebaut hatte. Da staunte die Bettlerin nicht wenig und entgegnete: „Ja, fürwahr, mit deinem Drachen könntest du hinfliegen, wenn der Südwind kommt!" Dann verabschiedete sie sich und schlurfte davon.

Ne-Tuk und Jasodhara aber rüsteten für ihre weite Reise. Am nächsten Morgen schon stiegen sie in ihren Drachen und warteten auf den Südwind, der sie davontragen sollte in das ferne Land der Jugend. Alsbald kam er den Berg hernieder, der mächtige Wind, hob mit einem Atemzug den Drachen vom Boden auf und trug ihn auf seinen Flügeln hoch in den blauen Himmel hinein, weit empor über den Gipfel des Berges. Ne-Tuk und Jasodhara jauchzten schier vor Lust, so schön war es, über dem weiten Land dahinzufliegen, das nun tief zu ihren Füßen lag. Winzig sah nun ihr Haus aus, wie ein niedliches Spielzeug, und das Flüsschen, das durch die grünen Matten zog, glich einem dünnen silbernen Faden. Dann und wann kam eine Schar Vögel über den Himmel gezogen, mit denen Ne-Tuks Drachen um die Wette flog.

Als es Abend war, kamen Ne-Tuk und Jasodhara an den ersten der sieben Berge. Es war der grüne Berg, über und über mit Wiese bedeckt. Dort hielten die beiden Rast bis zum nächsten Morgen. Dann flogen sie weiter, zum roten Berg. Am nächsten Tage zum gelben Berg, schließlich zum schwarzen und über den violetten Berg zum blauen Berg. Nun konnte es nicht mehr weit sein bis zum allerletzten der Berge, und ehe der Abend des siebenten Tages dämmerte, waren sie beim siebenten, dem weißen Berg, angelangt.

Behutsam ging der Drachen in einem weiten lieblichen Tal nieder. Ne-Tuk und Jasodhara entstiegen ihm mit pochenden Herzen. Alsogleich machten sie sich auf den Weg zu dem geheimnisvollen Brunnen, und ehe die Morgensonne aufstieg, hatten sie ihn gefunden. Als Erste stieg Jasodhara hinab in seine dunkle Tiefe, badete in dem Wasser, das darin sprang, und kehrte zurück zu Ne-Tuk, der sich erwartungsvoll über den Brunnenrand beugte. Und Ne-Tuk brach in einen Ruf des Erstaunens aus, als er Jasodhara wiedersah, so jung und schön, wie sie einstens gewesen war, mit glattem Gesicht und pechschwarzem Haar. Alsogleich stieg er selbst in den Brunnen und kehrte ebenso jung zurück, ohne Runzeln im Gesicht und ohne seinen weißen Bart. Beide freuten sich von Herzen und sahen einander immerzu an. Nun beschlossen sie, die Heimreise anzutreten, stiegen in ihren Drachen, und der Wind trug sie über die sieben Berge geradewegs vor ihr steinernes Haus am Berghang.

Aber nicht immer blieben Ne-Tuk und Jasodhara so glücklich. Eines Tages sagte die Frau zum Mann:

"Ich will in die Stadt, um meine Töchter zu besuchen." Sie zog ihr schönstes buntes Gewand an, spannte ihr Haar auf einen Holzrahmen und schmückte sich mit Jade und Korallen; dann stieg sie den Berg hinab. Alle ihre sieben Töchter besuchte sie nun der Reihe nach, keine aber wollte ihre Mutter wiedererkennen. "Nein, du bist nicht meine Mutter!", so sprach jede der Töchter. "Denn diese war schon alt, ihr Antlitz von tiefen Runzeln durchzogen und das Haar eisgrau."

Da kehrte Jasodhara traurig heim, und nun machte sich Ne-Tuk auf den Weg. Er besuchte seine sieben Söhne, und jeder von ihnen sprach: "Nein, du kannst mein Vater nicht sein, denn jener war schon alt, sein Gesicht zerfurcht und sein Bart schneeweiß!" So kehrte auch Ne-Tuk enttäuscht heim.

Als nun die beiden eines Abends einmal so recht traurig beisammensaßen, pochte es an die Türe. Draußen stand wieder jene alte Bettlerin, die ihnen das Geheimnis des Jugendlandes verraten hatte. "Nun seid ihr wohl glücklich!", meinte sie zu Ne-Tuk und Jasodhara. Aber sie blickte nur in zwei traurige Gesichter. "Unsere Söhne und Töchter erkennen uns nicht mehr", sagte Ne-Tuk, "ach, was gäben wir darum, so zu sein wie früher!" - "Dem kann abgeholfen werden", meinte die Bettlerin. "Ihr brauchtet nur den Zauberspiegel zu haben, dann wäret ihr wieder die Alten. Aber nur einer von euren Söhnen oder Töchtern könnte ihn finden." Dann verschwand die Alte, wie sie gekommen war.

Da ergab es sich eines Tages, dass Jaso, ihre jüngste Tochter, und Tuk, ihr jüngster Sohn, einander trafen. Sie wanderten zusammen einen Berg hinauf, wohl um dasselbe zu suchen. "Glaubst du es, Jaso, dass Vater und Mutter wieder jung geworden sein können?", fragte der Bruder die Schwester, und Jaso entgegnete: "Ich weiß es nicht sicher, Tuk, wer weiß, vielleicht ist alles nur ein böser Zauber. Ja, wenn wir den Zauberspiegel hätten, von dem mir eine alte Bettlerin erzählt hat, dann wüssten wir es genau! Sie hat mir auch verraten, wo man ihn suchen muss. ‚Wenn du Glück hast', so sagte sie, ‚dann kannst du ihn am Berg im Wald finden, in einer hellen Mondnacht. Silberglänzend wie ein Stern wird er an deinem Wege liegen.' "

So machten sich nun Jaso und Tuk daran den Spiegel zu suchen. In tiefer Nacht waren sie auf des Berges Gipfel angekommen. Hell schien der Mond. Aber was war das? Mitten auf dem Waldpfad lag etwas Gleißendes, Glitzerndes. Jaso und Tuk eilten darauf zu. Es war ein silbern schimmernder Spiegel. Behutsam nahm Jaso ihn vom Boden auf.

Als der Morgen graute, waren die beiden bei ihrem Elternhaus angekommen. Sie pochten an die Türe und Jasodhara tat ihnen auf. Wie glücklich waren Ne-Tuk und Jasodhara, als sie ihre Kinder sahen! Und Jaso reichte als Erstes der Mutter den Spiegel und, siehe da, kaum hatte die Mutter hineingeblickt, verwandelte sich ihr Gesicht und sie war wieder zur alten Frau geworden, mit Runzeln im Antlitz und eisgrauem Haar auf dem Kopf. Aber auch Ne-Tuk wurde wieder der alte Vater, mit den Furchen im Gesicht und dem schneeweißen Bart. Glücklich drückten Jasodhara und Ne-Tuk ihre Kinder ans Herz. Dann aber zogen sie mitsammen hinab in die Stadt, besuchten die sechs anderen Söhne und Töchter, und die Freude des Wiedersehens war groß.

Freudig trugen Ne-Tuk und Jasodhara fortan ihr Alter, waren glücklich über die Jahre, die ihnen noch geschenkt sein mochten, und wiegten ihre Enkelsöhne und -töchter zärtlich in den Armen.

Romana Mikulaschek

DIE SIEBENHUNDERT LATERNEN

Im fernen Chinalande lebten einst die beiden Geschwister Tsan und Monjü. Monjü war ein liebliches Mädchen, das Tag für Tag daheim saß, Papierlaternen malte und klebte, während Tsan, der Bruder, die Lampions in seinem winzigen Laden verkaufte. Sie gefielen gar gut, die bunten Laternen, und jedermann erwarb sie gerne, so dass Tsan und Monjü zwar nur ein bescheidenes, aber zufriedenes Dasein hatten. Eines Tages kamen zwei Kulis die Gasse herabgewandert. Sie trugen ein Sänfte mit seidenen Vorhängen daran. Vor Tsans Laden machten sie Halt. Der Sänfte entstieg Wu, der Haushofmeister des mächtigen Kaisers Shi Gao. „Ich habe von deinen prächtigen Papierlaternen gehört", sagte Wu zu Tsan, der vor die Türe seines Ladens getreten war und sich tief verbeugte vor dem hohen Herrn. „Lass mich sehen!", fuhr Wu fort. „Denn mein Herr, Kaiser Shi Gao, wünscht, dass ich neue Lampions einkaufe für den Palast." Bescheiden trat Tsan zur Seite und geleitete Wu in seinen Laden. Der Haushofmeister des Kaisers zeigte sein Wohlwollen und sagte, nachdem er Tsans Lampions besichtigt hatte: „Du hast die schönsten Laternen weitum im Lande, Tsan. Siebenhundert sollst du nun fertigen für des Kaisers Palast, und ich gebe dir drei Monde Zeit dazu." Dann bestieg er wieder seine Sänfte und wurde davongetragen.

Tsan aber überlegte. Siebenhundert Laternen, wofür der Kaiser wohl so viele brauchte? Dann aber säumte er nicht länger und eilte heim, um Monjü von dem großen Auftrag zu berichten.

Tag und Nacht saßen nun Bruder und Schwester beisammen, malten und klebten, und als der letzte Tag der drei Monde verstrichen war, waren alle siebenhundert Laternen fertig.

Am Abend erschien Wu, der Haushofmeister des Kaisers, nickte mit dem Kopfe und sprach: „Ist recht, Tsan! Du hast den Auftrag zu meiner Zufriedenheit erfüllt. Nun aber bringe die Laternen in den Palast!" Tsan belud seinen kleinen Wagen und machte sich sogleich auf den Weg. Am hellen Morgen legte er endlich die letzten Laternen auf, um noch einmal zum Palast zu fahren. Überall in den prächtigen Räumen hingen nun seine Laternen und erleuchteten sie festlich. Eines aber wunderte Tsan. Im ganzen Palast konnte er kein Fenster gewahren, das das Licht des neuen Tages hereinließ. Dicht verhängt waren sie, so dass kein Sonnenstrahl von draußen eindringen konnte.

Als nun Tsan seine letzten Laternen abgeladen hatte, ließ man ihn warten. „Ach", so dachte er, „müsste es herrlich sein, in einem solchen Palast zu wohnen!", und schaute dabei auf die prächtigen goldverzierten Wände und die vielen seidenen Kissen, die achtlos auf dem Boden lagen. Dabei bemerkte er nicht, wie der Perlenvorhang an der Türe sich teilte und ein wunderschönes Mädchen den Raum betrat. „Wer bist du?", fragte ihn plötzlich eine zarte Stimme. Und als Tsan aufsah, gewahrte er erst das liebliche Mädchen, das vor ihm stand.

„Ich bin Tsan, der Laternenmacher", sagte er ein wenig erschrocken. Das Mädchen aber lächelte und sprach: „Und ich bin des Kaisers Schwester, Prinzessin Shi Ling." Dann bat sie Tsan, ihr von der Welt außerhalb des Palastes zu erzählen, und verwundert erfüllte er ihren Wunsch. Er berichtete von der stillen Gasse, in der er seinen Laden hatte. Auch von Monjü, seiner Schwester, sprach er, die ihm so fleißig half, von seiner kleinen Hütte an einem blauen See und den hohen Bergen, die sich darin spiegeln, von den grünen Wäldern und Matten und dem Gesang der bunt gefiederten Vögel. Auch vom blauen Himmel und der Sonne, deren Schein heller ist als alle siebenhundert Laternen zusammen, erzählte er der Prinzessin. „Sonne, was ist das?", meinte Shi Ling. „Darfst du denn nicht aus dem Palaste?", fragte nun Tsan die Prinzessin. Diese aber erwiderte: „Nein, niemals, lieber Laternenmacher! Auch weiß ich nicht, wann es Tag ist oder Nacht, denn mein Bruder, der Kaiser, ließ alle Fenster des Palastes verhängen, um nicht sehen zu müssen, wie Tag um Tag seines Lebens vergeht."

Wie die Prinzessin gekommen war, so verschwand sie auch wieder, als ein Diener den Lohn für Tsan hereinbrachte.

Ein wenig traurig über das Schicksal der Prinzessin, die niemals die Sonne sehen durfte, verließ Tsan den Palast und kehrte heim zu Monjü in die Hütte am blauen See.

Prinzessin Shi Ling aber sprach zu ihrem Bruder davon, was der Laternenmacher ihr erzählt hatte, von der schönen Welt draußen und der hellen Sonne. Shi Gao aber wollte davon nichts hören, geriet vielmehr in Zorn und ließ Tsan in den finstersten Turm seines Palastes sperren. Tag um Tag bat die Prinzessin um Gnade für ihn, bis der Kaiser sprach: „Nun gut, Shi Ling! Ich werde Tsan fortschicken für dreimal sieben Tage. Er soll freikommen, wenn er im Stande ist mir etwas zu bringen, was ich noch nicht besitze. Irgendeine Kostbarkeit, die meine Schatzkammern noch nicht bergen."

Shi Gao ließ den Gefangenen zu sich rufen und gab ihm den Auftrag, ihm etwas Besonderes zu bringen. Dann ließ er ihm Reiskuchen geben und Wasser, und auch eine Laterne durfte Tsan mitnehmen auf seine Reise. Verzagt wanderte Tsan seines Weges, denn wo sollte er einen

Wunsch, aber es erfüllte ihn dennoch. Nicht weit von der Höhle entfernt brach es ein Stück Erde vom Berghang und reichte sie Tsan. Diese Erde aber war weiß. „Dies ist eine kostbare Erde", sprach es zu ihm, „fülle deinen Wandersack damit und bringe sie heim! Dort menge sie mit Wasser und knete sie. Dann forme daraus ein Gefäß und stelle es ins heißeste Feuer. Wenn das Feuer aber erloschen und keine Glut mehr in der Asche ist, dann nimm das Gefäß heraus und bringe es deinem Kaiser!"

Tsan füllte seinen Wandersack, dankte dem Männlein und kehrte zurück in Kaiser Shi Gaos Palast.

Dort mengte er die weiße Erde mit Wasser, knetete sie und formte daraus mit geschickten Händen einen wunderschönen, zierlichen Krug. Dann ließ er ein großes Feuer anmachen im Ofen, stellte den Krug darein und wartete.

Verwundert sahen der Kaiser und seine Schwester diesem seltsamen Treiben zu. Nach drei Tagen und Nächten, als die dreimal sieben Tage vorüber waren, war keine Glut mehr in der Asche, und Tsan nahm den Krug aus dem Ofen. Weiß wie Schnee

kostbareren Schatz hernehmen, den der Kaiser noch nicht besaß?

Er verabschiedete sich von Monjü, seinem Schwesterlein, und wanderte den gelben Bergen zu. Ermüdet ließ er sich abends auf einem Stein nieder und sann vor sich hin. Da zupfte ihn plötzlich etwas am Ärmel, und Tsan schaute auf. Zu seiner Rechten stand ein Männlein mit verhutzeltem Gesicht, schlohweißem Bart, einem Strohhut am Kopfe und in ein wunderliches Gewand gehüllt.

„Ei, Tsan, hast du nicht ein wenig zu essen für mich?", fragte es. „Mich hungert so sehr!" Da holte Tsan seinen Reiskuchen aus dem Wandersack und reichte ihn dem Männlein, obgleich auch er schon argen Hunger verspürte. Und als das Männchen auch noch zu trinken verlangte, gab er ihm den letzten Schluck Wasser, den er noch in seiner Flasche hatte. Es war allmählich Nacht geworden, und nun sprach das Männlein zu Tsan: „Ich werde wohl nicht mehr heimfinden in dieser Dunkelheit!" Da versprach Tsan, ihm das Geleit zu geben und ihm heimzuleuchten mit seiner Laterne. Bald machten sich die beiden auf den Weg. Bergauf und bergab ging es über Stock und Stein, und Tsan war zum Umsinken müde, aber er hatte versprochen, das Männlein heimzubringen und so tat er es auch. Endlich waren die beiden bei einer Höhle angelangt.

„Folge mir!", sagte das Männlein und führte Tsan tiefer und tiefer in die Höhle hinein. Inmitten der Höhle aber dehnte sich ein lang gestreckter Saal, und an den Tischen, die dort aufgestellt waren, saßen viele, viele bärtige Männlein. Sie aßen und tranken und schwatzten. Dann hießen sie Tsan willkommen und boten ihm Speise und Trank. Und von welch seltsamen Tellern sie aßen und aus welch feinen Tassen sie tranken! Sie waren ganz anders als die tönernen oder hölzernen Gefäße, aus denen man sonst speiste.

Später führten die Männlein Tsan in ihre Schatzkammer. „Wähle dir von den Schätzen, was immer du auch magst", sagte das Männchen, das Tsan geleitet hatte. Dieser aber bat: „Nicht Gold und Edelsteine will ich von euch haben. Sagt mir nur, woraus eure seltsamen Gefäße gemacht sind!" Da staunte das Männlein nicht wenig über diesen seltsamen

erglänzte das Gefäß, und wenn man durch den Krug hindurch schaute, sah man das Licht der Laternen schimmern. Pochenden Herzens trat Tsan vor Shi Gao und stellte den Krug zu des Kaisers Füßen nieder. Dieser aber betrachtete das Gefäß lange und mit Wohlwollen. Dann sprach er: „Ich habe wohl viele Schätze, aber was sind sie alle gegen diesen prächtigen Krug? Wohlan, Tsan, diese Überraschung ist dir gelungen, und fortan wünsche ich nur noch aus solchen Gefäßen zu speisen!"

Damit gab er Tsan die Freiheit wieder und Prinzessin Shi Ling zur Frau. Monjü, die Schwester, ward in den Palast geholt und eine prächtige Hochzeit gefeiert. An diesem Tage aber zog der Kaiser mit eigenen Händen die dunklen Vorhänge von seines Palastes Fenstern, denn er hatte eingesehen, dass die Tage kamen und gingen, ohne dass er sie aufhalten könne. Beglückt ließ er das Licht des Tages hereinfluten und freute sich über den hellen Sonnenschein. Des Abends aber leuchteten Tsans siebenhundert Laternen zum großen Fest.

Die weiße Erde aber ließ der Kaiser vom Berg in das Tal schaffen und Gefäße daraus formen, Reisschalen und Krüge, Teller und Teeschalen und noch vieles mehr. Bald aß und trank man nicht nur im Palaste aus den Gefäßen von Porzellan, sondern im ganzen Chinalande.

Romana Mikulaschek

Prinzessi...

In einem Lande, nicht weit von uns, lebte einmal ein König. Er hatte einen Sohn, Prinz Adalrich. Dieser lag krank darnieder und die Ärzte wussten sich keinen Rat, wie sie den Jüngling heilen sollten. Als der edle Prinz immer schwächer wurde und seine Wangen schon bleicher waren als das Weiß der Kissen, berief der König den Kronrat ein.

Tief gebeugt schritt der Herrscher zu seinem Thron und ließ sich schwer nieder. Dann sagte er mit leiser Stimme:

„Das Reich verliert seinen künftigen König – und mich bringt der Gram um ... Wer von euch einen Rat weiß, den will ich reich belohnen! Mehr noch – ich will seine Tochter zur Prinzessin machen und sie soll dereinst an der Seite meines Sohnes in diesem Land herrschen!"

Der König blickte voll Hoffnung die Schar seiner Höflinge entlang, aber einer nach dem anderen senkte ratlos den Kopf.

Da sprach der Letzte von ihnen: „Ich wüsste Euch wohl einen Rat, mein König, aber ..."

„Was aber?", fuhr der Herrscher auf. „... aber Ihr wisst, ich bin nur ein kleiner Landedelmann. Ich besitze nur wenige steinige Weiden, auf denen sich mein Vieh kümmerlich fortbringt ..." Der König winkte ab: „Schon gut. Was soll das Ganze?"

„Ich habe eine Tochter, mein König!"

„Wenn du mir einen Rat gibst, auf den Prinz Adalrich gesund wird, soll sie mir als Gemahlin meines Sohnes willkommen sein – aber nun will ich endlich deinen Rat hören!"

„Schickt in alle Nachbarländer Boten aus, mein König. Sie sollen an den Höfen das Leid Eures Sohnes schildern, vielleicht wissen sie ein Mittel, den Prinzen gesund zu machen!"

Der König senkte nachdenklich den Kopf. Dann sagte er: „Dein Rat scheint mir gut zu sein. Du selbst sollst an die Höfe der Länder reiten und mir Nachricht bringen. Hier -", mit diesen Worten reichte er dem Edelmann einen Ring, „der soll dir überall in meinem Land den Weg freimachen und die Unterstützung aller sichern. Aber eile, ehe es für meinen Sohn zu spät ist!"

Der Edelmann verneigte sich tief und verließ den Palast.

Daheim empfing ihn seine Tochter Sonngard neugierig. Sie wusste um das Schicksal des armen Prinzen und hätte gerne so wie die Töchter der Reichen am Hof des Königs gelebt, um wenigstens einmal Prinz Adalrich zu sehen, ihm zu helfen. Traurig vernahm Sonngard, dass der Königssohn immer schwächer wurde. Und sie bat den Vater flehentlich, er möge sie mitnehmen in die Länder. Vielleicht konnte sie ihm behilflich sein. Doch der Edelmann wollte davon nichts wissen. „Was hat ein Mädchen in fremden Ländern verloren? Bleibe daheim und hüte unsere paar Kühe! Sieh zu, dass die Knechte und Mägde ihre Arbeit verrichten und hilf deiner Mutter im Haus und im Hof!"

Schweren Herzens gehorchte Sonngard. Sie litt am meisten unter der Armut ihrer Familie. Aber wenn sie seufzend meinte: „Ach Vater, warum sind gerade wir so arm?", dann lachte der Mann bloß: „Arm? Mag sein, dass wir in unserem steinigen Land mit den kümmerlichen Weiden die steinigsten Gründe und die kümmerlichsten Wiesen haben. Aber arm sind wir deshalb noch lange nicht! Haben wir nicht ein Dach über dem Kopf und gesunde Glieder? Reicht es nicht täglich für unser Brot und einen köstlichen Krug Milch? Wie kannst du uns arm schelten, wo wir freie Leute auf unserem Grund und Boden sind?" Nein, mit Vater konnte man darüber nicht reden. Aber heimlich träumte Sonngard doch zuweilen von einem Leben mit schönen Kleidern und an der Seite eines edlen Jünglings ...

Indes hatte der Edelmann Abschied genommen und ritt gegen Süden. In der großen Stadt Mailand brachte er die Bitte seines Königs vor. Die Ratsleute wiegten bedächtig ihre Köpfe, dann meinte ein kugelrunder Mann:

„Drüben in Gorgonzola wissen sie in solchen Fällen Bescheid ..."

Der Edelmann ließ sich nicht lange nötigen und ritt weiter nach Gorgonzola. Als er dem Medikus dort die Leiden des Prinzen geschildert hatte, glitt ein Lächeln um die Züge des Arztes: „Das kenne ich! Dagegen gibt es nur ein Mittel – hier!" Er griff in seine Lade, entnahm ihr ein rundes Ding und setzte fort: „Bringe das dem Prinzen! Er soll es an jedem ersten Tag in der Woche essen. Wenn er darauf nicht gesund wird, will ich nicht mehr Medikus sein!"

Zufrieden stopfte der Edelmann das Rad in seine Tasche und machte sich weiter auf seine Reise. Müde hielt er eines Tages im Emmental Rast. Verwundert schaute er einem Mann zu, der an einem Nebentisch aß. Schließlich konnte er sich nicht enthalten zu fragen: „Was habt ihr denn da für eine löcherige Sache?"

Der Mann lachte: „Du bist wohl ein Fremdling in unserem Tal? Hier nimm, das ist ein Gesundbrunnen!" Dabei reichte er dem Edelmann ein Stück von der Speise. Doch der dankte dafür: „Ihr sagt Gesundbrunnen? – Da will ich das Stück doch lieber meinem kranken Prinzen mitbringen, damit er wieder gesund wird!"

„Ach was! Da nehmt dieses Rad. Wenn Euer Prinz jeden zweiten Tag in der Woche von dem Emmentaler isst, dann werden seine Wangen rot wie Blut!" Der Edelmann verstaute auch diese Gabe in seinem Sack und kam nach vielen Tagen staubig in Limbourg an. Freundlich empfingen ihn die belgischen Stadträte, hörten aufmerksam seine königliche Botschaft und versprachen ihm Hilfe. Er möge sich indes laben und erfrischen. Als er neu gestärkt in das Rathaus wiederkehrte, überreichte ihm der Stadtrichter feierlich ein kleines Päckchen, das sich weich anfühlte und einen Geruch hatte, der ihm unbekannt war. „An jedem dritten Wochentag soll dein Prinz ein Stück von unserem Limbourger essen. Er wird ein starker, stattlicher Herrscher werden!" Überglücklich gab der Edelmann auch dieses dritte Geschenk in seine Reisetasche und ritt weiter, bis er vor den Toren der Stadt Edam ankam. Als er den Ring seines Königs zeigte, öffnete der Wächter das Tor und ließ den Edelmann ein. Höflich fragte er Mädchen, die in hölzernen Pantoffeln umherstanden, nach dem Weg zum Stadtmedikus.

Siebenkäs

Freundlich wiesen ihm die holländischen Schönen den Weg. Der Arzt, ein kleiner spindeldürrer Geselle, kicherte in einem fort, als ihm der Edelmann das Leid seines Königs klagte. Dabei tänzelte er unentwegt herum, griff schließlich nach einem roten Laibchen und reichte es ihm mit den Worten:

„Wer am vierten Tag
mich stets essen mag,
wird zur selben Stund,
da er isst, gesund!"

Immer schwerer wurde der Sack des Edelmannes, aber für seinen Prinzen wollte er alles tun. So kam er nach einer langen, langen Reise hoch oben im Norden zur Stadt Tilsit an einen Fluss, den sie Memel nannten. Die Menschen dort waren schweigsam und hörten nur stumm seiner königlichen Botschaft zu. Aber auch sie ließen ihn nicht leer davonziehen. Eine kräftige Stange Tilsiter erhielt er für den kranken Prinzen und den Auftrag, ihm jeden fünften Wochentag eine Scheibe davon abzuschneiden.

Nun ritt er wieder gegen die Grenzen seines Heimatlandes. In einem kleinen Ort überraschte ihn die Nacht und er musste einkehren. Das kleine Gasthaus stand dicht an einem See. Draußen kroch der silberne Mond über das Wasser und spiegelte sich darin. Der Edelmann bestellte beim Wirt einen tüchtigen Imbiss. „Was soll's denn sein? Vielleicht ein Mondseer?", scherzte der Wirt. „Nein, ich will nichts trinken. Bringe mir etwas zu essen!" fuhr der Edelmann ungeduldig auf. „Aber das ist doch was zum Essen!", gab verwundert der Alte zur Antwort. „Der stärkt einen Todkranken so, dass er wieder aufsteht!", pries er seinen Mondseer an. „Das ist was für meinen Prinzen!", durchzuckte es den Edelmann. Und er nahm sich von dem Mondseer, verstaute auch ihn im Sack und begab sich am nächsten Tag auf den Heimweg. Müde, aber mit frohem Mut, ritt er nach langer Abwesenheit in den Hof des königlichen Palastes ein. Der Edelmann nahm den Sack auf und ein Diener führte ihn in die Gemächer des Prinzen. Bleich lag er auf seinem Krankenbett. Ringsum standen die Ärzte und sprachen im Flüsterton miteinander. Der Edelmann übergab ihnen die sechs Speisen, die er in Gorgonzola, im Emmental, in Limbourg, Edam, Tilsit und Mondsee erhalten hatte. Sie rümpften die Nase, besahen mit ihren dicken Brillen die Stangen und Laibe von allen Seiten, steckten ihre Köpfe zusammen und berieten. Immer wieder musste der Edelmann erzählen, welche Regeln ihm die Ärzte mitgegeben hatten. Schließlich zog ein Medikus eine lange Rolle hervor und schrieb alles fein säuberlich darauf. Als sie die Stangen und Laibe von ihren Hüllen befreiten, fiel ihnen ein Zettel in die Hand, auf dem stand in lateinischer Sprache: „Allwo der Kranke infolge Schwäche nicht sollte vermögen zu essen, so siehe ein Mägdlein dazu, es ihm zu zeigen, auf dass er sich an ihrem Appetito erstärke und Freude gewinne, selbiges zu tun ..."

Die Ärzte sahen einander an. Dieses riechende Zeug sollte der Prinz essen? Niemals. Er brachte vor Schwäche nicht mehr die Augen auf, viel weniger den Mund! Da befahl der König, Sonngard herbeizuholen. Die Ärzte reichten dem Mädchen auf der silbernen Schüssel Gorgonzola. Als sie die grünlichen Stellen in der weißgelblichen Schnitte bemerkte, musste sie sich fest zusammennehmen, um nicht ihren Widerwillen zu zeigen. Tapfer griff sie nach dem Stück, schloss ihre Augen - und biss herzhaft hinein. Im selben Augenblick aber entspannten sich ihre Züge und ein frohes Lächeln strahlte aus ihrem Gesicht. Das schmeckte ja herrlich! Während des Essens beugte sie sich tief zum Bett des Prinzen, so dass der Geruch ihn reizte. Er schlug die Augen auf und sah in das schöne Mädchenantlitz, das unbekümmert aß. „Ich auch ...", lispelte er mit schwacher Stimme. Freudig erregt reichte ihm der Hofmedikus ein kleines Stückchen auf der Silbertasse. Der Prinz aber war zu kraftlos, es zu nehmen; so half ihm das Mädchen, wie es auf der Anweisung gestanden war. Kaum hatte Adalrich einige Bissen gegessen, kehrte die Farbe in seine Wangen wieder zurück. Der König war darüber so gerührt, dass er in Tränen ausbrach. Aber nun lange war die Gefahr nicht gebannt. Sonngard musste weitere fünf Tage in den Palast, und jedes Mal reichten ihr die Ärzte eine neue Speise. Doch eine schmeckte ihr besser als die andere, und der Prinz gewann zusehends an Kraft und Farbe. Am sechsten Tage schließlich richtete er sich zum ersten Mal auf und sagte mit klaren Augen zu Sonngard: „Ich danke dir! Du hast mich gerettet!" Der König aber nickte. Und er dachte an sein Versprechen, das er dem Edelmann gegeben hatte.

Die Wochen vergingen. Prinz Adalrich brauchte schließlich niemand mehr, der ihm die Speisen voraß. Er wusste schon, wie gut Gorgonzola, Edamer, Emmentaler, Limbourger, Tilsiter und Mondseer schmeckten. Er wusste aber auch, wer ihn auf den Geschmack gebracht hatte. Und als er wieder kerngesund und strahlend vor seinem Vater stand, war seine Bitte: „Mein König, ich möchte Sonngard zur Frau haben!"

„Mir soll es recht sein, mein Sohn. Werde glücklich mit ihr, die dich mir wiedergegeben hat!" Und Adalrich bekam Sonngard zur Frau, die alle im Land Prinzessin Siebenkäs nannten, weil sie täglich eine andere Käsesorte gegessen hatte und am Sonntag alle zusammen! Das junge Paar aber ließ später, als es selber im Land regierte, noch viele herrliche Käsesorten machen, die in aller Welt berühmt wurden ...

„Wir ratschen, wir ratschen"

Ostern fiel dies Jahr sehr früh. Auf den Bergen lag noch viel Schnee und im Tal drunten wagte das Gras erst ein paar grüne Spitzen der schwachen Sonne entgegenzurecken. So froren auch die Buben, die sich hinter der Kirche versammelt hatten und noch rasch einmal ihre Ratschen ausprobierten.

Gründonnerstag - Morgen war es. Die Glocken waren nach Rom geflogen und die „Ratschenbuam" sollten nun für drei Tage ihre große Aufgabe erfüllen. „Ja, was ist denn mit dir, Hiasl?", fragte der Herr Lehrer, der bei den Buben stand, und ging zu einem kleinen braunschopfigen Kerl, der sich mit Tränen in den Augen an die Kirchenmauer drückte und einen unförmigen Kasten an sein Jankerl gepresst hielt. „Sie geht net, Herr Lehrer!", stöhnte Hiasl ganz verzagt und hielt dem Lehrer das Ratschenungetüm hin. Die Ratsche gab nur ein paar jämmerlich knarrende Töne von sich und verstummte gleich wieder missmutig. „Hast du's leicht selber gemacht, Bub?", und als Hiasl mit dem Kopf nickte, fragte der Lehrer weiter: „Warum hat dir denn dein Vater net gholfen, der versteht doch 's Ratschenbaun so gut?" Hiasl schluckte ein paar Mal tief, ehe er sprechen konnte. „Ach, wiss'n S', Herr Lehrer, der Vater hätt ma scho gholfen, aber jetzt hat er halt ka Zeit; d' Mutter is krank und da weiß er net, wo ihm der Kopf steht. Dabei brauch ich die Ratschn doch so notwendig!"

„Na, weißt was, Hiasl, es lasst dich bestimmt ein anderer Bub stückweis mitratschn, einmal er, einmal du. Ich werd gleich fragn, wer's macht!" „Aber Herr Lehrer, wiss'n S', des is a so, die Mutter hat gestern Abend no zum Vata gsagt: ‚Mein Gott, mir ist so bang vor die Kartag, wenn kane Glockn von unten hauftönen zu mir, und i net in d' Kirchn gehen kann. Jetzt, wo die schwerst'n Tag für unseren Heiland sind. Wenn wenigstens die Ratschnbuam kommen tätn.

Aber 's ist ja so weit zu uns, und Schnee liegt a no herobn.' Ja, Herr Lehrer, und darum hätt i halt die Ratschn braucht. Für d' Muatta, damit ihr net bang is!"

Der Herr Lehrer fuhr dem Buben mit der Hand über die tränennasse Wange und sagte dann: „Wart, ich komm gleich wieder!" Nach einem kleinen Weilchen kam der Nazl und drückte Hiasl seine Ratschn in die Hand und nahm Hiasls Jammerkasten: „Hias, wir ratschn mitananda, deine geb i derweil in die Sakristei, kannst dir's dann holen!" Und dann zogen die Buben, ratschend und ihr Sprücherl ausrufend, durchs Dorf.

Als sie den Rundgang beendet hatten, winkte der Nazl dreien und sagte: „Kommts, wir gehn jetzt zum Lechnerbauern nauf; Hiasl kommt mit?" Hiasl schlug das Herz bis zum Hals vor Freude. Rasch schritten die Buben die Hänge hinterm Dorf hinauf, oben stapften sie noch durch den Schnee bis zu Hiasls Heim, dem Lechnerhof.

Tinerl, Hiasls zweijähriges Schwesterl, das in der Küche gespielt hatte, lief schreiend zur Mutter ans Bett, als draußen das Rasseln und Poltern der Ratschen ertönte und rief erschreckt: „Mutta, da Krampus kommt!" Mutter Lechner drückte lächelnd das Kind an sich: „Aber nein, Tinerl, die Ratschn sind's, die zu uns kommen sind."

Alle drei Tage wartete die Lechnerin sehnsüchtig auf den Ratschengruß und alle drei Tage kamen die Ratschenbuam herauf zum Lechnerhof gestapft und ratschten für sie.

Am Karsamstag Mittag, als die Ratschenbuam ihre letzte Runde beendet hatten, kam Hiasl atemlos in die Schlafstube gelaufen. Die Mutter saß angekleidet am Bettrand. „Mutta, kannst leicht doch zur Auferstehung gehn?", rief Hiasl voller Freude. Hiasl wurde vom Vater beiseitegeschoben, der eben herbeikam. Als er die Mutter angezogen sah, sagte er: „Mutter, ins Dorf darfst mir heut net nunter, bist ja noch zu schwach, ich erlaubs net!"

„Aber Vater, ich muss doch unsern auferstandenen Heiland grüßen dürfen, das kannst mir doch net verwehrn", bat die Mutter mit flehenden und vorwurfsvollen Augen. „Aber schau, du musst doch vernünftig sein, Frau", hub der Vater zu sprechen an, doch Hiasl schob sich vor ihm hin und bat: „Derf i was sagen, Vater, i bitt schön!" Hastig und mit stolzerhobenem Kopf fuhr er fort: „Der Herr Pfarrer hat mir versprochen, er geht heuer mit der Auferstehungsprozession bis zum Bildstöckl hinterm Dorf herauf. Wenn halt die Mutter bis zum Hang vorgehen tät, würd's den auferstandenen Heiland doch sehen können." Dies kam halb wie eine Frage an den Vater, halb wie ein Trostwort an die Mutter aus seinem Munde. Keiner sprach mehr ein Wort, aber der Hiasl spürte einen kurzen Augenblick Vaters schwere Hand auf seinem Kopf, wie ein Streicheln war's, zum ersten Mal in seinem Leben!

Da sprang Hiasl mit einem seligen Juchzer zum Tinerl in die Küche hinaus und drehte es im Kreis, dass es vor Vergnügen aufjubelte. „Kinder, laut sein dürft's erst nach der Auferstehung", mahnte die Mutter leise ...

Als die Glocken jubelnd und hell vom Tal her die Auferstehung Christi verkündeten, ging die Mutter, auf den Arm des Vaters gestützt, den Hang hinunter, bis dorthin, wo man das Bildstöckl sehen konnte. Eine bange Weile verging. „Ob sie wohl kommt, die Prozession?", flüsterte die Frau und dann tönte die Dorfmusik herauf und schon erschien die Prozession, blieb unten beim Marterl stehen und der Herr Pfarrer hielt mit erhobenen Armen die strahlende Monstranz zu den Bergen herauf. Die Lechnerin und der Lechnerbauer sanken in die Knie und beteten aus tiefstem Herzen. Schon längst war die Prozession umgekehrt, da erhob sich die Lechnerin und murmelte: „Weilst nur wieder da bist, Jesus, nun werd ich auch bald wieder ganz g'sund sein!"

Tante Helga

FABIAN

Den allerschönsten Apfelbaum im Dorf hatte der Fabian. Im Frühjahr schimmerten die weißen Blüten weithin und die Bienen summten geschäftig durch die Zweige. Zog der Herbst ins Land, bogen sich die Äste unter der Last der herrlichsten gelben Äpfel und senkten sich tief, als wollten sie das kleine Haus am Mühlbach schützend umarmen. Fleißig arbeitete Fabian, alleine und verlassen, in dem kleinen Gärtchen vor dem Haus. Nur das Wasser rauschte sanft im Mühlbach und sprang munter und fröhlich über das schmale Wehr.

Ja, der Fabian war sehr einsam. Aber es war wohl auch seine Schuld, denn er begegnete allen Menschen hart und mürrisch und niemand konnte sich entsinnen, je ein freundliches Wort von ihm gehört zu haben. Die Kinder blickten oft sehnsüchtig zu den gelben Äpfeln empor, doch Fabian verschenkte keinen. Mancher kleine Junge hatte schon versucht, eine oder die andere süße Frucht heimlich zu erlangen. Aber dann sprang der Fabian böse zum Hause heraus, drohte mit den langen, dürren Armen, und hub mit seiner krächzenden Stimme zu schelten an, dass es den Kindern unheimlich wurde. Sie liefen auf und davon und blieben nicht eher stehen, als bis von Fabians Haus kein Eckchen mehr zu sehen war. Fabian war klein von Gestalt, hatte einen mächtigen Buckel und sein Gesicht wurde von einem wirren, grauen Haarschopf verdeckt, von dem ein struppiger Bart herabhing. Die Augen leuchteten dunkel und drohend. Er musste uralt sein, denn selbst die ältesten Leute im Dorfe konnten sich nicht entsinnen, dass er jemals anders ausgesehen hatte.

Des Nachts aber scholl wildes Pochen und Hämmern aus dem kleinen Haus, glühende Garben schossen aus dem Schornstein, und wenn sie wieder zusammensanken, tönte lautes Schluchzen und Stöhnen in die stumme Finsternis. Es war ein großes Geheimnis um Fabian, aber niemand hatte Lust, hinter dieses Geheimnis zu kommen.

Wieder stand der Apfelbaum in Fabians Garten schöner denn je da. „Ach", seufzte der kleine Peter, „ich möchte so gerne einen Apfel haben, einen Apfel aus Fabians Garten!" Und Brigitte sagte: „Ich glaube, es sind die besten Äpfel der Welt", und alle Kinder schauten sehnsüchtig über den Mühlbach nach dem Apfelbaum. „Mein Schwesterchen Marianne könnte wohl auch wieder froh werden, wenn sie von den Äpfeln äße", meinte Hannele. Da nahm sich Michel ein Herz und rief: „Wir wollen es versuchen, aber ihr müsst alle mitkommen!"

Schon kletterte er über das schmale Wehr des Mühlbaches. Peter folgte ihm. Dann kamen Brigitte und Hannele und führten die kleine Eva, die ein wenig ängstlich war, behutsam in der Mitte. Bald saßen alle fünf Kinder auf der schmalen Mauer, die um den Garten gebaut war und langten nach den Äpfeln. Fabian aber kam nicht. Alles blieb still. Die Kinder vergaßen Angst und Schrecken und schauten neugierig in den Garten. Da standen wunderschöne, fremde Blumen im hohen Gras, zarte Schmetterlinge flogen durch die Zweige und über die Beete und bunte Vögel sangen ein herrliches Lied. Dem Peter gefielen die Blumen so gut, dass er die süßen Äpfel verschmähte und in den Garten hinabsprang. Brigitte schrie laut auf, denn sie meinte, nun müsse Fabian kommen und Peter hart bestrafen. Aber es geschah nichts. Da fassten auch die anderen Kinder Mut und bald spielten alle in dem schönen Garten und tollten mit den Schmetterlingen um die Wette.

Die Tür zu Fabians Haus stand ein wenig offen und Klein-Eva versteckte sich dahinter. Aber Brigitte hatte sie bald gefunden und nun kamen auch die anderen Kinder herbei und betrachteten begierig die Stube, in die man hineinsehen konnte.

Ach, die Stube war noch prächtiger als der Garten! Ein kunstvoll geschnitzter Tisch stand in der Mitte, die Schränke waren hoch und fast ganz aus Glas und man konnte die wunderbarsten Dinge sehen, die man sich wohl denken konnte. Das Allerschönste aber waren die Uhren, die ringsherum an den Wänden hingen. Sie waren fast gar nicht zu zählen, so groß war ihre Zahl. Und keine schien der anderen ähnlich. Weil es gerade die sechste Abendstunde war, begannen die Uhren zu schlagen und das klang herrlicher als die Kirchenglocken am Sonntagmorgen. Die Kinder lauschten erstaunt und ergriffen und Klein-Evi klatschte ein ums andere Mal in die Hände.

Kaum aber waren die letzten Töne verklungen, als sich etwas im dunkelsten Winkel der Stube regte und ein gräuliches Ächzen und Stöhnen hervordrang. Die Kinder erschraken furchtbar und rannten in den Garten hinaus; nur Hannele blieb wie angewurzelt stehen. Und als sich ihre Augen an das Dunkel gewöhnt hatten, sah sie Fabian im Bette liegen und sich stöhnend hin und her wälzen. Die Haare hingen ihm noch wirrer ins Gesicht als sonst, und Hannele wäre am liebsten auch davongelaufen. Aber aus den geschlossenen Augen Fabians quollen Tränen und rannen in das weiße

Geflecht des Bartes. „Der arme Fabian!", dachte Hannele bei sich, „er ist wohl gar nicht so böse, wie die Leute meinen, sondern nur sehr, sehr traurig." Mitleidig ging sie näher und fragte: „Fabian, bist du krank?" Fabian schlug die Augen auf und wollte sie erst mürrisch anfahren, aber die Schmerzen quälten ihn und er vermochte es nicht. Müde flüsterte er: „Ich habe mir den Fuß verletzt."

Indes drängten auch die anderen Kinder wieder zur Tür herein, denn sie wollten Hannele nicht allein lassen. Als sie erfuhren, welches Unglück Fabian zugestoßen sei und merkten, wie verlassen und einsam er war, und dachten, dass er wohl gar verhungern und elend zugrunde gehen müsste, wenn ihm nicht Hilfe zuteil werden würde, war alle Furcht verflogen. Hannele und Michael schüttelten die Kissen auf und legten einen weichen Polster unter das kranke Bein; Brigitte kochte eine gute Suppe und Klein-Eva brachte einen wunderschönen, goldgelben Apfel aus dem Garten. Peter aber lief ins Dorf und holte den Arzt.

Fabian lag bleich in seinem Bett und rührte sich kaum, als dieser das kranke Bein einrichtete. Auch die Suppe löffelte er, ohne ein Wort zu sprechen. Als sich die Kinder aber zum Heimgehen wandten, nachdem sie alles besorgt hatten, murmelte er: „Könnt morgen wiederkommen ... Und nehmt der kleinen Marianne ein paar Äpfel mit." Ja, woher der Fabian nur wusste, dass Marianne krank war? Die Kinder wurden verlegen und Peter meinte kleinlaut: „Wir haben schon von deinen Äpfeln gegessen." Fabian jedoch nickte leicht mit dem Kopf und sagte: „Weiß schon. Kommt nur wieder." Und so nahmen die Kinder Abschied.

Das war ein seltsamer und schöner Tag gewesen! Stellt euch vor, die kleine Marianne, die lange Zeit krank war, wurde augenblicklich gesund, als sie von den goldgelben Äpfeln aß! Schon am nächsten Tag ging sie mit den anderen Kindern zu Fabian mit. Der humpelte ihnen freundlich entgegen. Das kranke Bein schmerzte nur mehr wenig und Fabian hatte eine große Schüssel Äpfel für die Kinder vorbereitet. Er zeigte ihnen das ganze Haus und glaubt mir, es gab nichts Herrlicheres als dieses! Marianne staunte am meisten, denn sie hatte noch gar nichts gesehen, auch die Uhren nicht. Fabian öffnete die kleinen Türchen und seltsame Männchen und zierliche Figürchen tanzten aus den Uhren heraus. Er zog ein Werk auf und niedliche Vögel fingen zu singen an. Ach, es war des Staunens kein Ende!

Jeden Tag kamen die Kinder nun zu Fabian und er erzählte ihnen die schönsten Geschichten und lehrte sie viele, wunderbare Dinge. Dabei wurde Fabian selbst immer fröhlicher und freundlicher. Die Mädchen besserten seine zerrissenen Gewänder aus und die Buben stutzten seine wilden Haare, so dass er bald recht nett und manierlich anzusehen war. Ja, wenn er lachte, so meinten die Kinder, ginge ein seltsamer Zauber von ihm aus. Freilich, am liebsten mochte Fabian Hannele leiden, denn sie war die Erste gewesen, die sich nicht vor ihm gefürchtet hatte. Auch das wilde Pochen und Hämmern scholl in den folgenden Nächten nicht mehr aus Fabians Haus.

So wäre alles in bester Ordnung gewesen und es wäre nichts, was ich euch noch von Fabian berichten könnte. Aber seht, dies ist eine wunderbare Geschichte und ich sage euch, dass Fabian kein Mensch war, wie man sie alle Tage sieht. Deshalb geschah denn auch noch so manches. Die Leute im Dorf wunderten sich gar sehr und sagten: „Die Kinder sollten Fabian nicht besuchen. Er ist ein böser, unfreundlicher Mann, der ihnen ein Leid antun wird." Aber die Kinder wussten, dass Fabian nicht böse war. Er zeigte ihnen, wie man die schönen, fremdländischen Blumen im Glashaus zieht, war gut Freund mit allen Tieren und selbst die scheuesten Vögel nahmen das Futter aus seiner Hand. In der Dämmerung aber, wenn tiefe Ruhe über das Land zog, saßen die Kinder in Fabians Stube und horchten dem Klingen und Schlagen der Uhren zu.

Nur eine Uhr ließ Fabian niemals laufen. Sie hing stumm an der Wand und ein großes, graues Tuch lag darüber.

Am schönsten aber war es, wenn Fabian Geschichten erzählte. „Ach, Fabian, bitte, erzähl uns doch eine Geschichte!", baten die Kinder einstmals wieder. „Ich habe euch schon alles erzählt, was ich von den fernen Ländern weiß", antwortete Fabian. „Nur noch eine Geschichte!", bettelten die Kinder und drängten sich um Fabian.

Da dachte der Alte lang nach. Dann hub er zu erzählen an.

Es war

Es ist schon viele Jahre her, da wohnte in einem tiefen Wald ein Zwerglein namens Hula mit seiner kleinen Zwergenfrau, welche Hali hieß. Sie hatten sich sehr lieb und teilten getreulich Freud und Leid, Arbeit und Nahrung. Dabei lebten sie in Frieden und Eintracht mit all den anderen Zwergen des Waldes. Auch die Tiere, große wie kleine, waren voll Vertrauen dem Zwergenpaar zugetan.

Eines Tages jedoch geschah etwas Schreckliches. Ein grober Bauernbursche durchstreifte mit einem Netz in der Hand den Wald, denn er wollte im Waldsee fischen. Die kleine Zwergenfrau huschte gerade über seinen Weg, da warf der Bursche das Netz über sie und nun war sie gefangen. So sehr sie auch zappelte und um Hilfe rief, es nützte ihr nichts, der junge Mann lachte nur. Mit seinen klobigen Händen nestelte er das Zwergenfrauchen aus den Maschen, setzte es auf seine Hand und betrachtete es mit großer Neugier. „Ei, da hab' ich aber einen guten Fang getan!", rief er. „Ich werde dich für viel Geld in der Stadt verkaufen, dafür kann ich mir wohl gar eine gute Kuh leisten!" Dann steckte er die arme kleine Hali in seinen ledernen Beutel und ging mit großen Schritten seinem Heim zu. Allen Freunden und Bekannten im Dorf zeigte er seinen seltenen Fund und das Zwergenweiblein fürchtete sich gar sehr vor all den großen Menschen, die es begafften und gern betasten wollten.

Andertags nahm der Bursche ein Pferd und ritt mitsamt der Zwergenfrau in die ferne Stadt. Dort verkaufte er sie nach langem Feilschen an den Besitzer einer Schaubude. Nun musste Hali alle Tage tanzen und springen und es kamen viele Menschen, die sie sehen wollten. So verdiente der Budenbesitzer eine Menge Geld, deshalb zeigte er sich dem Zwerglein gegenüber dankbar. Er gab ihm immer das beste Essen und Trinken und ließ ihm schöne bunte Kleidchen machen, darin es recht putzig aussah. Doch Hali blieb immer traurig. Das Essen und Trinken wollte ihr nicht schmecken und die schönen Kleider erfreuten sie gar nicht. Denn sie hatte bitteres Heimweh nach dem schönen, stillen, grünen Wald, nach ihrem lieben, herzensguten Hula, nach all den anderen Zwerglein und den lustigen Tieren. Ihr ganzes langes Zwergenleben war sie im Wald gewesen, nun konnte sie die grüne wunderschöne Heimat nicht vergessen und sehnte sich unaufhörlich danach.

Aber denkt euch nur, dem zurückgebliebenen Hula ging es noch viel schlechter als seiner Frau. Zuerst suchte er sein Weiblein überall. Er lief bergauf und bergab, rief und schrie nach ihm, er konnte es nicht glauben, dass Hali so ganz verschwunden sein sollte, obgleich ein Mäuslein ihm erzählte, was mit ihr geschehen war. Hula ging sogar in das Dorf und aus den Reden der Menschen hörte er wohl, dass seine kleine Frau nun in der Stadt lebte. Da kehrte er tief betrübt in seine Höhle zurück. Ein ganzes halbes Jahr verbarg er sich vor Kummer. Er wollte die helle Sonne nicht mehr sehen, das muntere Singen der Vöglein tat ihm weh und die bunten Blumen waren ihm verhasst. Als er nach langer Zeit wieder aus seiner Höhle hervorkam, war er ein ganz anderer Hula geworden. Die Trauer um seine Hali hatte ihn böse und schlecht gemacht. Er konnte nicht mit ansehen, wenn andere froh und glücklich waren. Warum sollten es andere besser haben als er? Nun lebte er ganz für sich allein und bald wurde er von allen Waldbewohnern gefürchtet, ja, gehasst. Überall hieß er nur noch „der böse Zwerg", denn er suchte Unheil und Schaden zu stiften, wo er nur konnte.

Kamen Menschen in den Wald, so warf er ihnen Stöcke zwischen die Füße, so dass sie fielen und sich die Nasen an den Wurzeln blutig stießen. Er stahl ihnen die mitgebrachten Brote oder schüttete die mühsam gesammelten Beeren ins Moos und Kraut. Mit seinen Zwergenbrüdern trieb er es ähnlich, nur waren diese klüger und flinker als die Menschen und konnten sich besser in Acht nehmen vor seiner Bosheit und Tücke. Auch die Tiere ängstigte er, wo und wie er nur konnte. Den Vögeln stahl er die Eier aus dem Nest. Die Hasen erschreckte er und am meisten mussten die Tiermütter vor ihm auf der Hut sein. Oft sagte er: „Mir ist mein Liebstes genommen worden, so will ich auch euer Liebstes nehmen!" Und er nahm die ganz jungen Häslein, Rehlein, Füchse und Eichkätzchen aus dem warmen, schützenden Nest und versteckte sie im tiefsten Dickicht. Wenn die armen Kleinen dann weinten und vor Hunger klagten, dann lachte er laut und höhnisch. Zum Glück fanden ja die suchenden Tiermütter ihre Lieblinge meistens bald wieder, denn eine half der anderen gegen den gemeinsamen Feind, den bösen Zwerg Hula. Die Fuchsmutter zeigte der Häsin, wo ihr Kind versteckt lag, und der Marder brachte dem Eichhörnchen das Kleine zurück, so einig waren sie sich in ihrem Hass gegen Hula. Der Waldfrieden war nun zerstört und niemand war mehr sicher vor der Bosheit des Zwerges.

Am allerunglücklichsten aber war Hula selbst. Wenn er nachts so ganz allein und von allen gemieden in seiner Höhle lag, weinte er oft und nahm sich vor, besser zu werden. Aber sein Herz war so schlecht geworden, dass er einfach nicht mehr anders konnte,

214

einmal

er musste alle Lebewesen hassen, er musste Böses tun. Ihr könnt euch sicher denken, wie schlimm es da um den armen Hula bestellt war. So verging der schöne Sommer, der bunte, lustige Herbst kam mit vielen guten Früchten für Menschen, Zwerge und Tiere. Aber Hula war blind für all die leuchtende Schönheit des Waldes. Und eines Morgens fiel der Schnee sanft und lautlos vom Himmel und deckte alles mit einem dicken, warmen, flaumigen Pelz zu. Die Weihnachtszeit rückte immer näher. Jeden Abend kamen die Englein in Scharen vom Himmel herabgeflogen um in Dörfern und Städten nachzusehen, ob die Kinder auch recht brav seien und was für Wünsche sie hätten. Zwerg Hula sah gar oft diese helle Engelwolke herniederschweben und er dachte voll Grimm: „Bald zieht auch das Christkind durch den Wald um zu den Menschen zu gehen und ihnen Gaben zu bringen. Aber mir kann es nicht meine gute Hali wiederbringen."

Je näher das Christfest kam, desto böser und trotziger wurde sein Sinn, ja er überlegte sogar, wie er das Christkind abhalten könne zu den Menschen zu gehen.

Alle Zwerge im Wald und alle Tiere wussten genau den Weg, den das Christkind alle Jahre durch den Wald nahm. Sie warteten schon voll Sehnsucht darauf einen lieben Blick aus den hellen Augen des himmlischen Kindes zu erhaschen und von seinen Händen gesegnet zu werden. Aber Hula hatte gar Böses im Sinn. Tag für Tag und Nacht für Nacht schaufelte er mit großem Eifer Schnee, denn er wollte dem Christkind den Weg zu den Menschen versperren. Einen dicken, hohen Schneewall baute er, denn er wollte nicht, dass Frieden und Glück auf die Erde kommen sollten.

Das Christkind sah seinem törichten Beginnen vom Himmel aus zu und es lächelte traurig: „Armer Hula!", sagte es. „Bist du so betrübt, dass du schlecht geworden bist? Wie dunkel mag es in deinem kleinen Herzen aussehen! Aber ich will auch darin ein Lichtlein anzünden, du dummer, kleiner Zwerg, du!"

So kam der Heilige Abend. Mit Musik und holdem Gesang, beladen mit all den Herrlichkeiten, die sich Kinder nur wünschen können, schwebten vieltausend Englein vom Himmel hernieder. Allen voran war das Christkind. Wie jedes Jahr nahm der helle Zug seinen Weg durch den großen, dunklen Wald. Plötzlich versperrte der Schneewall, den das Zwerglein mit so großer Mühe errichtet hatte, den Pfad. Doch das Christkind lässt sich nicht durch Mauern aus Stein und Eisen aufhalten, wie sollte der Schnee es hindern können?

Mitten durch den weißen, kalten Wall schritt es und unter seinen Füßchen breitete sich ein Teppich von herrlichen Schneerosen, Zwerglein und Tiere drängten sich herbei, das Christkind lächelte ihnen zu und segnete sie alle. Es erblickte auch Zwerg Hula, der in seiner Höhle hockte und ganz heimlich durch den Wurzelvorhang spähte. Oh, wie ging dieser Blick des himmlischen Kindes so tief in sein verhärtetes, schwarzes Zwergenherz! Er schlug die Händchen vor sein Gesicht und weinte bitterlich. Diese Tränen schwemmten alles Böse, Traurige und Finstere aus seinem Herzlein fort. Er schämte sich all seiner schlimmen Taten und wünschte, er hätte sie nie ausgeführt. Ach, was könnte er nur tun um alles wieder gutzumachen? Zuerst einmal muss er wohl den Schneewall beseitigen, denn der zeigte doch gar zu deutlich, wie böse und verdorben er war.

Er eilte aus seiner Höhle, da sah er die wunderschönen Blumen, die auf Christkindleins Spuren erwacht waren. Sie zeigten ihm, wie unermesslich groß die Liebeskraft des Jesukindleins ist. Er spürte deutlich in seinem Herzen, dass es ihm verziehen habe. Aber die anderen Zwerge sollten auch das Blumenwunder sehen. Voll Andacht pflückte er diese ersten Christrosen und brachte sie seinen Zwergenbrüdern in ihre dunklen Höhlen. Er brauchte ihnen nicht zu sagen, dass er seine Taten bereue. An seinem verklärten Gesicht sahen sie, dass er nun wieder der gute alte Zwerg Hula war. Keiner war ihm mehr böse.

Spät in der Nacht kam das Christkind durch den Wald zurück. Und was trug es auf dem Arm? Die kleine, liebe Zwergenfrau Hali. War das eine Freude, als der kleine Zwergenmann sein Weiblein wieder hatte! Sie fassten sich an den Händen und tanzten einen wilden, lustigen Zwergentanz. Das Chriskind und all die Englein standen rundherum und lachten.

Anni Gwehenberger

Der Stein der Wahrheit

Es lebte einst ein junger Fürst namens Xandra. Er regierte ein großes Land mit fruchtbaren Feldern und blühenden Gärten sowie hohen Bergen und tiefen, einsamen Tälern. Xandra selbst war ein kluger und willensstarker Mensch, doch glaubte er, mit den wohl gefüllten Truhen seiner Schatzkammer das Glück dieser Welt zu besitzen. Xandra wollte der reichste Mann unter der Sonne werden.

Seine Soldaten begleiteten Steuerbeamte in alle Provinzen um noch höhere Abgaben einzutreiben. Viele Bauern, die nicht zahlen konnten, wurden von ihren Höfen getrieben. Von alldem erfuhr der Regent nichts.

War er tatsächlich der Reichste? Diese Frage verfolgte ihn Tag und Nacht und raubte ihm schließlich den letzten Schlaf. Xandra wurde krank und man hegte schon ernste Besorgnis um den jungen Fürsten, als ihm einer seiner Minister den Rat gab doch selbst nach dem Rechten zu sehen. Dieser Gedanke gefiel Xandra. Er beschloss in der Verkleidung eines Handwerkers sein Reich zu durchwandern. Xandra wollte zuerst das Bergland aufsuchen. Dort sollte es noch Berggeister und Feen geben, welche ungeheure Schätze besaßen, die sie gut versteckt in riesigen Höhlen aufbewahrten. Doch die Straße, die in die Berge führte, war steinig und so schlecht, dass der junge Fürst schon am zweiten Tag vor Schwäche nicht mehr weiterkonnte. Am Abend des dritten Tages war außer einer verfallenen Scheune kein anderes Haus zu sehen. Mit den letzten Kräften kroch er zwischen das alte Gemäuer, welches nichts enthielt als einen faulen Strohhaufen. Vor wenigen Tagen noch hätte er sich voller Ekel von diesem abgewandt, aber heute dünkte ihm dieser stinkende Berg weicher als sein Himmelbett in der Residenz. Ohne zu zögern legte sich der Fürst zur Ruhe. Am anderen Morgen fühlte er sich kräftiger, aber das Gehen bereitete ihm arge Schmerzen. Seine Füße waren wund gelaufen und taten ihm bei jedem Schritt unsagbar weh. Doch er wanderte immer weiter, bis vor ihm die Häuser eines Dorfes auftauchten. Vor den armseligen Hütten vernahm er erregte Zurufe, Pferdegewieher und das Weinen von Kindern. Xandra betrat erwartungsvoll den winzigen Dorfplatz. Was er da sah, ließ ihm fast das Herz stillstehen. Sämtliche Bewohner der Ansiedlung hatte man auf einen Haufen zusammengetrieben und paarweise mit eisernen Ketten aneinander gefesselt. Um die Gefangenen aber standen mit finsteren Gesichtern mehrere Soldaten. Fürst Xandra eilte auf die erregte Menschengruppe zu und rief mit ärgerlicher Stimme: „Was geht hier vor? Warum hat man diese Leute gefesselt?" Der Anführer musterte erstaunt den Fremden und sprach: „Das faule Bauernpack will dem Fürsten keine Steuern bezahlen! Nun hat man ihnen die Höfe genommen und sie selbst müssen als Gefangene in die Goldbergwerke!" - „Wer hat das befohlen?", fragte Xandra wieder. „Wer sonst als der Fürst?", entgegnete der Gefragte und fuhr in drohendem Ton fort: „Sieh zu, dass du weiterkommst, sonst nehme ich dich gleichfalls mit!" Xandra rief empört: „Ihr habt kein Recht so zu sprechen, denn der Fürst hat einen derartigen Befehl nie gegeben!" - „So", sagte einer der Soldaten, „von wem willst du Überkluger das so genau wissen?" - „Von mir, denn ich selbst bin der Fürst!", antwortete Xandra stolz. „Habt ihr es gehört?", lachten die Soldaten. „Dieser Landstreicher will unser Fürst sein! Fürwahr, ein köstlicher Witz!" Und sie grölten und brüllten noch ärger. „Gebt sofort die Leute frei!", schrie Xandra und packte dabei den Anführer derb an der Schulter. Das hätte er nicht tun sollen, denn als die Soldaten dies sahen, fielen sie über den verkleideten Fürsten her und schlugen ihn so lange, bis er stöhnend zusammenbrach. Wenig später befanden sich an seinen Händen die gleichen schweren Eisenketten, wie sie alle anderen Gefangenen trugen. Als er nach einer Weile wieder zu sich kam, meinte einer der Soldaten:

„Wir nehmen dich mit, damit du deine eigenen Bergwerke kennen lernst", und ein anderer fügte hinzu: „Dann wirst du bald wissen, ob du der Fürst bist oder nicht!"

Kurz darauf setzte sich der traurige Zug in Bewegung. Während des Marsches in der glühenden Sonne erkannte Xandra zum ersten Mal in seinem Leben, welches Elend er mit seiner Gier nach Reichtum und Macht angerichtet hatte. Vor ihm und hinter ihm wankten Frauen, Männer und Kinder, die bei jedem Schritt den Fürsten verfluchten und nicht wussten, dass dieser selbst unter ihnen war und die gleichen Ketten trug. Die Tage vergingen, endlich war man am Ziel. Jetzt war Xandras lang ersehnter Wunsch in Erfüllung gegangen, allerdings anders, als er es sich gedacht hatte.

Rings um ihn glänzten die Wände der engen Stollen aus purem Gold. Seine Hände, die von blutenden Blasen bedeckt waren, mussten viele Stunden, tagein, tagaus, die schwere Hacke schwingen und die gelbe Kostbarkeit aus dem Felsen schlagen. Tag für Tag, bis er nicht mehr konnte. Xandra kniete stöhnend neben einem riesigen Goldbrocken, der sich aus der Wand gelöst hatte. „Verfluchtes Gold", flüsterte er mit keuchender Stimme. „Könnte ich einmal noch den Himmel und die Sonne sehen! Meine ganze Schatzkammer mit allem Gold und allen Edelsteinen würde ich geben!" Plötzlich stand eine winzige Gestalt vor ihm. „Hihihihihi", kicherte der schwarz gekleidete Zwerg. „Du gefällst mir, und deinen Wunsch, einmal die Sonne zu sehen, könnte ich dir vielleicht erfüllen!" - „Von wo kommst du und wer bist du?", fragte der erschöpfte Xandra und musterte erstaunt den kleinen Sprecher. „Sag mir lieber, wer du bist und was dich bewegt von einer Schatzkammer mit Gold und Edelsteinen zu sprechen?" - „Ich heiße Xandra und bin der Fürst dieses Landes", gab der Angesprochene zur Antwort. Der Zwerg schüttelte ungläubig den Kopf. „Du und ein Fürst? Ich glaube, das Gold hat dir die Sinne verwirrt!" Der andere senkte traurig das Haupt: „Niemand glaubt mir und doch ist es die Wahrheit. Ich war einmal Fürst, jetzt bin ich nur noch der Sklave meines Goldes!" Das Männlein blickte prüfend in Xandras Gesicht, dann sprach es: „Steh auf und folge mir! Dein Antlitz scheint nicht zu lügen, trotzdem will ich den Stein der Wahrheit befragen, dessen Wächter ich bin!" Mühsam richtete sich der Fürst hoch und stolperte hinter dem Zwerg her. Dieser berührte mit seiner Hand eine Stelle des schmalen Ganges und sprach leise ein Zauberwort. Zu Xandras Erstaunen gab der Felsen eine Öffnung frei, durch die beide bequem hindurchschreiten konnten, während sich hinter ihnen der Eingang wieder verschloss. Nun standen sie in einer riesigen Halle, deren Wände von purem Gold waren. In der Mitte des Raumes strahlte auf einem gelb schimmernden Sockel ein mächtiger, wasserklarer Bergkristall in einem hellen, bläulichen Licht. „Das ist der Stein der Wahrheit!", erklärte das Männlein. „Noch ist er klar und rein. Sobald aber eine Lüge über deine Lippen kommt, wird sein Licht durch einen schwarzen Schein getrübt. Ich frage dich also noch einmal: Bist du tatsächlich der Fürst?" - „Ich bin Xandra, der Fürst dieses Landes", gab jener ruhig zur Antwort. Das Männlein blickte gespannt auf den Stein, doch dessen Licht fiel ungetrübt in den Raum.

„Du hast die Wahrheit gesprochen", sagte der Zwerg, „und ich werde dir helfen!"

Dann verließ das Männlein durch einen anderen Gang die herrliche Halle, während ihm Xandra hoffnungsvoll folgte. Nach kurzer Zeit standen sie vor einem steinernen Tor. Der Zwerg sprach: „Jenseits dieser Tür liegt die Freiheit. Bevor ich sie dir schenke, musst du mir versprechen, dass du nach deiner Heimkehr den gesamten Inhalt der fürstlichen Schatzkammer an die Armen verteilst, dass du alle Goldbergwerke schließt und sorgst, dass wir Erdgnomen in Hinkunft in unserer Ruhe nicht gestört werden!" Xandra hob seine zerschundene Rechte und sagte schlicht: „Darauf gebe ich dir mein fürstliches Ehrenwort!" - „Es ist gut! Ich vertraue dir", antwortete das Männlein. Wenig später schwenkte lautlos das Tor auf und Xandra stand im Freien. „Ich bin frei", flüsterte der Fürst und sank weinend zu Boden. Als er sich endlich umdrehte um dem Zwerg zu danken, war dieser verschwunden, und statt des Tores schimmerte nur der glatte Felsen. Nach seiner Rückkehr erkannten die Minister ihren Fürsten nicht wieder. Er befahl, sofort das in den Kellern aufbewahrte Gold unter den Armen zu verteilen. Gleichzeitig schickte er die schnellsten Boten in alle Provinzen mit dem Auftrag, die Goldbergwerke zu schließen und sämtlichen Gefangenen sofort die Freiheit zu schenken. Da kam der Schatzmeister in den Saal gestürzt und rief: „Euer Gnaden! Ein Wunder ist geschehen! Statt des Goldes befindet sich das herrlichste Getreide in der Schatzkammer! Was sollen wir tun?" Da erkannte Xandra, dass dies nur ein Werk der Erdgnomen sein konnte, und mit ehrfürchtiger Stimme sagte er: „Wertvoller als alles Gold der Erde ist für ein Volk das Gold seiner Äcker. Darum geht hin und verteilt es gerecht, damit ein jeder von dieser Kostbarkeit erhält!" Und so geschah es. Fürst Xandra jedoch blieb bis an sein Lebensende ein gütiger und gerechter Herrscher und erst bevor er starb, schrieb er sein wunderbares Erlebnis vom Stein der Wahrheit nieder, so dass es bis auf den heutigen Tag erhalten blieb.

Walter W. Wavruska

Das Bett d...

Vor langer Zeit, da lebte im fernen Morgenland ein junger Kalif, dem nichts so kostbar und wichtig in diesem Leben erschien wie ein gutes Bett, in dem man bequem ruhen und wunderbar schlafen konnte.

Als er nach dem Tode seines Vaters die Regierung übernahm, scheute er deshalb keine Kosten, sich die herrlichste Liegestatt zurechtzimmern zu lassen, die er mit den besten Matratzen und Federkissen ausstattete.

„Nur ein ausgeschlafener Mensch taugt für den nächsten Tag!", war sein Leitspruch, mit dem er nicht Unrecht hatte.

Die Regierungsgeschäfte waren beileibe nicht so einfach, wie er früher immer geglaubt hatte: Hier gab es etwas anzuordnen, dort etwas abzuschaffen, da etwas zu erlauben, dort etwas zu verbieten, hier musste er verurteilen, dort begnadigen, und es bedurfte großer Gewandtheit und Menschenkenntnis, um stets die richtigen Entscheidungen zu treffen.

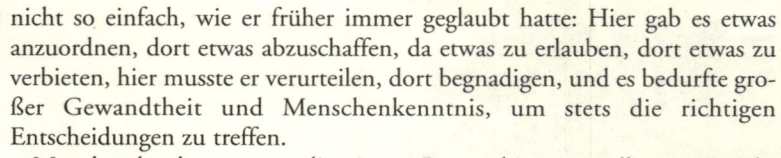

Manchmal galt es sogar, die eigene Person hintanzustellen, was nicht immer leicht war.

Einmal jedoch, da beschloss der junge Kalif, seinen Willen auch gegen den Ratschlag des Großwesirs Omar, der schon seines Vaters Berater war, durchzusetzen: Er beabsichtigte, auf dem Grundstück, das der alte Abukim von seinem Vater für treue Dienste erhalten hatte, ein „Haus der frohen Feste" zu erbauen.

„Der Platz liegt ganz in der Nähe meines Palastes und scheint mir am geeignetsten dafür", beharrte er eigensinnig. „Mag der Alte anderswo sein Feld bestellen!"

„Der alte Mann liebt gerade dieses Stückchen Land, edler Herr. Es würde ihn zu Tode kränken, wollte man ihn von dort vertreiben. Ein alter Mensch ist wie ein alter Baum: Verpflanzt man ihn, geht er nur zu leicht zugrunde, weil er im fremden Boden nicht mehr Wurzel fassen kann", gab der Großwesir zu bedenken.

„Ach, Omar, du übertreibst! Ich bin schließlich Kalif, und es wird so geschehen, wie ich sage!" Traurig zog der alte Abukim fort, und eine Unzahl Arbeiter begann sofort den Boden auszuheben und ein prächtiges Haus aufzubauen.

„So, und von nun an wird alles ausschließlich so geschehen, wie ich es bestimme!", sagte der junge Kalif. „Ich höre einfach nicht mehr auf deine veralteten Ratschläge, mein lieber Omar. Die Zeiten sind heute ganz anders!"

Omar schwieg.

Mit Sang und Spiel feierte der junge Kalif das erste Fest in dem neu erbauten Haus, das an Pracht und Luxus kaum seinesgleichen aufzuweisen hatte.

In den späten Nachtstunden suchte er sein Bett auf.

Ah ... war das herrlich, solch ein Bett zu besitzen! Müde schloss er die Augen.

KALIFEN

Sämtliche Weisen des Landes kamen zusammen.

„Unter dem Palast, gerade an der Stelle, über welcher sich dein Schlafgemach befindet, fließt eine Wasserader hindurch", sagten die einen, während die anderen behaupteten, dass die Gestirne ungünstig über seinem Nachtlager stünden. Insbesondere der Mond beeinflusse sehr den Schlaf ...

Der Kalif tat alles: Er wechselte den Raum, rückte mit dem Bett von einer Ecke des Zimmers in die andere, schlief einmal bei der Tür, einmal beim Fenster, in der Zimmermitte ... umsonst!

Er ließ Ärzte kommen, die ihn gründlich untersuchten: Keine Spur von irgendeiner Krankheit, der Kalif war vollkommen gesund!

Schweren Herzens beschloss er, das Bett zu wechseln.

Es half nichts, er lag und schlief elend.

„Omar, was ist eigentlich mit mir los?", fragte der junge Herrscher eines Tages vollkommen zermürbt seinen alten Berater.

Dieser setzte ein weises Lächeln auf: „Ich wusste, dass du wiederum zu mir kommen würdest! Mach dich auf den Weg zu Abukim und verbringe dort eine Nacht, dann wirst du von deiner Schlaflosigkeit geheilt sein!"

Der Kalif befolgte diesen Rat und fand Abukim weinend in der Hütte vor, die am Rande eines Ödlandes stand.

„Abukim, kannst du mir verzeihen?", fragte der Kalif erschüttert, und ihm kamen selbst die Tränen, als er den Kummer des Alten sah.

„Herr, du suchst mich auf? Allah möge dich segnen!", stammelte der Alte voll Freude. „Aber ich bin so arm, dass ich dir nicht einmal ein Lager anbieten kann. Der Boden, den ich jetzt bestelle, wirft kaum einen Ertrag ab."

„Ich bin gekommen, dich zu deiner Scholle zurückzuholen", sagte der Kalif, „und das ‚Haus der frohen Feste' soll ein ‚Haus der alten Leute' werden, in dem auch du deine Heimstatt finden wirst."

Als der Kalif so gesprochen hatte, legte er sich mit einem Seufzer der Erleichterung auf den harten Lehmboden der Hütte und schlief so gut und erquickend wie schon seit langem nicht. Heimgekehrt, fragte er seinen Großwesir Omar verwundert, wieso denn das möglich gewesen sei, dass er plötzlich auf harter Unterlage besser gelegen sei als die ganze Zeit über in seinem weichen, herrlichen Bett.

„Ja", antwortete Omar und strich seinen grauen Bart, „nicht das Bett war schuld an deinem schlechten Schlaf, sondern die Gedanken peinigten dich und ließen dich nicht zur Ruhe kommen! Ich kenne dich von Kindesbeinen an als einen Menschen mit guten Anlagen, rechtlichem Denken und Handeln. Was war natürlicher, als dass dir die Sache mit Abukim durch den Kopf ging? Und - glaubst du wirklich, dass Anstand und Menschenwürde sowie rechtliches Denken und Handeln je ‚unmodern' werden und ‚veraltet' wirken könnten? Zu allen Zeiten gab es Gut und Böse, Recht und Unrecht, Anstand und Lumperei, und es kommt nur darauf an, auf welche Seite man sich schlägt."

„Schon gut, schon gut!", wehrte mit komischem Ernst der junge Kalif. „Ich sehe jedenfalls meinen Fehler ein und bitte dich, mich auch weiterhin wieder mit Rat und Tat zu unterstützen, da ich noch jung und unerfahren bin. Und vor allem", er zwinkerte verschmitzt mit den Augen, „damit ich in meinem herrlichen Bett wieder weich liege und mich die Decken nicht unnötig hitzen."

Abukim wurde mit großen Ehren zurückgeholt und erhielt die Oberaufsicht über all die alten Mütterchen und Väterchen, die in das schöne Haus einzogen.

Aber ... was war das? Heute lag er gar nicht gut! Im Kreuz drückte es ihn erbärmlich, die Federkissen machten harte Buckel, als läge er auf Melonen, und die Decken hitzten, als wollten sie ihn ersticken.

Der junge Kalif verbrachte den Rest der Nacht recht unruhig. Andern Tags stellte er seinen Leibdiener zur Rede, dass er das Bett nicht ordentlich gemacht hätte.

Dieser tat sein Möglichstes, um seinen Herrn, der am folgenden Tag zeitig schlafen ging, zufrieden zu stellen.

„Ah ...", schloss der Kalif die Augen.

Aber ...! Was war denn das?

Im Kreuz drückte es ihn, sein Kopf lag auf Melonen, die Decken hitzten ...

„Hassan, du hast mir das Bett wiederum nicht ordentlich gerichtet!", sagte er andern Tags höchst verärgert zum Leibdiener.

Kopfschüttelnd tat dieser sein Bestes.

„Ah ...", sank der Kalif in die Kissen und schloss die Augen. Aber sofort spürte er unter dem Kopf die Melonen, den Druck im Kreuz, die Hitze der Decken.

Es half nichts, dass er sich ständig herumdrehte, Kissen und Decken wendete, das Laken glatt strich. Kaum schloss er die Augen, war es wiederum dasselbe.

„Heute mach' ich mein Bett allein!" rief er voll Zorn vor der dritten Nacht. Er tat es. Aber es half auch nichts. Die Sache schien eher ärger denn besser zu werden.

„Schaff mir Zimmerleute, Tapezierer, Federnschleißer herbei und alle anderen, die geholfen haben, mein Bett herzustellen. Sie mögen es um- und umkehren und nach der Ursache meiner schlechten Nachtruhe forschen!", verlangte er grantig und übernächtig am Morgen.

Die Leute kamen, drehten alles um und um, wie es von ihnen verlangt wurde, fanden nichts und setzten das Bett wieder sorgfältig zusammen.

Die folgende Nacht ruhte der Kalif womöglich noch schlechter.

„Mein Bett ist verzaubert!", klagte der Kalif ratlos, als er sich wie gerädert am Morgen erhob. „Holt mir den Magier Rabarabumdrum!"

Der Magier kam, sah ins Bett, unters Bett, rückte es von der Wand, beguckte es von rückwärts, von vorn, besprach es und zuckte schließlich die Achseln: „Finden kann auch ich nichts, doch hoffe ich, dass meine Beschwörungsformel nützen wird."

Aber sie nützte nichts, und alles blieb unverändert.

Margerita Rehak

WENN DIE H

Wie eine glasblaue Glocke wölbte sich der Frühherbsthimmel über der blühenden Heide. Der herbe Blütenduft lag wie eine schwere Wolke über dem Boden, und die Eintönigkeit des rotlila Blütenmeeres war nur ab und zu unterbrochen von ein paar gelb schreienden Ginsterbüschen und ein paar schlanken Birken, deren gold gefärbte Blätterherzen im Winde raschelten. Eine unendliche Ruhe lag über der Heide, hinter der das Moor sich dehnte. Elke, das Enkelkind der alten Heidenlies, lag in der blühenden Herrlichkeit und schaute schläfrig den kleinen Spinnen nach, die dahergesegelt kamen. Mit einem Mal aber sprang sie hoch, schüttelte die roten Locken, warf den Korb mit den Binsenbesen auf den Rücken und sprang leichtfüßig dem Moor zu. Schwapp, schwapp, machte der Boden unter ihr und gluckste mehr und mehr, je näher sie dem Moor kam. Falter und Bienen flogen vor ihr her und lockten sie wie so oft zum Tanz. Doch Elke hatte heute keine Zeit. Sie musste in die Stadt, um ihre Besen zu verkaufen. Und es ging nur ein Weg dorthin ... der Weg durchs Moor! Schwarz und böse gurgelte das Wasser unter ihren Füßen; mit trügerischem Grün bedeckt, breitete sich das Moor weithin aus. Oh, Elke kannte es wie selten jemand. Mit leichten Sprüngen setzte sie die Füße auf die kleinen Mooshügel, die dort und da hervortraten. Sie waren die einzigen Stützen, die zur Not einen Menschen trugen. Ein Fuß daneben und schon war keine Rettung mehr, denn das Moor zog jeden in die Tiefe und ließ nicht locker. Hunderte Male war Elke diesen schwankenden Steg gegangen, sicher und furchtlos, am frühen Morgen und am späten Abend.

Schon hatte sie mehr als die Hälfte des Weges zurückgelegt, als ihr Fuß stockte: Ein merkwürdiges Hütchen lag auf dem Boden, es schien wie ein Licht zu flackern. Sie hob es auf, drehte es nach allen Seiten und steckte das kleine Ding ein. Vielleicht ist's ein Zauberhütchen, dachte sie. Die Großmutter wird es wissen! Bald hatte sie das Ufer erreicht und lief der Stadt zu. Als Elke sich auf den Heimweg machte, war die Dämmerung bereits hereingebrochen. Nebelfrauen breiteten ihre Schleier aus, die Käuzchen riefen klagend in der Dunkelheit. Hastig eilte Elke vorwärts. Gluck, gluck, machte das Wasser. Es war so dunkel, dass sie den Weg nicht mehr erkennen konnte. Sie blieb stehen und dachte: So geht es nicht; ich muss warten, bis der Mond kommt und mir leuchtet. Sie schauerte. War es Furcht oder war es Kälte?

Da plötzlich sah sie sonderbare Lichtlein schweben: blaue, gelbe, rote, zehn, zwanzig und noch mehr. „Weh mir, das sind Irrlichter!", flüsterte Elke tonlos. „Ich bin verloren!" Doch die Irrlichter kümmerten sich nicht um die einsame Wanderin. Sie huschten nicht vor ihr hin und her und lockten sie vom Weg, sondern sie zogen weite Kreise und schienen etwas zu suchen, denn leises Wehklagen erfüllte die Luft. Es klang wie nach einem Hütchen! Da erinnerte sich Elke an ihren Fund. Schnell zog sie ihn hervor, schwenkte ihn hin und her und rief: „He, Irrlichter, sucht ihr am Ende das Ding da?" Die Irrlichter schienen einen Augenblick still zu stehen, dann aber

...EIDE BLÜHT

flackerten sie heran und umkreisten das Mädchen. Ein großes Irrlicht, gekleidet in ein Flammenmäntelchen, mit einem Schlangenkrönlein auf dem Kopf, trat hervor und sagte: "Fürwahr, es ist das Mützchen, das wir suchen. Gib es mir geschwind, mein Kind, ich will dich reich belohnen." "Gib es uns, gib es uns", murmelten die anderen. Mit zitternder Hand überreichte Elke dem König das Mützchen, das dieser in seinem Mantel barg. Erst dann sprach er: "Mädchen, du hast uns einen großen Dienst getan, denn wisse: dies Mützchen gehört meinem einzigen Sohn, der es gestern Nacht verlor und seither todkrank zu Bette liegt. Alle Lebenskraft liegt im Mützchen verborgen. Komm mit uns, sei unser Gast und sprich, was wünscht du dir? Ich will's dir schenken, so es in meiner Macht steht."

Elke wusste nicht, wie ihr geschah: Sie wurde gezogen, gefasst und schon trat ihr Fuß auf eine gläserne Treppe, die aus dem schwarzen Wasser hervorwuchs. Das Wasser schlug über ihr zusammen, doch um sie war Helligkeit. Unendlich viele Irrlichter waren auf einmal da und beleuchteten ein zaubervolles Schloss. Groß war die Freude der Irrlichter, als der König das Mützchen zeigte und dabei auf Elke wies. Wie geblendet durchschritt das einfache Heidekind die feenhafte Pracht des Unterwasserschlosses und saß an der Seite des frohen Königssohnes. Leise Musik, zu deren Klängen sich die Nymphen wiegten, lockte die Schar in den Garten. Fremde Märchenblüten entfalteten ihre Schönheit und Irrlichter tanzten in vielfarbiger Pracht. Es war wie ein Märchen aus Tausendundeiner Nacht. Trotz allen Zaubers entging es Elke nicht, dass in einer Schar von Irrlichtern ein gefangenes Menschenkind stand und traurig in das Schauspiel staunte. Leise fragte sie den König: "Sagt, o König, wie kommt dieser Knabe hierher?"

Etwas unwillig entgegnete der Herrscher: "Wir zogen ihn einstens zu uns herunter, da er Unfug mit uns trieb und uns verspottete. Hier mag er bleiben bis zu seinem Ende!" Einen Augenblick besann sich Elke, dann rief sie: "Ihr habt mir einen Wunsch gewährt; nun denn, so gebt den Jüngling frei!" "Willst du nicht lieber etwas für dich haben? Gold, Edelsteine, schöne Kleider, alles kannst du wünschen", lenkte der König ab. Elke schüttelte jedoch den Kopf: "Hab Dank, alles dies brauch ich nicht. Wenn ich nur einem Wesen helfen kann, dies ist mir Lohn genug!" Nach kurzem Zögern sagte der König: "Ich habe dir mein Wort gegeben, nach deinem Willen ist der Knabe frei. Dir sei das Glück gegeben, noch tausendfach zu helfen in vielerlei Gestalt. Geht, der Morgen graut! Vergiss auch nicht, Lieb-Elk, mein Schutz ist stets bei dir, wenn du das Moor betrittst." Er winkte zwei Irrlichtern, die jungen Menschen zu begleiten, und verschwand in der Lichterpracht.

Über die blaue, gläserne Treppe ging's hinauf zur Welt. Wie sie auf festem Ufer standen, wussten beide nicht. Sie waren einfach da, Elke und der Knabe. Glücklich schritten sie dem Tag entgegen und wurden Freunde für ihr Leben.

Liane Keller

Die goldene Kutsche

Vor vielen Jahren herrschte der alte König Emmerich weise und gütig in seinem kleinen Reich Letizia, einem Land mit fruchtbaren Feldern, grünen Wäldern und hohen Bergen. Der König liebte zärtlich sein schönes, früh mutterlos gewordenes Töchterlein Hermenegild.

In einem Häuschen neben des Königs Pferdestall wuchs ein heiterer, hübscher Junge heran, der etwas älter als die Prinzessin war und Dietmar hieß. Seine Eltern waren bei einem räuberischen Einfall kriegerischer Horden umgekommen. Dietmar lebte seither bei seinem Großvater, der Stallmeister des Königs war. Er hatte viel Freude an den schönen Pferden. Als es dem Jungen einmal gelang, schnell und geschickt ein im Stall ausgebrochenes Feuer zu löschen und dadurch des Königs Leibpferd zu retten, ließ König Emmerich den mutigen Knaben vor seinen Thron rufen und erlaubte ihm einen Wunsch zu äußern. Dietmar erbat sich die Gunst das Lesen und Schreiben erlernen zu dürfen. Der Hofmeister und die Erzieherin der kleinen Prinzessin bemühten sich zur selben Zeit Hermenegild die Buchstaben einzuprägen. Das verwöhnte Mägdlein fand aber das Lernen, allein in dem hohen weiten Saal, sehr langweilig und ermüdend. Da beschloss der König ihr den Jungen dabei zum Gefährten zu geben. Der Eifer Dietmars spornte auch Hermenegilds Fleiß mächtig an und die beiden überboten einander nun im schnellen Erlernen. Nach solchen ernsten Stunden war ihnen dann das Umhertollen im Burghof eine wahre Lust. Vor allem freute sie das Reiten auf den kleinen Pferden, die König Emmerich für die beiden aus einem fernen Land hatte herbeibringen lassen.

Je geschickter sie im Reiten wurden, um so weiter durften sie ihre Ritte ausdehnen, denn der König wusste sein Töchterlein von Dietmar gut beschützt. Dieser Junge war voll Heiterkeit und unerschöpflich im Ersinnen lustiger Schwänke. Aber wenn es notwendig war Ernst und Entschlossenheit zu zeigen, fiel aller Übermut von ihm ab und er tat verlässlich seine Pflicht. Deshalb verbot ihm der König auch nicht von den Gauklern zu lernen, die manchmal aus nah und fern dahergezogen kamen um in den Dörfern und auch im Schlosshof ihre Künste zu zeigen.

Dietmar erlernte von einem der Gaukler die Kunst so zu sprechen, als ob seine Stimme von hoch her, aus einer Baumkrone käme, oder von unten, aus einem Gewölbe, oder von irgendwo im Umkreis. Prinzessin Hermenegild konnte Tränen lachen, wenn ihr Dietmar mit diesem Kunststücklein vorschwindelte, dass ein Spatz vom Dach ihr eine zornige Strafpredigt über ihre Schreibfehler halte – oder dass die Enten im Teich sie zu einem Wettschwimmen einlüden.

Als die Prinzessin erwachsen war und der König so alt, dass ihm das Regieren schon zur Last wurde, sagte er zu seiner Tochter: „Nun ist es Zeit, dass du einen Prinzen aus einem unserer Nachbarländer heiratest!"

Hermenegild erschrak zutiefst. An ihrem siebzehnten Geburtstag hatte ihr der König eine goldene Kutsche geschenkt mit einem Paar prächtiger Schimmel davor. Dietmar hatte seither die Zügel dieses Gefährtes geführt und Hermenegild war mit ihm weit ins Land hinausgefahren. Und nun sollten diese Fahrten, die Hermenegilds größte Freude gewesen waren, vielleicht bald zu Ende sein?

Sie weinte bitterlich, aber der König sagte streng: „Denke dir eine Probe aus, die dir bei der Wahl den Würdigeren zeigt!" Da rief die Prinzessin ohne langes Besinnen: „Den werde ich wählen, der mich in meiner goldenen Kutsche so gut und sicher quer durchs Land bis zur Grenze fährt, wie es Dietmar so oft getan hat!"

Eine Woche später kam mit großem Gefolge der Prinz aus dem nördlichen Nachbarreich. Er war ein schöner, riesengroßer Mann, aber aus seinen grauen Augen sprachen Hochmut und Härte. Spöttisch hörte er die Forderung der Prinzessin nach der Probefahrt und sprang so heftig in die Kutsche, dass diese beinahe zerbrach. Zur Fahrt nahm er seine eigene dicke Peitsche mit und trieb damit die Schimmel zu rasender Fahrt an. Als sie durch das erste Dorf kamen und die Bewohner sich wie sonst an das Gefährt drängen wollten, hieb er mit dem dicken Peitschenstiel nach rechts und links und schrie: „Was will dieses Gesindel von uns? Weg da!" Dann kam das gefährlichste Stück der Fahrt, auf schmaler Straße, über der sich ein steiler Hang erhob und unter der ein Fluss rauschte.

Der Prinz wollte die gefährliche Strecke im Galopp nehmen. Plötzlich löste sich ein Stein des Straßenrandes und rollte vor die Räder, der Wagen legte sich schief, der Prinz stürzte heraus und kollerte den steilen Abhang hinunter. Dietmar aber, der der Kutsche heimlich nachgeritten war, hob rasch die Prinzessin aus dem Wagen und holte dann Hilfe aus dem nächsten Dorf. Arg zerschunden und zerschlagen wurde der wilde Prinz geborgen und seine zerbeulte Nase glich einer großen, roten Zwiebel. Herrisch und zornig verlangte er, sofort in seine Heimat zurückgebracht zu werden.

Eine Woche später trat Prinzessin Hermenegild die Probefahrt mit dem Prinzen aus dem südlichen Land an. Der war zart und fein, hatte träumerische dunkle Augen und war höflich gegen jedermann, auch gegen die Leute in dem Dorf. Aber dann sagte er zu Hermenegild: „Wenn ich hier regiere, wollen wir immer fröhlich sein! Hier soll man keine Klage hören!" - „Willst du allen unseren Untertanen helfen?", rief die Prinzessin erfreut. Er aber lachte sie aus: „Wer könnte das, du Närrchen? Ich will gleich nach der Hochzeit ein großes Gefängnis bauen lassen und alle Leute dort eingekerkert halten, die mit Klagen unsere Freude stören wollen!" Die gutherzige Prinzessin erschrak. - Da kamen sie zu dem steilen Abhang. Der Prinz wurde bleich und stammelte zitternd: „Ich fahre nicht weiter! Ich will nicht mein kostbares Leben für die Laune einer schönen Prinzessin aufs Spiel setzen!" Sie kehrten um, doch ehe sie zum Schloss zurückkamen, schwang der Prinz sich aus dem Wagen und entfloh gegen Süden.

Der König aber, als die Prinzessin wieder allein heimkehrte, rief bekümmert: „Wem soll ich meine Krone und meine Tochter hinterlassen?"

Da trat Dietmar vor und sagte treuherzig: „Gebt beide mir, Herr König! Macht mit uns eine Probefahrt und seht, ob ich es nicht mit Euren besten Rittern an Mut und Klugheit aufnehme!" Der König blickte ihn lange prüfend an, dann stieg er zu den beiden in die goldene Kutsche.

Als sie durch das Dorf kamen und die Leute ihren alten König sahen, war ihr Jubel grenzenlos. Die Armen drängten leidenschaftlicher als sonst heran - und der König staunte, wie verständig und trostreich Dietmar auf berechtigte Klagen einging - und wie ernst und streng er unberechtigte zurückwies, wie gerecht er richtete und schlichtete. Dann fuhren sie am Abgrund vorbei. Schaudernd blickte der alte König in die Tiefe, aber er wurde ganz zuversichtlich, als er sah, wie sicher und ruhig Dietmar die Zügel führte. Nahe der Landesgrenze kamen sie in einen finsteren Wald und plötzlich umringte eine bewaffnete Räuberhorde die Kutsche. „Heißa, Gesellen, das ist ein guter Fang!", rief der Anführer. „Ein König und eine Prinzessin! Wir wollen sie gefangen nehmen und in unser Räubernest bringen, das soll uns einen schweren Goldklumpen Lösegeld einbringen!" Als der König das hörte, griff er nach seinem Dolch und rief: „Bis aufs Blut will ich mich und mein Kind verteidigen! Lebend ergebe ich mich nicht!" Aber Dietmar flüsterte: „Sie sind in der Übermacht! Widerstand brächte uns sicheren Tod, aber Klugheit wird uns retten! Mein Gauklerstücklein, klug angewandt, wird über ihre Leibeskraft und über die Stärke ihrer Waffen siegen!"

Er erhob sich im Wagen und dann ertönte seine Stimme so, als ob nahe im Wald ein Soldat zu seiner Schar spräche:

„Schnell, Kameraden, helft unserem König! Gleich werden wir diese Räuberkerle unschädlich gemacht haben, sie sind ja nur zehn - wir aber sind fünfhundert Soldaten in Waffen!" Die Räuber starrten zuerst entsetzt in den Wald und stürzten dann in wilder Flucht davon. Lachend und weinend fiel Hermenegild ihrem Retter um den Hals und auch der alte König hatte noch Tränen der Todesangst und ein Lächeln über Dietmars gelungenen Streich im Antlitz, als er sagte: „Lasst uns schnell heimfahren - zu einer fröhlichen Hochzeit!"

Elisabeth Grätz - Sturm

DAS EICHKÄTZCHEN UND DIE ELFE

Es war einmal eine kleine Elfe, die wünschte nichts so sehnlich, als einmal einen richtigen Faschingszug im Walde zu erleben. Ihr Vater, der Elfenkönig und Herr des Waldes war, aber meinte, sie wäre dazu noch viel zu klein - und außerdem müssten dazu alle Tiere des Waldes endlich einmal untereinander Frieden halten: Der Marder dürfe nicht auf den Iltis neidisch sein, der Specht dürfe nicht mit seinem Nachbarn, dem Eichelhäher, streiten, weil sie ihre Nester nebeneinander hatten, und schließlich müsste der Fuchs endgültig die kleinen Rehe in Frieden lassen; endlich dürfe die Spitzmaus nicht mehr in die Gänge des Maulwurfs eindringen und den alten Herrn dadurch so sehr verärgern. Solange die Tiere des Waldes nicht in Eintracht lebten, wäre an einen Faschingszug im Walde nicht zu denken.

Da war die kleine Elfe sehr traurig. Doch wenn sie spazieren ging, erzählte sie jedem, dem sie begegnete, von ihrem Wunsch.

Eines Morgens saß sie auf einer Föhre und schaukelte sich; da hüpfte ein rotbraunes Eichkätzchen zu ihr, wippte einmal über, einmal unter ihr auf einem Zweig und fragte: „Na, kleine Elfe, warum bist du denn nicht bei deinen Brüdern und Schwestern und spielst mit ihnen?" - „Ach", meinte die Elfe, „gestern erzählte mir die weiße Dorfkatze wieder, was für eine lustige Zeit doch der Fasching im Dorf wäre! Und ich möchte doch auch ein einziges Mal mit allen Spielgefährten aus dem Walde tanzen, singen und lustig sein! Aber weil sich die Tiere so oft nicht vertragen, erlaubt mein Vater nicht, ein großes Fest zu machen!" -

„Ja, Elflein, da ist guter Rat teuer", meinte das Eichkätzchen, „da wirst du auf deinen Faschingszug noch warten müssen. Aber sei nicht traurig, bald kommt der Frühling, das ist die schönste Zeit im Wald! Schwupp!" Damit ließ es sich gleich durch den halben Baum fallen, fing sich gerade noch an einer Astspitze auf, machte einen Purzelbaum zu einem anderen Baum hinüber, drehte ein Rad um einen glatten Buchenast und zwinkerte dem Elflein munter zu. Das musste über die Kunststücke des Eichhörnchens so lachen, dass es seine Traurigkeit ganz vergaß.

Da schmunzelte auch das Eichkätzchen, tanzte weiter, hüpfte, sprang und „O weh!", schrie es: da hing es zwischen zwei Bäumen und eine Schlinge zog sich um seinen Leib zusammen. Das war keine Schlingpflanze, wie es geglaubt hatte, an der es sich halten konnte, sondern es war eine richtige Schlinge, eine Falle, von Menschenhand gelegt, in die es geraten war. Das war der Wilderer, der es nicht lassen konnte, immer wieder Schlingen auszulegen und allerlei Getier zu fangen.

Entsetzt hatte das Elflein zugesehen. So rasch es konnte, lief es zu seinem Freund, dem Waldwichtel, denn nur er konnte da Rat wissen und helfen. Kaum hatte der Wichtel gehört, was vorgefallen war, eilte er zu seinem Werkzeug und nahm Scheren und Sägen mit. Obwohl er schon sehr alt war, lief er doch so rasch er konnte, und bald hatte er das arme Eichkätzchen erreicht und mit Hilfe der Elfe die Schlinge durchgeschnitten. So war es befreit, aber noch so erschöpft von dem Schrecken und den Schmerzen, dass es der Wichtel mit sich nahm und pflegte. Täglich kam die kleine Elfe zu Besuch.

Als das Eichkätzchen endlich wieder ganz gesund war, hatte es keinen anderen Wunsch, als seiner Retterin zu danken. Und da gerade das Geburtstagsfest der kleinen Elfe herankam - sie war ja nun auch schon wieder ein wenig größer geworden -, wollte es ihren Lieblingswunsch erfüllen.

Das war freilich nicht leicht auszuführen. Zuerst ging es zum Eichelhäher. „Lieber Eichelhäher!" sagte es, „ich verspreche dir einen Sack voll Haselnüsse und echter Walnüsse vom Nussbaum auf der Waldwiese, wenn du von nun an mit dem Specht Frieden hältst. Außerdem sollst du bei einem Faschingszug zu Ehren unseres Elfleins mithalten; du sollst für dich und deine Familie das lustigste Kostüm ersinnen, das dir nur einfällt!" Der Eichelhäher hatte im Grunde ein gutes Herz; er war so gerührt über den Vorschlag, daran mitzuhelfen, dem kleinen Elflein eine Freude zu bereiten, dass er gerne zustimmte und fröhlich krächzte. Dann flog er davon, um sich ein lustiges Kostüm auszudenken.

Das Eichkätzchen aber suchte die Spitzmaus auf, brachte ihr warme Vogelfedern, die es gefunden hatte, für ihr Nestchen und nahm ihr das Versprechen ab, immer in ihrem eigenen Bau zu bleiben und den Maulwurf nicht mehr zu stören; dann lud es auch sie zum Faschingszug ein. Es klopfte auch gleich beim Maulwurf an. Dieser war sehr erfreut, als er hörte, dass er nun seine Ruhe haben sollte; er hatte gerade Besuch von zwei jungen Neffen. Die hatten einen glänzenden Einfall: sie wollten einen richtigen, lustigen Wagen für den Faschingszug bauen, den sie selber ziehen wollten und da hatte man dann sogar eine richtige Kutsche im Zug!

Voller Freude hüpfte das Eichkätzchen weiter. Es sprach mit den Turteltauben, die auf einem Wipfel saßen; die begannen gleich ihr Gefieder zu putzen und ein feines Kostüm für den Faschingszug auszudenken.

Auf seinem Weg kam es auch beim Dachs vorbei. Der hatte seinen Winterschlaf noch nicht lange beendet, war guter Dinge und nahm die Einladung zum Faschingszug dankend an. Er begleitete das Eichkätzchen sogar zum Fuchs. Der überlegte sich die Sache zwar lange, aber er wollte es sich mit dem Dachs, mit dem er Höhle an Höhle wohnte, nicht verderben, denn dieser hatte ihn im vorigen Jahr vor dem Jäger gewarnt und vielleicht sogar gerettet. Da sah er ein, dass auch er die Freundschaft der Tiere des Waldes brauchte und sagte zu, den anderen Tieren nichts zu Leide zu tun und an dem Feste teilzunehmen. Darüber freute er sich zum Schluss selber so, dass er vor seiner Höhle ein paar übermütige Sprünge machte und zu tanzen begann.

So ging das Eichkätzchen von einem zum anderen. Es besuchte die Hasenfamilie; die saß bald im Kreise herum, und es musste immer wieder die Geschichte seiner Rettung durch das Elflein erzählen; ein über das andere Mal staunte besonders Frau Hase über seinen Bericht. Dann gingen alle gleich ans Werk, um den neuen Frühjahrspelz zu putzen und aus Hälmchen und Gräsern lustige Kleider zu basteln, und ein kleiner Hase machte sich gleich einen Hut und setzte ihn auf seine Ohren.

Zuletzt ging das Eichkätzchen noch zum alten, würdigen Elfenkönig, dem Vater des Elfleins. Der hörte sich die Geschichte bedächtig an und beriet sich endlich mit seinen Brüdern. Da er aber sehr zufrieden war, die Tiere endlich einmal einträchtig zu sehen, gab er gerne seine Zustimmung.

Im ganzen Wald hub nun ein Nähen, Basteln und Hämmern an, und die Sonne, die morgens aufging, konnte sich nicht genug darüber wundern, womit die Tiere so eifrig beschäftigt waren. Selbst der Mond wunderte sich, als er abends aufging; denn da saß richtig noch am Abend eine kleine Spitzmaus neben der Laterne des Waldwichtels und arbeitete und schaffte an ihrem neuen Kleid.

Wenn aber die Elfe bei Tag durch den Wald ging, grüßten die Tiere sie freundlich, lächelten verschmitzt und verrieten kein Wörtchen von ihrem Plan.

Endlich war es soweit und der Geburtstag des Elfleins gekommen. Bei Tag hatte die Elfe schon von ihren Eltern und Geschwistern schöne Geschenke bekommen: süßes Backwerk, ein neues, seidenes Tuch, einen silbernen Kamm und viele lustige Spielsachen.

Als es dunkel wurde, nahm der König seine Tochter an der Hand und führte sie auf eine Wiese mitten im Wald. Dort hatten sich schon alle hinter den Bäumen versammelt. Als die Elfenfamilie endlich eintraf, kam der lange Zug aus dem Wald, so lustig und kunterbunt, wie man noch nie einen Faschingszug gesehen hatte. Da hatten einige Tiere Masken von anderen Tieren gemacht, und ein zahmes Häslein hopste in der Maske des Fuchses herum. Der Igel hatte lauter Früchte aus seinem Keller auf seine Stacheln gespießt und sah wie ein kleines Ungetüm aus. Eine Ente hatte sich als Pinguin verkleidet und lud gleich den Elfenkönig zum Tanz ein. Die Maulwürfe aber zogen wirklich eine kleine Kutsche, da durfte sich das Elflein hineinsetzen und rund um die Wiese fahren.

Das Eichkätzchen hatte aber nicht nur die Wassernixe und alle Tiere des Waldes eingeladen, sondern auch die Elfenfamilie aus dem Nachbarwald. Da war auch ein hübscher, junger Elf gekommen, und mit ihm tanzte das Elflein die ganze lange Faschingsnacht. Als das Fest endlich zur Neige ging, bat der Elf den alten König, ob das Elflein nicht einmal seine Frau werden dürfe, und der Elfenvater gab gern seine Einwilligung.

Heute ist das Elflein längst eine glückliche Elfenfrau. Sie aber und alle Tiere denken noch immer gern an den lustigen, lustigen Faschingszug, der ihnen zu ihrer Freundschaft verholfen hat und bei dem sie sich alle so gut vertragen hatten und so lustig waren.

Dr. E. Rösner

Herr Siebenpunkt

Lange Zeit hindurch lebte der kleine Herr Siebenpunkt glücklich und zufrieden unter einem Blatt des alten Holunderstrauches. Die Wohnung war schattig und trocken, vor Wind und Wetterunbilden geschützt und ruhig.

Gleich nebenan stand ein Traubenkirschenbaum. Einer seiner Äste ragte weit ins Gezweige des Holunderstrauches hinein, als gehörte er zu ihm, und dieser Zweig war immer voll grauer Blattläuse. Blattläuse aber schmauste der Herr Siebenpunkt für sein Leben gern; besonders dann, wenn sie so köstlich und zart schmeckten wie die, die ihm geradezu vor der Nase herumspazierten.

Er hatte also alles schön auf einem Fleck beisammen, was sich ein Marienkäferherz nur wünschen kann, lebte behaglich und ohne Sorgen in den Tag hinein, gedieh prächtig und setzte mit der Zeit sogar ein munteres Bäuchlein an.

Das ging eine ganze Weile so fort. Eines Tages jedoch bekam er Sehnsucht nach der großen Welt. Eine böse Unrast befiel ihn, das Essen schmeckte ihm nicht mehr so richtig und schließlich schlich er an den schönsten Sonnentagen ebenso verdrossen umher wie sonst nur zur trübseligen Regenzeit: Er ärgerte sich über alles und jedes und war sich selber zuwider. Mehrmals des Tages erkletterte er die oberste Zweigspitze des Holunderstrauches und schaute sehnsüchtig in die weite Ferne hinaus, die für ihn schon jenseits des Wiesenraines begann.

Und auf einmal wusste er, was ihm fehlte und wie dem abzuhelfen war. Er griff sogleich nach dem Wanderstecken, tat etwas Wegzehrung in sein Wanderränzel hinein und verabschiedete sich von seinen Lieben. Seine Frau begleitete ihn ein Stück Weges und sah dann weinend zu, wie er hinter dem nächsten Grashalm verschwand.

Vergnügt wanderte er weiter und das Herz wurde ihm federleicht; er spitzte die Lippen, pfiff sich ein Liedl und schlug mit dem Stecken den Takt dazu. Der Himmel war blassblau und schimmerte wie Seide, weiße Wölkchen segelten an ihm dahin, die Sonne schien hell und warm und die ganze Welt zeigte ein fröhliches Gesicht.

Am Wiesenrain begegnete er dem Feldhasen. Der Hase riss die Augen groß auf und fragte verwundert: „So früh schon unterwegs, Herr Siebenpunkt? Wohin geht denn die Reise?"

„In die weite Welt hinaus, Freund Lampe!", ward ihm großartig zur Antwort. „Nur Schlafmützen und Dummköpfe bleiben zeitlebens hinterm Ofen hocken! Ich habe eben keine Lust aus Langeweile zu sterben." - „So, so ...!", sagte der Feldhase bewundernd und machte ein verschmitztes Gesicht. „Da darf man Sie freilich nicht aufhalten. - Recht gute Wanderschaft also!"

„Schon gut, schon gut!", nickte Herr Siebenpunkt sehr von oben herab und setzte seinen Weg fort.

Schon an der nächsten Wegbiegung gab es einen kleinen Zwischenfall: Eine Meute roter Waldameisen brach plötzlich hinter einem Erdbeerblatt hervor und verstellte ihm den Weg. Es waren blutdürstige Räuber mit wild funkelnden Mörderaugen und drohend erhobenen Kieferzangen. Dem erschreckten Herrn Siebenpunkt schlotterte das Herz im Leibe und der Stecken entglitt seiner Hand. Aber zu seinem Glück stieß just in diesem Augenblick eine dicke Amsel hernieder und pickte blitzschnell einen um den andern der Wegelagerer auf. Der zitternde Herr Siebenpunkt nutzte die Verwirrung und rettete sich Hals über Kopf in ein Grasbüschel hinein, das am Weg stand. Dabei kam ihm der Wanderranzen mit der Wegzehrung abhanden. Er musste sich setzen, so sehr zitterten seine Knie. Erst als die Luft wieder rein war, wanderte er ganz verstört weiter. Zwar wäre er am liebsten wieder umgekehrt und schnurgeraden Weges nach Hause zurückgelaufen, aber er fürchtete die Spötteleien der lieben Nachbarschaft.

Die erste Nacht in der Fremde verbrachte er unter einem Farnblatt. Das Quartier war zugig, sehr feucht und auch sonst recht unbequem. Die kalte Nachtluft pfiff aus tausend Fugen und Ritzen auf ihn ein, die Polsterung seines Lagers war erbärmlich schlecht und die harte Bettdecke scheuerte seinen empfindlichen Rücken wund. Mit Wehmut gedachte er seines behaglichen Bettchens daheim und verwünschte den unseligen Wanderdrang. Als aber die Sonne wieder heraufgestiegen kam und seine halb erstarrten Glieder durchwärmte, fasste er frischen Mut und setzte die Reise fort. Frühstück gab es keines, denn in dieser feuchten Gegend gediehen bloß hässliche Asseln und schleimiges Schneckenvolk. Um die Mittagszeit herum begann sein leerer Magen heftig zu knurren; es klang wie ein ungeduldiges Brummen. Er fand wohl ein paar Blattläuse, aber sie waren schrecklich dürr und zäh wie Sohlenleder. Tapfer würgte er sie hinunter und trank dazu aus einer schmutzigen Pfütze. Dabei wäre er um Haaresbreite einer blau schillernden Libelle zwischen die Fresswerkzeuge geraten. Gerade noch im letzten Augenblick konnte er dem Untier entwischen, aber die riesigen Glotzaugen ließen ihn beinahe zu Eis erstarren.

„Mit dem Wandern ist es nichts!", seufzte er mutlos. „Ich werde es einmal mit dem Fliegen probieren."

Und er lüftete die Flügeldecken, entfaltete die Glasflügelein und flog glückselig mitten in die Sonne hinein.

Aber auch das Fliegen war nicht das Richtige: Plötzlich prallte er gegen eine weiche Wand, dass ihm der arme Kopf nur so dröhnte. Und da hatten ihn schon zwei Finger erfasst, dass ihm Hören und Sehen verging. Eine helle Kinderstimme jubelte: „Ei, du herzallerliebstes Marienkäferlein! Ich werde dich mit nach Hause nehmen; du sollst in meinem neuen Puppenbettchen schlafen und es sehr, sehr gut haben." Das Mädchen kramte aus seinem Schulranzen eine Schachtel hervor und steckte den auf den Tod erschrockenen Herrn Siebenpunkt hinein, dann klappte es die Schachtel wieder zu und versenkte sie in den Ranzen. Nun hockte das bestürzte Käferlein in nachtschwarzem Dunkel und das Herz schlug ihm vor Angst bis an den Hals. Fröhlich hüpfend und den Ranzen schwingend eilte das kleine Fräulein heimzu um seinen Schatz der Mutter zu zeigen. Bei diesem heillosen Gehopse wurde Herr Siebenpunkt so grauenhaft gerüttelt und geschüttelt, dass es ihm schier das Herz aus dem Leibe trieb.

Die Mutter besah sich das halbtote Käferlein und fragte: „Und was willst du jetzt mit dem armen Kerlchen beginnen?" - „Ich werde es in ein Einsiedeglas hineintun und ihm lauter gute Sachen zu essen geben und es sehr, sehr lieb haben." Daraufhin sagte die Mutter ernst: „Wenn du ihm etwas Liebes tun willst, dann lasse es wieder fliegen; die Freiheit wird ihm lieber sein als das schönste Einsiedeglas. Und überhaupt ist das Marienkäferlein ein sehr nützliches Tierchen: Es vertilgt Tausende und Abertausende von Blattläusen, die sonst unsere Obstbäume kahl fräßen. Wenn du dich an schmackhaften Birnen, an saftigen Äpfeln und an süßen Kirschen erfreuen darfst, so dankst du es in der Hauptsache diesem fleißigen Käferlein."

Das kleine Mädchen war sehr traurig, weil es sein liebes Siebenpünktchen wieder hergeben sollte; aber die Mutter bestand nun einmal darauf. Also trug es seinen Fund in den Garten hinaus, hob ihn auf der flachen Hand hoch empor und sang dazu: „Marienkäferlein, flieg ...!" Herr Siebenpunkt ließ sich nicht lange bitten: Er breitete seine Flügelchen aus und flog davon. Er flog ein Stück in die blaue Luft hinaus und - plumpste gleich darauf wieder ins grüne Gras nieder, wo er erschöpft hocken blieb.

Der Hunger begann in seinem Magen zu rumoren. Er sah sich also nach etwas Essbarem um. Aber der Garten war überaus sauber gepflegt und ordentlich gehalten: So weit das Auge reichte, war nirgendwo eine Blattlaus zu erspähen.

Auf einmal war der Feldhase wieder da. Er knabberte an einem Kohlkopf herum und es war deutlich zu hören, dass es ihm schmeckte.

„Guten Abend, lieber Meiser Lampe!", grüßte Herr Siebenpunkt kleinlaut.

Der Hase riss die Augen verwundert auf und vergaß das Kauen. Und als ihm der Weltreisende sein Missgeschick geklagt hatte, sagte er gutmütig: „Wenn Ihnen ein Gefallen damit geschieht, lieber Nachbar, bringe ich Sie gerne wieder nach Hause zurück. Nur einen kleinen Augenblick noch: Gleich bin ich mit diesem köstlichen Kohlkopf fertig."

Als Herr Lampe gespeist hatte, krabbelte der Herr Siebenpunkt auf dessen breiten Rücken hinauf und - heidi! - ging es wie der Sturmwind dahin. Im Handumdrehen standen sie wieder vor dem alten Holunderstrauch. Bei seinem Anblick traten dem Marienkäferlein die Freudentränen in die Augen und das Herz hüpfte ihm im Leibe und er konnte sich gar nicht genug bedanken. Aber Herr Lampe wehrte bescheiden ab und sagte: „Es ist wirklich gerne geschehen, lieber Herr Siebenpunkt! Wir alle sind von Herzen froh, dass sie nun wieder da sind; Sie haben uns nämlich schon schrecklich gefehlt. - Gute Nacht!"

Als Herr Siebenpunkt wieder am Familientisch saß und alle seine Lieben um sich hatte, fühlte er sich überglücklich. Behaglich streckte er seine kurzen Beinchen weit von ich und sagte: „Ja, die Welt ist freilich wunderschön und in manchem vielleicht prächtiger als unser verlassener Winkel, aber trotzdem kehrt man gerne wieder nach Hause zurück. Überall ist es schön, aber daheim ist es halt doch am allerschönsten!"

Zur gleichen Zeit sagte der Feldhase schmunzelnd zu seiner Frau: „Dieses Siebenpünktchen ist wahrlich ein putziger Gernegroß! Bläht sich gewaltig als weit gereister Mann - und weiß gar nicht, dass ihn schon hundert Schritte weit von hier das Heimweh wild gepackt und nach Hause zurückgetrieben hat."

„Lass ihn doch, Alterchen, lass ihn doch!", wies ihn die gutmütige Frau Lampe zurecht. „Im Grunde ist er ein kreuzbraves Kerlchen und legt niemandem etwas in den Weg. Und schließlich hat jeder von uns seine kleinen Fehler und Schwächen!"

Anton Ostry

Der verlorene

„Hu, ist das heut ein Schneetreiben!", sagt der Vater, als er heimkommt, und schüttelt sich das Nass vom Mantel. „Komm nur ins warme Zimmer!", ruft die Mutter. „Da kannst du dich wieder aufwärmen!"

Der Vater tritt in den gemütlich warmen Raum und blickt zufrieden lachend in die frischen Gesichter seiner drei Kinder, die ihn fröhlich begrüßen. Er hat sich noch nicht auf seinen Ofenplatz niedergesetzt, da klingelt es. „Nanu, wer kann denn das sein?", fragt die Mutter. „Fritz, spring und schau nach, wer es ist!" Der Bub geht, und gleich darauf kommt er mit zwei vermummten Gestalten, welche an den Kronen auf den Köpfen als Könige gekennzeichnet sind, wieder ins Zimmer. Die beiden Neuankömmlinge fangen gleich an, mit hellen Stimmen ihr Liedchen zu singen. Als sie fertig sind, sagt der Vater: „Das habt ihr aber schön gesungen, ihr Heiligen Zwei Könige! Aber wo habt ihr denn den Dritten gelassen?" - „O mei", antwortet der Ältere, während der Kleine verlegen zu Boden blickt, „das ist so eine dumme G'schicht! Mein Freund, der Peter, kann so gut singen, und grad heut muss er so Halsweh kriegen, dass ihn seine Mutter nicht mitgehen lässt!" - „Ja, das ist freilich Pech!", meint der Vater, „aber weil ihr trotzdem so frisch gesungen habt: da, das gehört euch!" Dabei drückt er den lachenden Buben eine Münze in die Hand. Die Mutter schenkt ihnen noch Kletzen und Äpfel, und dann verlassen die königlichen Gäste beglückt die Wohnung.

„Bei dem Wetter ist das Dreikönigssingen auch kein Spaß", sagt Liesl. „Ich bin froh, dass ich nicht mehr raus muss!" - „So ein Pech, dass der Dritte krank werden musste!", meint Fritz mitfühlend. „Ich möcht aber Sternsingen gehen, da bekommt man gute Sachen zum Schlecken!", kräht Nanni, die Dreijährige. „Du Schleckermäulchen, dich bläst ja der Wind um!" sagt Fritz mit einem verächtlichen Seitenblick. „Vati, bist du einmal ein Drei-König gewesen?", fragt Liesl. Der Vater lächelt still vor sich hin und nickt bedächtig. „Ach, Vati, erzähl doch. Wie war es denn? Hast du viel bekommen? War auch viel Schnee?", drängten die Kinder. „Langsam, langsam! Setzt euch alle brav zu mir, dann will ich es euch erzählen!"

Also, ihr wisst ja, dass ich im Hinterwinkel, einem abseits gelegenen Gebirgsweiler, aufgewachsen bin. Einmal hatte mein älterer Bruder ..." - „Der Onkel Martin", fiel Fritz ein. „... ja, der Martin, beschlossen, dass wir drei Buben, der Fred, er und ich, Sternsingen gehen sollten. Die beiden Ältesten waren Ministrantenbuben und hatten sich von ihrem Geld, das sie gelegentlich geschenkt bekamen, einen großen Bogen herrlich glitzerndes Goldpapier gekauft. Daraus und aus Pappendeckel wurden zunächst einmal drei Kronen und ein wunderschöner Stern gezaubert. Der Stern wurde an eine lange Stange genagelt, die Martin persönlich tragen wollte. Die beiden Großen hatten lange gemeinsam studiert und gebrütet, und zuletzt hatten sie ein recht nettes Liedchen erdichtet, und zwar gleich mit Melodie. Es ging so:

Drei Könige mit ihrem Stern,
die kommen heut
aus weiter Fern,
sie wollen auch noch
weitergehn,
drum lasst uns nicht
so lange stehn!
Gebt uns mit auf unsre Reise
guten Trank und gute Speise!
Wir wolln das Christkind grüßen und fallen ihm zu Füßen.
Und habt ihr Leute eine Bitt,
wir nehmen sie dem Kindlein mit!
Wir ziehen über Land und Meer,
das Sternlein leuchtet vor uns her.
Im nächsten Jahr kehrn wir zurück,
bis dahin wünschen wir viel Glück!"

Dreikönigsstern

Der Vater singt den lauschenden Kindern das Sternsingerliedchen vor, und sie sind hell begeistert davon. „Das ist aber nett, Vati, das musst du uns auch beibringen!" ruft Liesl. „Ja, aber erst muss er fertig erzählen!", drängt Fritz.

„Nun", fährt der Vater fort, „dieses Liedchen brachten sie auch mir, dem kleinen sechsjährigen Kerl, bei. Fredi sang sehr hübsch die zweite Stimme nach dem Gehör, und bald sangen wir auf Schritt und Tritt diese Melodie.

So kam der große Abend heran. Die Mutter lieh uns ein weißes Leintuch, darein hüllte sich Martin; Fred bekam eine rosa Decke vom Bettchen unseres jüngsten Schwesterleins, und ich, der Knirps, durfte Mutters beste gelb seidene Dirndlschürze um die Schultern tragen. Fredi wurde mit Ruß schwarz gefärbt; hu, wie das Weiß in seinen Augen leuchtete! Mit unseren Kronen auf dem Kopf und dem hell schimmernden Stern waren wir fürwahr stattliche, farbenprächtige Königsgestalten. Die Mädchen schauten uns neidvoll und traurig nach, als wir loszogen, und wir versprachen ihnen großmütig, etwas Gutes mitzubringen.

Nun hatte es in der Nacht zuvor ausgiebig geschneit, und der Weg ins Dorf war doch fast eine Stunde lang, doch wir stapften unverdrossen durch den tiefen Schnee. Schließlich blieb Martin stehen und sagte: ‚Wenn ihr nicht feig seid, dann weiß ich einen Abkürzungsweg. Da müssen wir nur ein bissel durch dieses Dickicht kriechen und dann einen kleinen Hang runter gehen, dann sind wir gleich auf dem ausgetretenen Weg, der nach Mariaruh führt!' Wer wollte wohl für feig gelten? Außerdem galt bei uns, was der Große sagte, denn sein Rat war immer klug. Und er mochte wohl auf diese Weise schon öfter seinen Schulweg abgekürzt haben. So nickten wir zustimmend und krochen hinter Martin durch das Dickicht. Aber es war nicht ganz so einfach. Der Schnee fiel mir in die Schuhe, und wir blieben mit unseren Gewändern an den Ästen hängen. Ich hatte große Sorge um Mutters gute Schürze und stopfte sie kurzerhand in den Hosenbund. Mutter hatte mir doch eingeschärft, sie ja nicht etwa zu zerreißen!

Schließlich aber hatten wir es doch geschafft. Nun standen wir im tiefen Schnee vor dem Hang. Er erschien uns allen dreien recht hoch und nicht recht gemütlich. Aber man durfte keine Bangigkeit zeigen. Martin bahnte uns den Weg, vielmehr wollte er uns den Weg bahnen. Wir sahen ihn nur pfeilschnell in einer großen Schneewolke talab sausen. Fredi dachte, es müsse so sein, setzte sich auf seinen Hosenboden und rutschte nach. Ich machte es ebenso, für mich war ja nun schon die Bahn bereitet, aber der Schnee stob mir noch immer gewaltig um die Ohren, und ich hatte alle Mühe, meine schöne Krone mit einer Hand festzuhalten. Schließlich standen wir alle drei wohlbehalten auf dem schönen, ausgetretenen Weg, der nach Mariaruh führte. Aber so stattlich waren wir nicht mehr! Unsere Kronen hatten alle sehr gelitten, und als ich die Gelbseidene aus dem Hosenbund zog, war sie arg zerknittert. Wir betrachteten uns stumm und kritisch. Aber der größte Schreck sollte erst noch kommen! Denkt euch, der goldene Stern, auf den wir so stolz waren, war einfach fort! Glatt abgerissen war er! Der nackte Nagel grinste uns höhnisch an. Den Stern zu suchen war aussichtslos bei dem Schnee und der Dunkelheit! Wir berieten uns, was wir tun sollten. ‚Wir müssen heimgehen', sagte Fredi. ‚Wir können doch nicht vom Stern singen, wenn wir keinen haben!' – ‚Aber die Mädel!', widersprach ich, ‚wir haben ihnen doch versprochen, etwas mitzubringen!' – ‚Das ist Nebensache, wir dürfen uns nicht bloßstellen!', meinte Martin düster. ‚Ach was, wir gehen doch, wir können das Lied so schön, wär ja jammerschad, wenn wir nicht gehen!' So gingen die Reden hin und her, aber schließlich stapften wir doch, wenn auch missmutig und betrübt, dem Dorf zu.

Gleich beim ersten Bauernhof sangen wir unser Lied. Und der Bäuerin und den Mägden gefiel es so gut, dass wir es noch einmal singen mussten; dann bekamen wir Äpfel, Kletzen und Gebäck in unseren Sack. Nachdem wir uns bedankt hatten, zogen wir mit frohem Mut weiter von Haus zu Haus. Das Säcklein wurde immer schwerer, unsere Stimmen immer heller und froher. Schließlich standen wir reich bepackt am anderen Ende des Dorfes.

Wir waren sehr glücklich, wenn wir uns die Freude der Schwestern vorstellten. Zurück gingen wir aber den gewöhnlichen Weg, das könnt ihr euch denken! So ist es uns damals beim Sternsingen gegangen", schließt der Vater seine Erzählung.

„Und der Stern, wo ist der geblieben? Habt ihr den gar nie mehr gefunden?", fragt Nanni dringlich. „Nein, Spatz, den haben wir nicht mehr gefunden, vielleicht hat ihn ein Zwerglein in seine Höhle geschleppt und ihn dort gut verwahrt!" – „Das könnte sein!", seufzt die Kleine erleichtert.

Anni Gwehenberger

DER KRE

Ein armer Fischer bewohnte mit seiner Mutter ein kleines Häuschen nahe an einem Fluss. Die beiden lebten kümmerlich und oft hungerten und darbten sie. Trotzdem waren sie zufrieden und Sascha, der junge Fischer, war ein recht lustiger Bursche.

Eines Tages fing er einen riesigen Krebs. Freudig wollte Sascha den Fang an Land ziehen, als er eine eigenartige Stimme vernahm: „Ach, guter Sascha, bitte wirf mich wieder in den Fluss!" Der Fischer sah erst um sich, doch weit und breit war kein Mensch zu sehen. Da wandte er sich wieder dem großen Flusskrebs zu und fragte: „Bist du es, den ich in die Flut werfen soll?" - „Ja", sagte der Krebs und legte bittend beide Scheren zusammen. „Schenke mir die Freiheit und es soll dein Schaden nicht sein!" - „Und das soll ich dir glauben?", fragte Sascha misstrauisch, dabei bückte er sich und bemerkte erst jetzt, dass der Krebs auf seinem Kopf eine winzige Krone trug. „Ich bin der König dieses großen Flusses! Wenn du mir die Freiheit schenkst, werde ich dich mit einem Goldreif belohnen. Tust du es nicht, wird dir mein Fluch zeitlebens nur Unglück bringen!"

„Na, wenn es ein echter Goldreifen ist und ich ihn verkaufen kann, bekomme ich sicher mehr Geld, als mir der Krebs einbringen würde. Außerdem scheint er die Wahrheit zu sprechen", murmelte Sascha halblaut vor sich hin.

„Den Reif darfst du nicht verkaufen", unterbrach ihn der Krebskönig, „denn er verleiht dir eine Gabe, die vor dir noch kein Mensch besessen hat!"

„Du machst mich aber neugierig!", antwortete der Bursch, stülpte das Netz um und ließ den Krebs ins Wasser gleiten. Der Fischer seufzte, packt dann erneut sein Netz und senkte es wieder tief in das Wasser. Gespannt zog er es hoch und tatsächlich - zwischen den feinen Maschen hing ein großer, breiter Goldreifen.

„Donnerwetter", sagte Sascha, „ist der aber schön!" Und sorgfältig reinigte er das kostbare Stück von den letzten Wasserspuren. Dann verwahrte er den Reif in der Tasche seiner geflickten Jacke und versuchte erneut sein Glück. Und eigenartig: Jedes seiner ausgeworfenen Netze war voll der schönsten Fische. Bald war der mitgebrachte Eimer gefüllt und zufrieden eilte er seinem bescheidenen Heim zu.

Seine Mutter vernahm erstaunt das Erlebte. „Ist der Reif aber schwer!", sagte sie ungläubig und schob umständlich das kostbare Stück über ihr Handgelenk. Sascha erschrak zutiefst. Seine Mutter schien sich plötzlich in nichts aufzulösen. „Mutter", rief Sascha, „Mutter, wo bist du?" - „Hier", vernahm er ihre Stimme und es packte ihn eine Hand und zupfte ihn am Ärmel, obwohl die Stube leer zu sein schien und niemand außer ihm zu sehen war. „Hier bin ich", sprach da die Mutter wieder, dann bildete sich ein Nebelfleck und vor ihm stand, als wäre nichts gewesen, die alte Frau. Sie hielt jetzt den Reif in der Hand und war ganz erstaunt über die entsetzten Augen des braven Sohnes. „Wo warst du?", stammelte Sascha. „Aber mein Junge, ich stand doch die ganze Zeit vor dir", erwiderte sie kopfschüttelnd. „Lass mich, bitte, probieren!", bat nun der Fischer. Er schob sich gleichfalls den Reif über das Handgelenk und dann musste Saschas Mutter dasselbe erleben. Auch sie suchte ihren Sohn und erschrak heftig, als er sie am Ärmel packte und „hier" rief. „Der Reif ist wunderbar!", erklärte Sascha. „Wer ihn am Arm trägt, wird für jeden anderen Menschen unsichtbar!" - „Ein herrliches Geschenk!", sagte auch die alte Frau, „aber was nützt es dir? Nichts!" Und sie beschlossen niemandem etwas zu erzählen. Sascha lockerte einen Ziegel des alten Herdes und versteckte in dem dahinter liegenden Hohlraum den Zauberreif. Die Zeit verging. Einmal besuchte Sascha den nahen Marktflecken um neues Garn für seine zerrissenen Netze zu kaufen.

Als er den Dorfplatz betrat, verlas eben ein Bote des Königs einen Aufruf. Es hieß, der Herrscher des Landes suche für seine Tochter einen Gemahl. Alle jungen Männer könnten sich in der Hauptstadt melden. Der Flinkste, Klügste und Mutigste würde die Prinzessin zur Frau erhalten. Sascha eilte sofort heim zu seiner Mutter und berichtete ihr lachend von dem Gehörten. „Ziehe los und versuche dein Glück, aber vergiss den Zauberreifen nicht!", meinte die alte Frau und packte ihm sein armseliges Ränzel. Wenig später machte sich Sascha auf den Weg.

In der Hauptstadt des Landes herrschte ein emsiges Treiben und von überall waren unternehmungslustige Burschen gekommen um sich dem König vorzustellen. Endlich, am dritten Tage, kam auch an ihn die Reihe. Im großen Thronsaal saß, umgeben von seinen Ministern, der Regent. Er war ein sehr freundlicher alter Mann und fragte Sascha nach seinem Namen und Beruf. Der Junge gab ihm klare Antworten und der König fand sichtlich Gefallen an ihm. Er sagte: „Höre deine erste Aufgabe: Aus meiner gut verschlossenen Schatzkammer, zu der nur ich einen Schlüssel besitze, musst du die große goldene Krone holen. Gelingt dir das bis drei Uhr, bist du der flinkste Mann meines Reiches!" Der Fischer verbeugte sich tief und verließ den Saal. Kurz nach Mittag schob er den Reif über sein Handgelenk und verließ als Unsichtbarer seine Herberge. Ungehindert gelangte er in das Schloss. Als der Kammerdiener das königliche Gemach verließ, huschte Sascha in das Zimmer. Der König lag in seinem breiten Himmelbett und schlief. Wo mochte er den Schlüssel zur Schatzkammer haben? In diesem Augenblick drehte sich der Schlafende auf die andere Seite und verschob dabei das reich bestickte Kissen. Ein gelbes Leuchten lenkte Saschas Aufmerksamkeit auf sich. Es war ein winziger goldener Schlüssel. Wenig später war der erste Teil der Aufgabe vollbracht. Der Weg zur Schatzkammer war leicht zu

230

finden. Lautlos schloss Sascha hinter dem Rücken der Wächter die schwarze Tür auf. Der Raum war nicht groß und enthielt nur drei schwere Eisentruhen. Der Fischer hatte Glück. Gleich in der ersten lag auf einem Samtsockel die große, wertvolle Krone! Wenig später spazierte Sascha an den Soldaten vorbei wieder ins Freie. Um drei Uhr betrat er den großen Saal. Gleich darauf erschien bleich vor Schreck der König. Er hatte kurz nach dem Erwachen den Verlust des Schlüssels bemerkt und sofort seinen ganzen Hofstaat verständigt. „Bringst du mir die Krone?", fragte er zitternd. Sascha verneigte sich, öffnete den Ranzen und holte aus ihm den Kopfschmuck und den Schlüssel. Großes Erstaunen herrschte ringsum und viele glaubten an Zauberei. „Du bist ein Tausendsassa", lobte ihn der König. „Das hat vor dir noch keiner gekonnt! Damit hast du die erste Prüfung bestanden. Doch nun höre: Morgen Früh wird dir der Klügste meiner Leute eine Frage stellen. Beantwortest du sie, so hast du auch die zweite Aufgabe gelöst!" Sascha willigte ein und verließ den Palast. Der König jedoch schickte ihm einige Leute nach, die den Fischer beobachten mussten. Dieser kehrte wieder in die alte Herberge zurück, aß und tat, als ginge er schlafen. In Wahrheit aber eilte er unsichtbar in den Palast zurück. Eben beugte sich der Hofnarr zum König und flüsterte ihm die Lösung der zweiten Aufgabe zu. Sascha stand hinter dem Herrscher und konnte die Worte verstehen. Der König lachte laut und rief: „Eine glänzende Frage! Ich werde sie morgen dem Prüfling selbst stellen!" Am nächsten Tag herrschte große Erwartung. Der riesige Saal war von Menschen überfüllt, die alle den klugen Fischer kennen lernen wollten. „Bist du bereit?", fragte der König, als Sascha vor ihm stand. „Ja!", antwortete dieser mit fester Stimme. „So sage mir, welcher Beruf in unserer Stadt am meisten ausgeübt wird." Sascha überlegte kurz, dann sagte er: „Der des Schneiders!" - „Erkläre mir deine Antwort näher!", bat der König verblüfft. „Nun", sprach ersterer, „es gibt Herrenschneider, Haarschneider, Bartschneider, Brot-, Stoff-, Glas- und Papierschneider sowie Strohschneider, Grasschneider, Aufschneider, Ehrabschneider und...!" - „Genug, genug!", rief der König. „Du hast auch die zweite Prüfung bestanden. Nun kommt die dritte und letzte Aufgabe. Bist du bei dieser ebenso erfolgreich, erhältst du meine Tochter und das ganze Königreich!" Nun bat er den jungen Mann ihm zu folgen und führte ihn in den alten Schlossturm. Als sie das oberste Gemach erreicht hatten, sagte der König: „Jede Nacht erscheint hier in diesem Zimmer ein fürchterliches weißes Gespenst. Keinem ist es noch gelungen den Geist zu fangen, weil ihn alle fürchten. Wenn du mich von ihm befreist, gebe ich dir zu meiner Tochter noch eine große Belohnung!" Sascha bat die kommende Nacht hier zubringen zu dürfen. Dem König war dies nur recht und er ließ dem Fischer ein Bett zum Schlafen hineinstellen. Sascha wartete, bis es dunkel geworden war, löschte dann das Licht und nahm neben der Tür auf einem Stuhl Platz. Dort wartete er, den Reif am Handgelenk, auf die Geisterstunde. Um Mitternacht vernahm er schlürfende Schritte. „Das ist sicher das Gespenst", dachte Sascha. Und tatsächlich: Lautlos öffnete sich die Tür und herein wandelte eine weiße Gestalt. Durch das Fenster der Turmstube guckte der Mond und erleuchtete jeden Winkel. Es war niemand zu sehen. „Dieser Feigling!", zischte eine Stimme unter dem Tuch. „Jetzt ist er ausgerissen!" Sascha packte den Geist von hinten am Kragen und stieß dabei einen schauerlichen Klageton aus. Das Gespenst fuhr entsetzt herum und als es niemand erblickte, rannte es laut schreiend zur Tür. Dabei verfing es sich mit den Füßen in dem langen Umhangtuch und sauste krachend über die Treppe in die Tiefe. Überall im Schloss wurden Türen geöffnet und Stimmen laut. Der König schrie nach der Wache und die Prinzessin nach ihrem Vater. Doch groß war dessen Erstaunen, als er sah, dass der Fischer lachend in der Turmstube stand, während sein Kammerdiener mit gebrochenem Bein am Fuße der Treppe lag. „Hier ist das Gespenst!", meinte Sascha und übergab den Übeltäter der Schlosswache. Schreckensbleich gestand der Diener sein Vergehen und bat wimmernd um Gnade. Nun war auch die dritte und letzte Aufgabe gelöst. Am meisten freute sich Saschas Mutter, als sie mit einer goldenen Kutsche nach der Hauptstadt gebracht wurde um der Hochzeit ihres glücklichen Sohnes beizuwohnen. Den Goldreif warf der junge König eines Tages an der gleichen Stelle ins Wasser, an der er vor Jahren den Krebskönig gefangen hatte. Gold besaß er genug und auch das Unsichtbarmachen hatte er nicht mehr notwendig, denn er war ein gerechter, mutiger und kluger König, den alle Untertanen bis an das Ende seiner Tage liebten und verehrten.

Walter K. Wavruska

DER RIESE

Einst, es mögen wohl tausend Jahre her sein, da hausten in hohen Gebirgen und stillen Tälern noch Riesen und Zwerge. Sehr selten kam es vor, dass ein einsamer Wanderer auf schmalen Pfaden ein solches Tal durchschritt, niemals aber fiel es einem Menschen ein, einen der düster drohenden Berge zu erklettern.

Tief drinnen in einem dieser Berge lebte ein munteres Zwergenvölklein. Die kleinen Wichte gruben und meißelten, wühlten und hackten und zogen von ihrer Höhle aus nach allen Seiten hin lange schmale Gänge in die Felswände. Sie suchten nach Edelsteinen, an denen der Berg reich war; und wenn dann beim Bohren und Stemmen plötzlich ein strahlendes Glänzen aus dunkler Steinwand brach, dann ruhte solch ein kleiner Wicht nicht, bis er den kostbaren Kristall herausgemeißelt hatte.

Auf dem Gipfel des Berges aber lebte ein Riese. Der hatte immer und allezeit eine hölzerne Keule in der Hand, sah schrecklich aus mit seinen struppig um den Kopf stehenden schwarzen Haaren und dem ebenso schwarzen dichten Bart - aber er war der gutmütigste Riese, den es gab, und tat niemandem etwas zu Leide. Gern saß er hoch oben auf einem Felsblock, stützte die Arme auf seine Keule, streckte die Beine weit von sich und lugte hinab ins Tal. Denn es war seine größte Freude, drunten ein Wesen aus dem Menschengeschlecht zu entdecken.

Dann stand er auf, war mit drei Schritten unten, nahm mit Daumen und Zeigefinger behutsam das Menschlein - aber ach, so zart er es auch zu fassen vermeinte, das Wesen schrie entsetzlich; freilich klang dieses Schreien für des Riesen Ohr nur wie das Zirpen einer Grille.

Droben setzte er das wild zappelnde Geschöpf auf seine flache Hand und sagte beruhigend: „Ich bin der Riese Keulemann! Du brauchst dich nicht zu fürchten, ich tue dir nichts! Ich will dich nur ein bisschen besehen!" Aber die beruhigende Stimme klang dem Menschlein wie Donnergrollen und Steingepolter, und es schrie und zappelte weiter. Da stand dann Keulemann jedes Mal seufzend auf, trug das Geschöpf so sorgsam wie möglich zum Eingang der Zwergenhöhle, klopfte an und bat durch den sich öffnenden Spalt: „Schenkt mir einen Edelstein!" Den bekam er auch jedes Mal ohneweiters, denn er war der Freund und gleichzeitig der Herr der Zwerge. Und jedes Mal geschah dann dasselbe. Das Menschenwesen stellte das Zappeln und Schreien ein, drückte den Funkelstein an sich, machte drollige Dankesverbeugungen auf des Riesen Hand, und der trug es, ein wenig traurig, wieder hinunter ins Tal und setzte es auf dem Sträßlein nieder, von wo es eiligen Laufes entschwand.

Betrübt stieg er zurück zu seinem Felsensitz. „Immer das Gleiche!", dachte er. „Sie fürchten mich - und schenke ich ihnen ein Kleinod, dann hören sie wohl zu schreien auf, aber lieb haben sie mich trotzdem nicht, sondern suchen möglichst schnell das Weite!"

Manches Mal packte ihn dann in seiner Betrübnis ein grimmiger Zorn. Er griff sich links und rechts Felsenbrocken und

KEULEMANN

schleuderte sie hinunter ins Tal; aber noch in seinem Zorn gab er ängstlich Acht, ja nicht etwa ein zufällig unten wanderndes Menschenwesen zu treffen.

Eines Tages, als er wieder so auf seinem Auslug saß und sehnsüchtig ins Tal hinunterschaute, da sah er auf dem Sträßlein etwas daherkommen, das er nicht gleich erkennen konnte. Ein Mensch war es ohne Zweifel - aber ein kleiner Mensch, und ein Leuchten und Glänzen ging von ihm aus, das er bei anderen Wesen dieser Gattung noch nie gesehen hatte.

Leise stieg er den Berg hinab durch den Wald. Noch behutsamer als sonst fasste er das Wesen - aber siehe da, es erschrak nicht, es schrie nicht! Ein wunderholdes Mägdlein war es, und das Glänzen ging von den goldenen Locken aus, die sich um sein Köpfchen ringelten. „Goldköpfchen!", nannte er es sogleich, und als er es droben auf seine flache Hand gesetzt hatte, um es näher zu betrachten, da stand es gleich wieder auf, fasste mit beiden Händchen Keulemanns Bart und sagte: „Nicht wahr, du bist ein Riese? Aber ich fürchte mich gar nicht vor dir, wenn du auch groß und wild aussiehst! Du hast so gute Augen! Nur deine Haare gefallen mir nicht, die sind wüst! Komm, stell mich auf deine Schultern, ich werde sie ein bisschen kämmen!"

Mit einem beinernen Kamm versuchte es, das borstige Haar zu strählen; aber es war nur ein Kamm für Menschen, viel zu klein und fein für Keulemanns struppigen Schädel.

Das Herumgekrabbel der kleinen Hände kitzelte ihn, und er musste so lachen, dass das Menschenkind sich rasch an seinem Ohr festhalten musste, um nicht hinabzufallen. „Halt still!", rief es hinein, und „Ho, ho, ho!", lachte der Riese weiter, und das klang so, dass ein Wanderer unten im Tal eilends floh, weil er ein Gewitter über sich glaubte.

„Komm!", sagte Keulemann, fasste das Kind vorsichtig mit zweien seiner riesigen, dicken Finger und setzte es wieder auf seine linke Handfläche. „Mit meinen Haaren wirst du doch nicht fertig, die müssen schon bleiben, wie sie sind! Aber weil du das erste Menschengeschöpf bist, das sich vor mir nicht fürchtet und gut zu mir ist, will ich dir etwas zeigen, das noch kein Menschenauge gesehen hat! Fürchte dich nicht, ich trage dich sicher!"

Mit den Fingern der linken Hand umschloss er behutsam seinen kleinen Gast, dass nur das Köpfchen hervorlugte, stützte sich mit der rechten auf seine Keule und stand nach fünf Riesenschritten vor dem Eingang der Zwergenhöhle.

Auf sein Pochen tat sich ein Spalt in der Felsenwand auf. Ein Wichtlein lugte heraus, trat zurück, der Spalt öffnete sich breit und immer breiter, wuchs in die Höhe und wurde so hoch, dass Keulemann ihn aufrecht durchschreiten konnte. Hinter ihm schloss er sich wieder lautlos und wurde zu grauem Fels, ohne jede Öffnung. Der Riese stellte das Menschenkind auf den Erdboden nieder. „Hier bist du im Reich der Zwerge!", sagte er. „Sieh dich gut um! Noch nie durfte einer von den Irdischen droben es betreten! Sie gieren alle nur nach Gold und Glanz und würden es zerstören!"

Die Zwerge hatten sich ringsum an den Wänden der Höhle aufgestellt und begrüßten mit tiefer Verneigung ihren Herrn. Der winkte nur, und aus der Reihe trat ein Zwerg, fasste Goldköpfchens Hand und führte es nun durch die Riesenhöhle mit ihren Gängen und Seitenhöhlen, dass es aus dem Staunen und Schauen nicht herauskam.

Die Zwerge waren inzwischen wieder an ihre Arbeit gegangen. Hier meißelten etliche aus dem Fels eine neue Höhle, dort schmiedeten andere aus Silber wunderbare Gefäße, wieder andere stemmten mit heißem Bemühen Edelsteine aus der Wand. Diese wurden in einen Raum gebracht, der noch tiefer als die Haupthöhle lag; dort wurden sie unter ohrenbetäubendem Geräusch zu herrlichen Kristallen geschliffen.

Das Wunderbarste aber war, dass ein geheimnisvolles Licht die ganze Höhle erfüllte. Man sah keine Lampe, keine Laterne, keine Fackel, und doch war es hell, eine sanfte Helle, die gleichwohl so stark war, dass die Zwerge auch die feinsten Arbeiten bei ihrem Schein ausführen konnten. Wohl gab es Seitengänge, deren Öffnungen dunkel drohten; sobald aber Goldköpfchen an der Hand ihres kleinen Führers einen solchen betrat, erhellte ihn sofort das wunderbare Licht, von dem es sich nicht erklären konnte, woher es kam. Es hätte noch viel zu schauen gegeben, aber da fiel ihm plötzlich wieder sein großer Freund, der Riese, ein. Kaum hatte es den Gedanken an ihn gedacht, da fand es sich plötzlich wieder droben auf dem Berg, saß auf der gewaltigen Hand, große gute Augen sahen es an, und eine tiefe, aber sanfte Stimme sagte: „Nun schlaf!"

Und da schlief es auch schon. Als es erwachte, lag es mitten unter Blumen auf der Wiese vor seinem Heimathaus und hielt in der rechten Hand einen wunderbar funkelnden Stein - da wusste es, dass alles, was es geschaut und erlebt hatte, kein Traum gewesen war.

Weit in der Ferne aber, dort, wo die hohen Berge ragten, saß Keulemann auf seinem Felsblock, stützte die Hände auf seine Keule und schaute ins Land hinein. Er war nicht mehr traurig - ein Menschenkind war gut zu ihm gewesen!

Hilda Heller

Abenteuer

Endlich sind die Ferien gekommen. Es ist Sommer, herrlich warmer Sommer. Peter und Traudl sind zum Onkel Förster aufs Land gefahren. Das ist ein Erlebnis für die Stadtkinder. Gleich hinter dem Haus ist der Wald und davor liegt noch eine kleine Wiese voll Blumen und wippenden Gräsern. Traudl ist rein närrisch vor Freude. Schon am andern Morgen springt sie singend hinein in das grüne Wiesenreich und pflückt die weißen Sternblumen, die Glöckchen und die Federnelken. Sie hat schon einen großen Strauß beisammen. Aber noch immer kriegt sie nicht genug. Und wie sie so herumspringt, bemerkt sie, dass die Blumen ganz welk geworden sind. Auf einmal hat sie damit keine Freude mehr. „Sie sind gar nicht mehr schön", denkt sie und wirft sie mitten hinein ins Gras. Dann pflückt sie emsig weiter, bis sie wieder einen Strauß beisammen hat. Aber vom vielen Herumspringen ist sie müde geworden. Die Sonne scheint heiß und die Luft ist voll von würzigem Duft. „Ich will mich ein wenig hinsetzen", denkt sie. Schläfrig blinzelt sie in die flirrende Luft ...

Auf einmal aber ist sie hellwach. Sie sieht eine lichte Gestalt durch die Wiese schreiten.

Wiesengrund

Ihr grünes Gewand ist mit Blumen bestickt und auf dem Haupt trägt sie einen Blumenkranz. Ein ganzer Schwarm von Schmetterlingen fliegt ihr voran. Die Grillen zirpen laut und die Bienen summen. Traudls Augen werden ganz groß vor Staunen, denn die Schöne kommt direkt auf sie zu. Aber auf dem Weg bückt sie sich immer wieder und hebt die welken Blumen auf, die Traudl vor kurzem weggeworfen hat. Und immer mehr blinkende Tropfen fallen aus den Augen der Frau auf die Blumen hernieder, so dass sie schimmern, als läge Tau auf ihnen.

Traudls Herz pocht ganz laut. Sie fühlt auf einmal den Schmerz, den die Frau um die Blumen trägt. Sie will aufspringen und fortlaufen, aber ihre Füße versagen den Dienst und sie kann keinen Schritt tun. Da bleibt die holde Erscheinung stehen und klatscht in die Hände. Plötzlich öffnen sich die Blumen ganz weit und winzige Geschöpfchen fliegen daraus und eilen zu ihr hin. Ein jedes trägt ein hauchfeines Hemdchen, in der Farbe der Blumen, aus denen sie gekommen sind. „Ihr Blumenelfen, herbei, herbei!", ruft die Frau. „Was willst du, liebe Wiesenfee?", fragen die Elfen. „Wir müssen unser grünes Reich verlassen", sagt die Fee ganz traurig. „Verlassen?", rufen die Elfen bang. „Wir sind unseres Lebens hier nicht mehr sicher", spricht die Fee weiter. „Kinderhände bedrohen uns. Seht, diese Blumenschwestern habe ich auf dem Weg gefunden. Ein unverständiges Herz hat sie achtlos fortgeworfen, statt sich an unserem Blühen zu erfreuen und uns mit Wasser zu erfrischen."

„Wer hat es getan?", rufen die Elfen zornig. „Rufe doch die Käfer, Ameisen, Hummeln und Bienen auf, dass sie uns rächen!"

Da erhebt sich Traudl wie unter einem Zwang. „Ich habe es getan", sagt sie ganz leise. „Ich habe die Blumen weggeworfen, weil sie welk geworden sind. Ach, zieht nicht fort von der Wiese! Bleibt hier! Ich will euch nimmermehr erzürnen." Erschreckt flattern die Elfen auf, doch die Fee winkt lächelnd mit der Hand. „Bleibt!", ruft sie. „Und Traudl wollen wir vergeben. Wir trauen ihren Worten. Sie wird kein zweites Mal achtlos Leben vernichten."

Traudl nickt bestätigend. Aber dann erschrickt sie und es fällt ihr ein, wie schwer sie ihr Versprechen halten wird. Die Wiesenfee aber liest in ihrem Herzen. Sie sagt: „ Ein Sträußchen, in Freuden gepflückt, wollen wir dir nicht verwehren. Aber dann sorge auch, dass es nicht unnütz geschieht und sich auch andere Augen daran laben. Wir blühen ja nicht nur zu eurer Freude, sondern in uns liegt Himmelsglanz weltferner Weiten." Und damit reicht sie ihr den Strauß, den sie vom Boden aufgelesen hat. Aber siehe, die Blumen sind morgenfrisch und taubenetzt, kein welkes Blättlein ist an ihnen.

„Und damit du Augen hast zum Sehen, was hinter den Dingen ist, und Ohren hast zum Hören, was anderen verschlossen ist, will ich dich durchs Wiesenreich geleiten", sprach die Fee und gab dem Kinde die Hand.

Da fliegen die Elfen - husch - fort, zurück in ihre Blumenhäuslein, die Schmetterlinge gaukeln selig durch die Luft und die Bienen und Hummeln tummeln sich davon.

Und es flüstern die Blumen und Gräser miteinander, kichern und reden; die Kleerosen werden rot vor Freude, als die Bienen ihren Honigseim loben; die Vergissmeinnicht schwätzen mit den kleinen Bläulingen; Spinnlein kriechen zwischen den Gräsern und spannen ihre kunstvollen Netze aus. Sie sagen zu dem Kinde:

„So stricke ich wohl Tag um Tag,
damit ich was zu fressen hab'!"

Und die Bienen summen: „Nur kein Honigtröpfchen vergessen! Sum, sum, schaut euch nur tüchtig um!"

Die Grillen zirpen: „Hei didedum, hei didedum, heut' geht's lustig bei uns um!" Und ein Laubfrosch sitzt auf einem Blatt und quärrt:

„Schön Wetter, schön Wetter ist heut',
aber es ist fraglich, ob's bis zum Abend so bleibt!"

Darüber muss Traudl lachen. Nein, so etwas! Sagt der kleine Kerl eine Wettervorhersage an! Die ganze Wiese ist voll Leben und voll kleiner Wesen. Alle gehen ihrer Arbeit nach: Die Ameisen ziehen die Straße entlang; die Käferlein schleppen die Nahrung nach Hause; die Sandbienen brummeln und tragen emsig Blütenstaub heim und der Wind klingelt an den Glockenblumen und pustet die Wollschöpfchen des Löwenzahns in die Höhe und treibt die Samenkörnchen von Blüten und Gräsern weit umher, damit sie wieder zu neuem Leben erstehen können.

„Wie schön, wie wunderschön ist doch dein Wiesenreich!", ruft Traudl und blickt sich nach der Fee um. Aber die ist nicht mehr da. Nur die Luft flirrt vom Sonnenschein und ein wundersamer Duft liegt über den zierlichen Gräsern.

Und da ... richtet sich Traudl auf. Sie reibt sich verwundert die Augen. Was hat sie nur gesehen? Was hat sie jetzt erlebt? War's wahr? War's nur erträumt? - Jedoch zu ihren Füßen liegt ein Blumenstrauß, morgenfrisch und taubenetzt.

„Es war ein Abenteuer im Wiesenreich", sagt sie, „ein richtiges Abenteuer. Und wie ich es erlebt hab', so will ich's künftig halten." Damit springt sie auf, nimmt sorgsam die gepflückten Blumen und geht achtsam durch das hohe Gras nach Hause. Und auf dem Mittagstisch, da steht der bunte Blumenstrauß, allen zur Freude und Traudl zur Mahnung.

In ihrem ganzen Leben hat sie aber hinter allen Dingen gesehen und gelauscht, was anderen verschlossen war. Und ihr Herz war offen und ihr Gemüt voll Freude und Dankbarkeit.

Von Liane Keller

Christian

Christian lebte mit seiner Mutter und mit seinen vier Geschwistern in einem uralten kleinen Häuschen auf einem Hügel am Waldrand. Obwohl die sechs Menschen oft große Not litten, waren sie doch immer lieb und freundlich zueinander, und man hörte bei ihnen nie ein böses Wort. Vor dem Einschlafen las oder erzählte Christian seinen Geschwistern immer schöne Geschichten. Gerade als die Kleinen viel von den guten Taten der Heinzelmännlein erfahren hatten, brach ein heftiger Regen aus den Wolken. Er drang durch das morsche Schindeldach und tropfte in die Betten der Kinder.

Da schrien sie vor Schreck, die arme Mutter weinte bitterlich, und Christian rief: „Nun müssten uns die Heinzelmännlein helfen!" - „Wir wissen die alten Zaubersprüche, die sie herbeirufen, nicht mehr!", klagte die Mutter. „Dann müsste man neue ersinnen und versuchen!", sagte Christian nachdenklich - und plötzlich sprang er auf und war schon zur Tür hinaus.

Draußen prasselte der Regen nieder, aber Christians Stimme übertönte ihn, als der Knabe laut gegen den Wald rief: „Heinzelmännlein, schaut doch nach! Regen tropft durch unser Dach, denn im Dach ist Loch an Loch! Heinzelmännlein, helft uns doch!" - Er stand ein Weilchen und wartete. - Da kam es aus dem Wald heraus und gegen die Hütte zu wie ein Gewimmel von hundert Waldmäuslein. Es waren aber lauter kleine Männlein mit grauen Bärten, die eilig dahergelaufen kamen. Voran eines mit schneeweißem Bart und Haar, das hatte eine Krone wie eine Haube mit einem goldenen Band festgebunden, damit es sie beim Laufen nicht verliere. Es war dies der Älteste und König der Heinzelmännlein, und er rief atemlos: „Christian, willst du dir heute reichen Lohn verdienen? Ihr Menschen könnt etwas sehr Schönes, ihr könnt die Worte so wählen, dass sie wunderlieblich zueinander klingen. ‚Dichten' nennt ihr diese Kunst. Wir Heinzelmännlein wollen sie auch erlernen, und du sollst unser Lehrer sein!"

„Gut", sagte Christian, „fangen wir gleich mit dem Unterricht an! Was klingt gut zu dem Wort ‚Dach'?" - „Ein Rauchfang und ein Storchennest!", schrie Heinzelmann Allzugroß, der zwar der Längste, aber nicht der Klügste der Schar war. „Zu Dach passt Bach", sagte Winzig, das kleinste Männlein. „Sehr gut!", lobte Christian. „Und nun versuchen wir gleich, einen Vers daraus zu machen!"

Wieder wusste Männlein Winzig gleich Bescheid: „Das Fischlein schwimmt im Bach, das Vöglein fliegt aufs Dach!" - „Sehr begabt! Wer weiß, was sich auf ‚Berg' reimt?", fragte Christian weiter, und „Zwerg" jubelten alle Männlein. Winzig aber hatte schon sein Verslein fertig:

„Es wohnen hundert Zwerge auf diesem grünen Berge!"

Trotz seines hohen Alters machte der König einen Freudensprung und schrie vergnügt: „Wir erlernen es! Wir erlernen es!"

„Ihr seid mit den Waldmäuslein so innig befreundet!", sagte Christian. „Wir wollen jetzt ein Gedicht über das traurige Schicksal ihrer Vettern, der Haus- und Feldmäuslein, machen. Ich fange an, ihr macht dann immer den Reim dazu:

„Das Mäuslein klagt mit Schmerz und Trauer:

Die weiße Katz sitzt auf der" - „Mauer", rief Heinzelmann Winzig.

„Die weiße Katz liegt auf der" - „Lauer", schrien alle zugleich.

„Und Fallen stellt mir auf der ... B... B... Bau... Bau... Bauer", stotterte Heinzelmann Allzugroß, nachdem ihm alle eingesagt hatten.

und die Heinzelmännlein

„Ich armes Mäuslein fühl's mit Schauer: Mein Leben ist von kurzer Dauer!" - Diesen schönen Schlussvers sagte der kleine Winzig ohne zu stocken. Alle Männlein weinten vor Mitleid, dann rief der Heinzelmännleinkönig begeistert: „Christian, du warst uns ein vorzüglicher Lehrer, du bekommst jetzt deinen ..."

Aber Winzig drängte sich wieder aufgeregt vor und sprach fließend in Reimen:

„Geh nun ins Haus hinein, wir dichten jetzt allein, wir können's wirklich schon! Du kriegst jetzt deinen Lohn, doch sprecht von uns kein Wort, sonst ist der Zauber fort!"

Da lief Christian schnell ins Haus, denn er fror von seinem blonden Schopf bis hinab zu seinen kleinen Zehen. Kaum aber war er im Haus, fing auf dem Dach ein Geklopfe und Gepolter an, dass die Mutter erschrocken rief: „O Gott, jetzt schlägt uns der Hagel das Dach ganz entzwei!" Aber Christian murmelte: „Keine Sorge! Die Heinzelmännlein bessern das Dach aus! Aber ihr dürft es niemand verraten!" - Dann schlief er fest ein.

Am nächsten Morgen, lieber Gott, war das ein Jubel! Statt des alten Schindeldachs lag ein blitzblankes rotes Ziegeldach auf dem Haus, und die alten Mauern waren säuberlich ausgebessert und geweißt.

Die Nachbarn kamen und forschten, aber Christian und seine Mutter verrieten nicht, wer ihnen geholfen hatte.

Doch bald war wieder Not im Haus: Durch die Löcher in den Schuhen der Kinder drängten die Zehlein hinaus, in Nässe und Schnee. Da packte Christian das ganze zerrissene Schuhzeug, stellte es vor die Tür und rief wieder flehentlich ein Sprüchlein:

„Heinzelmännlein, kommt herzu! Bitte, flickt uns unsere Schuh!"

Und am nächsten Tag standen herrliche, feste Schuhe vor der Tür. Als dann die Ellbogen der Kinder durch die Jöppchen guckten und die Knie durch Höslein und Strümpfe, und Mutters Flickflecke gar nicht mehr haften wollten an dem mürben Zeug, da hängte Christian die armseligen Lumpen vor die Tür und bat:

„Heinzelmännlein, kommt herbei, bitte, macht das Alte neu!" - Und am Morgen hing gutes, festes Gewand dort.

Mit solchen Kleidern und Schuhen ist es aber wundersam bestellt: Sie wachsen mit den Menschen, die sie geschenkt bekommen, und sie passen für jede Gelegenheit. Sie sind fest und derb bei der Arbeit - und zierlich und schmuck an Feiertagen. Wenn aber ein fauler böser Mensch sich Heinzelmännleinschuhe stibitzt, fangen sie auf der Straße an zu stolpern und zu rutschen und werfen den Dieb in die garstigste Pfütze. Und auf einer Leiter werden sie schwer wie Blei, dass die Sprosse bricht, der Faule herunterpurzelt und sich die Nase blutig schlägt. Einmal meinte Christians Schwesterchen Susi, die ein wenig bequem war: „Mutter, warum plagst du dich so? Die Heinzelmännlein sorgen doch für uns!" - Aber da kam sie bei der Mutter schön an: „Nur den Braven und Fleißigen helfen sie!", rief die Mutter zornig. „Nie darf mein Christian sie um eine Arbeit bitten, die ich selbst verrichten kann!"

Das war brav gesprochen. Die Heinzelmännlein fanden immer mehr Gefallen an den Leuten auf dem Hügel - und das kleine Hüttlein dort wuchs genauso wie die Heinzelmännleinkleider und -schuhe. Und wenn ihr jetzt zu dem Hügel kommt, seht ihr droben einen prächtigen Bauernhof. Ringsum sind reiche Felder, und im Obstgarten reifen herrliche Früchte. Das Vieh in den Ställen gedeiht und das Geflügel im Hühnerhof. Christian, der stattliche Bauer, schreitet bedächtig hinter dem Pflug. Er und seine Geschwister halten noch immer in Arbeits- und Feierstunden fest und treu zusammen - und das ist der stärkste Zauber für ihr Glück und ihren Frieden!

Elisabeth Grätz-Sturm

DREI SACKE VOLL Lügen

Es war einmal ein Bauer, der hatte drei Söhne. Der Jüngste hieß Hans. – Eines Abends kam ein altes Männchen auf den Hof und bat um Nachtquartier. „Nein", brummte der Bauer, „ich habe keinen Platz."
„Ach, Vater", sagte Hans, „er kann doch oben in der Scheune schlafen."
„Meinetwegen", sagte der Bauer, „wenn du morgen alles wieder in Ordnung bringst." – „Das will ich", sagte Hans.
Der alte Mann schlief also die Nacht über oben in der Scheune und ging am andern Morgen fort. Aber als Hans nun seine Lagerstätte wieder in Ordnung bringen wollte, hatte das der alte Mann schon selbst getan und oben drauf lag ein schöner Beutel voll Geld. „Oh", dachte Hans, „den hat der alte Mann hier vergessen. Wirst ihm nachlaufen; sehr weit kann er noch nicht sein."
Er holte ihn auch bald ein. „Hier", sagte er und hielt ihm den Beutel hin, „den habt Ihr in der Scheune liegen lassen."
„Ja, mein Sohn", sagte der alte Mann, „den habe ich liegen lassen, aber mit Absicht. Den sollst du haben, weil du ein gutes Wort für mich eingelegt hast."
„Nein", sagte Hans, „dafür nehme ich kein Geld."
„Also gut", sagte der alte Mann, „dann darfst du dir etwas wünschen!"
„Wünschen?", rief Hans. „Ach, dann wünsche ich mir, dass hinter unserm Haus ein schöner Feigenbaum wüchse."
„Schön", sagte der Alte. „Geh nur nach Hause, der Feigenbaum steht schon dort. Und die Feigen daran sollen ganz besondere Feigen sein. Wenn jemand krank ist und kein Doktor ihm mehr helfen kann, dann sollst du ihn mit den Feigen wieder gesund machen."
Als Hans heimkam, guckte er gleich aus dem Fenster. Wahrhaftig, da stand im Garten ein großer Feigenbaum, voll von den schönsten Feigen. – „Vater!", rief er. „Sieh doch! Da haben wir im Garten einen wunderschönen Feigenbaum!"
„Bub, willst du deinen Vater zum Narren halten?", rief der Vater. Aber Hans ließ nicht nach, der Vater musste kommen und schauen. „Wo kommt denn der her?", rief er ganz verwundert.
„Ja, Vater, den habe ich mir gewünscht", sagte Hans. Und nun erzählte er, wie es mit dem alten Mann zugegangen war, und was es für eine Bewandtnis mit dem Feigenbaum habe.
Nun war gerade zu der Zeit die Königstochter so krank, dass kein Doktor ihr helfen konnte. Der König hatte einen Aufruf erlassen, wer seine Tochter gesund machen könne, der solle sie zur Frau haben und selber König werden.
Da sagte der älteste Sohn des Bauern: „Vater, ich will mir einen Korb voll Feigen pflücken und die Königstochter gesund machen."

Unterwegs begegnete ihm der alte Mann. „Nun, mein Sohn", sagte er, „was hast du denn in deinem Korb?"
„Schafsrosinen!", sagte der Bursche grob und ging weiter.
„Dann sollen es Schafsrosinen bleiben", sagte der alte Mann.
Nun kam der Bursche vor das Königsschloss; da stand ein Posten.
„Wo willst du hin?", fragte der Posten.
„Ich will zur Königstochter", sagte der Bursche. „Ich habe Feigen in meinem Korb, mit denen will ich sie gesund machen."
„Dann wirst du wohl ein gutes Trinkgeld bekommen?", fragte der Posten.
„Das kann wohl sein", sagte der Bursche.
„Willst du mir die Hälfte abgeben? – Sonst lass ich dich nicht durch."
„Ja", sagte der Bursche, „die sollst du haben."
Nun wurde er angemeldet und kam vor den König. Er musste seinen Korb aufmachen, und was hatte er drin? – Schafsrosinen!
„Unverschämter Kerl!", sagte der König böse. „Fünfundzwanzig hinten drauf! Und sofort!"
„Ja", sagte der Bursche, „der Posten draußen wollte die Hälfte davon haben."
„Die soll er auch kriegen!", schrie der König.
Der Posten wurde geholt – und so bekam er die Hälfte und der andere auch die Hälfte von den fünfundzwanzig. Und dann konnte der Bursche wieder gehen. Unterwegs dachte er: „Wenn ich das zu Hause erzähle, lachen sie mich noch obendrein aus. Mag sich mein Bruder lieber auch noch seine Schläge holen."
Als er heimkam, fragten sie ihn natürlich, wie es ausgegangen war, und da sagte er: „Ach, ganz gut, aber die Prinzessin hat noch nicht genug Feigen. Sie braucht noch mehr."
So packte sich am andern Morgen der zweite Sohn einen Korb voll und ging zum Königsschloss. Unterwegs traf er auch den alten Mann.
„Nun, mein Junge", fragte der, „was hast du denn in deinem Korb?"
„Pferdeäpfel!", sagte der grob.
„Dann lass es Pferdeäpfel bleiben", sagte der alte Mann.
Als der Bursche zu dem Posten kam – es war ein anderer –, fragte der:
„Wo willst du hin?"
„Zur Königstochter! Ich bringe ihr einen Korb voll Feigen."
„Bekommst du sicher ein gutes Trinkgeld?", fragte der Posten.
„Das werde ich gewiss."
„Dann musst du mir die Hälfte abgeben", sagte der Posten, „sonst lasse ich dich nicht durch."
„Sollst du haben", sagte der Bursche.
Als er vor den König kam, musste er seinen Korb aufmachen, und was hatte er drin? – Pferdeäpfel!
„Ei, das ist doch zu arg!", schrie der König. „Gestern war einer hier und heute kommt wieder einer! Ihr Bengel seid wohl ganz und gar von Gott verlassen? Heda! Wache! Fünfzig hinten drauf, aber voll und gut gezählt!"
„Ja", sagte der Bursche, „der Posten draußen wollte die Hälfte davon haben."
Da kriegte der Posten fünfundzwanzig und der Bursche fünfundzwanzig, und dann konnte er nach Hause gehen.
„Auweh!", dachte er, als er aus dem Schloss herauskam, „das ist aber eine böse Sorte Feigen. Aber nun soll sich Hans auch einmal auf den Weg machen. Der soll sich auch einen Buckel voll holen."
„Na, wie ist's gegangen?", fragte ihn der Vater, als er zurückkam. „Ach, ganz gut", sagte er, „aber die Königstochter ist noch nicht ganz gesund, sie will noch mehr Feigen."
„Dann will ich morgen einen Korb voll hinbringen", sagte Hans.
Dem begegnete auch der alte Mann. „Na, mein Junge, was hast du denn da in dem Korb?"
„Feigen", sagte Hans. „Feigen von unserem Feigenbaum. Mit denen will ich die Königstochter gesund machen."
„Dann geh nur hin", sagte der alte Mann. „Es sollen auch Feigen bleiben."
Als Hans zu dem Posten kam, schaute der ihn nur an. Es hatte sich inzwischen bei den Soldaten herumgesprochen, wie es ausgegangen war, wenn da ein Bursche mit einem Korb kam und zur Königstochter wollte. Hans durfte gleich ins Schloss.
„Mach deinen Korb auf", sagte der König. „Du bist nun der Dritte."
Aber was waren es für schöne Feigen, die der König nun zu sehen bekam! Die Königstochter aß ein paar davon, da wurde ihr gleich besser, und als sie noch einige verspeist hatte, war sie ganz und gar gesund.
„Ja, mein Lieber", sagte der König, „das ist nun schön und gut, aber zur Frau kann ich dir meine Tochter noch nicht geben; du musst morgen früh noch einmal wiederkommen. Ich habe hundert Hasen im Turm, die musst du hüten. Und dann habe ich einen Esel, auf dem musst du hintendrein reiten. Wenn du die Hasen einen Tag lang hüten kannst und mit allen hundert abends wieder heimkommst, dann sollst du meine Tochter haben."
„Zum Kuckuck", brummte Hans vor sich hin, „eine Sache ist das mit Königen!" –

238

„Na", fragten sie ihn, als er heimkam, „wie ist's gegangen?" Sie dachten natürlich, er hätte auch seine Prügel gekriegt.

„Ganz gut soweit", sagte Hans, „aber ich muss morgen nochmal hin und dem König seine hundert Hasen hüten."

„Da hast du ja nicht wenig zu tun", lachten die andern. „Du kannst ja nicht einmal Schweine hüten."

Am andern Morgen zog Hans los. Der alte Mann begegnete ihm wieder. „Na, mein Freund", sagte er, „wo willst du denn heute hin?"

„Der König will mir seine Tochter noch nicht geben", sagte Hans, „ich soll ihm erst seine hundert Hasen einen Tag lang hüten und auf einem Esel hinterdrein reiten. Aber das geht doch sicher nicht."

„Lass den Kopf nicht hängen!", sagte der alte Mann. „Lass die Hasen laufen, wohin sie wollen. Hier hast du eine kleine Flöte. Wenn du darauf spielst, sind die Hasen im Augenblick wieder beisammen."

Hans kam nun zum König. Da wurden ihm seine hundert Hasen herausgelassen aus dem Turm. Dann bekam er seinen Esel. Er setzte sich darauf und ritt nach der Koppel, wo er die Hasen hüten sollte. Als er hinkam, war natürlich nicht ein Einziger mehr zu sehen. Hans nahm seine Flöte, blies ein bisschen - schwupp! - da waren alle hundert Hasen wieder da und wimmelten vor ihm herum.

Der König, seine Frau und seine Tochter sahen aus dem Fenster zu, wie Hans mit seinem Hasenhüten zurecht kam. Und sie hatten zu staunen: Alle Hasen waren da.

Da sagte der König: „Das geht, wie scheint, nicht gut. Der Bursche ist uns überlegen. Geh du jetzt hin", sagte er zu seiner Tochter, „und sieh zu, dass du ihm einen Hasen abkaufen kannst, damit er nicht mit allen hundert heute Abend wiederkommt."

Die Königstochter verkleidete sich als Bauernmädchen und kam mit einem Korb zu Hans.

„Willst du mir nicht einen Hasen verkaufen?"

„Nein, Mädel", sagte Hans. „Verkaufen will ich dir keinen. Aber wenn du mir einen Kuss geben willst, dann werde ich dir einen schenken!"

Gott bewahre! Solch ein Kerl! Was der nur glaubt!

„Nein", sagte sie, „du bist wohl nicht recht bei Trost!"

„Na, dann nicht!", sagte Hans.

Sie wollte aber doch gern einen Hasen haben, und am Ende überlegte sie sich: „Da ist ja niemand, der es sieht; also los! Wenn ich nur einen Hasen bekomme!" Und - schwupps! - gab sie Hans einen Kuss.

Da fing Hans einen Hasen und setzte ihn in ihren Korb. Und sie zog mit dem Hasen im Korbe ab. Wie sie aber auf halbem Wege zum Schloss war, nahm Hans seine Flöte und blies - rutsch! sprang der Hase aus dem Korb heraus und sauste wie der Wind zur Hasenherde zurück.

Nun kam aber die Frau Königin! Sie hatte sich als Bauersfrau verkleidet, damit Hans sie nicht erkennen sollte, und wollte ihm auch einen Hasen abkaufen.

„Nein", sagte Hans, „verkaufen will ich keinen, aber wenn Ihr mir einen Hasen einen Kuss gebt, dann schenke ich Euch einen."

Einem einen Kuss geben? Nein, das wollte die Frau Königin natürlich nicht. Aber mit Hans war nichts anzufangen. Er blieb dabei. Und zuletzt dachte die Frau Königin: „Was tut's? Es sieht ja keiner und ein Kuss ist rasch gegeben."

Schwupps - bekam der Hase einen Kuss. Und so legte Hans den Hasen in ihren Korb.

Aber es ging ihr wie ihrer Tochter. Sie war kaum am halben Heimweg, da flötete Hans und schon kam der Hase zurück zu den andern.

Nun musste wohl der König selber ausziehen. Er kleidete sich als Jäger, und so kam er zu Hans.

„Donnerwetter, mein Bursche", fing er an, „was hast du da für einen Haufen Hasen! Und ich bin schon den ganzen Tag auf der Jagd und habe keinen einzigen zu sehen bekommen. Verkauf mir einen, damit ich doch nicht ganz ohne Beute heimgehen muss."

Aber Hans wollte keinen verkaufen. „Gebt meinem Esel einen Kuss", sagte er, „dann schenke ich Euch einen."

Na, ein König, und dann einem Esel einen Kuss geben! - Aber Hans ließ nicht mit sich handeln. „Entweder Ihr tut es, oder Ihr kriegt keinen Hasen."

„Hol's der Kuckuck!", dachte der König. „Es sieht ja keiner." Und schwupp - da hatte der Esel einen Kuss sitzen.

Schon packte ihm Hans einen Hasen in seine Jagdtasche und der König marschierte ab. Er war aber nicht weit gekommen, da flötete Hans - und husch! - war der Hase aus der Tasche heraußen und wieder bei den anderen.

Dann wurde es Abend und wahrhaftig! Da kam Hans auf seinem Esel angeritten und trieb die Hasen vor sich her. Sie wurden gezählt, es stimmte genau: Alle hundert Hasen hopsten in den Turm.

„Nun, Hans", sagte der König, „das hast du ja gut gemacht. Aber meine Tochter kannst du noch nicht haben. Du musst morgen noch einmal wiederkommen. Ich habe drei große Säcke nähen lassen, die musst du voll lügen bis obenhin. Wenn du auch das kannst, sollst du meine Tochter haben."

Hans ging heim. Unterwegs begegnete ihm wieder das alte Männchen. „Na, Hans", sagte es, „du siehst ja so trübselig drein. Was ist denn nun wieder los?"

„Ja", sagte Hans, so und so, und erzählte ihm alles.

„Da lass nur den Kopf nicht hängen!", sagte der alte Mann. „Die drei Säcke, die wirst du ganz leicht voll bekommen", und er sagte ihm, wie er es anstellen solle.

Am andern Morgen kam Hans wieder aufs Schloss. „Nun, Hans", sagte der König, „wirst du es fertig bringen, drei große Säcke voll zu lügen?"

„Ja", sagte Hans, „aber die Frau Königin und die Prinzessin und der ganze Hofstaat müssen dabei sein und zuhören. Sonst geht das nicht."

Damit war der König einverstanden und hieß seine Frau und seine Tochter und den ganzen Hofstaat sich oben im Saal versammeln. Dann wurden die drei Säcke gebracht und der König sagte: „So, Hans, hier sind die drei Säcke, nun also los!"

„Ja, Herr König", sagte Hans, „als ich gestern meine hundert Hasen hütete, draußen bei der Koppel - wahr ist es natürlich nicht, ich soll ja lügen -, also da kam die Prinzessin zu mir und wollte einen Hasen kaufen. Sie dachte ja, ich würde sie nicht erkennen, aber ich erkannte sie ganz gut. Und da sagte ich zu ihr, verkaufen könne ich ihr keinen Hasen, aber wenn ..."

„Bind zu, bind zu, bind zu!", rief die Königstochter. „Der Sack ist voll!"

Und damit nahm Hans den ersten Sack und band ihn zu.

„Ja, und nachher", sagte Hans, „wahr ist es ja nicht, ich soll doch lügen -, nachher kam die Frau Königin zu mir. Die wollte auch einen Hasen abkaufen. Sie hatte sich auch verkleidet, sie dachte auch, ich würde sie nicht erkennen, aber ich erkannte sie ganz genau. Da sagte ich zu ihr, verkaufen könne ich ihr keinen Hasen, aber wenn sie einem Hasen ..."

„Bind zu, bind zu, bind zu!", rief die Königin. „Der Sack ist voll!"

Da band Hans auch den zweiten Sack zu.

„Ja, und zuletzt", sagte Hans, „- wahr ist es natürlich nicht, ich soll ja lügen -, also zuletzt kam der Herr König selber zu mir und wollte mir auch einen Hasen abkaufen. Er meinte auch, ich kennte ihn nicht, aber ich kannte ihn sehr gut. Und ich sagte zu ihm, verkaufen könne ich ihm keinen, aber wenn er meinem Esel ..."

„Bind zu, bind zu, bind zu!", rief der König. „Der Sack ist voll!"

Und damit band Hans auch den dritten Sack zu.

Nun waren also alle drei Säcke voll und was blieb dem König übrig, er musste Hans seine Tochter zur Frau geben.

Und so ist Hans am Ende doch König geworden.

Altes Volksmärchen, erzählt von Kurt Schmeltzer

Es war einmal ein Königssohn, dem es in dem Reiche seines Vaters nicht mehr gefallen wollte. Die Gärten, die sich um das Königsschloss ausbreiteten, waren ihm nicht weit genug, die Blumen darin nicht schön genug, die Bäume nicht hoch genug, die Teiche nicht tief genug. Wenn er mit seinem Vater auf die Jagd ging, waren ihm die Hasen zu gewöhnlich, die Rehe zu wenig flink und die Vögel zu wenig bunt. Der König und die Königin merkten das wohl und waren darüber sehr traurig.

Um seinen Sohn zufrieden zu stellen ließ nun der König aus fernen Ländern fremdartige Pflanzen herbeischaffen und im Schlossgarten einsetzen. Da es ihnen zu kalt war, ließ er rund um sie ein gläsernes Haus bauen und Öfen darin aufstellen. In herrlicher Farbenpracht blühten nun darin auch im Winter die schönsten Pflanzen der Erde. Doch bald hatte sich der Königssohn satt gesehen. So schickte seine Mutter nach dem Süden in das Land der Mohren, ließ Löwen fangen und im Schlossgarten in Käfige einsperren. Doch nicht lange hatte der Königssohn mit ihnen Freude. –

Da schickte der König nach Osten in das Land der Chinesen und ließ aus dem Meere wundersame, bunt schillernde Fische fangen. In einem großen Wasserbehälter in der Halle des Schlosses sollten sie dem Königssohn Freude machen. Aber bald gefielen ihm auch die Fische nicht mehr. Da schickte die Königin in das Land der Inder nach einem riesigen Elefanten und ließ für ihn einen großen Platz im Schlossgarten einzäunen. Doch nur ein paar Tage lang staunte der Königssohn über dieses Tier; dann ging er wieder ruhelos und missmutig im Schloss umher.

Der König und die Königin sahen wohl, dass sie ihren Sohn nicht froh und zufrieden machen konnten. Das Hofgesinde erzählte es dem Volk. Dieses liebte den König und die Königin, denn sie waren weise und gut. Den Königssohn nannte es aber von da ab immer Prinz Unlust. Als das der Königssohn erfuhr, begann er nun auch das Volk zu hassen und verließ eines Tages heimlich das Schloss. Schönere Pflanzen und Tiere und auch freundlichere Leute werde er finden, dachte er – und ritt finsteren Blickes davon.

Das Pferd trabte Prinz Unlust zu langsam und weil er es fortwährend antrieb, warf es ihn ab und lief im Galopp zurück in das Reich seines Vaters. So war Prinz Unlust im tiefen Wald allein und als es finster geworden war, kam er zu einem ausgehöhlten Baum und kroch hinein. Er wunderte sich, wie weich und warm er lag. Da bewegte sich plötzlich etwas unter ihm und zwei Augen funkelten im Mondenschein neben ihm auf. So schnell er konnte, kroch er ins Freie. Hinter ihm kam ein Bär nach. Nur kurz war das Tier im hellen Mondlicht zu sehen – da warf es sein Fell ab und ein wunderschönes Mädchen stand vor ihm. Es hatte lange, dunkle Locken, große, sanfte Augen und sagte: „Erschrick nicht! Ich heiße Leonora und bin eine Königstochter. Viele Jahre musste ich als Bär hier im Walde elend leben, denn ich war aus dem Reiche meines Vaters davongelaufen. Unser Königreich liegt weit im Süden. Gerne möchte ich zurück und würde nie mehr undankbar gegen Vater und Mutter sein, doch haben mir Vögel die Nachricht gebracht, dass sie aus Gram gestorben sind." Nachdenklich und beklommen hörte Prinz Unlust zu. „Du hast mich erlöst", fuhr es fort, „wer bist du?" – „Ich bin ein Königssohn", antwortete Prinz Unlust, doch mehr konnte er nicht mehr sagen, denn als ihn das Mädchen an der Hand nahm, wuchs ihm über den Arm und dann über den ganzen Körper ein zottiges Fell und seine Stimme versiegte. Das Mädchen erschrak zutiefst. Es glaubte, es habe allein Schuld daran, dass nun aus dem Königssohn ein Bär geworden war, nachdem es ihn berührt hatte. „Ich will dich nicht verlassen", sagte es zu dem Bären und weinte bitterlich. „Du warst groß und schlank und deine hellen Augen und blonden Haare verrieten mir, dass du vom Norden bist. Vielleicht kann ich dich in deines Vaters Reich zurückführen, damit dir die weisen und gelehrten Männer an seinem Hofe deine vorige Gestalt wiedergeben."

Sie waren schon viele Tage hungrig und müde umhergeirrt, als sie plötzlich auf einer Anhöhe ein Schloss auftauchen sahen, das seine Türme in den roten

UNLUST

Abendhimmel streckte. Es war schon dämmerig, als sie vor dem Tore ankamen. Leonora bat die Wächter, sie mögen ihnen Einlass gewähren. „Dir schon, schöne Jungfrau", rief einer der Wächter, „aber den Bären da steche ich tot!" Und beide hielten ihm ihre Lanzen entgegen. Da kehrte der Bär um und lief davon. Das Mädchen, von dessen Schönheit sie geblendet waren, nahmen sie an den Armen und führten es zum Koch in die Küche. „Er ist schon alt und braucht Hilfe", sagten sie. Der Koch betrachtete das Mädchen und sagte: „Du kannst bei mir als Küchenmädchen arbeiten, wenn du brav und fleißig bist." Leonora versprach es und durfte sich in eine Kammer in ein warmes, weiches Bettchen legen. Da sie aber solches Mitleid mit dem Bären hatte, konnte sie nicht einschlafen. Sie ging zum Fenster und schaute in die Nacht hinaus. Der Bär war inzwischen nicht weitergelaufen, sondern hatte sich in der Dunkelheit zurückgeschlichen. Nun lag er, dicht an die Schlossmauer gedrängt, in einiger Entfernung von den Wachen im Grase. Aber auch er konnte nicht schlafen. Und so stellte er sich auf die Hinterfüße und versuchte über die Mauer in seines Vaters Garten zu schauen. Aber er war zu klein. Da streckte er sich, so sehr er konnte, und zog sich mit den Pranken an der Mauer hoch. So gelang es ihm sich ein Weilchen zu halten, bis er wieder hinunter ins Gras sank. Da aber gerade der Mond auf Leonoras Fenster schien, hatte er darin ihr helles Gesichtchen sehen können. So schlief er ruhig ein. Auch Leonora hatte seinen Kopf erblickt, denn das Mondlicht fing sich in seinen Augen und diese blitzten so stark auf, dass des Mädchens Blicke angezogen wurden. Sie war froh, ging vom Fenster und schlief sogleich ein.

Am nächsten Morgen erhob sie sich schon früh und half dem Koch in der Küche. Als er dann die leckeren Gerichte an des Königs Tafel trug, sammelte sie Speisereste für den Bären, schlich sich hinaus in den Garten und warf ihm diese über die Mauer. Der Bär kam immer wieder aus dem Wald zurück und wartete auf Leonora. Und wenn die Sonne am höchsten stand, kam sie und brachte ihm zu fressen. Leonora war inzwischen noch schöner geworden und weil sie so ruhig dahinschritt, so sittsam blickte und ihr Köpfchen so edel hielt, ließ sie der König rufen und fragte sie: „Wo warst du, bevor du zu unserem Koch in die Küche kamst, und wer bist du?" Das Mädchen antwortete: „Ich bin eine Königstochter. Aber weil ich aus dem Reiche meines Vaters davonlief, wurde ich in einen Bären verwandelt und musste viele Jahre lang im Walde leben." Des Königs Weise schüttelten den Kopf, seine Diener machten erstaunte Gesichter und auch der König wollte dem Mädchen nicht recht glauben. Doch da es so artig vor ihm stand und eine so feine Sprache hatte, ließ er es weiterreden. „Prinz Unlust hat mich erlöst", sprach Leonora, „doch irrt nun er als zottiges Tier im Wald umher und jeden Mittag werfe ich ihm Speisereste von Eurer Tafel über die Mauer!" - „Das ist zu viel!", rief des Königs ältester Gelehrter empört und zornig schafften die Diener das Mädchen aus dem Saale.

Davon erfuhr die Königin und wollte den Bären sehen. Sie ging mit Leonora, ihrem Gefolge und einigen Soldaten, die mit Lanzen bewaffnet waren, zu der Stelle der Mauer, an welcher Leonora täglich den Bären gefüttert hatte. Als nun die Königin fragte: „Wo ist der Bär?", erkannte dieser die Stimme seiner Mutter und fing laut zu weinen an. Die Königin wurde bleich und eine schreckliche Ahnung durchzog ihr Herz, aber sie wollte diese den Hofdamen und den Soldaten nicht kundtun. Da nahm sich Leonora ein Herz und sagte: „Er weint, weil er weiß, dass seine Mutter in der Nähe ist." Da lachten die Soldaten, dass ihre Harnische schepperten, und die Hofdamen spotteten und tuschelten empört durcheinander, dass es nur so schwirrte. Sie nannten Leonora ein recht albernes Küchenmädchen und fragten: „Wer von uns kann wohl die Mutter eines Bären sein?" Nur die Amme, die Prinz Unlust aufgezogen hatte und sein Weinen kannte, lachte nicht und nachdenklich sagte sie: „Das werden wir gleich sehen. Jede soll ihn fragen: ‚Bin ich deine Mutter?' Und er wird bei der richtigen seine Tatze herüberstrecken." - „So ein lustiges Spiel haben wir schon lange nicht gespielt!", riefen die Hofdamen und fragten der Reihe nach. Aber der Bär rührte sich nicht. Zuletzt fragte die Königin: „Bin ich deine Mutter?", und ihre Stimme erstickte in Tränen, so dass eine Stille unter den Hofdamen entstand und die Soldaten verdutzt dreinschauten. Sie konnten die Rührung der Königin nicht verstehen. Nur ganz leise flüsterten sie noch durcheinander und niemand wagte ein lautes Wort zu sagen. Von der anderen Seite der Mauer drüben hörte man deutlich ein Kratzen und Schaben. Der Bär wollte sich an der Mauer hochziehen, aber weil er vor Erregung zitterte, gelang es ihm nicht und er rutschte immer wieder herunter. Da befahl die Königin den Soldaten mit ihren Lanzen ein Loch in die Mauer zu bohren. Kaum hatten sie die Steine gelockert, streckte der Bär seine Pranke durch - ganz weit - und die Königin ergriff sie mit ihrer Hand. Die Hofdamen erschraken und die Soldaten scharten sich schützend um die Königin. Kaum aber hatte der Bär die Hand seiner Mutter umklammert, verlor er sein Fell und wurde wieder Prinz Unlust. Doch nein! Er war nicht mehr Prinz Unlust. Er war glücklich und froh und lief, so schnell er konnte, bis zu den Wachen und durch das Tor in den Garten. Die Königin kam ihm entgegen und hinter ihr Leonora, die Hofdamen und die Soldaten. Und der König kam aus dem Schloss und hinter ihm das ganze Hofgesinde. Glücklich und zufrieden lag er nun in den Armen seiner Mutter. Und als Leonora herangewachsen war, nahm er sie zur Frau. Alle hatten erkannt, dass sie die Wahrheit gesprochen hatte, und glaubten ihr auch, dass sie eine wirkliche Königstochter sei. Und als der König und die Königin gestorben waren, herrschten die beiden noch lange Zeit glücklich und zufrieden, gütig und weise über ihr Volk.

Annemarie Plessl

Das Geschenk am Waldwichtelsee

Der Winter war wieder ins Land gezogen, mit großer Kälte. „Pst, pst! Kommt her! Schaut, wer da sitzt, helft mir doch!", rief ein Waldwichtel seinen Brüdern zu, die eben den Schnee von ihrem Höhleneingang wegschaufelten. Gemeinsam hoben sie den vornüber gesunkenen Kopf des Mädchens, das zusammengekauert auf seinem Rucksack im Schnee saß. „Sie schläft! Wenn wir sie nicht wecken, wird sie hier erfrieren." - „Es ist Roswitha aus dem kleinen Häuschen jenseits des Sees." - „Das arme Kind! Wie oft schleppt sie den schweren Rucksack ins Dorf und kommt mit keinem leichteren zurück", so sprachen die Zwerge voll Mitleid durcheinander. „Was hat sie denn immer so schwer zu tragen?", fragte ein ganz Kleiner. „Ihre Mutter stickt und näht und flickt für's ganze Dorf, und davon leben sie, seit der Heger, ihr Vater, nicht mehr lebt."

„Haben ein recht armseliges Leben, die beiden!" - „Und doch sind sie immer fröhlich und hilfsbereit. Roswitha vergisst keinen Winter unsere Waldvögel, und auch den Hasen und Rehen streut sie immer Futter. Es ist ein gutes Kind! Holt schnell den Schlitten, wir bringen sie heim, zu ihrer Mutter!" Und schon hatte die Zwergenschar das Mädchen mit Sack und Pack auf einen Schlitten geladen, und flugs zogen sie über den zugefrorenen See dem Waldhäuschen zu.

Die Mutter hatte wohl schon viele Male den Weg entlanggeblickt, der um den See herumführte und auf dem ihr Kind kommen musste. Es begann schon dunkel zu werden. Roswitha kam doch sonst nie so spät. Voll Bangen nahm die Frau das dicke Wolltuch um und wollte eben in die schweren Schuhe schlüpfen, als sie ein leises Pochen an der Tür vernahm. Wer konnte das sein? Roswitha rief doch immer schon von draußen: „Mutterl, ich bin's!" Als die Mutter öffnete, sank ihr etwas vor die Füße. „Roswitha!", rief die Frau voll Erschrecken, als sie die zusammengesunkene Gestalt erkannte. „Wie kommst denn du hieher? Was ist dir, mein Kind? Bist wohl vor Erschöpfung gerade an der Schwelle ohnmächtig geworden?" Voll Sorge trug sie ihr Kind ins Bett, entkleidete es und rieb seine kältesteifen Glieder, bis sie flammend rot wurden. Dann gab sie ihr löffelweise heißen Tee und atmete erst erleichtert auf, als Roswitha für einen Augenblick die Augen aufschlug. „Roswitha, hab keine Angst! Du bist bei mir, alles ist wieder gut!" Verwundert sah Roswitha umher und fragte leise: „Aber wo sind die Zwerge, die mich gerettet haben?" Das Kind phantasiert, dachte die Mutter, sicher kommt schon das Fieber mit seinen wirren Gedanken. Laut aber sagte sie: „Die Zwerge sind im Wald, mein Kind, schlaf jetzt, und sei nicht mehr bang!"

Die Zwerge fanden in dieser Nacht keine Ruhe mehr. Voll Kummer saßen sie in ihrer warmen Erdhöhle beisammen. „Wenn Roswitha krank wird?", flüsterte bald einer, „wenn sie ..." -

„Sei still!", fuhr ihn der Zwergenälteste an. „Man darf nicht gleich das Schlimmste denken. Wir sollten lieber überlegen, wie wir ihr helfen könnten, damit sie im Winter nicht den weiten Weg um den See machen muss. Im Sommer hat sie's ja leichter, da fährt sie mit ihrem kleinen Boot auf kürzester Strecke drüber. Aber jetzt kann sie nicht übers Eis, weil es viel zu glatt ist für ihre Stiefelchen!" Lange saßen alle schweigend in tiefes Grübeln versunken. Gab es denn keine Hilfe? „Ich hab's!", rief auf einmal ein Wichtel, so laut, dass alle anderen erschreckt zusammenfuhren. „Wir bauen einen Schlitten für Roswithas Schuhe! Einen Schlitten, mit dem sie mühelos übers Eis fahren kann!" Zuerst belächelten die anderen Wichtel den seltsamen Gedanken. Doch nicht lange. Bald waren sie alle am Planen und Entwerfen. Und schon am nächsten Tag waren die Handwerker-Wichtel an der Arbeit und schmiedeten aus blankem Stahl die ersten Schlittschuhe. Und andere schusterten wunderliebe, weiße Eisschuhe dazu.

Am 24. Dezember machte sich Roswitha zum ersten Male wieder auf den Weg ins Dorf. „Gott behüte dich, mein Kind! Und bitte, setze dich bestimmt nicht wieder nieder, wenn du müde bist, sonst schläfst du wieder ein. Warte, ich komme doch lieber mit!", meinte die Mutter, als Roswitha Abschied nahm.

„Nein, nein, Mutter, hab keine Angst! Ich werde schon gut aufpassen. Du hast bis zum Abend ohnehin noch so viel zu tun. Leb wohl, Mutter!" Und fröhlich singend stapfte sie zum See hinunter. Doch was hing denn dort Weißes, Blitzendes an einem kleinen Tannenbäumchen? Als Roswitha davor stand, griff sie voll Staunen nach den weißen Schuhen mit den glänzenden Metallschienen. Auf einmal hörte sie ein Stimmchen neben sich: „Zieh sie an, sie sind dein!" Zögernd zog Roswitha ihre Schuhe aus und schlüpfte in die weichen, weißen Stiefelchen. „So, und nun steig mit ihnen auf das Eis!" Roswitha tat, wie ihr die Stimme befohlen, und siehe da! Sie glitt über die spiegelblanke Fläche, als wenn sie Flügel hätte. Jauchzend lief sie dahin, klatschte vor Glück in die Hände, zog eine Schleife, einen Bogen. Oh, es waren ja auch Zauberschlittschuhe zugleich! Die Wichtel guckten hinter Büschen und Bäumchen versteckt dem Mägdelein zu und waren außer sich vor Freude, als sie seinen Jubel hörten und seine glücklichen Augen sahen. Am anderen Ende des Sees angekommen, packte sie die Schlittschuhe sogleich in den Rucksack und zog wieder ihre alten Stiefel an. Gar gerne hätte sie den Kindern im Dorf ihren herrlichen Schatz gezeigt, doch sie wusste nicht recht, ob er nur ihr Geheimnis sein sollte, und so schwieg sie lieber und beeilte sich, heimzukommen, um wenigstens der Mutter alles erzählen zu können.

Am Weihnachtstag durfte sie dann der Mutter ihre Schlittschuhe auf dem See vorführen, und sie tanzte bald wie eine Waldelfe, so leicht und schwebend dahin. Längst versteckten sich die Zwerglein nicht mehr, sonder sahen voll Verzücken und Bewunderung auf ihre kleine Eisprinzessin. O ja, „Prinzessin" nannten sie Roswitha! Dabei trug sie ihr ärmliches, abgeschabtes Mäntelchen, nur das Gesicht war lieblich wie das einer Prinzessin.

Am Silvestertag fand Roswitha an jenem kleinen Tannenbäumchen von damals ein wunderfeines, warmes Tanzkleidchen, mit weißem Pelz am Glockenröckchen. Der Zwergenälteste tauchte auf einmal auf und sagte: „Wir Zwerge nennen dich unsere Eisprinzessin, darum sollst du auch wie eine solche gekleidet sein. Bald werden die Menschen an unseren stillen See kommen und deine Schlittschuhe und dich bewundern. Sie werden dich wegholen wollen von uns und der Stille des Waldes, hinaus in die laute Welt. Versprich uns, Roswitha, dass du nicht gehst! Glaub nicht, dass wir es unseretwegen verlangen. Aber du wirst draußen nicht halb so fröhlich und glücklich sein wie hier. Und wir möchten nicht, dass du durch unsere Gaben das Glück und den Frieden verlierst!"

Am Neujahrstag zog Roswitha ihr herrliches Kleidchen an und tanzte auf dem Eis. Sie tanzte so herrlich, dass sogar der Wassermann die dicke Eisdecke durchbrach, um sie zu sehen. Als eine Schlittengesellschaft an den See kam und das Mädchen auf dem Eise sah, gab es viel Staunen und Bewunderung bei all den fremden Menschen. Doch Roswitha verriet weder, woher sie die „Wunderschuhe" habe, noch ließ sie sich überreden, mit in die Stadt zu kommen, um dort berühmt und reich zu werden. Denn sie hatte den Zwergen ein Versprechen gegeben, und das hielt sie und hat es nie bereut.

Elfriede Wolfram

Es war einmal ein armer junger Fischer, der wohnte am Meeresstrand in einer kleinen, schlichten Lehmhütte.

Abend stieg er in seinen Fischerkahn und fuhr aufs Meer hinaus. Wenn alles schlief, nur der Mond aufs dunkle Wasser schien und sich golden darin spiegelte, warf er seine Netze aus. Die großen Fische verkaufte er nach einem Fang, aber den kleinen gab er das Leben und warf sie zurück ins Meer, damit sie noch wachsen sollten.

Einstmals hatte er die ganze Nacht gefischt und nichts gefangen. Als er am Tage am Meeresstrand seine Netze aushing, um sie zu flicken, zappelte zwischen den Maschen ein kleines silbernes Fischlein, das rief ihn an und sprach:

„Ich bin grausam hier gefangen,
Deinem Netze nicht entgangen.
Gib dem Meere mich zurück,
Fischersmann, es sei dein Glück!"

„Hei", sagte der Fischer und hielt das zappelnde Bürschchen in den Händen. „Ich könnte dich heute Mittag in Butter auf der Pfanne braten und verzehren oder dich zu den anderen Fischen auf eine Eisenstange stecken und dich über glühende Holzkohlen in den Rauch hängen. Auf diese Weise würde bald das Silberfischlein in eine goldene Sprotte verzaubert sein und mir köstlich munden. Weil du aber gar so zart bist und so schön bitten kannst und mich erbarmst, will ich dir die Freiheit geben." Damit warf der Fischer es in hohem Bogen ins Meer. Das Fischlein aber steckte das Köpfchen aus dem Meerwasser und rief:

„Weil du Freiheit mir gegeben,
denk ich immer an dein Leben!
Dem Wassermann will ich's erzählen,
der soll die beste Frau dir wählen."

Kaum hatte der Fischer die Holznadel wieder in die Hand genommen, um das Netz zu flicken, da sah er einen Taschenkrebs, der sich in die Maschen verstrickt hatte und ihm zurief:

„Ich bin grausam hier gefangen,
Deinem Netze nicht entgangen.
Gib dem Meere mich zurück,
Fischersmann, es sei dein Glück."

„Hei", sprach der Fischer, befreite vorsichtig das Krebslein und hielt es mit Daumen und Zeigefinger in den Seiten fest. „Ich könnte dich in einen Topf kochenden Wassers werfen, und du kleiner braungrüner Kerl würdest in einer Minute leuchtend rot sein. Dein Fleisch schmeckt wie das des Hummers, den die reichen Leute so gerne essen. Da du noch jung bist und so schön bitten kannst, will ich dir das Leben schenken." Bei den Worten warf er den Krebs ins Meerwasser. Der aber lief an den Strand zurück und rief dem Fischer zu:

„Weil du Freiheit mir gegeben,
denke ich auch an dein Leben!
Dem Wassermann will ich's erzählen,
der soll die beste Frau dir wählen."

Als der Fischer zum Krebs schaute, lief dieser bereits ins Wasser und war bald im Seegras verschwunden.

Der Mann ging wieder an seine Arbeit, knüpfte an den zerrissenen Maschen und pfiff dabei ein altes Seemannslied, das ihn sein Großvater gelehrt hatte. Da bemerkte er im Netz abermals etwas vom Meeresgrund. Es war ein schöner Seestern, der war matt von der Luft, da er nur das Salzwasser, den Meeresboden und die Seepflanzen gewohnt war. Als der Fischer ihn mit grünen verwickelten Gewächsen aus dem Netz befreit hatte, sprach der Seestern:

„Ich bin grausam hier gefangen,
Deinem Netze nicht entgangen.
Gib dem Meer mich zurück, Fischersmann, es sei dein Glück!"

„Hei", sprach der Fischer, „ich könnte dich trocknen und als Zierde an die Wand meiner Hütte hängen, denn du bist ein selten schönes Tier. Aber weil auch du Leben in dir trägst und mir Leid tust und so schön bitten kannst, schwimm zu deinesgleichen!"

Dann schleuderte er den Seestern ins Wasser. Der aber schwamm ans Ufer zurück und rief:

„Weil du Freiheit mir gegeben,
denke ich auch an dein Leben!
Dem Wassermann will ich's erzählen,
der soll die beste Frau dir wählen."

Eines Abends, als der Vollmond wieder am Himmel stand, stieg der Fischer wie immer in seinen Kahn, um aufs Meer zu fahren und Fische zu fangen. Die Seefläche war so glatt und still, dass er die Ruder einzog und sich vom Wasser treiben ließ. Wie er in die Tiefe schaute, steckte ein kleiner Fisch sein silbernes Köpfchen aus dem Wasser und sprach:

„Du hast die Freiheit mir gegeben,
heute kommt das Glück auch für dein Leben!
Ich schwimm voran und zeig die Bahn,
so ruder nach mit deinem Kahn!"

Der Mann, der das Fischlein wiedererkannte, tat, wie es ihm geheißen hatte. Er verfolgte genau mit den Blicken, wo immer das Fischlein auftauchte, bis es endlich an einem Meerfelsen hielt. Der Mond beleuchtete den vom Wasser umspülten, großen Stein. Ein Krebs, der grüngolden schimmerte, stand als Wächter vor einem Eingangstor des Felsens. Der Krebs streckte zum Willkommengruß beide Scheren in die Höhe und rief:

„Du hast die Freiheit mir gegeben, nun kommt das Glück auch für dein Leben!"

Da öffnete sich das Felsentor und der Fischer stieg aus dem Kahn. Als er einige Steinstufen abwärts ging, befand er sich in einer dunklen Grotte. Sein Auge war geblendet von einem blauen Licht, dass er zuerst kaum etwas erkennen konnte. Bald blitzte es an den Felswänden, langsam wurde es heller und strahlender. Er konnte deutlich über seinem Kopf ein dunkelblaues Dach mit großen und kleinen silberglänzenden Seesternen erkennen. Die Wände waren mit Millionen bunten und goldglitzernden Steinen ausgeschlagen. Perlmutter, schil-

MEERESBRAUT

lernde Seemuscheln und Perlen verzierten das bunte Gestein auf der einen Seite. Grüngoldne Krebse liefen geschäftig umher. Auf der anderen Seite der Grotte schwammen hinter einem Glas kleine, smaragdgrün schillernde, blau und rot gestreifte Silberfische in seltsamen Formen zwischen Seerosen und Seeschlangen. Einige von ihnen waren bräutlich geschmückt und zogen beim Schwimmen einen zarten Schleier nach sich.

Als der Fischer sich umschaute, stand ein Männlein hinter ihm, das hatte einen grünen Mantel aus Blättern. Sein Haupt- und Barthaar war von Seealgen und anderen Wasserpflanzen, und auf seinem Kopf trug er eine Schaumkrone.

„Fürchte dich nicht!", sprach er und gebot dem Fischer, auf einem bemoosten Stein Platz zu nehmen. „Heute sind es tausend Jahre, dass ich mein Reich mir hier errichtet habe. Ich herrsche über die Meerestiefen wie ein König über die weiten Lande. Wenn ich will, treibe ich die Fische in die Netze den Fischern zu, und so ich es wünsche, bleiben die Fanggeräte leer. - Vor 15 Jahren saß am Ufer des Meeres ein kleines Mädchen und spielte mit Steinen am Wasser. Mein liebstes Fischlein war dem Ufer zu nahe gekommen. Das Kind sah es, griff schnell mit beiden Händen danach, jauchzend, dass es das Tierlein gefangen hatte. ‚Lass mich frei!', bat das Fischlein, ‚ich gehöre dem Meerkönig!' Aber das Kind hörte nicht und zerriss es grausam zwischen den Fingern. Wir alle waren traurig, und ich war zornig über das Menschenkind und beschloss, es zu fangen und in mein Reich hinabzuziehen.

Als es eines Tages in ein Boot stieg, ließ es sich vom Wasser treiben. Ein kleiner Wind kam mir zu Hilfe und schaukelte das Boot langsam in die offene See. Als sich das Kind über den Schiffsrand bog, um sein Spiegelbild im Wasser zu schauen, kenterte das Boot, und meine getreuen Gesellen zogen das kleine Mädchen in die Tiefe und brachten es zu mir. Mein Zorn über die böse Tat des Menschenkindes ohne Herz und Seele war groß. ‚Du bist jetzt gefangen in meinem Meerreich', sprach ich, ‚und nicht eher lasse ich dich frei, bis du fünfzehn Jahre deine Grausamkeit bereut und durch harte Arbeit bei mir abgebüßt hast! Doch will ich dich ab dieser Zeit zu den Deinen lassen, sobald sich eine Seele findet, die einem gefangenen Fisch die Freiheit gibt.' Damals, vor fünfzehn Jahren, zogen wir dem Kind die nassen Menschenkleider ab, und ich gab ihm statt der Beine einen Fischschwanz, dass es nur durchs Wasser rudern und nicht mehr an den Strand laufen konnte. Es musste mir alle Wunder des Meeres suchen, jede auserlesene, perlmutterschillernde Muschel, jedes silber- oder goldglänzende Steinchen mühevoll herbeibringen. Die schönsten Seesterne verlangte ich und die bestgewachsenen Krebse für mein Reich. Meinen Mantel hatte es alle Sonntag aus frischen Blättern zu flechten und jeden Morgen mein Algenhaupt und Barthaar zu reinigen. Oft saß es weinend auf einem Stein am Meeresgrund und jammerte:

„Könnt ich bei meiner Mutter leben,
den Fischlein tät ich Freiheit geben!"

Doch wenn die Fische ihr Weinen hörten, kamen sie herbeigeschwommen und riefen:

„Du hast gequält es und zerrissen,
wir wollen nichts von dir mehr wissen!"

Dann kehrten sie wieder pfeilschnell um und verließen das Mädchen. Es saß allein auf dem Stein und dachte über seine Grausamkeit nach. Heute ist das Mädchen fünfzehn Jahre in meinem tausendjährigen Reich. Ich habe beschlossen, ein großes Fest zu geben und einen Menschen, der Herz und Seele für meine Wassertiere hat, einzuladen. Dem Mädchen aber will ich heute die Freiheit schenken. Komm mit!"

Damit zog er den Fischer in einen Winkel der Grotte. Zu seinen Füßen erblickte er in einem Wasserspiegel neben seinem eigenen Gesicht das einer schön erblühten Jungfrau. Die trug heute auf ihrem blonden Lockenhaar eine Krone aus roten Meereskorallen, und aus ihren Augen fielen Tränen wie schimmernde Perlen. Der Fischer nickte ihr lächelnd zu, und weil sie ihm so gut gefiel, bat er den Meereskönig, sie ihm mitzugeben, wenn er an Land fahre.

Da brachten die Tiere auf Befehl des Wassermannes Kleider aus grünen Meerpflanzen herbei, die waren besät mit kostbaren Perlen und Edelsteinen vom Grund der tiefen See. So gekleidet und geschmückt nahm der Fischer die Meeresbraut, wie er sie fortan nannte, in Empfang. Er verabschiedete sich dankend vom Wasserkönig und bestieg mit dem Mädchen, das wieder menschliche Füße hatte, seinen Kahn. Das Boot war mit Perlen und Edelsteinen beladen, ein Geschenk des Wasserkönigs zum Tag des tausendjährigen Meerreiches. - Die Fische gaben dem Schiff das Brautgeleit, die Seesterne bildeten Spalier am Uferrand, und die Krebse gingen mit den Glücklichen bis vor die Tür der Lehmhütte.

Erna Jüttner-Arndt

Die Thalhofkinder

Wenn es auch an vielen Dingen mangelte, beim Thalhofbauern unten in der weiten Grasmulde, Kinder und Ziegen gab es genug! Die Leute oben im Dorf wussten kaum mehr an den Fingern abzuzählen, wie viele kleine Kostgänger dort auf den Tisch nach Brot langen mochten - hingelegt freilich hat selten einer von den Nörglern etwas. „Müssen selber sehn, wie sie auskommen", meinten sie und dachten sich mit eigenen Sorgen eingedeckt genug.

Dieweil ging es beim Thalhofbauern aber lustig zu. Bauern gab es eigentlich gar keinen auf dem Hof, der war schon längst gestorben und die Mutter hatten sie letztes Jahr zu Grabe getragen. Nun führte die älteste Tochter, die zwanzigjährige Theres, die Wirtschaft und vom Bruder war vor kurzem erst die Nachricht eingelaufen, dass er endlich auch heimkommen würde.

Die Theres wusste ganz genau, wie viel hungrige Münder zu stopfen hatte. Zu den sechs jüngeren Geschwistern waren noch die zwei Stadtbuben gekommen, die ihr so „erbarmten", als sie einmal die Tante in Wien besucht hatte. Kurz entschlossen hatte sie die beiden mitgenommen. Acht Kinder und doppelt so viel Ziegen! Da riss die Unterhaltung nie ab. Die Leute schüttelten die Köpfe. Aber die Theres gab nicht nach und immer mehr Einsichtige begannen sie zu loben und ihr mit Rat und Tat beizustehen. Nur der Ochsenbauer, der noch dazu ein Geschwisterkind vom verstorbenen Thalhofbauern war, wollte sie nicht verstehen. „Das nimmt ja ka End", sagte er kopfschüttelnd, wenn er dem Zug der Kinder mitten unter der Ziegenschar begegnete.

Zu Ostern hatte die Theres alles so feierlich und festlich als möglich eingerichtet und die Kinder konnten den Auferstehungstag gar nicht mehr erwarten. Erwartungsvoll umdrängten sie die ältere Schwester, die nicht Schleifen genug im Haus hatte, den Mädchen die Haare aufzubinden und nicht Seife genug, die Buben rein zu kriegen.

„Alle auf einmal könnt's do net godeln gehen", meinte sie zweifelnd. Die Buben packten ihre Osterratschen auf langen Stecken, denn die Glocken waren noch nicht aus Rom zurückgekommen, und stürmten den Wiesenhang hinauf ins Dorf. Mit fliegenden Haaren und Schleifen folgten ihnen die Mädchen. „Die Ratschenbuam taten bitten um a rotes Oa!", riefen die Buben. „Mir taten a bitten", mahnten die hellen Stimmen der Mädchen. „Meck-meck-meck", kamen die Ziegen angesprungen; weshalb sollten sie gerade heute zu Hause bleiben? Sie zogen doch immer gemeinsam fort! Sie liefen auf den fremden Höfen neugierig herum und drängten sich in Stall und Garten. „Geht's! - Da habt's eure Oar - aber geht's nur schnell wieder furt. Die Viecher fressen uns ja no alle jungen Blatteln a!", sagten die Bäuerinnen halb lachend, halb ärgerlich. Bald überflutete der Kinder-Ziegen-Schwarm das ganze Dorf. Die Ratschenbuben der ganzen Gemeinde kamen in Aufruhr. Was sollte da noch für sie selber übrig bleiben, wenn die vom Thalhof mitsamt ihren Ziegen vor ihnen schon überall waren? Ratschend und singend zogen sie nun auch von Hof zu Hof und die ältesten Leute konnten sich nicht erinnern je so lustige Ostern erlebt zu haben.

Die kleine Pepperl war die einzige, die heute im Thalhof geblieben war. Meckerl, die jüngste der weißen Ziegen, die ihr den ganzen Tag schon nicht von der Seite wich, war auch nicht mit den andern ins Dorf gezogen. Pepperl hatte ihre eigene blaue Haarschleife geopfert und sie Meckerl um den Hals gehängt; das silberne Glöckchen vom Christbaum bimmelte leise daran, lange bevor die großen Kirchenglocken von ihrer weiten Reise zurückgeflogen kamen. Pepperl wäre auch gerne godeln gegangen. Sie hatte gesehen, wie die Ochsenbäuerin ein zartgelbes Kuchenlamm mit großen Rosinenaugen ins Fenster gestellt hatte. So ein Kuchenlamm war doch etwas ganz Besonderes! „Zum Ochsenbauer-Vetter geht's ma aber net!", hatte die Theres gemahnt. Pepperl dachte nach. Warum eigentlich nicht? Zu ihr war die Ochsenbäuerin immer sehr freundlich gewesen. Zögernd machte sie sich auf den Weg. Meckerl sprang voran und bei jedem übermütigen Sprung läutete das kleine Glöckchen an seinem Hals. Weithin schallend setzten nun die Dorfglocken ihr Geläute an und die Leute strömten zur Auferstehungsfeier. Die Buben und Mädchen vom Thalhof ließen die Ratschen in einem Winkel liegen und versuchten mit List ihre lästigen Begleiter, die Ziegen, loszuwerden. Es war höchste Zeit auf den Kirchenchor zu kommen. „Der Herr Lehrer wart g'wiss scho auf uns", drängte der Loisl, „zum Turmsingen dürfen wir net z'spät kommen!" Die Ziegen ließen sich aber nicht verjagen. So oft die Kinder auch hinter ein Hauseck flüchteten und endlich zu entkommen suchten, immer wieder kam ihnen die weiße Schar freudig meckernd nachgesprungen. „Wir müssen uns verteil'n", sagte der Loisl und diesmal gelang ihnen die Flucht. Nach allen Richtungen stoben die Buben und Mädeln auseinander und die Ziegen blickten ihnen erstaunt und verwirrt nach. Bald wandten sie sich einem jungen Fliederstrauch zu und vergaßen über seinen zarten Blättern ihre treulosen Freunde. -

Schüchtern klopfte Pepperl beim Ochsenbauern

246

an die Küchentür. „Ja mei, die Pepperl!", sagte die alte Mahm, die allein zu Hause war und füllte dem Dirndl die Schürze mit Eiern und Osterstriezeln an. „Und - i hätt' halt so gern das Lamperl ang'schaut, das die Tant gestern backen hat -", flüsterte die Pepperl. Aber die Ochsenbäuerin hatte das gelbe Kuchenlamm mit den Rosinenaugen in die Kirche mitgenommen, ganz oben auf der Schüssel mit dem Rauchfleisch und den Eiern lag es um geweiht zu werden, wie der alte Brauch es wollte. Das musste die Pepperl sehn! Sie bedankte sich bei der freundlichen Mahm, nahm ihre Schürze fest zusammen und lief zur Kirche hinunter. Bimmel-bimmel - folgte Meckerl nach.

Vor der Kirchentür blieb Pepperl stehn. Drin spielte die Orgel und nun fiel ihr auch ein, dass ihre Geschwister nach der Auferstehungsfeier zum Turmsingen gehen wollten; blinzelnd hob sie den Blick empor. Eigentlich könnte sie zuerst auf den Turm steigen und dann erst das Kuchenlamm der Ochsenbäuerin bewundern, dachte sie. Entschlossen trat Pepperl durch das schmale Türchen in den Vorraum und begann die steile Turmtreppe hinaufzuklettern. Meckerl stand mit gespreizten Beinen da und blickte seiner Herrin nach. Die Sonne brannte heiß und weit und breit war kein Grasbüschel und kein grünes Blatt zu sehn. Vorsichtig schnupperte Meckerl zur Turmstiege hinein. Die Orgel setzte brausend ein und die Leute verließen die Kirche um draußen auf dem Platz in Gruppen stehen zu bleiben. Erschreckt hüpfte Meckerl ins schützende Dunkel und begann tappend die hölzernen Stufen zu erklimmen.

In der engen Glockenstube drängten sich die Kinder um ihren Lehrer und warteten auf den Einsatz. Weit ging ihr Blick ins Land hinaus. Unten auf dem Kirchplatz sahen die Menschen spaßig klein aus. Ihre empor gewandten Gesichter waren nichts als helle Flecken.

Da tappte und knarrte etwas die Treppe herauf - hohl und hart schlug es auf dem Holz. Pepperl stand in den letzten Winkel gedrückt, die Schürze fest an sich gepresst. Jetzt gab der Lehrer den Einsatz, Trompeten erklangen und die hellen Stimmen der singenden Kinder. Die Leute auf dem Kirchenplatz unten blickten schweigend empor. Meckerl indes rutschte im ersten Schreck ein ganzes Stück die Treppe herunter, nahm sich aber dann einen Anlauf und hopste neugierig wieder hinauf, mitten in die Glockenstube hinein.

„Meckerl!", rief Loisl entsetzt aus. Die Mädchen kicherten und der Lehrer konnte nur mit Mühe und unter Einsatz seiner eigenen Stimme das Lied zu Ende bringen. Unten hatte niemand etwas von dem Zwischenfall bemerkt, aber nun gesellten sich auch noch andere „Zuhörer" dazu. Die Ziegen vom Thalhof hatten sich langsam an allen Fliederbüschen und Hollerbäumen gütlich getan und waren allmählich wieder auf die Spur ihrer kleinen Besitzer gekommen.

Die Sänger in der Glockenstube waren gerade mitten im zweiten Lied und es war nur gut, dass genug Buben und Mädchen beisammen standen; so konnte eine Hälfte von ihnen sich herzhaft auslachen, während die andere Hälfte zu singen versuchte.

„Ihr mit eure Goas", sagte der Ochsenbauer missvergnügt, als die Kinder vom Thalhof den engen Turm verlassen hatten und auf die wartende Theres zuschritten. Die Ochsenbäuerin aber nahm das gelbe Kuchenlamm von ihrer Weihschüssel und reichte es der jungen Verwandten. „Hast eh nie z'viel", meinte sie gutmütig.

Unzertrennlich wie sie waren, zogen die Thalhofer mit ihren Ziegen heim und diesmal war der Tisch wirklich nicht zu knapp bestellt! Als es dämmrig geworden war, rief Theres die Kinder zusammen. „G'spielt habt's nun genug", sagte sie ernst. „Wir gehn jetzt 'naus und um die Felder 'rum und jedes denkt sich was Schönes dabei. Damit recht viel wachst heuer und dass der Vinzenz bald heimkommt." Eine Zeitlang gingen die Buben und Mädeln schweigend hinter der älteren Schwester her und suchten ihre Gedanken zu sammeln. Aber dann stolperte eines und das andere fand noch ein Stück Striezel im Sack, dort lachte ein Dirndl und hier balgten zwei Buben. Die Theres ließ sich nicht beirren, steckte die geweihten Palmbuschen an den vier Ecken vom Anger in die Erde und strich nachdenklich mit der Hand über die junge Saat.

Überall auf den Feldern gingen die Bauersleute einzeln und familienweise durch die junge Frucht und als die Kinder da und dort die schweigenden Gestalten erblickten, wurden auch sie nach und nach still. Da flammten auch schon die ersten Osterfeuer auf.

„Wir ham kans?", fragte Loisl enttäuscht. „Theres - lass uns auch a Feuer machen!", baten die anderen. Und wirklich - Theres hatte sorgfältig Reisig auf dem höchsten Punkt ihres Anwesens zusammengetragen und als die Buben nun die brennenden Palmbuschen hineinwerfen durften und die Flammen bald hochauf zusammenschlugen, kannte ihre Begeisterung keine Grenzen mehr. Wie zur Antwort leuchteten von allen Hügeln die roten Feuer herüber und die schwarzen Schatten tanzender und springender Gestalten waren deutlich auszunehmen. Die Buben und Mädchen vom Thalhof nahmen Theres in ihre Mitte und tanzten im Kreis um ihr Feuer herum - jetzt hätten ihnen nur die Ziegen gefehlt, um sie vollständig glücklich zu machen. Die aber standen schon lange im Stall und träumten von jungen, saftigen Blättern.

Helene Ehmann

Der König war gestorben, nun musste ein neuer gewählt werden. Zwei kamen in die engste Wahl: Hildebert und Elak. Hildebert war jung, gütig, fröhlich, der Liebling des Volkes. In Elaks dunkles Haar mischten sich bereits lichte Fäden und er war ein Zwerg. Ihn fürchtete das Volk, er galt als tückisch und grausam. Man wusste: Den edlen Hildebert wählten die Guten, Elak die Bösen. Würde das Land mehr Gute oder mehr Böse haben?

Hildebert trug den Sieg davon und wurde gekrönt. Als Erster trat Elak zu ihm um ihn zu beglückwünschen. Er tat das aber nur um das Volk zu täuschen, denn er hatte längst bei sich beschlossen Hildebert zu beseitigen, damit die Krone ihm selbst zufiele.

Der Zwerg konnte zaubern. Im nahen Wald stand eine mächtige Eiche. Ihre Äste waren so dick wie bei gewöhnlichen Bäumen der Stamm und reichten weit in die Runde. Rings um sie wuchs hohes Farnkraut. Der gewaltige Stamm war hohl und da hinein verwünschte Elak den jungen König. Niemand wusste, wohin er verschwunden war; es herrschte große Trauer im Land, aber dann wurde Elak zum König gekrönt. Hundert Jahre gingen über das Land hin. Die Menschen, die König Hildebert gekannt hatten, lagen alle im Grabe, nur Elak lebte noch, denn er hatte durch ein Zaubermittel erreicht, dass er um hundert Jahre älter würde. Sein Haar war weiß wie der Schnee auf den Bergen, doch seine Augen blickten so hart und finster, wie sie in seiner Jugend geblickt hatten, und seine Lippen waren schmal und fest zusammengepresst wie bei denen, die man fürchten muss. Nie verschönte ein Lächeln sein runzeliges Gesicht. Die Menschen wichen ihm aus, wenn sie ihn kommen sahen.

Als Elak den schönen jungen König in den Eichenstamm bannte, zwang er auch den Baum in einen Zauber; er wurde verpflichtet, den Tod Hildeberts mit goldenen Eicheln zu melden. Sooft aber Elak kam um nachzusehen, trug die Eiche gewöhnliche Eicheln. Dann trat er an den Stamm und fragte: „Lebst du noch, König Hildebert?" Und der Verzauberte antwortete: „Ich lebe." Es beunruhigte Elak, dass der König noch nicht gestorben war, und er ging dann tagelang verstört umher und fand nirgends Ruhe. Wie kam es, dass Hildebert noch lebte?

Die treue Eiche nährte den Verzauberten mit ihrem Saft. Dadurch blieb Hildebert nicht nur am Leben, sondern es wurde ihm auch seine Jugend erhalten, dass er aussah wie einst: Rabenschwarzes Haar umrahmte sein faltenloses, jugendfrisches Antlitz, seine Gestalt war biegsam und schlank, das Feuer in seinen Augen wurde nicht schwächer. Zu seinen Füßen hatte sich ein dichter Moospolster gebildet, auf dem er ruhen und schlafen konnte, das morsche Holz der Eiche gab ein sanftes Licht, nachts kamen die Mäuslein und kürzten ihm die Zeit und tagsüber schmetterten die Waldvöglein in dem dichten Laubdach des Baumriesen ihre Lieder für ihn. Wo der Wald zu Ende war und die Dorfflur begann, wohnten in einer ärmlichen Hütte drei alte Frauen. Die Kinder erlaubten sich manchmal einen Scherz. Sechs kleine Buben von sieben Jahren steckten ihnen einmal im Übermut Papiertüten auf die Zaunlatten. Aus einiger Entfernung beobachteten sie, was es für eine Wirkung habe.

Eiche

Eine der Greisinnen humpelte an ihrem Krückstock aus dem Hause und machte sich daran die Tüten abzunehmen. „Ihr solltet euch schämen!", rief sie mit ihrer heiseren Stimme den Knaben zu. „Es wäre besser, ihr gingt in den Wald und holtet Reisig, als uns unnötige Arbeit zu machen!" Die Knaben sahen sich verlegen an, dann liefen sie hin und entfernten die Zeugen ihres Übermuts wieder. Darauf gingen sie in den Wald hinein und als sie wieder herauskamen, hatte jeder einen Arm voll Reisig. Die alten Weiblein lachten mit ihren zahnlosen Mündern und sagten: „Gott vergelte es euch!" Sie begannen die Holzstücke über dem Knie abzubrechen. Flink nahmen ihnen die Bürschlein auch diese Arbeit ab. Am nächsten Tag fuhren sie mit einem Wägelchen in den Wald. Vollbeladen brachten sie es den Weiblein, brachen die Stecken wieder in Stücke und schlichteten diese fein säuberlich am Hause auf. Das taten sie nun jeden Tag.

Einmal, als sie wieder im Walde dürre Äste auflasen, kam der Förster des Weges. Er wunderte sich über ihr Tun, denn sie waren ja Bauernkinder, deren Väter selber Wälder besaßen. Er kam heran und fragte: „Was macht ihr da, Buben?" Als er hörte, dass sie das Holz für die alten Weiblein sammelten, lobte er sie und dann meinte er: „Diese dürren Stecken brennen zwar gut, aber sie verbrennen sehr rasch. Ihr dürft auch Bäumchen umschneiden. Oft stehen sie zu dicht beisammen, da ist es gut, wenn man ein Stämmchen herausnimmt ..."

„Das sagt mein Vater auch!", rief einer dazwischen. „Schaut einmal her!" Der Förster holte sein Taschenmesser hervor und schnitt eine Kerbe in ein Fichtenstämmchen. „Wenn ihr dieses Zeichen in einem Stamm findet, dürft ihr den Baum umschneiden. Habt ihr Säge und Beil?" „Ja, ja!" Sie liefen voll Freude heim. Die Mütter hatten Bedenken den Knirpsen ein Beil anzuvertrauen, aber die Väter sagten lachend: „Mit der kleinen Hacke passiert nichts, Mutter - du glaubst ja gar nicht, wie geschickt Bubenhände sind!"

Das bewiesen sie. Wie große Männer sägten sie die vom Förster gezeichneten Bäume um, fuhren sie auf dem Wagen zum Haus der drei Alten, baten um Hackstock und Sägebock, hieben die Äste ab und sägten Holzscheite, dass es eine Freude war ihnen zuzuschauen. Die Frauen waren zuerst erschrocken, als die Knaben mit Bäumchen kamen. Als sie aber hörten, dass der Förster für sie die Stämmchen gezeichnet habe, freuten sie sich, dass ihnen die Tränen über die Wangen liefen.

Wieder einmal waren die Knaben beim Holzfällen, diesmal in der Nähe der alten Eiche. Da flüsterte auf einmal einer: „Dort geht der König!" Im Nu duckten sie sich in die Farnkräuter. Ihre Angst stieg, als sie sahen, dass der Gefürchtete gerade auf die Stelle zukam. Vor der Eiche blieb er stehen, blickte sich nach allen Seiten um und rief dann: „Lebst du noch, König Hildebert?" Aus dem Innern des Baumes klang die Antwort: „Ich lebe." Dann ging der König den Weg zurück, den er gekommen war. Eine Weile warteten sie noch, sie waren zu sehr erschrocken. Dann sagte einer bang: „Gehen wir von hier fort!" - „Nein - ich will wissen, wer ihm geantwortet hat", meinte ein Mutigerer. „Ich habe verstanden: ‚Lebst du noch, König Hildebert?'" -

„Ich auch! Ich auch!" - „König Hildebert - das war doch der gute König, der verschwunden ist? Mein Großvater erzählte oft von ihm." - „Meiner auch - es gibt auch ein Lied von ihm!" - „Ob der in der Eiche ist?" Einer nahm sich ein Herz und lief zu dem Baum hin. „König Hildebert!", rief er. Hildebert hörte die helle Knabenstimme. Er richtete sich auf. „König Hildebert!", riefen alle sechs. Da kam aus dem Baum Antwort: „Ja - ich sitze im Stamm der Eiche gefangen. Elak hat mich verzaubert." - „Verzaubert ...", echoten die Knirpse und blickten sich furchtsam um. Auf einmal rief einer: „Los! Hauen wir ihn heraus!" Dann hieben sie mit ihren Beilen in den Stamm, dass die Späne flogen. Zum Glück war die Eiche großenteils morsch, aber für die kleinen Burschen war es trotzdem noch eine harte Arbeit. Endlich war das Loch so groß, dass Hildebert herauskriechen konnte. Noch kniend schlang er seine Arme um die sechs Knirpse, froh lachend: „Ihr habt mich erlöst - wie danke ich euch!"

In diesem Augenblick kam Elak zurück, der den Lärm vernommen hatte. „Was fällt euch ein?", rief er den Knaben böse zu. „Was habt ihr mit Beil und Säge im königlichen Wald zu suchen?" Sie erschraken und wollten davonlaufen. Da gewahrte der König das Loch im Stamm der Eiche. „Halt, hier geblieben!", rief er zornig. „Ihr seid verhaftet!" Da erhob sich Hildebert. Jetzt erst sah ihn der Zwerg. Wie gebannt blieb er stehen, sein Gesicht verfiel plötzlich und färbte sich ganz dunkel, dann sank er um und einen Augenblick später lag auf der Stelle nur noch ein Häuflein Erde.

König Hildebert regierte noch viele Jahre, er war ja noch ein junger Mann. Das Volk liebte ihn sehr. Das Glück wuchs im Lande auf wie nie zuvor. Als er hochbetagt starb, waren die Knaben, die ihn erlöst hatten, Männer, die auf den Bauernhöfen ihrer Väter saßen. Einer von ihnen schlug vor: „Gehen wir zur Erinnerung an die alte Eiche!" Mit Erstaunen sahen sie, dass der Baum goldene Früchte hatte. Niemand wusste, was das bedeutete, auch der alte Förster konnte es sich nicht erklären.

O. Müller

LASSE, MEIN KNECHT!

Nach einem schwedischen Märchen von Djurklou, erzählt von Ingeborg Gunvald

Es war einmal ein Herzog, der nicht daheim bleiben wollte. So zog er in der Welt umher, und weil er sehr viel Geld hatte, fand er auch überall viele Freunde. Die halfen ihm alle sein Geld loszubringen, bis er eines Tages keinen roten Heller mehr hatte. Freunde hatte er dann aber auch nicht mehr. Also wanderte er wie ein Wanderbursch heimwärts und musste sich unterwegs durchbetteln.

Eines Abends, als er ein Nachtlager suchte, fand er im Walde eine verfallene Hütte. Sie war ganz leer, nicht einmal ein Schemel zum Niedersetzen war da. Nur eine große Kiste stand an der Wand. Hungrig wie er war, hoffte er, drinnen vielleicht etwas Essbares zu finden, aber es war nur eine kleinere Kiste drinnen und immer eine noch kleinere. In der kleinsten aber lag ein Fetzen Papier. Mühselig entzifferte er beim letzten Tagesschimmer: „Lasse, mein Knecht!" - „Was befiehlt der Herr?", hörte er deutlich neben seinem Ohr. Aber kein Mensch war da. „Merkwürdig!", dachte er, und las noch einmal: „Lasse, mein Knecht!" - „Was befiehlt der Herr?", hörte er wieder. - „Wenn da einer mir etwas zum Essen verschaffen könnte!", rief er aus. Und - wie herrlich! - schon stand ein Tisch da, gedeckt mit dem Besten, das man sich nur denken konnte. Er aß und aß, und als er genug hatte, wurde er schläfrig. Da griff er wieder nach dem Zettel: „Lasse, mein Knecht!" - „Was befiehlt der Herr?" - „Jetzt könntest du mir auch ein Bett herschaffen." - Und schon stand ein weiches warmes Bett da. Wunderbar lag sich's drinnen! Nur in den leeren Raum passte es gar nicht, fand er, da er an Pracht und Glanz gewöhnt war. Und so griff er wieder nach dem Fetzen Papier: „Lasse, mein Knecht!" - „Was befiehlt der Herr?" - „Wenn du mir schon Essen und Bett verschafft hast, könntest du mir auch noch ein schöneres Gemach verschaffen!" - Und schon lag er in dem prächtigsten Zimmer. Jetzt war er zufrieden und schlief die ganze Nacht hindurch ausgezeichnet. Als er am anderen Morgen aufwachte, fand er sich in einem prunkvollen Schloss, das in einem wunderschönen Garten stand und von Gold und Silber glänzte. Aber kein Mensch war zu sehen. So rief er wieder: „Lasse, mein Knecht!" - „Was befiehlt der Herr?" - „Nun hab ich ein Schloss, aber darin will ich doch nicht ganz alleine bleiben!" - Da kamen Diener und Lakaien und begrüßten den Herzog mit einer tiefen Verbeugung. Nun war der Herzog ganz zufrieden.

Nicht weit von dem neu erstandenen Schlosse aber lag das Königsschloss. Dem König gehörte auch der Wald und alles Land ringsum. Als er nun aus dem Fenster schaute, sah er auf einmal ein prächtiges Schloss stehen und die Wetterfahnen glitzerten in der Sonne. Zornig rief er seine Hofleute herbei: „Wer hat es gewagt, auf meinem Grund ein Schloss zu bauen?" Aber sie konnten es nicht sagen. Da schickte der König seine Soldaten aus, um das Schloss zu zerstören und den Besitzer gefangen zu nehmen. Mit Trommeln und Trompeten kamen sie angerückt, aber dem Herzog wurde nicht bange. „Lasse, mein Knecht!" - „Was befiehlt der Herr?" - „Ich brauche Soldaten und Säbel und Kanonen!" Und schon war das Schloss des Herzogs von einer riesigen Menge Soldaten umstellt. Als die Krieger des Königs angekommen waren, richtete der Oberst seinen Auftrag aus. „Aber", sagte der Herzog, „wir können ja Freunde sein, ich will dem König gerne gegen seine Feinde helfen!" Sodann bewirtete er die Offiziere festlich und sie erzählten von ihrem König und wie wunderschön und stolz die Königstochter sei. Das wäre eine Frau für den Herzog. Dann brachen sie auf und der Herzog bat sie, dem König viele Grüße zu überbringen.

Inzwischen war es Abend geworden, aber der Herzog konnte die Gedanken an die schöne Prinzessin noch immer nicht loswerden. „Lasse, mein Knecht!" - „Was befiehlt der Herr?" - „Könntest du mir nicht die Prinzessin herbeischaffen, wenn sie eingeschlafen ist, aber sie darf ja nicht wach werden!" - Nicht lange dauerte es, da lag die Prinzessin auf dem Bett. Wunderschön war sie! Leise ging der Herzog um das Bett herum, von allen Seiten wollte er sie ansehen - sie war noch viel schöner als er geglaubt. „Lasse, mein Knecht!" - „Was befiehlt der Herr?" - „Jetzt musst du sie wieder nach Hause schaffen - morgen will ich um sie freien."

Als der König am nächsten Morgen noch immer das Schloss sah, wurde er sehr zornig. Der Oberst erzählte alles, wie prächtig das Schloss sei, wie viele Soldaten der Herzog habe, und auch die Freundschaftsgrüße des Herzogs überbrachte er. Da wurde der König nachdenklich. Mitten in seine Gedanken kam die Prinzessin einen guten Morgen wünschen und erzählte, dass sie im Traum in dem Schloss dort drüben gewesen sei, und was für ein prächtiger, schöner Mann der Herzog sei. Den möchte sie gerne zum Manne haben. Dem König wurde ganz eigentümlich zumute - hatte er es vielleicht mit einem Zauberer zu tun?

Da kam die Nachricht, dass der Herzog mit glänzendem Gefolge im Anzug sei. Eiligst rüstete der König zum Empfang, und nach der Begrüßung hatten der König und der Herzog viele Dinge zu besprechen. Sie wurden gute Freunde und der Herzog warb um die Prinzessin.

Als der König mit der Prinzessin daraufhin das Herzogsschloss besehen kam, war alles so unbeschreiblich schön, dass sie beide ganz entzückt waren. So wurde bald Hochzeit gefeiert und alle waren glücklich.

Die Zeit verging. Eines Abends hörte der Herzog eine Stimme: „Ist der Herr jetzt zufrieden?" - Das war Lasse. „Ja", sagte der Herzog. „Du hast mir alles verschafft, was ich besitze, aber wie soll ich dir danken, was kann ich für dich tun?" - „Ich möchte das kleine Stück Papier aus dem Kästchen haben." - „Das kannst du gerne haben", sagte der Herzog. - Lasse bat ihn, es auf den Sessel beim Bett zu legen, in der Nacht werde er es holen.

Aber am nächsten Morgen wachte der Herzog zähneklappernd auf - da lag er auf der großen Kiste. „Lasse, mein Knecht! Lasse, mein Knecht!", schrie er, aber keine Antwort kam. Nun begriff er, dass Lasse mit dem Papier auch seine Freiheit wiedergewonnen hatte. Und dazu hatte er selbst geholfen! Nun stand der Herzog ohne Kleider wieder in der zerfallenen Hütte und mußte der bitterlich weinenden Prinzessin erklären, wie alles gekommen war. Und dann bat er sie, zu ihrem Vater zurückzukehren. Aber sie wollte ihn niemals verlassen, wie sie es gelobt hatte.

Als der König an diesem Morgen aus dem Fenster schaute, war vom Schlosse des Herzogs nichts mehr zu sehen. Mit dem ganzen Hofstaat machte er sich auf den Weg, aber sie fanden nichts als eine armselige Hütte und drinnen den Herzog und die Prinzessin ohne Kleider. Der Herzog gab keine Antwort auf alle Fragen. Da ließ ihn der König von seinen Soldaten an einen Baum binden - die Königstochter aber führte er wieder nach Hause.

Nun war es recht traurig um den Herzog bestellt und er hatte nicht viel Hoffnung, dass er noch heil davonkommen würde.

Bei Sonnenuntergang, als er schon ganz verzagte, kam ein Wagen dahergefahren, ganz beladen mit zerrissenen Schuhen. Obenauf aber saß ein altes Männchen, wie ein Gespenst anzusehen, und lachte unheimlich.

„Jetzt bist du also gefangen! Das hier sind alles Schuhe, die ich in deinem Dienst zerrissen habe!" Und er lachte den Herzog aus und fuchtelte ihm mit einem Papier unter der Nase herum. Aber der packte zu.

„Lasse, mein Knecht!" - „Was befiehlt der Herr?"

„Bind mich vom Baum und richte alles wieder, wie es war, und schaffe die Prinzessin wieder her!"

Und unheimlich schnell war alles wieder, wie es vorher gewesen.

Am nächsten Morgen, als der König zum Fenster hinausblickte, da stand das Schloss und seine Wetterfahnen leuchteten in der Sonne. Er wollte rasch die Prinzessin holen lassen, aber die war fort. Ratlos nahm er die Krone vom Kopf. Dann zog er mit seinem ganzen Hofstaat hinüber. Auf der Treppe kamen ihm der Herzog und die Prinzessin in den schönsten Gewändern zum Empfang entgegen. Und der König und sein ganzer Hofstaat mussten glauben, dass alles andere nur ein böser Traum gewesen sei.

Von nun ab sorgte der Herzog, daß Lasse nicht mehr so viele Schuhe zerriss. Er lernte selber zu schaffen. Der König teilte sein Reich mit ihm und das Volk lobte den Herzog.

Eines Tages kam Lasse, nicht viel schöner als damals, aber bedeutend ehrerbietiger. „Nun braucht ihr meine Hilfe nicht länger, Herr", sagte er. - „Ja", sagte der Herzog, „ich habe dich so viel schonen wollen, als ich konnte. Aber das Schloss und alle die anderen Sachen musst du hier lassen - ich finde keinen, der es so schön machen könnte. Und das Papier ‚Lasse, mein Knecht' kann ich dir nicht geben."

„Hebt es nur gut auf, Herr", sagte Lasse, „damit es nicht in fremde Hände kommt, dann ist keine Gefahr für mich. Denn wenn einer tausend Jahre lang so gearbeitet hat wie ich, dann wird er endlich müde."

Der Herzog bekam Söhne und Töchter und erbte nach dem Tode des Königs das ganze Reich, und das Volk war mit ihm außerordentlich zufrieden.

Das Kästchen aber mit dem Papier, das unter einem Stein sieben Ellen unter der Erde vergraben war, hat keiner mehr gefunden, so viele auch danach suchen.

DER WUN...

"Fort mit dir, du Diebin, fort, ich will dich nicht mehr sehen! Hier hast du deine Sachen, sieh zu, dass du weiterkommst!", rief eine scheltende Frauenstimme, und ein weinendes, blondes Mädel raffte ihre ärmlichen Sachen zusammen. "Diebe können wir hier nicht brauchen, bei uns geht es ehrlich zu!", rief die Frau ihr nach. Das Mädchen entgegnete nichts. Sie knüpfte ihre wenigen Habseligkeiten in ein rotes Tüchlein und ging traurig aus dem Hof. Noch mehr als der Abschied von dem gewohnten Arbeitsplatz und vertrauten Menschen schmerzte sie der Vorwurf, eine Diebin zu sein. "Ich habe noch nie im Leben etwas genommen, das mir nicht gehörte! Gott und alle seine Englein sind meine Zeugen!", sagte sie laut. "Wenn ich nur wüsste, wer mir diesen bösen Streich gespielt hat und die Tauftaler der Kinder unter meinem Kopfkissen versteckte!"

Riekchen überlegte, wohin sie gehen solle. "Ich gehe jetzt einmal schnurstraks meiner Nase nach, vielleicht finde ich doch einmal mein Glück auf dieser Welt! Das Wichtigste ist, dass ich ein reines Gewissen hab!"

Riekchen dachte, sie sei ganz allein, deshalb sprach sie laut mit sich selbst. Aber ein ganz zartes, fast durchscheinendes Wesen war ihr den ganzen Weg gefolgt. Es war die Birkenfee, die in der großen alten Hausbirke wohnte. Sie hatte durchs Fenster beobachtet, wer dem Mädchen den bösen Streich gespielt hatte. Sie hatte aber Riekchen gern, die in dem heißen Sommer, da alles zu verschmachten drohte, auch für die alte Birke öfter einen Eimer Wasser aus dem Bach geholt hatte. Deshalb wollte die gute Birke das Mädchen nicht ohne Trost und Geschenk ziehen lassen. Riekchen nahm ihr Bündel auf und ging munter weiter.

Plötzlich sah sie einen schön gebundenen Birkenbesen vor sich liegen. Sie hob ihn auf und betrachtete ihn prüfend. "Du bist ein tüchtiger Besen! Wer dich liegen gelassen hat? Leider bist du nicht mein! Und ganz neu! Ich hätte direkt Lust, mit dir zu fegen, das werde ich wohl wagen dürfen!" Hui, da flogen die dürren Blätter, welkes Gras, Steinchen und Ästchen! "Das geht aber geschwind mit dir, du bist ja ein Wunderbesen!", rief Riekchen verwundert. "Was soll ich nur mit dir tun? Ich muss dich liegen lassen, denn leider bist du nicht mein Eigentum", seufzte sie. "Behalt ihn nur, wenn er dir gefällt, er gehört dir!", hörte Riekchen eine feine Stimme. "Ei, wer spricht denn da, willst du dich nicht sehen lassen?", fragte Riekchen. "Ich bin die Birkenfee und wohne in der Birke, die bei dem Bauernhaus steht, das du heute verlassen hast. Ich weiß auch, dass du keine Diebin bist, denn ich habe gesehen, wer die Tauftaler in deinem Bett versteckte. Es war Hilda, die Küchenmagd. Sie ärgerte sich, weil die Bäuerin immer so freundlich zu dir war!" - "Hilda!", rief Riekchen empört, "das hätte ich nie für möglich gehalten! Ich will sofort umkehren, um es ihnen allen zu sagen, was ich nun weiß!" Riekchen warf den Besen hin und wollte forteilen. "Halt, halt, liebes Kind, nicht so hitzig, bezähme dich! Nimm nur deinen Besen und zieh deine Straße, bleib ehrlich und fromm, dann wirst du dein Glück machen!" Die letzten Worte waren immer leiser geworden. Riekchen stand mit dem Besen in der Hand da und wusste nicht, ob sie schlafe oder wache. "Merkwürdig, was es alles gibt", sagte sie. "Auf alle Fälle habe ich nun einen tüchtigen Wandergefährten!" Sie schulterte ihren Besen, hing ihr Bündelchen daran und setzte ihre Wanderung fort. Den ganzen Tag ging sie rastlos weiter. Nun umhüllten die Abendschatten das Land und der runde Mond stieg am Horizont auf. Sie sah rechts vom Weg ein freundliches Licht winken; sie ging wohlgemut dem Schein nach. Bald stand sie vor einem festen, grauen Haus. Sie klopfte laut an das starke Eichentor. Es dauerte geraume Zeit, bis sich die Tür eine Hand breit öffnete, heraus schaute der braune Lockenschopf eines halbwüchsigen Jungen. "Du brauchst dich nicht vor mir zu fürchten, ich bin ein armes, müdes Mädel, das um ein Nachtlager und etwas für den hungrigen Magen bittet!", rief Riekchen. "Ja, arm bist du wirklich!", entgegnete der Bub mit zaghafter Stimme, "denn hier kannst du nicht bleiben, hier wohnen die schwarzbärtigen Räuber! Hast du noch nie von ihnen gehört?" - "Ei, freilich", entgegnete Riekchen munter, "aber ich fürchte mich nicht vor ihnen, was hätte ich auch zu rauben? Ein paar alte Kleider und dieser Besen hier sind mein ganzer Besitz!"

Nach langem Zureden öffnete der Junge das schwere, knarrende Tor, und Riekchen trat ins Haus. "Hui, hier sieht's aber unfreundlich aus!", rief sie. Die Wände waren rußig und die Spinnweben hingen lang und grau in allen Winkeln und Ecken. Der Besen zuckte schon arbeitslustig in Riekchens Händen. "Wollen wir einmal sauber machen?", fragte sie. Hui, da ging's schon los! Der Besen flog hinauf und hinunter, hin und her, und eins, zwei, drei - war der Raum verwandelt! Blitzblank war alles von oben bis unten.

"Da hast du aber einen ganz famosen Besen!", rief der Bub laut, "ich wollte nur, er könnte auch die böse Räuberbande fortfegen wie all den Schmutz!" Riekchen bekam nun zu essen, dann hockten sich die beiden gemütlich hinter den alten, dicken Ofen, und der Junge, der Roland hieß, erzählte von seinem Leben: "Ich bin nun schon einige Jahre hier", sagte er, "und muss für die Räuber kochen und arbeiten, so gut ich es verstehe. Damals, als sie mich raubten, war ich noch klein. Ich kann mich nicht mehr erinnern, wie die Stadt hieß, in der ich mit meinen Eltern und Geschwistern wohnte. Ich weiß noch, dass in unserem Haus ein großes Gewölbe war, in dem viele Ballen Stoff, Fässer und Kisten lagerten. Manchmal spielte ich da mit unserem roten Kätzchen Verstecken.

Meine Mutter war sehr lieb und oft sehne ich mich nach ihr! Versteck dich, Riekchen, die Räuber kommen!" Doch Riekchen hatte keine Furcht. Draußen hörte man Rossegetrappel, Rufen und Poltern. Die Tür wurde aufgerissen und eine Schar wild aussehender, bärtiger Männer betrat den Raum. „Roland, wo steckst du?" - „Wo bleibt das Essen?" - „Ei, der Bub macht sich, er hat heute geputzt!" - „Was will das Mädel hier?" So riefen die Räuber durcheinander. Riekchen trat hervor und hielt den Besen fest in der Hand, der zuckte und sprang, als wollte er losgelassen werden. „Kehr aus!", rief Riekchen. Hui, sprang da der Besen auf die Räuber los und schlug sie mit Ruten und Stiel, dass sie vor Schreck laut schrien. Sie wollten den Besen festhalten, aber der ließ sich nicht greifen. Immer lustiger tanzte er auf Rücken und Köpfen der Räuber umher. Die jammerten und baten. Schließlich stürmten sie alle in die dunkle Nacht hinaus, der Besen sprang noch eine gute Weile mit. Die Zurückbleibenden hörten die Rufe immer schwächer werden, dann war es ganz still geworden. Durch die geöffnete Tür kam kalte, frische Luft, und nun kehrte auch der Besen zurück und legte sich, als ob er müde wäre, zu Riekchens Füßen nieder.

„Das hast du aber brav gemacht! Du bist ein ganz tüchtiger Besen!", rief der Bub und tanzte lustig im Zimmer umher. „Du kehrst auch die schlechten Menschen fort! Nun gehört das Haus uns mit allen seinen Schätzen!" - „Nein", sagte Riekchen, „ganz so ist das auch nicht! In dem Räuberhaus können wir wohl wohnen, aber wie bringen wir das geraubte Gut den Eigentümern wieder?" Lange überlegten die beiden. Schließlich meinte das Mädel: „Ich bleibe mit meinem braven Besen hier und hüte das Haus und die Schätze.

Aber du, mein lieber Bub, reitest in die große Stadt und lässt verkünden: „Jeder, dem etwas von den bärtigen Räubern geraubt wurde, soll mit mir ziehen, um sich sein Gut wieder zu holen!"

So wurde es auch gemacht. Das Mädchen blieb allein im Räuberhaus zurück. Die Räuber hatten sich wohl in alle Winde verstreut, und keiner wagte sich mehr in die Nähe ihres Hauses.

Nach Wochen kehrte Roland zurück, eine ganze Schar von Männern folgte ihm. Roland ging zuerst in das Haus und flüsterte Riekchen zu: „Ich möchte wissen, ob das alles Beraubte sind! Aber dein Besen wird schon für Recht und Ordnung sorgen!" Dann betraten die Männer den Raum. Einer von ihnen begann sofort überlaut zu rufen: „Die schwarzbärtigen Räuber haben mir einen großen Sack voll Goldtaler genommen, wo ist der Sack, wo ist der Sack?" Hui, da kam auch schon der Besen angeflogen, und kräftige Hiebe sausten dem Betrüger um die Ohren. „Auweh! Ach nein, mir wurde ja nur ein Sack voll goldgelber Hirse gestohlen!", rief der Mann ängstlich unter den Schlägen. Da sahen alle, dass es nicht geraten war, mehr zu begehren, als ihnen tatsächlich gehörte. Einige Männer suchten ohne ein Wort des Abschieds das Weite. Aber die übrigen bekamen rechtmäßig zurück, was die Bande ihnen abgenommen hatte. Und alle zogen fröhlich und dankbar in ihre Heimat. Zuletzt blieb ein jüngerer Herr allein zurück. „Nun, was vermisst ihr?", fragte Riekchen freundlich. „Ach", seufzte der Mann, „mir wurde vor Jahren der jüngste Bruder geraubt, als er allein im Garten spielte. Ich wäre glücklich, wenn ich ihn meinen alten Eltern mit nach Hause bringen könnte!"

„Erzählt doch, wie sah es bei euch zu Hause aus? Hattet ihr ein rotes Kätzchen und ein Gewölbe voller Waren, Kisten und Säcke?", fragte Roland mit glänzenden Augen. „Hieß Euer Bruder vielleicht Roland?"

„Ja, Roland! Bist du mein Bruder?", rief der junge Mann glücklich. Er nahm den Bruder in die Arme und beide küssten sich voll Freude. „Wir wollen nun alle zusammen zu unseren Eltern reiten! Ich kann es kaum mehr erwarten, sie wieder zu sehen!", rief Roland. Schon am nächsten Morgen ritten die drei beim ersten Frühschein über die Heide, Rolands Heimat entgegen. Die Freude der alten Eltern kann man sich vorstellen, als sie ihren so lange vermissten Sohn wieder hatten. Sie dankten Riekchen von ganzem Herzen und schenkten ihr die schönsten Kleider und prächtigen Schmuck. Rolands Bruder hatte das Mädchen von Herzen lieb gewonnen und auch Riekchen liebte ihn treu. So wurde Hochzeit mit großer Pracht gefeiert.

Später beschlossen die jungen Eheleute, in das verlassene Räuberhaus zurückzukehren. Sie bauten sich dort einen hübschen Bauernhof und lebten zusammen in Glück und Frieden. Den Wunderbesen hielten sie in hohen Ehren.

Einmal besuchte Riekchen auch den Hof, wo sie einstmals gedient hatte. Riekchen fragte gleich nach Hilda, der Küchenmagd. Sie wurde gerufen, und Riekchen meinte: „Du warst es doch, die mir damals die Tauftaler der Kinder im Bett versteckte, so dass ich als Diebin vom Hof gejagt wurde?" Hilda zitterte vor Angst und Schrecken, doch zu ihrem Glück gestand sie unter vielen Tränen ihre Schuld, so dass der Wunderbesen ruhig im Wagen liegen bleiben konnte. Riekchen verzieh ihr nun auch gern, sie war ja glücklich, dass nun auch die Bäuerin nichts Schlechtes mehr von ihr glaubte.

Als Riekchen später über den Hofplatz zu ihrem Wagen ging, streichelte sie im Vorbeigehen die raue Rinde der alten Birke. „Hab Dank, du liebe Birkenfee, für den schönen Wunderbesen!" sagte sie leise. Sie hörte ein sanftes Rauschen. Es war ihr, als sähe sie das freundlich lächelnde Gesicht der Birkenfee zwischen den Zweigen hervorlugen.

Anni Gwehenberger

Flieder

Der König der Elfen bestellte seine Untertanen an einem schönen Abend zu sich auf die Schlosswiese. Er selbst saß auf einem Moosthron und hatte ein feines goldenes Krönlein auf dem Haupte.

Es war eine sehr schöne Maiennacht. Silbernes Licht hatte der Mond angesteckt und die Grillen und Heimchen machten Musik. Maikäfer trugen auf kleinen grünen Blättchen Speisen und Leckerbissen.

Die Elfenkinder fanden sich ein. Jedes hatte ein andersfarbiges Kleidchen und ein Hütchen von derselben Farbe.

Es waren alle auf den Ruf ihres Königs gekommen. Aber auch Gäste waren geladen, wie die Leuchtkäferchen, die wie glühende Sternchen im Moos saßen und ehrfürchtig auf den Elfenkönig blickten.

Dass die Grillen und Maikäfer auch anwesend waren, habe ich schon erzählt. Aber auch Schmetterlinge und Libellen waren zu Gaste.

Als nun alle hübsch Platz genommen hatten und vollkommene Ruhe herrschte, begann der König zu sprechen:

„Meine lieben Elfenkinder, ich begrüße euch recht herzlich und da ich euch alle so lieb habe, will ich euch heute eine Freude bereiten und zugleich jedem von euch ein Amt übergeben. Seht meine lieben Untertanen, ich habe mir schon immer gedacht, dass Ihr eigentlich keine richtige Arbeit habt. Ihr tanzt nur immer euren Reigen und das ist doch keine richtige Beschäftigung.

254

Elfchen

So habe ich lange nachgedacht und endlich ist mir ein guter Gedanke gekommen. Ihr sollt die Beschützer und Beherrscher der Blumen sein."

Ein allgemeiner Jubel brach los. Das war den Elfen recht. Waren sie doch den schönen Blumen sehr wohl gesinnt. Nun sollten sie gegen böse Insekten, aber auch gegen schlimme Kinder, welche die Blumen abreißen und wegwerfen, dass die armen gleich sterben müssen, die lieben Blümchen behüten.

Als sich die allgemeine Freude wieder etwas gelegt hatte, so dass der Elfenkönig weitersprechen konnte, setzte er fort:

„Stellt euch nun recht schön nebeneinander in eine Reihe!" Als dies geschehen war, gab der König ein Zeichen und zwei Mäuschen brachten eine Rose. Der König ließ sie vor sich hinlegen, dann rief er: „Und nun werde ich bis drei zählen, ihr alle werdet zu mir herlaufen und das Elfenkind, das zuerst bei mir ist, soll der Rosenelf sein." Dann zählte der Herr König: „Eins, zwei, drei!" Und alle Elfenkinder liefen. Und jenes, das als Erstes dort war, bekam die Rose, die sich sehr höflich vor ihrem neuen Beschützer verbeugte und ihren Duft besonders süß ausströmte. Triumphierend und freudig ging das Elfchen mit seiner Rose auf seinen Platz zurück.

Dann nahm der König der Reihe nach die anderen Blumen, wie Vergissmeinnicht, Lilie, Schneeglöckchen, Himmelsschlüssel, Dotterblume, Löwenzahn und wie sie alle heißen, und jedes Elfchen musste im Lauf das Erste sein, ehe es seine Blume bekam. Und wenn es diese hatte, dann ging es immer schön auf seinen Platz zurück, damit ja keine Unordnung entstehe.

Aber da so viele Elfenkinder im Reiche waren, so blieben noch viele übrig, als schon alle Blumen vergeben waren.

Da ließ der kluge Elfenkönig auch die Blüten und Sträucher bringen. So wurde ein Elfchen der Beschützer der Apfelblüte, ein anderes der des Jasminstrauches, wieder ein anderes der des Hollunders und des Schlehdorns. Darüber herrschte große, große Freude im Elfenreich.

Da fragte der König: „Seid ihr auch alle zufrieden, meine lieben Elfenkinder?" Von allen Seiten rief es: „Ja, ja, Dank, tausend Dank."

Plötzlich kam es dem König vor, als höre er neben sich ein leises Weinen. Da bemerkte er ein kleines Elfchen, das trug ein helllila Röckchen und Leibchen, auf dem Kopf ein Hütchen, wie ein kleines Sternchen. Mitleidig beugte sich der König zu dem Weinenden und fragte, was ihm denn fehle. Da erzählte das Elfchen, dass es das Einzige sei, dem keine Blume oder Blüte zugewiesen worden sei. Das arme Elfchen hatte sich nämlich beim letzten Mondscheinreigen ungeschickt gedreht, war am Röckchen hängen geblieben und hingefallen. Dabei hatte es sich am Fußgelenk verletzt. So kam es, dass alle anderen Elfen flinker waren, denn sie konnten laufen, während unser Elfchen nie nachkommen konnte. Der gute König aber hatte Mitleid mit dem armen Ding. Er versprach, helfen zu wollen, rief einen großen Schmetterling, setzte sich auf seinen Rücken und schwang sich mit ihm in die Lüfte. Alle warteten sehr neugierig, was nun kommen würde. Da, es war noch gar nicht viel Zeit vergangen, hörte man ein Sausen in der Luft und ein süßer Duft, so stark und doch so fein, wie man ihn noch gar nicht kannte, verbreitete sich. Und schon ließ sich der Schmetterling mit dem König auf der Elfenwiese nieder.

Aber ach, was lag da noch auf dem Rücken des Schmetterlings? Es war dies eine lila Blütendolde, die den herrlichsten Duft ausströmte.

Als der König von seinem Pferdchen gestiegen war, legten die Mäuschen den Blütenzweig vor dem Beherrscher der Elfen in das Gras. Der König rief das Elfchen und sprach: „Mein liebes Kind, ich war jetzt beim lieben Gott und habe ihm deinen Kummer erzählt. Ich berichtete ihm, dass du ein herziges Elfchen in einem lila Röckchen und mit einem Sternenhütchen bist. Da schuf der liebe Gott für dich den Flieder, denn sieh, so heißt diese Blüte. Beschütze sie gut und danke dem lieben Gott, dass er sie geschaffen hat."

Mit tiefer Verbeugung nahm das Elfchen den Flieder aus des Königs Hand und war sehr glücklich, dass der liebe Gott in seiner großen Liebe den schönen Flieder eigens zu seiner Freude geschaffen hatte.

Wenn aber im Wonnemonat Mai besonders schön und herrlich der Flieder blüht, dann wisst Ihr, dass das Fliederelfchen zu eurer und des lieben Gottes Freude seinen Schützling gut hegt und pflegt.

Gustl Gaberle

DER GRÜNE STEIN

Am Rande eines großen Waldes lebte einst die Ameise Fifi. Dort hatten ihre Eltern und Verwandten in mühseliger Arbeit Nadel für Nadel aus dem Wald geschafft, wie sie von den Fichten und Tannen auf die Erde fielen, um so einen mächtigen Ameisenhaufen zu erbauen. Als nun Fifi ihren Kinderschuhen entwachsen war, musste sie emsig mithelfen an der Vergrößerung des Baues.

So trippelte Fifi wiederum an einem schönen Sonnentag am Waldrand dahin und hielt Ausschau nach einem Ding, das sie in ihrem neuen Zimmerchen als Tür einbauen konnte. Auf ihrem Weg sah sie den alten Grillenonkel Lixi, der unermüdlich mit Susi, der zierlichen Heuschrecke, lustige Lieder musizierte. Ganz wonnig wurde Fifi dabei ums Herz, wie sie den zweien zuhörte, und fast wäre sie in ein Maulwurfsloch gefallen, als sie voller Melodien weiterging und zu wenig auf den Weg achtete.

Doch plötzlich machte sie halt. Sie war vor einigen Steinen angelangt, auf denen ein glänzendes grünliches Etwas in der Sonne spazierte. Recht erschrocken sah Fifi drein, denn sie dachte, dass es eine Schlange sei, vor der sie die Eltern oft und oft gewarnt hatten. Aber da lächelte das fremde Tierchen freundlich und winkte Fifi zu sich heran: „Fürchte dich nicht! Ich bin Misa, die Smaragdeidechse, und will dir nichts zu Leide tun. Komm ein wenig in meine Höhle, ich werde dich gern bewirten. Du bist sicherlich schon weit gelaufen in dieser Hitze, nun sollst du dich ein wenig ausrasten!" Noch zögerte Fifi, aber schon reichte ihr Misa die Hand und führte sie in die finstere Höhle hinein.

Aber da wer da gedacht hätte, diese sei überall so finster wie am Eingang, der wäre gewaltig im Irrtum gewesen. Schon nach etwa fünfzig Schritten begann es nämlich gar seltsam zu leuchten, und je näher die beiden kamen, um so heller wurde der Schein. „Oh!", staunte Fifi, die nur ihren dunklen Ameisenhaufen gewohnt war, „was ist denn das Schönes?"

„Warte nur noch ein bisschen", antwortete die Eidechse, „gleich wirst du noch mehr sehen können!"

Bald erweiterte sich der dämmerige Gang, und sie traten in eine weite Halle ein, die hell erleuchtet war. Der Lichterschein kam aber nicht von Lampen oder Kerzen, sondern von tausenden Edelsteinen, Perlen und Goldstücken, die ringsum aufgestapelt lagen. Das war ein Gleißen und Funkeln, daß es Fifi schier in den Augen wehtat!

Ein allerliebstes Zwerglein eilte aus einem Winkel herbei und begrüßte die Ameise mit seiner großen roten Zipfelmütze. „Ich heiße Ali", sagte es und reichte Misa vier goldbestickte Pantoffel. Dann brachte es zwei Samtkisten und lud Misa und Fifi ein, es sich darauf recht bequem zu machen. Misa ging aber mit ihrem staunenden Gast weiter in die Höhle hinein, wo die vielen Kostbarkeiten lagen. „Oh, wie schön!", rief Fifi immer wieder aus, als sie die glänzenden Dinge betrachtete. Misa wurde sichtlich traurig, denn eine Träne nach der anderen floss über ihr Gesicht zu Boden. Die Tränen aber - siehe da! - verwandelten sich, wie sie die Erde berührten, augenblicklich in wunderbare Edelsteine.

„Ja, liebe Ameise", sagte Misa, „alles, was dir hier entgegenstrahlt, ist im Laufe der Zeit als Tränen aus meinen Augen geflossen!"

Fragend blickte sie auf Misa, die nach vorne zeigte. „Schau nur, dort, der riesige grüne Stein, den die Menschen Smaragd nennen, der wird dir Auskunft geben ..."

Fifi wandte sich in die angedeutete Richtung und sah in einem Kranz roter Edelsteine tatsächlich einen fast apfelgroßen grünen Stein. Neugierig trat sie näher, konnte aber außer seinem Funkeln nichts Sonderliches an ihm bemerken. Schon wollte sie ihn betasten und befühlen, da hub der Stein plötzlich zu reden an

„Gebt mich dem Mann zurück,
dann lacht im Augenblick
für euch wie einst das Glück!"

Misa begann wieder zu weinen und führte die erschrockene Fifi zurück zu den Kissen, die ihnen der Zwerg hergerichtet hatte. „Komm, ich will dir erzählen, liebe Fifi, was der Stein gemeint hat mit seinen Worten!", sagte sie.

Ali füllte kleine Silberschälchen mit Zuckersaft und trug sie auf einem winzigen Eichentischchen herbei. Sie machten sich's bequem, dann fing Misa zu erzählen an: „Viele Jahre lebe ich nun schon mit Ali in dieser Höhle. Am Anfang dieser Zeit war nur jener grüne Stein da. Wir wissen, dass wir früher einmal etwas anderes gewesen sind als Zwerg und Eidechse, doch können wir uns nicht mehr darauf besinnen. Ali weiß nur, dass er den Smaragd vor langer Zeit einem alten Mann geraubt hat, der eine Tagreise weit gegen Sonnenaufgang wohnte und angeblich Zauberfähigkeiten besaß. In der Sekunde nämlich, als er das Kleinod von dem schlafenden Mann an sich nahm, hörte Ali ein mächtiges Donnern und Sausen in der Luft, und im Nu fanden wir, ich und er, uns vollkommen verwandelt in dieser Höhle."

Misa machte eine Pause und nahm einen Schluck vom Zuckersaft. Auch Fifi, die gespannt zugehört hatte, ließ sich den Inhalt der Schale gut schmecken. Dann fuhr die Eidechse fort: „So oft wir nun an dem Stein vorbeigehen oder ihn nur ansehen, spricht er mahnend seinen Vers:

‚Gebt mich dem Mann zurück,
dann lacht im Augenblick
für euch wie einst das Glück!'

Du kannst dir denken, liebe Fifi, wie traurig wir dadurch geworden sind. Wir haben so viel Sehnsucht nach dem Glück, von dem der Stein uns immer erzählt."

Da sprach Fifi voll Mitleid: „Du arme Misa, du tust mir mit Ali wirklich Leid! Aber sag, habt ihr denn noch nichts unternommen, den Stein seinem rechtmäßigen Besitzer zurückzugeben?"

„Doch, doch!", beteuerte die Eidechse.

„Aber jedes Mal, wenn wir mühsam den Stein bis ans Tageslicht geschleppt hatten, sprach er:

„Der Mann im hohlen Fels,
der ist euch spinnefeind,
nicht ihr sollt zu ihm gehn,
nein, sondern euer Freund!"

So mussten wir jedes Mal unverrichteter Dinge in die Höhle zurückkehren. Und sooft wir auch unsere Nachbarn baten, uns doch zu helfen, keiner wollte mit der Aufgabe etwas zu tun haben, die Heuschrecke nicht, der Hirschkäfer nicht, der Grillenonkel nicht und auch nicht das Mäuslein, das gleich neben uns wohnt.

Da sprang Fifi entschlossen auf und rief: „Wenn euch alle im Stich lassen, Misa, ich will dir helfen, so gut ich kann!"

So sprach sie laut und eilte fort, dem Tageslicht zu. Dort verhielt sie geblendet den Schritt, lief dann aber geradewegs zu ihrem Ameisenhaufen. Schnell versammelte sie einige Vorarbeiterinnen um sich und erklärte ihnen, dass es um einen sehr dringenden Hilfsdienst ginge. Sie sollten nur rasch mit ihr kommen.

Misa stand vor der Höhle, als sie das Rudel Ameisen herbeieilen sah. Auf deren Frage beschrieb sie genau die Richtung und den hohlen Felsen, wo der Zauberer hausen sollte. Hernach führte sie die Ameisen in die Höhle, damit sie den Smaragd in seiner Schönheit und Größe selbst kennen lernten. Da schüttelten die kleinen Tierchen zweifelnd und wankelmütig den Kopf, denn der grüne Stein war wirklich fast so groß wie ein gut gewachsener Apfel und wohl auch so schwer. Fifi aber zerstreute alle ihre Bedenken und ermahnte sie immer wieder, dass hier schnelle und tatkräftige Hilfe notwendig sei. Kaum dass die Tierchen in den Ameisenhaufen zurückgekehrt waren, wurde eine Versammlung einberufen, in der auch die Ameisenkönigin sich mit Fifis Plan einverstanden erklärte. Es wurden Arbeitsgruppen eingeteilt, die alsbald aus Rindenstücken einen großen Wagen zu bauen begannen. Andere Ameisen brachten gefangene Spinnen herbei, die starke Fäden spinnen und daraus Stricke flechten mussten. Andere Arbeiterinnen wieder erhielten den Auftrag, aus Eicheln und kleinen Zweigen Räder zu verfertigen, während sich ein Teil auf den Weg machte, in kleinen Behältern von den Bäumen Pech einzusammeln, damit der ganze Wagen auch ein festes Gefüge erhalte.

So herrschte auf dem Ameisenhaufen reges Getriebe. Allenthalben schaute die Königin, von Fifi begleitet, nach dem Rechten, und am vierten Tag war die große Arbeit beendet: ein Wagen stand bereit, auf vier kräftigen Rädern; ringsherum waren fünfzig Häkchen befestigt, aus den Dornen der wilden Rosen gebastelt, die fünfzig lange Seile hielten, die von fünfhundert Ameisen gezogen wurden. Voll Freude über das gelungene Werk tanzten sie, mit Fifi und der Königin in der Mitte, einen fröhlichen Reigen um das niedliche Gefährt. Dann setzte sich der Wagen unter Fifis Führung in Bewegung. Bald kamen sie vor der Eidechsenhöhle an, wo sie laut nach Misa riefen. Diese erschien sogleich am Eingang und lief schnell zu Ali zurück, als sie erfahren hatte, dass die Ameisen den grünen Stein zum Zauberer führen wollten.

Der Zwerg machte ausgelassene Freudensprünge, als er diese Nachricht hörte, und trug flink den Smaragd auf seinen Schultern ins Freie. Dort wurde der Edelstein auf den Wagen geladen und darauf mit Stricken befestigt. Misa wusste nicht, was sie alles zum Dank sagen sollte. Dann aber hieß es Abschied nehmen, und Fifi rief: „Alle zugleich anziehen!", worauf die fünfhundert Ameisen ihre ganze Kraft anspannten, und - siehe da! - mählich kamen die Räder mit der kostbaren Last ins Rollen. Einige Kundschafter wurden vorausgeschickt, die den günstigsten Weg ausfindig machten, und bald war der seltsame Zug hinter einem Hügel verschwunden, nachdem Misa und Ali lange nachgewinkt hatten.

Fifi kam mit ihrem Gespann gut voran, sie hatte außer den fünfhundert noch fünfzig Ameisen mitgenommen, die stets einsprangen, wenn dann und wann einige der Ziehenden ermüdeten. Am dritten Tag meinte Fifi während einer Rast, dass sie nun bald am Ziel ihrer Fahrt anlangen müssten. Und als die Ameisen wieder aufgebrochen waren, vernahmen sie auf einmal ein sonderbares Geräusch. Sie wagten sich nicht weiter, da es schon dunkelte, und wollten an Ort und Stelle den Morgen erwarten. So errichteten sie sich ihr Nachtlager. Bald glänzten die Sternlein über den friedlich schlafenden Ameisen, wie ein riesiges Glühwürmchen erstrahlte der grüne Stein, den sie auf ein kleines Moosbeet gezogen hatten.

Plötzlich, als der Vollmond aufging, verstummte das Geräusch. Dann klang es von fern her „bum-bum-bum-bum", so dass alle Ameisen erwachten. Noch während sie überlegten, was das wohl bedeuten könnte, sahen sie vor sich wie einen wandelnden Baum einen ungeheuren Schatten auftauchen. Erschreckt stoben sie nach allen Richtungen auseinander. „Ah, mein Stein! Mein Stein!", hörten sie hinter sich rufen, indes sie sich ängstlich hinter Heidelbeerstauden versteckten. Und dann sah Fifi, wie sich der Schatten nach dem grünen Leuchten bückte, den Stein hastig an sich riss und im Zwielicht des Mondes verschwand. Ringsum aber erbebte die Erde, Donner rollte, und die Ameisen liefen, so schnell sie ihre Beinchen trugen, den Weg zurück, auf dem sie gekommen waren.

Als sie am Waldrand anlangten, wo Ameisenhaufen und Eidechsenhöhle lagen, stieg gerade die Sonne über den Horizont. Da stand an Stelle ihrer alten Heimat und vor Misas Erdhöhle ein prächtiges Schloss mit Türmen und Giebeln. Die Ameisen selbst hatten sich in eine stattliche Schar von Kammerherren, Pagen und Burgfräulein verwandelt und sahen den Wagen, den sie für den grünen Stein gezimmert hatten, nun als goldene Kutsche mit zwölf Schimmeln vor der festlich geschmückten Schloßeinfahrt stehen, die von der Blumeninschrift „Willkommen sei das Brautpaar!", umwunden war.

Da trat aus dem Schloss eine junge Dame, die eine Krone im Haar trug, und ließ sich von einem Prinzen zum Wagen geleiten. Lachend winkte sie den Ankömmlingen entgegen und rief: „Seid gegrüßt, ihr Lieben, und herzlich bedankt für eure Hilfe! Ihr habt mir mein Glück wiedergebracht. Ich bin Prinzessin Misa, und hier ist Prinz Ali!"

Und als Prinz Ali am folgenden Tag zum König gekrönt wurde, blieb das Burgfräulein noch viele, viele Jahre die beste Freundin der Königin Misa, der einstigen Eidechse.

Walter Rodlauer

SANDOR

Es war vor vielen Jahrzehnten in Böhmen, zu einer Zeit, da es noch eine Menge fahrendes Volk gab, angefangen von echten Zigeunern bis zu allerhand Gauklern und Possenreißern, die von Ort zu Ort zogen, um ihre Kunststückchen zu zeigen.

Allesamt waren sie ruhelos, heimatlos, überall und nirgends zu Hause. Sie standen nicht in bestem Ruf. Tauchten sie auf, fehlte meist da und dort ein Huhn oder eine Gans, ein Bund Heu oder Stroh, oder aus dem Kartoffelacker war eine erkleckliche Anzahl Erdäpfel ausgegraben worden.

Es war am Tag des Heiligen Abends und bitterkalt. Seit Wochen schon deckte eine fußhohe Schneedecke das frosterstarrte weite Land. Am Rande des dichten Nadelwaldes, der unfern des kleinen Dorfes begann, regte sich zaghaftes Leben. In einer von Tannen und Fichten geschützten Mulde stand ein Plachenwagen mit einem mageren Gaul. Zwei Männer, der eine alt und schon ergraut, der andere jung und schwarzlockig, sammelten mit klammen Händen Reisig. Aus dem Wagen ertönte das Weinen eines Kleinkindes.

„Wenn uns bloß der Förster nicht findet, sonst jagt er uns davon!", murrte der Alte.

Der Junge machte eine hilflose Armbewegung und brach einen dürren Ast, den er auf einen zusammengetragenen Reisighaufen warf. Das Pferd schnaubte.

„Sandor wird es nicht mehr lange mitmachen, wenn er nicht bald was Ordentliches zu fressen kriegt", sagte mit einem schweren Seufzer der junge Mann und klopfte dem Gaul auf die Flanken. „Er ist schon ganz starr vor Kälte. Was machen wir, wenn er eingeht?" Der Alte verharrte eine Weile mit bekümmertem Gesicht, dann stieß er unvermittelt hervor: „Ich ... ich gehe zu den Menschen." Er wischte sich über den Bart und stapfte davon, ohne auf eine Entgegnung zu warten.

Das erste Häuschen, auf das man traf, wenn man vom Wald kam, war das einer alten Frau, die dort im Ausgedinge wohnte. Es bestand aus Stube, Küche und einem Vorraum. Seitlich war ein kleiner Stall gebaut. Um das winzige Anwesen gegen die Unbilden des harten Winters zu schützen, waren seine Mauern bis unters Dach mit aufgeschüttetem Laub und Reisig umgeben, dass es darin saß wie in einem Nest.

Es dämmerte bereits, als der Alte gegen die Tür pochte, neben der ein erleuchtetes Fensterchen von Menschennähe, Wärme und Geborgenheit sprach.

Als die kleine, zarte Frau mit dem silberweißen Haar und dem etwas strengen Gesicht die Tür auftat, stockte dem Hilfeheischenden zuerst die Rede. Dann aber brachte er seine Bitte vor:

Für sein Pferd ein wenig Heu.

Wo er herkäme, wer er wäre, fragte die alte Frau, die man rundum Großmutter nannte.

Da berichtete der Alte, und er zitterte vor Kälte.

„Soso ...", sagte die Großmutter, als er geendet hatte, „am Waldrand lagerst du mit deinem Sohn, der Weib und Kind hat... euer Pferd am Verhungern ...! Ich habe wohl selber blutwenig, und ein Bund Heu ist für mich viel, aber ... ich mag dich nicht von der Tür weisen, heute ist Heiliger Abend. Ich will dir etwas sagen: Hol das Pferd samt Wagen und den Deinen und kommt zu mir. Ich will euch Obdach gewähren. Aber wehe, und es fehlt mir nachher auch nur ein einziger Strohhalm ...! Und dein Pferd darf meiner Kuh nichts zu Leide tun, denn, so wie du ohne Pferd nicht sein kannst, kann ich ohne Kuh nicht sein. Sie ernährt mich."

„Das Pferd ist gutmütig. Wir sind ehrliche Leute, ich bin alt, du bist alt ... ich belüge dich nicht!"

„Ist schon gut, dann geh!"

Unzählige Dankesworte stammelnd, entfernte sich der Mann.

Bald hörte man Räderknarren, und dann stand der Plachenwagen vor der Tür.

Eine junge Frau, ein Bündel auf dem Arm, entstieg dem Wust von Federbetten, die in dem Wagen aufgetürmt waren, und ging in die Küche. Aus dem Bündel kam leises Wimmern.

„Ich fühle mich wie Maria mit dem Kinde", sagte die junge Mutter mit Tränen der Rührung in den Augen. Ihre Stimme hatte fremdländischen Akzent. „Aber es geht nicht um unsertwegen, es handelt sich um Sandor, unser Pferd, ohne das wir nicht sein können. Wir haben kein Geld, uns ein anderes zu kaufen."

„Weiß schon", nickte die Großmutter, „werde gleich nach sehen. Mach dir's mittlerweile bequem. Schlafen kannst du oben auf dem Heuboden. Die Männer sollen nachher die Federbetten hinauftragen."

Unverzüglich ging sie in den Stall, wo, eben abgeschirrt, das Pferd neben der Kuh stand, die zeitweise ein unwirsches „Muh" von sich gab. Eine flackernde Ölfunzel warf lange Schatten gegen die Wand.

Schweigend sahen die beiden Männer zu, wie die alte Frau mit kundigen Händen ihren Sandor befühlte, beklopfte, die steifen Beine betastete.

„Haltet mir das Licht hoch!", gebot sie.

Sie hob dem Tier die Lider und sah ihm in die trüben Augen. „Das Pferd ist nicht mehr jung und schwer krank", sagte sie nach beendeter Untersuchung. „Lungenentzündung! Zuerst einmal muss es fest abgerieben werden, damit das Blut in Wallung kommt!"

Sie verabreichte den Männern je ein Heubündel.

Stroh konnte sie für solchen Zweck keines geben, das war viel zu teuer!

Unverdrossen rieben die Männer drauflos, der Schweiß floss ihnen von der Stirn. Endlich fand es die Großmutter, die immer wieder gekommen war, um Nachschau zu halten, für genügend. „So, jetzt muss Sandor schwitzen", ordnete sie an. „Alle Decken und Tücher her, die ihr mithabt!"

Gehorsam brachten die Männer herbei, was an diesbezüglichem zur Verfügung stand, und hüllten das Tier nach Anordnung der alten Frau um und um ein.

„Und jetzt ... vorsichtig niederlegen", sagte sie.

„Sooo, langsam ... damit er sich nicht wehetut ...!"
Sie fasste selbst mit an.
Mit sanftem Plumps landete das Tier in der Schütt.
„Bringt mir noch den Eimer mit dem heißen Wasser vom Herd, Männer, dann könnt ihr essen. Auf dem Küchentisch stehen Suppe und Kartoffeln bereit. Ich bleibe mittlerweile hier." Beruhigend klopfte sie dem schnaubenden Pferd den Hals.

Als der Eimer mit dem dampfenden Wasser kam, das gar wunderbar nach Kräutern duftete, stellte sie ihn vor das kranke Tier, dem sie fürsorglich die Nüstern mit Wachs verstopfte. Auf die Stirn erhielt es einen brunnenkalten Umschlag, darüber ein Kopfkissen gestülpt, das aus Großmutters eigenem Bett stammte.

Sandor riss weit das Maul auf, da er durch die Nüstern keine Luft erhielt, und sog wohlig den aromatischen Dampf ein.

Die alte Frau saß vor ihm auf einem Schemel, hielt das Kopfkissen fest und harrte geduldig aus. „Nur schön brav inhalieren!", sagte sie immer wieder, als gälte es, einem Kinde zuzusprechen. Die Männer kamen, als sie gegessen hatten, sogleich wieder. In ihren Mienen stand deutlich die Besorgnis um das treue Tier sowie Bewunderung für das Tun der alten Frau.

Bei ihrem Eintreten erhob sich die Großmutter sogleich: „Nun bleibt ihr wieder hier, ich bereite mittlerweile für Sandor eine Mahlzeit."

Nach einer Weile kam sie und brachte eine Bütte geschleppt, darin sich eine lauwarme Brühe befand, in der gekochte Kartoffeln und Kleie schwammen.

„So", sagte sie entschieden, „frisst er jetzt, ist's gut, frisst er nicht, war alle Mühe vergeben." Sie entfernte das Wachs aus den Nüstern, kauerte sich wieder auf den Schemel und schöpfte eine Handvoll der Brühe heraus, die sie dem Pferd entgegenhielt.

„Na, friss schön, bist brav!", redete sie abermals dem Tier zu.

Sandor wendete den Kopf. Bange verfolgten die Männer, wie es nun weiter kommen würde. Da ... plötzlich ... spielte Sandor mit den Ohren und schnupperte. Und jetzt ... er steckte das Maul in die Bütte und kostete. Gott sei's gelobt, es schmeckte ihm ... er fraß!

Er fraß und schleckte am Ende mit Behagen das Gefäß leer.

„Jetzt ist er überm Berg!", nickte die Großmutter und wischte die Hände in die Schürze. Die Männer wussten sich vor Freude kaum zu fassen.

Es war Nacht geworden. Großmutter hatte eine geweihte Kerze entzündet und sie auf die große, schwarz glänzende Herdplatte gestellt, über der sich die gähnende Öffnung des offenen Kaminabzuges befand. Als die Glocken zur Mette läuteten, verließ sie das Haus, um zur Kirche zu gehen. Der alte Mann und die junge Frau mit dem Kinde am Arm schlossen sich an. Ihr Gatte musste bei Sandor bleiben, der nun schlafen durfte.

Von allüberall strömten Lichtpünktchen herbei, die vor dem Kirchentor erloschen. Die Leute kamen, um die Geburt des Heilandes zu feiern.

Der Christtag brachte einen strahlenden Morgen mit klirrendem Frost.

„Großmutter, Sandor ist munter und wohlauf!", kam der junge Mann jubelnd in die Küche gelaufen, eben, als die Genannte duftende Kuchen, die man in Böhmen Dalken nennt, auf der Herdplatte buk.

„Siehst du, ich habe gesagt, dass ihm die Kur helfen wird!", entgegnete Großmutter.

„Noch einer hat geholfen", ließ sich da der Alte, der beim Herd saß, vernehmen. Er deutete in die Höhe: „Der dort oben! Ich habe für Sandor innigst gebetet."

Großmutter nickte ernst: „Du bist ein guter Mensch und ich habe mich in euch nicht getäuscht. Aber ... dort kommt ja der Bürgermeister und hinter ihm eine ganze Prozession", fügte sie, aus dem Fenster blickend, verwundert hinzu. „Kommt der zu mir!"

Tatsächlich, in wenigen Augenblicken stand der große, klobige Mann mit finsterer Miene im Raum. Hinter ihm drängten sich die Nachkommenden, zumeist Männer.

„Großmutter", hub er unvermittelt an, „du bist von uns geehrt und geachtet, weil du rechtschaffen bist und weitaus klüger als wir alle zusammen. Aber diesmal hast du etwas getan, was keiner von uns gutheißen kann. Du hast diesem Gesindel", er deutete auf die beiden unschlüssig dastehenden Männer, „Unterkunft gegeben und dir solcherart allerhand Gelichter auf den Hals. Wir ..."

„Bürgermeister!" Die kleine Gestalt der Großmutter reckte sich und wuchs sichtlich. Ihre Miene wurde gebie-

terisch streng. „Nimm die Worte zurück! Diese Leute sind in der Heiligen Nacht meine Gäste geworden, und ich lasse sie daher nicht beleidigen. Sie sind gottesfürchtig, besuchen die Mette und führten sich in jeder Weise tadellos auf. Du hast nicht das Recht, sie zu schmähen!" Sie stand hoch aufgerichtet, und das zarte Gesicht unter dem weiß schimmernden Haar glühte in ehrlichem Unmut.

Der Dorferste wurde kleinlaut. Auf solch entschiedene Abwehr war er nicht gefasst gewesen. Sie war doch einmalig, diese alte Frau, der auch er selbst sein Leben zu verdanken hatte!

„Na ja", brachte er einlenkend hervor, „ich hab's ja nicht gar so bös gemeint, aber ich ... wir ... ich meine halt ..."

„Du brauchst gar nichts zu meinen. Geht alle zusammen beruhigt nach Hause! Ich stehe euch gut dafür, dass sich niemand wegen der Leute hier zu beklagen haben wird. Und damit du es gleich weißt: sie bleiben über die Feiertage bei mir!"

Schlurfend und murmelnd entfernte sich der Haufen, nachdem der Bürgermeister auf Geheiß der alten Frau eine Entschuldigung hervorgewürgt hatte.

„Tausend, tausend Dank, Großmutter!", sagten die fahrenden Leute, als sie sich mit Tränen in den Augen nach Stephani von der alten Frau verabschiedeten, „wir kommen wieder!"

Lange dauerte der Winter. Schließlich aber brach das Eis und das letzte Restchen Schnee schmolz unter den Strahlen der Frühlingssonne dahin. Rasch entlockte sie dem Boden neues Leben, und bald blühte Großmutters Kartoffelacker hinter dem Haus üppig wie nie zuvor.

Es war ein besonders schöner Tag.

Just als die alte Frau mit einem Eimer frisch gemolkener Milch aus dem Stall kam, sah sie ein Gefährt daherkommen. Sie bedeckte die Augen mit der Hand. Zwei Männer gingen neben dem Plachenwagen, der von einem kräftigen Gaul gezogen wurde.

Ja, es gab keinen Zweifel: Es waren ihre alten Bekannten!

Sie riefen und winkten schon von weitem.

War das eine herzliche Begrüßung, als der Wagen herangekommen war! Die junge Frau, die im Wagen gesessen hatte, sprang zu Boden und fiel der Großmutter vor Freude um den Hals.

Das Pferd wieherte.

„Was, dieser prächtige, flotte Gaul ist Sandor?", verwunderte sich Großmutter, als sie das Pferd näher in Augenschein genommen hatte.

„Jawohl, wie er leibt und lebt! Der ist erst jetzt wieder richtig jung geworden", sagte der alte Mann schmunzelnd.

„Nach deiner großartigen Kur!", fügte der junge lachend hinzu.

Seine Frau griff in den Wagen, aus dem eine lustige Kinderstimme krähte, und überreichte Großmutter ein Paket:

„Das ist für dich, für ein Kleid!"

Als Großmutter das Paket öffnete, fand sie darin einige Meter Kattun.

„Gefällt dir das Muster?", fragte die junge Frau leise.

Großmutter nickte, versonnen lächelnd: „Sehr!"

Es bestand aus zarten, innig miteinander verschlungenen Blümchen: Vergissmeinnicht!

Margarita Rehak

Des Winterkönigs

"... und da schenkte ihm der Winterkönig seinen Pelzmantel, denn wenn die Winterzeit zu Ende geht, wandert der weiße König fort", schloss Großvater Donat, der greise Waldarbeiter, seine Geschichte. Eine Weile war es mäuschenstill in der Stube, nur die alte Uhr tickte und das Feuer knisterte leise. Der Alte saß im Lehnsessel am Ofen, vor ihm auf dem Boden hockten die beiden Enkel Oswald und Viktor. Sie ließen schon seit einer halben Stunde kein Auge von ihm, aber sie merkten nicht, dass der Großvater arge Schmerzen hatte. "Und nun geht ein bisschen auf die Schlittenbahn, dass ihr an die Luft kommt!", sagte der Greis mit veränderter Stimme. Um die „frische Luft" war ihm nicht zu tun, die hatten die Knaben den ganzen Tag, im Hause litt es sie nicht; aber er sehnte sich danach ein Weilchen allein zu sein mit seinen Schmerzen - sie trugen sich leichter, wenn man ab und zu stöhnen konnte.

Ein paar Mal fuhren Oswald und Viktor über ihr Bergerl hinunter, dann meinte Ersterer: „Wir sollten es versuchen, Viktor, vielleicht gibt uns der Winterkönig seinen Mantel auch - Großvater könnte ihn so notwendig brauchen."

Der Bruder nickte. „Ja, das ist wahr! Aber meinst du, ist es nicht recht weit?" Oswald blickte am Berg empor. „Schau, dort, wo es so weiß ist, da ist er gewiss zu treffen. Ein bisschen weit wird es schon sein, aber für unsern lieben Großvater schaffen wir es wohl." Also stellten sie den Schlitten in den Holzschuppen und machten sich auf den Weg. Nach einer Weile seufzte Viktor: „Es ist noch weit, Oswald - und ich bin schon so müde." Der Bruder nickte: „Mir geht es ebenso - ich kann nimmer!" - „Ob wir nicht umkehren sollten?", meinte Viktor. „Zurück ist es ebenso weit!" - „Rasten dürfen wir nicht." - „Nein, das dürfen wir nicht. Was sollen wir tun?" - „Zählen wir es an den Jackenknöpfen ab!

Vorwärts - rückwärts - vorwärts - rückwärts - vorwärts ..."

„Vorwärts? - Dann haben wir nachher noch weiter heim als von hier aus!" - „Ja, das haben wir."

Sie blickten sich ratlos an. Am liebsten hätten sie geweint. Auf einmal wies Viktor voraus: „Dort kommt ein Schlitten!" Oswald sah angestrengt in die Ferne. „Es ist entweder der Forstmeister oder der Doktor - die Bauern haben keinen solchen Schlitten." - „Wenn es der Forstmeister ist - der schimpft uns", sagte Viktor bang. „Verstecken und ihn vorbeilassen, das können wir nicht, es ist ja nur Schnee da." - „Laufen wir zurück, Oswald!" Sie liefen. Aber sie gaben bald auf und schauten sich um. „Der Doktor ist es!", atmete Viktor auf. „Wie willst du das kennen?" - „Der Mann, der im Schlitten sitzt, hat ja keine Peitsche! Der Forstmeister hat eine. Das Pferd schlägt er zwar nicht - er lässt sie nur ab und zu auf der Seite hinunterpfeifen und dann zieht das Ross schneller an. Das habe ich oft beobachtet." - „Das Pferd läuft ganz gleichmäßig - und Peitsche ist keine zu sehen." - „Oswald?" - „Was?" - „Wenn uns der Doktor mitfahren ließe?" - „Aber wir haben den Mantel nicht!" - „Vielleicht sind wir morgen nicht so müde." Nun hörten sie schon das Schellengeklingel. Mühsam stapften sie dahin, immer wieder stehen bleibend und hinter sich sehend. Als der Schlitten herangekommen war, hielt er plötzlich. „Was macht ihr kleinen Burschen denn allein in Schnee und Kälte?", fragte der Doktor. Sie blickten ihn betreten an. „Wollt ihr mitfahren?" Er schlug die Fußdecke zurück und rückte in die Mitte des Sitzes. Hei, wie rasch sie neben ihm saßen, einer links, einer rechts! „Woher kommt ihr denn?", fragte der Arzt wieder. Sie sagten, dass sie zum Winterkönig gewollt hätten. „Aber Kinder", sprach der Doktor, „das vom Winterkönig - das ist doch nur ein Märchen! - Es gibt doch keinen Winterkönig - Rotkäppchens Wolf gibt es auch nicht und keine Zwerge und Feen und ..."

„Das wissen wir schon", unterbrach ihn Oswald. „Aber es hätte doch sein können, dass er uns den Mantel gegeben hätte", meinte Viktor. Der Arzt lachte laut auf: „Meinst du nicht, er wäre dir zu groß gewesen?" - „Für den Großvater!", riefen beide zusammen. Jetzt wurde der Arzt aufmerksam und nun erfuhr er von des alten Donat Krankheit und dass er sich erkältet habe, weil er keinen Mantel habe. Immer näher waren die beiden ausgefrorenen Kinder gerückt, allmählich blieben ihre Antworten aus - sie waren eingeschlafen. Der Doktor war mit seinen Gedanken allein. Er gehörte nimmer zu den Jüngsten, aber er war erst ein paar Jahre verheiratet. Und wenn er so von einem Kranken zum andern fuhr, dachte er meistens an seine liebe Frau und freute sich jeden Tag, wenn er heimkam in seine gemütliche Stube. An diesem Tag sehnte er sich besonders nach ihr, denn es war ihm, als ob er sie ein wenig beleidigt hätte, als er fortgefahren war. Sie hatte ihm zu Weihnachten einen neuen Pelzmantel geschenkt, aber er hatte immer wieder den alten angezogen. Wie er sich nun zur Fahrt bereitgemacht hatte, hatte sie gesagt: „Es ist heute besonders kalt - soll ich dir nicht den neuen Mantel holen?" Da hatte er ein bisschen barsch geantwortet: „Ach was, der alte war immer warm genug!" Nun würde es wohl etwas später werden, dachte er, er musste den Umweg machen um die schlafenden Büblein heimzubringen und nach dem alten Mann zu sehen, der allein mit ihnen in dem Waldhäuschen lebte.

Mantel

Es dämmerte bereits, als der Schlitten dort hielt. Der Doktor warf die dicke Decke auf den Braunen, dann trug er die Schlafenden ins Haus. Der Greis war ein bisschen eingenickt. Als der Arzt die Stubentür mit dem Ellenbogen aufstieß, erwachte der Großvater. Verständnislos blickte er dem Eintretenden entgegen. Ein großes Erschrecken malte sich auf seinem Gesicht, als er von dem Vorhaben der Knaben erfuhr. Der Doktor legte sie in das breite Bett, das in der einen Ecke des Zimmers stand, dann wandte er sich an den Greis: „Und nun zu Ihnen, Donat! Wo fehlt's?" - „Ach, Herr Doktor - man ist halt alt - ..." Der Arzt untersuchte ihn, dann sagte er: „Ein paar Tage müssen Sie im Zimmer bleiben - es genügt hier im Lehnstuhl am Ofen!" - „Der Forstmeister schimpft, Herr Doktor." - „Ich treff' ihn heute Abend beim Stammtisch und werde es ihm sagen", beruhigte der Arzt. „Für heute legen Sie sich am besten zu Bett - da zwischen die zwei lebendigen Öfchen. - Ich sehe, Sie haben heißes Wasser hier - ich braue Ihnen einen Grog", er zog ein Fläschchen Kognak aus der Manteltasche, „und das da essen Sie schön, bis ich fertig bin!" Er legte dem Alten ein paar Brote mit Fleisch auf die Knie. „Sehen Sie - mit solchen Schätzen versieht mich meine Frau täglich, wenn ich zu meinen Kranken fahre - und sie freut sich unendlich, wenn das Fläschchen leer ist und die Brote verschwunden sind." Er lachte schelmisch. „So, nun essen und trinken Sie schön und dann legen Sie sich nieder und schlafen tüchtig - morgen früh sehe ich wieder nach. Halt, noch etwas!" Er schlüpfte aus dem Mantel. „Den Mantel lässt der Winterkönig da - meine Frau ist selig, wenn ich den neuen anziehe, und Ihnen nützt der alte!" Die Tür war hinter ihm ins Schloss gefallen, ehe es dem Greis geglückt war, zu Wort zu kommen. Die Sache mit dem Forstmeister erledigte sich sehr einfach. Er antwortete auf des Doktors Mitteilung von Donats Erkrankung: „Recht, dass sich der Alte einmal schonen muss! Er versieht trotz seiner siebzig Jahre seinen Dienst besser als jeder von den Jungen, die sich wegen einer Kleinigkeit wehleidig ins Bett legen." Er zwinkerte schelmisch mit den Augen. „Drück ihn nur ein wenig hinein, Doktor!"

Früh am nächsten Morgen trat der Doktor im neuen Mantel ins Wohnzimmer. Er lachte, als seine Frau erfreut aufblickte. Dann erzählte er heiter, was er erlebt hatte. Zum Schluss sagte er: „Ich werde jetzt vor der Sprechstunde rasch nach dem Alten sehen. Willst du die Schlittenfahrt nicht mitmachen?" Mit einem Jubelruf lief sie aus dem Zimmer um kaum zehn Minuten später mit einem großen Paket unter dem Arm wieder zu erscheinen.

Die Knaben schliefen noch, der Greis saß bereits im Lehnstuhl am warmen Ofen. „Ich bin gesund!", rief er dem Arzt entgegen. „Nein, gesund sind Sie nicht", entgegnete dieser ernst. „Sie brauchen noch einige Tage Schonung und Ruhe - sonst ..." Er drohte mit dem Finger. Nachdem er den Kranken abgehört hatte, meinte er beruhigend: „Na ja, schön, ich bin zufrieden mit Ihnen! Aber passen Sie auf - ein etwas weniger rauer Dienst wäre für Sie angebracht, jetzt in diesem Alter!" Der Greis ließ den Kopf sinken. „Das wohl, aber ..." -

„Ich wüsste etwas Passendes für Sie, Donat!", sprach der Doktor lebhaft. „In vier bis sechs Wochen möchten wir unser neues Haus beziehen und da bräuchten wir einen verlässlichen Menschen, der nach allem sieht, das Pferd versorgt, auch einmal durch den Waldgrund geht - meinen Sie, das ginge?"

Nun schossen dem Greis Tränen in die Augen. „Und mir vertrauen Sie Ihre Bürscherln an", fügte die Frau hinzu, die inzwischen den Tisch mit Esswaren beladen hatte. „Ich meine - wegnehmen will ich sie Ihnen nicht, nur beaufsichtigen, damit sie nicht nochmals dem Winterkönig nachlaufen." Nun ließen sich die Tränen nimmer zurückhalten, unaufhaltsam kugelten sie über des Greises Wangen.

Im Laufe des Tages schaute auch der Forstmeister vorbei. Nachher sagte Viktor zu Oswald: „Dass der Mantel vom Winterkönig ist, glaube ich nicht - ich kenne doch des Doktors Mantel! Aber was der Großvater da gemeint hat, wie der Forstmeister zur Tür draußen war - von einer rauen Schale und einem süßen Kern -, das verstehe ich nicht."

Oswald verstand es auch nicht.

O. Müller

DER MOO

Es war einmal ein Mädchen, das hieß Marie und lebte allein auf der Welt in einem kleinen Häuschen am Rande eines Waldes. Im Frühling, Sommer und Herbst lief Marie bei Tag im Wald umher, pflückte Blumen, sammelte Beeren, Tannenzapfen und Reisig und liebkoste seine Lieblinge, die Waldtiere. Nur im Winter blieb sie daheim am warmen Ofen oder sie streute den Tieren Futter; jeder konnte sehen, wie Rehe, Hasen und Eichkätzchen sich täglich zur Fütterung einstellten, wenngleich der Schnee noch so hoch auf den Waldwegen lag.

So vergingen die Jahre; einmal ging das Mädchen an einem Spätsommertag wieder in den Wald. Als sie mit einem langen, abgebrochenen Zweig ein paar Blätter zur Seite schob, fand sie einen großen, mit Moos bewachsenen Schuh. Marie hob ihn auf und schaute ihn an. Da krabbelte aus dem Schuh eine alte Spinne mit langen, dünnen Beinen. Vor Schreck wollte Marie den Schuh fallen lassen, aber die Spinne hatte eine feine Stimme und sprach: „Fürchte dich nicht! Stell den Schuh auf den Waldboden und geh mir nach!" Kaum hatte das Mädchen getan, was die Spinne wünschte, da schlüpfte diese aus dem Schuh und lief, so schnell die Beine sie tragen konnten, über den grünen Waldteppich. Mit großen Augen schaute Marie der davonlaufenden Spinne nach und folgte Schritt um Schritt. Endlich hielt die alte, langbeinige Spinne inne, verschwand unter einem Stein und kam mit einer kleinen blauen Kugel zwischen den Beinen zurück. „Nimm diese Kugel", sprach sie, „und geh damit zur Königsbuche, die mitten im Wald steht! Dreimal musst du sie in die Luft werfen, auffangen und rufen: Waldtauber, komm geflogen, ruckediruh, ruckediruh, bring mir ein goldnes Ringelein, mit einem funkelnd blauen Stein, ruckediruh, ruckediruh! Dann kannst du das Ringlein dreimal am Finger drehen und dir etwas wünschen, wenn du in Not bist."

Damit verschwand die Spinne unter einem Blatt, und Marie sah sie nicht mehr. Marie lief durch den Wald, bis sie endlich an die große, alte Königsbuche gelangte. Dann stand sie vor dem Baum, schaute in seine Krone und sah den Vögeln zu, die durchs Geäst hüpften. Marie öffnete ihre Faust und ließ die kleine blaue Kugel in der Handfläche herumlaufen. „Soll ich es einmal versuchen und schauen, ob die alte Spinne mir wirklich eine Wunsch- und Zauberkugel gab?", dachte sie. Aber dann fiel ihr ein, dass die Spinne nur erlaubt hatte, den Spruch zu sagen, wenn die Not es gebot. So bezwang sie ihre Neugierde und steckte die Kugel sorgfältig in die Tasche des Rockes.

Kaum war sie ein Stück des Waldweges gegangen, da hörte sie ein Seufzen und Klagen hinter sich. Sie drehte sich um und sah eine alte Frau, die Holz sammelte. „Ach", jammerte die Alte, „mein armer Rücken schmerzt mich! Zehn Kinder habe ich zu Hause, die leiden Hunger! Kein Brot kann ich ihnen zu essen geben, nichts habe ich sie zu kleiden und mir fallen die Lumpen fast vom Leibe." - „Du dauerst mich", sagte Marie, „komm mit mir, ich will dir helfen!" Sie lief zurück zur Königsbuche, zog das blaue Glaskügelchen aus der Rocktasche, warf es dreimal in die Luft, fing es dreimal wieder auf und rief: „Waldtauber, komm geflogen, bring mir ein goldnes Ringelein, mit einem funkelnd blauen Stein, ruckediruh, ruckediruh!"

Da kam ein weißer Tauber geflogen, setzte sich auf die Schulter des Mädchens und zog von seinem linken Bein einen Ring mit einem blauen Stein. Marie steckte den Ring an den Finger, drehte ihn dreimal herum und wünschte Essen und Kleider für die Alte und ihre Kinder. Da rauschte es in den Zweigen des Buchenbaumes und Essen und Kleider in Hülle und Fülle lagen auf dem Waldteppich unter der Buche. Die Augen der Alten strahlten, als sie das sah, und das Herz Maries klopfte vor Freude. Sie gab alles der armen Frau, die beglückt mit den Sachen davonrannte.

Am folgenden Tag lief Marie wieder in den Wald. Das saß auf einem Baumstumpf ein Soldat und stöhnte, weil seine Wunden aufgerissen waren. „Warte ein Weilchen!", rief das mitleidige Mädchen ihm zu, lief zur Königsbuche, warf dreimal die Kugel in die Luft, drehte das Ringlein am Finger und wünschte zur Heilung eine Salbe. Da ging ein Rauschen durch den Baum, und wie sie vor sich hinsah, stand ein Topf Kräutersalbe zu ihren Füßen. Sie lief damit zu dem Soldaten. Kaum hatte er die Wunden mit der Salbe bestrichen, da hörten die Schmerzen auf und er spürte, wie sich die Wunden schlossen.

So tat das Mädchen mit Hilfe der Wunschkugel und des Ringleins viel Gutes, half den Armen, tröstete die Traurigen, stillte und heilte Schmerzen, speiste die Hungrigen und dachte nur daran, anderen Menschen zu helfen, jedoch nie an sich.

Als sie eines Morgens wieder in den Wald lief, um Blaubeeren zu pflücken, trat sie auf etwas Hartes. Es war der Moosschuh. Sie hob ihn auf und betrachtete ihn. Da kam wieder die alte, langbeinige Spinne heraus gekrochen und sprach: „Weil du nur an andere dachtest, Gutes getan hast und die blaue Wunschkugel mit dem Ring zum Segen der Menschheit verwendet hast, will ich dich belohnen. Geh heute Nacht um 12 Uhr zur Königsbuche und rufe dreimal den Waldtauber! Fürchte dich nicht!" Damit kroch die Spinne wieder in den Moosschuh. Marie setzte ihn behutsam auf den Waldboden. In der Nacht stand sie auf und tat, was die Spinne befohlen hatte. Die Glühwürmchen leuchteten und zeigten ihr den rechten Weg. Es war gerade 12 Uhr, als sie vor dem alten Baum stand, durch dessen Geäst ein Sternlein grüßte. Dreimal rief sie: „Waldtauber, komm geflogen, ruckediruh, ruckediruh!"

Da ging ein Zittern durch die große Königsbuche. Ein weißer Tauber flatterte dreimal um den alten Stamm des Baumes und setzte sich auf Maries Schulter. Sie strich zart über das Gefieder des Vogels und berührte mit den Lippen den Schnabel. Da hüpfte der weiße Tauber zu Boden - wuchs und wuchs und bekam eine menschliche Gestalt.

Ein junger Förster stand vor dem Mädchen und erzählte, dass er von der alten Spinne in einen weißen Tauber verzaubert worden war, weil er einst unbarmherzig im Übermut auf ein weißes Reh geschossen hatte. Erst ein Mädchen, das Tiere liebt, hilfreich und gut ist, nur an andere denkt und ihre Schmerzen stillt, kann ihn befreien. Nun war es gekommen, ihn zu erlösen.

Marie wurde die glückliche Frau des jungen Försters und zog mit ihm in das Forsthaus ein. Nun kam ihr ihre Kenntnis des Waldes und seiner Bewohner sehr zustatten und ihre Liebe zu den Tieren. Sie half ihrem Mann die Tiere betreuen, und niemand kannte so gut wie sie ihre Eigenarten und Gewohnheiten.

Nie war sie allein, auch wenn ihr Mann weit weg im Walde Dienst hatte, denn immer kamen sie ihre Freunde besuchen, einmal die Eichkätzchen, einmal die Rehe, einmal die Hasen. Sie hatte immer Zeit für sie und Verständnis für ihre Kümmernisse; und noch heute erzählt man sich von dem braven Försterpaar im Wald und seinen Lieblingen, den Tieren.

Erna Juttner

Die Prinzessin die nicht lachen konnte

Da war einmal ein Prinzesschen, das konnte nicht lachen. Es war allerliebst und hatte Augen wie dunkler Bernstein. Mit diesen Augen konnte es jedem Menschen ins Herz sehen und alle seine Gedanken lesen.

Und das war wohl der Grund, weshalb es nicht lachen konnte, denn sehr viel Schönes lag nicht im Grund der Herzen verborgen.

Vergeblich versuchte der König sein Töchterchen zu erheitern.

Er schickte ihm Spaßmacher und Gaukler, Musikanten und Bänkelsänger, aber die Prinzessin betrachtete sie nachdenklich aus ihren Bernsteinaugen und erkannte wohl, dass nur Gewinnsucht sie hergetrieben hatte. Da kamen ihr alle Späße fad und abgestanden vor.

Der König schickte ihr die Weisen des Landes und die lasen aus den lustigen Büchern die lustigsten Späße vor. Aber das Prinzesslein erriet, dass sie dabei nur mit ihren Kenntnissen prahlten und sich in ihrem Wissen blähten, das es ihnen doch so leicht machen musste, ein dummes kleines Mädchen zum Lachen zu bringen. Schließlich kamen Prinzen und Freier herbei und brachten die kostbarsten Geschenke. Aber - was stand in ihren Augen geschrieben?

„Du bist die allerschönste Prinzessin und für mich ist das Allerbeste gerade recht, deshalb will ich dich haben!"

Und in den Augen eines anderen: „Du kriegst das halbe Königreich - da wird mein Geldbeutel wieder voll werden!"

Und in den Augen des Dritten: „Ich werde alle Prinzen hier ausstechen durch meinen Witz. Selbstverständlich krieg' ich die Prinzessin!"

Da war's kein Wunder, dass die Prinzessin bei allen Scherzen todernst blieb.

Die anderen Freier waren auch nicht besser und die Prinzessin hätte wohl nimmer das Lachen erlernt, wären nicht eines Tages die Schafe des Hirtenjungen durch ein versehentlich offen gelassenes Pförtchen in den Garten des Königs gedrungen. Sie taten sich da an den kostbaren Blumen gütlich, als wären es nur Huflattich, Kresse und Kuhblumen, und der Hirtenjunge kam hinter ihnen hergefahren wie der Blitz.

„Ei, verdamm mich! Wollt ihr wohl hinaus, ihr Frisslinge, Gierlinge, Frechlinge! Das grenzt ja an Majestätsbeleidigung, wie ihr hier alles ratzekahl fresst!"

Da stand die Prinzessin vor ihm.

„Ei, verdamm mich!", sagte der Junge wieder. „Bist du aber schön!" Und die Prinzessin richtete ihre nachdenklichen Blicke auf ihn. Seine Augen waren klar und blau wie Saphire und die Prinzessin merkte wohl, dass er ein reines Herz hatte. Was aber stand in diesem Herzen geschrieben? Na, noch einmal:

„Ei, verdamm mich!", und dann kam: „Wenn ich die zur Frau kriegte, wäre ich der glücklichste Junge auf der Welt!"

„Hirtenjunge, kannst du mich nicht zum Lachen bringen?"

„Ach nein, Prinzesslein, bin ja nur ein dummer Junge, wie sollte ich das wohl fertig bringen?" Da ward die Prinzessin noch trauriger. „So solltest du wenigstens auf dem Ball mit mir tanzen!"

Der Hirtenjunge nickte ergeben, dann trieb er seine Schäflein heim und fand sich am Abend pünktlich im Ballsaal ein. Er hatte sich sehr gut gewaschen und gekämmt und seinen Sonntagsstaat angezogen. Sogar Schuhe hatte er sich bei Nachbars Peter ausgeborgt. Aber all das feine Hofvolk stieß einander an bei seinem Anblick und sie rümpften die Nasen, die sie so hoch trugen.

Nur die Prinzessin begrüßte den Hirtenjungen freundlich und drehte sich gleich mit ihm im Kreis. Beide aber machten ein Gesicht, als tanzten sie nicht, sondern gingen zu einem Leichenbegängnis: die Prinzessin, weil sie's so gewohnt war, der Hirtenjunge – nun, das werden wir sehen!

Trotzdem färbten sich die Wangen der Prinzessin rot, je länger sie tanzten, und auf einmal sagte sie zu dem Hirtenjungen: „Ich weiß, was du jetzt denkst! Du denkst, dass du noch nie mit einem so schönen Mädchen getanzt hast."

Der Junge wurde puterrot. „I wo!", sagte er, ehrlich, wie er war. „Und verdamm mich, wenn das unfein ist – ich kann nur daran denken, wie sehr mich Peters Schuhe drücken, weil ich doch sonst immer barfuß laufe."

Verblüfft hörte die Prinzessin auf zu tanzen – und dann fing sie an von Herzen zu lachen, denn diese Antwort hatte sie weder vorausgesehen noch erwartet. „Ach, bist du ein urkomischer Tollpatsch!"

„Du! Lach mich nicht aus!"

„Aber lass mich doch einmal lachen! Das ist so schön, so wunderschön. Ich will nicht mehr aufhören damit! Du hast mich lachen gemacht und deine Gedanken kann ich auch nicht erraten – du sollst mein lieber Mann werden."

„Nein!", sagte der Hirtenjunge. „Das träume ich!"

Aber es war kein Traum. Bald gab's eine prächtige Hochzeit. Nur das feine Hofvolk und die abgewiesenen Freier machten ein Gesicht wie drei Tage Regenwetter. „Was hat er schon vollbracht, dieser hergelaufene Dingsda, dass gerade er die Prinzessin kriegt? Hat er vielleicht Drachen getötet, Länder erobert, kostbares Geschmeide gebracht?"

Nun, von alldem hatte der Hirtenjunge wirklich nichts getan, aber er hatte sich sein Herz rein erhalten wie seine hellen Augen – das ist mehr als alle Heldentaten und darum wurde er auch ein sehr guter König, natürlich erst, bis sich seine Füße daran gewöhnt hatten Schuhe zu tragen.

Marianne Kaindl

Der kleine Michl in der gro...

Mitten zwischen den Bergen steht auf einer Anhöhe ein schmuckes Bauernhaus. Der kleine Michl, der jüngste Sohn des Hauses, ist immer froher Dinge und springt so munter den Berg hinan wie droben in den Felsen das Gämslein. In den letzten Tagen aber hat sich der kleine Mann merklich verändert. Und warum der Michl auf einmal so ernst und traurig ist? Ja, da war vor ein paar Tagen auch so ein kleiner Bub, wie er einer ist, mit seinen Eltern aus der Stadt in Michls Heimathof zur Sommerfrische gekommen. Und gerade dieser kleine Bub namens Peter war, ohne dass er es wusste, an dem veränderten Verhalten des kleinen Michls schuld. Warum? Nun, Michl hatte bisher so bescheiden und friedlich in seinen Bergen gelebt und nun war dieser Peter gekommen und hatte ihm so viel von der großen Stadt, in der er wohnte, erzählt. Dem Michl gefiel es plötzlich hier gar nicht mehr und am liebsten wäre er auf und davon. Der kleine Peter hatte aber auch so schöne Dinge zum Spielen, die Michl noch niemals gesehen. Ein richtiges Auto, rot lackiert schöne Bilderbücher, einen großen Baukasten und schließlich eine Eisenbahn, eine wirkliche Eisenbahn, so wie sie Michl einmal gesehen hatte, als die Mutter ihn ins Dorf mitnahm. Nachts, wenn nun alles im Hause schlief, schlüpfte Michl aus seinem Bettchen und lief ins Vorhaus, wo alle diese Herrlichkeiten von Peter sorgsam aufgehoben waren. Dann stand er davor, nahm die Dinge erst scheu, dann immer fester zur Hand und vergaß ganz aufs Schlafen. Oh, wie beneidete er den Peter und wie wurde er unzufrieden. „Könnt' ich doch auch einmal in die große Stadt und hätte so viele Spielsachen wie der Peter", dachte er bei sich. „Wenn ich viel Geld hätte, dann könnte ich in die Stadt fahren und mir noch mehr von den schönen Dingen kaufen, dann würde ich auch die großen Häuser sehen, die vielen Autos und die vielen, vielen Menschen."

Peter hatte ihm ja so viel erzählt von der großen Stadt.

Eines Abends fällt dem Michl ein, dass gar nicht weit vom Haus seiner Eltern eine Felsenhöhle ist, von der man erzählt, dass dort ein kleines Zwerglein wohnt, das einen großen Schatz behütet. „Und just dieses Zwerglein soll mir helfen", jauchzt Michl. Er war ja immer brav gewesen und das gute Zwerglein würde seinen Wunsch sicher erfüllen.

Und richtig. Frühmorgens machte sich der kleine Michl auf den Weg und kam ganz atemlos bei der Felsenhöhle an. „Liebes, liebes Zwerglein", rief er, „komm doch heraus und hilf mir, ich will dir etwas Schönes aus der Stadt mitbringen, wenn ich dahin fahren kann." Und wirklich, da öffnete sich im Felsen eine ganz kleine Tür und ein Zwerglein mit langem, weißem Bart kam heraus. Es wusste auch schon, was der kleine Michl am Herzen hatte, und erklärte sich bereit zu helfen. „Also Michl, da hast du einen Beutel Geld, nimm ihn, fahre zur Stadt und kaufe dir, was dein Herz begehrt. Wenn du zurückkehrst, komme zu mir, erzähle mir, wie es dir erging. Weil du ja immer ein lieber, braver, bescheidener Bub warst, will ich dir deinen Wunsch erfüllen." Dann verschwand das Zwerglein.

Michl riss den Geldbeutel an sich und lief, so schnell ihn die Füße trugen, den 4 Stunden weiten Weg ins Tal hinab, wo er bald in einen Zug steigen konnte. Er war schrecklich aufgeregt und behütete ängstlich seinen Geldbeutel. Mit roten Backen und leuchtenden Augen stieg er dort aus, wo er schon von weitem hohe Häuser und rauchende Schornsteine sah. Oh, was war das hier für eine wunderbare Welt, nicht so einsam und verlassen wie droben am Berg. Hier gab es mehr Menschen als Bäume in dem Wald, der sein Elternhaus säumt. Das bunte Treiben in den Straßen begeistert Michl so sehr, dass er sogar seine geliebten Eltern vergisst.

Endlich ein Spielzeugladen, alle Dinge, die er zu Hause bei Peter gesehen, liegen hier verlockend in den Auslagen. Er ist selig und geht hurtig in den Laden. Aber wie ist man drinnen unfreundlich mit dem kleinen Mann. Als er seinen Geldbeutel herauszieht um die gewählten en Stadt

Spielsachen zu bezahlen, verdächtigt ihn die Verkäuferin das Geld seinen Eltern genommen zu haben. Er muss auch die ganze Herrlichkeit wieder zurückgeben und Tränen kollern über seine Wangen. Seine Fröhlichkeit hat schon viel eingebüßt, als er nun weiter durch die Straßen läuft, den nächsten Spielzeugladen suchend. „Dummer Bub, ja kannst du denn nicht schauen", schimpft ein älterer Herr, an den er im Laufen unversehens stieß. „So bleib doch nicht mitten am Weg stehen", schreit ihn eine Dame an und schiebt ihn unbarmherzig weiter, als er kurz verschnaufen will. Das Menschengedränge wird immer dichter und Michl nimmt es fast den Atem. „Hahaha", lacht ein größerer Bub den Michl aus, „schau Mutti, wie der kleine Bub da weint, gelt, der ist sehr dumm." Von allen Seiten wird der Michl gestoßen und gepufft.

„Wenn ich im Wald umherstreife, da schimpft keiner mit mir und ist so böse, ach wäre ich nur wieder daheim", jammert Michl.

„Mach, dass du heimkommst, Michl, sonst fall' ich dir auf den Kopf", brummt da plötzlich ein großes Haus und beginnt sich schon bedenklich zu neigen. Michl ist schon so in Angst, dass er selbst Häuser sprechen hört, und so läuft er, was er nur kann. Fort, fort, sind seine einzigen Gedanken. Ich brauche keine Spielsachen mehr, will keine großen Häuser sehen, auch keine Autos, keine Menschen, nur nach Hause will ich. „Lass mich bald wieder nach Hause kommen, liebes Schutzengerl!", beginnt Michl in seiner Angst zu beten. In seiner Aufregung wäre er bald noch in ein Auto gelaufen, als er die Straße überquerte. So schnell er es mit seinen kleinen Füßlein vermag, läuft er dieselbe Richtung zurück, aus der er gekommen ist. Als er endlich den Bahnhof sieht, ist ihm leichter ums Herz. Rasch hinein in den Zug und weg von dieser Stadt mit den bösen Menschen, die so gar keine Zeit für kleine Buben haben.

Als sich der Zug endlich in Bewegung setzte, hätte Michl vor Freude singen mögen. Wie war er doch froh zu seinen lieben Eltern zurückzukommen. Nun mochte ihm Peter erzählen, so viel er wollte, er hatte genug von der Stadt. Peter, ja, der war dort groß geworden, der war an Lärm und Trubel gewöhnt, seine Welt aber war die Einsamkeit der Wiesen und Wälder.

Michl kam erst spät nachts an sein Ziel. Der gute Mond leuchtete ihm zu seinem Elternhaus. „Michl, unser Michl, ach, dass du nur wieder hier bist. Wie konntest du uns olche Sorgen machen! Wo warst du denn Kind?", riefen die Eltern, als er zur Tür hereinkam. Unter dicken Tränen erzählte Michl seine Erlebnisse in der Stadt und bat die guten Eltern um Verzeihung.

Am nächsten Morgen führte ihn sein erster Weg zum Zwerglein. „Zwerglein, da hast du deinen Geldbeutel wieder, magst ihn behalten, ich brauche keine Spielsachen mehr und auch von der Stadt habe ich genug. Nirgends ist es so schön wie hier in den Bergen, bei den Eltern." - „Hihi", machte das Zwerglein. „Geschah dir recht, Michl, siehst du, so ergeht es unzufriedenen Kindern. Ein Kind muss immer hübsch bescheiden bleiben. Merk dir's, Michl, und wenn du unzufriedenen Kindern begegnest, erzähle ihnen, wie es dir ergangen ist." Das Zwerglein nahm den Geldbeutel an sich und verschwand in seiner Behausung.

Dem kleinen Michl war nun so leicht zu Mute wie noch selten. Er setzte sich auf einen Baumstamm. Da kamen die Tiere des Waldes und gesellten sich zu ihm. „Erzähle uns doch, lieber Michl, wie es dir in der großen Stadt ergangen ist", baten sie. Als Michl zu erzählen begann, lauschten auch die hohen, großen Bäume und das kleine Bächlein hörte sogar zu fließen auf. „Ja, aber warum bist du denn in die Stadt gegangen, Michl?", wollte das Eichhörnchen wissen. „Schau, wir haben dich doch alle so lieb."

„Ja, Eichhörnchen, und du, liebes Rehlein, und du, lieber Wald, und all ihr lieben Vögelein und Blümelein, ich will euch nicht mehr verlassen. Ich gehöre zu euch und habe ja nun gesehen, wie viel schöner es hier ist", sagte Michl.

Das kleine Zwerglein lachte ihn auch nie mehr aus, weil er fortan brav und bescheiden war und allen Freude machte.

Herta Kanngiesser

Das erste FUSSBALLSPIEL ZW...

Hatte da neulich ein Zwerglein bei einem Fußballspiel zugesehen. Wie sich das zugetragen hatte, fragt ihr? Oh, ganz einfach. Das Zwerglein war im Wald spazieren gegangen. Es hieß übrigens Moosbart, da es einmal seinen schönen weißen Bart mit grüner Farbe beschmiert hatte, so dass er lange wie ein Moosgeflecht aussah. Wie das Zwerglein so dahinspazierte, hörte es Stimmen von Kindern. Es ging ihnen nach und sah bald zwei Buben, die Holz suchten. Moosbart hörte den einen sagen:

„Wir müssen uns beeilen, Toni! Um drei Uhr beginnt das Fußballspiel der vierten Klasse gegen die fünfte. Das muss ich unbedingt sehen!"

„Ich auch", meinte der mit Toni angeredete Bub. „Komm zu den gefällten Bäumen hinüber, Pepi, dort gibt es gewiss genug Klaubholz!"

Und die Buben liefen auf die Lichtung, wo einige gefällte Tannen lagen. Nachdenklich folgte ihnen das Zwerglein. Fußballspiel, was mochte das wohl für ein Spiel sein? Moosbart hatte noch nie davon gehört. Aber gewiss war es ein lustiges Spiel, wenn sich die Buben so darauf freuten. Vielleicht konnten es die Zwerglein auch spielen.

Anschauen kann auf keinen Fall schaden, überlegte Moosbart und sprach leise ein Zauberwort. Dabei wünschte er sich in die Rocktasche des einen Buben – und schon saß er darinnen.

„Ich weiß nicht, was da in meiner Tasche herumkrabbelt? Hoffentlich ist es keine Maus", meinte Toni, der spürte, wie es sich das Zwerglein in seiner Tasche bequem machte.

„Lass schauen! Wenn es eine Maus ist, bringe ich sie meiner großen Schwester. Sie hat mich neulich bei der Mutter verklagt, wie ich mir einen Apfel aus der Speisekammer genommen habe. Du, die wird sich nicht schlecht fürchten!" Und die Buben blickten neugierig in Tonis Tasche. Doch das Zwerglein hatte sich unsichtbar gemacht, so dass sie es nicht sehen konnten. Vergnügt saß Moosbart auf dem Boden der Tasche und freute sich über die enttäuschten Gesichter der Buben. – Eine Weile suchten sie noch Holz zusammen, dann war der Korb voll, und sie gingen nach Hause. Nachdem Toni mit Pepis Hilfe das Holz beim Herd in der Küche aufgeschichtet hatte, fragte er die Mutter:

„Dürfen wir jetzt zum Fußballspiel hinübergehen, Mutti?"

Die Mutter nickte. „Aber kommt nicht zu spät nach Hause, sonst sorgt sich Pepis Mutter!" „Gewiss nicht!", riefen beide Buben und stürmten davon. Auf der großen Wiese hinter dem Schulgebäude hatten sich schon die Buben der vierten und fünften Klasse versammelt, als Toni und Pepi hinkamen.

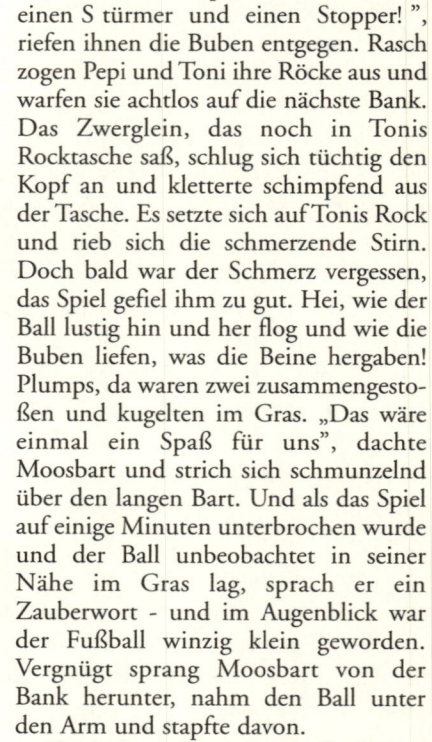

„Ihr könnt mitspielen, wir brauchen einen Stürmer und einen Stopper!", riefen ihnen die Buben entgegen. Rasch zogen Pepi und Toni ihre Röcke aus und warfen sie achtlos auf die nächste Bank. Das Zwerglein, das noch in Tonis Rocktasche saß, schlug sich tüchtig den Kopf an und kletterte schimpfend aus der Tasche. Es setzte sich auf Tonis Rock und rieb sich die schmerzende Stirn. Doch bald war der Schmerz vergessen, das Spiel gefiel ihm zu gut. Hei, wie der Ball lustig hin und her flog und wie die Buben liefen, was die Beine hergaben! Plumps, da waren zwei zusammengestoßen und kugelten im Gras. „Das wäre einmal ein Spaß für uns", dachte Moosbart und strich sich schmunzelnd über den langen Bart. Und als das Spiel auf einige Minuten unterbrochen wurde und der Ball unbeobachtet in seiner Nähe im Gras lag, sprach er ein Zauberwort – und im Augenblick war der Fußball winzig klein geworden. Vergnügt sprang Moosbart von der Bank herunter, nahm den Ball unter den Arm und stapfte davon.

Gleich darauf vermissten die Buben ihren Ball. „Hast du den Ball nicht gesehen, Peter?", fragte der Pepi.

„Nein", erwiderte Peter und sah suchend umher. „Wahrscheinlich hat ihn der Toni." Doch der Toni hatte den Ball auch nicht gesehen, und ein eifriges Suchen begann. Doch der Ball blieb

Ball im Zwergenreich

natürlich verschwunden. Die Buben beschuldigten sich gegenseitig, den Ball versteckt zu haben, und liefen schließlich böse auseinander.

Unterdessen hatte sich unser Zwerglein in den Wald zurückgewünscht, und kaum hatte es den Wunsch gedacht, da stand es auch schon im tiefen Wald. Es rief nach den anderen Zwerglein, und hast du es nicht gesehen, da kamen sie schon gelaufen und fragten neugierig, was es gebe. Stolz zeigte ihnen Moosbart den Ball und erklärte ihnen das Spiel, das er gesehen hatte. Die Zwerglein waren begeistert. „Hei, das würde einmal einen Spaß geben!", meinten sie. Sogleich wurde auf einer Wiese ein Platz abgesteckt und unter Moosbarts Anleitung zwei kleine Tore gebaut. Alles ging mit Windeseile, und schon konnte das erste Fußballspiel im Zwergenreich beginnen. Moosbart schoss als Erster. Bums, hatte das ihm gegenüberstehende Zwerglein schon den Ball auf der Nase, die sogleich blau anlief. Das Zwerglein sah böse auf Moosbart, da schrie der eine kleine Tormann auf. Der Ball war von des Zwergleins Nase gerade gegen das gegnerische Tor gesprungen. Der kleine Tormann wollte herauslaufen, doch er stolperte über seinen langen Bart und fiel hin, und schon lag der Ball im Netz. Ja, Fußball spielen musste gelernt sein, das begriffen die Zwerglein rasch. Und nun hetzten sie und mühten sie sich, doch der widerspenstige Ball wollte nie dorthin, wo sie wollten. Da fiel dem einen Tormann plötzlich ein, dass er sich ja nur zu wünschen brauchte, dass der Ball nicht in seinem Tor lande. Er flüsterte dies dem zunächst stehenden Zwerglein zu und dieses wieder einem anderen, und schließlich wünschte sich jedes Zwerglein etwas anderes. Die Stürmer, dass der Ball im gegnerischen Tor lande; die Tormänner, dass er davor liegen bliebe und so weiter und so weiter. Schließlich flog der Ball nur noch allein hin und her, da jedes Zwerglein etwas anderes wünschte. Das gab ein schreckliches Durcheinander. Der arme Ball wusste nicht mehr, wohin er fliegen sollte. Zu allem Unglück kam auch noch der Zwergenkönig mit seinem Gefolge auf den Platz. Er hatte von dem neuen Spiel gehört und wollte ihm zusehen. Der Ball flog gerade auf den König zu, riss ihm die Krone vom Kopf und purzelte dann mitten in sein Gefolge hinein. Das gab eine schreckliche Verwirrung, und der König war sehr ärgerlich, dass er vor allen seinen Untertanen seine Krone verloren hatte. Die Zwerglein beschuldigten sich gegenseitig, an der Verwirrung schuld zu sein, und schließlich gaben sie das Spiel auf. Solange sich jedes von ihnen wünschen konnte, wohin der Ball fliegen sollte, war das kein Spiel für sie. Moosbart hob den Ball auf und warf ihn in die Luft. Dabei wünschte er, dass er in seiner natürlichen Größe auf den Sportplatz der Schule zurückfliegen möge.

Dort standen die Buben wieder beisammen und stritten sich, wohin wohl der Ball gekommen war. Auch der Lehrer war mitgekommen, um nach ihm zu suchen.

„Der Peter hat den Ball zuletzt gehabt", meinte der Toni. „Ich habe ihn dort ins Gras gelegt", verteidigte sich der Peter. Ratlos sahen die Buben um sich. Da kam der Ball plötzlich angesaust und flog mitten unter sie hinein.

„Auweh!", schrie der Peter, denn der Ball war ihm auf den Kopf gefallen. Fassungslos starrten die Buben auf den Ball und konnten sich nicht erklären, woher dieser gekommen war.

„Er kann doch nicht vom Himmel heruntergefallen sein!", brummte der Peter und hielt sich den Kopf. Dass ein Zwerglein ihnen den Ball entführte, darauf kam freilich keiner der Buben, und auch der Lehrer nicht, der doch sonst immer alles wusste. Doch schließlich waren alle froh, dass sie den Ball wieder hatten, und spielten vergnügt weiter.

Marg. Heider

DIE KOSTBA

Im fernen Perserlande lebte einst der mächtige Kaiser Faslollah. Weise und gerecht regierte er sein großes Reich. Eines Tages aber fühlte er, dass er alt werde. Schlohweiß waren schon Haar und Bart, und die gebeugte Gestalt musste er auf Stöcken stützen. Das einst so feurige Auge aber war trüb geworden.

„Wer soll nun fürderhin meines Landes Geschicke lenken?", waren seine sorgenvollen Gedanken, obgleich er zwei starke Söhne und eine wunderschöne Tochter besaß. Er liebte seine Kinder gleichviel und hätte gewiss sein Reich nach althergebrachter Sitte dem Ältesten anvertraut, aber da Söhne und Tochter an einem Tag geboren waren, musste er auf anderem Weg herausfinden, wer von seinen drei Kindern wohl am geeignetsten wäre, die Krone zu tragen.

So rief Kaiser Faslollah eines Tages seinen ersten Minister zu sich, um ihm um Rat zu fragen. Dieser aber sprach nach einigem Bedenken: „Mächtiger Kaiser, schickt doch eure beiden Söhne aus ins weite Land! Jeder möge seinen Mut erproben und seine Tüchtigkeit. Jener aber, der Euch von seiner Reise das Kostbarste heimbringt, den mögt Ihr zum Kaiser machen." Eines aber hatte der Berater vergessen, des Kaisers schöne Tochter.

So rief Faslollah seine beiden Söhne Reza und Ardeshir und seine Tochter Ashraff zu sich. „Ich bin alt geworden", sprach er zu ihnen, „und eines von euch, meine Kinder, soll alsbald an meine Stelle treten. Zieht hinaus ins weite Land, und jener von euch, der mir das Kostbarste heimbringt, soll mein Nachfolger werden!"

„Ja, Vater", sprach Reza, „wir werden uns auf den Weg machen, Ardeshir und ich, und mutig kämpfen, um dir das Kostbarste zu Füßen zu legen. So magst du entscheiden zwischen ihm und mir."

„Und Ashraff?", wandte der Vater ein. „Habt ihr nicht an eure Schwester gedacht?" - „Ach, sie ist viel zu zart und fein, wie will sie mit ihren schwachen Kräften mit uns in Wettstreit treten?", meinte Ardeshir, der heimlich hoffte, seinen Bruder zu übertrumpfen. Ashraff aber sprach: „Lass auch mich ziehen, Vater! Bin ich auch schwach und klein, so will ich dennoch versuchen, dir etwas Kostbares heimzubringen." Da dem Kaiser Gerechtigkeit über alles ging, ließ er drei Pferde satteln, eines für Reza, eines für Ardeshir und eines für Ashraff. Jedem von ihnen gab er einen Beutel mit Gold, Wasserflasche und Wegzehrung mit auf die Reise. Und als die Sonne am höchsten stand, stoben die drei Pferde zum Tor des Palastes hinaus.

Erst ritten Reza, Ardeshir und Ashraff eine Weile einträchtig nebeneinander her. Dann aber meinte Reza: „Lasst uns noch ein Stück Weges zusammenbleiben! Wo der Fluss sich um eine kleine Insel windet, wollen wir uns trennen. Unser Weg teilt sich dort in drei Pfade." Bald rauschte der blaue Fluss rings um ein kleines Eiland, und drei Wege führten in die Ferne. So sagten sich Brüder und Schwester ade und versprachen einander, in dreimal sieben Tagen an derselben Stelle wieder zu treffen.

Reza ritt den blauen Fluss entlang, Ardeshir nahm den Pfad ins Gebirge und Ashraff ritt frohgemut geradeaus. Wie aber erging es nun den dreien der Reihe nach?

Tag und Nacht war Reza schon geritten, begleitet vom gleichförmigen Rauschen des Flusses. Da kam er in eine kleine Stadt.

Reza wanderte gemächlich durch die Gassen und Gässchen, hoffend, etwas zu erfahren, was ihm von Nutzen sein könnte. So fand er eines Abends, in einer Mauernische kauernd, einen alten Mann, der mit Teppichen handelte. Sie plauderten eine Weile miteinander, dann aber sprach der Alte: „Ach, junger Herr, ich bitte Euch, helft mir und geleitet mich nach Hause! Ihr seid so jung und stark, und ich habe Angst vor den wilden Räubern, die entlang des Flusses hausen. Schon manchen meiner Teppiche haben sie mir vom Pferd geraubt." - „Und was gedenkt Ihr mir dafür zu geben?", fragte Reza. „Euer Lohn wird angemessen sein", antwortete der Alte, und so geleitete Reza, der keine Furcht kannte, den alten Mann unbeschadet bis an sein Haus am Fluss. Dort saß des Alten Enkeltochter in der Stube und knüpfte Teppiche, so prächtig, wie Reza noch keine gesehen hatte. Einen davon aber schenkte sie Reza. Welch ein Leuchten der Farben ging von ihm aus. Aber dies war nicht das Kostbarste an dem Teppich. Wunderbar war vielmehr, dass dieser seine Bilder wechselte, dem Beschauer immer Neues bot. Uralte Märchenbilder zeigte der Teppich in wechselnder Folge. So Seltsames schien Reza wohl kostbar genug zu sein, es dem Vater zu Füßen zu legen. Er mochte sich damit unterhalten, so viel es ihm Spaß machte. Und Reza schien die Krone sicher. Gewiss hatte Ardeshir nichts dergleichen vorzuweisen, und an Ashraff, die Schwester, dachte er überhaupt nicht mehr. Sorgsam rollte des Händlers Enkeltochter den Teppich zusammen und packte ihn aufs Pferd. Und Reza ritt von dannen.

Wie aber war es Ardeshir ergangen? Kaiser über das große Reich seines Vaters zu werden, das war wohl das erstrebenswerteste Ziel. Er musste seinen Bruder übertrumpfen. Gemächlich ritt er über den steinigen Pfad, der ihn bergwärts führte, Tag und Nacht. Und als er müde wurde, setzte er sich in den Schatten eines Baumes, um zu essen und auszuruhen. Aber was war das? Was lag ihm da zu Füßen? Eine Pfauenfeder war es, aber wie seltsam anzuschauen! Sie war von lauterem Gold und Edelsteinen. „Ein Pfau, der solche Federn trug", schoss es Ardeshir durch den Sinn, „war wohl eine besondere Kostbarkeit." Und er dachte dabei an den Thron seines Vaters, auf dem er sicherlich sitzen würde, fände er den

270

goldenen Pfau und brächte ihn heim. Hunger und Durst schwanden und trieben ihn zur Eile, der seltsamen Spur zu folgen.

Tag und Nacht ritt er durch unwegsames Gelände, bis er am Weg einer alten Frau begegnete. Sie bat ihn um einen Schluck Wasser. Ardeshir aber entgegnete: „Hab keine Zeit, denn ich suche den goldenen Pfau!" Erst als die Alte ihren zahnlosen Mund auftat und sprach: „Ich weiß, wo du ihn finden kannst", verhielt er sein Pferd und gab ihr zu trinken unter der Bedingung, dass sie ihm den Weg weise. Sie führte bedachtsam Ardeshirs Pferd am Zügel, bis sie an eine Schlucht kamen. „Hier", sprach die Alte, „in diesen Felsen haust ein Riese. Ihm ist der goldene Pfau zu eigen." Ohne Furcht ritt Ardeshir in die wild zerklüftete Schlucht. Alsbald stand drohend der mächtige Riese vor ihm. Und als Ardeshir ihm seine Dienste anbot, lachte der Riese, dass Baum und Strauch weitum erzitterten. „Nun denn, vielleicht kannst du mir einmal dienlich sein, du kleiner Wicht", sprach er und hieß Ardeshir bleiben. Bald hatte Ardeshir herausgefunden, wo sich das Gehege mit dem goldenen Pfau befand. Wunderbar und glitzernd stand der Vogel da, als er ein Rad schlug und die Sonnenstrahlen sein gold- und edelsteinschimmerndes Gefieder aufblitzen ließen.

Eines Tages nun, als der Riese ausgegangen war, fing Ardeshir den Vogel ein, band ihm die Füße, packte ihn auf sein Pferd und ritt eilends davon. Selbst des Riesen Zorn erreichte ihn nicht mehr, als dieser ihn davonreiten sah von einem Felsen aus und ihm einen mächtigen Stein nachschleuderte.

Glücklich der Gefahr entronnen, wähnte Ardeshir sich mit Gewissheit als Sieger im Wettstreit um des Vaters Krone.

Nun bleibt nur noch die schöne kleine Prinzessin Ashraff. Auch sie wollte Kostbares heimbringen von ihrem Ritt. Doch die Sorge um den greisen Vater überschattete all ihre Gedanken. Gewiss wäre es schön, Kaiserin zu sein. Doch des Vaters Gesundheit lag ihr mehr am Herzen.

Nachdenklich stieg sie eines Abends vom Pferd, um unter dem Sternenhimmel zu schlafen. Ein jämmerliches Stöhnen aber ließ sie aufhorchen. Ein Stück Weges weiter saß eine alte Frau am Straßenrand und jammerte. „Ei, was fehlt Euch?", fragte Ashraff mitleidig. „Ich bin gestürzt", sagte die Alte, „aber mein Weg heim ist weit." - „Seid nicht bange, ich bringe Euch nach Hause!", sprach die Prinzessin, hob die Alte aufs Pferd und ritt von dannen. Tief im Wald stand das kleine Haus der alten Frau. Ashraff hob sie vom Pferd, geleitete sie in die Stube und brachte die Kranke zu Bett. „Ich danke dir!", sprach diese. „Nur eine Bitte habe ich noch. Du bist jung und vermagst sicherlich gut zu schwimmen. Hinter meinem Haus liegt ein weiter See. Aus seiner Mitte aber ragt eine Insel, die Insel der Rosen. Seltsam sind die Blumen, die auf ihr erblühen. Der Duft einer einzigen Rose vermag jedes Leiden zu heilen und Gesundheit zu schenken fürs ganze Leben. Bringe mir davon und ich werde genesen!" Ohne Zögern sprang Ashraff in den dunklen See, pflückte eine Rose und brachte sie der Alten. Und im Augenblick, als diese daran gerochen hatte, war ihr Bein gesund. Zu Ashraff aber sprach sie: „Sag einen Wunsch, mein Kind, und ich werde ihn dir erfüllen!" Da gab es keinen anderen Gedanken für Ashraff als den an den alten Vater, und sie antwortete: „Lasst mich eine Rose pflücken im Garten der Insel, um sie mit heimzunehmen für meinen Vater, um dessen Leben ich bange!" - „Gute Tochter", sprach die Alte, „hole sie dir von der Insel und kehre glücklich heim!" Ashraff durchschwamm abermals den See, pflückte die Rose und steckte sie an ihr Kleid.

Dreimal sieben Tage waren verflossen. Und die beiden Brüder und ihre Schwester trafen einander wieder. Sie erzählten, was ihnen begegnet war und welche Schätze sie erobert hatten. Und einer wollte dem anderen den Wert seiner Gabe schmälern. So stritten die Brüder immerzu, bis sie an das Tor des väterlichen Palastes kamen. Nur Ashraff hatte bisher geschwiegen, denn die Rose auf ihrer Brust hatte bei den Brüdern nur mitleidigen Spott hervorgerufen. Der alte Kaiser aber empfing seine Kinder im festlich geschmückten Thronsaal und ließ sie ihre erworbenen Schätze vorführen. Mit feierlicher Miene hängte Reza seinen wundersamen Teppich an die Wand. Ardeshir aber setzte den goldenen Pfau auf die Stufen des Thrones. „Prächtig, wirklich prächtig!", lobte der Kaiser die Kostbarkeiten. Ashraff aber neigte sich vor dem Vater, nahm die Rose von ihrer Brust und sprach: „Nehmt hin, Vater, meine bescheidene Gabe!" Da nahm Faslollah die blutrote Blume und neigte sein Angesicht darüber. Kaum aber hatte er den köstlichen Duft der Rose eingesogen, richtete er sich auf und sprach: „Welch köstliches Gewächs! Ich fühle neue Kraft in mir!" Und ohne Stöcke schritt er die Stufen hinab; aufrechten Ganges und glänzenden Auges ging er auf seine Tochter zu: „Ich danke dir, Ashraff! Der Duft dieser köstlichen Blume hat mich gesund gemacht. Ihr, meine Söhne, habt mir gewiss viel Freude gemacht mit euren seltsamen Geschenken. Die kostbarste Gabe aber hat Ashraff mir heimgebracht, neue Gesundheit! Sie soll Kaiserin sein über mein Land!"

So ward Ashraff zur Kaiserin gekrönt über Faslollahs mächtiges Reich. Ihre Brüder Reza und Ardeshir aber ernannte sie zu ihren ersten Ministern.

Kaiser Faslollah aber ließ rings um sein Schloss einen Rosengarten anlegen. Tausend und abertausend Rosen erblühten in ihm; so weit das Auge reichte, nichts als Rosen. Er betreute selbst die duftende Pracht und blieb gesund sein ganzes Leben lang.

Romana Mikulaschek

Der goldene Fisch

Hoch droben im Norden, wo die Mitternachtssonne scheint, lebte einst der Jäger Oloolik mit seiner Frau Imina. Sie besaßen einen einzigen Sohn, den sie Agakluk nannten und über alles liebten. Eine Schneehütte, ein Iglu, den Vater Oloolik aus Schneeziegeln erbaut hatte, und wenige Polarhunde waren ihr Eigentum.

Als Agakluk noch klein war, saß er bei seiner Mutter im Iglu, sah ihr zu, wie sie Felle zu Kleidungsstücken zusammennähte und träumte davon, dereinst ein so guter Jäger wie sein Vater zu werden.

Die Zeit ging dahin, und aus dem kleinen Agakluk war ein großer geworden, der fürderhin gern allein zur Jagd ausfuhr. Da begegnete ihm eines Tages ein Eisbär. Auf den Hinterpfoten stand er, als ihn Agakluk gewahrte. Das Fell des Bären schimmerte silberweiß im Dämmerlicht und Agakluk wollte den Bären erlegen. Da war ein tiefes Brummen hörbar, und der Bär sprach: „Tu mir nichts zu Leide. Agakluk, ich bin kein Tier, das zu jagen sich lohnt! Bin vielmehr König Eisbarts Sohn Erne, den Powtee, die böse Zauberin verwandelt hat." Und Agakluk senkte sein Gewehr, so verlockend es ihm auch schien, das silberweiße Fell zu besitzen. In diesem Augenblick verwandelte sich der Bär in einen schönen Jüngling. „Was soll ich dir zum Lohn geben, da du mich erlöst hast?", fragte Erne den jungen Jäger. Dieser aber antwortete: „Nicht nach Lohn steht mein Sinn. Ich bin glücklich, dass ich Euch helfen konnte!" Dann wandte er Erne den Rücken und zog mit seinem Hundeschlitten davon. Diesmal kehrte er ohne Beute heim.

Tage gingen dahin, und eines Morgens zog Agakluk aus, um Seehunde zu jagen. Es währte lange, bis sich ein Seehund zeigte. Aber welch seltsames Tier war es doch! Die großen, kugelrunden Augen sahen den Jäger furchtsam an, und der Schnauzbart bewegte sich zitternd. „Tu mir nichts!", bat der Seehund, „denn auch mich hat die große Zauberin Powtee verwünscht. Ich bin König Eisbarts jüngster Sohn und heiße Anarvik." Agakluk tat ihm nichts zuleide. Und in diesem Augenblick verwandelte sich der Seehund in einen schönen Jüngling. „Dafür will ich dich belohnen", sprach König Eisbarts Sohn. „Sag einen Wunsch und ich werde ihn dir erfüllen." - „Habet Dank", erwiderte Agakluk, „ich habe es gerne getan, dass ich Euch verschone, nicht um eines Lohnes willen." Und abermals kehrte Agakluk, ohne etwas gejagt zu haben, in den Iglu seiner Eltern zurück.

„Heute ziehe ich aus, um zu fischen", sprach er am nächsten Morgen zu Oloolik und Imina, packte Beil und Fischspeer auf den Schlitten und fuhr davon.

Draußen, am Meere angekommen, begann er zu fischen, und seine Beute war nicht gering. Es mochten schon Stunden vergangen sein, als Agakluk eine klägliche Stimme vernahm. Sie schien schon von weit herzukommen. Immer und immer wieder drang sie an sein Ohr. Er blickte hinaus auf das Meer, in dem krachend die Eisschollen trieben, und dann sah er auf einem Eisstück eine Gestalt. „Hilf mir, hilf mir!", rief sie. Ohne zu zögern schirrte Agakluk seine Hunde aus, nahm den Riemen und wagte sich weit hinaus auf das Eis. Er warf seinen Riemen der Gestalt auf der Eisscholle zu und zog sie zu sich heran. Ein kleines Mädchen war es, das Agakluk sich eingefangen hatte. „Ich danke dir!", sprach es mit zitternder Stimme. „Ich heiße Siksik und bin König Eisbarts Tochter. Powtee, die böse Zauberin, hatte mich auf eine Eisscholle verwunschen.

Meines Vaters Palast liegt weit von hier." - „Ich bringe dich hin", versprach Agakluk, hob das Mädchen auf den Schlitten und deckte es mit Fellen zu. Dann ging es in sausender Fahrt durch die weiße Eiswüste immer gen Norden, wohin Siksik ihn wies. „Dort, hinter dem leuchtenden Vorhang, liegt meines Vaters Reich", sprach die Prinzessin und deutete auf den vom Nordlicht aufschimmernden Horizont. Und nach drei Tagen und Nächten hatten sie das ferne Licht erreicht. Hinter dem Vorhange aber lag der prächtige Palast König Eisbarts. Die Mauern des Schlosses waren von silberweißem Schnee gefügt und die

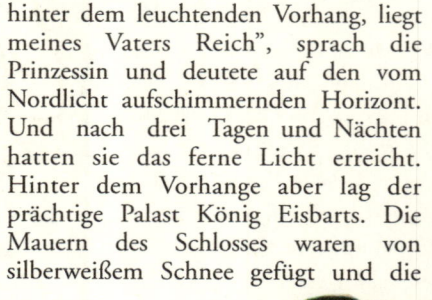

Türmchen und Zinnen aus glitzernden Eiskristallen. Auf den Stufen aber stand König Eisbart, ihm zur Seite seine beiden Söhne Erne und Anarvik. Glücklich schloss er Siksik, die wiedergefundene Tochter, in seine Arme und dankte dem Retter. Der bösen Zauberin Powtee Macht aber war gebrochen für alle Zeit. Dann lud König Eisbart Agakluk in seinen Palast ein, führte ihn durch prunkvolle Säle, ließ ihn reich bewirten und verhieß ihm zum Abschied ein Geschenk.

Er führte Agakluk zu einem riesigen, durchsichtigen Bottich, in dem unzählig viele Fische sich tummelten. „Nimm dir einen davon mit zum Andenken!", ermunterte der König seinen Besucher. Und Agakluk griff sich blitzschnell einen der vielen Fische. Er hielt in Händen einen wunderbaren Fisch, der über und über mit goldenen Schuppen bedeckt war. „Du hast gut gewählt!", erklärte der König. „Lege den Fisch daheim in einen Behälter, und sooft du Bedarf hast, nimm ihm Schuppen ab. Sie sind von lauterem Gold und wachsen immer wieder nach." Beglückt nahm Agakluk das Geschenk König Eisbarts und rüstete zur Heimfahrt. Lang war die Reise zurück zum Iglu der Eltern. Aber als Agakluk dort ankam, war die Wiedersehensfreude groß. Von seinen Erlebnissen und dem goldenen Fisch aber erzählte er nichts, tat vielmehr das kostbare Tier in den Fischbottich hinter der Schneehütte und streckte sich zufrieden aus in seinem Schlafsack.

Am nächsten Morgen aber begann er den goldenen Fisch abzuschuppen. Die Goldplättchen tat er in ein ledernes Beutelchen, das er sich um den Hals hängte. Dann kehrte er zurück in den Iglu und verschlief drei Tage und Nächte.

„Was meinst du, mein Sohn", sprach Oloolik am Morgen des vierten Tages, „wollen wir gemeinsam auf Jagd ausziehen?" Agakluk aber räkelte sich faul auf der Pelzdecke und murmelte: „Hab keine Lust, Vater!", denn er dachte an das Säckchen mit den goldenen Schuppen. Enttäuscht ging der Vater davon. Agakluk aber begab sich hinaus zum Fischbehälter und schuppte den wundersamen Fisch. Goldplättchen um Goldplättchen fiel in das Säcklein, bis es gefüllt war bis zum Rande.

Als der Vater von der Jagd heimgekehrt war, sprach Agakluk: „Lass die Hunde eingespannt, Vater, denn ich will fort ins nächste Dorf!" Dem Vater war dies recht, denn er nahm an, sein Sohn führe ins Dorf, um Felle zu verkaufen.

So fuhr Agakluk von dannen. Viele, viele Tagereisen lang war der Weg bis zum Dorf. Agakluk nahm sein Säckchen mit Gold und suchte den Händler auf, kaufte ein und ließ es sich auch selber wohl sein. Nach fröhlichen Tagen kehrte Agakluk mit leerem Ledersäckchen wieder heim. Aber was tat es! Er hatte ja den goldenen Fisch, vermochte ihn zu schuppen, so viel er wollte. Daheim packte er die Geschenke für die Eltern aus. Viele Pakete köstlichen Tabaks und eine wunderschöne neue Pfeife für den Vater, für die Mutter aber eine prachtvolle Lampe und einen wunderschönen Teppich.

Dann lud Agakluk noch die Lebensmittel ab vom Schlitten, die er heimgebracht hatte, und die Eltern kamen aus dem Staunen nicht mehr heraus.

Agakluk gefiel es plötzlich nicht mehr in der armseligen Schneehütte der Eltern. Er ging auf keine Jagd mehr, ruhte nur den ganzen Tag auf den Fellen. Und wenn es ihn gelüstete, fuhr er ins ferne Dorf und vertat die goldenen Schuppen.

Eines Tages aber, als Agakluk wieder heimgekehrt war aus dem Dorf - die Eltern grämten sich heimlich über die seltsame Änderung ihres Sohnes -, hielt er Nachschau im Fischbehälter, um seinen goldenen Fisch zu schuppen. Aber sosehr er auch danach suchte unter den vereisten Fischen, sein goldener Fisch war fort. So trat er zornig in den Iglu zu seiner Mutter und sprach: „Wo ist mein Fisch, mein goldener Fisch?" Verwundert blickte die Mutter auf und antwortete: „Dein Fisch, der mit den goldenen Schuppen? Den hat dein Vater verspeist. Es gelüstete ihn so sehr danach."

„Und die Haut, wo ist die Haut?", fragte aufgebracht der Sohn. „Die habe ich den Hunden vorgeworfen", erklärte die Mutter und fuhr fort, ihre Tranlampe zu füllen.

Agakluk aber brach in Schluchzen aus. Für immer war nun der Traum vom Reichtum zu Ende, und er erzählte Mutter Imina die Geschichte des goldenen Fisches. Sie aber tröstete ihn: „Es ist gut so, Agakluk, denn Reichtum allein macht nicht glücklich, mein Sohn!" Und Agakluk glaubte seiner Mutter.

Er ging wieder auf die Jagd wie vordem, und kaum ein Jäger weitum hatte so viel Glück wie Agakluk. Er ist ein wohlhabender Mann geworden mit der Zeit, und Oloolik und Imina blickten stolz auf ihren Sohn, wenn sie den Heimkehrenden auf der Schwelle ihres schönen Holzhauses erwarteten.

Der Glückssucher

Es war einmal ein Mann, der hatte zwei Söhne. Der eine hieß Peter und der andere Paul.

Der Peter, obwohl er auch nicht klüger war als der Paul, hielt sich für den gescheitesten Menschen weit und breit und sah alle anderen Leute über die Achseln an, weil er meinte, er habe die Weisheit schon seit Kindesbeinen mit dem Suppenlöffel gegessen.

Der andere, der Paul, war gerade das Gegenteil seines Bruders. Er gab sich still und bescheiden und tat sich nirgends hervor. Darum schauten ihn alle für dumm an.

Der gute Paul kümmerte sich jedoch wenig um die Prahlereien seines älteren Bruders und lebte zufrieden mit sich und der Welt.

Trotzdem machte sich der Vater über den Paul rechte Sorgen und nur zu oft sagte er zu seinem Ältesten:

„Was meinst du, Peter? Was wird wohl aus unserem armen Paul werden, wenn ich einmal die Augen zudrücke?"

Dann zuckte der Angeredete mit den Achseln und sagte:

„Das wird freilich recht traurig, denn ich kann ihn nicht zeitlebens am Gängelband führen!"

So ging es jahrein, jahraus, bis eines Tages der greise Vater seine letzte Stunde herannahen fühlte und mit betrübtem Herzen die beiden Jungen an sein Bett berief.

„Liebe Söhne!" sprach er zu ihnen. „Meine Zeit ist gekommen, wo ich euch allein auf dieser Welt zurücklassen muss. Wie ihr wisst, hinterlasse ich euch außer dieser ärmlichen Hütte nur ein winziges Stückchen Land, das zwar seinen Teil abwirft, aber kaum mehr als zwei Leute ernähren kann. Ich möchte nun, dass einer von euch den Hof übernimmt und der andere sein Glück in der weiten Welt sucht. Damit Letzterer aber nicht leer ausgeht, habe ich hier" - und dabei griff er mit der Hand unter sein Kopfkissen-, „einen Beutel mit guten, mühsam ersparten Talern. Bevor ich jedoch das Geld aus der Hand gebe, müsst ihr euch entscheiden, wer den Hof und wer den Beutel erhalten soll!"

Paul und Peter sahen sich an, dann meinte Peter im wichtigen Ton: „Der Hof ist zwar mehr wert als das Geld, aber da ich als Bauer sowieso nicht geeignet bin, möchte ich dich, lieber Vater, bitten mir das Geld zu geben.

Mit meiner Klugheit werde ich es schon in der Welt zu etwas bringen. Inzwischen kann sich Paul um das Anwesen kümmern!"

Dem Paul war dieser Vorschlag recht und er sprach: „Ich bleibe gern auf dem Hof. Peter mag sich meinetwegen die Welt ansehen und sein Glück suchen!"

„Also gut", antwortete der kranke Vater. „Ihr habt euch entschieden und ich bin froh, dass ihr eure Wahl so gut getroffen habt!"

Dann gab er Peter das Geld, erteilte beiden seinen väterlichen Segen und schloss für immer die Augen.

Eine Woche später zog Peter in die weite Welt. Den Beutel mit den Goldstücken trug er wohl verwahrt an einer Schnur um den Hals.

Viele Tage wanderte er schon durch das Land, doch nirgends fand er das richtige Geschäft, bei dem er das große Glück machen konnte.

Die Sonne stand schon tief im Westen, als er müde und hungrig einem alten Bettler begegnete. „He, Alter!", rief Peter. „Ist es noch weit bis zum nächsten Marktflecken?"

Der Mann mit dem wirren Graukopf blieb stehen: „Ihr habt noch eine gute Stunde zu gehen!", sagte er, während seine rot geränderten Augen erstaunt den jungen Mann musterten.

„Was, noch eine Stunde?", polterte Peter los. „Bin heute schon den ganzen Tag unterwegs und so etwas geht in die Beine!"

„Wer das Glück hat, darf keine Mühe scheuen!", antwortete der Bettler.

„Das ist ein wahres Wort!", bekräftigte Peter. „Doch sagt, hat der Ort, den ich noch vor der Dunkelheit erreichen möchte, ein Gasthaus oder eine Herberge, in der ich etwas Ordentliches zu essen bekomme und meine müden Glieder strecken kann?"

Der Greis schien einen Augenblick zu überlegen, dann sprach er: „Zwei Gasthäuser gibt es dort, in denen Ihr das Gewünschte bekommt. Doch rate ich Euch gut, junger Mann, sucht nur das auf, welches rechts der Straße liegt. Im anderen, es nennt sich ‚Zur Glücksschmiede', treibt sich allerhand Gesindel herum, das darauf aus ist anständigen Leuten ihre gut ersparten Taler abzunehmen!"

„Danke für den Rat, Alter! Aber ich bin zu klug, um mich von derartigen Leuten hereinlegen zu lassen! Doch sollt Ihr euch nicht umsonst bemüht haben. Hier nehmt, Alter, es ist nur ein Kupferzehner, aber ein Dienst ist dem anderen wert!"

„Habt Dank, junger Herr, habt Dank!", flüsterte der Bettler und ließ das Geldstück in der Tasche seines zerfetzten Mantels verschwinden.

„Ich wünsche Euch viel Glück, viel Glück!", nickte er Peter zu, während er müde von dannen humpelte.

„Glück kann ich immer brauchen!" lachte Peter und setzte seinen Weg fort. Die Sonne war längst untergegangen, als er den Markt erreichte. Dunkel und still lagen die Häuser da. Peter durchschritt die enge Straßenzeile und stand schließlich auf dem Hauptplatz. Auch hier schien alles zu schlafen, bis auf ein Haus. Seine Fenster waren hell erleuchtet und aus den ebenerdigen Räumen drang lautes Lachen und Musizieren. Über der Eingangstür aber prangte ein Schild mit der Aufschrift: „Zur Glücksschmiede".

„Das ist also die Wirtschaft, vor der mich der Bettler gewarnt hat!", murmelte Peter. Schon wollte er zum gegenüberliegenden Gasthof gehen, als ein Mann die Schänke verließ.

„Was zögert Ihr noch, junger Freund!", grölte er mit heiserer Stimme. „Das ist die ‚Glücksschmiede', Ihr könnt hier das größte Geschäft Eures Lebens machen!"

Als Peter diese Worte vernahm, waren seine guten Vorsätze alle vergessen. Neugierig folgte er dem Mann in das Gasthaus.

Hier ging es wirklich fidel zu. Peter wurde sofort von mehreren Männern eingeladen, die um einen großen, runden Tisch saßen und Karten spielten. Vor jedem Spieler lagen viele blanke Taler und noch mehr Silbergeld. Peter riss vor Staunen die Augen auf, so viel Geld auf einmal hatte er noch nie gesehen.

„Das könnt Ihr alles gewinnen", lachte einer und setzte verschmitzt hinzu, „nur ein bisschen Glück müsst Ihr haben!"

Peter zögerte. Doch als er sah, wie leicht und mühelos die Taler zu gewinnen waren, setzte er sich hinzu und spielte mit.

Und tatsächlich, er gewann.

Aus einem Taler wurden zwei, dann zehn und schließlich lag vor ihm ein schöner Berg von goldschimmernden Dukaten. Das Glück schien ihm wahrhaftig hold zu sein, doch er hatte die Rechnung ohne die am Tisch sitzenden Männer gemacht. Peter hatte ja keine Ahnung, dass er Falschspielern in die Hände geraten war, die ihn vorerst gewinnen ließen, um ihm später umso sicherer das gesamte Geld abnehmen zu können. Es kam, wie es kommen musste.

Peter verlor ein Spiel nach dem anderen, und in der Hoffnung, den Verlust doch noch wettzumachen, verspielte er schließlich auch noch das von seinem Vater erhaltene Geld. Mitternacht war längst vorbei, als der leichtsinnige Junge ohne einen Pfennig in der Tasche vor der „Glücksschmiede" stand. Hungrig schlich er in die kalte Nacht hinaus.

Im Morgengrauen traf er auf der Landstraße den alten Mann wieder. Peter klagte ihm niedergeschlagen sein Leid. Der Bettler sagte:

„Wer sich selbst für klug hält, ist zumeist dümmer als die anderen. Deshalb zieht eine Lehre aus dem Vergangenen, junger Herr, und beginnt ein neues Leben. Das Glück lässt sich eben nicht im Spiel finden; es besteht zum Großteil aus Mut und Arbeit. Wer das eine hat und das andere nicht scheut, hat auch den Schlüssel zum Glück gefunden!"

Als der Bettler nach diesen Worten gegangen war, wusste Peter, was er zu tun hatte. Er eilte auf dem schnellsten Wege heim zu seinem Bruder.

Der erkannte Peter zuerst gar nicht wieder, doch dann umarmte er ihn voll Herzlichkeit. Er fragte nicht, wie es Peter ergangen war, sondern gab ihm ordentlich zu essen und neue Kleider. Peter erholte sich rasch und bereits nach einer Woche half er dem Bruder bei den Arbeiten auf dem Feld und im Haus.

So waren Monate ins Land gezogen. Der Fleiß der beiden hatte Früchte getragen. Peter hatte einen Teil der eingebrachten Ernte verkauft und von dem Erlös vergrößerten und verschönerten sie ihr Häuschen.

Und dann wurde es Winter. Als es draußen einmal stürmte und schneite und die beiden nach einem anstrengenden Arbeitstag in der guten Stube saßen, klopfte es. Peter öffnete, da stand der alte Bettler vor ihm.

„Ihr seid's", sagte der Junge erstaunt.

Als er sah, dass der alte Mann vor Kälte zitterte, bat er ihn weiterzukommen. Beide Brüder gaben ihm zu essen und richteten ihm ein warmes Lager auf der Ofenbank her. Der alte Mann nahm alles schweigend an, aber in seinen leuchtenden Augen spiegelte sich die Freude wider.

Am anderen Morgen war der Gast spurlos verschwunden, statt seiner lag auf der Ofenbank ein Lederbeutel. Es war der gleiche, den ihm sein Vater damals auf dem Sterbebett gegeben und den Peter samt Inhalt in der „Glücksschmiede" verspielt hatte. Als er ihn öffnete, fehlte kein einziger Taler, sogar der Kupferzehner war dabei. Auf der Holzbank aber stand mit Kreide geschrieben:

„Das größte Glück auf dieser Welt ist die Zufriedenheit und nicht das Geld!"

Walter K. Wavruska

Aino und der

Hoch droben, in finnischen Landen, lebte einst ein wunderschönes Mädchen namens Aino. Aino wohnte allein in einer Hütte im Wald, denn ihre Eltern waren schon lange tot. So schlecht und recht brachte sie sich mit Strickarbeiten durchs Leben, und wenn Aino auch bescheiden hausen musste, so hatte sie doch immer genug zum Leben.

Eines Tages nun schlenderte das Mädchen durch den Wald, um ein paar Beeren zu sammeln und Holz aufzulesen. Der Wind geigte durch die Bäume, und Aino lauschte entzückt den Stimmen der Tiere, denn sie verstand ihre Sprache.

Aber was war das? Ein Stimmlein, schwach und jämmerlich, vernahm Aino ganz in ihrer Nähe. Sie blickte um sich, aber nichts war zu sehen. Und wieder rief das Stimmlein. Es kam aus einem nahen Gestrüpp, und als Aino die Äste des Strauches auseinander gebogen hatte, sah sie darinnen ein wunderliches Männlein sitzen. Es hatte ein grünes Röcklein am Leibe, und sein eisgrauer Bart hatte sich verfangen in den Dornen des Strauches. Und sosehr es auch daran zerrte, es verfing sich immer mehr darin. "Hilf mir, hilf mir!", rief das Männlein, als es Ainos ansichtig wurde. Behutsam löste Aino des Männleins zerzausten Bart aus den Dornen und stach sich daran die Finger blutig. "Ich danke dir, Aino!", sagte das Männlein, als es gerettet auf dem moosigen Waldboden saß. "Und weil du mir so brav geholfen hast, will ich dir zum Dank etwas schenken. Komm mit mir!" Da wusste Aino, dass sie einen Troll gerettet hatte, eines von den niedlichen Wichtelchen, die in den tiefen Wäldern hausen und die dann und wann einem Menschen, dem sie begegnen, etwas Besonderes schenken.

Über Stock und Stein führte das Trollmännlein Aino, immer tiefer und tiefer in den dunklen Wald hinein. Vor einem großen Felsen machten sie Halt, und der Troll sang mit hohem Stimmlein: "Öffne dich, du schroff Gestein, in den Berg lass uns hinein!"

Und wirklich tat sich die Felswand, von unsichtbarer Gewalt geöffnet, auf. Ein großer Saal weitete sich vor ihren Augen, und darin waren, bunt durcheinander gewürfelt, viele kostbare und begehrenswerte Dinge zu sehen. "Nun wähle dir etwas aus, Aino!", sprach das Trollmännlein. "Irgendetwas, was dir besonders gefällt."

Lange wählte Aino, suchte zwischen Juwelen und schönen Kleidern, zierlichen Schuhen und kostbaren Vasen, aber das Mädchen konnte sich nicht entschließen. Da sah sie in einer Ecke ein Körbchen stehen mit einem großen Knäuel silbrig glänzendem Garn darin. Und da Aino ein bescheidenes, fleißiges Mädchen war, sprach sie zu dem Troll: "Wenn es dir nichts ausmacht, dann nehme ich mir dieses Körblein hier mit dem Garn. Das meine ist mir ausgegangen, und Geld, um neues zu kaufen, habe ich im Augenblick auch nicht." Dem Männlein war dies recht, und es führte Aino wieder aus der Höhle, hinaus ins Freie. Kaum hatte Aino gedankt, war das Männlein verschwunden, und das Mädchen musste lange wandern, ehe es an seine Hütte kam. Erst freute sich Aino über das wunderbare Garn, saß Stunde um Stunde bei der Arbeit, die ihr so hurtig von der Hand ging wie niemals zuvor. Seltsam aber war es, dass das Garn, das längst verstrickt sein hätte müssen, niemals zu Ende ging! Und so strickte Aino fort und fort.

Gern kauften die Leute in Dorf und Stadt ihre Arbeiten, und bald kam dieser und jener selbst zu ihr in die Waldhütte, um etwas zu bestellen.

Eine Weile ging alles gut und recht. Eines Tages aber begann Aino das Stricken zu langweilen. Immer öfter legte sie die Arbeit aus der Hand, um laut zu gähnen. "Ach, immer nur stricken und stricken!", sagte sie. Eines Abends aber pochte es an die Tür ihrer Hütte. Draußen stand eine alte Frau und heischte um Einlass. Aino führte die Fremde in ihre Stube und fragte nach ihrem Begehr. "Ihr seid doch Aino, die Strickerin?", meinte die Alte. "Ich habe einen Auftrag für Euch. Drei Tage Zeit kann ich Euch zwar nur gewähren. Ein Taufmäntelchen ist's, was ich von Euch begehre, und es soll Euch nicht gereuen, wenn es fertig ist zur rechten Zeit!" - "Ich weiß nicht, ob ich gerade Lust zum Stricken habe", antwortete Aino, "aber fragt wieder nach in drei Tagen." Die Alte ging fort, und Aino legte ihr Strickzeug aus der Hand. Und als drei Tage später die Fremde wiederkam, da hatte Aino noch keine Masche gestrickt. Zu der Fremden aber sagte sie: "Ei, geht nach Hause und kommt ein andermal wieder! Hab keine Lust zum Stricken! Ach, wie verwünsche ich den verhexten Knäuel, der nie zu Ende geht! Vergnügen und Muße, ja, das wünsche ich mir jetzt, und keine Arbeit mehr." Kaum hatte Aino dies gesagt, erzitterte der Boden unter ihren Füßen, und die Fremde war verschwunden. Im Strickkörbchen aber lag statt des Wunderknäuels eine schimmernde Perlenkette. Verwundert nahm Aino die Kette und legte sie um ihren Hals. Dann trat sie vor den Spiegel, und als sie ihr Bild darin erschaute, sprach sie

Wunderknäuel

laut zu sich selber: „Ach, wie töricht war ich bisher! Nun aber will ich mich schmücken und gürten und in die Stadt zum Tanz gehen." Dann holte sie ihr bestes Kleid aus dem Schrank, ging in die Stadt und war vergnügt bis zum hellen Morgen. Am Tage aber schlief Aino, und des Abends, wenn sie durch den Wald ging und der Mond den Waldteich in seinem Silberlicht aufschimmern ließ, dann beugte sich Aino über ihren Spiegel, besah sich darinnen und sprach zu sich selber: „Ach, wie bin ich schön! Ein Prinz wird mich wohl eines Tages freien!"

An einem hellen Morgen aber zupfte die schlafende Aino etwas am Haar. Und als sie aufschaute, sah sie das Trollmännlein, das ihr den wunderbaren Garnknäuel gegeben hatte, auf der Bettdecke sitzen. „Ei, wie geht es dir, Jungfer Aino?", fragte das Männlein und zwinkerte listig mit den Äuglein. „Ach, Trollmännlein, ich bin so gar nicht zufrieden!", erwiderte das Mädchen. „Ich wünschte mir Reichtum und Geld, dann wäre ich es wohl." - „Nichts leichter als dies", meinte das Männlein und kicherte leise. „Besieh dir doch einmal deine Perlenkette. Es sind keine gewöhnlichen Perlen, die du da am Hals trägst, denn jede von ihnen birgt einen freien Wunsch für dich. Du brauchst nur eine Perle von der Kette zu lösen und nachts an den Waldteich hinabzugehen. Dort aber sprich: ‚Perle, sink zum tiefen Grund, hör den Wunsch aus meinem Mund.' Dann versenke die Perle in das tiefe, dunkle Wasser, und dein Wunsch wird sich erfüllen." - „Ei, wie schön, ei, wie schön!", jubelte Aino und hüpfte also gleich aus dem Bett. Der Troll aber war verschwunden. Kaum konnte Aino die Nacht erwarten. Und beim ersten Mondstrahl lief sie hinab an den Waldteich, sagte ihr Sprüchlein, tat einen Wunsch und versenkte die Perle im Wasser.

Und als Aino heimgekehrt war, stand an Stelle ihrer bescheidenen Hütte ein prächtiges Schloss. Ihr erster Wunsch war damit in Erfüllung gegangen. Aber keine Menschenseele war weit und breit zu sehen, und so musste Aino abermals eine Perle opfern für die Dienerschaft. Des Wünschens aber war kein Ende.

In der nächsten Nacht waren es prächtige Kleider und eine goldene Kutsche, Truhen mit Geld und törichte Dinge, die Aino gerade so einfielen. Perle um Perle löste sich von der Kette, und eines Tages war nur eine einzige davon mehr übrig. Sie legte die letzte ihrer Perlen in eine samtene Schatulle und tat sie zu ihren übrigen Schätzen in die Schatzkammer.

Aino führte nun ein Leben in Saus und Braus, warf das Geld mit vollen Händen zum Fenster hinaus. Eines Tages aber wurde Aino krank, so schwer krank, dass man von weither die besten Ärzte kommen ließ. Das Geld in ihren Truhen aber wurde allmählich weniger und weniger, und doch vermochte niemand Aino zu helfen. Diener und Dienerinnen verließen ihr Haus, einer nach dem anderen, und bald war Aino ganz allein. Verlassen lag sie in ihrem seidenen Bett. Da tat sich die Tür auf und herein trat die Alte, der Aino abgeschlagen hatte, ein Taufmäntelchen zu stricken. Sie trat an des Mädchens Bett und sprach: „Alle haben dich nun verlassen, Aino. Ich aber will bei dir bleiben!" Da bat Aino die Alte um Verzeihung und klagte ihr ihr Leid. „Ach, ich bin so krank! Wenn ich nur einen Wunsch noch frei hätte, ich wünschte mir nur eines: gesund zu sein!" - „Und deine letzte Perle, die du noch hast?", fragte die Fremde. „Sie hält einen Wunsch dir noch offen, Aino, hast du dies vergessen?" Da fiel dem Mädchen die Perle in der Samtschatulle ein. Sie ließ sie herbeiholen und bat die Alte, die Perle des Nachts im Teich zu versenken. Und so geschah es auch. Ein Donnerschlag erfüllte die Luft. Schloss und Schätze aber verschwanden, und Aino erwachte in ihrem Bett in der ärmlichen Hütte, in der sie zuvor gehaust hatte. Die böse Krankheit war wie fortgeblasen, und Aino fühlte sich frisch wie ein Fisch im Wasser. An der Türschwelle aber stand eine wunderschöne Frau. Rosa Seide umhüllte ihre schlanke Gestalt, und goldschimmerndes Haar fiel in sanften Wellen über ihre Schultern. „Ich bin die Fee Naima", sprach sie zu Aino, „und siehe, hier bringe ich dir etwas!" Die schöne Fremde hielt eine kleine Perle in Händen. „Diese Perle ist nun fürwahr deine letzte", sprach die Fee Naima, „und ich fand sie in der großen, letzten Perle, die zersprang, als ich den Wunsch nach Gesundheit für dich tat. Ein Wunsch sei dir noch gewährt, Aino. Nun wähle richtig!" - „Ein Wunderknäuel ist's, was ich mir wünsche!", rief Aino ohne Zögern aus. Und kaum hatte sie diesen Wunsch getan, stand ein Körbchen zu ihren Füßen, und darin lag ein Knäuel silbrig glänzenden Garns, ein Wunderknäuel, so wie sie es vordem besessen hatte. Glückstrahlend dankte Aino der gütigen Fee und wurde wieder ein fleißiges, bescheidenes Mädchen. Und wenngleich niemals ein Prinz an die Tür ihrer Hütte pochte, so kam doch eines Tages ein braver, fröhlicher Schneidergesell und freite Aino.

Romana Mikulaschek

Fasching in Ober-

Der Burgl brennen die Wangen vor Eifer, als sie die große Neuigkeit an Hanna schreibt: „Stell Dir vor, wir machen ein Faschingsfest auf unserem gefrorenen Dorfteich! Jeder Bub und jedes Mädel verkleidet sich. Es wird ein herrlicher Kostümball auf dem Eis! In allen Häusern sitzen schon Mütter und Tanten, Schneiderinnen und Gehilfinnen eifrig an der Arbeit; die Nadeln fliegen nur so! Natürlich helfen wir Kinder bei den Vorbereitungen mit, wir sind ja schon so aufgeregt! Das Ausdenken und Anprobieren ist so lustig. Niemand will verraten, wie er sich anzieht. Ich gehe als - halt! Das darf ich auch dir nicht verraten, denn jetzt kommt die Hauptsache - setz dich hin, damit du nicht umfällst - du sollst mithalten, Hanna! Meine Mutter ladet das ‚kleine Stadtfräulein' zu unserem Faschingsfest ein! Kommenden Samstag, um drei Uhr, geht's los! Mit dem Mittagszug kommst du gerade zurecht, und nach dem Ball kannst du die Nacht bei uns schlafen. Und am Sonntag fährst du nachmittags heim. So versäumst du deine Schule nicht und bist doch bei unserem Faschingsfest dabei gewesen. Es kommen eine Menge Kinder aus der ganzen Umgebung. Natürlich musst du dich auch kostümieren. Ich freu mich schon so, ich kann's gar nimmer erwarten. Schreib sofort zurück deiner Burgl. P.S.: Absagen werden nicht angenommen!" So schreibt Burgl, und schon zwei Tage später trifft die Antwort ein. Wie gut, dass die Post schon wieder so schnell befördert wird! Voll Ungeduld reißt Burgl den Umschlag auf, überblickt den Brief und eilt zur Mutter in die Küche: „Sie kommt! Sie kommt!" Tschin! stürzt die Burgl hin - sie ist über den vollen Kübel gestolpert und liegt jetzt in der Wasserpfütze drin ... Macht nichts! Das Wasser ist schnell aufgewischt! Hauptsache - die Hanna kommt. Wenn's nur schon Samstag wär! Endlich ist der große Tag angebrochen. Die Wintersonne strahlt vom blau geputzten Himmel und lässt das spiegelglatte Eis auf dem Dorfteich so verführerisch schimmern, als könnte sie es selbst nicht erwarten, dass sich glückliche Kinder darauf tummeln ...

„Schrecklich" lang dauert die Schule heute, immer wieder werden die Köpfe zusammengesteckt, wird gewispert und gekichert. Alle Kinder haben Geheimnisse und ein großes Rätselraten geht an: Als was der Josef heute kommen wird, der Anderl, die Burgl? Die hat's „gnädig" heut, als der Unterricht aus ist! Sie stürmt dem vergnügten Schwarm ihrer Mitschülerinnen weit voraus, sie will ja „die Freundin aus der Stadt" an der Bahn erwarten! Und die Hanna zappelt in ihrem Zug. Schleicht der alte Ratterkasten heut nicht wie eine Schnecke dahin? Anschieben möchte man ...

Aber endlich ist das Ziel erreicht und das Stadtmädel springt dem Landkind quietschfidel in die Arme. Das fröhliche Geschnatter und

Unter-Hintertupfing

Gelächter auf dem Heimweg, beim Mittagessen und dann beim Verkleiden hättet ihr hören müssen! „Du darfst nicht schauen, erst bis ich rufe. Dreh dich um, Burgl! Nicht schielen, Hanna!"

„So - jetzt!" Jööö - die Hanna ist ein Alt-Wiener Wäschermädel geworden! Begeistert ruft die Burgl: „Du, das steht dir gut!" Hanna ist wieder von Burgl begeistert, die als „Schützenliesl" so lieb aussieht. Voll Freude eilen die Kinder zum Dorfteich hinunter ... Hahaha! Da geht's schon lustig zu. Ein „Schwein" läuft mit einer „Ente", dass ihr der Schopf wackelt. Ein „Esel" tanzt mit einem „Hahn"! Hahaha! Wer wohl daruntersteckt? Jedes Kind hat sich etwas Lustiges ausgedacht, und die bunten Kostüme der kleinen Festteilnehmer leuchten prächtig aus der blendend weißen Umrahmung der verschneiten Fluren. Große farbige Lampions baumeln wie Riesenblumen auf den Zweigen der alten Weiden ringsum. Als die Musik einen flotten Walzer spielt, die munteren Kinder sich im Takt dazu wiegen und mit glückstrahlenden Augen über die schimmernde Eisfläche fliegen, da tanzen selbst die verkrümmten Hutzelweiden mit. Das Gelächter und fröhliche Geschrei nimmt kein Ende. Je mehr „Masken" kommen, desto lustiger wird es, desto toller geht es zu. Beim „Schlangenreißen" wacht selbst der alte Nixenkönig auf, der in seinem Glaspalast am Grunde des Teiches ein Schläfchen gehalten hatte.

Zornig pumpert der griesgrämige Alte auf das Eisdach. „Ist das ein Radau da oben! Wollt ihr wohl bald Ruhe geben?" Aber die Kinder lachen und tollen, sie hören den alten „Grantian" nicht. Und das ist seinem Töchterl, der kleinen Nixe gerade recht, die guckt nämlich neugierig den Menschenkindern zu: heute Nacht wird sich die kleine Nixe mit ihren Freundinnen verkleiden und auch einen Faschingsball machen. Hihi!

Plötzlich spielt die Musik einen Tusch, und dann kommt - rumpel-pumpel! rumpel-pumpel! rumpel-pumpel! - ein Riesenstier auf das Eis gewackelt! Ui jegerl, der schaut aus! Hat er nicht sechs Beine? Hahahaha! Rumpel-pumpel, rumpel-pumpel, so ein Ungetüm! Der Kasperl zupft ihn bald am rechten Hinterbein, bald am linken Vorderhaxl. Rumpel-pumpel! Der Stier haut aus, hebt ein Vorderbein, dreht sich im Kreis, knickt mit den Hinterbeinen ein und tanzt so plump und tollpatschig, so drollig umher wie ein dicker Bär. Die Kinder halten sich die Bäuchlein vor Lachen, der Hansl platscht hin, dass ihm die Maske davonfliegt, und Hanna lacht Tränen. Jetzt tanzt das sechsbeinige Riesentier gar einen feschen Walzer! Haha! Als es dann dunkelte, wurde es womöglich noch lustiger, und der alte Dorfteich, der auch schon seine Ruhe haben wollte, brummte: „Jetzt bin ich schon so alt, aber so etwas habe ich wirklich noch nie erlebt."

INHALTSVERZEICHNIS

Seite

Seite	
4	Das Märlein vom Glücksschweinchen
6	Li-Lei-Lings Hochzeitskleid
8	Mathildes Reichtum
10	Die sechs Löffel
12	Die Edelsteinkette
14	Der genarrte Riese
16	Der Regenbringer
18	Goldene Hände
20	Der alte Baum
22	Die Schale des Zorns und die Schale des Glücks
24	Die Nebelfrau
26	Der Bettlerkalif und sein Sohn
28	Die Ährenwichtlein
30	Die grünen Kugeln
32	König Abdulah und die Träne
34	Der dicke Sultan und sein Wunderturm
36	Die weinende Susanne
38	Ogito aus dem Somalidorf
40	Dundregubbe und Sigrun
42	Ein Pilzmärchen
44	Das Geschenk der langen Geduld
46	Wie der Frühling nimmer ins Primeltal kommen wollte
48	Kakteenmärchen
50	Die drei Freunde
52	Goldlilie
54	Klein Wang wird König
56	Martin und der Nikolo
58	Der Krug
60	Die Schlangenkönigin
62	Tschilp
64	Das Tautropfenhalsband
66	Der verzauberte Wald
68	Die Prinzessin mit dem Eispanzer
70	Die drei Schneebuben
72	Was der Kartoffelkönig erzählt
74	Das vertauschte Herz
76	Fasching in Irgendwo
78	Der weiße Elefant
80	Des Bettlers Geschenk
82	Der Schleier der Elfenkönigin
84	Der Schlüssel zum Segen
86	Der Apfelbaum
88	Wie aus dem Da-leer der Silbertaler wurde
90	Das Wunderei
92	Die Schillingbrüder
94	Der lange Frieder
96	Das Märchen von den Erdbeeren
	Das Wurzelkindchen
98	Eine Waldgeschichte
100	Das Nebelmännchen
102	Der Schweinehirt
104	Der Scherbenmaxl
106	Der Ehrenplatz
108	Das Schimännlein oder der herzlose Gutsbesitzer
110	Die Zwergenfamilie Knopp
112	Achmed und seine drei Wandlungen
114	Der Vielfraß
116	Goldblut
118	Die Gaben der Frau Holle
120	Peperl, der Schmutzfink
122	Der Schmudelputz
124	König Brumm - König Malklexius
126	Die Schneebüblein
128	Michel und der goldene Schatz
130	Kajetan und die Zauberdiamanten
132	Hans-Frieder Leberecht
134	Sommers Ankunft
136	Die heiligen drei Könige von Grumbach
138	Der Herrgottswinkel
140	Der Zauberstiefel

Seite	
142	Die Fastnacht der Tiere
144	Cinderella
146	Prinzessin Kirschmund
148	Die Wurzelkinder
150	Elisabeth
152	Die verlorene Melodie
154	Das Wirtshaus zum Aronstab
156	Der Goldkönig
158	Die Osterfee
160	Der weiße König und das bunte Prinzlein
162	Das Zauberstöcklein
164	Das Wasser des Lebens
166	Der silberne Vogel
168	Der goldene Schlüssel
170	Napi und der Büffeldieb
172	Der Schatz im silbernen See
174	Der Eichelwart auf dem Anninger
176	Die Wunderampel
178	Das Wolkenschiff
180	Der Trollring
182	Floribell und die 52 Pferde
184	Der Wundergarten
186	Wie Ibrahim den Kalifen überlistete
188	Der Wunschstern
190	Braunhilde
192	Vom Murmeltier, das auf den Winter vergaß
194	Die Wunschkörner
196	Nala und Damajanti
198	Der Hockauf
200	Carissimo Gesu Bambino
202	Der Zaubersamowar
204	Ne-Tuk und der Drachen
206	Die siebenhundert Laternen
208	Prinzessin Siebenkäs
210	Wir ratschen, wir ratschen
212	Fabian
214	Es war einmal
216	Der Stein der Wahrheit
218	Das Bett des Kalifen
220	Wenn die Heide blüht
222	Die goldene Kutsche
224	Das Eichkätzchen und die Elfe
226	Herr Siebenpunkt
228	Der verlorene Dreikönigsstern
230	Der Krebskönig
232	Der Riese Keulemann
234	Abenteuer am Wiesengrund
236	Christian und die Heinzelmännlein
238	Drei Säcke voll Lügen
240	Prinz Unlust
242	Das Geschenk der Waldwichtel
244	Die Meeresbraut
246	Die Thalhofkinder
248	Die alte Eiche
250	Lasse, mein Knecht
252	Der Wunderbesen
254	Flieder-Elfchen
256	Der grüne Stein
258	Sandor
260	Des Winterkönigs Mantel
262	Der Moosschuh
264	Die Prinzessin, die nicht lachen konnte
266	Der kleine Michl in der großen Stadt
268	Das erste Fußballspiel im Zwergenreich
270	Die kostbarste Gabe
272	Der goldene Fisch
274	Der Glücksucher
276	Aino und der Wunderknäuel
278	Fasching in Ober-Unter-Hintertupfing